Frontières, acteurs et représentations d'Europe (Fare)

Mélanges en l'honneur de Sylvain Schirmann

Grenzen, Akteure und Repräsentationen Europas

Festschrift für Sylvain Schirmann

Peter Lang

Bruxelles · Bern · Berlin · New York · Oxford · Wien

Birte Wassenberg (dir.)

Frontières, acteurs et représentations d'Europe (Fare)

Mélanges en l'honneur de Sylvain Schirmann

Grenzen, Akteure und Repräsentationen Europas

Festschrift für Sylvain Schirmann

Border Studies – Borders and European Integration
Vol. 5

Cette publication est soutenue par le Programme Jean Monnet Erasmus + de l'Union européenne

Centre d'Excellence
Jean Monnet
franco-allemand

With the support of the
Erasmus+ Programme
of the European Union

Illustration de couverture : Photo de Sylvain Schirmann, directeur du Centre d'excellence Jean Monnet franco-allemand, dans son bureau à Sciences Po Strasbourg, réalisée par Birte Wassenberg en juin 2022.

This publication has been peer reviewed.

Éditions scientifiques internationales
Brussels, 2022
1 avenue Maurice, B-1050 Bruxelles, Belgium
brussels@peterlang.com ; www.peterlang.com

ISBN 978-2-8076-1959-3
ePDF 978-2-8076-1960-9
ePub 978-2-8076-1961-6
ISSN 2736-2450
DOI 10.3726/b20108
D/2022/5678/53

Bibliographic information published by "Die Deutsche Nationalbibliothek". "Die Deutsche National Bibliothek" lists this publication in the "Deutsche Nationalbibliografie"; detailed bibliographic data is available on the Internet at <http://dnb.de>.

Table des matières/Inhaltsverzeichnis

Partie 3
Représentations de l'Europe

Teil 3
Repräsentationen von Europa

Préface

Michel Deneken

Le cinéphile qu'est Sylvain Schirmann aura peut-être vu un film réalisé par le cinéaste finlandais Lauri Törhönen 2007, *Raja 1918* (La frontière 1918) basé sur l'histoire vraie du père de son producteur. Il se passe à la fin de la guerre civile finlandaise au printemps 1918, et met en scène un jeune scientifique, capitaine appelé sous les drapeaux de la Finlande enfin indépendante. Carl von Munck est envoyé dans la petite ville de Rajajoki, afin de délimiter et de fermer la frontière entre la Finlande et la Russie devenue bolchévique. Il y tombe amoureux d'une institutrice, secrètement fiancée à un révolutionnaire de l'Armée rouge, nouant ainsi dans les fibres les plus intimes de sa vie le drame inhérent à toute frontière. C'est qu'une frontière naît de la guerre. Alors que le village est inondé de réfugiés des purges russes, von Munck doit décider qui sera autorisé ou non à entrer en Finlande, jeune terre de liberté. Autant de cas particuliers, autant de dilemmes et de drames. L'histoire de *Raja 1918* se termine tragiquement, séparant, dans la spirale des logiques tribales, éternels Montaigu et Capulet, familles et amis par une frontière qui sera un rideau de fer séparant l'Est de l'Ouest.

Car les histoires de frontières, si elles inspirent des programmes de recherche, sont avant tout des histoires humaines. Sylvain Schirmann, par naissance et conviction, est un homme des frontières. Si notre lieu de naissance détermine de manière d'abord géographique nos vocations professionnelles et humaines, le destin académique de celui que ce très riche volume de mélanges honore l'illustre parfaitement. Ainsi, s'il a fini par s'intéresser aussi à l'histoire de l'intégration européenne, c'est en quelque sorte par élargissement de son lieu natif, marqué par la rencontre des cultures, entre Lorraine, Alsace, Sarre et Rhénanie-Palatinat. Puis, regardant par-delà les frontières jusqu'à s'intéresser à la partie plus orientale de l'Europe, il irrigue ses recherches et son enseignement de la sève puisée profond et large de ses racines par définition transfrontalières. Et, de ce fait, aussi, transdisciplinaires. Autant de lieux qui appellent à méditer sur ce qu'est une frontière, tantôt nécessaire, tantôt superflue mais toujours présente. Déclare-t-on une frontière levée ? Voilà qu'elle se referme à la première crise migratoire venue. La dit-on superflue ? Voilà qu'une pandémie fait se lever un pont-levis sur le Rhin.

Les contributions que ce volume réunit honorent la dimension pluridisciplinaire aussi revendiquée qu'avérée de Sylvain Schirmann, historien, politiste, sociologue… Professeur d'histoire des relations internationales contemporaines à l'Université de Strasbourg il a été directeur de l'Institut d'études politiques de Strasbourg. Il obtient une chaire Jean Monnet-Histoire de la construction européenne et devient directeur du centre d'excellence Jean-Monnet. Membre du Groupe de liaison des Professeurs d'Histoire contemporaine auprès de la Commission européenne, président du Comité scientifique de la Maison de Robert Schuman : autant de titres auxquels ce volume rend hommage de manière polyphonique. Ses recherches dans les domaines des relations franco-allemandes ou de la politique extérieure de l'Allemagne ou encore sur les milieux socio-économiques et l'organisation de l'Europe au XXe siècle ou sur les organisations internationales au XXe siècle révèlent un chercheur qui ne se met pas de frontières. Il allait alors de soi que les auteurs des contributions de ce volume de mélanges célèbrent Sylvain Schirmann par-delà les frontières nationales et disciplinaires.

Sylvain Schirmann est un Européen avant tout. Non de cette espèce désincarnée de l'Européen de caricature. Il s'enracine dans l'histoire concrète de l'Europe sans a priori ni préjugé. Il incarne cette manière d'être européen qui répond à la définition d'Edgar Morin : « L'Europe est une notion incertaine, naissant du tohu-bohu, aux frontières vagues, à géométrie variable, subissant des glissements, ruptures, métamorphoses[1]. »

Dans ce volume Sylvain Schirmann est honoré par des articles originaux en signe de profonde gratitude tant il a enrichi intellectuellement l'Université de Strasbourg. Une université sur la frontière, sur le Rhin qui procède de la tension féconde entre France et Allemagne au cœur de l'Europe. Les trois mouvements de cette polyphonie composée par des enseignants-chercheurs de toutes disciplines sous la direction de Birte Wassenberg offrent au lecteur une dynamique par-delà les frontières. Le premier mouvement donne le ton en faisant entendre cette dialectique

1 E. Morin, *Penser l'Europe*, Paris, Gallimard, coll. « au vif du sujet », Paris, 1987, p. 31.

particulière de la frontière source de conflits et de coopération. Le deuxième mouvement donne la voix aux acteurs pour montrer que les volontés politiques font exister les frontières soit comme ponts vers l'autre, soit comme rideau abaissé sur la liberté de rencontrer. Le dernier mouvement, consacré aux représentations, offre une ouverture comme autant d'invitations à la réflexion sur ce qu'est l'Europe. Cette construction est un vrai projet puisqu'il pose la question de la frontière en termes aussi politiques que philosophiques. En quoi les auteurs font œuvre utile et nécessaire en ces temps troublés de frontières violées et d'acteurs qui font de l'histoire un mensonge.

Finalement, l'ouvrage fait apparaître en filigrane le portrait de celui qui y est fêté et remercié : Sylvain Schirmann comme un homme formé par « l'identité de frontière »[2]. Claudio Magris est cet auteur lié à Trieste et au Danube, deux lieux mouvants qui interrogent et l'appartenance à un pays et au continent Européen. Il désigne la frontière comme une « terre de personne », un entre-deux comme la Trieste de son enfance. Or « parfois, cette terre de personne, cet *entre-deux*, peut-elle être une bonne demeure »[3]. La demeure de Sylvain Schirmann ? Enraciné dans l'Est de la France, au cœur de l'Europe. Fidèle serviteur de l'université, chercheur exigent et pédagogue exceptionnel. La frontière comme oxymore fondateur d'une Europe plus que jamais nécessaire. Merci Sylvain Schirmann de nous avoir mis aux postes frontières de la réflexion dont les barrières ne pourront jamais être fermées.

---

2 C. Magris, « Littérature de frontière, itinéraire d'un écrivain », in *Études germaniques* 2007/1, p. 9.

3 *Ibid.*, p. 18.

Kurzeinleitung

Birte Wassenberg

Die Europäische Union ist lange als gelungenes Modell einer integrierten regionalen Organisation gelobt worden. Seit 2008 hat jedoch die Krisensituation in Europa – Wirtschafts- und Finanzkrise, Terrorismus, Migration, Covid-19 Pandemie- dieses Image stark beschädigt. Die Rückkehr von Grenzkontrollen in der EU, die Reflexe von Protektionismus, der Anstieg neuer nationalistischer Bewegungen und des Euroskeptizismus sind viele Anzeichen dafür, dass die Europäische Idee stagniert. Aber anstatt sich über den Integrationsprozess Gedanken zu machen, beobachtet man ein neues Narrativ der Europäischen Desintegration, deren erstes Vorzeigebeispiel der Brexit sei.

Dieser Sammelband schlägt stattdessen vor, die Europäische Idee unter drei Gesichtspunkten neu zu überdenken: Grenzen, Akteure und Repräsentationen von Europa (Fare). Die Auswahl dieser drei Schwerpunktthemen für die Festschrift zu Ehren von unserem Kollegen Sylvain Schirmann anlässlich seiner Emeritierung ist kein Zufall. Sie stellt ein Augenzwinkern zum ehemaligen Forschungsinstitut Fare der Historiker Zeitgenössischer Internationaler Beziehungen in Strasbourg dar, das er in der Traditionslinie der französischen Schule der Historiker Internationaler Beziehungen initiiert hat und das 2009 von den zeitgenössischen Historikern des Europainstitutes (IHEE) der Universität Strasbourg gegründet wurde. Das Institut wurde zwar 2014 in die UMR Dynamiques européennes integriert, der Name blieb jedoch über die dem Institut angeschlossenen Zeitschrift Fare erhalten, die weitergeführt wird und deren 21. Ausgabe im Jahr 2021 gerade erst erschien.

Wir haben diese drei Schwerpunktthemen auch ausgewählt, weil sie sowohl die Hauptforschungsthemen von Sylvain Schirmann als auch die des Deutsch-französischen Jean Monnet Exzellenz-Zentrums darstellen, das er 2018 von der Europäischen Kommission erhalten hat und das 2022 ausläuft. Grenzen, Akteure und Repräsentationen von Europa bildeten in der Tat eine Art Grundorientierungslinie in der beruflichen

Karriere von Sylvain Schirmann, sowohl was seine Lehre und Forschung betrifft, als auch seine Zielsetzungen als Direktor von Sciences Po Strasbourg von 2016 bis 2015.

Der Begriff, der diese drei Schwerpunktthemen zusammenbringt ist Europa und Sylvain Schirmann ist eng damit verbunden. Als Doktorand von Raymond Poidevin gehört er zu den Anhängern der französischen Schule der Geschichte Internationaler Beziehungen, die von Pierre Renouvin und Jean-Baptiste Duroselle in den 1960ger Jahren gegründet und danach von René Girault und Raymond Poidevin in den 1970ger und 1980ger Jahren weitergeführt wurde. Sein Interesse für die Geschichte der Europäischen Einigung zieht sich wie ein roter Faden durch seine Karriere: Nach Marie-Thérèse Bitsch war er einer der ersten Professoren an der Universität Strasbourg, die einen Jean Monnet Lehrstuhl von der Europäischen Kommission erhalten haben und seit 2008 ist er außerdem Gastprofessor des Europakollegs in Brügge und Natolin. Seine führenden Funktionen im Bereich von Forschung und Ämter im öffentlichen Interesse sind zahlreich: so leitet er seit 2004 den wissenschaftlichen Rat des Robert Schuman Hauses und seit 2010 den des *Lieu d'Europe* in Strasbourg. Von 2000 bis 2004 war er Direktor des Forschungszentrums für Geschichte und Zivilisation Westeuropas an der Universität Metz und wurde 2009 Mitglied der Liaisons-Gruppe zeitgenössischer Historiker bei der Europäischen Kommission. Er hat außerdem Herausgabeverantwortung für den Bereich Geschichte der Europäischen Integration übernommen, zunächst, von 2006 bis 2015, als Publikationsleiter der Zeitschrift *Études européennes* und danach als Mitgründer und -Herausgeber, zusammen mit Jürgen Elvert, der Kollektion *Études sur l'Histoire de l'intégration européenne – Studien zur europäischen Integrationsgeschichte* beim Franz Steiner Verlag in Stuttgart. Drei Referenzwerke von Sylvain Schirmann sind im Rahmen der Europastudien besonders hervorzuheben : ein erstes über die Zwischenkriegsperiode[1] und zwei weitere, eines über die Europäische Architektur (*Quelles architectures pour quelle Europe*)[2] und das andere, interdisziplinäre, das

1 S. Schirmann, *Quel ordre européen ? De Versailles à la chute du III° Reich, Paris*, A. Colin, Paris, 2006.

2 S. Schirmann (dir.), *Quelles architectures pour quelle Europe ? Des projets d'une Europe unie à l'Union européenne (1945–1992)*, PIE-Peter Lang, Bruxelles, Publications de la Maison de Robert Schuman, 2011

er mit seinem Politikwissenschaftskollegen Michel Mangenot über die EU Institutionen herausgegeben hat (*Les institutions européennes font leur histoire*)[3].

Insbesondere har er jedoch als Direktor des Politikwissenschaftsinstituts in Strasbourg (IEP) die Europastudien gestärkt, innerhalb der *filière* für Europäische und Internationale Studien, durch die Schaffung neuer Programme und Lehrveranstaltungen zur EU und durch die Integration des Europainstituts (IHEE) ins IEP. Wenn Strasbourg heute als eine der besten *Sciences Po* Schulen für Europastudien gilt, so ist dies vor allem dem intensiven Bemühen, der Expertise und dem *savoir-faire* von Sylvain Schirmann zu verdanken.

Die „Grenzen" sind schon Teil der Forschung von Sylvain Schirmann, als er die Nachbarschaftsbeziehungen Frankreichs behandelt. Zunächst sind es die Deutsch-Französischen Beziehungen, die seine Aufmerksamkeit erregen, z.B., während eines von Raymond Poidevin und Franz Knipping geleiteten Forschungsprogramms zu den Deutsch-Französischen Wirtschaftsbeziehungen im 20. Jahrhundert, von 1989 bis 1991, oder danach, im Rahmen eines Historikerseminars über Deutsch-Französische Wirtschaftsbeziehungen von 1981 bis 2004, das vom Deutschen historischen Institut und dem Ausschuss für die Wirtschafts- und Finanzgeschichte Frankreichs organisiert wurde. Diese Beziehungen werden auch in seinen Publikationen behandelt, z.B. im cahier Fare n° 7 im Jahr 2014 über das deutsch-französische Paar (*Le couple franco-allemand vu par certains États tiers*)[4] oder in seinem Artikel über die deutsch-französische Versöhnung im Jahr 2016[5]. Von 2010 bis 2014, untersuchte Sylvain Schirmann auch die Nachbarschaftsbeziehungen Frankreichs mit Deutschland und den Benelux-Staaten in einem Forschungsprogramm zu den „lieben Nachbarn" (*Ces chers voisins*), zusammen mit seinen beiden Freunden und Kollegen Eric Bussière und

---

3 S. Schirman, M. Mangenot (dir.), *Les institutions européennes font leur histoire. Regards croisés soixante ans après le traité de Rome*, Bruxelles, PIE Peter Lang, Bruxelles, 2012.

4 S. Schirmann, (dir.), « Le couple franco-allemand vu par certains États tiers depuis 1963 », *Cahier Fare*, n° 7, L'Harmattan, Paris, 2016.

5 S. Schirmann, « La réconciliation franco-allemande. Eléments d'une problématique », *in* N. Paun, S. Schirmann (dir.), *Borders, Identities, Communities. The Road to Reconciliation and Partnership in Central and Eastern Europe,* Nomos, Baden-Baden, 2016, pp. 211–221

Michel Dumoulin – das „infernale Trio“, wie er sie selbst bezeichnet[6]. Aber sein Interesse für Grenzen wurde ihm auch von seinen Kollegen zugetragen und ich bin hier selbst die Hauptverantwortliche. Als ich 2009 als junge Juniorprofessorin beim IHEE anfing, mit einer Doktorarbeit über die grenzüberschreitende Zusammenarbeit am Oberrhein, hat Sylvain Schirmann nicht gezögert, dieses Thema, von dessen innovativem Charakter er für die Europawissenschaften überzeugt war, zu unterstützen. So erinnere ich mich gut daran, als er mich in sein Direktorenbüro im IEP Strasbourg gerufen hatte, um mir ein Budget für ein mehrjähriges Forschungsprogramm zur grenzüberschreitenden Zusammenarbeit in Europa anzuvertrauen. Er hatte sich nicht geirrt: in Zusammenarbeit mit meinem Kollegen Joachim Beck aus den Verwaltungswissenschaften hat diese Unterstützung zu einer Reihe von sechs Sammelbänden zum Thema *Grenzüberschreitende Zusammenarbeit erleben und erforschen* geführt, die von 2009 bis 2014 veröffentlicht wurden[7].

Sein Engagement für die Forschung über Grenzen wurde im Rahmen des Deutsch-Französischen Jean Monnet Exzellenzzentrums bestätigt, das Sylvain Schirmann 2018 von der Europäischen Kommission erhalten hat, denn das ausgewählte Thema war: die Grenze erleben. Das Projekt umfasste drei Bereiche von Aktivitäten: Bildung, Forschung und Verbreitung in der Zivilbevölkerung und jeder davon war auf einen Schwerpunkt „Grenze“ ausgerichtet. So war im Bereich der Bildung die Einrichtung eines trinationalen Bachelors zu Grenzüberschreitenden Europastudien zwischen den Universitäten Basel, Freiburg und Strasbourg vorgesehen. Im Bereich der Forschung behandelten sechs Seminare auf unterschiedlichste Weise das Thema Grenzen, bezogen auf die sozialen und wirtschaftlichen Akteure, den grenzüberschreitenden Sport, die *Governance*, den Deutsch-Französische Aachener Vertrag, die Sicherheit an Grenzen… Schließlich programmierte das Zentrum für die Verbreitung in Kooperation mit dem Odyssee Kino eine Reihe von Filmen und Dokumentationen über Grenzen und während des jährlichen Geopolitik-Festivals und bei Webinaren wurden viele Grenz- Themen

---

6 M. Dumoulin, J. Elvert, S. Schirmann (dir.), *Ces chers voisins. L'Allemagne, la Belgique et la France en Europe du XIXè au XXIè siècles*, Franz Steiner Verlag, Stuttgart, 2010 ; Dumoulin, J. Elvert, S. Schirmann (dir.), *Encore Ces Chers Voisins : Le Benelux, L'Allemagne et la France aux XiXe et XXe siècles*, Franz Steiner Verlag, Stuttgart, 2014.

7 J. Beck, B. Wasenberg (dir.), *Vivre et penser la coopération transfrontalière (Vol. 1–6)*, Steiner-Verlag, Stuttgart, 2009–2014.

und Konflikte behandelt, wie z.B. der Brexit, Grenzschließungen während der Covid-19 Pandemie oder der Krieg zwischen Russland und der Ukraine.

Das Schwerpunktthema „Akteure" findet sich ebenfalls im Herzen der vorrangigen Forschungen von Sylvain Schirmann wieder. Sein Interesse gilt vor allem zwei Arten von Akteuren: erstens, den öffentlichen Akteuren und deren Rolle in den internationalen Beziehungen – Staaten, politische Persönlichkeiten, aber auch Europäische und internationale Organisationen- und zweitens, den Wirtschaftsakteuren und deren Rolle in der Europäischen Integration. Es sind demnach sowohl die öffentlichen wie die privaten Akteure, die seine Aufmerksamkeit wecken. In der ersten Kategorie findet sich vor allem Deutschland im Zentrum seiner Forschungsarbeiten sowie einer der Gründungsväter Europas, Robert Schuman, aber auch allgemein Europäische und internationale Organisationen wie der Völkerbund, die Europäische Gemeinschaft oder die zentrale Rheinschifffahrtskommission. Seine Prioritäten spiegeln sich auch in seinen verschiedenen Funktionen und Affiliationen wieder, denn er leitete z.B. die 2. Achse zu den Akteuren der Europäischen Integration der Forschungseinheit Fare und war mitverantwortlich für ein Forschungsprogramm der *Maison interuniversitaire de Sciences de l'Homme – Alsace* (MISHA) zu Deutschland in Europa oder auch Mitglied des Verwaltungsrates des Forschungsverbundes (GIS) „*Mondes germaniques* (Deutschsprachige Länder)". Außerdem war er von 2008 bis 2014 Herausgabedirektor und Mitglied des Redaktionsausschusses der Zeitschrift *Revue d'Allemagne et des pays de langue germanique.*

Was die erste Kategorie der staatlichen Akteure betrifft, hat sich Sylvain Schirmann seit seiner Doktorarbeit zu den Deutsch-Französischen Wirtschafts- und Finanzbeziehungen von 1932 bis 1939 immer wieder der Rolle Deutschlands in den Internationalen Beziehungen gewidmet, wie z.B. in einer Publikation, die er zusammen mit Jürgen Elvert 2008 herausgab oder in einem Dossier der *Revue d'Allemagne* im Jahr 2015, von denen beide das Thema Deutschland in Europa behandelten[8]. Erst kürzlich, im Jahr 2021, hat er zwei Herausgaben der Zeitschrift *Relations*

---

[8] J. Elvert, S. Schirmann (dir.), *Zeiten im Wandel: Deutschland im Europa des 20. Jh. – Tiempos de cambio : Alemania en la Europa del siglo XX – Changing Times : Germany in 20th. Century Europe*, Peter Lang, Bruxelles et Fundàcion Academia Europea de Yuste, Cuadernos de Yuste 5, 2008; S. Schirmann (dir.), « L'Allemagne et l'Europe », *Revue d'Allemagne*, tome 47, n° 1, janvier–juin 2015.

Internationales zur Außenpolitik Deutschlands nach der Wende veröffentlicht[9]. Im Bezug auf die Schlüsselpersonen der Europäischen Integration hat er dank seiner Funktion im Schuman Haus in Scy-Chazelles in Lothringen noch unerforschte persönliche Archive Robert Schumans erforschen können und im Jahre 2008 dann ein Buch zur politischen Kultur und den Bildungsjahren des Europäischen Gründungsvaters veröffentlicht[10]. Und im Bezug auf Europäische und internationale Organisationen hat Sylvain Schirmann nicht nur die Geschichte des Völkerbundes, die der Europäischen Kommission und die des ersten gewählten Europaparlamentes erforscht, sondern er hat auch zusammen mit Martial Libera die Geschichte einer weniger beachteten internationalen Organisation geschrieben, deren Sitz sich in Strasbourg befindet: die Zentrale Rheinschifffahrtskommission[11].

In der zweiten Kategorie sind es die Wirtschaftskreise – Firmen, Gewerkschaften, Arbeitgeberverbände- denen seine Forschung gewidmet ist. So hat er im Jahr 2006 zusammen mit Eric Bussière und Michel Dumoulin die Wirtschaftsakteure und deren Rolle in der Europäischen Integration im 20. Jahrhundert behandelt[12] und im Jahr 2014 einen Sammelband zur Wirtschaftsintegration und Europäischen *Governance* veröffentlicht[13]. In demselben Jahr veröffentlicht sind auch zwei seiner Artikel zu den Gewerkschaften und der Schaffung eines sozialen Europas und zu den französischen Gewerkschaften und der Europäischen Integration zu unterstreichen[14]. Im Allgemeinen verfolgt Sylvain

---

9 F. Bozo, S. Schirmann (dir.), « La politique étrangère de l'Allemagne fédérale par-delà la Wende ; années 1980–1990 », *Relations Internationales*, n° 184 et n° 185, 2021.

10 S. Schirmann, (dir.), *Robert Schuman et les pères de l'Europe. Cultures politiques et années de formation*, Peter Lang, Bruxelles, Publications de la Maison de Robert Schuman, 2008.

11 M. Libera, S. Schirmann (dir.), « La Commission centrale de navigation sur le Rhin, histoire d'une organisation internationale », *Cahier Fare* n° 13, L'Harmattan, Paris, 2017.

12 E. Bussière, M. Dumoulin, S. Schirmann (dir.), *Milieux économiques et intégration européenne au XXe siècle. La crise des années 1970. De la conférence de La Haye à la veille de la relance des années 1980,* Peter Lang, Bruxelles, 2006

13 S. Schirmann (dir.), « Intégration économique et gouvernance européenne depuis les années cinquante », *Cahier Fare* n° 3–4, L'Harmattan, Paris, 2014.

14 S. Schirmann, « Les syndicats et la construction d'une Europe sociale », *In* R. Marcowitz, A. Wilkens (dir.), *Une « Europe des citoyens ». Société civile et identité européenne de 1945 à nos jours*, Peter Lang, Berne, 2014, pp. 135–147; S. Schirmann, « Les syndicats français et la construction européenne », *In* M. Bachem-Rehm,

Schirmann eine Angehensweise zu den Akteuren der Internationalen Beziehungen, die ich als „realistisch" bezeichnen würde. Er ist überzeugt davon, dass es die Interessen der Akteure sind, die zählen und dass es das Zusammenspiel dieser Interessen ist, die den Kurs der Geschichte der Europäischen Einigung bestimmen.

Es ist dieser Realismus, der auch seine Forschungsarbeiten zum dritten Schwerpunktthema bestimmt, den Repräsentationen von Europa. Es ist daher nicht eine konstruktivistische Vision, die annimmt, dass man sich Stück für Stück zu einem föderalistischen Ideal der Europäischen Integration entwickelt, die er verteidigt. Von dieser Vision, die bei vielen Forschern der Europastudien vorherrscht, die wie auch ich Idealisten der Europäischen Idee sind, ist er nicht überzeugt, da sie einen teleologischen Ansatz zur Europäischen Integration verfolgt. Auf einen theoretischen Rahmen zur Europäischen Idee übertragen könnte man Sylvain Schirmanns Ansatz eher als funktionalistische Schule der Europäischen Integration bezeichnen – der auch Robert Schuman angehörte – allerdings ohne dabei das finale Ziel einer EU-Föderation zu integrieren.

Dieser Ansatz hat Sylvain Schirmann nicht darin gehindert, zu einem der Pioniere der französischen Historiker Internationaler Beziehungen zu gehören, die über die Repräsentationen Europas geforscht haben. So wurde er 2008 Mitglied des Netzwerkes „Europäische Identitäten" der UMR-IRICE Paris I–Paris IV, in dem er zusammen mit Michel Dumoulin und Eric Bussière eine Forschungsachse zu Wirtschaft und der Europäischen Integration geleitet hat. Aber er betrachtet die Repräsentationen Europas auch aus der Perspektive der Memorialstudien, denn er wurde 2013 Mitglied des Wissenschaftsrates vom Memorial Elsass-Moselle. Es war auch der Moment, an dem er eine Forschungsprojekt zur Enthaltung, dem Euroskeptizismus und dem Anti-Europäismus bei den Europawahlen seit 1979 initiiert hat[15]. Sein realistischer Ansatz zur Europäischen Integration ermöglichte es ihm, den Blickwinkel auf die EU zu ändern und nicht nur die Fortschritte der Europapolitik und die Vertiefung der Integration zu berücksichtigen, sondern auch die Krisen, Rückschritte

C. Hiepel, H. Türk (dir.) *Teilungen überwinden. Europäische und internationale Geschichte im 19. und 20. Jahrhundert,* Oldenbourg Verlag, Munich, 2014, pp. 471–481.

15 M. Libera, S. Schirmann, B. Wassenberg (dir.), *Abstentionnisme, euroscepticisme et anti-européisme dans les élections européennes de 1979 à nos jours*, Steiner Verlag, Stuttgart, 2016.

und sogar die Desintegration. Er betont immer, dass es zahlreiche Repräsentationen von Europa gibt, die sich nicht nur auf die EU oder auf ihr Integrationsmodell beschränken. Der Alter-Europäismus ist ihm zufolge omnipräsent in der Geschichte der Europäischen Integration, und zwar von Beginn an, wie es die vielen Diskussionen über die Europäische Idee in der Zwischenkriegszeit zeigen.

Aber Sylvain Schirmann ist nicht unempfänglich für den Europäismus. Im Jahr 2019, in einer Studie zur Geschichte des ersten gewählten Europaparlaments von 1979 bis 1989, hat er sich der politischen Kultur und den Repräsentationen von Europa der Europaparlamentarier gewidmet. Im Bezug aus die Eröffnungsrede von Louise Weiss bei der ersten Europaparlamentssitzung am 17 Juli 1919 widersteht auch er nicht ihrem idealistischen Humanismus und ihrem Appel für eine gemeinsame Europäische Identität, die auf die Grundwerte des Rechts, der Demokratie und der Menschenrechte basiert. Aber dies ist weder inkompatibel mit seinem realistischen oder (post-)funktionalistischen Ansatz der Europäischen Integration noch mit seiner internationalistischen Vision. Denn insgesamt bleibt die Europäische Integration für Sylvain Schirmann ein Teil der Geschichte der internationalen Beziehungen und die EU bleibt eine regionale Organisation unter vielen, die sich in der globalen Architektur internationaler Organisationen in der Welt eingliedert. Seine Devise ist also die Verflechtung von Europa- und internationalen Studien, wie er es selbst ausdrückt: „Europa bedeutet internationale Beziehungen und internationale Beziehungen bedeutet Europa".

In dieser Festschrift zu Ehren von Sylvain Schirmann widmen sich seine Kollegen und Freunde, jede(r) auf seine Weise, auf Deutsch oder auf Französisch, einem dieser drei Schwerpunkthemen, die im Mittelpunkt seiner Forschung und der des Deutsch-Französischen Jean Monnet Exzellenzzentrums standen: Grenzen, Akteure und Repräsentationen Europas. Im ersten Teil über Konflikte und Kooperationen an Grenzen behandelt Frédérique Berrod zunächst die Architektur der Grenzen der EU aus der juristischen Perspektive, während Michel Catala die Entwicklung des Schengener Abkommens nachzeichnet. Anschließend untersuchen Anne Klebes-Pélisser, Jean Peyrony, Hansjörg Drewello, Jean-Alain Héraud, Emmanuel Muller und Alexis Vahlas verschiedene Arten und Formen von Grenzkonflikten in Europa und in der Welt: die Genese und das Management von *border disputes*, Krisen und Grenzziehungen in Europa, die Covid-19 Pandemie und der Friedensprozess im Nahen Osten sind alles Themen, die die Vielfalt und Diversität von

Grenzkonflikten illustrieren. Im Bereich der grenzüberschreitenden Zusammenarbeit, schlagen die Autoren ebenfalls unterschiedliche Perspektiven vor: die von Corine Defrance über die Städtepartnerschaften in Europa, die von Martial Libera über die grenzüberschreitende Zusammenarbeit am Oberrhein, die von William Gasparini über den grenzüberschreitenden Sport in Europa, die von Martine Camiade über die Geschichte der Pyrenäengrenze, oder die von Fabienne Leloup zu Konflikten, Kulturerbe und Europa an der französisch-belgischen Grenze.

Im zweiten Teil des Sammelbandes über die Akteure widmen sich zunächst mehrere Autoren den französischen Staatsakteuren. So erforscht Jean-François Eck Frankreich und die Finanzierung der Saarwirtschaft von 1945 bis 1959, Laurent Warlouzet schreibt über das Ministerium von Bouchardeau und die Europäische Regulierung der Automobilumweltverschmutzung, Fabrice Larat bietet ein Panorama zu Dreißig Jahren der ENA in Strasbourg und Eric Bussière untersucht die Rolle von Jacques Delors bei der Erarbeitung des Maastrichter Vertrages. Zwei Artikel beziehen sich danach auf Rumänien, der eine von Antonela-Paula Mureşan über den Beitrag von Rumänien zum Europäischen Beitrittsverfahren von Moldawien und der andere von Nicolae Păun über das Rumänien zwischen den beiden Weltkriegen und die Anfänge der Modernisierung und Europeanisierung der rumänischen Wirtschaft. Schließlich behandeln zwei Artikel Deutschland und die Deutsch-Französischen Beziehungen: Christine Aquatias und Clara Eichinger analysieren den Aachener Vertrag unter dem Blickwinkel der Klima- und Energiepolitik und Michael Kißener widmet sich einem deutschen öffentlichen Akteur, der Universität Mainz und der Rolle der Studentenzeitschrift „Die Burse" 1947/1948.

Im dritten Teil über die Repräsentationen Europas, untersuchen die Autoren unterschiedliche Visionen zur Europäischen Integration, zur Europäischen Erinnerungskultur und zur grenzüberschreitenden Zusammenarbeit. Nach einer kritischen Evaluierung des Ideals eines „Europa ohne Grenzen" von Birte Wassenberg, widmen sich Laurence Badel und Philippe Hamman aus unterschiedlicher Perspektive den Fragen der Europäischen Erinnerungskultur: die der Stadt Wien als (vergessene) Hauptstadt Europas und die der Grenzgebiete und ihrer Repräsentationen von Europa. Ein origineller Beitrag ist der von Michel Mangenot, der eine fiktive Neuschreibung der „Deklaration vom 9. Mai" anbietet, während Joachim Beck die Repräsentation von Grenzregionen als Modellräume Europäischer Integration behandelt. Zuletzt schließt der Beitrag von Jürgen Elvert diesen Sammelband ab, der die Frage zur Rolle des Meeres bei der Repräsentation von Europa stellt: „Was hat das Meer mit Europa zu tun?".

Die vielen Beiträge, die diesen Sammelband füllen, sind sowohl Zeichen der Anerkennung und der Zuneigung für Sylvain Schirmann und die Bestätigung seiner Fähigkeit, Forscher(inn)en aus verschiedenen Europäischen Ländern und Wissenschaftsdisziplinen zusammen zu bringen.

Introduction

Birte Wassenberg

L'Union européenne (UE) a longtemps été louée comme modèle réussi d'une organisation régionale intégrée. Or, à partir de 2008, l'état de crise en Europe – crise économique et financière, terrorisme, migration, pandémie Covid-19 – a largement remis en cause cette image. Le rétablissement de contrôles aux frontières de l'UE, les réflexes de protectionnisme, la montée de nouveaux mouvements nationalistes et de l'euroscepticisme sont autant de signes que l'idée européenne est en panne. Mais au lieu de s'interroger sur le processus de l'intégration européenne, on voit apparaître dans les Études européennes un nouveau récit, celui de la désintégration européenne, dont le Brexit serait la première illustration. Sylvain Schirmann, professeur d'histoire contemporaine et spécialiste de la construction européenne en est conscient et nous lance un appel :

> « (…) cette crise nous amène à ouvrir des chantiers que nous avons peut-être négligés. En fait, nous nous sommes surtout intéressés à la construction européenne sous l'angle d'un processus linéaire, fonctionnaliste et sous l'aspect de l'européanisation. Or, les crises actuelles nous montrent que c'est beaucoup plus complexe. Nous devons investir de nouveaux terrains de recherche. En 2009, au moment de la crise financière, nous avons par exemple ouvert des chantiers sur l'anti, l'alter, l'euroscepticisme. Il y a quelques années, nous avons lancé les débats sur l'Europe en question. (…) c'est un vrai défi ! »[1].

Cet ouvrage collectif répond à cet appel de Sylvain Schirmann en proposant de de revisiter l'idée européenne sous l'angle de trois thèmes : les frontières, les acteurs et les représentations de l'Europe (Fare). Pour rendre hommage à notre collègue, à l'occasion de son départ à la

---

1 Interview dans *Savoirs*, mai 2019, https://savoirs-archives.unistra.fr/et-ailleurs/unistra-un-adn-europeen/europeenne-avant-leurope/ (2.7.2022).

retraite, le choix de ces trois mots clés n'est pas anodin. Il s'agit d'un clin d'œil au laboratoire Fare qu'il a initié dans la tradition de l'école de l'histoire des relations internationales en France et que les historiens contemporanéistes de l'Institut des Hautes études européennes (IHEE) ont monté à l'Université de Strasbourg en 2009. Si ce laboratoire a été intégré dans l'UMR Dynamiques européennes en 2014, le nom Fare demeure à travers la revue qui lui était rattachée et qui continue d'exister car la 21e édition vient de paraître en 2022[2].

Nous avons aussi sélectionné ces trois mots clés parce qu'ils reflètent à la fois les thèmes de recherche prioritaires de Sylvain Schirmann et ceux du Centre d'excellence Jean Monnet franco-allemand qu'il a obtenu auprès de la Commission européenne en 2018 et qui se clôture en 2022. Frontières, acteurs et représentations d'Europe ont ainsi sans doute constitué une ligne conductrice dans le parcours professionnel de Sylvain Schirmann en ce qui concerne l'enseignement, la recherche et ses orientations en tant que directeur à Sciences Po Strasbourg, entre 2006 et 2015.

Le terme fédérateur des trois mots clés c'est l'Europe et Sylvain Schirmann y est attaché. Doctorant de Raymond Poidevin, il fait partie des élèves issus de l'école histoire des relations internationales en France qui a été fondée par Pierre Renouvin et Jean-Baptiste Duroselle dans les années 1960 et ensuite poursuivie par René Girault et Raymond Poidevin dans les années 1970 et 1980. Son intérêt pour l'histoire de la construction européenne est un fil rouge dans sa carrière : après Marie-Thérèse Bitsch, c'est l'un des premiers professeurs à l'Université de Strasbourg à obtenir une chaire Jean Monnet auprès de la Commission européenne. Depuis 2008, il est également professeur invité au Collège d'Europe, à Bruges et à Natolin. Ces responsabilités et fonctions d'intérêt collectif et pour la recherche sur l'Europe sont nombreuses : à partir de 2004, il préside le comité scientifique de la Maison Robert Schuman et, à partir de 2010, le comité scientifique du Lieu d'Europe, à Strasbourg. Entre 2000 et 2004, il était directeur du Centre de recherche Histoire et Civilisation de l'Europe occidentale de l'Université de Metz, puis en 2009, il rejoint le Groupe de liaison des Professeurs d'histoire contemporaine auprès de la Commission européenne. Il a également assuré des responsabilités

---

2 Ph. Olivier, A. Clausel (dir.), 1945 : « Europe Année zéro Musique et politique culturelle sous le nazisme et le stalinisme : différences et ressemblances », *Cahier Fare* n° 21, L'Harmattan, Paris, 2022.

éditoriales sur l'histoire de la construction européenne, en tant que directeur de la publication de la Revue *Études européennes,* de 2006 à 2015, et en tant que créateur et co-directeur, avec Jürgen Elvert, de la collection *Études sur l'Histoire de l'intégration européenne – Studien zur europäischen Integrationsgeschichte* du Franz Steiner Verlag, à Stuttgart. Trois ouvrages de référence de Sylvain Schirmann sont également à souligner dans le domaine des Études européennes, un premier sur la période de l'entre-deux guerres (*Quel ordre européen ?*)[3] et deux autres, l'un sur l'architecture européenne (*Quelles architectures pour quelle Europe*)[4] et l'autre, interdisciplinaire et codirigé avec son collègue politiste, Michel Mangenot, sur les institutions de l'UE (*Les institutions européennes font leur histoire*)[5].

Mais, surtout, en tant que directeur de l'Institut d'Études politiques (IEP) à Strasbourg, il a renforcé les Études européennes au sein de la filière Études européennes et internationales, de par de nouveaux programmes de formation et des enseignements sur l'UE et par intégration de l'IHEE à l'IEP. Si Sciences Po Strasbourg est aujourd'hui reconnue comme l'une des écoles d'excellence en matière d'Etudes européennes, c'est grâce à l'investissement, l'expertise et le savoir-faire de Sylvain Schirmann.

Les « frontières » sont déjà présentes dans les recherches de Sylvain Schirmann, lorsqu'il aborde les relations de voisinage de la France. D'abord, ce sont les relations franco-allemandes, qui sont au cœur de ses préoccupations, par exemple, lors d'un programme de recherche dirigé par Raymond Poidevin et Franz Knipping sur les relations économiques franco-allemandes au XXe siècle de 1989 à 1991, ou alors, par la suite, au sein d'un atelier historique sur les relations économiques franco-allemandes de 1871 à 2004 organisé par l'Institut historique allemand et le Comité pour l'histoire économique et financière de la France. Ces relations font aussi l'objet de ses publications, comme le cahier Fare

3 S. Schirmann, *Quel ordre européen ? De Versailles à la chute du III° Reich, Paris,* A. Colin, Paris, 2006.

4 S. Schirmann (dir.), *Quelles architectures pour quelle Europe ? Des projets d'une Europe unie à l'Union européenne (19451992)*, PIE-Peter Lang, Bruxelles, Publications de la Maison de Robert Schuman, 2011

5 S. Schirman, M. Mangenot (dir.), *Les institutions européennes font leur histoire. Regards croisés soixante ans après le traité de Rome*, Bruxelles, PIE Peter Lang, Bruxelles, 2012.

n° 7 sur *Le couple franco-allemand vu par certains États tiers* en 2014[6] ou son article sur la réconciliation franco-allemande en 2016[7]. Entre 2010 et 2014, dans un cycle de recherche sur « Ces chers voisins », Sylvain Schirmann examine aussi les relations de voisinage de la France avec l'Allemagne et les pays du Benelux, en coopération avec ses deux collègues et amis, Eric Bussière et Michel Dumoulin – le trio « infernal », comme il le dénomme lui-même[8]. Mais l'intérêt pour les frontières lui a également été amené par ces collègues, dont je suis la première responsable. Arrivée comme jeune maître de conférences à l'IHEE en 2009 et ayant soutenu ma thèse de doctorat sur l'histoire de la coopération transfrontalière dans l'espace du Rhin supérieur, Sylvain Schirmann n'a pas hésité à soutenir cet axe de recherche dont il était convaincu comme sujet innovant pour les Études européennes. Ainsi, je me rappelle quand il m'a convoquée dans son bureau à la direction de l'IEP de Strasbourg et et m'a confié un budget pour un programme pluriannuel sur l'histoire de la coopération transfrontalière en Europe. Il ne s'est pas trompé : en coopération avec mon collège allemand en sciences administratives, Joachim Beck, ce soutien a abouti à une série de six ouvrages collectifs sur *Vivre et penser la coopération transfrontalière,* publiés entre 2009–2014[9]. Et Sylvain Schirmann confirme dans son avant-propos dans le premier volume de cette série sur *Les régions frontalières françaises :*

> « Les historiens se sont jusqu'à une époque récente peu intéressés à la coopération transfrontalière en tant que telle. Celle-ci était souvent analysée dans le cadre des relations bilatérales interétatiques. Même si elle s'inscrit indéniablement dans ce contexte, il n'empêche qu'elle a sa dynamique propre, accentuée depuis un demi-siècle par le processus de la construction européenne. Dès la seconde moitié du 19è siècle, certains théoriciens de l'État

---

6 S. Schirmann, (dir.), « Le couple franco-allemand vu par certains États tiers depuis 1963 », *Cahier Fare,* n° 7, L'Harmattan, Paris, 2016.

7 S. Schirmann, « La réconciliation franco-allemande. Eléments d'une problématique », *in* N. Paun, S. Schirmann (dir.), *Borders, Identities, Communities. The Road to Reconciliation and Partnership in Central and Eastern Europe,* Nomos, Baden-Baden, 2016, pp. 211–221.

8 M. Dumoulin, J. Elvert, S. Schirmann (dir.), *Ces chers voisins. L'Allemagne, la Belgique et la France en Europe du XIXè au XXIè siècles,* Franz Steiner Verlag, Stuttgart, 2010 ; Dumoulin, J. Elvert, S. Schirmann (dir.), *Encore Ces Chers Voisins: Le Benelux, L'Allemagne et la France aux XiXe et XXe siècles,* Franz Steiner Verlag, Stuttgart, 2014.

9 J. Beck, B. Wasenberg (dir.), *Vivre et penser la coopération transfrontalière (Vol. 1–6),* Steiner-Verlag, Stuttgart, 2009–2014.

tentèrent d'accréditer la thèse que l'espace pertinent de régulation socio-économique est la région. Dès lors comment ne pas imaginer que pour des régions situées aux marges frontalières des États, des partenariats ne puissent voir le jour de part et d'autre de la frontière. Cela peut être nécessaire lorsque la construction des États nations a tracé des lignes de séparation entre des espaces qui relevaient parfois des mêmes aires culturelles. Si l'on veut ainsi aborder la coopération transfrontalière telle qu'elle se pratique de nos jours, il faut indéniablement l'inscrire dans la durée, comprendre ses origines, regarder de près ses motivations et ses objectifs profonds »[10].

Son engagement en faveur de l'étude des frontières a été confirmé au sein du Centre d'excellence Jean-Monnet franco-allemand que Sylvain Schirmann a obtenu par la Commission européenne en 2018, car le thème choisi était : vivre la frontière. Le projet s'est déroulé sur trois ces axes : formation, recherche et dissémination vers la société et chacun de ses axes avait une focale sur la frontière. Ainsi, en matière de formation, le montage d'un bachelor trinational était prévu en Études européennes transfrontalières, entre les universités de Bâle, Fribourg et Strasbourg. En matière de recherche, six séminaires tournaient autour de l'objet de la « frontière », sur les acteurs socio-économiques, le sport transfrontalier, la gouvernance, le traité franco-allemand d'Aix-la-Chapelle, sur la sécurité aux frontières… Enfin, en matière de dissémination, le Centre a programmé avec le cinéma L'Odyssée la projection de films ou de documentaires sur la frontière. Puis, un festival de géopolitique et des webinaires ont abordé de nombreux enjeux et conflits frontaliers tels le Brexit, la frontiérisation lors de la pandémie Covid-19 ou encore la guerre entre la Russie et l'Ukraine.

Le mot clé « acteurs » se trouve également au centre des préoccupations de la recherche de Sylvain Schirmann. Son intérêt porte surtout sur deux types d'acteurs : premièrement, les acteurs publics et leur rôle dans les Relations Internationales – États, personnalités politiques, mais aussi organisations européennes et internationales – et, deuxièmement, les acteurs économiques et leur rôle dans la construction européenne. Ce sont donc à la fois des acteurs publics et des acteurs privés qui retiennent son attention. Dans la première catégorie, c'est surtout l'Allemagne qui se trouve au cœur de ses travaux ainsi qu'un des pères fondateurs de l'Europe, Robert Schuman, mais aussi plus globalement les organisations

---

10 B. Wassenberg (dir.), *Vivre et penser la coopération transfrontalière (Volume 1) : les régions frontalières françaises*, Steiner-Verlag, Stuttgart, 2009, p. 9.

européennes et internationales comme la Société des nations (SDN), la Communauté européenne ou la Commission centrale de navigation sur le Rhin (CCNR). Ces priorités se reflètent aussi dans ses différentes fonctions et affiliations, car il a été par exemple responsable de l'Axe 2 : Acteurs de la construction européenne du laboratoire Fare, coresponsable d'un programme de recherche sur l'Allemagne en Europe de la Maison interuniversitaire de Sciences de l'Homme – Alsace (MISHA) ou encore membre du conseil de gestion du Groupement d'intérêt scientifique (GIS) « Mondes germaniques ». De 2008 à 2014, il a également été directeur de la publication et membre du comité de rédaction de la *Revue d'Allemagne et des pays de langue germanique.*

Quant à la première catégorie d'acteurs étatiques, depuis sa thèse de doctorat sur les relations économiques et financières franco-allemandes de 1932 à 1939, Sylvain Schirmann n'a en effet pas cessé d'interroger le rôle de l'Allemagne dans les Relations Internationales, comme, par exemple, dans un ouvrage codirigé avec Jürgen Elvert en 2008 ou un dossier de la *Revue d'Allemagne* en 2015, les deux consacrés à l'Allemagne en Europe[11]. Plus récemment, en 2021, il a codirigé ouvré deux numéros de la revue *Relations Internationales* sur la Politique étrangère de l'Allemagne par-delà la *Wende*[12]. Par rapport aux personnalités clés de la construction européenne, grâce à son implication à la Maison Schuman à Scy-Chazelles en Lorraine, il a pu explorer des archives personnelles inédites de Robert Schuman et publier, en 2008, un ouvrage dédié aux cultures politiques et années de formation du père fondateur de l'Europe[13]. Et concernant les organisations européennes et internationales, Sylvain Schirmann n'a pas seulement exploré l'histoire de la SDN, l'histoire de la Commission européenne et du premier Parlement européen élu, mais il a également écrit, avec Martial Libera, l'histoire d'une organisation internationale peu abordée, dont le siège se trouve à

---

[11] J. Elvert, S. Schirmann (dir.), *Zeiten im Wandel: Deutschland im Europa des 20. Jh. – Tiempos de cambio : Alemania en la Europa del siglo XX – Changing Times : Germany in 20th. Century Europe*, Peter Lang, Bruxelles et Fundàcion Academia Europea de Yuste, Cuadernos de Yuste 5, 2008; S. Schirmann (dir.), « L'Allemagne et l'Europe », *Revue d'Allemagne*, tome 47, n° 1, janvier–juin 2015.

[12] F. Bozo, S. Schirmann (dir.), « La politique étrangère de l'Allemagne fédérale par-delà la Wende ; années 1980–1990 », *Relations Internationales*, n° 184 et n° 185, 2021.

[13] S. Schirmann, (dir.), *Robert Schuman et les pères de l'Europe. Cultures politiques et années de formation*, Peter Lang, Bruxelles, Publications de la Maison de Robert Schuman, 2008.

Strasbourg : la CCNR[14]. Comme il le souligne dans l'introduction du Cahier Fare dédié à cette organisation :

> « S'intéresser à l'histoire de la CCNR, c'est également traverser deux siècles d'histoire européenne, car le Rhin en est un des acteurs majeurs, en même temps qu'il en est un des symboles. Il n'est pas possible de faire l'histoire du développement économique de l'Europe sans référence au Rhin, qui en a été un axe primordial. (...) La CCNR permet aussi d'aborder toute la conflictualité européenne : les guerres, les impérialismes, les occupations ont souvent eu le Rhin comme cadre et l'histoire des États nations riverains ne saurait faire abstraction du rapport qu'ils entretiennent avec l'artère fluviale. Tout comme l'instance strasbourgeoise est enfin marqueur des temps de pacification et des réconciliations »[15].

Dans la deuxième catégorie, ce sont les milieux économiques – entreprises, syndicats, organisations patronale- et les acteurs parapublics – chambres de commerce, chambres de métiers- auxquels ses recherches sont consacrées. Ainsi, en 2006, avec Eric Bussière et Michel Dumoulin, il s'est penché sur les milieux économiques et l'intégration européenne au 20e siècle[16] et en 2014, il a publié un ouvrage collectif sur l'intégration économique et la gouvernance européenne[17]. À souligner sont également deux articles sur « Les syndicats et la construction d'une Europe sociale » et « Les syndicats français et la construction européenne », publiés la même année[18]. Globalement, Sylvain Schirmann suit une approche des acteurs des Relations Internationales que je qualifierais de « réaliste ». Il est convaincu que ce sont les intérêts des acteurs qui comptent et que c'est

---

[14] M. Libera, S. Schirmann (dir.), « La Commission centrale de navigation sur le Rhin, histoire d'une organisation internationale », *Cahier Fare* n° 13, L'Harmattan, Paris, 2017.

[15] *Ibid.* p. 12.

[16] E. Bussière, M. Dumoulin, S. Schirmann (dir.), *Milieux économiques et intégration européenne au XXe siècle. La crise des années 1970. De la conférence de La Haye à la veille de la relance des années 1980,* Peter Lang, Bruxelles, 2006

[17] S. Schirmann (dir.), « Intégration économique et gouvernance européenne depuis les années cinquante », *Cahier Fare* n° 3–4, L'Harmattan, Paris, 2014.

[18] S. Schirmann, « Les syndicats et la construction d'une Europe sociale », *In* R. Marcowitz, A. Wilkens (dir.), *Une « Europe des citoyens ». Société civile et identité européenne de 1945 à nos jours*, Peter Lang, Berne, 2014, pp. 135–147; S. Schirmann, « Les syndicats français et la construction européenne », *In* M. Bachem-Rehm, C. Hiepel, H. Türk (dir.) *Teilungen überwinden. Europäische und internationale Geschichte im 19. und 20. Jahrhundert,* Oldenbourg Verlag, Munich, 2014, pp. 471–481.

le jeu de ces intérêts qui détermine le cours de l'histoire de la construction européenne.

C'est ce réalisme qui l'emporte également dans ces travaux sur le troisième mot-clé, celui des représentations de l'Europe. Ce n'est donc pas une vision constructiviste qu'il défend supposant qu'on sera progressivement amené à suivre un idéal d'intégration fédéraliste de l'Europe. Cette vision, qui prévaut chez beaucoup de chercheurs en Études européennes qui sont, comme moi, des idéalistes de l'idée européenne ne lui convient pas car elle adopte une approche téléologique de l'intégration européenne. Transposée au cadre théorique sur l'idée de l'Europe, l'approche de Sylvain Schirmann se traduit au contraire plutôt par l'école fonctionnaliste de l'intégration européenne – qui était celle de Robert Schuman- mais sans y inclure l'objectif final de la fédération de l'UE. Cette approche n'a pas empêché Sylvain Schirmann de compter parmi les pionniers des historiens français des Relations Internationales qui ont travaillé sur les représentations de l'Europe. Ainsi, depuis 2008, il est membre du réseau « Identités européennes » de l'UMR-IRICE Paris I–Paris IV, où il a animé avec Michel Dumoulin et Eric Bussière un axe sur l'économie et la construction européenne. Mais il aborde également les représentations de l'Europe sous l'angle des Études mémorielles, car depuis 2013, il est membre du comité scientifique du mémorial d'Alsace-Moselle. C'est aussi le moment, où il lance un projet de recherche sur l'abstentionnisme, l'euroscepticisme et l'anti-européisme dans les élections européennes à partir de 1979[19]. Son approche réaliste de l'intégration européenne lui permet de changer de focale sur l'UE et de ne pas considérer uniquement les progrès des politiques européennes et l'approfondissement de l'intégration, mais également les crises, les reculs, voire la désintégration. Il souligne toujours qu'il y a de nombreuses représentations de l'Europe qui ne se limitent pas à celle de l'UE ou de son modèle d'intégration. L'alter-européisme est selon lui omniprésent dans l'histoire de la construction européenne dès le départ, comme le montrent les nombreuses discussions sur l'idée européenne dans l'entre-deux-guerres. Mais Sylvain Schirmann n'est pas insensible à l'européisme. En 2019, dans son étude sur l'histoire du premier Parlement européen élu de 1979 à 1989, il s'est consacré à la culture politique et aux représentations

---

19 M. Libera, S. Schirmann, B. Wassenberg (dir.), *Abstentionnisme, euroscepticisme et anti-européisme dans les élections européennes de 1979 à nos jours*, Steiner Verlag, Stuttgart, 2016.

d'Europe des députés européens. En introduction à cette étude, il commente le discours d'ouverture de Louise Weiss lors de la première session du Parlement européen élu du 17 juillet 1979 ainsi :

> « L'image de l'Europe comme phare de la conscience, de la vie et du droit est bien choisie. Ces paroles rappellent la nécessité pour les Européens de mettre l'accent sur leur identité commune, de promouvoir leur natalité, et, de sauvegarder les droits de l'Homme. Pour Louise Weiss, les parlementaires élus doivent incarner « l'autorité morale d'Européens », une autorité qui constitue la base de l'avenir de l'Europe »[20].

En effet, ici, on a impression que Sylvain Schirmann ne résiste pas à l'idéalisme humaniste de Louise Weiss et à son appel en faveur d'une identité européenne commune basée sur les valeurs fondamentales du droit, de la démocratie et des droits de l'homme. Mais ce n'est pas incompatible avec son approche réaliste ou (post)fonctionnaliste de l'intégration européenne, ni avec sa vision internationaliste. Car en somme, pour Sylvain Schirmann, la construction européenne fait partie de l'histoire des Relations européennes et l'UE reste une organisation régionale parmi d'autres qui s'insère dans une architecture globale d'organisations internationales dans le monde. Sa devise est donc l'interconnexion des Études européennes et Internationales, comme il l'exprime lui-même : « l'Europe c'est les Relations Internationales et les Relations Internationales, c'est l'Europe ».

Dans cet ouvrage collectif, pour rendre hommage à Sylvain Schirmann, ses collègues et amis se penchent, chacun(e) à sa manière, en français ou en allemand, sur l'une de ces trois mots-clés qui ont été au cœur de ses recherches et celles du Centre d'excellence Jean Monnet franco-allemand : les frontières, acteurs ou représentations d'Europe. Dans la première partie sur les conflits et coopérations aux frontières, Frédérique Berrod aborde d'abord l'architecture des frontières dans l'Union européenne au travers des lunettes du juriste alors que Michel Catala retrace l'évolution des accords de Schengen. Ensuite, Anne Klebes-Pélisser, Jean Peyrony, Hansjörg Drewello, Jean-Alain Héraud, Emmanuel Muller et Alexis Vahlas traitent de différents types et formes de conflits frontaliers en Europe et dans le monde : genèse et gestion des *border disputes*,

---

[20] B. Wassenberg, S. Schirmann, *Culture politique et dynamiques du Parlement européen, 1979–1989*, Série sur l'histoire du Parlement européen, Service de recherche du Parlement européen, Bruxelles, 2019, p. 7.

crises de frontiérisation en Europe, la pandémie Covid-19 et le processus de paix Proche-Orient sont autant de thèmes qui reflètent la multiplicité et la diversité des conflits aux frontières. Dans le domaine de la coopération transfrontalière, les auteurs proposent également plusieurs perspectives : celle sur les jumelages en Europe par Corine enlever un ne Defrance, celle sur la coopération transfrontalière dans l'espace du Rhin supérieur par Martial Libera, celle sur le sport comme passeur de frontières en Europe par William Gasparini, celle sur l'histoire de la frontière pyrénéenne par Martine Camiade ou encore celle de Fabienne Leloup sur batailles, patrimoines et Europe à frontière franco-belge.

Dans la deuxième partie de l'ouvrage sur les acteurs, plusieurs auteurs se consacrent d'abord aux acteurs étatiques français. Ainsi, Jean-François Eck explore la France et le financement de l'économie sarroise de 1945 à 1959, Laurent Warlouzet se penche sur le ministère Bouchardeau et la régulation européenne de la pollution automobile, Fabrice Larat fait un panorama sur trente ans d'ENA à Strasbourg et Eric Bussière examine le rôle de Jacques Delors dans l'élaboration du traité de Maastricht. Deux articles sont ensuite consacrés à la Roumanie, l'un, par Antonela-Paula Mureşan sur l'implication de la Roumanie dans le processus d'adhésion européenne de la Moldavie et l'autre, par Nicolae Păun, sur la Roumanie entre les deux guerres mondiales et le début du processus de modernisation et d'européanisation de l'économie. Enfin, deux articles se penchent sur l'Allemagne et les relations franco-allemandes : Christine Aquatias et Clara Eichinger analysent le traité d'Aix-la-Chapelle sous l'angle de la politique énergétique et climatique et Michael Kißener traite d'un acteur public allemand, l'Université de Mayance, et du rôle de la revue étudiante « Die Burse », en 1947/1948.

Dans la troisième partie sur les représentations d'Europe, les auteurs examinent différentes visions de l'intégration européenne, de la mémoire européenne et de la coopération transfrontalière. Après une évaluation critique de l'idéal d'une « Europe sans frontières » par Birte Wassenberg, Laurence Badel et Philippe Hamman traitent, sous différents angles, de questions de la mémoire européenne : celle de la ville de Vienne comme capitale (oubliée) de l'Europe et celle des espaces-frontières et de leurs représentations de l'Europe. Une contribution originale est celle de Michel Mangenot qui propose un exercice de fiction sur une nouvelle « Déclaration du 9 mai », alors que Joachim Beck aborde la représentation des régions frontalières comme espaces modèles d'intégration européenne. Enfin, pour clôturer cet ouvrage, Jürgen Elvert se pose la question sur le rôle de la mer dans la représentation de l'Europe : « Was hat das Meer mit Europa zu tun? ».

Les différentes contributions qui composent cet ouvrage constituent à la fois un témoignage de la reconnaissance et de l'affection de leurs auteurs envers Sylvain Schirmann et la confirmation de sa capacité de fédérer des chercheurs venant de différents pays européens et disciplines scientifiques.

Partie 1

Frontières : conflits et coopérations

Teil 1

Grenzen: Konflikte und Kooperationen

L'architecture des frontières dans l'Union européenne au travers des lunettes du juriste

Frédérique Berrod

L'Union européenne est un laboratoire de gestion d'espaces en superposition, parmi lesquelles marché intérieur joue un rôle précurseur et matriciel. Si l'on regarde « l'espace sans frontières intérieures » qu'il constitue[1], on se promène sur des allées bien défrichées par le droit : celles du libre commerce au sens d'un passage fluide des marchandises, des services, des capitaux et des citoyens, jouant en quelque sorte à saute-frontières pour passer d'un côté à l'autre de l'Europe. L'évolution de cet espace se dessine comme une constante volonté d'approfondissement de l'intégration économique et politique qui le porte.

La pandémie de COVID-19 a servi de révélateur à un mouvement devenu sous-terrain après la Seconde Guerre mondiale : celui de la défense de la souveraineté des États membres, voire d'une souveraineté européenne[2]. Le passage d'une Union de la solidarité entre États membres induite par la libre circulation par-delà les frontières à la mise en musique des souverainetés nationales et européennes se cristallise aux frontières, physiques mais aussi conceptuelles, de cette expérience d'Europe menée depuis le traité CECA entre 6 États, puis 28, puis 27 aujourd'hui après le retrait du Royaume Uni[3]. Le concept de frontière, longtemps tu par le droit de l'UE[4], constitue aujourd'hui un *leitmotiv* des discours politiques

---

1 Définition du marché intérieur dans l'article 26 TFUE.

2 V. Constantinesco, « La souveraineté est-elle soluble dans l'Union européenne ? », *in* L'Europe en Formation, vol. 368, n° 2, 2013, pp. 119–135.

3 Acté le 31.1.2020.

4 Voir F. Berrod, « Le récit judiciaire de la frontière dans le marché intérieur : un non-dit pour un non-lieu », *in* A. Bailleux, E. Bernard et S. Jacquot (dir.) Les récits

dans les États membres[5] et dans les prises de position de la Commission européenne.

Cet espace de la frontière est revendiqué comme un sous-laboratoire de l'intégration[6], particulièrement fécond en ce qu'il est à la fois le symptôme des divisions souveraines et le produit de l'intégration supranationale, topique de l'Union européenne. L'angle que nous allons privilégier dans ces quelques lignes consiste à mesurer, à partir du droit, comment se traduisent les mutations de la frontière dans l'Union européenne, du point de vue de leur architecture, comprenant leurs infrastructures, les politiques qui en assurent la gestion, tout autant que les configurations et la texture des frontières dans et de l'Union[7].

Pour comprendre les mécaniques juridiques à l'œuvre, il faut revenir à l'ADN de l'Union européenne, consistant à privilégier la libre circulation dans l'espace européen afin de faciliter, de fluidifier les échanges commerciaux (premier point). Ce modèle d'ouverture des dispositifs frontaliers a affronté des crises diverses qui ont reposé la question de la prise en charge des enjeux sécuritaires. À la question traditionnelle du niveau national ou européen de celle-ci, s'ajoute une interrogation sur le lieu de la sécurisation des échanges de marchandises et de services ou des déplacements de personnes. La frontière doit-elle être le lieu de la sécurisation ou un lieu de cette mise en sécurité des marchés et des citoyens ? Cette question englobe l'évolution de la sécurité comme rempart contre des peurs économiques ou sociétales vers une sécurité globale avec des risques systémiques et les enjeux mondiaux qui reconfigurent les politiques étatiques[8] et donc les politiques des frontières (deuxième point). Depuis 2020, les frontières sont clairement devenues centrales

---

judiciaires de l'Europe, Concepts et typologie, Bruylant, Idées d'Europe 2020, pp. 211 à 228.

5 Discours précurseur du président Emmanuel Macron en 2017 à la Sorbonne. Voir aussi pour une vision différente, le discours sur l'état de l'Union du président Juncker de 2018.

6 Rapport de la Commission européenne du 14.7 2021, « *Les régions frontalières de l'UE : des laboratoires vivants de l'intégration européenne* », COM(2021) 393 final.

7 A la manière de S. Schirmann (dir.), *Organisations internationales et architectures européennes 1929–1939*, Actes du colloque de Metz 2001, Publications du Centre d'Histoire de l'Université de Metz, Metz 2003.

8 B. Badie, *Les puissances mondialisées*, Odile Jacob, Paris, 2021.

dans le droit de l'UE[9]. L'Union prend conscience avec la crise sanitaire de sa vulnérabilité, concept qui peut expliciter son rapport aux autres États, aux autres citoyens du monde. Elle suppose de sortir de ce que d'aucuns nomment la naïveté de l'Union, pour entrer dans une Europe qui protège[10]. Nous tenterons d'expliciter certains bouleversements de la frontière pour en faire des zones de protection de la souveraineté européenne (troisième point).

La frontière, zone d'architecture de la fluidification des échanges

Quand on pense à l'Union européenne, on l'associe spontanément aujourd'hui à un espace sans frontières intérieures. La frontière n'est ainsi pas objet du droit de l'UE, lequel s'emploie au contraire à en gommer les aspérités, à en transformer le fonctionnement. La jurisprudence a constaté que ces évolutions marquent définitivement la fonction des frontières internes, les empêchant de jouer le rôle des frontières extérieures de l'Union européenne[11]. Cette transformation doit se traduire par une nouvelle architecture des frontières, qui ne sont plus lignes de défense mais espaces de libre circulation. Le droit du marché intérieur est le droit qui a été utilisé pour opérer une double transformation : il permet de fluidifier le commerce au travers des frontières intérieures tout en réduisant l'armement de ces espaces du point de vue économique et sécuritaire. Cela se traduit par une nouvelle architecture des frontières bien au-delà des seuls enjeux commerciaux, comme en témoigne l'espace de libre circulation des personnes, construit par homothétie de l'espace du marché intérieur. L'architecture de la frontière intérieure se distingue alors clairement de celle de la frontière extérieure.

---

9 Discours sur l'état de l'UE de la présidente von der Leyen du 15.9.2021, « Renforcer l'âme de notre Union ».

10 Voir C. Warin, « Europe souveraine, Europe qui protège ? », consultable sur https://blogdroiteuropeen.com/2018/03/28/europe-souveraine-europe-qui-protege-par-catherine-warin/ (2.7.2022).

11 Sur les évolutions de la frontière, voir les travaux de A. Ullestad, Les frontières extérieures de l'Union européenne. Étude de l'internationalisation du marché intérieur, L'Harmattan 2020.

La suppression de principe de l'effet frontière

Tout le droit du marché intérieur tend à supprimer les obstacles au commerce, qu'ils soient de nature tarifaire (l'imposition de droit de douane par exemple ou leurs équivalents) ou non tarifaire (quotas ou toute forme de standards de sécurité ou de conditions d'accès à un marché)[12]. La *ratio* de cette approche est de supprimer les discriminations qui avantageraient les nationaux, tout en s'attaquant aux mesures non discriminatoires mais dont le fondement reste le passage de la frontière.

La jurisprudence *Cassis de Dijon* est illustrative de cette approche[13] : rien dans la loi allemande sur la dénomination « alcool » n'était en l'espèce discriminatoire et pourtant, la Cour de justice de l'UE s'attaqua à son caractère protectionniste, parce qu'elle rendait invendable sur le marché allemand un produit légalement fabriqué et commercialisé en France. Cette impossibilité d'accéder au marché s'expliquait parce que la loi allemande vient cristalliser dans le droit les méthodes traditionnelles de fabrication des alcools en Allemagne. Si cela peut être compréhensible pour protéger le consommateur en lui garantissant d'acheter des produits fabriqués « à l'allemande » dont il a l'habitude, la notion de liberté d'accès aux marchés promue par le droit du marché intérieur interdit que cette logique allemande soit appliquée aux alcools étrangers. La Cour de justice de l'UE interdit donc cette réglementation non discriminatoire mais pesant plus lourdement sur les produits importés en Allemagne. Elle prend soin pourtant de protéger le consommateur allemand en estimant qu'un étiquetage du produit est nécessaire pour qu'il comprenne en quoi le produit est différent de son équivalent fabriqué en Allemagne.

Ce raisonnement est au fond la quintessence du marché intérieur : la diversité des approches nationales, voire locales, est protégée, tout en promouvant l'unité de l'espace du marché intérieur au travers du droit à pouvoir commercialiser un produit sur les marchés de tous les États membres[14]. C'est bien l'effet frontière qui est peu à peu amenuisé par le droit de l'Union européenne, de manière à interconnecter les différents

---

12 Articles 28 et 30 TFUE.

13 CJUE, 20.2.1979, Rewe-Zentral AG contre Bundesmonopolverwaltung für Branntwein, dit « Cassis de Dijon », aff. 120/78, ECLI:EU:C:1979:42.

14 Voir pour cette définition les considérants du règlement reconnaissance mutuelle du 19.3.2019 expliquant cette mécanique, règlement 2019/515, JOUE du 29.3.2019, n° L 91, p. 1.

marchés nationaux. Cette construction est possible parce que les États membres d'un même espace de valeurs communes ne sont plus dans un rapport de concurrence mais dans une relation basée sur la confiance mutuelle[15].

L'interdiction de l'armement des frontières

Le sens de cette intégration par le droit se trouve dans l'histoire des marchés. Ceux-ci ont été protégés par les États pour des raisons de sécurité sanitaire ou de protection d'un ordre public[16]. Le mercantilisme est ensuite venu protéger le marché national de la concurrence des importations étrangères, contribuant à refermer le marché sur lui-même. L'ambition du marché intérieur est à l'exact opposé de ce protectionnisme. Elle a pour objectif de fluidifier le commerce, pour éliminer le « *venin protectionniste de la frontière* »[17] parce que le protectionnisme des années 1930 était considéré comme un ferment de la guerre. La frontière doit donc, à l'intérieur de la Communauté économique européenne, devenue Union européenne, être réfléchie comme une zone de passage des flux et pas comme une zone de partage des territoires ou des souverainetés. Le principe cardinal du marché intérieur est en effet la libre commercialisation du produit (libre circulation des marchandises), le droit de franchir la frontière pour chercher un emploi (libre circulation des personnes) ou de cliquer sur internet pour réserver depuis Strasbourg une villa dans le Nord de l'Italie (libre prestation des services). C'est alors le lien entre territoire et sécurisation par l'exclusivité du pouvoir étatique qui est délité par l'appartenance à l'Union européenne.

La frontière conserve pourtant sa place et sa fonction « westphalienne » dans l'Union[18]. Elle sert toujours à définir les États membres et elle assure la sécurité par un certain nombre de contrôles. Ce qui change

---

15 M. Guiresse, « La confiance dans l'Union dix ans après Lisbonne : toujours une question de principe ? », *in* N. Brémand, C. Billet, L. Fromont et C. Warin (éd.), Le Traité de Lisbonne 10 ans après : une Union à la croisée des chemins ?, Blog droit européen, special Working Papers series, 2/2020, mai 2020.

16 L. Warlouzet, « Les identités économiques européennes en débat dans les années 1960 : « Europe arbitre » et Europe volontariste », *in* Relations internationales, vol. 139, n° 3, 2009, pp. 9–23.

17 Selon les mots de R. Schuman, Pour l'Europe, réédité par les éditions Marie B., Lignes de repères, 6ème édition, 2019.

18 Sur l'évolution de la notion de frontière, voir K. Postel-Vinay, « La frontière ou l'invention des relations internationales », *in CERISCOPE Frontières*, 2011, [en ligne].

dans l'Union est que la frontière est un lieu de contrôle possible, un lieu non exclusif et exceptionnel de garantie de la sécurité. La frontière est ainsi désarmée, au sens où son passage ne déclenche plus de taxation[19] ou de règles qui diffèrent de celles qui s'imposent aux nationaux pour policer le marché[20]. Néanmoins, la frontière normative existe toujours dans le marché intérieur ; elle matérialise l'Union dans la diversité en protégeant certains objectifs d'intérêt général que l'État membre peut préserver en imposant le respect d'une norme différente de celle de l'État d'origine de la marchandise, de la personne ou du service. La frontière sert donc toujours de zone de délimitation de l'application territorialisée du droit mais elle a également la fonction de zone de facilitation du passage, de zone de libre circulation.

Les frontières fantômes dans l'Union

Les frontières changent donc d'architecture dans l'espace du marché intérieur comme dans l'espace de liberté, de sécurité et de justice, lequel diffuse la libre circulation des personnes sur les différentes frontières de l'Union. De lignes délimitées par des bâtiments, du personnel dédié et des zones plus ou moins franches à leurs pourtours, les frontières intérieures deviennent petit à petit des non-lieux de l'Union. Les postes frontières sont déconstruits, partent en fumée au gré des batailles des *No borders*[21]. Le personnel des frontières n'est plus concentré sur la ligne frontière mais peut intervenir à l'intérieur de l'État, en dehors de l'espace strictement délimité de la zone frontière. L'espace Schengen permet ainsi aux forces de police de poursuivre un flagrant délit au-delà de leurs frontières nationales[22]. L'architecture de la frontière ne marque plus de

http://ceriscope.sciences-po.fr/content/part1/la-frontiere-ou-linvention-des-relations-internationales (2.7.2022).

19 CJUE, 1er juillet 1969, Sociaal Fonds voor de Diamantarbeiders contre S.A. Ch. Brachfeld & Sons et Chougol Diamond Co., C-2 et 3/69, ECLI:EU:C:1969:30.

20 Depuis l'arrêt CJUE, 11 juillet 1974, Procureur du Roi contre Benoît et Gustave Dassonville, C-8/74, ECLI:EU:C:1974:82.

21 On se rappelle le sommet de l'OTAN à Strasbourg en 2009, https://www.francebleu.fr/infos/societe/en-images-il-y-a-dix-ans-le-sommet-de-l-otan-secouait-strasbourg-1554307022 (2.7.2022).

22 Voir R. Bossong, H. Carrapico (eds), *EU Borders and Shifting Internal Security*, Springer, 2016.

distinction, de séparation[23]. La plus emblématique, tant elle fut traumatique lors la guerre entre protestants et catholiques, est la frontière irlandaise, qui n'est plus même marquée par une ligne et des miradors mais qui se fond dans un seul et même paysage, autorisant au plus une couleur différente le long des autoroutes.

Ce changement est littéralement rentré dans le mode de vie des européens et en constitue une sorte d'évidence. Personne ne pense plus attendre à la frontière un statut de migrant autorisé à traverser par plus une marchandise n'attend de réussir un test de mise sur le marché pour pouvoir être vendue dans un pays différent de celui où elle a été produite. La frontière peut donc être *soft* ou *hard* et elle ne constitue plus dans l'Union une frontière qui potentiellement divise, individualise, « nationalise ». Les États conservent pourtant le réflexe de récupérer le contrôle de leurs frontières à l'intérieur de l'Union européenne quand ils perçoivent un danger[24]. Pourtant, la texture de la frontière intérieure de l'Union est définitivement modifiée par l'expérience européenne d'intégration. Elle ne peut plus redevenir une simple frontière « westphalienne » ; elle incorpore dans son ADN un modèle européen de frontières ouvertes[25].

La frontière, zone spécifique d'architecture des dispositifs de protection de la sécurité globale

Pour autant, la reconfiguration des frontières intérieures et extérieures de l'UE ne signifie pas leur disparition en tant que telles. Les frontières qui définissent le périmètre de *l'impérium* étatique n'ont en effet pas été modifiées par l'Union[26]. Les frontières restent des zones spécifiques, parfois encore peu urbanisées ou marquées par des pancartes ou des sms indiquant le changement d'opérateur de téléphonie mobile, afin

---

23 Voir l'exposition « Frontières, entre histoires et géographies », mai à novembre 2021, http://geoconfluences.ens-lyon.fr/actualites/veille/evenements/expo-frontieres-2021 (2.7.2022).

24 Articles 25 à 27 du Code des frontières Schengen.

25 F. Berrod, "The Schengen Crisis and the EU's Internal and External Borders: A Step Backwards for Security-Oriented Migration Policy?", *in* Borders in Globalization Review, 1(2), 2020, pp. 53–63, https://doi.org/10.18357/bigr12202019602 (2.7.2022).

26 Voir le premier conflit frontalier devant la Cour de justice, CJUE (grande ch.) du 31.1.2020, Slovénie c/ Croatie, aff. C-457/18, ECLI:EU:C:2020:65.

de protéger les consommateurs pour lesquels le franchissement des frontières intérieures marque des systèmes de protection différents, et parfois encore des monnaies d'échange différentes.

Or, la sécurité des produits, des consommateurs, des installations stratégiques des États membres est une préoccupation des opinions publiques, qui croît avec les crises affrontées par l'Union. Celle-ci a donc fait évoluer son discours juridique de l'impératif de libre circulation vers celui du renforcement sans cesse plus important de la sécurité[27]. Cette évolution accentue une différence de fonctions des frontières intérieures et extérieures de l'Union. La sécurisation des espaces européens que sont le marché intérieur et l'espace de liberté, de sécurité et de justice a induit aussi une exportation du modèle européen de la frontière extérieure, pour repousser aux confins de l'espace européen les risques pour sa sécurité. La frontière a également été réarmée du point de vue juridique lors de la crise de la Covid-19. En interrogeant ce développement, on peut faire le constat que la frontière est un lieu de la sécurisation mais que ce n'est qu'un lieu de la sécurisation des États membres dans une panoplie plus large de mesures restrictives. Les frontières ne sont en effet pas toujours le lieu pertinent du contrôle, du fait que les risques changent de nature et de configuration, devenant hybrides, dé-territoralisés et communs à toute l'humanité ou à une grande part des humains. Comment la frontière peut-elle constituer une protection, face à la diffusion d'une « *épidémie de pandémies*[28] » ? Le concept *One Health* de l'Organisation Mondiale de la santé insiste sur cette notion de sécurité globale[29], qui suppose une nouvelle transformation des politiques de sécurité comme de l'architecture des zones frontières.

27 Ce qui est perceptible dans la Communication de la Commission européenne, « L'Acte pour le marché unique. Douze leviers pour stimuler la croissance et renforcer la confiance », COM(2011) 206 fin. Pour ce qui est de l'espace de libre circulation, le volet sécurité a vite pris le dessus sur le volet justice de cet espace et la Covid a fortement perturbé le volet libre circulation, montrant la promptitude des citoyens à renoncer à leur liberté pour ne pas être touchés par le virus ou du moins ne pas le transmettre.

28 M.-M. Robin, avec la collaboration de S. Morand, *La fabrique des pandémies, Préserver la biodiversité, un impératif pour la santé planétaire*, La découverte, 2021.

29 Voir https://www.who.int/fr/news-room/questions-and-answers/item/one-health (2.7.2022).

Smart borders à l'extérieur, no borders à l'intérieur

Le sans-frontières de l'Union européenne est exclusivement un sans-frontières intérieures, ces dernières constituant autant de zones d'interconnexion des flux que des ordres juridiques, sans plus de douanes fussent-elles des douanes des normes[30]. Le principe juridique qui consacre cette réalité des frontières dans l'Union est la reconnaissance mutuelle[31]. Il implique que des études faites dans un État doivent être reconnues dans un autre pour accéder à un cursus universitaire ou pour donner corps à la reconnaissance des acquis professionnels. Elle permet concrètement de fabriquer un produit en suivant les normes de l'État d'origine pour les vendre, sans avoir à modifier le produit, dans un État d'accueil. Un plombier polonais peut à ce titre prester des services en France, pour rappeler un exemple qui a clivé les opinions publiques des deux pays en 2005[32]. La reconnaissance mutuelle casse donc la territorialité des droits nationaux en les trans-nationalisant. Il n'est plus possible de faire strictement correspondre territorialité et droit national.

La reconnaissance mutuelle n'est pas pour autant illimitée. Un État d'accueil peut toujours vérifier que le produit vendu sur son marché est équivalent à ses propres règles de protection et imposer des modifications du produit s'il constate une différence substantielle de protection par rapport à celle assurée par son standard de sécurité[33]. Il peut aussi vérifier les informations que le producteur de marchandises a mises à disposition dans la déclaration de reconnaissance mutuelle qu'il peut remplir depuis le 19 avril 2020 et s'assurer ainsi de l'équivalence des protections[34].

La frontière extérieure de l'Union européenne est quant à elle conçue sur un modèle plus « étatique » si l'on peut dire, c'est-à-dire comme une

---

30 Au sens des procédures d'exequatur qui permettent d'autoriser ou non à une norme extérieure de produire des effets juridiques dans un État.

31 Voir les considérants du règlement de 2019, *op. cit.* Ce principe permet de commercialiser sur tous les marchés nationaux un produit légalement fabriqué et commercialisé dans un État membre. Il est appliqué aux autres libertés du marché intérieur.

32 Le principe de reconnaissance mutuelle a été, à cette occasion, confondu avec le principe dit du pays d'origine, qui suppose la libre circulation aux conditions du pays d'origine du produit ou de la prestation de services sans que l'État d'accueil ne puisse exercer un quelconque droit de regard.

33 Article 5 du règlement de 2019, *op. cit.*

34 Article 4 du règlement.

zone de filtrage des flux, pour ne laisser passer que les migrants légaux[35] ou les marchandises conformes aux standards de l'UE, très protecteurs des consommateurs[36]. Le règlement général sur la protection des données personnelles est un exemple d'harmonisation protectrice des européens : tout service numérique les visant spécifiquement, même depuis une entreprise étrangère à l'UE, doit respecter les droits et la gouvernance de la donnée personnelle octroyés par l'Union européenne[37]. La frontière extérieure sert de filtre de protection des individus comme des standards européens.

La frontière extérieure de l'Union n'est pas pour autant westphalienne au sens où elle ne délimite pas deux espaces de souveraineté. Elle permet à l'Union de matérialiser son en-dehors, d'architecturer la délimitation de son espace de circulation et de sécurisation. La frontière opère alors comme un sas de protection des espaces normatifs de l'Union. Elle est plus ou moins épaisse, au sens de difficile à franchir, en fonction du degré de convergence entre l'espace des normes européennes et les espaces qui lui sont extérieurs, traduisant l'élaboration de zones de confiance entre des partenaires politiques et commerciaux. La crise sanitaire, et avant elle la matérialisation de la Chine comme rival systémique de l'Union[38], ont conduit au réarmement de la frontière extérieure pour préserver la souveraineté européenne conçue à ce stade comme une base technologique en voie d'autonomisation[39]. Cela conduit par exemple à la possibilité de contrôler les investissements de pays tiers dans des secteurs stratégiques pour l'autonomie de l'Union[40]. La norme européenne a toujours appartenu à un ordre que le juge européen considère comme autonome à la fois

---

[35] Par exemple pour les titulaires de la carte bleue européenne, directive n° 2009/50 du 25.5.2009 établissant les conditions d'entrée et de séjour des ressortissants de pays tiers aux fins d'un emploi hautement qualifié, JOUE 18.6.2009, n° L 155, p. 17.

[36] Règlement n° 2019/1020 du 20 juin 2019 sur la surveillance du marché et la conformité des produits, JOUE 25.6.2019 n° L 169, p. 1.

[37] Voir O. Tambou, *Manuel de droit européen des données*, Bruylant, Bruxelles, 2020.

[38] Voir M. Julienne, « L'Europe dans la stratégie Chinoise. Je t'aime, moi non plus », Th. de Montbrial (dir.), *Le grand basculement ? Ramses 2021*, Institut français des relations internationales, 2020, pp. 130–133.

[39] Voir pour une vision d'ensemble, Discours du président Emmanuel Macron sur la stratégie de défense et de dissuasion devant les stagiaires de la 27ème promotion de l'École de Guerre, 7.2.2020.

[40] Règlement n° 2019/452 du 19.3.2019 établissant un cadre pour le filtrage des investissements directs étrangers dans l'Union, JOUE 21.3.2019 n° L 79, p. I, 1.

de l'ordre international et des ordres constitutionnels des États membres. La souveraineté européenne permet à l'Union de traduire en faits cette autonomie du droit.

La frontière extérieure a fait l'objet de constants renforcements au nom de la sécurité publique ou de la protection des normes sociales ou environnementales européennes. De frontière contrôlée, elle devient même *smart border* ou frontière intelligente[41]. Elle se transforme ainsi en une frontière diffuse, pas nécessairement matérielle, mais incorporée dans des réseaux numériques, visant à tracer l'itinéraire des individus, des marchandises ou des services dangereux[42]. Elle suppose de traiter des données massives pour constituer des bases de données que l'Union européenne s'emploie à rendre interopérables.

L'exportation des frontières de l'Union dans les accords avec les pays tiers

Cette dématérialisation de la frontière permet de la déplacer du point de vue normatif, sans qu'elle ne bouge d'un millimètre dans les paysages. Deux exemples permettent de le comprendre. Les accords de libre-échange de « nouvelle génération » assurent comme de coutume une progressive élimination de la frontière douanière[43]. Celle-ci se transforme en zone de perméabilité commerciale, à condition de s'exporter dans des États tiers. Ainsi, non seulement les droits de douane diminuent avec les accords de libre-échange mais encore les conditions de l'import-export s'harmonisent, les documents convergent pour aboutir à libéraliser les conditions des flux tout en assurant des contrôles des marchandises, bien souvent délocalisés dans les États tiers. Cela induit toute une politique de convergence normative, facilitant le passage de la frontière et s'étendant

---

[41] Architecture numérique qui débute avec le règlement n° 2017/2226 du 30.11.2017 portant création d'un système d'entrée/de sortie (EES) pour enregistrer les données relatives aux entrées, aux sorties et aux refus d'entrée concernant les ressortissants de pays tiers qui franchissent les frontières extérieures des États membres et portant détermination des conditions d'accès à l'EES à des fins répressives, JOUE 9.12. 2017, n° L 327, p. 20.

[42] Voir l'agence EU Lisa, https://www.eulisa.europa.eu/ (2.7.2022).

[43] Voir G. Bianquis, « Les nouveaux accords de libre-échange », *in* Regards croisés sur l'économie, vol. 21, n° 2, 2017, pp. 35–39.

dans les accords de nouvelle génération à toutes les règles contrôlant l'accès au marché européen[44].

La récente stratégie de la Commission von der Leyen témoigne de cette même évolution de la frontière extérieure de l'Union pour lutter contre les flux de migration dite illégale[45]. Cela aboutit par exemple au projet d'accord entre l'UE et le Sénégal[46]. L'idée est de faire contrôler les migrants par les autorités des pays de départ pour éviter la massification des flux venant s'échouer sur les côtes de la Méditerranée[47]. À la délocalisation du contrôle répond un autre impératif, celui de l'aide apportée par l'Union, du point de vue technologique et de formation des autorités locales pour disposer d'outils de gestion des flux migratoires. Cela se traduit très concrètement par des drones, des patrouilles spécialisées, des zones d'attente et de tri des flux, des bases de données pour les papiers d'identité, les empreintes digitales ou tout ce qui caractérise un individu. Le projet comprend, ce qui est une nouveauté, la possibilité pour l'agence européenne des frontières d'agir en dehors de l'UE pour prêter main forte aux autorités locales. La délocalisation d'une agence européenne hors des frontières européennes assurerait une exportation des standards et des contrôles de l'UE sans précédent, tant dans le domaine du contrôle des flux migratoires que pour d'autres activités comme la pêche illégale[48].

Frontières et sécurité globale : une difficulté d'être

Tout le problème reste de savoir si cette approche de frontières patrouillées, mises sous surveillance permanente, voir militarisées est une solution efficace pour réduire et réorienter les flux migratoires. Rien n'est moins certain ; ces flux sont en effet souvent le fait de personnes en situation de désespoir, prêtes à se soumettre aux exigences de

---

44 Voir A. Ullestad, *op. cit.*

45 Pour comprendre l'évolution de la politique migratoire de l'UE, voir https://www.consilium.europa.eu/fr/policies/eu-migration-policy/.

46 Annonce faite par la Commission européenne à la veille du sommet Afrique-UE le 11.2.2022, voir https://reliefweb.int/report/senegal/projet-denvoi-de-gardes-frontex-au-s-n-gal-une-tentative-ill-gitime-darr-ter-les (2.7.2022).

47 On rappellera le très controversé accord entre les États membres et la Turquie, voir https://www.touteleurope.eu/societe/crise-migratoire-qu-est-devenu-l-accord-entre-l-union-europeenne-et-la-turquie/ (2.7.2022).

48 Voir https://www.courrierinternational.com/revue-de-presse/migrations-leurope-negocie-lextension-du-champ-daction-de-frontex-en-afrique (2.7.2022).

l'exil[49]. La frontière agit donc pour eux comme un seuil vers un ailleurs plus prometteur. Peu importe alors le prix de son passage. Ensuite, les frontières-murs ne couvrent que des parties de frontières et génèrent donc un détournement des flux vers d'autres points de passage : le danger de franchir la Méditerranée depuis les côtes libyennes s'est traduit par des tentatives multiples et à hauts risques d'atteindre le territoire de l'UE par d'autres routes migratoires remontant jusqu'au pôle nord ou partant à l'assaut des sommets alpins[50]. Cela peut être comparé au risque de détournement de trafics marchands dans les zones de libre-échange qui ne peut être paré que par un surcroît d'Europe, avec la constitution d'une union douanière, protégeant les parties membres par un cordon douanier commun, le tarif douanier commun et au prix d'un transfert supplémentaire de souveraineté douanière[51]. Faire de même pour se prémunir en commun de flux migratoires non contrôlés supposerait de faire de la politique migratoire une politique commune de l'Union, transfert hautement sensible du point de vue politique.

Ce constat pose la question de la pertinence de l'instrument de la frontière pour garantir aux citoyens la sécurité, qui ne peut plus être réduite à maintenir un ennemi hors d'un espace supposément sécurisé. Le développement de menaces a-territoriales, qu'elles soient environnementales, sanitaires ou numériques rend illusoire le développement d'une ligne de défense, fut-elle virtuelle. Connue sous le terme de sécurité globale, cette évolution implique des politiques globalisées qui dépassent la protection d'une sécurité nationale ou d'une politique de défense territorialisée. À ce titre, la récente initiative de l'Union pour prévenir l'importation de la déforestation dans le marché intérieur est topique d'une nouvelle approche de sécurisation par la promotion du standard normatif européen assurant une protection élevée de l'environnement comme condition d'entrée sur le marché européen[52]. La

---

49 Voir le roman de J. Benameur, *Ceux qui partent*, Acte Sud 2019.

50 C. Kobelinsky, « Exister au risque de disparaître. Récits sur la mort pendant la traversée vers l'Europe », *Revue européenne des migrations internationales* [En ligne], vol. 33 – n° 2 et 3 | 2017, mis en ligne le 1.9.2019, r http://journals.openedition.org/remi/8745 (2.7.2022) ; DOI : https://doi.org/10.4000/remi.8745 (10.5.2022).

51 G. Lagadec, « Une union douanière : le choix historique », *In* É. Farvaque (dir.), *Intégration économique européenne. Problèmes et analyses*, De Boeck Supérieur, Louvain-la-Neuve, 2002, pp. 33–56.

52 Voir la proposition de règlement du 17.11.2021 pour enrayer la déforestation et la dégradation des forêts imputables à l'UE, COM(2021) 706 final.

frontière assume pleinement une fonction de filtre protecteur des choix normatifs européens.

Pour en garantir l'efficacité, les entreprises sont associées à cette protection tout au long de leurs chaînes de valeur. Elles se doivent ainsi de mettre en œuvre une diligence dite raisonnée, consistant à déclarer, avant la mise sur le marché européen, que le bois ou les autres produits de base visés par la proposition de règlement, quand ils sont importés ou exportés, respectent l'obligation de limiter le commerce induisant une déforestation ou une dégradation, même légale, des forêts. La frontière joue son rôle de filtre en démultipliant les sujets du droit, bien au-delà des traditionnels acteurs étatiques. Les entreprises deviennent responsables, au sens juridique, du respect des obligations du règlement et redevables de sa bonne application. La sécurité globale conduit à démultiplier les acteurs de la sécurité tout autant que les échelles de sa protection. La proposition de règlement a par exemple une visée clairement extra-territoriale, ce qui assure que l'Union, largement responsable de l'importation de produits participant à la déforestation dans des États tiers, participe à la lutte contre ce phénomène en exigeant pour son propre marché des produits « zéro déforestation ». Pour lutter contre ce type de phénomène de manière effective, la coalition doit, on le constate, être mondiale et l'action réglementaire se développer à partir de tous les acteurs du commerce.

À cette démultiplication des acteurs visés par la norme s'ajoutent des évolutions juridiques que le *Green Deal* traduit pour une large part dans le droit de l'Union européenne. La gouvernance de la lutte contre le changement climatique est ainsi holistique et inclusive[53]. Cela aboutit à faire de la frontière un des instruments au service de la lutte contre le changement climatique ; elle est un lieu de la sécurité mais pas un lieu exclusif. Elle est un espace qui permet le filtrage des produits ou des personnes pour protéger la sécurité européenne. Elle peut aussi être le lieu de ralentissement des flux, d'intensification des contrôles, voire de fermeture, comme cela fut le cas dans la crise de la Covid-19.

La frontière ne constitue donc pas un instrument dépassé au service d'une souveraineté étatique conçue comme superbe isolement. Le

[53] Voir nos développements dans F. Berrod, « Le green Deal, une nouvelle architecture de la gouvernance climatique des politiques européennes : des anciennes techniques pour un nouveau monde ? », *Revue française d'administration publique*, vol. 179, n° 3, 2021, pp. 681–695.

droit de la frontière est un élément d'un écosystème normatif tout entier tourné vers la transition climatique. L'un des signes de cette transformation juridique est la possibilité de faire de la frontière un lieu spécifique de développement socio-économique, une zone privilégiée de développement durable par exemple[54]. Cette évolution est importante parce qu'elle ne va pas dans le sens d'une banalisation de la frontière mais dans le sens de la reconnaissance de son irréductible spécificité.

La frontière, zone de découverte d'une nouvelle architecture des souverainetés

Les évolutions des frontières européennes ne sont pas terminées et le modèle européen des frontières reste en construction. La perception de la sécurité globale et sa protection redessine la notion de souveraineté et les concepts du droit international pour décrire les relations entre États. La pandémie que le monde affronte depuis 2020 et la guerre en Ukraine déclenchée par la Russie le 24 février 2022 marquent une nouvelle géographie des flux et une nouvelle géopolitique. L'idée est de mesurer brièvement dans les lignes qui suivent ce que ces bouleversements induisent pour une nouvelle géographie des frontières de et dans l'Union européenne.

La frontière-protection retrouve une fonction clarifiée de préservation des choix normatifs européens. Elle est liée à une nouvelle acception de la souveraineté, que Mireille Delmas-Marty définissait comme une souveraineté solidaire[55]. La frontière acquiert avec la crise sanitaire une autre fonction : elle peut contribuer à réduire la dépendance de l'Union européenne par rapport à certaines ressources ou certaines productions et assurer le renforcement d'une souveraineté européenne. Enfin, la frontière devient aussi un espace à part entière, que l'Union ne renie plus mais investit comme un nouvel espace de relations entre les États membres.

---

[54] Voir le rapport de la commission du 14.7.2021, *op. cit.*

[55] Conversation avec Mireille Delmas-Marty, *In* B. Gaufryau, *Témoins de notre temps – Libres conversations*, Éditions Golias, Villeurbanne, 2019, pp. 201–208.

La frontière-protection des choix normatifs européens

La frontière est historiquement une architecture protectrice des systèmes juridiques depuis la naissance des États nations : elle permet le découpage des souverainetés, des territoires et des droits. Preuve en est l'existence d'une douane des normes, mise en place au travers par exemple de *l'exequatur*, procédure de filtrage des effets d'une décision judiciaire étrangère. L'élimination de cette procédure est un signe tangible d'intégration juridique[56]. Le droit du marché intérieur a limé ces délimitations, en permettant l'interconnexion des droits, la création de droit commun par l'harmonisation et même la transnationalisation des droits en application du principe de reconnaissance mutuelle et enfin son application extra-territoriale.

Si l'on observe le fonctionnement de ce principe, on voit pourtant que l'effet de filtrage de la frontière est maintenu, tout en étant profondément transformé. Le règlement sur la reconnaissance mutuelle prévoit un principe de commercialisation de toute marchandise légalement produite ou commercialisée dans un autre État membre. L'État d'accueil de la marchandise peut néanmoins exercer un droit de regard, non plus lors du passage de la frontière mais à raison d'un risque pour la santé, pour l'environnement ou la sécurité du consommateur, risque détecté lors du contrôle du marché par les autorités nationales compétentes[57]. La *ratio legis* de ce droit de regard est la prévention du risque de dumping réglementaire qui résulte de la diversité des approches nationales, engendrant une concurrence normative qui peut favoriser la norme la moins protectrice pour des raisons de rentabilité à court terme. Sans cette garantie procédurale, il ne serait pas possible de présupposer la confiance autorisant le commerce entre les États membres. Le contrôle de l'État d'accueil est un contrôle de l'équivalence de la protection du standard choisi de ce territoire de vente : si le produit fabriqué selon les normes de l'État d'origine assure le niveau de protection choisi par l'État d'accueil, il doit être vendu sans entraves réglementaires supplémentaires. S'il existe des différences de protection, les autorités de l'État d'accueil sont tenues de notifier au producteur diverses solutions de modification et d'adaptation du

---

[56] S. C. Ekani, « Intégration, exequatur et sécurité juridique dans l'espace OHADA. Bilan et perspective d'une avancée contrastée », *Revue internationale de droit économique*, vol. xxxi, n° 3, 2017, pp. 55–84.

[57] Article 5 du règlement sur la reconnaissance mutuelle *op. cit.*

produit. L'interdiction d'importation devient ainsi exceptionnelle, dans l'hypothèse d'une différence substantielle des standards de protection.

La frontière exerce donc bien une fonction filtrante pour éviter de « démonétiser » le droit national en l'absence de standards communs de l'Union européenne. Cette capacité filtrante est revendiquée pour la frontière extérieure de l'Union pour protéger les choix normatifs très protecteurs de l'Europe sur le plan social et environnemental. Le système dit de l'ajustement carbone aux frontières est un des exemples de cette nouvelle approche économique. Pour un certain nombre de produits, le mécanisme assurera le paiement de certificats de manière à faire que, sur le plan économique, le passage de la frontière assure le « rattrapage » en prix de la production du même produit en respectant les normes environnementales européennes[58]. Ce mécanisme assure l'ajustement des charges impactant la compétitivité du produit pour éviter de désavantager les produits fabriqués dans l'Union européenne et incorporant dans leurs prix le niveau élevé de protection environnementale européenne. La frontière extérieure assume aussi une fonction de bouclier de protection des choix normatifs européens. La promotion de la souveraineté européenne, qu'elle soit technologique ou sanitaire, la prise de conscience de la vulnérabilité induite par le tout-dépendance impliquent que les politiques de l'Union puissent conduire à activer la frontière comme antichambre, comme verrou de l'accès à son marché intérieur, à son identité intérieure conçue comme espace de libre circulation.

La frontière-avant-poste d'une souveraineté solidaire

Si l'on revient dans le marché intérieur, la zone frontière est marquée par le principe de libre circulation. Si l'on se réfère aux articles 23 et 25 du Code des frontières Schengen, les États membres peuvent revendiquer de retrouver de manière temporaire le contrôle de sa frontière natinoale nationale, sans pour autant que celle-ci redevienne purement et simplement une frontière extérieure de l'UE[59]. Ce constat est fondé sur une approche différente des frontières internes et externes, mais il reflète aussi l'organisation de la frontière intérieure comme espace de

---

58 Pour suivre la négociation de ce mécanisme, https://www.consilium.europa.eu/fr/press/press-releases/2022/03/15/carbon-border-adjustment-mechanism-cbam-council-agrees-its-negotiating-mandate/ (2.7.2022).

59 CJUE, 19.3.2019, Abdelaziz Arib, C-444/17, ECLI:EU:C:2019:220. Les États membres sont en outre très encadrés quand ils reprennent le contrôle des frontières intérieures pour des raisons de sécurité publique, CJUE, 26 avril 2022,

libre circulation, même minimale. On retrouve aussi cette configuration de la frontière dans la crise Covid-19 : alors que les États décident d'ériger entre eux des murs de béton, la Commission, après avoir réaffirmé leur droit de fermer la frontière pour éviter la propagation du virus, les invite, dès le 16 mars 2020, au début de la première vague de la pandémie, à laisser passer les camions chargés des biens dits « essentiels » pour les populations soumises aux divers confinements nationaux, pour regagner de la fluidité dans le fonctionnement des chaînes interconnectées d'approvisionnements[60]. Les murs se transforment en chicanes pour matérialiser la solidarité induite par le fonctionnement du marché intérieur même en situation de pandémie.

La frontière intérieure est bien un point de contact entre deux marchés, deux espaces de libre circulation. Elle est instituée, au sens premier du terme, par l'effet direct des règles de libre circulation, faisant de chaque citoyen européen un agent de protection de son droit à passer la frontière. Elle est reconfigurée ensuite par les règles communes de l'Union européenne qui éliminent certains frottements aux frontières ou en préviennent même parfois l'apparition. Elle est renforcée enfin par une trame de solidarité plus horizontale : les autorités nationales doivent en effet communiquer entre elles, de manière à assurer un arrimage des marchés les uns aux autres. La sécurité énergétique est ainsi assurée par un recours au marché intérieur et plus par la promotion d'une autosuffisance conçue au seul échelon national[61]. Plus encore, elle est garantie en cas de crise par des mécanismes de solidarité régionale mis en place depuis 2017 pour le marché du gaz et qui prend une signification tangible avec le risque de coupure des approvisionnements en gaz russe. Un État de cette sous-zone du marché intérieur est contraint de puiser dans ses stocks pour maintenir les services publics essentiels de son voisin et doit même au besoin réduire voire faire cesser son activité industrielle[62].

Landespolizeidirektion Steiermark, C-368/20 et Bezirkshauptmannschaft Leibnitz, C-369/20.

60 Communication de la Commission européenne, Covid-19 Lignes directrices relatives aux mesures de gestion des frontières visant à protéger la santé publique et à garantir la disponibilité des biens et des services essentiels, JOUE 16 mars 2020, n° C 86I, p. 1.

61 CJUE, 17.9.2020, Autoritatea naţională de reglementare în domeniul energiei (ANRE) contre Societatea de Producere a Energiei Electrice în Hidroc ent ra le Hi droelectrica SA, C-648/18, ECLI:EU:C:2020:723.

62 Règlement n° 2017/1938 du 25 octobre 2017 concernant des mesures visant à garantir la sécurité de l'approvisionnement en gaz naturel, *JOUE 28 octobre 2017 n° L 280, p. 1.*

La frontière intérieure est donc aux avant-postes de la solidarité entre les États membres. Pour autant, cette (r)évolution n'empêche pas la frontière de se hérisser de murs. Commencée en Hongrie, cette nouvelle muraille se poursuit sur des kilomètres en Europe, par des murs de plus en plus hauts[63].

L'Europe des murs peut sembler être en contradiction avec l'esprit de solidarité et les valeurs de l'Union qui lient les États membres dans un même destin. Le mur est en réalité la matérialisation d'une fissure dans l'Europe solidaire. Il est érigé parce qu'il existe un défaut de solidarité, d'esprit de communauté, voire de remise en cause des valeurs communes pourtant nécessaires à l'adhésion d'un nouveau membre de la maison commune de l'Union européenne. Le mur apparaît donc aux frontières extérieures de l'Union quand l'État membre se défie de son voisin, de son proche étranger ; quand une vague de migrants menace ; quand l'État se sent dépassé par une arrivée qu'il ressent comme massive. À ce jour, même sur la frontière extérieure, la construction des murs n'est pas financée par le budget de l'Union[64]. Mais l'Union n'en condamne pourtant pas explicitement l'existence.

Ce réarmement de la frontière extérieure est aussi matérialisé par des frontières invisibles, *smart borders*, et pourtant tout à fait tangibles. Il l'est aussi par des documents devant être produits comme passe-frontières. Le droit de l'UE a supprimé ces exigences de passeport pour enjamber la frontière intérieure[65] mais il a réinstauré le certificat vert pour permettre la libre circulation tout en contrôlant le niveau de contamination au SARS-COV2[66]. La frontière est ainsi un outil dans une panoplie de mesures restrictives de libre circulation. Elle est visqueuse quand l'État

---

63 Voir cette nouvelle carte des murs sur https://www.la-croix.com/Monde/Murs-barrieres-barbeles-dispositifs-anti-migrants-Europe-2022-03-01-1201202722 (2.7.2022).

64 Déclaration de la Présidente von der Leyen à la sortie du Conseil européen en octobre 2021, https://www.rfi.fr/fr/europe/20211022-migrants-ursula-von-der-leyen-ne-veut-pas-de-barbel%C3%A9s-ni-de-mur-aux-fronti%C3%A8res-de-l-ue (2.7.2022).

65 Directive n° 2004/38 du 2004 29.4.2004 relative au droit des citoyens de l'Union et des membres de leurs familles de circuler et de séjourner librement sur le territoire des États membres, *JOUE* du 30.4.2004 n° L 158, p. 77.

66 Règlement n° 2021/954 du 14.6.2021 relatif à un cadre pour la délivrance, la vérification et l'acceptation de certificats Covid-19 interopérables de vaccination, de test et de rétablissement (certificat Covid numérique de l'UE) destinés aux ressortissants de pays tiers séjournant ou résidant légalement sur le territoire des États membres pendant la pandémie de Covid-19, *JOUE* du 15.6.2021 n° L 211, p. 24.

ou l'UE mettent en place des mesures de contrôle et elle désépaissit au fur et à mesure de la désescalade des mesures de restriction. Dans toutes ces hypothèses, elle matérialise un défaut de solidarité qu'elle vient combler comme ligne de défense, retrouvant alors d'antiques fonctions du *limes*.

La frontière synapse pour concevoir la souveraineté européenne

La frontière est ainsi une réalité permanente et vivante. Le changement qui s'opère au fur et à mesure des crises est que la frontière est un outil dans une panoplie des moyens de contrôles à l'entrée ou sur un territoire, de contrôles inopinés ou non. Le principe de proportionnalité permet de conformer cette panoplie à la réalité et à la dangerosité du produit ou du service qui circule. La frontière est alors comme une synapse qui laisse ou non passer l'influx nerveux qu'est le commerce entre les États membres en fonction de la mise en danger d'impératifs d'intérêt général, qui vont de la protection de la santé publique à celle de l'environnement ou de la promotion des énergies renouvelables[67].

Ce qui change est que la frontière peut servir non seulement à faire circuler les marchandises et les services mais qu'elle peut aussi filtrer ce qui est nécessaire à l'autosuffisance ou à la souveraineté européenne.

Cette tendance se retrouve aussi sur la frontière extérieure de l'Union pour le commerce des marchandises et des services. Celle-ci est consolidée dans sa fonction de filtre, tout particulièrement pour éviter la pénétration de produits non conformes aux normes harmonisées européenne. La crise de la Covid-19 a permis de franchir un pas de plus : la frontière extérieure doit permettre de fonctionner comme un rempart de protection de la souveraineté européenne. La frontière extérieure, et dans une moindre mesure intérieure, doit donc servir d'outil de réduction des dépendances vis-à-vis des pays tiers quand ces dépendances ont pour effet de rendre l'Union trop vulnérable. La guerre en Ukraine révèle cette conception qui aboutit au risque de fermer la frontière européenne au gaz russe pour l'ouvrir aux importations d'autres ressources ou de gaz d'autres provenances géographiques[68]. La frontière se fait surface de régulation des interdépendances de tous ordres. Cette configuration

---

67 CJUE, 1.7.2014, Vindkraft, C-573/12, ECLI:EU:C:2014:2037.

68 Conclusion du Conseil européen de mars 2022 et B. McWilliams, G. Sgaravatti, S. Tagliapietra, G. Zachmann, « L'Europe peut-elle vivre sans le gaz russe ? »,

de la frontière a été admise comme objectif d'intérêt général permettant de garantir une autosuffisance de production de certains médicaments[69]. Il a également été admis par la même Cour de justice de l'UE qu'un État membre puisse limiter à son propre territoire le système des certificats verts, destinés à soutenir économiquement la production d'énergie renouvelable[70]. L'idée est dans ces deux exemples de protéger la capacité de production indigène en Europe, laquelle peut passer par une capacité de production nationale. Le secteur des médicaments est topique de cette approche. La proposition de créer une agence de production de médicaments essentiels dans l'Union européenne donne exactement lieu à cette discussion de savoir s'il faut la concevoir au niveau de l'Union ou, suivant la forte charge nationale des politiques de santé publique, de le développer au niveau de chacun des États membres[71].

La frontière zone de redécouverte des liens interétatiques

La frontière est une zone qui a été plus particulièrement impactée par la crise sanitaire, se traduisant pour la première fois par une fermeture étanche entre la France et l'Allemagne durant la première vague de la pandémie[72]. Au-delà du symbole, cette fermeture qu'on ne pensait plus possible révèle la sensibilité de l'espace de la frontière aux liens humains, aux capacités de coopération des acteurs, à la fiabilité des informations et en définitive à la confiance de part et d'autre de la ligne-frontière et des ordres juridiques nationaux.

Cette crise a également souligné l'importance de ces zones frontières comme zones de développement économique et comme bassins de vie spécifiques et qui doivent être conçus comme tels, y compris au niveau

---

3.3.2022, https://legrandcontinent.eu/fr/2022/03/03/leurope-peut-elle-vivre-sans-le-gaz-russe/ (2.7.2022).

[69] CJUE, 8 juin 2017, Medisanus, C-295/16, ECLI:EU:C:2017:431. Et F. Berrod, L.-H. Pagnat, « Crise sanitaire et relocalisation des médicaments : les nouveaux enjeux de souveraineté européenne », Panorama de droit pharmaceutique, numéro spécial, *Revue Générale de Droit Médical,* 2020, pp. 7 à 21.

[70] CJUE, Vindkraft, *op. cit.*

[71] F. Berrod, « Le temps d'un droit d'accès à des médicaments innovants pour les patients en Europe ou les promesses de la stratégie pharmaceutique de l'UE », *Revue des affaires de l'UE*, 2021, n° 2, pp. 299 à 310.

[72] Voir F. Berrod et B. Wassenberg, « La coopération transfrontalière, maillon vital de la politique de santé de l'UE », *Revue des affaires de l'UE*, 2021, n° 2, pp. 323 à 334.

juridique. Cette idée est développée par la Commission européenne depuis 2017, après que cette institution ait concentré son discours sur l'abolition des frontières[73]. Il faut souligner que la crise sanitaire a contraint la Commission européenne à passer de la frontière tue à la frontière comme objet politique et comme objet juridique du droit de l'Union européenne. La frontière entre ainsi dans le vocabulaire de l'Union et dans son bréviaire juridique, comme un singulier retour de l'histoire.

Dans son rapport de juillet 2021, la Commission la décrit dans un slogan : les frontières sont le « *laboratoire de l'intégration européenne*[74] ». Ce laboratoire prend une signification au fond différente du fait de la pandémie affrontée par l'Union. Le laboratoire d'intégration n'est plus seulement un espace d'élimination des obstacles de tous ordres mais doit devenir une zone de résilience, de capacité à faire face aux prochaines crises. Cela se traduit très concrètement par un travail sur la gestion des crises aux frontières, tenant compte de l'expérience récemment acquise. Cela suppose des acteurs mis en réseau dans le sens d'une plus grande cohésion territoriale, mais aussi des procédures et une habitude travail en commun. C'est au fond la traduction aux frontières intérieures de l'Union des capacités de gestion en commun des forces civiles pour lutter contre les feux de forêts en été ou des grandes inondations[75]. L'idée est de développer, dans les zones frontières, la gestion en commun, la mise en œuvre du principe de solidarité de part et d'autre de la frontière, voire sur la frontière même. L'architecture aux frontières doit ainsi permettre le passage et le contrôle, le franchissement et le refoulement, le flux et le stockage.

La frontière redevient ainsi un espace tangible, qui peut redevenir un espace de droit de l'UE comme espace de nouveaux liens inter étatiques. Elle retisse des liens entre des souverainetés plutôt qu'elle ne les découpe. Elle opère comme zone de fluidification du commerce et zone de libre passage. Elle peut ainsi se faire bassin de vie, espace de développement économique spécifique, domaine de contrôles, champ de solidarité. Les États ne sont plus repoussés à l'intérieur des frontières mais peuvent

---

73 Communication de la Commission du 20.9.2017, Stimuler la croissance et la cohésion des régions frontalières de l'Union européenne, COM(2017) 534 final.

74 Rapport du 14.7.2021, *op. cit.*

75 Présentation de cette politique de protection civile modernisée sous le nom de RescEU sur le site de la Commission européenne, https://ec.europa.eu/echo/what/civil-protection/eu-civil-protection-mechanism_fr (2.7.2022).

coopérer par-delà la ligne frontière. Le droit de l'UE peut être sollicité pour faciliter ces liens, pour créer au besoin un droit de la frontière quand les droits nationaux se font face sans pouvoir faciliter la construction des architectures aux frontières et pour le dépasser. C'est un des apports du traité d'Aix-la-Chapelle en son article 13, créant un droit dérogatoire dans la zone de la frontière franco-allemande[76].

La frontière, si elle a divisé, intrigue et dérange[77] le droit des espaces de libre circulation. Après avoir soutenu un narratif de la disparition, elle fonde aujourd'hui un nouveau narratif de l'autonomie et de la diffusion de ce modèle singulier d'intégration qu'est l'Union européenne. Elle reste donc un poste d'observation privilégiée des architectures de l'Europe, creuset des solidarités de fait de Robert Schuman.

[76] Article 13 du traité d'Aix-la-Chapelle et le commentaire de F. Berrod et M. Chovet, « Le traité d'Aix-la-Chapelle et les zones économiques bilatérales : institutionnaliser la coopération transfrontalière ou potentialiser le dumping réglementaire ? », *In* J. Beck (dir.), *La coopération transfrontalière après la pandémie*, Peter Lang Bruxelles, 2021, pp. 265–283.

[77] Pour reprendre les mots de Robert Kovar pour décrire la directive européenne.

Libre circulation, frontières et migrations en Europe. L'espace Schengen (1985-2010)

Michel Catala

Après la Seconde Guerre mondiale, la frontière représente les erreurs du passé et les menaces du présent. Le rideau de Fer puis le Mur de Berlin sont les symboles d'une frontière devenue un obstacle infranchissable emprisonnant les peuples aspirant à la liberté. À l'Ouest, dans l'Europe libre et démocratique, la libre circulation est au cœur du traité de Rome de mars 1957 et de la Communauté économique européenne. Pour réaliser le Marché commun, l'article 3c prévoit « l'abolition entre les États membres des obstacles à la libre circulation des personnes, des services et des capitaux ». L'européen est un « agent économique » dont la liberté de circulation doit permettre la mise en place d'un grand marché sans tarif douanier. Mais les contrôles aux frontières n'ont pas été abolis : les vérifications des identités, l'autorisation de séjour et les formalités administratives et douanières restent d'actualité quinze ans après la signature du traité. Pourtant, certains pays membres ont montré l'exemple. La Belgique, les Pays-Bas et le Luxembourg font figure de précurseurs. Le traité d'union Benelux, signé le 3 février 1958, proclame la libre circulation des personnes, comme le traité de Rome signé onze mois auparavant. Mais les trois pays ne s'en contentent pas, et l'accompagnent le 11 avril 1960 d'une Convention concernant le transfert du contrôle des personnes vers les frontières extérieures du territoire des pays membres. Elle s'applique le 1er juillet 1960 aux ressortissants des trois pays mais également aux étrangers, avec l'établissement d'un visa Benelux valable trois mois[1].

---

1 La législation nationale du pays d'établissement prend le relais après à l'expiration du visa Benelux. Une seule mesure de sécurité commune est décidée en 1962, avec la signature d'un traité d'extradition et d'entraide judiciaire et l'établissement d'une

Mais la liberté de circulation des personnes reste très partielle au début des années 1970 dans la Communauté économique européenne (CEE).

La déclaration finale du Sommet de Paris de décembre 1974 tente de relancer l'application de la libre circulation des personnes, vues désormais comme des véritables citoyens. Le point 11 demande le lancement d'une réflexion sur « les droits spéciaux qui pourraient être attribués aux citoyens européens dans un espace juridique communautaire ». Un comité d'experts présidé par le belge Léo Tindemans doit réfléchir à « une uniformisation des passeports avant la mise en œuvre d'une union des passeports, de l'abolition du contrôle des passeports à l'intérieur de la Communauté et de l'harmonisation des conditions d'admission et de séjour dans chacun des États membres[2] ». Le rapport Tindemans présenté le 29 décembre 1975 propose effectivement « la disparition des contrôles des personnes aux frontières ». Mais il est finalement enterré, à cause notamment de l'opposition française à des propositions jugées trop fédéralistes. Cette première tentative est un échec. Même le passeport européen, pourtant accepté par le Conseil européen de Rome du 4 décembre 1975, n'est toujours pas créé au début des années 1980.

25 ans sont nécessaires pour construire un espace de libre circulation sans contrôle aux frontières internes de l'Union européenne, de la signature des accords de Schengen en 1985 jusqu'à sa mise en place effective 10 ans plus tard, puis à son élargissement à la plus grande partie des États membres en 2007, accompagné par la mise en place difficile d'une politique d'immigration et d'asile commune. Cette histoire est révélatrice de l'ambition de la construction européenne mais aussi de sa complexité et de ses limites.

---

liste commune des étrangers indésirables. À noter que les pionniers de la libre circulation en Europe ne sont pas membres de la CEE. En 1954, les pays scandinaves créent l'Union nordique des passeports qui permet aux citoyens des cinq États de passer les frontières sans contrôle. Le traité est appliqué en 1958 par le Danemark, la Suède, la Norvège et la Finlande, rejoints par l'Islande en 1965.

2 Communiqué de la réunion des chefs de gouvernement de la Communauté, Paris, 9 et 10.12.1974, *Bulletin des Communautés européennes*, décembre 1974, n° 12, pp. 7–13.

Les accords de Schengen

Pourquoi la suppression des contrôles aux frontières passe-t-elle par la signature d'un traité spécifique en juin 1985 ? La question s'est invitée de manière spectaculaire dans l'actualité 16 mois plus tôt : au début du mois de février 1984, une grève des douaniers italiens et français au tunnel du Mont-Blanc, mécontents de leurs conditions de travail de plus en plus difficiles face à l'augmentation du trafic de marchandises, entraîne une réaction des camionneurs français qui décident de paralyser la circulation routière. Le mouvement s'étend rapidement à toute la France, et le gouvernement de Pierre Mauroy doit céder à la pression des fédérations patronales des transporteurs routiers et promettre, entre autres choses, de nouvelles mesures pour faciliter le passage des frontières. Pourtant, consciente de la congestion des frontières intra-communautaires, le Conseil des ministres de la CEE a adopté le 1er décembre 1983 une directive pour faciliter les contrôles physiques et les formalités administratives lors du transport des marchandises entre États membres[3]. Mais ces mesures sont nettement insuffisantes.

Le Conseil européen de Fontainebleau des 25 et 26 juin 1984 décide de faire de la construction d'une Europe des citoyens l'un des deux axes majeurs de la relance : un comité doit se réunir pour faire des propositions concrètes « propres à renforcer et à promouvoir son identité auprès de ses citoyens et dans le monde ». Après le Conseil, François Mitterrand évoque clairement la question du passage des frontières comme l'une des thématiques à l'ordre du jour de ce comité[4]. Très symboliquement, le président français présente également le modèle de passeport européen, qui est enfin mis en circulation en janvier 1985[5].

Pourtant, le 13 juillet 1984, la France et la République Fédérale d'Allemagne (RFA) signent à Sarrebruck un accord bilatéral prévoyant « la suppression graduelle des contrôles à la frontière franco-allemande »,

---

3 Directive du Conseil 83/643/CEE consultable sur Eurlex : https://eur-lex.europa.eu/legal-content/FR/TXT/PDF/?uri=CELEX:31983L0643&from=en (2.7.2022).

4 Conférence de presse de F. Mitterrand à l'issue du conseil le 24.6.1984, https://www.vie-publique.fr/discours/135204-conference-de-presse-de-m-francois-mitterrand-president-de-la-republiq (2.7.2022).

5 La délivrance du passeport reste sous l'autorité des États, il s'agit seulement d'un modèle uniforme, de format unique et de couleur grenat, portant la mention en couverture « Communauté européenne », dans la langue de l'État émetteur.

notamment dans un premier temps par de simples contrôles visuels sur les véhicules, puis dans un second temps par le report des contrôles aux frontières extérieures des deux pays, l'harmonisation des règles de délivrance des visas, la coopération douanière et policière, l'échange de données. Les deux pays décident d'aller de l'avant sans attendre des solutions communautaires. Présidé par l'italien Pietro Adonnino, le Comité se réunit à partir de septembre 1984 et remet deux rapports au Conseil européen : le premier, le 29 mars 1985, est consacré au problème de la libre-circulation des personnes avec des mesures concrètes de simplification des démarches administratives. Le comité expose des solutions dans quatre domaines où les principes communautaires du traité de Rome ne parviennent toujours pas à trouver une solution en 1985 : la libre circulation dans la vie professionnelle, en réduisant les inégalités de traitement dans l'imposition des salariés, notamment entre résidents et non-résidents d'un État membre ; la reconnaissance mutuelle et générale des diplômes par les États membres pour mettre un terme aux problèmes liés au droit d'établissement ; la reconnaissance des qualifications professionnelles, pour faciliter la mobilité des travailleurs ; « le droit général de séjour pour tous les citoyens de la Communauté », de manière à lever les obstacles liés aux conditions de séjour[6]. Le Conseil européen de Bruxelles accepte l'ensemble des propositions du rapport Adonnino et demande leur application rapide par les États et par le Conseil. Le livre blanc sur le Marché unique, présenté par Jacques Delors le 14 juin 1985, reprend explicitement les recommandations du rapport, notamment dans sa première partie sur « l'élimination des frontières physiques »[7]. Elles seront au cœur de l'Acte unique de 1986.

Mais la suppression des contrôles physiques aux frontières des États membres n'est pas proposée par le Comité Adonnino, certainement par manque de consensus entre les délégués et parce que la Commission a proposé dès le 23 janvier 1985 au Conseil une directive « relative à la première phase d'abolition progressive des contrôles et des formalités applicables aux citoyens des États membres lors du franchissement

---

6 Rapport du Comité ad hoc « Europe des citoyens » adressé au Conseil européen de Bruxelles, 29–30.3.1985, *Bulletin des Communautés européennes*, mars 1985, n° 3, pp. 120–126.

7 Commission des Communautés européennes, *L'achèvement du marché intérieur*, Livre blanc de la Commission à l'intention du Conseil européen, Bruxelles, Juin 1985.

des frontières intracommunautaires ». Toutefois, plusieurs États, dont la France et l'Allemagne, s'y opposent, en exigeant l'adoption d'une résolution de coopération comportant un calendrier et des engagements concrets dont l'application serait vérifiée par le Conseil avant toute mise en place effective de la directive, y compris dans le domaine de l'immigration et de l'asile. C'est d'ailleurs en suivant ce modèle que cinq États fondateurs, la France, la RFA, les Pays-Bas, la Belgique et le Luxembourg entament des discussions multilatérales au même moment pour aboutir à un accord dans un cadre interétatique, en dehors de la Communauté[8]. Ces pays font donc le choix d'un accord intergouvernemental hors du cadre communautaire, qui leur permet de conserver le contrôle du processus tout en laissant la Commission hors-jeu, tout comme d'ailleurs certains États membres fort mécontents, l'Italie notamment.

Les négociations, menées par le Secrétariat général du Benelux, sont rapides et durent seulement quelques semaines : les accords de Schengen sont signés dès le 14 juin 1985[9]. Ils prévoient la suppression des contrôles aux frontières communes des cinq États signataires pour leurs citoyens comme pour les ressortissants de pays tiers, avec un report des contrôles aux frontières extérieures, la mise en place de visas communs, l'harmonisation des droits d'asile, une coordination des polices pour lutter contre l'immigration clandestine et les trafics de toute nature. L'accord va plus loin que la convention de 1960 entre les trois pays du Benelux, notamment sur les mesures sécuritaires et sur le visa commun et le droit d'asile. Les Cinq ont choisi d'aller vite en signant un accord spectaculaire, quelques jours avant le Conseil européen de Milan qui doit lancer la conférence intergouvernementale pour réviser le Traité de Rome. Même si l'accord est présenté comme ayant vocation à s'élargir rapidement à toute la Communauté, les États signifient clairement leur volonté

---

8 François Mitterrand n'avait pas exclu cette possibilité : dans son discours du 24.5.1984 devant le Parlement européen, le président français souhaitait la création d'une Europe politique au prix s'il le fallait de modèles institutionnels et politiques à géométrie variable. G. Bossuat, *La France et la construction de l'unité européenne*, Armand Colin, Paris, 2012.

9 Il est intéressant de noter le peu de place accordé par les historiens à la signature de ce traité, totalement éclipsé dans les ouvrages généraux sur l'histoire de la construction européenne par le conseil européen de Milan et la création de l'Acte unique. Seule M.-Th. Bitsch y consacre fort justement plusieurs pages dans son excellent ouvrage, *Histoire de la construction européenne*, Complexe, Bruxelles, première édition en 1996.

de conserver le contrôle du processus, tout en engageant un projet très ambitieux, que plusieurs États dont le Royaume-Uni ne veulent pas. D'ailleurs, devant leurs réticences, la relance de l'Union politique reste décevante dans l'Acte unique signé en février 1986.

La mise en place difficile des accords

Les accords de Schengen parviennent à s'imposer avec difficulté à des administrations et des politiques méfiants voire hostiles, dans un contexte bouleversé par la fin de la Guerre froide. Catherine Lalumière, secrétaire d'état aux Affaires européennes et signataire de la convention dans le décor champêtre de la petite ville frontalière luxembourgeoise, se souvient toujours de ses entretiens avec les représentants du ministère de l'Intérieur et des Douanes lui exposant la longue liste des impossibilités administratives et techniques empêchant la réalisation du projet[10]. Les accords reposent essentiellement sur une confiance mutuelle entre les États signataires, difficilement compatible avec les pratiques et les méfiances accumulées depuis plusieurs siècles.

Ces résistances expliquent en grande partie les cinq longues années de négociations qui conduisent à la signature de la convention d'application. La méthode intergouvernementale montre rapidement ses faiblesses, alors que la méthode communautaire choisie pour réaliser le marché unique démontre au même moment toute son efficacité pour supprimer les contrôles douaniers. C'est seulement en novembre 1989 que les négociateurs des cinq États tombent enfin d'accord sur un texte commun, après des discussions restées longtemps secrètes et qui provoquent de fortes appréhensions, notamment dans les Parlements nationaux. Trois domaines ont fait l'objet d'âpres négociations : l'échange de données informatisées, qui nécessite un système complexe à élaborer ; le droit de suite transfrontalier, que les Allemands souhaitent illimités mais que les autres partenaires veulent strictement encadrer ; enfin, le droit d'asile, sous le regard inquiet des associations de défense des réfugiés qui craignent dès 1987 que les nouvelles mesures de sécurité aux frontières

---

[10] Témoignage de Catherine Lalumière réalisé en 2006 : http://www.cvce.eu/viewer/-/content/85242987-a067-4700-9030-e8ebe0cf89ee/2687b7bc-0c51-4d5d-895a-1934fb168eea/fr (2.7.2022).

extérieures viennent restreindre les possibilités d'asile des réfugiés[11]. L'alternance politique en France en 1986 et l'arrivée d'un gouvernement de droite ne facilite pas les négociations. Le ministre de l'Intérieur Charles Pasqua reprend la conduite du dossier et exige des garanties fortes sur les trois domaines, notamment le droit d'asile. Rien n'aboutit vraiment avant le retour de la gauche au pouvoir après la réélection de François Mitterrand en 1988. Le gouvernement de Michel Rocard reste très sensible à ces questions, en entreprenant par exemple une large réforme de l'Office français de protection des réfugiés et apatrides (OFPRA). Les négociations s'accélèrent et la convention semble enfin prête en 1989.

La chute du mur impose l'arrêt de la procédure de signature de la convention à la demande allemande, puisque désormais la fin des contrôles devra aussi s'appliquer à l'ex-République Démocratique allemande (RDA) ! Finalement, la convention d'application est signée le 19 juin 1990 et prévoit la mise en place du Système d'information Schengen, qui permet de regrouper l'ensemble des données nationales de police sur les contrôles aux frontières, pour permettre le signalement des personnes à interpeller, à empêcher d'entrer dans l'espace commun ou à expulser, et le signalement des voitures, armes ou billets volés. La convention prévoit également un visa commun à définir, et un droit de poursuite très limité des polices nationales sur les territoires voisins[12] ! L'article 2.2 donne aux États la possibilité de rétablir temporairement et exceptionnellement les contrôles aux frontières communes[13]. Les polices ont clairement emporté la négociation en obtenant des garanties substantielles.

Les projets d'union économique et monétaire et d'union politique sont au cœur du débat public à partir du printemps 1990 et du lancement à la fin de l'année de la Conférence intergouvernementale (CIG) qui doit aboutir à la signature d'un nouveau traité. C'est dans ce contexte qu'a lieu en France le 5 juin 1991 la ratification du la convention Schengen par un

---

11 Le système s'avère très compliqué à mettre en place car il nécessite des capacités de stockage très importantes pour l'époque, soit 1,5 giga-octets ! *Le Monde*, 15/11/1989, article de M. Georges.

12 Une convention sur le droit d'asile a été signée à Dublin dans le cadre communautaire le 15.6.1990, mais sans le Danemark. Quant au visa commun, il est acté par les pays membres le 15.12.1992 et concerne les ressortissants de 120 pays qui pourront ainsi traverser librement les frontières communes des pays signataires.

13 L'article prévoit deux possibilités de rétablissement, soit pour une période de trente jours dans le cas d'évènements prévisibles, soit par une procédure d'urgence en cas de risque pour l'ordre public.

vote à l'Assemblée nationale. Lors du débat parlementaire, la droite s'est montrée divisée sur la question, mais la ratification est pourtant acquise sans difficulté par Elisabeth Guigou, ministre chargée des Affaires européennes dans le gouvernement d'Edith Cresson, grâce à une large alliance de circonstance allant des socialistes aux gaullistes modérés[14]. Le président du Rassemblement pour la République (RPR) Jacques Chirac souhaite cette ratification, confirmant ainsi l'évolution pro-européenne de son mouvement[15]. Au même moment, quatre nouveaux pays membres signent les accords de Schengen, l'Italie, l'Espagne, le Portugal et la Grèce. L'espace Schengen réunit neuf pays membres de la CEE sur douze au moment de la signature du Traité de Maastricht en février 1992 qui élargit le principe de la libre circulation à tous les citoyens des États membres, désormais citoyens européens[16]. Mais le traité n'a pas intégré les accords de Schengen, à la satisfaction des trois États qui choisissent de rester à l'écart, le Royaume-Uni, l'Irlande et le Danemark. L'Europe à plusieurs vitesses se confirme, avec les exceptions concernant la monnaie unique et le maintien de Schengen en dehors de l'Union[17].

Le succès très étriqué du oui au referendum de septembre 1992 en France révèle la force de l'euroscepticisme et des crispations souverainistes de l'électorat de droite et d'extrême-droite. Depuis 1991, le contexte international ne facilite pas la tâche : la disparition de l'URSS et l'instabilité en Europe orientale, le déclenchement successif de deux guerres civiles aux portes de l'Union, en Ex-Yougoslavie et en Algérie, poussent les Européens à se réfugier derrière leurs frontières plutôt qu'à envisager leur ouverture. C'est dans ce contexte difficile que les accords de Schengen doivent entrer en application le 1er juillet 1993 pour accompagner la création effective du Marché unique, ouvert le 1er janvier de la

---

14 Le député RPR Pierre Mazeaud tente de bloquer la ratification, en appelant au Conseil constitutionnel, mais finalement sans succès. La procédure de ratification s'éternise aux Pays-Bas jusqu'à l'automne 1992 devant les réticences des parlementaires, qui obtiennent à cette occasion du gouvernement un « droit de veto » sur l'application des accords, de manière à conserver un contrôle démocratique du processus.

15 Entre 1986 et 1988, le gouvernement de Jacques Chirac ne s'est pas opposé aux travaux préparatoires à la mise en place du marché unique.

16 L'opposition du Danemark tient en grande partie à l'existence de l'Union nordique des passeports, évidemment privilégiée.

17 Le Royaume-Uni et le Danemark obtiennent finalement le droit de ne pas adopter la future monnaie unique, à la base de l'UEM.

même année. Mais la convention d'application stipule qu'elle « ne sera mise en vigueur que lorsque les conditions préalables à l'application de la convention seront remplies dans les États signataires et que les contrôles aux frontières extérieures seront effectifs ». Cette précaution permet au gouvernement français de retarder à nouveau son application. La victoire de la droite aux élections législatives de 1993 s'accompagne d'une politique plus sécuritaire et d'une lutte affichée contre l'immigration clandestine, symbolisée par le retour au ministère de l'Intérieur de Charles Pasqua, l'un des leaders des « souverainistes » opposants au Traité de Maastricht. Les succès électoraux de Jean-Marie Le Pen poussent la droite parlementaire à radicaliser son action pour tenter de récupérer cet électorat[18]. Alain Lamassoure, le ministre délégué aux Affaires européennes du gouvernement d'Edouard Balladur, l'annonce officiellement le 29 avril 1993 : « les conditions préalables à la libre circulation des personnes ne seront réunies ni d'ici la fin de l'année 1993 ni même sans doute avant une période assez longue[19] ». Plusieurs raisons sont avancées : la dépénalisation de la drogue aux Pays-Bas et en Espagne qui ouvrent la route d'un trafic jugé trop dangereux, des contrôles aux frontières extérieurs insuffisants en Italie et en Grèce, enfin des problèmes techniques dans la mise en place du fameux SIS, le système informatique Schengen. L'annulation par le Conseil constitutionnel en août 1993 de plusieurs dispositions d'une loi sur l'immigration relative à l'application des accords européens sur le droit d'asile complique encore une situation déjà complexe. Charles Pasqua en profite pour demander une révision constitutionnelle afin de durcir les conditions du droit d'asile, finalement adoptée le 19 novembre 1993, au risque de montrer Schengen comme le responsable d'une politique migratoire plus restrictive. Pour une partie de l'opinion, et notamment les associations de défense des demandeurs d'asile, Schengen symbolise désormais le durcissement des possibilités

---

18 Jean-Marie Le Pen a obtenu 14,38 % des voix au premier tour de la présidentielle de 1988, seulement 2,3 % de moins que le candidat de l'UDF pro européen, Raymond Barre. Le Front national s'installe comme le quatrième parti politique du pays, réalisant 12,5 % des voix aux législatives de 1993.

19 Cité par *Le Monde*, 2.5.1993, article de P. Servent et B. Philippe. Lors du débat de ratification, Alain Lamassoure, UDF, était très critique sur l'accord de Schengen mais avait finalement voté oui. Les arguments avancés par le ministre reprennent des retards techniques mais les accompagnent d'arguments politiques. Le débat sur Maastricht et le succès très limité du referendum ont incontestablement laissé des traces dans les rangs de la droite parlementaire.

d'accueil des migrants clandestins. Les problèmes techniques du SIS sont ensuite régulièrement évoqués par le gouvernement français pour reporter l'application des accords. Le système informatique, dont la mise en place est pourtant gérée par la France depuis Strasbourg, semble poser des problèmes techniques insurmontables. Son absence de fiabilité est dénoncée par plusieurs rapports parlementaires français en 1993 et 1994, les rapporteurs RPR allant même jusqu'à remettre en cause la possibilité d'appliquer un jour les accords !

Finalement, une date pour la mise en application concrète de Schengen est arrachée par l'Allemagne : ce sera le 26 mars 1995. Mais l'heure n'est plus à l'enthousiasme de 1985 ! L'instabilité de l'Europe balkanique, la peur de l'immigration clandestine, « l'euroscepticisme » des populations, tout concourt à modérer l'enthousiasme des gouvernements européens. Le gouvernement français impose même une phase probatoire de trois mois jusqu'au 1er juillet 1995, sur fond de campagne présidentielle. La police française peut ainsi continuer à exercer ses contrôles frontaliers, une mesure qui marque le maintien d'une méfiance française, même si les pays les moins fiables et les moins préparés pour exercer un contrôle efficace sur leurs frontières extérieures, l'Italie et la Grèce, ont sagement reporté l'application. Dès le mois d'avril, les gouvernements allemands et belges se plaignent de l'application très partielle des accords par le gouvernement français. Cette mauvaise volonté caractérisée se nourrit du moindre prétexte. Fin juin 1995, après l'élection de Jacques Chirac, le nouveau gouvernement Juppé fait jouer la clause de sauvegarde pour maintenir les contrôles, y compris dans les aéroports, devant les divisions de sa majorité sur la question, mais aussi devant la progression du Front national aux élections présidentielles[20]… La vague d'attentats terroristes qui frappent le pays de juillet à octobre 1995 justifie ensuite tout naturellement le maintien des contrôles. Finalement, la clause est levée en avril 1996. La France a finalement retardé de trois ans son entrée dans l'espace Schengen.

---

20 Jacques Chirac, pendant la campagne, n'avait pas exclu la possibilité de renégocier les accords de Schengen. *Le Monde*, 7.4.1995.

L'élargissement et l'approfondissement de l'espace Schengen

En 1996, la disparition des postes frontières est enfin effective, avec un espace commun sans obstacles. La libre circulation est une réalité, près de quarante ans après la signature du Traité de Rome. L'espace Schengen s'élargit durant les dix années suivantes, en trois étapes, dans un processus parallèle aux élargissements de l'Union européenne (UE), suivant la double chronologie de la signature des accords puis de leur application concrète. L'espace Schengen se révèle tout aussi attractif que l'UE. L'Autriche signe les accords en 1996, et les applique rapidement, dès 1997, la même année que l'Italie. En décembre 1996, un second élargissement se profile en direction de la Scandinavie avec la signature du Danemark, des deux nouveaux États membres, la Suède et la Finlande, mais aussi de la Norvège de l'Islande, afin d'intégrer l'ensemble des États membres de l'Union nordique des passeports. Mais ils n'appliquent l'accord en 2001, un an après la Grèce. Neuf des dix États issus du grand élargissement de 2004, la Pologne, la Hongrie, la République tchèque, la Slovaquie, la Slovénie, Malte, la Lettonie, la Lituanie et l'Estonie, entrent à leur tour le 21 décembre 2007[21]. Cette suppression des contrôles aux frontières est marquée par de nombreuses cérémonies, comme si l'application de la libre circulation signifiait l'entrée définitive dans l'espace européen, le couronnement d'un long parcours de réintégration. Quel contraste avec le scepticisme lors de première mise en application des accords, plus de onze ans auparavant ! Les derniers élargissements ont lieu en 2008 pour la Suisse (signataire en 2004) et enfin en 2011 pour le Liechtenstein (signataire en 2008). Au total, l'espace Schengen compte 26 pays membres, dont 22 de l'UE et quatre extérieurs associés[22].

L'approfondissement est le résultat de l'intégration des accords de Schengen dans l'Union européenne, à l'intérieur du nouvel Espace de

---

21 Le cas de Chypre est particulier, vu la partition de l'île, et fait l'objet d'une application reportée, remise en question en 2021.

22 La Roumanie et la Bulgarie, signataires des accords, ne les appliquent pas à cause de l'opposition des États membres, en particulier de la France et de l'Allemagne qui dénoncent dans une déclaration commune une lutte insuffisante de ces deux États contre le crime organisé et la corruption, avec en toile de fond le problème des migrations des populations roms… Une opposition qui n'a jamais été levée depuis 2010.

liberté, de sécurité et de justice créé par le traité d'Amsterdam d'octobre 1997. Elle reste conditionnée par la signature de la convention par les États membres, ce qui permet aux Britanniques et aux Irlandais de conserver leur spécificité. Cette intégration des accords doit s'accompagner d'une harmonisation des contrôles aux frontières extérieures et d'une coopération policière et judiciaire renforcée entre les États signataires. Dans un délai de cinq ans après l'entrée en vigueur du Traité, l'espace Schengen doit obéir aux règles de l'Union européenne en matière de visas, d'asile, d'immigration et de libre circulation des personnes, ce qui induit la création d'une politique commune. L'Espace de liberté de sécurité et de justice, à l'image de l'Union économique et monétaire (UEM), fonctionne désormais à géométrie variable selon l'application ou non des accords de Schengen. Malgré cette réserve, la mise en place d'une procédure décisionnelle normalisée renforce considérablement la « communautarisation » des accords, et espère-t-on, sa solidité à terme, en les retirant d'une méthode intergouvernementale extérieure à l'Union. Le compromis trouvé dans les accords d'Amsterdam permet finalement de satisfaire toutes les parties[23]. À compter du 1er janvier 2005, le Conseil décide à la majorité qualifiée dans ce domaine avec l'application de la procédure de codécision avec le Parlement européen, la commission disposant d'un droit d'initiative exclusif. Désormais, les accords de Schengen font partis de l'acquis communautaire, ce qui explique leur prise en compte par tous les nouveaux États membres dès 2004.

Au tournant des années 2000, la question migratoire devient la préoccupation principale des États membres, désormais concentrés sur la réduction des flux migratoires au sud de l'Europe et en Méditerranée (notamment en Grèce, en Italie et en Espagne), avec le problème du contrôle du détroit de Gibraltar et des arrivées à Ceuta et Melilla. Les succès électoraux de l'extrême droite, en Autriche et en France notamment, accentuent la sensibilité de leurs gouvernements sur ces questions. La perspective de l'élargissement à l'Est renforce ces appréhensions. Désormais, ce sont les frontières extérieures de l'espace Schengen qui concentrent l'attention des États membres et de l'Union européenne. La liberté de circulation intérieure s'accompagne désormais d'une politique européenne de lutte contre l'immigration clandestine, qui participe à la

---

23 Il nous manque ici des informations sur les positions des États membres dans la négociation du Traité d'Amsterdam, notamment celle de la France, dans des négociations ouvertes par le gouvernement Juppé et clôturé sous le gouvernement Jospin.

dénonciation par de nombreuses ONG d'une Europe forteresse qui se ferme au reste du monde[24]. Schengen est accusée d'établir une barrière supplémentaire pour empêcher les migrants d'arriver en Europe. La libre circulation ne profiterait qu'aux Européens... Pour les gouvernements, majoritairement conservateurs, il s'agit au contraire de lutter contre l'immigration clandestine en renforçant la coopération aux frontières extérieures, et en avançant vers une véritable politique commune d'asile et d'immigration, décidée lors du Conseil européen de Tampere d'octobre 1999. Elle doit permettre à terme d'établir des partenariats avec les pays d'origine des migrants afin de limiter les flux d'arrivées, d'établir un régime européen commun d'asile, un traitement équitable des ressortissants des pays tiers et la gestion des flux migratoires. Elle se concrétise en 2003 par l'adoption d'une série de trois directives sur l'intégration des migrants[25], et par la signature le 18 février 2003 de la Convention de Dublin 2 qui laisse la responsabilité du traitement des demandes d'asile au seul pays d'entrée. En laissant la charge des migrants au pays d'arrivée, cette convention devient rapidement le symbole d'une politique migratoire à minima, sans solidarité effective entre les pays membres de l'UE.

Les débats sont en effet difficiles sur les questions les plus sensibles, la lutte contre l'immigration clandestine et l'harmonisation des politiques d'immigration. Les dissensions entre États s'exposent au grand jour lors du conseil européen de Séville de 2002, avec notamment les propositions du président du Gouvernement espagnol, Manuel Aznar, de créer des camps d'internement des migrants clandestins. Le Conseil européen de Salonique de juin 2003 tente de relancer le processus d'harmonisation des politiques d'immigration alors que le grand élargissement doit être effectif en 2004, et tous les pays s'engagent par le Pacte d'action de la Haye à élaborer en 5 ans la politique commune de l'immigration et de l'asile.

[24] Pour une étude détaillée de la mise en place de la politique migratoire de l'UE, voir la thèse de droit d'Y. Pascouau, *La politique migratoire de l'Union européenne, de Schengen à Lisbonne*, Fondation Varenne, Paris, 2010.

[25] La directive du 27.1.2003 fixant « des normes minimales pour l'accueil des demandeurs d'asile » (2003/9/CE), la directive « regroupement familial » du 22.9.2003 encadrant le droit au regroupement familial (2003/86/CE) et la directive « résidence de longue durée » du 25.11.2003 relative au statut des ressortissants de pays tiers résidents de longue durée (2003/109/CE).

Ces débats et ces controverses s'estompent quand il s'agit de renforcer les contrôles aux frontières extérieures afin de limiter l'immigration illégale. Le consensus est plus facile à trouver sur ces mesures « défensives » tant qu'elles ne remettent pas en cause la souveraineté des États membres. La création de l'agence européenne Frontex en octobre 2004, quelques mois seulement après l'élargissement à l'Est, installée fort symboliquement à Varsovie, illustre cette volonté de renforcer la surveillance des frontières terrestres et maritimes extérieures. L'agence doit accélérer la mise en place de normes communes, aider à la formation des gardes-frontières, à l'installation de nouveaux moyens technologiques, sans remettre en cause la souveraineté des États sur le contrôle de leurs frontières. Des premières opérations communes de surveillance maritime en Méditerranée sont lancées dans le cadre de Frontex en 2007 (opération Poséidon), l'agence pouvant également mobiliser en cas d'urgence des « équipes d'intervention rapide aux frontières » qui doivent permettre à un État membre de renforcer ces contrôles lors de situations d'urgence liées à « un afflux massif d'immigrants clandestins », système curieusement appelé RABIT. Le système européen de surveillance des frontières (EUROSUR) est créé en 2008 et permet de renforcer la lutte contre l'immigration clandestine en déployant des moyens aériens, spatiaux et électroniques. L'Union crée également un *Fonds pour les frontières extérieures* dans le cadre de la programmation budgétaire 2007–2013, qui vise à aider les actions nationales ou transnationales concernant l'amélioration de la surveillance des frontières. Le budget de l'agence Frontex passe quant à lui de 19 millions d'euros en 2006 à 118 millions en 2011.

Pour conclure, le Pacte européen pour l'asile et les migrations adopté le 16 octobre 2008 sous l'impulsion du nouveau président français Nicolas Sarkozy repose sur le principe de l'immigration choisie et sur une politique migratoire très « défensive » qui confirme les politiques restrictives des États membres. Il cherche à concilier impératifs sécuritaires et contrôle de l'immigration, et établit une feuille de route avec des objectifs communs en maintenant totalement l'autonomie des États membres[26]. Il s'agit d'organiser la coopération sur l'immigration légale, de mieux contrôler l'immigration irrégulière et de favoriser le retour des migrants clandestins. Le pacte prévoit l'instauration d'un « régime d'asile européen commun » et le renforcement de « l'efficacité des contrôles aux frontières

[26] Le régime d'asile européen commun reste à l'état de projet.

extérieures de l'Union », par l'établissement de visas biométriques (prévu en 2012) et l'augmentation des moyens de l'agence Frontex[27]. La coopération avec les pays d'origine ou de transit passe également par l'octroi d'aides à leurs autorités chargées du problème migratoire, notamment pour leur formation et leur équipement.

Entre 2008 et 2011, l'UE adopte enfin des directives très contestées sur l'immigration irrégulière[28] et sur l'immigration légale[29], après dix années d'âpres négociations qui aboutissent à une politique européenne a minima sans pour autant donner à l'UE une politique d'immigration et d'asile ambitieuse et solidaire[30].

Dès la fin des années 1980, les accords de Schengen se sont heurtés à des difficultés d'application relatives à un contexte difficile et aux résistances politiques de certains États membres, notamment la France. Pourtant, à peine mis en place, l'espace Schengen entre dans une phase d'élargissement rapide, alors que son approfondissement se heurte encore une fois aux réticences des États membres, dont la priorité est le contrôle des frontières extérieures pour limiter les flux migratoires. De fait, la politique commune d'immigration et d'asile reste limitée et construite sur le plus petit dénominateur commun. L'espace Schengen, désormais intégré à l'Union, devient malgré tout l'un des symboles de la réussite de la construction européenne, au même titre que l'Euro. De fait, la

---

27 Voir la synthèse du pacte et son texte complet sur http://europa.eu/legislation_summaries/justice_freedom_security/free_movement_of_persons_asylum_immigration/jl0038_fr.htm (2.7.2022).

28 La directive « retour » du 15.12.2008 « relative aux normes et aux mesures applicables dans les États membres de l'UE au retour des ressortissants de pays tiers en séjour irrégulier » (2008/115/EC) et la directive « sanctions » du 25.5.2009 sur « les normes minimales concernant les sanctions et les mesures à l'encontre des employeurs des ressortissants de pays tiers en séjour irrégulier » (2009/52/EC).

29 La directive « carte bleue » du 25.5.2009 sur « les conditions d'entrée et de séjour des ressortissants de pays tiers aux fins d'un emploi hautement qualifié » (2009/50/EC) et la directive « permis unique » du 13.12.2011 visant à « établir une procédure de demande unique en vue de la délivrance d'un permis unique autorisant les ressortissants des pays tiers à résider et à travailler sur le territoire d'un État membre en établissant un socle commun de droits pour ces travailleurs »(2011/98/EC).

30 En parallèle, l'européanisation des politiques migratoires nationales semble rester très inégale Voir la thèse d'E. Tellier, « La construction de la politique d'immigration de l'Union européenne entre 2009 et 2019 : vers un modèle commun ? Étude de cas : l'Espagne, la Grèce et l'Italie », sous la direction de Ph. Poirier, Université du Luxembourg, 2021.

libre circulation intérieure n'est pas remise en cause. Au contraire, le 27 mai 2005, sept États signent une convention appelée « Schengen plus », qui leur permet d'accentuer la coopération transfrontalière en matière de lutte contre le terrorisme, la criminalité et les migrations illégales. Certes, le contrôle aux frontières communes est rétabli périodiquement par les États en application de l'article 2.2. Le système est utilisé à plusieurs reprises, notamment lors des sommets du G8 et des rassemblements du mouvement altermondialiste, lors du sommet de l'Organisation du traité de l'Atlantique nord (OTAN) à Strasbourg-Kehl en 2009, ou encore par l'Allemagne lors de la Coupe du monde de football de 2006. Mais cette utilisation respecte les processus établis, en coopération entre partenaires frontaliers, avec un rétablissement des contrôles pour une période déterminée et pour un évènement particulier.

La décision franco-allemande de décembre 2010 de bloquer l'entrée de la Roumanie et de la Bulgarie marque une étape importante dans l'histoire de l'espace Schengen, un coup d'arrêt à son processus d'élargissement. Fortement secouée par la crise financière de 2008 et sans projet politique clair depuis l'échec du référendum de 2005, les pays leaders de l'UE s'interrogent désormais sur la solidité de leur espace intérieur de libre circulation. En 2011, les printemps arabes et la première crise migratoire entre la France et l'Italie ouvrent le débat sur la réforme des accords de Schengen et posent pour la première fois la question de l'avenir de la libre circulation en Europe, avant le grand débat consécutif à la crise migratoire de 2015.

Genèse et gestion des conflits frontaliers. Morceaux choisis

Anne Klébes-Pellissier

La thématique est large, tant en termes de nombre de conflits existants, latents ou actifs, qu'en raison de leur nature. Cette dernière, qu'elle soit frontalière, maritime, ou encore aérienne, n'est souvent qu'un aspect d'enjeux géopolitiques plus vastes, tout comme elle peut s'intégrer dans des velléités d'expansionnisme régional d'un État ou de plusieurs États en tant que puissance maritime, par exemple. Cette contribution en l'honneur du Professeur Sylvain Schirmann, retiendra, en conséquence, trois critères de délimitation de l'analyse : actualité, situation conflictuelle à multiples facettes, perspectives envisageables ou non de règlement.

Le premier critère nous replonge dans l'actualité récente des relations gréco-turques suite, notamment, au déploiement par la Turquie, le 22 juillet 2020, de 18 bâtiments de guerre et un navire de recherche d'hydrocarbures au large de l'île grecque de Kastellorizo[1]. En réaction à cette incursion, le Premier ministre grec avait annoncé que son pays étendrait de 6 à 12 milles nautiques ses eaux territoriales en mer Ionienne, à l'ouest du pays ; décision adoptée par le Parlement en janvier 2021[2]. Depuis les

1 Voir également, *infra*, p. Dans ce contexte pour le moins tendu, la France est également intervenue. Au cours du mois d'août, des exercices militaires ont été menés conjointement par la Grèce et la France, qui a en outre déployé deux avions de combat, le porte-hélicoptères amphibie *Tonnerre* et la frégate *La Fayette* en Méditerranée orientale. Voir le communiqué de presse du ministère des Armées, 13.8.2020 (https://www.defense.gouv.fr/).

2 Déclaration du porte-parole du ministère des Affaires étrangères, Hami Aksoy, en réponse à une question concernant l'extension des eaux territoriales grecques à 12 milles marins en mer Ionienne et les déclarations du ministre des Affaires étrangères de Grèce, Nikos Dendias, 20.1.2021, http://lyon.cg.mfa.gov.tr/ (2.7.2022). En

années 1970, les relations gréco-turques ont, à plusieurs reprises, conduit à des crises semblables pour des raisons tout aussi analogues de délimitation des frontières maritimes (plateau continental) en Mer Egée et d'exploitation de gisements d'hydrocarbures[3].

Ce bras de fer s'inscrit ainsi, et au vu du second critère évoqué, dans un passif de plusieurs décennies aux multiples facettes qui s'étend aussi en Méditerranée orientale : une question chypriote non résolue, sur fond de délimitation des espaces maritimes et de guerre du gaz, somme toute, des données contextuelles complexes et évolutives.

Il semblerait, tout autant, que le troisième critère évoqué, perspectives de règlement faussées ou non conduises, sur fond d'évolution de la gouvernance maritime, à s'interroger sur le point de savoir s'il ne faut pas apprendre à gérer plutôt que de tenter éternellement de régler.

« Navires de guerre, menaces, contrats de plusieurs milliards de dollars »[4] : Quid de l'équation gaz-délimitation des zones maritimes ?

Au même titre que la Mer Noire, la Baltique, l'Arctique ou les Mers d'Asie, la Méditerranée orientale est un espace maritime semi-fermé partagé par 23 États riverains. Si ces derniers sont tous en droit de disposer d'espaces maritimes relevant de leur souveraineté, l'attribution pour chacun d'une zone économique exclusive égale à 200 milles nautiques

---

juin 2020, la Grèce et l'Italie ont également signé un accord de délimitation de leur zone économique exclusive (ZEE) respective en mer Ionienne.

3 Voir G. Bertrand, « Le démembrement de l'Empire ottoman et mini-guerre froide », *In Le conflit helléno-turc. La confrontation des deux nationalismes à l'aube du XXIe siècle*, Maisonneuve & Larose/IFEA, Paris, 2003, pp. 37–67. Ainsi, le 29.5.1974, le navire de recherche océanographique turc Çandarli a été envoyé avec une lourde escorte – 32 navires de guerre – pour mener une mission de prospection à proximité d'îles grecques, sans finalement pénétrer dans les zones contestées. En août 1976, le navire turc Sismik I a appareillé pour prospecter dans une zone contestée, à l'ouest de l'île de Lesbos, avec une escorte bien plus modeste de deux navires de guerre. En revanche, l'envoi du Sismik I au large des eaux territoriales grecques en mars 1987 a engendré une réaction bien plus virulente de la part de la Grèce, qui a notamment mis ses forces armées en état d'alerte et suspendu les activités de la base américaine de Nea Makri. En janvier 1996, les forces navales des deux États ont manœuvré dans les eaux entourant l'île d'Imia – appelée Kardak par les Turcs – , la Grèce et la Turquie revendiquant la souveraineté sur cet îlot.

4 *Le Monde,* 7.2.2018.

n'en demeure pas moins difficile[5]. De sorte que si, la découverte de gaz en Méditerranée orientale a fait naître de grands espoirs, elle génère et cultive également des tensions relatives aux délimitations maritimes dans une région, somme toute, assez « explosive ».

Guerre du gaz et « stratégie offshore » des États

Si l'émergence des zones économiques exclusives en Méditerranée est une pratique étatique relativement récente, leur véritable paradoxe est qu'elles ne répondent pas fondamentalement aux objectifs conventionnels consacrés par la Troisième Conférence des Nations Unies sur le droit de la mer du 10 décembre 1982, à savoir la gestion halieutique et la protection environnementale[6]. La « démarche de projection des compétences »[7], nouvelle ZEE et permis offshore, vise surtout à servir une stratégie/permis offshore des États (1) sur fond de nouveaux contextes géopolitiques, économiques et diplomatiques liés à l'exploitation des hydrocarbures, tout comme l'acheminement du gaz et du pétrole.

Une démarche de « projection des compétences » liée à la découverte des premiers gisements pétroliers et gaziers dans le bassin Levantin

Il n'est pas juridiquement nécessaire de proclamer une zone économique exclusive d'un maximum de 12 milles nautiques pour revendiquer la juridiction et les droits d'un État sur les ressources du sol et du sous-sol de la mer au-delà de la limite des 12 milles nautiques de la mer territoriale, dès lors que le régime du plateau continental s'applique. Toutefois, proclamer une telle ZEE, comme l'a fait par exemple la République de Chypre, permet d'afficher une volonté de sécurisation des droits évoqués sur les espaces soumis à appel d'offres. En d'autres termes, la proclamation d'une zone économique exclusive, ainsi que le régime juridique qui

---

[5] Les territoires peuvent être amenés à se chevaucher comme, par exemple entre l'Égypte et Chypre. Les contentieux sont, à cet égard, nombreux, comme le contentieux entre Israël et le Liban, à défaut de frontière maritime reconnue par les deux États.

[6] N. Ros, « Les nouvelles zones économiques exclusives en Méditerranée » *In* « Le Droit de la mer face aux "Méditerranées", quelles contributions de la Méditerranée et des mers semi-fermées au droit international de la mer », *Cahiers de l'Association Internationale du Droit de la Mer*, Editoriale Scientifica, 2016, p. 15.

[7] *Ibid.*, p. 15.

en découle, permettent de consacrer des compétences étatiques additionnelles à celles que l'État détient au titre de son plateau continental. Il en va ainsi pour l'organisation de l'exploitation des ressources, l'extraction des hydrocarbures, le transport du pétrole et du gaz, l'autorisation, la construction et l'utilisation des plateformes, essentielles pour l'exploration et l'exploitation offshore. En outre, proclamer une ZEE permet également de rassurer les compagnies pétrolières dans une région soumise à tension, comme en Méditerranée orientale[8]. La doctrine relève, toutefois, un risque de tentation de confusion entre les notions de ZEE et de plateau continental qui, volontairement entretenue par certains lobbys, n'est pas pour autant sans danger[9]. Cela risque également de participer à la cristallisation de différends maritimes existants.

Cette nouvelle pratique étatique, dont Chypre semble avoir été le précurseur, a conduit à la signature d'accords bilatéraux de délimitation des ZEE. Trois accords ont ainsi été signés, avec l'Égypte le 17 février 2003, le Liban en janvier 2007 (finalement non ratifié) et Israël le 17 décembre 2010 (suite à la découverte d'importants gisements dans les eaux israéliennes en 2009 et 2010 – sites de Tamar et d'Haifa- ou au sud de Chypre à partir de 2010 – gisement d'Aphrodite, en partie revendiqué par la Turquie). La Turquie s'oppose très fermement à ces derniers et a signé son propre accord de délimitation avec la « République turque de Chypre du nord » le 22 septembre 2011 et revendique des droits sur les différentes zones prospectées au sud comme au nord de l'île[10]. Ceci rappelle que Chypre et la Turquie sont, tout comme d'autres États et s'agissant de l'offshore, au cœur des enjeux.

---

8 *Ibid.*

9 *Ibid.*, pp. 19 et 20. L'auteur explique également la stratégie de juridictionnalisation qui est avant tout le fait d'États de l'Union européenne ou amenés à le devenir. Cette dernière consiste à ne pas nécessairement revendiquer une ZEE mais à proclamer des zones sous juridiction nationale qui sont « des démembrements de la zone conventionnelle », sous forme de zones de protection de la pêche ou de zone de protection écologique. Voir N. Ros, *op. cit*, pp. 11–12.

10 Tout en tentant de faire pression sur les co-contractants de la République de Chypre.

Comment le gaz et les hydrocarbures rebattent les cartes en Méditerranée orientale[11]

Chypre, la Grèce, Israël et l'Italie ont signé en décembre 2017 un protocole d'accord pour la construction du plus long pipeline sous-marin de gaz naturel du monde. Cette installation doit permettre de sécuriser l'approvisionnement en énergie de l'ensemble de l'Europe. D'une longueur de quelque 2 000 km et d'un coût d'environ cinq milliards d'euros, le futur gazoduc construit par Chypre, la Grèce, Israël et l'Italie doit acheminer le gaz récemment découvert aux larges des côtes chypriotes et israéliennes à destination de l'Europe. Sa mise en service, prévue pour 2025, permettra ainsi « le renforcement de la sécurité d'approvisionnement en gaz de l'Union européenne », souligne un communiqué. Reliant le champ de Leviathan, situé au large des côtes israéliennes, à celui d'Aphrodite, au large de Chypre, en passant par la Crète, la Grèce et l'Italie, cette installation disposera d'une capacité annuelle d'environ 0,3 à 0,45 milliard de m3. Ce pipeline sous-marin devrait, de la sorte, également permettre de réduire la dépendance du continent européen à l'égard de l'énergie russe.

Or, la Russie et la Turquie ont également signé, le 10 octobre 2017, un accord sur la réalisation du projet de gazoduc TurkStream pour acheminer du gaz russe vers l'Europe, sous la Mer noire. Le projet TurkStream avait été dévoilé fin de l'année 2014 en même temps que l'abandon, en pleine crise ukrainienne, du projet South Stream via la Mer Noire et la Bulgarie, et bloqué par l'Union européenne (UE)[12]. Il avait ensuite été mis entre parenthèses en raison de la crise diplomatique née de la destruction par l'aviation turque d'un bombardier russe survolant la frontière syro-turque en novembre 2015, et relancé au cours de l'été 2017. Symbole de la réconciliation entre Vladimir Poutine et Recep Tayyip Erdogan, le souhait de Moscou est de renforcer les livraisons de gaz russe à la Turquie mais également d'en faire un pays de transit vers l'UE à la place de l'Ukraine[13].

---

11 Voir parmi d'autres contributions, M. E. Olgun, « Hydrocarbons will determine the political future of Cyprus », Instituto Affari Internazionali, Rom, octobre 2019.

12 Voir entre autres *Les Échos,* octobre 2017.

13 Des perspectives qui demeurent toutefois incertaines eu égard à la méfiance de Bruxelles face au projet de gazoducs russes. Gazprom sera le seul actionnaire, tandis que ses partenaires – le Français Engie, les Allemands Uniper (ex-EON) et Wintershall (BASF), l'Autrichien OMV et l'Anglo-Néerlandais Shell – en financeront

Chypre, Israël et la Grèce ont également signé un accord sur la pose du plus long câble sous-marin au monde reliant leurs réseaux électriques. Le projet d'interconnexion Euro-Asia d'un montant de 760 millions d'euros, financé en partie par l'UE, devrait permettre de relier Chypre au réseau électrique européen pour la première fois, ainsi qu'Israël[14]. Il couvrira trois sections de la Méditerranée : environ 310 kilomètres entre Israël et Chypre, environ 900 kilomètres entre Chypre et la Crète et environ 310 kilomètres supplémentaires entre la Crète et la Grèce continentale. L'opérateur de réseau électrique grec IPTO a commencé la construction de la partie continentale de la Crète, qui devrait s'achever en 2023. Toutefois, Ankara a averti la Grèce, Israël et l'UE de ne pas établir une telle liaison électrique sans information et autorisation préalables de la Turquie.

Sur fond d'enjeux maritimes et de cristallisation de différends de même nature ?

En effet, la question de l'exploration, entre autres, du gisement d'Aphrodite constitue un point de désaccord majeur entre la République de Chypre et la « République turque de Chypre du nord », cette dernière dénonçant tant l'exploration, la délimitation de la frontière maritime avec Israël, que l'attribution de blocs d'Aphrodite à des compagnies israéliennes et américaines. Cette source de tension s'intègre dans la problématique plus générale de la délimitation des espaces maritimes en Méditerranée orientale, tout comme celle des négociations gréco-turques sans fin relatives à la délimitation des zones maritimes sous juridiction nationale en mer Egée. La première est une extension de la seconde suite à la découverte, comme rappelé plus haut, d'importants gisements d'hydrocarbures. Par ailleurs, la Méditerranée orientale ne saurait être considérée indépendamment de la mer Noire. Si les deux ne relèvent pas des mêmes ordres de grandeur[15], l'une et l'autre sont reliées par les détroits

---

la moitié à parts égales sous la forme de crédits, cf. *Les Échos*, *forbes.com*, 20.2.2018, *Reuters.com*, 20.7.2017.

14 https://euroasia-interconnector.com (7.7.2022).

15 La mer Méditerranée s'étire sur 3 800 km d'est en ouest, 1 000 km du nord au sud, et couvre une superficie de 2,5 millions km². Située entre les Balkans, l'Est européen, le Caucase et l'Asie mineure, la mer Noire a des dimensions plus modestes : 1 200 km d'est en ouest, une superficie de 420 000 km². Voir J.-S.

turcs du Bosphore et des Dardanelles, dont le statut est réglé par le traité de Montreux[16].

Entre plateau continental, mer territoriale et zone économique exclusive : perspective de solution ou extension du statu quo ?

Les frontières modernes entre la Grèce et la Turquie ont été établies en 1923, suite à la signature du traité de Lausanne. Ce dernier a étendu leurs eaux territoriales à trois milles nautiques. La Grèce les a étendues à six milles en 1936. À l'époque, et en tant que cosignataire de l'Entente des Balkans, Ankara s'attacha à préserver de bonnes relations bilatérales ; Mais lorsque la Grèce dévoila son intention d'élargir ses eaux territoriales à 12 milles nautiques, l'une des principales préoccupations de la Turquie fut que la Grèce contrôle des milliers d'îles dans la mer Égée, dont certaines se trouvent à proximité des côtes turques. En effet, un tel élargissement, y compris pour les îles risquait, pour Ankara, d'étendre de manière conséquente le contrôle grec en mer Égée et de rendre la navigation des navires turcs plus difficile. Dès lors, en 1995, le parlement turc a déclaré que toute extension potentielle des eaux territoriales de la mer Égée à 12 milles nautiques serait analysée comme un *casus belli*[17] ; tout comme a été interprétée l'adoption par le parlement grec d'un texte de loi permettant l'extension des eaux territoriales de 6 à 12 milles nautiques en mer Ionienne, en amont de la reprise des négociations avec la Turquie[18], une décision qualifiée de « non-constructive[19] ».

Aux confins de la mer Égée, l'île grecque de Kastellorizo, qui se situe à 500 kilomètres du continent et à seulement 3 kilomètres des côtes turques, a été rattrapée par l'actualité[20]. La Grèce revendique une

---

Mongrenier, « La mer Noire, un enjeu stratégique dans les tensions Europe-Russie », desk-russie.eu, 21.5.2021.

[16] En date du 20.7.1936, treaties.un.org. (2.7.2022).

[17] Le litige en cours sur les frontières maritimes est également lié à un débat sur l'utilisation de l'espace aérien.

[18] *Greece extends coastal claim to Ionian Sea waters,* DW, 21.1.2021.

[19] Afin de ne pas envenimer le conflit, la Grèce et la Turquie avaient maintenu leurs mers territoriales à 6 miles nautiques et n'ont pas proclamé de ZEE, ce qui explique que l'essentiel du différend se polarise autour de la délimitation des plateaux continentaux et des droits aux espaces maritimes des îles grecques, en particulier celles du groupe le plus oriental de Kastellórizo situé très près des côtes turques.

[20] Kastellorizzo (officiellement Megisti) est l'une des îles du Dodécanèse que l'Italie a transféré à la Grèce au titre des réparations après la Seconde Guerre mondiale. Elle a été un sujet prioritaire sur l'agenda de la politique étrangère d'Ankara depuis les

frontière maritime étendue en faisant valoir que cette île a droit à son propre plateau continental et sa propre ZEE, ce qui aurait pour effet de pousser la Turquie dans le golfe d'Antalya. Rejetant l'affirmation grecque, la Turquie affirme que l'île, très éloignée du continent grec ne pourrait bénéficier que d'une mer territoriale. En aout 2020, le Président turc Tayyip Erdogan a lancé une campagne d'exploration gazière au sud de l'île[21] ; tout comme, et nonobstant les protestations de ses voisins, la Turquie a, de manière répétée ces dernières années, envoyé des navires d'exploration sous escorte militaire le long des côtes chypriotes et des îles de la mer Egée.

La Turquie se considère, en effet, comme l'un des pays bénéficiant d'un espace côtier des plus longs et ainsi sévèrement désavantagé par les règles de délimitation maritime telles qu'elles résultent de la convention de Montégo Bay de 1982 (entrée en vigueur en 1994) sur le droit de la mer. Plus précisément, la Turquie considère que sa zone économique exclusive (ZEE) d'un maximum de 200 milles nautiques, se trouve indûment affectée par la reconnaissance d'une ZEE de même nature aux îles de la mer Egée, qu'elle conteste dans son principe[22]. Si les arguments relatifs à la délimitation du territoire maritime sont partiellement compréhensibles, il n'en demeure pas moins que les actions du Président Erdogan l'ont quelque peu isolé sur la scène internationale. L'UE rejette les prétentions d'Ankara en mer Egée et en Méditerranée orientale et a sévèrement critiqué le déploiement de bâtiments d'exploration et de navires de guerre dans les aires maritimes en question. Les dirigeants de l'UE réunis en sommet à Bruxelles ont ainsi décidé, le 11 décembre 2020, de sanctionner les actions *« illégales et agressives »* de la Turquie en Méditerranée contre la Grèce et Chypre, tel qu'annoncé par un porte-parole du Conseil européen[23]. Le Président français, Emmanuel Macron, très critique à l'égard de la politique turque en Lybie, en Syrie et en

---

négociations sur le traité de Lausanne. V. Serhat, S. Çubukçuoglu, *Turkey's Exclusive Economic Zone in the Mediterranean Sea: the case of Castellorizo*, Master's Thesis, Fletcher School, 2014.

21 La Turquie a envoyé son navire sismique Oruç Reis et une escorte navale dans la zone contestée. La Grèce a emboîté le pas, et les tensions se sont intensifiées en 2020.

22 Selon les termes de la Convention de Montego Bay, les îles sont susceptibles de bénéficier d'une ZZE inférieure ou égale à 200 milles nautiques, dès lors qu'elles sont habitées et percent une activité économique.

23 *Le Monde*, 1.12.2020.

Méditerranée, a décidé d'envoyer des navires de guerre, en vue d'apporter son soutien à la Grèce et la République de Chypre[24], tandis que la Chancelière allemande Angela Merkel, proposait sa médiation à Athènes et à Ankara.

L'ensemble des préoccupations turques relevées plus haut, tout comme le fait de relever que des actes de puissances étrangères en Méditerranée orientale constituent des actes de « provocation », ont induit une réponse stratégique et systématique de la Turquie[25]. Outre une diplomatie bilatérale et multilatérale soutenue pour réitérer les préoccupations juridiques d'Ankara[26], le premier élément stratégique a été la promulgation d'une doctrine dite *Mavi Vatan*, ou « Blue Homeland », qui articule et lie la vision, les revendications et les capacités maritimes de la Turquie. Les officiers de marine Cihat Yayci et Cem Gurdeniz en sont les concepteurs et insistent sur le fait qu'elle est de nature défensive et qu'elle vise plutôt le compromis que la recherche d'une position dominante[27].

Le deuxième élément stratégique prend la forme d'une mise au point d'outils de projection de puissance navale, y compris des navires et des sous-marins[28], des missiles[29] et des drones produits au Canada. Le troisième élément a pour objectif d'étendre la capacité de la marine turque par l'entraînement, l'équipement et la coopération avec les marines

---

[24] Perçu comme un « acte de provocation » par la Turquie, la décision de la France expliquerait également en proie la stratégie de la Turquie en Méditerranée orientale. Voir note de bas de page 26. Le Parlement grec avait également approuvé l'achat de 18 avions de combat Rafale français pour un montant de 2,5 milliards d'euros (3 milliards de dollars).

[25] R. Outzen, « What Is Turkey Thinking In The Eastern Med? », 7.12.2021, Hoover Institution, hoover.org*:* « Ankara has responded strategically and systematically, if not delicately, to perceived provocations » (2.7.2022).

[26] *Ibid.* Voir également, K. Firdevs Bulut, "Turkey Will Defend Its Rights in East Med, Aegean, Black Sea," Anadolu Agency, 26.8.2020, https://www.aa.com.tr/en/politics/turkey-will-defend-its-rights-in-east-med-aegean-black-sea/1953784 (7.7.2022).

[27] Voir L. Vita, "What Turkey Wants," *Inside Over*, 8.9.2020, https://www.insideover.com/politics/mediterranean-gurdeniz-turkey.html (2.7.2022).

[28] K. Firdevs Bulut "Turkey Will Defend Its Rights in East Med, Aegean, Black Sea," Anadolu Agency, August 26, 2020, https://www.aa.com.tr/en/politics/turkey-will-defend-its-rights-in-east-med-aegean-black-sea/1953784.

[29] D. Archus "ATMACA: Turkey's First Indigenous Anti-Ship Missile," *Naval Post*, 5.9.2020 https://navalpost.com/atmaca-turkeys-first-indigenous-anti-ship-missile/ (2.7.2022).

étrangères, y compris le Qatar, la Libye[30], ou encore l'Albanie. Enfin, le dernier élément est le développement d'une flotte de navires de forage de sorte à permettre l'exploration énergétique turque.

La situation de tension s'est également sérieusement aggravée suite à la signature par Ankara d'un accord bilatéral sur la délimitation de la ZEE avec le gouvernement lybien de Fayez al-Sarraj. En réaction à cet accord, Athènes a signé des accords analogues avec l'Italie et l'Égypte en Méditerranée. Une désescalade s'est profilée en décembre 2020, lorsque Bruxelles a reporté les discussions sur un éventuel paquet de sanctions européennes contre la Turquie à mars 2021, en vue de tenter de coordonner une position commune avec l'administration du Président Biden. Les négociations ont ainsi repris entre Athènes et Ankara en janvier 2021 après cinq années de pause ; mais cette reprise de pourparlers semble se doubler de tentatives de manœuvres diplomatiques avec d'autres États tiers. Le ministre turc des Affaires étrangères Mevlüt Çavuşoğlu, avait déclaré en mars 2021 que la signature d'un accord de délimitation de frontière maritime avec l'Égypte n'était pas à exclure[31]. En effet, la non homologation par le Caire, de l'argumentation grecque concernant Kastellorizo[32] a été perçu comme un point positif par Ankara[33]. Si la normalisation des liens turco-égyptiens pourrait créer un nouvel élan dans la région, une certaine prudence s'impose toutefois. En effet, les autorités avaient déjà exprimé des déclarations similaires qui avaient finalement abouti à un accord entre Athènes et le Caire.

Bien que le différend concernant la mer Egée puisse théoriquement être porté devant la Cour internationale de justice, Ankara et Athènes ont principalement cherché à le résoudre de manière bilatérale depuis les années 1970, même si la Grèce a, à différentes occasions, comme dans le cas plus récent de la mer Ionienne rappelé plus haut, suggéré de porter l'affaire devant la Cour. Cette perspective ne serait pourtant pas sans risque pour les deux parties. La Turquie aurait, sans doute du mal à faire valider sa position tendant à exclure la reconnaissance d'une ZEE pour

---

30 B. Elifnur "Turkish Naval Forces Set Up a Naval Base in Misrata," Defenceturk.net, 30.8.2020, https://en.defenceturk.net/turkish-naval-forces-set-up-a-naval-base/ (2.7.2022).

31 *Milliyet,* 3.3.2021.

32 Tout comme la décision du Caire de ne pas fournir d'offres d'hydrocarbures dans les eaux contestées.

33 *Agence Anadolu,* 3.3.2021.

les îles, tout comme la Grèce risquerait de devoir faire des concessions. Dans l'affaire du *Plateau continental de la mer Egée*, par un arrêt rendu le 19 décembre 1978, la Cour s'était déclarée sans compétence sur la base des deux instruments invoqués par la Grèce[34].

Le rappel de ce contexte particulier en Mer Egée doit aussi être replacé dans le contexte géographique plus général qui inclut les détroits turcs constitutifs du seul couloir maritime permettant un accès direct entre la mer Egée et la mer Noire, ainsi qu'à la Méditerranée.

Quid des détroits turcs et de l'accès à la mer Noire ?

Régissant le passage et la nature des navires, de surface ou sous-marins et empruntant les détroits du Bosphore et des Dardanelles, la convention de Montreux s'avère, pour la Turquie, d'une importance stratégique tant économique, commerciale que militaire[35]. Le détroit du Bosphore, d'une longueur d'une trentaine de kilomètres et d'une largeur d'environ 700 mètres relie la mer Noire à celle de Marmara, en passant par Istanbul. Le détroit des Dardanelles est d'une longueur de 68 kilomètres et d'une largeur d'un peu plus d'un kilomètre[36].

Cela dit, les détroits évoqués sont également importants pour d'autres puissances comme la Russie qui en dépend pour ses déploiements militaires et économiques, notamment au Moyen-Orient et de manière plus régulière depuis le début de l'intervention de la Russie dans la guerre

---

[34] « Elle a estimé n'avoir compétence ni sur la base de l'Acte général de Genève de 1928 pour le règlement pacifique des différends internationaux, et cela du fait que la réserve apportée par la Grèce à l'Acte – à supposer qu'il fût en vigueur – excluait la mise en jeu de celui-ci, ni sur la base du communiqué de presse gréco-turc du 31.5.1975, parce que celui-ci ne constituait pour aucun des deux États un engagement à accepter que le différend fût soumis à la Cour par une requête unilatérale », https://www.icj-cij.org (2.7.2022).

[35] La liberté de navigation y est reconnue, tout en imposant aux bâtiments de guerre une obligation de notification préalable, des délais toutefois plus longs pour les non-riverains, tout comme une durée de séjour maximale de 21 jours.

[36] Un pont suspendu de 3,5 kilomètres de long, dénommé « Pont 1915 des Dardanelles » (en hommage à la victoire obtenue par les Ottomans face aux Alliés durant la bataille des Dardanelles) est en cours de construction depuis mars 2017 et devrait être achevée en mars 2022. Voir E. Bouvier, *La Convention de Montreux : quels est cet accord historique que le futur Canal d'Istanbul risque de compromettre ? De l'Antiquité au traité de Lausanne (1923) : les détroits turcs, un enjeu géostratégique permanent*, lesclefsdumoyenorient.com, (4.5.2021).

civile syrienne[37]; au même titre qu'un renforcement plus général de la présence militaire turque en mer Noire. S'y ajoute l'extension du nombre de kilomètres de côtes maritimes contrôlées, en raison de l'annexion de la Crimée en 2014, de la guerre au Donbass, de la résurgence d'autres conflits latents ou ouverts autour de la mer Noire, comme en Transnistrie, en Abkhazie, en Ossétie du sud ou encore au Haut-Karabakh.

En tout état de cause, le détroit du Bosphore se retrouve sous les projecteurs, en raison du début de la construction, le 21 juin 2021, du Canal d'Istanbul[38], un énorme projet de voie navigable conçu pour être parallèle au détroit du Bosphore. Ankara a présenté ce projet comme répondant à un impératif stratégique qui doit permettre de faire de la Turquie une base logistique, tout en lui conférant un effet de levier géopolitique sur les routes régionales et internationales de commerce et de transport. Cela dit, l'opposition politique turque considère que le canal d'Istanbul est, avant tout, un projet visant à attirer des investissements internationaux – chinois et arabes notamment – dans l'espoir de relancer l'économie turque qui se détériore. Le Canal peut également affecter la Convention de Montreux, tel que relevé par 104 amiraux à la retraite, dans une lettre ouverte en date du 5 avril 2021. Cette perte ouverte évoque les risques soulevés par une potentielle remise en cause des droits existants d'Ankara sur le détroit tels qu'accordés par la convention de Montreux, dont la prévention de toute militarisation de la mer Noire, qui commande, par ailleurs « l'accès à plusieurs foyers conflictuels[39] ». En d'autres termes, et comme relevé plus haut, on est en droit de se demander si apprendre à gérer ne serait pas, somme toute, une perspective plus constructive qu'une éternelle tentative de règlement.

---

37 Voir par exemple, bbc.com/news/magazine-40643453 (2.7.2022).

38 Voir sur ce point T. Eldem, « Canal Istanbul: Turkey's Controversial Megaproject- Its likely Impacts on the Montreux Convention and Regional Stability », Stiftung Wissenschaft und Politik, swp-berlin.org, (20.7.2021).

39 Dix d'entre eux ont été arrêtés. L'arrestation des amiraux a coïncidé avec la notification faite par Washington de déployer deux navires de guerre en mer Noire. « Turkey arrests retired admirals over shipping treaty declaration », dw.com, 5.4.2021. Comme le relève J.-S. Mongrenier : « Du fait de cette interconnexion, la mer Noire est une partie de la "plus grande Méditerranée", cette dernière incluant les approches atlantiques de Gibraltar, la mer Rouge, le Moyen-Orient. La "plus grande Méditerranée" commande donc l'accès à plusieurs foyers conflictuels (Libye, Levant, Moyen-Orient, Bassin pontique). Irréductible à une « arrière-cour », la mer Noire ouvre quant à elle sur l'Est européen, l'Eurasie et le Caucase (un isthme entre mer Noire et Caspienne) », *op. cit.*

Apprendre à gérer plutôt que tenter de régler sans fin ?

Le souci de préserver la stabilité en Méditerranée orientale, conjugué avec le rappel de principes fondamentaux du droit international, explique une position quelque peu « figée » de la communauté internationale face, entre autres, à une division chypriote qui se consolide depuis 1963. Talon d'Achille de la Méditerranée orientale, la question chypriote est au cœur d'un contexte géopolitique plus large, certes déjà rappelé dans les développements antérieurs, mais qui interroge toujours sur l'avenir.

Chypre : le talon d'Achille de la Méditerranée orientale

Si l'adhésion de la République de Chypre à l'Union européenne en 2004 semble toujours se situer dans le prolongement des règles de gestion antérieures du conflit[40], force est de constater que, face à la nouvelle situation en Méditerranée orientale évoquée plus haut, la position évoquée risque de s'essouffler encore davantage.

Entre processus de négociation sans fin et cristallisation de la division : « la rhétorique négative se poursuit[41] »

Il ne s'agit pas ici de procéder à une analyse détaillée du conflit chypriote[42], mais d'en rappeler les grandes lignes. Il est toujours difficile de concilier deux principes majeurs du droit international, *à priori* antagonistes : le respect de l'intégrité territoriale des États et le droit des peuples à disposer d'eux-mêmes. Le premier a, concernant la question

---

[40] La décision des quinze États membres de l'Union européenne d'entamer des négociations d'adhésion date d'avril 1998. Le Sommet européen de Copenhague avait confirmé, le 12.12.2002, l'adhésion de Chypre à l'UE.

[41] Rapport du Secrétaire Général des Nations Unies au titre de sa mission de bons offices, S/2021/634, Conseil de Sécurité, *UN Cyprus Talks*, par. 4.

[42] Les contributions sont nombreuses sur le sujet. Voir A. Klebes-Pélissier, « Chypre : un conflit insoluble », *In* Presses universitaires de Grenoble, ARES, vol. XVII, octobre 1998, pp. 59–75, 63 ; « L'adhésion de la République de Chypre à l'Union européenne » *RTDE,* juill.–sept. 2003 ; « L'air des montagnes suisses n'a pas apaisé les tensions : Retour sur la cristallisation du conflit chypriote » *In* « Frontières, géopolitique et relations internationales, Mélanges pour Jean-Christophe Romer », *Cahier Fare* n° 16, L'Harmattan, Paris, 2019, pp. 117–137. L. Durrel, *Citrons acides*, Buchet-Chastel, Paris, 1971. G. Bertrand, « Le fiasco chypriote, mauvais signe pour l'élargissement de l'Union européenne à la Turquie et aux États ouest-balkaniques », *Politique européenne*, 2009/3 (n° 29), p. 118.

chypriote, toujours été mis en avant par la communauté internationale, afin de ne pas entraver, dans la mesure du possible, le processus de négociation et éviter toute dislocation de l'État chypriote, tel que conçu en 1960. La proclamation unilatérale d'indépendance du nord de l'île en 1983 a, ainsi, toujours été condamnée et qualifiée de sécession par la communauté internationale. La République de Chypre demeure toujours identifiée au cadre institutionnel/constitutionnel tel que conçu en 1960 et à défaut d'aboutissement des négociations en cours ; alors même que le fonctionnement des institutions chypriotes n'est plus en adéquation avec les principes fondateurs tels qu'édictés par les accords de Londres et de Zürich qui permirent l'accession à l'indépendance de la République de Chypre[43]. La révision de la Constitution par le Président Makarios en 1963[44], dans le prolongement de données historiques propices à une situation conflictuelle[45], constitua le prélude d'évènements consécutifs

---

43 Ils permirent également de sceller en quelque sorte son avenir, en reconnaissant au titre de l'article 4 du Traité de Garantie, la possibilité pour les puissances dites garantes « d'agir » en cas d'atteinte à l'indépendance ou à l'intégrité territoriale de la nouvelle République. La Turquie invoqua cette disposition en 1974 pour justifier ses interventions respectives en juillet et en août, suite à la tentative de coup d'État avorté de la Grèce des colonels en vue du rattachement de l'île à la Grèce.

44 Elle visait à simplifier le statut de 1960, mais surtout à renforcer le caractère unitaire de l'État et à revenir sur l'équilibre des pouvoirs instauré par le texte constitutionnel initial dans le respect de « l'Equal Partnership » entre les deux communautés (Dans la répartition des postes au sein de l'administration, la Constitution de 1960 réservait 30 % des emplois publics aux chypriote-turcs, alors que la communauté en question ne comptait que 18, 3 % de la population de l'île). Or, cette révision s'inscrivait dans un contexte déjà conflictuel. Elle fut présentée, sous la forme d'un plan en treize points, par le chef de l'État chypriote, Mgr Makarios, en novembre 1963, au vice-Président Kütchük. Elle compromettait toutefois la situation de la communauté chypriote-turque et la publication du plan de réformes constitutionnelles déclencha une phase de violence entre les deux communautés, largement entretenue par les organisations terroristes EOKA et TMT, avec l'appui des contingents grecs et turcs stationnés sur l'île. Les argumentaires respectifs se calquaient largement sur des revendications passées, l'union avec la Grèce pour les uns (ENOSIS), la partition de l'île pour les autres (TAKSIM).

45 En 2004, la communauté chypriote-grecque avait rejeté par voie de référendum le plan de paix proposé par le Secrétaire Général de l'époque, Kofi Annan, bien que le même plan ait été accepté par la communauté chypriote-turque. Ce dernier préconisait, comme en 2016 et en 2017, une île réunifiée sur le modèle suisse : un État fédéral et deux cantons bénéficiant d'une large autonomie. Cet échec doit également être replacé dans son contexte. Le 11.11.2002, jugeant le calendrier politique favorable, le Secrétaire Général avait présenté au Conseil de Sécurité un plan de 137 pages pour un règlement institutionnel pour Chypre. L'agenda du Plan Annan

futurs qui allaient cristalliser dans le temps une séparation de fait devenue effective[46]. Un contexte généralisé de négociations sans fin depuis des décennies, tout comme l'échec conséquent des différentes « chances historiques manquées » allaient conforter cet état des lieux. En conséquence, l'affirmation selon laquelle l'établissement d'un nouveau « cadre juridique » pour Chypre serait une condition nécessaire et suffisante à l'effacement des antagonismes semble sujette à discussion.

Dans son dernier rapport au Conseil de Sécurité au titre de sa mission de bons offices et tel que demandé par le Conseil de Sécurité dans sa résolution 2561 (2021)[47], le Secrétaire Général relevait, le 9 juillet 2021, l'impasse dans laquelle se trouvent toujours les négociations et ce, malgré une mobilisation accrue de la société civile des deux côtés de l'île et prônant une solution au problème[48]. Le rapport relève effectivement une nette augmentation de rassemblements et de marches pour la paix. Des appels publics pour un règlement du conflit, tout comme des pétitions et des lettres envoyées aux deux dirigeants de l'île ainsi qu'aux Nations Unies avant la réunion informelle qui s'est tenue à Genève en avril 2021, méritent tout autant d'être relevés[49]. *The Bi-communal Peace*

---

répondait pour l'essentiel au calendrier d'adhésion de la République de Chypre à l'Union européenne. Il fallait faire vite, de telle sorte qu'un accord soit signé et ratifié avant l'entrée de la République de Chypre au sein de l'Union. Ainsi, les négociations d'adhésion n'étant pas encore arrivées à leur terme, l'UE disposait d'une certaine marge de manœuvre de sorte à pouvoir tenir compte des dispositions du plan. Voir G. Bertrand, « Le fiasco chypriote, mauvais signe pour l'élargissement de l'Union européenne à la Turquie et aux États ouest-balkaniques », *op. cit.*, p. 118. Cette « chance historique manquée » en rappelle une autre, également qualifiée de « modèle suisse » et proposée en 1972 avant le coup d'État fomenté par la Grèce des colonels en juillet 1974 et les deux interventions turques de juillet et aout 1974; ou encore le plan onusien de 1977 et accepté par les parties comme base de négociations, prônant la création d'une « République fédérale bi-zonale et bi-communautaire », toujours interprété différemment par les parties, démontrant par là même le défaut d'urgence d'un règlement. Il en est de même du cycle de négociation de 2017 non abouti à Cas Montana en Suisse.

46 Coup d'État manqué des Colonels grecs visant à rattacher l'île à la Grèce, interventions turques conséquentes sur la base du Traité de Garantie de 1960 de juillet et aout 1974; proclamation d'un « état fédéré de Chypre du nord » en 1973; proclamation d'indépendance de la « RTCN » en 1983.

47 S/2021/634 Security Council. UN Cyprus Talks, *op. cit.*, par. 6.

48 *Ibid.*, par. 18.

49 À titre d'exemple, une grande manifestation pour la paix dénommée « Ensemble pour la Fédération », s'est déroulée respectivement (en raison des restrictions liées à la Covid-19) le 24 avril, des deux côtés de la ligne de démarcation. Les représentants

Initiative – United Cyprus, plate-forme d'environ 70 organisations, est également très active.

De fait, malgré cette mobilisation accrue et nonobstant les efforts entrepris sous les auspices des Nations Unies, lors de la réunion informelle susmentionnée[50] et qui devrait précéder une reprise officielle des négociations, aucun terrain d'entente n'a pu être dégagé.

Quand la réouverture d'une station balnéaire attise un peu plus les tensions en Méditerranée orientale

La décision, annoncée le 20 juillet 2021 par le Président turc Erdogan et le Président de la République Turque de Chypre du Nord (RTCN). Tatar, de rouvrir en partie l'ancienne station balnéaire de Varosha, – partie intégrante de la ville de Famagouste – devenue « fantôme » depuis les interventions turques de 1974, et contrôlée par l'armée turque depuis, a été clairement dénoncée, tant par les Nations Unies que par l'Union européenne[51]. Le Conseil de sécurité a rappelé qu'il importe que ses résolutions soient « pleinement respectées et appliquées », en particulier la résolution 550 (1984) dans laquelle il « considère inadmissibles les

---

de la plateforme *This Country Is Ours* ont lu une déclaration conjointe signée par 120 organisations chypriotes grecques et turques. *Unite Cyprus Now*, s'est engagée dans l'organisation et la formation de jeunes militants dans toute l'île, sous forme de groupes de dialogue et de webinaires en ligne, tout en entreprenant des activités de mobilisation avec d'autres organisations et groupes de la société civile.

50 Du 27 au 29 avril, les dirigeants des communautés chypriotes grecque et turque, Nicos Anastasiades et Ersin Tatar, ainsi que la Grèce, de la Turquie et du Royaume-Uni ont participé à des entretiens informels à la demande du Secrétaire général des Nations Unies. L'UE y a également participé en qualité d'observateur. L'objectif, non atteint, était de déterminer s'il y a suffisamment de terrain d'entente pour reprendre les négociations en vue de résoudre enfin le conflit chypriote.

51 Le Président turc Recep Tayyip Erdogan, a effectué, lundi 19 et mardi 20 juillet, un séjour dans la partie nord de Chypre. Lors de sa visite, il s'est rendu à Varosha, une ancienne station balnéaire située à la périphérie de la ville de Famagouste, où il a annoncé la réouverture de certains quartiers de la ville au public. « Toute tentative de règlement de toute partie de Varosha par des personnes autres que ses habitants est inadmissible », réaffirmait le Conseil de sécurité dans une déclaration présidentielle, ajoutant qu'aucune action ne devrait être menée à l'égard de cette ville sans qu'elle soit conforme aux résolutions qu'il a adopté par le passé. Voir news.un.org : « The European Union strongly condemns Turkey's unilateral steps and the unacceptable announcements made by the Turkish President and the leader of the Turkish Cypriot community on 20.7.2021 on the further reopening of the fenced-off town of Varosha », Council of the EU, Press release, 27.7.2021 (2.7.2022).

tentatives d'installation dans une partie quelconque de Varosha de personnes autres que les habitants de ce secteur et demande que ledit secteur soit placé sous l'administration de l'ONU »; tout comme la résolution 789 (1992), dans laquelle le Conseil insista pour « que la zone placée sous le contrôle de la Force des Nations Unies soit étendue de manière à englober Varosha ».

Si l'échec des pourparlers intercommunautaires (dont ceux de Crans Montana en 2017) et l'absence de perspective de solution y ont très certainement contribué, cette décision s'inscrit également dans la logique d'une « two state solution », tout autant défendue par le Président turc et son proche homologue chypriote-turc, élu en octobre 2020[52]; et tout autant dénoncée par les Nations Unies et l'Union européenne[53].

Les autorités chypriote-turques ont également annoncé leur intention d'ouvrir, à terme, toute la ville sous administration chypriote turque en restituant, est-il dit, les propriétés à leurs propriétaires d'avant 1974 (conformément aux résolutions du Conseil de sécurité des Nations Unies qui appellent au retour de la ville à ses premiers habitants). En pratique, cela signifie que les biens devraient être restitués aux propriétaires chypriotes grecs par l'intermédiaire de la Commission des biens immobiliers (*Immovable Property Commission)*, telle qu'instituée par la loi chypriote-turque n° 67/2005. Cette commission a été reconnue par la Cour européenne des droits de l'homme comme un « recours effectif », offrant « une possibilité réaliste de réparation dans la situation d'occupation qui règne actuellement et qu'elle-même n'a pas la compétence de résoudre[54] ». Cette décision de la Cour, du 1er mars 2010, souligne également « que la présente décision ne doit pas s'interpréter comme imposant aux requérants l'obligation de saisir la Commission. Ils peuvent choisir

---

52 Voir, entre autres, « Northern Cyprus: Right-wing nationalist Ersin Tatar elected president », *BBC News*, 19.10.2020.

53 « EU will never accept two-state solution in Cyprus, warns Ms von der Leyen », Agence Europe, *Europe daily bulletin, n° 12749,* 25.6.2021,

54 *Voir* Demopoulos et autres contre Turquie, Grande Chambre, décision sur la recevabilité, par.127.

Plus de 6740 demandes ont été déposées auprès de cette Commission. Elle a également statué l'échange et la restitution (retour) des propriétés. Suite à cette procédure, les Chypriotes grecs propriétaires de biens sont normalement destinataires d'un titre RTCN pour leurs biens et sont normalement libres d'en user (résider, vendre, louer etc) à leur gré. Voir « The Legal Context of the Reopening of Varosha », erginellaw.com (2.7.2022).

de ne pas le faire et attendre une solution politique[55] », qui ne vient pas. Il y a toutefois lieu de déterminer si le mécanisme de restitution existant est susceptible de s'appliquer à Varosha.

En tout état de cause, l'absence de négociations à part entière depuis l'échec du cycle de négociations de Crans Montana en 2017, a suscité des préoccupations croissantes quant à l'avenir du processus de paix, préoccupations exacerbées par les effets négatifs de la situation pandémique et son impact sur la liberté de mouvement de part et d'autre de l'île. Toutefois, le 2 juin 2021, à la suite de discussions approfondies entre le Comité technique de la santé (Technical Committee on Health) et les deux parties dans le cadre du dialogue trilatéral avec le Représentant spécial du Secrétaire Général des Nations Unies, les deux dirigeants ont décidé d'harmoniser les mesures liées à la COVID-19 et de rouvrir les trois points de passage restants et fermés jusqu'alors.

Vers une Realpolitik de l'apprentissage de la gestion ?

Cette décision favorablement accueillie des deux côtés de l'île, rappelle que l'absence de solution politique n'exclut pas toute forme de coopération, si non officiellement transfrontalière, en tout cas « trans-ligne verte », qui se trouve quelque peu rattrapée par l'actualité migratoire et permet, en conséquence, de s'interroger sur la qualification de la « green line ». Elle emprunte également le pas à une situation cristallisée et tributaire de négociations sans aboutissement.

Quand le réalisme du quotidien s'adapte et l'actualité migratoire rattrape

Depuis l'adhésion de Chypre à l'Union européenne, l'ensemble du territoire chypriote fait partie de l'Union européenne et ce malgré le fait que le gouvernement chypriote n'exerce pas de contrôle effectif dans la partie nord de l'île. La législation de l'UE y est ainsi suspendue, conformément au protocole n° 10 du traité d'adhésion de 2003. Si la « ligne verte » sépare les deux parties de l'île depuis 1974, cette dernière n'est pas considérée comme une frontière extérieure de l'UE[56]. Le règlement (CE) n° 866/2004 du Conseil (« règlement relatif à la ligne verte ») définit ainsi

---

55 *Ibid.*

56 Elle est sous administration internationale des Nations Unies.

les conditions dans lesquelles les personnes et les biens peuvent franchir cette ligne, depuis les zones non contrôlées par le gouvernement chypriote vers les zones contrôlées par ce dernier.

Une vue d'ensemble de la mise en œuvre du règlement relatif à la ligne verte, à partir de 2004 et au cours des années passées, a permis de constater que, le règlement relatif à la ligne verte a connu, sur le plan du droit, un succès assez significatif. Il prévoit, en effet, un mécanisme juridique ingénieux qui fournit une base légale pour la circulation des biens et des personnes entre une entité non reconnue et un État internationalement reconnu. Cela dit, si l'accent a pu être mis sur les performances en termes d'activité économique générée par le mécanisme, le succès n'a été que partiel en raison d'un assez faible niveau de cette même activité. Les obstacles de nature juridique, administrative, politique et psychologique, inhérents à ce type particulier d'activité économique semblent, en grande partie, expliquer cet état des lieux. Ainsi, et comme relevé plus haut, le commerce des marchandises de part et d'autre de la ligne verte a été affecté par la suspension de certains points de passage et les restrictions imposées à d'autres, en raison de la pandémie. Toutefois, et afin de permettre la poursuite des échanges, les négociants des deux communautés ont mis en place un système de commerce « sans contact », par lequel le vendeur laisse les marchandises dans la zone tampon entre les deux points de passage d'où elles ont été collectées par l'acheteur, marchandises ensuite soumises à l'inspection des autorités de la République de Chypre.

Cela dit, d'autres obstacles concrets persistent qui, de l'avis de la Commission européenne et des opérateurs chypriotes turcs, expliquent le niveau limité des échanges. Ainsi, la question du passage des véhicules commerciaux chypriotes turcs traversant les zones contrôlées par le gouvernement n'est pas pleinement tranchée et, à ce jour, aucun véhicule de plus de 7,5 tonnes ne peut franchir la ligne à moins d'être en pleine possession des documents certifiés conformes et délivrés par la République de Chypre. Les autorités de cette dernière ont toutefois informé la Commission européenne de la mise en place de dispositions devant, à terme, permettre aux Chypriotes turcs d'obtenir les certificats techniques nécessaires. Une solution à ce problème contribuerait considérablement à accroître le niveau des échanges puisqu'elle faciliterait le transport des marchandises. Elle renforcerait en outre les contacts entre les opérateurs[57].

---

57 Voir Annual report 2020 : « Implementation of the green line regulation ».

En résumé, il semblerait que les résultats effectifs soient restés bien en deçà des attentes politiques concernant le développement de l'interdépendance économique entre le nord et le sud de l'île[58]. Toutefois, ce tableau nuancé n'exclut pas des avancées plus ponctuelles et pragmatiques. Ainsi, suite à un travail considérable effectué par le Comité technique de la radiodiffusion et des télécommunications de plus de deux ans, le leader chypriote grec, M. Nicos Anastasiades, et le leader chypriote turc, M. Ersin Tatar, ont confirmé, le 19 novembre 2021, la conclusion d'un accord permettant l'introduction de la 5G sur l'ensemble de l'île[59]. De même, mérite d'être relevé le rôle et le travail du Comité technique du patrimoine culturel (Technical Committee on Cultural Heritage) crée en 2008 et qui, depuis 2012 et avec le soutien de l'UE et du PNUD, a conservé, soutenu structurellement, ou restauré près de 33 sites patrimoniaux sur l'ensemble de l'île[60].

On peut toutefois s'interroger sur l'incidence d'une certaine perméabilité de la zone tampon ou « ligne verte[61] ». En effet, bon nombre de clandestins présents en République de Chypre, sont arrivés en provenance

---

58 Voir E. Fadıl, « The Green Line Regulation and its Potential for Cooperation in Cyprus », *PRIO Cyprus Centre Report*, 9. Nicosia, 2019. Voir également les différents rapports de la Commission européenne au Conseil, dont celui de 2020. Le rapport relève effectivement une réduction assez conséquente de la circulation des personnes et l'explique, entre autres, par les conséquences de la pandémie : « This large reduction in crossings was attributed to the suspension of several crossing points for certain periods, as well as restrictions imposed at other crossing points when open due to the outbreak of Covid-19. Moreover, the lockdowns introduced by both communities at various times as a result of the pandemic, and the consequent reduction in social and economic activity, also deterred persons from crossing the Green Line ».

59 Conformément aux termes de l'accord, les systèmes de télédiffusion seront retirés de la bande de fréquences de 700 MHz, passant de la radiodiffusion analogique à la radiodiffusion numérique, avec le soutien de l'UE, permettant ainsi l'attribution de la bande de fréquences de 700 MHz aux services mobiles 5G. Voir Statement by the United Nations spokesperson in Cyprus, 19.11.2021, UN Cyprus Talks, un.org. (2.7.2022).

60 Y compris des églises orthodoxes, maronites et arméniennes, des mosquées et des minarets, fortifications, hammams, aqueducs et moulins à eau. Voir http://tcc hcyprus.com et A. Reid, « Heritage, Reconciliation and Cross-Border Cooperation in Cyprus », *Anthropological Journal of European Cultures*, Berghahn Journals, New York, Oxford, 2021, https://doi.org/10.3167/ajec.2021.300111 (2.7.2022).

61 Elle s'étend sur 180 kilomètres de long et traverse l'île d'ouest en est. Traversant la capitale, partant du village de Kato Pyrgos pour atteindre la ville fantôme de Famagouste. Sa largeur varie et sa matérialisation varie également. À Nicosie et à Famagouste, des murs, des barbelés, des tours de guets, et des fossés anti-char séparent les deux zones. Il n'en est pas de même à l'extérieur des villes. La ligne verte

du Nord de l'île en traversant la « ligne verte »[62]. L'absence de véritable coopération entre les services de police de part et d'autre de l'île accentue le problème[63]. Or, cet afflux de migrants en République de Chypre, dont la capacité d'accueil et de prise en charge est largement saturée, a conduit à un durcissement des dispositifs de contrôle, renforçant *de facto* le rôle de la ligne verte. Ainsi, lors du dernier sommet ministériel MED5 en septembre 2020, la République de Chypre a demandé à la Commission européenne de mettre en œuvre des mesures de sécurité analogues à celles qui s'appliquent à d'autres frontières européennes comme en Lituanie ou en Pologne[64]. De même, en mars 2020, la décision, quelque peu controversée, de déployer des barbelés à certains endroits de la *green line*, avait été actée[65]. En somme, cette « porosité » de la ligne verte, induite par sa « condition juridique en suspension », a su être instrumentalisée pour faire de Chypre une nouvelle route migratoire vers l'Europe. De sorte que, la question de la gouvernance des migrations semble prendre une part active dans la situation existante de *statu quo*.

Certes, la mise en œuvre de l'acquis communautaire au nord de l'île demeure une question essentielle à résoudre, mais la part active des trois puissances garantes à participer au sort de l'île, ne doit pas être négligée et a toujours influencé le format de négociation de l'Union européenne. De même, si le format de négociation des Nations Unies semble assez dépassé depuis longtemps, la toute aussi relative inefficacité qui en résulte semble également arranger[66]. On rappellera, à cet égard, et comme fort

---

s'étend à travers les champs et les forêts, certes souvent signalée par des grillages et des panneaux, mais tout autant « dématérialisée » selon les endroits. Cet état des lieux peut faciliter le passage de clandestins, qui profitent de l'obscurité de la nuit pour échapper à la vigilance des casques bleus de l'UNFICYP, seule force armée autorisée à patrouiller dans la zone.

62 Voir les rapports annuels de la Commission européenne sur la mise en œuvre du règlement (CE) 866/2004. Voir également, G. Gotev, « Cyprus flags new migratory route facilitated by Turkey », *Euractiv,* 21.6.2019.

63 Même si les Rapports annuels de la Commission européenne sur la mise en œuvre du règlement (CE) 866/2004, témoignent d'un effort fourni par la RTCN dans la régulation des migrations ces dernières années.

64 Voir C. Emmanouilidis, « Cyprus: Asylum-seekers blocked at Green Line to Europe », *VoxEurope*, 7.12.2021, URL: https://voxeurop.eu/en/cyprus-asylum-seekers-blocked-at-green-line-to-europe (2.7.2022).

65 N.Theodoulou, « Barbed-wire controversy grows », *in CyprusMail*, 12.3.2021.

66 Voir J.-F. Drevet, « Géopolitique de Chypre ». Chypre et l'Europe, *diploweb.com : la revue géopolitique*, 28.11.2021 (2.7.2022).

bien relevé par Laurence Durrell[67], la volonté britannique de maintenir à tout prix leur souveraineté, depuis 1960, sur les bases militaires d'Akrotiri et Dhekelia d'une superficie égale à 254 km2[68]. De même, les efforts britanniques pour impliquer la Turquie dans le débat sur l'avenir de Chypre participe, tout autant, au caractère inextricable du problème.

En somme, cette forme revisitée de coopération relevée plus haut et le pragmatisme inhérent à l'adaptation, tout comme l'équation « porosité-migration » risque, à terme, d'interroger sur une conceptualisation plus poussée de ce type de situations. Va-t-on vers l'émergence de concepts de « cross-line cooperation » ou de « frontière molle » lorsque la cristallisation des situations place le droit international devant le fait accompli ? En tout cas, l'ensemble n'élude en rien une question demeurée récurrente :

« Has time run out for reunification »[69] *dans un contexte géopolitique renouvelé ?*

Pendant longtemps, l'UE n'a accordé que peu d'importance à son voisinage et notamment au bassin oriental de la Méditerranée. De même, et comme relevé plus haut, « s'agissant de Chypre, le Royaume-Uni d'avant le Brexit a constamment incité l'UE à ne pas s'en occuper, Washington étant dans des dispositions plus ou moins similaires. En conséquence, la politique de l'Union européenne dans la région a longtemps été un sous-produit de la coopération inter-méditerranéenne[70] ». La découverte de gisements gaziers a placé Chypre au centre des enjeux et, à présent, le pari est de considérer l'île dans son ensemble et ses avantages géopolitiques comme partie intégrante du projet européen de stabilisation en Méditerranée orientale. Toutefois, le contexte géopolitique d'ensemble

---

67 « Bitter Lemons », *op. cit.* Laurence Durrell relève, entre autre, la maladresse du « *never* » du Secrétaire d'État Hopkinson.

68 Voir également, le rapport de la Commission des questions juridiques et des droits de l'homme sur la *situation des habitants des zones d'Akrotiri et de Dhekelia placées sous souveraineté britannique,* Doc. 11232, 4.4.2007. Le rapport couvre certaines questions en matière de droits de l'homme qui concernent les habitants des zones placées sous souveraineté britannique (ZSB) à Chypre. Ces derniers se plaignent notamment de restrictions concernant l'utilisation des terrains situés dans les ZSB, du bruit des avions qui utilisent la base aérienne d'Akrotiri, et expriment des préoccupations spécifiques en matière de santé publique, liées notamment à la présence d'antennes de grande puissance à Akrotiri.

69 A. Paul, European Policy Centre, 22.4.2021, www.epc.eu (2.7.2022).

70 J.-F. Drevet, « Géopolitique de Chypre », *op. cit.*

en Méditerranée orientale[71], qui a connu une aggravation des tensions depuis 2004, sans compter une année 2020 chargée en conflits divers, tout comme une sécurité maritime devenue un enjeu de taille, accroit le risque que des situations conflictuelles interminables n'aient que peu de chance de se résorber. Conjuguée aux différents éléments relevés plus haut, la tâche parait sinon illusoire, au mieux titanesque. L'équation « time is not our friend- the short supply of political will » semble, de fait, écarter les grandes décisions. Les tentatives discontinues de règlement ne seraient-elles qu'un sous produit d'intérêts sous-jacents ?

71 *Ibid.* L'auteur relève qu'à « l'évidence, l'UE n'est pas équipée pour se confronter aux impérialismes régionaux, notamment celui de la Turquie, de sa politique expansionniste stimulée par l'internationale des Frères musulmans, le soutien aux groupes djihadistes et la mise en service de nouveaux drones. Dans ce combat, l'UE ne peut pas espérer beaucoup d'aide : les États-Unis de Trump ont déjà montré leur indifférence, la Russie manipule la Turquie, la Chine avance ses pions sur la « *route de la soie* » et les puissances régionales (notamment l'Iran et l'Arabie saoudite) poussent leurs avantages au détriment de la stabilité de l'ensemble ».

Frontières et sacré. Crises et nouveaux récits

Jean Peyrony

La crise sanitaire de la Covid-19 fait suite aux crises, migratoires ou sécuritaires, qui se sont succédées depuis 2015. Les fermetures de frontières qui en ont résulté ont lourdement impacté les régions frontalières. Elles ont mis en évidence combien, loin d'être effacées par l'intégration européenne, les frontières restent des institutions contraignantes, voire violentes, à l'égard des habitants de ces régions. Fondé sur une recherche empirique effectuée pour la Commission européenne sur les frontières internes de l'Union euoropéenne (UE), et sur une grille d'analyse inspirée par les sociologues Boltanski et Thévenot, l'article rappelle comment les personnes ont été atteintes dans 6 dimensions de leur vie quotidienne : en tant qu'acteurs économiques, usagers de services publics, citoyens, mais aussi être informés, inspirés, et engagés dans des relations. Il évalue comment le contrefactuel de l'intégration produit par ces crises interpelle les politiques publiques, restées enfermées dans le paradigme territorialiste. L'approche westphalienne de la frontière méconnaît la vie des personnes au sein des bassins de vie transfrontaliers, qui révèlent sa nature profonde. La frontière demeure un sacré résiduel de nos sociétés, caractérisé par son ambivalence – entre protection et menace – et sa violence, que peuvent éclairer les travaux de Girard et Dumouchel. Il s'agit dès lors de créer une cohésion transfrontalière et européenne en mobilisant de nouveaux récits qui s'enrichissent des récits nationaux tout en les dépassant. L'article explore ce dépassement des États-nations et de leurs politiques territoriales par la construction européenne et l'émergence de « régions fonctionnelles » transfrontalières, centrées sur les personnes. Le récit fonctionnaliste de Saint-Simon et le personnalisme fédéraliste de Denis de Rougemont peuvent contribuer à l'élaboration d'un récit européen qui n'abolisse pas les frontières, mais les désacralise.

Les crises frontalières, révélatrices de la vie des personnes dans les bassins de vie transfontaliers et des dysfonctionnements de la frontière ligne

Quand en mars 2020, les frontières internes de l'UE ont été brutalement fermées par les États, sans coordination entre eux[1], les habitants des régions frontalières ont été touchés dans différentes dimensions de leur vie quotidienne : en tant qu'acteurs économiques (travailleurs ou consommateurs transfrontaliers), car la mobilité transfrontalière a été interrompue ou sévèrement limitée ; en tant qu'usagers des services publics transfrontaliers, les premiers à avoir été interrompus ; en tant que citoyens, soudain seulement nationaux – les restrictions ont été fondées sur la nationalité, et non des critères sanitaires, et la citoyenneté européenne oubliée ; en tant qu'êtres informés – car l'information n'était soudain plus disponible par-delà la frontière ; en tant qu'êtres inspirés (par une éthique, un engagement...) car la confiance a soudain été rompue, et le résident de l'autre côté de la frontière est redevenu un danger ; en tant qu'êtres reliés au sein de couples, de familles – car certains ont été séparés par la frontière.

Très vite ont été prises des mesures pour sauvegarder les mobilités transfrontalières jugées essentielles pour l'économie : marchandises, travailleurs. Mais beaucoup d'habitants de ces régions ont douloureusement expérimenté ce que signifie d'être réduit à la fonction de travailleur, privé du droit d'acheter son pain au retour du travail, et stigmatisé comme un étranger par la population du pays voisin. Soudain l'opinion et la puissance publique ont oublié que chaque habitant était tout à la fois un usager, un citoyen, un parent, un être informé et inspiré, et pas seulement un travailleur indispensable ; bref, une „personne“, dans le sens que donne à ce mot le philosophe Paul Ricœur[2].

---

1 Mission opérationnelle transfrontalière (MOT), *The effects of COVID-19 induced border closures on cross-border regions,* Paris, 2021, https://op.europa.eu/en/publication-detail/-/publication/46250564-669a-11eb-aeb5-01aa75ed71a1/language-en (2.7.2022); J. Peyrony, « Les effets de la fermeture des frontières induite par le Covid 19 sur les régions transfrontalières » *In L'administration locale face à la crise sanitaire*, 2021, GIS Grale, Le Moniteur, Paris.

2 P. Ricœur, « Meurt le personnalisme, revient la personne », *Esprit*, vol. 1 n° 83, 1983.

Ces six dimensions font référence à la « sociologie pragmatique » inspirée par Ricœur[3] : sociologie de la critique, plutôt que sociologie critique, où les individus ne sont ni de pures monades (« homo oeconomicus »; sujets de droits), ni des prisonniers de leur « habitus » (Bourdieu) ou de leur classe sociale, mais des personnes reliées. Boltanski et Thévenot[4], pour décrire les interactions entre les acteurs au sein des cadres institutionnalisés des sociétés contemporaines, ont élaboré un modèle fondé sur six « cités », six sphères de justification : marchande, civique, industrielle (ou fonctionnelle), d'opinion, inspirée et domestique (ou inter-individuelle), qui constitue un outil puissant pour explorer l'action collective, et la coordination des institutions. Dans chaque pays, ces six sphères coexistent, entrent en conflit et font l'objet de compromis par le biais d'arrangements spécifiques à ce pays, qui fondent sa cohésion. Ces cités font système, en s'équilibrant mutuellement. Mais au travers des frontières, de tels arrangements n'existent pas, ou sont à peine émergents, via l'institutionalisation progressive des territoires transfrontaliers et la construction européenne[5].

Toutes les régions ont souffert de la crise sanitaire, mais c'est une double peine qu'ont connu les régions frontalières, soumises à la fermeture de la frontière en sus des autres mesures de confinement. La crise a révélé combien les politiques publiques, soudain ramenées à leurs routines domestiques, verticales et bureaucratiques, ont peiné à prendre en compte la vie transfrontalière des personnes et leurs chaînes de déplacement complexes. Certes, les frontières sont des lignes séparant les territoires d'états souverains (chacun avec sa législation spécifique, sa culture politique et administrative, ses systèmes de protection sociale, etc...),

---

3 L. Thévenot, *Des institutions en personne. Une sociologie pragmatique en dialogue avec Paul Ricœur*, Étude ricœuriennes, 2012.

4 L. Boltanski, L. Thevenot, *De la justification. Les économies de la grandeur*, Gallimard, Paris, 1991.

5 J. Peyrony, « Frontières et cohésion territoriale », *In* J. Beck, B. Wassenberg, *Vivre et penser la coopération transfrontalière (Volume 6) : vers une cohésion territoriale ?*, Franz Steiner Verlag, Stuttgat, 2014, pp. 153–175 ; J. Peyrony, « La catastrophe de 1914/1918: un sacrifice inutile. L'État-nation et ses frontières », *Recerc*, 2017. ; J. Peyrony, X. Faure, « Border vs Cross-border integration: the case of the Cerdanya hospital » *In* B. Wassenberg (dir.) « Cross-border circulation and networks in the European space », *Cahier Fare* n° 18, L'Harmattan, Paris, 2020.

mais elles sont aussi des zones, comme le juriste La Pradelle l'avait déjà démontré dans sa thèse de 1928[6].

La limite entre deux États perturbe l'activité individuelle, car elle disjoint un milieu dense de relations économiques et sociales, et prive les acteurs de la portée nécessaire à leur activité quotidienne. La frontière est une zone fonctionnelle, dans laquelle les personnes qui y vivent traversent la frontière-ligne régulièrement. Les services publics y ont vocation à dépasser la limite des États, ce qui requiert la signature de conventions bilatérales. Le régime administratif de la coopération transfrontalière doit consister à effacer, dans la zone de transition, la rigueur de la limite. La Pradelle promeut un régime frontalier international, où les frontières de souveraineté seraient transformées en frontières fonctionnelles. Une telle approche est censée être facilitée par l'intégration européenne : la liberté de circulation ancrée dans le traité de Maastricht de 1992 et l'objectif de cohésion territoriale reconnaissant les « régions transfrontalières »[7], avec Interreg comme catalyseur.

Après la sidération initiale de mars 2020, les personnes ont été les premières à réagir. Puis les institutions locales, notamment certaines structures de gouvernance transfrontalière (Eurodistricts, Eurorégions, Groupements européens de coopération territoriale (GECT)), ont suscité la reprise de la coopération, montrant si besoin était que « si rien ne se crée sans les hommes, rien ne dure sans les institutions », selon le mot de Jean Monnet. La fermeture des frontières, ou le retour des contrôles en raison de la crise sanitaire, en rendant manifestes les interdépendances transfrontalières, ont créé un contrefactuel de l'intégration. Cette crise, et les précédentes depuis 2015, migratoires ou sécuritaires, ont révélé au grand jour des obstacles déjà bien connus des acteurs transfrontaliers[8].

---

6 B. Perrier, « La frontière selon Paul de La Pradelle », *in Borders in Globalization Review,* 2019, vol. 1 n° 1, pp. 127–132.

7 Traité de Lisbonne, Art. 174 du TFUE, 2007 ; Voir J. Peyrony, « Frontières et cohésion territoriale », *op. cit.*

8 Voir *Manual On Removing Obstacles To Crossborder Cooperation*, ISIG, Conseil de l'Europe, Strasbourg, 2013. https://rm.coe.int/16806f93c9 (2.7.2022); J. Peyrony, « Integration in c ross border regions. Obstacles and solutions » *In* B.Wassenberg (dir.) *Castle talks on cross border cooperation. Fear or Integration? The pertinence of the border,* Steiner Verlag, Stuttgart, 2018 : L'ISIG a identifié six facteurs d'obstacles : institutionnels, administratifs, économiques, d'expertise (obstacles liés au manque de connaissance), culturels et « manque de propension à coopérer », correspondant aux six cités identifiées par Boltanski et Thévenot.

S'agissant de la cité marchande, il s'est avéré que la libre circulation des biens, services et capitaux est mieux assurée que celle des personnes, que les États sont sans cesse prêts à remettre en cause. S'agissant de la « cité » civique, la crise a révélé l'absence de reconnaissance effective d'une citoyenneté européenne, censée pourtant fonder la libre circulation des personnes- sans parler de la faiblesse de la démocratie transfrontalière. S'agissant de la cité industrielle/fonctionnelle des services publics transfrontaliers, elle a montré ses faiblesses. Les États peinent, par exemple, à tenir leurs engagements, pris au plus fort de la crise, de concrétiser les projets de *missing links* ferroviaires[9]. Enfin, les obstacles liés à la méconnaissance interpersonnelle entre voisins (cité domestique); au manque d'information (cité de l'opinion) sur l'autre versant de la frontière et sur les opportunités qu'il offre (pas de données transfrontalières); au manque de connaissance du passé, ou de vision de l'avenir commun (cité inspirée), restent immenses.

Regardons de plus près l'objet frontière-ligne, qui devient obstacle quand elle est fermée ou filtrée. Dans le contexte de l'UE et de ses voisins liés par des accords bilatéraux, comme la Suisse, le paradigme initié par Jacques Delors, qui a perduré jusqu'en 2015, était un quasi- effacement de la frontière physique.

L'année 2015 a marqué un changement paradoxal. Les frontières ont physiquement fait leur retour, suite à la crise migratoire, et aux attaques terroristes. Elles sont aussi revenues dans la rhétorique de certains politiciens et dans les têtes des électeurs, par exemple avec le Brexit voté en 2016. Mais dans le même temps la compréhension collective de la frontière a progressé, et de nouvelles politiques ont été développées : revue transfrontalière lancée par la Commission en 2015; Communication de 2017; mise en place à la DG Regio d'un « point de coordination frontalier »; dispositifs bi- ou multilatéraux, comme le traité d'Aix-la-Chapelle et son « comité de coopération transfrontalière », projet de règlement *European Cross-Border Mechanism* (ECBM)[10]. En France, le Décret

---

9 MOT, http://www.espaces-transfrontaliers.org/actualites/news/news/show/retour-sur-la-conference-liaisons-ferroviaires-transfrontalieres-des-10-et-11-juin/ (2.7.2022).

10 J. Peyrony, « Le Traité d'Aix la Chapelle : potentiels et défis du chapitre sur la coopération transfrontalière », *In* J. Beck (dir.), *Grenzüberschreitende Zusammenarbeit nach der Pandemie/La coopération transfrontalièrr après la pandémie,* Peter Lang, Bruxelles, 2021.

n° 2021-99 du 30 janvier 2021 a édicté que l'obligation de test PCR négatif « ne s'applique pas aux résidents des bassins de vie frontaliers (pour un déplacement d'une durée inférieure à 24 heures), ni aux travailleurs frontaliers », « dans un périmètre défini par un rayon de 30 kilomètres autour du lieu de résidence ». Enfin, la Commission européenne a publié en décembre 2021 son projet de révision du règlement Schengen, qui prévoit l'obligation pour les États membres de désigner les « régions transfrontalières » devant faire l'objet de dérogations aux mesures de restriction de la libre circulation aux frontières internes en cas de crises.

Le présent article s'attache à comprendre les conséquences matérielles ou immatérielles des fermetures des frontières internes depuis 2015 pour les habitants des régions frontalières, et la perception qu'ils ont de leur utilité ou légitimité. Il ne prétend décrire ni la réalité effective des contrôles et des fermetures, ni leur efficacité en fonction d'objectifs poursuivis tels que la sécurité, le contrôle des flux migratoires ou la santé publique.

S'agissant de la 1ère vague de la pandémie, une limitation de la mobilité des personnes a été fréquemment mise en œuvre par les États, notamment via la fermeture ou le contrôle drastique des frontières internationales. Justifiée dans une certaine mesure pour les déplacements intercontinentaux, elle l'était beaucoup moins s'agissant des frontières intérieures européennes, qui scindent des bassins de vie transfrontaliers[11]. Vu l'incertitude généralisée dans laquelle s'est trouvée l'humanité au printemps 2020, on peut accorder aux États le bénéfice du doute ; la fermeture des frontières aurait toutefois dû être coordonnée entre États. Pour ce qui est de la situation avant le déclenchement de la pandémie, certains pays ont rétabli dès 2015 le contrôle à leurs frontières, et reconduit systématiquement cette mesure depuis lors, érigeant en nouvelle règle ce qui dans l'esprit de la réglementation Schengen aurait dû rester une exception. Des doutes sont alors permis sur la justification et l'efficacité de telles mesures. S'agissant des enjeux migratoires et sécuritaires, les spécialistes s'accordent sur le fait qu'une action d'échelle européenne, qui nécessite la révision de la législation Schengen, serait bien plus efficace[12].

---

11 C. Duvernet, « Die Verbreitung von COVID-19 in Grenzenregionen », *Informationen zur Raumentwicklung*, Helft 2, BBSR, 2021.

12 Voir la Conférence Sécurité et développement, organisée en juillet 2016 par le programme Borders in globalization (BIG) et la MOT, http://www.espaces-transfrontaliers.org/la-mot/evenements/securite-et-developpement-comment-gerer-la-frontiere/ (2.7.2022).

Qu'en est-il du point de vue des praticiens de la frontière que sont, au 1er chef, les acteurs frontaliers ? La Mission opérationnnelle transfrontalière (MOT) a sondé ses adhérents[13]. Les contrôles aux frontières ont incontestablement perturbé les flux transfrontaliers aux moments de crise ; et certaines frontières subissent durablement les effets des contrôles liés aux migrations. Pour la plupart des segments de frontières, tant la réalité (en termes de fréquence, d'intensité, d'exhaustivité) que l'effet matériel de ces contrôles semblent en fait être limités – à l'exception des crises les plus aigües comme les périodes de confinement de la crise sanitaire. Cet effet n'est pas toujours dissociable de la congestion quotidienne, habituelle dans les agglomérations transfrontalières, dont le système de transport public reste souvent déficient. Dans une logique utilitariste, pour montrer qu'elle agit en minimisant les conséquences négatives, la puissance publique a préféré fermer des routes secondaires – nuisant ainsi gravement à la vie quotidienne de populations locales peu nombreuses –, mais pas les axes principaux.

Par contre, les effets immatériels de ces contrôles sont bel et bien là. Ils semblent valider une vision erronée de la nature des frontières ; ils créent des anticipations négatives et détériorent la confiance, ce que la crise sanitaire a amplement confirmé. Si ces contrôles aux frontières ne sont ni efficaces ni toujours proportionnés aux enjeux, ou si leurs effets négatifs dépassent leurs bénéfices, il nous faut alors regarder la fonction de la frontière au-delà de ses justifications rationnelles, qui semblent faire partiellement défaut.

La frontière, sacré résiduel de nos sociétés, caractérisée par son ambivalence et sa violence

Attardons-nous sur l'ambivalence et la violence latente de la frontière – et donc aussi de l'État-nation, ces deux concepts étant inséparables[14] – que les crises successives nous ont brutalement rappelées. Depuis 2015, les frontières semblent être moins prévisibles, voire exiger le secret, quand elles sont fermées avec des justifications floues. Leur fermeture peut paraître proche d'un acte rituel, plus destiné à rassurer la

---

13 Notamment en 2016 dans la perspective de la conférence citée ci-dessus.

14 A.-L. Amilhat-Szary, *Géopolitique des frontières : découper la terre, imposer une vision du monde*, Le cavalier bleu, Paris, 2020.

population qu'à assurer sa protection effective ; mais elle provoque une forme de violence à l'égard des personnes[15]. Sorte de mal nécessaire, les frontières contiennent la violence, dans les deux sens de contenir : elles sont censées la mettre à l'écart, mais elles la recèlent également en elles. Cette ambivalence et cette violence permettent de rattacher la frontière à la catégorie du « sacré » élaborée par René Girard.

Dans son ouvrage sur *La violence et le sacré*[16], celui-ci a décrit l'ambivalence du sacré archaïque, avec son versant sombre (le sang impur de la victime du meurtre fondateur lors de la crise mimétique initiale, qui a rétabli la paix de la communauté) et son versant lumineux (le sang pur de la divinité). Mais il s'agit du même sang, celui de la victime émissaire déifiée par les sociétés primitives, et plus tard celui des victimes des sacrifices rituels, souvent choisies parmi les étrangers. Le judaïsme puis le christianisme, se plaçant du côté de la victime innocente, ont révélé la vraie nature du sacré archaïque[17]. La frontière de l'État-nation, de même, est censée offrir protection et identité au corps – au sang pur – de la nation, et rejeter le sang impur de l'autre côté de la frontière. À la fois peau et menace, elle est une institution sacrée. Comme le rappelle Michel Serres[18] dans son ouvrage sur la fondation de Rome, sous toute frontière est enterrée une victime sacrificielle, à l'instar de Rémus tué par Romulus. Aujourd'hui encore, l'étranger est un bouc émissaire commode, comme le relève Amilhat Szary[19].

La stigmatisation des personnes franchissant la frontière comme « étrangers » impurs et dangereux, considérés comme cause de la diffusion de la pandémie, relève des stéréotypes analysés par Girard[20] étudiant les massacres de juifs lors des grandes pestes du moyen âge. Il est frappant que la crise sanitaire ait fait ressurgir des stéréotypes antisémites – fait signalé par l'Agence européenne des droits fondamentaux en novembre 2021 – même si la violence est restée symbolique et n'a pas engendré à ce jour de passage à l'acte au-delà de la violence verbale.

---

15 Violence sans commune mesure, mais au fond de même nature que celle que connaissent les migrants tentant de franchir les frontières.

16 R. Girard, *La violence et le sacré,* Grasset, Paris, 1972.

17 R. Girard, *Des choses cachées depuis la fondation du monde*, Grasset, Paris, 1978.

18 M. Serres, *Rome, le livre des fondations,* Grasset, Paris, 1983.

19 A.-L. Amilhat-Szary, *Géopolitique des frontières : découper la terre, imposer une vision du monde, op. cit.*

20 R. Girard, R., *Le Bouc émissaire*, Grasset, Paris, 1982.

Denis de Rougemont, l'un des pères de l'Europe, écrivain personnaliste fédéraliste militant des régions fonctionnelles (le cas échéant transfrontalières), a convoqué Girard et sa théorie du sacré à l'appui de sa critique des États-nations. Rougemont écrit :

> « C'est l'État-nation qui maintient la violence de tous contre tous, cette gravité normalisatrice, cause et moyen de centralisation, alignements, régimes policiers, cadres étatiques-nationaux détruisant les anciennes communautés et ne tolérant pas les nouvelles, qu'elles soient locales ou supranationales comme l'étaient les paroisses et l'Église, ou les communes et l'Empire. Ou comme le seront demain les régions et l'Europe »[21].

> « Toute prétention à uniformiser les individus et leurs comportements au détriment de la diversité des vocations, des dons et des charismes, toute mesure juridique qui refuse de tenir compte des différences régionales et culturelles en matière de coutumes, de langue, d'enseignement ou de liturgie, constitue en fait une violence contre la personne. 'Toute cette violence conduit à l'effacement des différences', écrit Girard, pour qui, au contraire, l'ordre, la paix et la fécondité sont fondés sur les différences : ce n'est pas la différence, mais sa perte qui provoque une confusion violente »[22].

Cette analyse s'applique parfaitement à l'institution étatique de la frontière, qui efface les différences à l'intérieur des États, et les magnifie à l'extérieur. Dans son ouvrage « Le sacrifice inutile »[23] le philosophe Paul Dumouchel[24] à la lumière de la théorie girardienne et d'une relecture de Hobbes, Clausewitz et Schmitt, décrit l'histoire de la territorialité étatique de l'âge de pierre à sa déconstruction actuelle, et l'émergence concomitante de l'économie de marché et de l'État-nation, deux des institutions prenant en charge la régulation de la violence dans les sociétés modernes. Pour lui, le christianisme a joué un rôle fondamental dans l'affaiblissement des obligations traditionnelles de solidarité au sein des groupes sociaux – la solidarité mécanique mise en évidence par Durkheim[25]- et de vengeance à l'extérieur. Il propose en effet de nouveaux modèles de comportement : amour gratuit (que Rougemont[26]

---

21 D. de Rougemont, *L'avenir est notre affaire,* Stock, Paris, 1977, p. 254.

22 *Ibid.,* p. 313.

23 P. Dumouchel, *Le sacrifice inutile*, Flammarion, Paris, 2011.

24 J. Peyrony, *La catastrophe de 1914/1918: un sacrifice inutile. L'État-nation et ses frontières, op. cit.*

25 E. Durkheim, *De la division du travail social*, PUF, Paris, 1893.

26 D. de Rougemont, *L'amour et l'occident,* Princeton University Press, 1939.

et Boltanski[27] nomment Agape, voir ci-après), pardon, comme options individuelles, et non comme obligations, rendant possibles de nouvelles formes d'interactions sociales.

L'affaiblissement de la solidarité mécanique permet l'échange moderne et donc l'économie de marché (la main invisible d'Adam Smith). Le pardon, dont Arendt[28] attribue l'invention à Jésus, met fin aux obligations de vengeance (loi du Talion), et transforme une transgression – refuser le devoir de vengeance – en un idéal de perfection. L'affaiblissement de la vengeance permet l'avènement de l'État en tant que monopole de la violence légitime (Hobbes, Weber). Les traités de Westphalie autorisent le souverain à imposer sa religion à ses sujets ; ainsi, les divisions religieuses ne sont plus entre groupes, mais entre territoires. L'État est l'autorité qui dit la différence entre la bonne violence et la mauvaise violence de la vengeance. Le politique est donc violence qui se légitime elle-même. Dès lors peut se mettre en place en Europe, dans un processus où le mimétisme et la rivalité des États ont joué un rôle important[29], le modèle des États-nations. Au sein de ceux-ci s'affaiblissent les liens locaux, les solidarités traditionnelles ; ne subsistent que les liens affectifs purement privés du cercle domestique. Un 2e cercle est le territoire national, où les individus sont censés être amis : « le royaume des frères » dont parle Beckouche[30], que l'État protège contre l'ennemi extérieur. Le 3e cercle est le concert des nations, sœurs, mais également ennemies potentielles ; un 4e cercle était celui des colonies, où la violence pouvait se détourner librement vers des victimes tierces, mais il s'est fondu dans le 3e cercle avec la décolonisation. L'État-nation apparaît dès lors comme une institution adaptée à la modernité, qui aurait été comme sélectionnée dans le cadre d'un processus historique de morphogénèse sociale. « La notion de limite de souveraineté linéaire fonctionne comme un récit des origines utile aux États modernes dans la construction du capitalisme occidental »[31].

---

27 L. Boltanski, *Enigmes et complots,* Gallimard, Paris, 2012.

28 H. Arendt, *Condition de l'homme moderne*, Calmann-Lévy, Paris, 1983.

29 R. Girard, *Achever Clausewitz, entretiens avec Benoit Chantre*, Carnets Nord, Paris, 2007. ; J. Peyrony, « French perspectives », *In* A. Faludi (dir.), *Territorial cohesion and the European model of society,* Cambridge, Lincoln Institute of Land Policy, 2007.

30 P. Beckouche., *Le Royaume des frères, Aux sources de l'état-nation,* Grasset, Paris, 2001.

31 A.-L. Amilhat-Szary, *Géopolitique des frontières : découper la terre, imposer une vision du monde, op. cit.*

La crise nous a donné accès à l'essence de la frontière : pas seulement un lieu révélateur d'exceptions, marge d'une organisation politique et sociale, mais bien le cœur de ce système. Référent sacré, la frontière est un des rares endroits où l'on peut avoir une vision matérielle de l'institution étatique[32]. Pour Beckouche, la frontière est une transcendance horizontale résiduelle. Le territoire national est un espace délimité par des frontières, mais aussi une prédisposition morale, fondée sur une identité, une langue, une religion, une culture, un patrimoine, des symboles, une histoire, des « lieux de mémoire »[33] entretenus, voire même créés, par l'État-nation, dont l'historienne A.-M. Thiesse a décrit la genèse dans *La création des identités nationales*[34]. Ainsi, *Le Tour de France de 2 enfants*[35], manuel scolaire par lequel les jeunes Français ont appris à la fois la langue, l'histoire, la géographie, est emblématique du rôle de formatage de l'éducation nationale. Moins connu, *Le Tour de l'Europe pendant la guerre*[36], conçu comme la suite du précédent pour former les jeunes français dans le contexte de la Première Guerre mondiale, promouvait le chauvinisme et l'anti-germanisme. Dumouchel souligne que l'État moderne, avec ce mode de détournement de la violence vers des victimes tierces extérieures à la nation, reproduit le mécanisme victimaire, analysé par Girard comme fondement des rites sacrificiels et des royautés sacrées[37]. Il s'agit bien de la même violence, même si cela n'est manifeste qu'en cas de crise[38]. Girard, dans son ouvrage sur *Clausewitz et sur la relation franco-allemande*[39], a décrit la « montée aux extrêmes » de la violence, telle qu'elle s'est produite lors des deux conflits mondiaux du 20e siècle. Leur leçon est que le sacrifice est désormais inefficace et inutile – il faudrait des conflits toujours plus violents avant une réconciliation chimérique. Ici toutefois se fait jour une différence avec Dumouchel.

---

32 *Ibid.*

33 P. Nora, *Les lieux de mémoire*, Gallimard, Paris, 1997.

34 A.-M., Thiesse, *La création des identités nationales*, Seuil, Paris, 1999.

35 G. Bruno, *Le Tour de la France par deux enfants*, Belin, Paris, 1877.

36 G. Bruno, *Le Tour de l'Europe pendant la guerre*, Belin, Paris, 1916.

37 R. Girard, *Des choses cachées depuis la fondation du monde, op. cit.*

38 Les migrants qui meurent lors des tentatives de passage des frontières sont les victimes d'un système de violence politique, de même nature que « l'exclusion des tiers par les doubles », lors des « enclosures » dans l'Angleterre du 18e siècle, selon l'analyse de P. Dumouchel, « L'Ambivalence de la rareté », *In L'enfer des choses*, Seuil, 1979.

39 R. Girard, R., *Achever Clausewitz, entretiens avec Benoit Chantre*, Carnets Nord, Paris, 2007.

Ce dernier, pessimiste, pense que ce n'est qu'entre les individus membres de chaque État nation qu'il est raisonnable d'accepter les règles d'une coopération sociale équitable. Il ne dit pas un mot de la construction européenne, comme tentative de dépassement de l'État-nation, alors qu'elle a montré son efficacité en faveur de la paix. À l'inverse, Girard plaide pour le dialogue entre France et Allemagne et la construction, même fragile, d'un espace européen de paix.

Vers de nouveaux récits transfrontaliers et européens pour dépasser les récits nationaux

Comment construire des espaces de paix transfrontaliers et européens ? Il nous faut maintenant articuler le modèle de la justification[40], qui est aussi un modèle de la cohésion au sein des espaces nationaux, sa négation violente par la frontière westphalienne, et la possibilité d'une cohésion transfrontalière, sauvant, tout en la dépassant[41], la cohésion des États-nations. C'est à nouveau Boltanski[42] qui va nous y aider[43]. Il propose d'analyser les situations que vivent les personnes dans la vie ordinaire au travers de deux axes : (1) paix ou dispute ; (2) « équivalence » (la mesure des personnes est possible via des « épreuves » impliquant des objets), ou « sans équivalence ». La combinaison de ces deux axes permet de construire ce tableau.

Tableau 1[44]

	Paix	**Dispute**
Absence d'équivalence	**Agape** (amour)	**Violence**
Equivalence	**Justesse** (situations de routine)	**Justice** (conflit entre des ordres d'équivalence différents)

40 L. Boltanski et L. Thevenot, *De la justification. Les économies de la grandeur, op. cit.*

41 Au sens double de l'« Aufhebung » hegelienne : sauvegarder et surmonter ; merci à Gyula Ocskay de m'avoir signalé la pertinence de ce concept pour qualifier la frontière.

42 L. Boltanski, *L'amour et la justice comme compétences*, Métailié, Paris, 1990.

43 J. Peyrony, « Integration in cross border regions. Obstacles and solutions », *op. cit.*

44 J. Peyrony, tableau de l'auteur, 2022.

Les situations de violence (sur lesquelles Girard concentre son attention) et les situations d'Agape (amour, en grec), se caractérisent par le fait qu'il n'y a pas d'équivalence permettant d'objectiver les relations humaines ; le rôle joué par les objets est limité. Boltanski qualifie de « justesse » les situations de paix en équivalence (situations de routine au sein de chaque cité), et de « justice » les situations de dispute en équivalence (conflits entre les cités, ordres d'équivalence différents). Le modèle des six cités[45] décrit les conditions de justification, au sein de chacune des cités (justesse) ou entre les cités (justice), dont ces deux auteurs étudient la grammaire sur la base d'écrits philosophiques, comme ceux d'Adam Smith pour la cité du marché. Ainsi, Boltanski et Thévenot décrivent des situations de crises qui peuvent être réglées sans violence excessive, au travers de conflits et de compromis prenant place à l'intérieur des cités et entre elles, tandis que Girard les décrit à un stade ultérieur où la violence entre individus prévaut. Mais comment s'articulent les personnes avec les institutions[46] sur lesquelles reposent nos sociétés (marché, État, …), et leurs discours de justification (les cités) ? Pour Ricœur, les personnes se construisent à travers des récits qu'elles produisent, histoires subjectives qu'elles se racontent à elles-mêmes. Certes pas les seules autrices de leur vie, elles sont co-autrices de leur signification. En d'autres termes, l'identité personnelle est narrative.

Selon Girard[47], chaque histoire personnelle commence par l'imitation d'autres individus, modèles que Girard nomme « médiateurs », qui peuvent être externes ou internes, selon la distance avec le modèle. Les médiateurs externes peuvent être d'autres personnes (parents, éducateurs), ou des héros, comme ceux proposés par la littérature. Mais la proximité entre l'individu et son médiateur interne peut en faire un rival, dans un processus réciproque d'imitation. Les situations où les individus s'imitent les uns les autres et rivalisent pour la possession du même objet, finissant par attacher plus d'importance à leur rival qu'à l'objet, peuvent déboucher sur une violence sans objet et sans limite, celle de la crise mimétique. Pour Girard, les institutions comme le marché, la politique, la justice, la culture, les religions, visent en fin de compte à

---

[45] L. Boltanski et L. Thevenot, *De la justification. Les économies de la grandeur, op. cit.*

[46] L. Thévenot, *Des institutions en personne. Une sociologie pragmatique en dialogue avec Paul Ricœur, op. cit.*

[47] R. Girard, *Mensonge romantique, vérité romanesque*, Grasset, Paris, 1961.

réguler la violence. Prenons le cas de l'économie. Selon André Orléan[48], sa prétention à considérer des agents rationnels est ruinée par le simple fait que les désirs des agents peuvent dépendre de ceux d'autres personnes qu'ils imitent. Le marché n'est pas un état naturel, mais une institution incitant les personnes à acquérir des biens équivalents, au lieu de rivaliser pour le même objet. La science économique doit admettre qu'elle ne décrit pas une réalité objective, mais propose des modèles de comportement aux agents. En termes girardiens, l'économie tente de favoriser une forme de « médiation externe », c'est-à-dire l'imitation d'un modèle, celui de l'acteur économique rationnel (consommateur ou producteur), héros de la „cité du marché", dans les termes de Boltanski et Thévenot. L'économie est une science politique, normative.

Les cités se déploient pour l'essentiel au sein de chaque État-nation[49], qui détient en quelque sorte, via la production des statistiques et de l'éducation, un « monopole de l'évidence »[50], de la construction de la réalité, et pas seulement de la violence légitime (Weber). Pour chaque personne, les six dimensions de la cohésion nationale sont rendues cohérentes dans des cadres nationaux, à travers des récits individuels forgeant une identité narrative. Tant que les États-nations ont été le cadre principal de nos vies, les médiateurs externes étaient principalement nationaux.

La cohésion des sociétés nationales est si forte qu'elle peut être elle-même une cause de violence. Le problème n'est pas que nous n'aimons pas nos voisins de l'autre côté de la frontière ; mais que notre attention se concentre sur nos concitoyens[51]. Si l'on veut penser l'intégration transfrontalière ou européenne, il faut d'abord comprendre et questionner la cohésion nationale. Comment concilier les récits personnels, pour beaucoup touchés par la mobilité transfrontalière, l'européanisation et la

---

48 A. Orléan, *L'empire de la valeur*, Seuil, Paris, 2011.

49 L. Boltanski, *Enigmes et complots*, Gallimard, Paris, 2012.

50 J. Peyrony, « Integration in cross border regions. Obstacles and solutions », *op. cit.*

51 P. Dumouchel, *Le sacrifice inutile, op. cit.* La Première Guerre mondiale s'est produite dans un contexte où l'Europe était déjà relativement intégrée sur un plan socio-économique ainsi que culturel, mais où aucune intégration politique n'existait. À l'été 1914, la crise diplomatique est portée par la rivalité violente des États. Même si beaucoup de récits individuels traversaient déjà les frontières, celles-ci, liant chaque espace national, rendaient presque impossible pour les personnes d'échapper à la montée de la violence, la plupart d'entre elles pensant et agissant dans un cadre national, voir J. Peyrony, *La catastrophe de 1914/1918: un sacrifice inutile. L'État-nation et ses frontières, op. cit.*

mondialisation ; et des récits collectifs restant principalement nationaux, et divergents sur chaque frontière ?

Le plus grand défi consiste à ouvrir la possibilité aux personnes, non seulement d'expérimenter des fonctionnalités, mais aussi de partager des récits transfrontaliers et européens. Face à la mondialisation, la construction européenne est une première réponse, inachevée. Beckouche et Davezies[52] soulignent que le décalage entre l'européanisation d'une part, et les systèmes de solidarité (retraites etc…) mais aussi les croyances restant nationales, affaiblit le projet européen. Le désir de sécession de certains territoires, la radicalisation des électeurs, sapent la cohésion territoriale et la solidarité organique et menacent les démocraties, avec le risque d'une régression vers une solidarité mécanique au sein de communautés fermées et exclusives. La crise la plus grave est culturelle ; face à elle, les théories politiques et économiques classiques sont dépassées. Le Conseil de l'Europe a créé un observatoire[53] de l'enseignement de l'histoire dans les pays membres, partant du constat que les dissonances entre États et l'absence d'un enseignement de l'histoire européenne sont à la racine de la résurgence du nationalisme dans certains États.

La nécessité de développer un récit européen est également soulignée par Thiesse[54]. Les identités nationales ont été forgées aux 18e et 19e siècles dans le cadre de projets constructivistes. Il est possible de forger de nouveaux récits qui n'aboliraient pas les récits nationaux, mais les soumettraient à une lecture critique, une compréhension commune et non pas unique, où chacun connaîtrait et accepterait le point de vue de l'autre[55]. Et les récits nationaux seraient tissés dans des récits communs transfrontaliers et européens, donnant une nouvelle perspective, un projet

---

52 P. Beckouche, P., *Le Royaume des frères, Aux sources de l'état-nation*, Grasset, Paris, 2001 ; L. Davezies, *Le nouvel égoïsme territorial: le grand malaise des nations*, Seuil, Paris, 2015.

53 Conseil de l'Europe, « L'Observatoire de l'enseignement de l'histoire en Europe, nouvel accord partiel élargi, offrira la possibilité de partager de bonnes pratiques et des expériences entre les États membres de l'accord partiel élargi et de renforcer la coopération dans le domaine de l'enseignement de l'histoire au niveau européen », Accord partiel élargi. https://www.coe.int/fr/web/observatory-history-teaching/ (2.7.2022).

54 A.-M., Thiesse, *La création des identités nationales, op. cit.*

55 Ainsi, le livre d'histoire franco-allemand à destination des lycéens, mis en chantier en 2003 lors du sommet anniversaire du traité de l'Elysée, présente des « regards croisés ».

commun. Les États européens ont en commun d'avoir produit leur unité à partir de la diversité ; l'Europe n'est qu'une étape de plus[56]. Cela fait écho à Ricœur, pour qui l'Europe se caractérise par sa diversité de traditions rivales, et par sa dimension critique, provenant de la confrontation de différents récits et traditions nationales, qui permettent une correction mutuelle entre elles, fondée sur la fertilisation croisée, la traduction, l'échange des mémoires.

Esquissons quelques pistes pour un dépassement européen du sacré national, par la construction d'une identité européenne. La condition préalable est l'enseignement aux jeunes européens d'une citoyenneté européenne intégrant les citoyennetés nationales, fondée sur une lecture commune de l'histoire. Ce travail serait à accomplir sur chaque frontière, lieu de rencontre entre deux systèmes de cohésion nationale ; la connaissance mutuelle des soubassements culturels et religieux, des saints et des héros, témoins et modèles, des visions de l'avenir de part et d'autre des frontières, de leurs différences et de leurs complémentarités, serait le fondement d'une cohésion transfrontalière et européenne[57]. Bomsel invite par exemple l'Europe à créer un consortium de télévisions publiques européennes, sur le modèle d'Arte, qui produirait des séries synchronisant les histoires nationales[58].

La plus grande part de notre culture est déjà européenne, ce qui rend la tâche a priori possible. La dimension territoriale de la cohésion consiste à expliciter la question des territoires, des frontières qui les séparent et des solidarités qui les unissent, dans la construction européenne : comment l'Europe intègre des États petits ou grands, centralisés ou fédéraux, qui ont chacun une histoire unique et une façon spécifique de comprendre et de gérer à la fois leur propre unité, et leur insertion dans le tout Européen ; comment chaque frontière est le lieu de convergences et de divergences, dont il faut tenir compte dans la coopération transfrontalière et la construction européenne.

---

[56] J. Levy, *L'Europe, une géographie*, Hachette, Paris, 1997.

[57] J. Peyrony, « Frontières et cohésion territoriale », *op. cit.*

[58] O. Bomsel, *La nouvelle économie politique*, Gallimard, Paris, 2017.

Les récits de Saint-Simon et de Rougemont, contributions à la construction de l'Europe et de régions fonctionnelles transfrontalières, au-delà des États nations

Quels récits pour construire les cités transfrontalières dans le champ de l'aménagement du territoire ? Considérons un service public domestique (au sein d'un territoire national), par exemple un hôpital[59]. Son fonctionnement repose, soit sur des situations de « justesse » (routines en matière de soins, de gestion de l'état civil…), soit, plus rarement, mais dans un cadre qui reste défini au sein de chaque État, sur des situations de « justice » (par exemple, conflit et compromis en matière de la localisation, entre exigences de proximité et de rentabilité).

Deux cités sont particulièrement pertinentes dans l'analyse des politiques publiques : la cité « civique », équivalente à l'approche institutionnelle (gouvernance I), et la cité « industrielle », équivalente à l'approche fonctionnelle (gouvernance II)[60]. Cette grille d'analyse peut être appliquée dans différents contextes, du local – le fonctionnement d'un hôpital, au projet européen lui-même[61].

Que se passe-t-il en contexte transfrontalier ? Dans le contexte européen d'ouverture des frontières internes, un hôpital transfrontalier est possible, mais nécessite de définir de nouvelle règles de justesse au sein de cités transfrontalières en construction, et de nouveaux compromis transfrontaliers entre cités ; et donc de construire de nouveaux récits, mobilisant de nouvelles médiations externes qui ne se déroulent plus seulement dans un cadre national. Plusieurs pays doivent pour agir ensemble apparier des cadres domestiques de discussion différents[62].

---

59 J. Peyrony, X. Faure, « Border vs Cross-border integration: the case of the Cerdanya hospital ».

60 L. Hooghe, G. Marks., *Multi-level governance and European integration*, Rowman & Littlefield, Lanham, Boulder, New York, Oxford, 2001.

61 A. Faludi, J. Peyrony, J., « Cohesion policy contributing to territorial cohesion; scenarios », *European Journal of Spatial Development,* n° 43, septembre 2011, https://archive.nordregio.se/Global/EJSD/Refereed%20articles/refereed43.pdf (2.7.2022).

62 J. Peyrony, « Frontières et cohésion territoriale », *op. cit. ;* J. Peyrony, « Integration in cross border regions. Obstacles and solutions », *op. cit.*

Explorons cette dialectique entre approches institutionnelles et fonctionnelles, sous-jacente au domaine de l'aménagement du territoire. Elle est ancrée dans l'histoire des idées politiques et de la sociologie, avec leurs différentes compréhensions selon les pays. Sur quels récits sont-elles fondées ? Le sujet dépasse largement le cadre de cet article. Un aperçu peut cependant être esquissé, à partir de deux figures : Saint Simon et Rougemont. Le philosophe français Saint-Simon, compagnon de Lafayette dans la guerre d'indépendance américaine, en est revenu convaincu de la nécessité de promouvoir les États-Unis d'Europe[63]. Dans une vision quasi-mystique, il considère les réseaux techniques comme le sang des sociétés. La fécondité de la pensée de Saint-Simon a été multiple, dans les domaines politique et philosophique, et dans des contextes culturels divers. En France, il a influencé les banquiers et les ingénieurs français à l'origine du développement des réseaux techniques nationaux (chemin de fer, …) ou globaux (canal de Suez) dans la seconde moitié du 19e siècle. Au plan philosophique, via Auguste Comte, Saint-Simon influence Durkheim[64], à l'origine de la sociologie française. Celui-ci comprend l'intégration sociale dans les sociétés modernes comme l'effet d'une « solidarité organique », résultant de la différenciation et de l'interdépendance croissantes des individus. Contre une approche purement « marchande », il a inventé le concept de cohésion, fondé sur la division sociale du travail, mais aussi sur l'intervention publique[65]. Durkheim a inspiré à la fois la théorie des services publics légitimant l'État, et la doctrine « solidariste », fondement de la vision française, et plus tard de sa contribution à la construction européenne – il entrevoyait l'intégration européenne dès son ouvrage de 1893.

Le fonctionnalisme de Saint-Simon a également influencé les socialistes utopistes comme Proudhon, et à travers eux, le personnalisme de Jacques Maritain et d'Emmanuel Mounier, qui à son tour a nourri les „pères fondateurs“ de l'Europe, puis Jacques Delors[66]; ainsi que le communautarisme et le fédéralisme intégral de Denis de Rougemont et d'Alexandre Marc[67].

---

63 P. Musso, P., *Saint-Simon et le saint-simonisme*, PUF, Paris, 1999.

64 E. Durkheim, *De la division du travail social*, PUF, Paris, 1893.

65 J. Peyrony, « Frontières et cohésion territoriale », *op. cit.*

66 V. M. de la Torre, V., *L'Europe, un saut dans l'inconnu. Les fondateurs de l'Union européenne (1948–1957)*, L'Harmattan, Paris, 2020.

67 M. Goehrs, M., *Coopération transfrontalière et intégration européenne. Contribution à l'étude du principe fédéraliste*, Peter Lang, Bruxelles, 2018.

Denis de Rougemont, puis Charles Ricq plus spécifiquement sur les enjeux frontaliers, ont initié un débat européen sur les régions fonctionnelles, aujourd'hui pleinement d'actualité[68]. Pour Rougemont, influencé par la pensée sociale chrétienne, la notion de personne doit être préférée à la notion abstraite d'individu[69]. Insérées dans des réseaux de relations, les personnes peuvent avoir diverses sphères d'appartenance : des communautés qui peuvent être naturelles, fonctionnelles, électives (association), dans toutes les sphères de la société (politique, économique, sociale, culturelle, linguistique) et à différents niveaux (local, régional, national). La nation n'est qu'une de ces communautés. L'État ne doit pas avoir le monopole de la production législative. Les contrats flexibles doivent être préférés au mythe d'un contrat unique entre l'individu et l'État. Le statut de chaque personne doit être différencié, déduit des liens juridiques qu'implique l'appartenance à diverses communautés.

Les personnes et les groupements doivent être protégés contre l'oppression de l'État, de nombreux problèmes trouvant leur origine dans la collusion trop forte entre l'État et la nation. Les régions devraient être définies sur la base fonctionnelle des besoins des habitants ; chaque commune pourrait appartenir à autant de régions fonctionnelles qu'elle estimerait nécessaire pour gérer ses activités. Rougemont, critique à l'égard des États, protagonistes des guerres mondiales du 20e siècle, plaide pour une Europe fédération de régions fonctionnelles – et non ethniques, qui permettrait l'autonomie des personnes et des communautés, par la libre administration et l'intégration via l'enchevêtrement d'espaces normatifs différenciés[70]. À sa suite, Ricq, a plaidé pour une « souveraineté partagée » et la définition de « zones frontalières », « zones de micro-intégration », symboles de l'intégration européenne, fondées sur les problèmes quotidiens des populations locales, traités par « agences sectorielles » à « géométrie variable », et une subsidiarité horizontale transfrontalière[71]. Pour Ricq, qui semble faire écho aux vues de La Pradelle, un « droit

68 Ch. Ricq, *Manuel de la cooperation transfrontalière*, Conseil de l'Europe, Strasbourg, 2006; J. Peyrony, « Should EGTCs have competences, and not only tasks? Underlying visions on cross border integration », CESCI, Budapest, 2020.

69 D. de Rougemont, *L'avenir est notre affaire, op. cit.*

70 Guerot U., « "Europe of the Regions". A genealogy of an ambiguous concept ». *In* E. Donat, S. Meyer, G. Abels (dir.), *European regions. Perspectives, trends and developments in the 21st Century*, Transcript, Bielefeld, 2020, pp. 231–244.

71 Ch. Ricq, *Manuel de la coopération transfrontalière, op. cit.*, p. 186

des relations frontalières », branche indépendante du droit international public reste à inventer. Se référant aux scénarios de la « cellule de prospective » de Delors – également cités par le projet ESPON ETRF[72], Ricq présente « des scénarios pour la coopération transfrontalière », allant du *statu quo* à un scénario où les régions frontalières deviendraient de véritables « communautés territoriales européennes », à cheval sur une frontière et régies par le seul droit communautaire. Il plaide pour une fédération européenne de régions fonctionnelles, incluant des « régions transfrontalières à taille humaine », dépassant les frontières nationales, avec des pouvoirs interdépendants, véritables territoires transfrontaliers « dépolitisés », au plus grand bénéfice de toutes les populations frontalières concernées[73]. Les régions transfrontalières impliquent une nouvelle façon de voir l'Europe, non plus à partir des capitales mais à partir des périphéries et des frontières[74], lieux de résolution des contradictions entre les États, et d'invention d'une souveraineté partagée ou d'une post-souveraineté. En tout état de cause, la crise a révélé de profondes interdépendances transfrontalières. Les modes d'intervention publique ont été remis en question, en général et dans le contexte transfrontalier, qui apparait une fois de plus comme un laboratoire de l'inter-territorialité et de la gouvernance multi-niveaux (du local à l'Europe). À l'avenir, pour des raisons économiques, sociales et simplement humaines, le réflexe du recours à la fermeture des frontières ne sera pas acceptable. Les mesures futures devront être fondées sur la responsabilité personnelle, la subsidiarité et la coordination entre les acteurs.

La pensée de Saint-Simon a influencé deux visions apparemment divergentes du bien commun : celle incarnée par la France, État-nation unitaire, se projetant sur l'Europe, fondée sur le fonctionnalisme, la planification stratégique, l'« inter-territorialité »; et celle incarnée par le fédéralisme rhénan, personnifiée par l'Allemagne de l'après-guerre, ou – plus encore – par la Suisse fondée sur la responsabilité et la subsidiarité. Il ne s'agit pas de choisir entre les deux modèles ; plutôt d'enclencher un processus, où des options devront être prises, sur l'importance plus ou

---

72 ESPON, « European Territorial Reference Framework », Final Report, 2019.

73 Ch. Ricq, *Manuel de la coopération transfrontalière, op. cit.*, p. 189, J.-M. Trillo, J.M., « La région transfrontalière : des idées de Rougemont aux processus actuels d'institutionnalisation », *Mosella*, 32:1–4, 2007, pp. 235–257.

74 E. Balibar, « Europe as borderland », *Environment and Planning D: Society and Space*, 27:2, 2009, pp. 190–215.

moins grande à accorder aux approches fonctionnelle ou institutionnelle aux différents niveaux territoriaux. Ces choix devront éviter deux risques symétriques : le risque de trop d'institutionnalisation (nouvelles régions transfrontalières remplaçant les anciennes régions domestiques – mais selon quels critères, avec quelle légitimé démocratique ?) : bref le risque de retomber dans le territorialisme[75]; ou le risque de trop de fonctionnalisation, avec ses conséquences en termes de désintégration sociale et politique. Il s'agit de prendre le meilleur de ces deux approches, la construction européenne reposant en fait sur une dialectique entre elles. Philippe Herzog, en tant que parlementaire européen, rapporteur sur les services publics, avait réussi à obtenir une majorité grâce à un compromis entre les défenseurs des services publics nationaux et locaux, respectivement dans les États unitaires et fédéraux[76].

Pour la plupart des habitants de la planète, la crise de la Covid-19 a été, par la limitation de la mobilité, une expérience de vie, révélant des interdépendances de toutes sortes (économiques, relationnelles, etc.) et à toutes les échelles (locale, nationale, mondiale). Paru avant la crise sanitaire, le livre de Bruno Latour « Où atterrir ? Comment s'orienter en politique »[77] traite de l'impasse créée par l'opposition local vs global, et de la nécessité d'atterrir, c'est-à-dire d'identifier collectivement les territoires à géométrie variable où nous vivons ; c'est aussi un vibrant plaidoyer pour l'Europe. Lors de la crise de la Covid-19, Latour a proposé que nous décrivions quelles activités, avec quelles interdépendances et quelles conséquences, nous voulons garder ou non dans notre quotidien (alimentation, santé, travail, loisirs, etc.)[78]. Notre capacité collective à décrire nos expériences et nos attentes au sein des territoires où nous vivons, y compris transfrontaliers, et à y prendre des décisions, sera déterminante pour l'avenir. Le partage d'une meilleure connaissance commune des dynamiques transfrontalières peut contribuer à des récits partagés, et à la construction d'un récit commun. Ce chapitre a examiné les visions qui sous-tendent les discussions politiques sur l'intégration européenne

---

75 A. Faludi, *The poverty of territorialism: A neo-medieval view of Europe and European planning*, Edward Elgar, Cheltenham, 2018.

76 A. Faludi, J. Peyrony, J., « Cohesion policy contributing to territorial cohesion; scenarios », *op. cit.;* P. Herzog, *D'une révolution à l'autre*, Monaco, Editions du Rocher, 2018.

77 B. Latour, *Où atterrir ?*, La Découverte, Paris, 2017.

78 *Ibid.*

et transfrontalière. Il est nécessaire de laisser la place à des processus explorant différents scénarios, des futurs possibles pour nos institutions locales, nationales, européennes, et pour la gestion des frontières, afin de décider ensemble.

Il faut un changement de paradigme. Chaque personne est tout à la fois, parfois au-delà des frontières, un travailleur et un agent économique ; un usager des services publics (par exemple un patient); un citoyen et un contribuable local, national et européen ; mais aussi une personne informée ou inspirée, un membre d'une famille ou d'une communauté. La personne doit être placée au centre de la réflexion et de l'action, afin de briser les logiques verticales et bureaucratiques des institutions qui ont montré leurs limites. Le point de départ ne devrait pas être les procédures administratives, mais les écosystèmes territoriaux, les « bassins de vie », où la vie quotidienne des personnes peut être, soit perturbée par la fermeture des frontières, soit facilitée par la coopération. À cette condition, l'ancienne notion de frontière linéaire westphalienne, minée par la crise, sera surmontée. Les interdépendances révélées par la crise nécessitent de nouvelles politiques de coopération transfrontalière : approche fonctionnelle, développement de services publics transfrontaliers prenant en compte les personnes dans leurs bassins de vie transfrontaliers ; statut de frontalier ; gouvernance multi-niveaux ascendante impliquant les régions transfrontalières, les États et l'UE ; mais aussi construction d'une connaissance et d'une confiance transfrontalière commune.

Les États-nations, quelles que soient les déficiences dont ils ont fait preuve, ont été le cadre prépondérant de l'action collective et de la solidarité financière, pendant la crise sanitaire et dans la crise économique et sociale qui en a découlé. Le problème n'est pas tant l'État-nation en tant que tel, que l'excès de valorisation de la cité civique nationale. Comme toute institution, la frontière est utile et respectable tant que son coût n'est pas trop élevé. L'enjeu n'est pas de la supprimer, mais de la désacraliser : de la dévoiler, de la comprendre en explicitant[79] ses enjeux. La puissance publique est redevable au citoyen d'une gestion proportionnée de la frontière, et ceci dans un cadre multi-niveaux, où les différents niveaux sont responsables solidairement. C'est l'un des enjeux de la réforme du code Schengen. Le Comité de coopération transfrontalière mis en place par le Traité d'Aix-la-Chapelle à la frontière franco- allemande va dans ce

[79] Au sens que Crozier et Friedberg donnent à la négociation explicite.

sens, avec son contrôle parlementaire[80]. Le temps gouverne les espaces[81]. Non pas le temps de la causalité, mais celui du projet[82], qui construit de nouvelles visions des territoires transfrontaliers et de l'Europe, dépasse les visions nationales. Cela passe par la construction de chacune des six cités au-delà des frontières : un monde commun transfrontalier, un monde commun européen, en tant que projet collectif capable d'inclure les personnes. Guérir les cicatrices de l'histoire ne signifie pas les rendre invisibles. Le philosophe Michel Serres a comparé l'Europe au fétiche Arumbaya avec « l'oreille cassée » de l'album éponyme des aventures de Tintin[83]. Tintin, dans sa quête du fétiche, qui a été volé au musée ethnographique, voyage dans l'espace et l'histoire, de l'Europe à l'Amérique du Sud, où règne la confusion entre les marchés, la politique et les relations interindividuelles, puis visite les sociétés primitives d'Amazonie avec leurs sacrifices humains. Il finit par retrouver le fétiche, brisé, et le restitue au musée, où il exposé comme avant, avec ses nouvelles cicatrices. L'Europe laisse visibles ses frontières, tente un équilibre entre les „cités" ; Serres explique que ce bricolage institutionnel est préférable à la pureté des marchés ou des nations, fauteuse de violence. Selon lui, Hergé est le Jules Verne des sciences sociales. Peut-être est-il notre meilleur guide pour désacraliser les frontières.

---

80 J. Peyrony, « Le Traité d'Aix la Chapelle : potentiels et défis du chapitre sur la coopération transfrontalière », *op. cit.*

81 Selon l'expression du Pape François.

82 J.-P. Dupuy, *Pour un catastrophisme éclairé*, Seuil, Paris, 2002.

83 Hergé, *L'oreille cassée*, Casterman, Bruxelles, 1937.

Tableau 2: L'ambivalence de la frontière selon les six cités[a]

Types d'espace/ 6 cités	Territoires nationaux	Frontière ligne westphalienne	Frontière zone (La Pradelle)
Marchande	Marché domestique	Marché élargi ; frontière ressource ; gradients -> flux Concurrence des productions domestiques Effets d'éviction	Prise en compte du marché transfrontalier par les autres institutions (civique, fonctionnelle) Co-développement
Industrielle/ Fonctionnelle	Services publics domestiques « Étoile de Legrand »	Faible interopérabilité des services publics ; Frontière filtre	Intégration transfrontalière Services publics transfrontaliers, encadrés au niveau bilatéral ou européen
Civique	Nation comme corps Démocratie nationale Citoyenneté nationale État monopole de la violence légitime	Frontière peau Lieu du conflit, blessure Condition non démocratique de la démocratie (Balibar)	Cicatrice Démocratie transnationale Citoyenneté transfrontalière et européenne Double nationalité possible
Domestique/ Inter individuelle	Royaume des frères (P Beckouche)	Altérité négative Défiance, manque de propension à coopérer Etranger, ennemi (C Schmitt)	Liens transfrontaliers entre personnes Altérité positive Lieu de rencontre et de métissage
Opinion/ Informée	État monopole de l'évidence (Boltanski)	« Vérité en deça des Pyrénées, erreur au-delà » (Pascal)	Education, media transfrontaliers Traduction langue de l'Europe (Eco) ; hospitalité langagière (Ricœur) ; Corriger la nature trompeuse de la langue (Balibar)
Inspirée	« Roman national » (Nora, Thiesse)	Limite entre 2 mondes Récits antagonistes	Nouveau monde commun ; Partage des récits ; vers un récit commun transfrontalier et européen

[a] J. Peyrony, tableau de l'auteur, 2022.

La frontière est ambivalente : ligne de clôture censée garantir la cohésion interne au territoire national, mais rejetant la violence à l'extérieur[84] (Amilhat Szary, 2020), ce que reflète en anglais le mot « boundary »[85]. Dans un contexte frontalier, deux systèmes nationaux se rencontrent et doivent s'apparier. Brunet-Jailly rappelle que les frontières lient (*bind*) les États nations – *boundary* appartenant au même champ sémantique. Avant d'être une limite avec un autre pays, une frontière est tournée vers l'intérieur. Les systèmes nationaux encadrent la vie quotidienne et la façon dont les gens pensent. La frontière est appelée à être dépassée au sein des territoires transfrontaliers et de l'Europe. Considérons un tableau à trois colonnes (territoire national, frontière ligne, frontière zone), et six lignes (les six dimensions de la cohésion). Celles-ci se déploient, d'abord dans chaque territoire national (1ère colonne); puis se rencontrent sur la frontière ligne (westphalienne) séparant deux territoires nationaux ; et enfin, s'apparient dans la frontière zone, où deux États acceptent de dépasser leurs souverainetés dans une coopération visant l'intégration transfrontalière, voire européenne.

S'agissant de la cité marchande, le territoire national enserre un marché domestique ; si la frontière est ouverte, elle est une ressource pour les marchés. Les productions domestiques y sont en concurrence ; les différentiels en matière de prix, de démographie, de fiscalité, sont autant de gradients générant des flux transfrontaliers de personnes, de biens, de capitaux, de services. L'intégration transfrontalière n'est cependant que socio-économique, et non politique. Les individus productifs (comme les travailleurs transfrontaliers, ou plus largement les personnes « multisituées » entre plusieurs territoires nationaux) sont insérés dans ces systèmes territorialisés non comme citoyens, mais comme des variables d'ajustement de la flexibilité des frontières[86]. De plus, l'absence d'une gestion commune de la frontière par les deux États concernés crée des effets d'éviction pour les entreprises et les habitants restant hors du jeu

---

84 A.-L. Amilhat-Szary, *Géopolitique des frontières : découper la terre, imposer une vision du monde, op. cit.*

85 Contrairement au mot « border », qui signifie simplement « limite », et n'est pas porteur de la même ambivalence. E. Brunet-Jailly, « Theorizing borders: an interdisciplinary perspective », *Geopolitics*, 10.4.2005, pp. 633649.

86 A.-L. Amilhat-Szary, *Géopolitique des frontières : découper la terre, imposer une vision du monde, op. cit.*

transfrontalier. Seule une étape supplémentaire de coopération permet de développer une frontière zone présentant une intégration plus complète, gagnant gagnant (co-développement : gestion commune entre les deux États du territoire transfrontalier, investissements publics transfrontaliers, reversements fiscaux), qui trouverait son accomplissement avec l'émergence d'une démocratie transfrontalière. Un tel processus est en marche dans le Grand Genève.

Pour ce qui est de la cité industrielle/ fonctionnelle, le territoire national est un maillage de services publics domestiques, que symbolise en France l'« étoile de Legrand » du système ferroviaire. La frontière ligne, où se rencontrent des services publics, au départ non interopérables, joue le rôle d'un filtre plus ou moins poreux. L'intégration des services publics transfrontaliers peut tendre à être aussi complète que dans un territoire national (cas du Grand Genève avec le Leman express).

S'agissant de la cité civique, elle se déploie naturellement dans le cadre de l'État nation, corps fondé sur une démocratie limitée aux citoyens nationaux, où l'État exerce le monopole de la violence légitime (Weber). La frontière est une double peau qui sépare deux corps, et reste le lieu du conflit possible et de la blessure. Elle est la « condition non démocratique de la démocratie »[87]. La frontière ligne somme la personne de se positionner soit dedans soit dehors[88]. Dans le cas d'une intégration plus poussée, la frontière zone, cicatrice, peut devenir le lieu d'une démocratie transnationale, associant des citoyens transfrontaliers, voire bi-nationaux et/ou européens.

La cité domestique, au sein du territoire national, est un « Royaume des frères »[89] où sont censées se déployer égalité et fraternité, mais qui recèle une violence latente, pouvant resurgir sous forme de meurtres politiques[90]. La frontière est le lieu d'une altérité, qui fait voisiner des ennemis potentiels (Carl Schmitt). Elle peut toutefois être dépassée en devenant lieu de rencontre de nations sœurs, voire lieu de métissage.

La cité de l'opinion, au sein d'un territoire national, voit l'État exercer un monopole de l'évidence, via l'appareil statistique, la presse,

---

87 E. Balibar, « Europe as borderland », *op. cit.*

88 A.-L. Amilhat-Szary, *Géopolitique des frontières : découper la terre, imposer une vision du monde, op. cit.*

89 P. Beckouche., *Le Royaume des frères, Aux sources de l'état-nation, op. cit.*

90 P. Dumouchel, *Le sacrifice inutile, op. cit.*

l'éducation, la production des sciences sociales. La frontière est un lieu de contradiction où peut se révéler l'arbitraire- « Vérité en deçà des Pyrénées, erreur au-delà », disait déjà Pascal. L'intégration transfrontalière voire européenne opère un dépassement, où se déploie une « hospitalité langagière »[91]; où la traduction permet de corriger la nature trompeuse de toute langue (Balibar), et devient la langue de l'Europe (Umberto Eco).

Enfin, la cité inspirée se déploie au sein de chaque territoire national dans un « roman national »[92] outillé par une langue, un patrimoine, une histoire commune[93]. La frontière ligne voit ainsi s'affronter des récits antagonistes. Ceux-ci peuvent toutefois être dépassés par un partage des récits, et tendre vers la vision d'un futur commun.

91 P. Ricœur, « Meurt le personnalisme, revient la personne », *op. cit.*

92 P. Nora, *Les lieux de mémoire, op. cit.*

93 A.-M., Thiesse, *La création des identités nationales, op. cit.*

Les espaces transfrontaliers à l'épreuve de la gestion de la pandémie. Le cas de de l'Eurodistrict Strasbourg-Ortenau

Hansjörg Drewello, Jean-Alain Héraud & Emmanuel Muller

Début 2022, la pandémie de Coronavirus continue de frapper l'Europe. La vague du nouveau variant amène une fois de plus son lot de perturbations sociales et économiques – en affectant les pays membres de façon différenciée mais sans en épargner aucun. De même, au sein de chaque nation les régions sont toutes mais diversement touchées. Ce chapitre aborde la situation spécifique des territoires frontaliers qui souffrent d'une difficulté particulière se rajoutant aux perturbations propres à la pandémie, à savoir la coupure de leur bassin de vie habituel qui est à cheval sur plusieurs pays, et donc partagé entre des traitements administratifs différents, soumis à des restrictions de circulation par moment très paralysantes. Ces restrictions ont été particulièrement dures à vivre lors de la première vague de la pandémie, en 2020.

On aurait pu sous-titrer ce texte « aux frontières du réel » en jouant sur les mots, tellement le sentiment d'irréel était présent sur les rives du Rhin pour les milliers de frontaliers ou visiteurs occasionnels qui franchissent régulièrement ce qui n'était plus perçu comme une frontière et qui le redevenait brutalement en conséquence de décisions administratives prises loin du territoire – sans concertation et avec une communication expéditive au motif de l'urgence. Presque deux ans depuis le début de l'explosion pandémique, au moment où ces lignes sont écrites, un processus d'apprentissage de tous les acteurs s'est certes mis en place et une situation un peu plus « normale » prévaut, mais le sentiment reste que le cadre institutionnel est déconnecté des réalités locales en cas de crise.

Avec un début de recul il est intéressant de faire le point sur la résilience des régions frontalières non seulement vis-à-vis des conséquences directes de la pandémie, mais aussi en termes d'adaptation aux politiques nationales – initialement peu convergentes. Autrement dit, comment les régions frontalières s'en sont-elles sorties, non seulement de la crise sanitaire et économique, mais aussi de la crise morale et institutionnelle que cette expérience a entraînée ? Le cas de l'Eurodistrict Strasbourg-Ortenau est très parlant puisque la coupure s'exerce à une échelle géographique fine : un dixième de l'agglomération urbaine Strasbourg-Kehl s'est retrouvé coupé, du jour au lendemain, aux moments les plus durs du confinement. Rappelons, pour donner une idée du dommage subi par le système métropolitain, que près de 3000 personnes transitent quotidiennement en traversant le Rhin, en voiture, en tram ou à vélo. Le seul autre exemple métropolitain comparable est celui de Lille. La partie française du Genevois est aussi concernée, ainsi que les zones frontalières proches de Bâle, de la Sarre et du Luxembourg sauf que dans ces cas, le centre métropolitain se trouve de l'autre côté de la frontière.

Dans un tel contexte, le management de crise requiert normalement une coopération transfrontalière entre les institutions des deux côtés de la frontière, mais dans un espace métropolitain comme celui de Strasbourg – et pour toute la zone frontalière qu'englobe l'Eurodistrict Strasbourg-Ortenau –, la dimension institutionnelle est complexe car multiniveaux : commune, métropole, district, département ou *Regierungsbezirk*, région ou *Land*, État central ou fédéral. La cacophonie menace dès qu'il s'agit de gérer une urgence, avec l'enchevêtrement des compétences administratives. Côté allemand on pourrait penser qu'au moins la structure fédérale permet d'y voir plus clair dans la répartition des compétences et que les adaptations locales/régionales sont facilitées, mais ce n'est pas vraiment ce qu'on a pu observer lors de la première vague de la pandémie. Par exemple, les décisions prises à Stuttgart ne tenaient guère plus compte des réalités communales frontalières que celles prises à Berlin ! Même dans un pays rompu au dialogue interinstitutionnel, la situation de crise amène à prendre des décisions brutales peu réfléchies et surtout peu concertées. Pour être plus précis : l'Allemagne a pris en interne le temps du dialogue qu'impose sa constitution fédérale vis-à-vis des Länder, mais la concertation internationale nécessaire dans le contexte local-international des territoires frontaliers a vraiment été improvisée.

L'objectif de ce texte est d'identifier, à partir de l'expérience vécue dans ce territoire du Rhin supérieur, les conditions pour rendre efficace une coopération transfrontalière en matière de management de crise. Comment, en quelque sorte, anticiper les futures crises pour qu'elles soient mieux gérées et donc mieux vécues par les habitants. La première partie du texte rappelle l'expérience du choc sanitaire de 2020 pour l'espace métropolitain, et plus largement pour l'Eurodistrict Strasbourg-Ortenau. Alors que ces territoires bénéficient d'une longue tradition de coopération transfrontalière, l'étude de cas montre que les objectifs habituels (promotion de la cohésion régionale, source de compétitivité, et renforcement du sentiment d'identité partagée dans la population) sont remis en question par les institutions publiques à l'occasion de la crise, particulièrement par un manque de coopération et d'échange d'information. Quant aux habitants, on a pu également constater que l'esprit de solidarité n'était pas toujours au rendez-vous dans les moments difficiles. La deuxième partie tente d'analyser les causes de cette coopération transfrontalière inefficace à la lumière de la pandémie. À l'aide d'un cadre théorique tiré de la recherche en management de crise, on peut identifier les facteurs rendant cette coopération plus facile ou difficile le moment venu. La troisième partie examine les comportements d'acteurs locaux, régionaux et nationaux, ainsi que leur responsabilité et niveau d'information, pour expliquer, surtout en début de crise, les dysfonctionnements de la coopération institutionnelle.

Nous espérons par ce travail contribuer à l'élaboration de mesures et de dispositifs organisationnels capables de mieux préparer les territoires frontaliers à affronter les crises internationales qui affecteront le futur.

Le cas de l'Eurodistrict franco-allemand de Strasbourg-Ortenau

En mars 2020, la pandémie du Covid-19 a entraîné la fermeture de nombreuses frontières intra-européennes. Les régions transfrontalières ont naturellement été particulièrement impactées. Cette étude de cas sur l'Eurodistrict Strasbourg-Ortenau cherche surtout à mettre en lumière les décisions politiques prises à cette époque (dans un contexte d'urgence) ainsi que les processus d'information qui les accompagnaient.

L'analyse se concentre particulièrement sur les *navetteurs transfrontaliers*. Il s'agit de personnes qui traversent régulièrement une frontière nationale, que ce soit pour travailler, pour aller à l'école ou toute autre activité dans la région située en face, dans l'autre pays. La plupart de ces personnes habitent et travaillent dans une zone proche de la frontière des deux côtés, que l'on appelle « transfrontalière ». Environ 97 000 personnes de la région du Rhin supérieur travaillent dans le pays voisin[1]. À partir de l'agglomération de Strasbourg et des zones proches, on estime que 4 000 navetteurs viennent à Kehl chaque jour pour travailler ou habiter[2]. De nombreux jeunes traversent également la frontière chaque jour pour leurs études.

La question des navetteurs paraît cruciale, à la fois par le volume concerné et pour des raisons symboliques fortes. Quatre ponts juxtaposés et distants de quelques centaines de mètres seulement permettent respectivement de franchir la frontière : par la route, c'est-à en voiture ou possiblement à pied ; en tramway mais aussi en vélo ; en train ; et à vélo ou à pied sur une passerelle. Il y a une cinquantaine d'années, il n'y avait que le pont routier et le pont ferroviaire, et le flux était principalement unidirectionnel (il concernait essentiellement des ouvriers alsaciens employés dans des usines allemandes). Aujourd'hui, on trouve une riche variété de navetteurs, du coiffeur au professeur d'université en passant par le garagiste, et ce, dans les deux sens. Plus important encore, les frontaliers ne sont plus seulement des Français travaillant en Allemagne ou des Allemands travaillant en France. De nombreux Français se sont installés à Kehl tout en continuant de travailler à Strasbourg, et réciproquement pour des Allemands.

Sur le plan symbolique, celui des représentations mentales, il faut tenir compte du nombre croissant de jeunes adultes binationaux pour qui l'existence même d'une frontière a toujours été une sorte de fiction administrative dénuée de sens. La crise pandémique a brusquement fait apparaître la frontière là où on ne la voyait plus, également pour des

1 Conférence Franco-Germano-Suisse du Rhin supérieur (2020) Oberrhein – Zahlen und Fakten / Rhin Supérieur Faits et chiffres 2020. Disponible sur : https://www.statistik-bw.de/Service/Veroeff/Querschnittsver!F6ffentlichungen/900320001.pdf;jsessionid=yqBESTl1GqW5uSKOrVWX2fOcURSWLAXuKFYE2x5B.webext04 (2.7.2022).

2 A. Lipowski, « Ein Virus bringt die Kooperation an die Grenze oder: Deutsch-französische Verletzungen als Kollateralschaden von Corona », *Badische Heimat* 2/3, 2020, p. 368–376.

personnes simplement habituées à faire des courses ou fréquenter des lieux et équipements publics (supermarchés, piscines, jeux), sans même parler des activités plus ou moins informelles… Sur le plan pratique, entraver la mobilité de milliers de personnes censées travailler « de l'autre côté » n'est pas sans conséquences pour les entreprises locales, les commerces, les écoles, les cliniques, etc. : il y a là une question de seuil critique, au sens où ces milliers de navetteurs et visiteurs pèsent lourd pour une commune de 37 000 habitants comme Kehl, et plus largement dans l'Eurodistrict.

Dans un premier temps, nous nous concentrons sur la séquence chronologique des événements dans l'Eurodistrict de mars 2020 à juin 2020. Dans un second temps, nous analysons les effets de la fermeture de la frontière sur les frontaliers.

Le virus du Covid est arrivé simultanément dans les parties françaises et allemandes de l'Eurodistrict. Alors que le ministre français de la Santé a confirmé une première contamination à l'hôpital civil de Strasbourg le 26 février 2020 (F3 grand est 2020), à Kehl, le même jour, le virus a été détecté dans une famille chinoise de passage[3]. Les premières mesures de protection ont été prises avant même la fermeture de la frontière. La ville de Strasbourg a, par exemple, annulé le défilé du carnaval prévu pour le 1er mars[4]. En raison de la dégradation de la situation en Haute-Alsace, la réunion du Conseil de l'Eurodistrict prévue le 9 mars a également été annulée[5].

Les premiers frontaliers dont le quotidien a été affecté par la pandémie sont les élèves et les enseignants de Strasbourg. Le 9 mars, l'administrateur du district (*Landrat*) de l'Ortenaukreis leur a recommandé de ne plus fréquenter les écoles dont l'administration est responsable : *Grundschulen* (écoles primaires), *Werkrealschulen* et *Realschulen* (écoles secondaires). La complexité institutionnelle du système éducatif va rajouter de la confusion. Par exemple, les *Gymnasien* (lycées) dépendent du *Regierungspräsidium* de Freiburg (donc en dehors de l'Ortenau), et le responsable n'a pas tenu compte des élèves et enseignants venant de Strasbourg. De ce fait,

3 Stadt Kehl, *Jahresschrift 2020*, 2021.

4 « Le carnaval de Strasbourg est annulé », *DNA*, 29.2.2020, disponible sur : https://www.dna.fr/editionstrasbourg/2020/02/29/le-carnaval-de-strasbourg-est-annule (2.7.2022).

5 Stadt Kehl, *Jahresschrift 2020, op. cit.*, p. 74.

des règles différentes ont été appliquées à la *Realschule* et au *Gymnasium*, alors que les deux sont situés dans le même complexe de bâtiments[6].

La situation est devenue critique pour les navetteurs lorsque, le 11 mars, l'Institut Robert Koch de Berlin a classé toute la région française Grand-Est comme zone à risque. Les personnes qui voulaient entrer en Allemagne à partir des zones à risque ont dû se soumettre à une quarantaine de 14 jours. Dans ces conditions, il était impossible pour les travailleurs transfrontaliers de la partie française de l'Eurodistrict d'assurer un emploi régulier dans le pays voisin. En conséquence de quoi, la ville de Kehl a été contrainte de fermer les écoles et les jardins d'enfants le 12 mars. Et ce, non pas pour des raisons de protection sanitaire, mais en raison d'un manque de personnel, trop d'employés étant dans l'impossibilité de traverser la frontière[7] ! Dans la journée, la rumeur a couru que la frontière serait complètement fermée. Dans la soirée du 12 mars, la police fédérale allemande a commencé à effectuer sans préavis des contrôles intensifs aux frontières sur le pont de l'Europe reliant Strasbourg à Kehl. Les navetteurs qui voulaient rejoindre la partie allemande de l'agglomération ont été bloqués dans les embouteillages pendant cinq heures. Le maire de Kehl n'a été informé que lorsque les contrôles étaient déjà en cours. Il a à son tour informé son collègue strasbourgeois. Les autorités locales ne maîtrisaient pas le sens de toutes ces mesures[8] et cette situation se retrouve des deux côtés du fleuve. Par exemple la police locale et la police nationale n'avaient pas la même information ou perception de la situation aussi bien en France qu'en Allemagne.

Le soir même du 12 mars, la chancelière allemande Angela Merkel a annoncé lors d'une conférence de presse que les frontières ne pouvaient être fermées en Europe sans consultation des voisins. Par la suite, les contrôles ont été à nouveau réduits. Ce n'est que le 16 mars que les ministres de l'intérieur des deux pays sont parvenus à un accord portant sur la fermeture de la frontière[9]. Mais l'opinion selon laquelle l'Allemagne avait fermé la frontière unilatéralement est restée présente dans les médias par la suite.

---

6 *Ibid.*

7 *Ibid.*, p. 75.

8 *Ibid.*, p. 80.

9 Ministère français de l'Intérieur, « Renforcement des contrôles à la frontière franco-allemande », communiqué de presse, 15.3.2020. Disponible sur : file:///C:/Users/drewello/Downloads/Communique-de-presse-15-03-2020.PDF (2.7.2022).

Les conséquences concrètes de la fermeture de la frontière ont été nombreuses. Tout d'abord, la décision initiale, manifestement non coordonnée, de fermeture de la frontière par la police fédérale allemande a laissé des traces chez les voisins français. Elle a été perçue comme arbitraire. Il est intéressant de signaler que l'administration locale du côté allemand a aussi mal vécu cet épisode, voire a résisté d'une certaine manière aux injonctions venues d'en haut. Ce malaise va rester présent, même après le 16 mars, où la fermeture de la frontière s'est faite après accord entre les deux ministres de l'intérieur. La perception en France est ensuite devenue très négative pour une autre raison : lorsqu'un arrangement a été trouvé pour que les travailleurs français puissent traverser la frontière afin d'assurer leur service en Allemagne, ils restaient soumis à l'interdiction pour les habitants français de faire des courses dans l'Ortenau[10]. Ainsi, une infirmière venue de Strasbourg soigner des patients à l'hôpital de Kehl n'avait pas le droit d'aller s'acheter un sandwich à la boulangerie pendant sa pause déjeuner ! La presse française a aussi relayé l'information que des policiers ont empêché des infirmières françaises de faire le plein de leur voiture en rentrant du travail.

L'absurdité administrative peut se trouver également aggravée par certains comportements individuels. Ainsi, des navetteurs français achetant un sandwich ont été dénoncés à la police par des habitants de Kehl. D'autres citoyens de Kehl ont appelé la police parce que quelqu'un derrière eux, dans une file d'attente, parlait français. On a signalé à l'administration de la ville que des voitures avec des plaques d'immatriculation françaises étaient présentes sur les parkings des supermarchés.

Outre les dommages psychologiques et politiques sans précédent que la fermeture précipitée de la frontière a créés, vont progressivement s'installer aussi des situations objectivement très douloureuses au fur et à mesure que la situation s'installe dans la durée. Des familles et des couples non-mariés se trouvant de part et d'autre du Rhin n'ont plus été autorisés à se voir. Les parents séparés partageant la garde de leurs enfants ont eu des difficultés à remettre leurs enfants à l'autre parent. Des propriétaires strasbourgeois de chevaux ne pouvaient plus soigner ceux-ci lorsqu'ils se trouvaient dans la partie badoise de l'Eurodistrict[11]. La liste

[10] A. Lipowski, « Ein Virus bringt die Kooperation an die Grenze oder: Deutsch-französische Verletzungen als Kollateralschaden von Corona », *op. cit.*, p. 373.

[11] Stadt Kehl, *Jahresschrift 2020, op. cit.*, p. 84.

de cette multitude de drames personnels, petits et grands, pourrait se rallonger presque à l'infini. Ce type de problème individuel devient vraiment grave collectivement dans la mesure où il ne s'agit pas de quelques exceptions : il s'est constitué avec le temps un véritable bassin de vie transfrontalier et c'est cet espace qui est meurtri par une coupure brutale née non seulement de l'urgence sanitaire, comme partout ailleurs à l'intérieur des pays, mais aussi des différences institutionnelles de part et d'autre de la frontière.

Analyse de la faillite des procédures de coopération transfrontalière au début de la pandémie

Ce que nous venons de relater dans l'étude de cas de l'Eurodistrict Strasbourg-Ortenau n'est guère conforme à ce à quoi on s'attend dans un espace transfrontalier supposé être structuré par une telle institution de coopération institutionnelle. Comment a-t-on pu en arriver là ? Quelles mesures sont à prendre pour faire en sorte qu'à l'avenir le territoire transfrontalier soit mieux préparé aux crises similaires – qui peuvent se produire à tout instant dans différentes circonstances, non seulement sanitaires mais aussi en rapport avec des catastrophes naturelles, le risque terroriste, etc.

Pour ce qui est d'analyser les causes de dysfonctionnement des institutions, on peut se référer à des travaux théoriques comme ceux de Blondin et Boin[12]. Les auteurs ont cherché à comprendre pourquoi dans certains cas les États concernés coopèrent activement face à la crise, alors que dans d'autres cas ils ne le font pas. L'analyse commence en précisant ce qu'est une crise, et pour cela elle reprend la définition donnée par Rosenthal : « une situation caractérisée par sa nature menaçante, le besoin d'une réponse urgente, et un contexte d'incertitude très forte »[13]. Cette définition convient très bien à l'émergence de la pandémie Covid

---

12 D. Blondin, A. Boin, « Cooperation in the Face of Transboudary Crisis: A Framework for Analysis. Perspectives on Public Management and Governance », *Perspecitves on Public management and Governance, n° 3,* 2020, pp. 197–209. Disponible sur : doi: 10.1093/ppmgov/gvz031 (2.7.2022).

13 U. Rosenthal, P. t'Hart, M.T. Charles, « The world of crises and crisis management » *In* U. Rosenthal, P. t'Hart, M.T. Charles (dir.) *Coping with crises: The management of disasters, riots and terrorism*, Charles C. Thomas Publishers, Springfield, 1989, pp. 3–36.

en mars 2020. Par ailleurs, dans un texte fondateur, Olson[14] a appliqué aux relations entre États un modèle de *free riding* (comportements de passager clandestin) en matière de fourniture de biens publics. C'est en effet une manière d'aborder la question des « défaillances de marché » dans ce domaine. On peut interpréter ainsi les problèmes internationaux liés aux crises comme celle de réfugiés ou du climat : beaucoup d'États justifient leur non action en supposant que les autres se chargeront du problème en en assumant les coûts. Toute cette littérature est présentée dans Blondin et Boin[15], avant d'introduire une dimension supplémentaire qui est celle du management de crise lorsque le problème concerné est très urgent. Là, on peut se référer à des travaux comme ceux de t'Hart[16] et Ansell et al.[17], pour analyser, particulièrement dans un contexte transfrontalier, la difficulté à coopérer pour résoudre un problème émergent. La lecture de cette littérature ne rend pas très optimiste sur les chances d'aboutir spontanément à une réponse coordonnée aux crises. Cependant, Blondin et Boin proposent une liste de circonstances plus ou moins favorables au développement d'une coopération. Parmi les huit « hypothèses » formulées, qui sont autant de scénarios, on en trouve qui laissent un espoir de règlement satisfaisant des crises dans les territoires transfrontaliers, au moins dans le long terme.

Nous résumons ci-dessous les huit hypothèses en précisant ce qu'elles impliquent sur la probabilité de trouver une collaboration satisfaisante en période de crise, avant d'appliquer cette grille de lecture au cas de l'Eurodistrict Strasbourg-Ortenau.

Regardons maintenant si cette grille de lecture peut aider à caractériser les difficultés de la coopération observées dans le Rhin supérieur – lesquelles ont créé l'impression générale que les mesures sanitaires bloquant le franchissement du fleuve étaient finalement plus dommageables qu'utiles.

---

14 M. Olson, *The logic of collective action: Public goods and the theory of groups*, Harvard Business Press, Cambridge,1965.

15 D. Blondin, A. Boin, *Cooperation in the Face of Transboudary Crisis: A Framework for Analysis. Perspectives on Public Management and Governance, op. cit.*

16 P. t'Hart, « Symbols, Rituals and Power: The lost dimensions of crisis management », *Journal of Contingencies and Crisis Management*, vol. 1 n° 1, 1993, pp. 36–50.

17 C. Ansell, A. Boin, A. Keller, « Managing Transboudary Crises: Identifying the Building Blocks of an Effective Response System », *Journal of Contingencies and Crisis Management*, vol. 18, n° 4, 2010, pp. 195–207.

Tableau 1: Les huit hypothèses de Blondin & Boin (2020) sur les chances d'aboutir à une coopération satisfaisante : application à l'Eurodistrict Strasbourg-Ortenau

N°	Hypothèse	Facteur favorable (+) ou défavorable (-) dans le cas de l'ED Strasbourg-Ortenau
H1	Plus l'idée de collaboration transfrontalière en période de crise est politisée, moins elle aura de chances de se réaliser pour répondre à une future menace commune	+
H2	Plus l'exposition au risque apparaît égale et symétrique des deux côtés de la frontière, plus probable sera la volonté d'initier une coopération	+/-
H3	La probabilité de trouver une réponse collaborative à la crise augmente lorsque la menace paraît très difficile à gérer par les États	+
H4	Les solutions collaboratives sont favorisées par l'expérience partagée du management de crise	-
H5	La réponse collaborative est d'autant moins probable que le nombre d'États concernés est important	-
H6	La collaboration de crise est favorisée par l'existence de capacités organisationnelles transfrontalières déjà établies	+/-
H7	La collaboration transfrontalière est plus facile si les causes de la crise sont claires et les solutions connues	-
H8	La présence d'un leader expérimenté et reconnu facilite la mise en place de la collaboration	-

Le point de vue théorique H1 concerne la *politisation* de la problématique transfrontalière, qui constitue un facteur défavorable à toute tentative pragmatique de coopérer pour résoudre un problème commun. Dans la colonne de droite du Tableau 1 nous avons mis un signe (+) pour indiquer que sur ce point le contexte de l'Eurodistrict Strasbourg-Ortenau est plutôt favorable. En effet, autant jusqu'aux années 1990 certaines personnalités politiques influentes ont pesé contre la collaboration transfrontalière, autant de nos jours la bonne entente « avec nos voisins » est unanimement considérée comme essentielle, tous partis confondus. Un politicien de tradition gaulliste comme Robert Grossmann – qui a été président de la Communauté urbaine de Strasbourg – évoquait dans un livre[18] l'attitude « pangermaniste » de beaucoup d'élus alsaciens, et traitait les défenseurs du bilinguisme en Alsace de « nostalgiques du Reichsland ». De nos jours, la maire de la ville de Strasbourg et la présidente de l'Eurométropole de Strasbourg sont bilingues et très motivées sur les thématiques transfrontalières. Certes, il ne suffit pas de vouloir pour pouvoir, car les différences juridiques et les routines administratives sont d'énormes freins, mais l'attitude a priori favorable à la collaboration est une circonstance indubitablement positive.

H2 soulève la question de l'*universalité de la menace*. Ici, il n'y a guère de doute que la dimension planétaire de la pandémie en fait un sujet partagé par excellence. Il s'agit donc d'une circonstance favorable à la collaboration. Mais le Diable se trouve dans les détails : le timing épidémique s'est révélé asymétrique, les pays n'étant pas touchés de la même manière à un moment donné. Les États ont surjoué ces différentiels et, selon les époques, tel ou tel pays fut désigné comme la brebis galeuse. Le résultat est particulièrement désastreux dans les régions frontalières. Pour revenir sur l'historique de l'épidémie côté français, rappelons que Mulhouse et le Haut-Rhin ont joué un rôle important au tout début, puisqu'un rassemblement religieux international de 2 000 personnes, du 17 au 24 février, a créé le premier cluster connu[19]. L'impact médiatique de cet évènement a été considérable, en Allemagne comme en France, contribuant à des réactions parfois peu rationnelles. Cela dit, tout n'a pas été négatif dans le comportement des autorités, car par la suite des places ont été proposées dans les hôpitaux allemands pour des patients alsaciens des zones en tension comme Mulhouse. Au total, nous proposons une évaluation mitigée (+/-) de l'impact du facteur H2 sur la collaboration transfrontalière.

H3 concerne la gravité du danger et l'impossibilité pour un pays de résoudre seul le problème. Notre évaluation dans le cas de la pandémie est que ce facteur est positif (+) pour l'incitation à la collaboration.

---

18 R. Grossmann, *Main basse sur ma langue : mini Sproch heisst Frejheit (ma langue s'appelle liberté)*, La Nuée bleue, Strasbourg, 1999.

19 K. Kuteifan, P. Pasquier, C. Meyer, J. Escarment, O. Theissen, « The outbreak of Covid-19 in Mulhouse », *Annals of Intensive Care*, vol. 10 n° 59, 2020, https://doi.org/10.1186/s13613-020-00677-5. (2.7.2022)

H4 prend en compte l'expérience partagée du management de crise. De ce point de vue, la situation dans le Rhin supérieur ne paraît pas particulièrement favorable. Certes plusieurs structures officielles transfrontalières existent depuis de nombreuses années, avec trois eurodistricts et la Regio basiliensis, mais ces capacités organisationnelles au sens de H6 ne sont pas adaptées aux situations de crise. Leurs activités s'inscrivent plutôt dans le temps long, et pour des projets modestes. La crise du Covid a bien révélé qu'à un moment où la réactivité est une exigence absolue ni les services de l'État ni les collectivités ne pensent à les mobiliser comme lieu de concertation. En revanche, on peut considérer que l'expérience de la crise pandémique devrait inciter le monde politique à étendre le rôle des eurodistricts comme celui de Strasbourg-Ortenau. Dans le long terme, et si les élus qui siègent dans les instances transfrontalières veulent bien saisir l'occasion, de réelles capacités de gestion de crise pourraient être développées à partir de l'existant. Notre évaluation du facteur management de crise H4 est logiquement négatif (-) et celui des institutions transfrontalières H6 mitigé (+/-).

H5 postule que si de nombreux pays sont concernés par la même crise – ce qui semble une évidence dans le cas d'une pandémie – la coopération bilatérale perd logiquement de la priorité (-). De plus, ni la France ni l'Allemagne ne pouvaient se prévaloir d'une compétence décisive : comme il n'y avait clairement pas de *leader* (H8) d'un côté ou de l'autre de la frontière, la coopération asymétrique portée par un des partenaires n'était pas envisageable (-). On pourrait objecter que l'Allemagne a eu un temps d'avance sur la France sur certains aspects de la problématique sanitaire, par exemple dans la disponibilité des masques ou des tests PCR, mais les questions soulevées par la gestion d'un épisode épidémique vont au-delà de ces aspects ponctuels. Assez vite, d'ailleurs, la perception de la population française comme allemande fut que l'expertise manquait partout ! Il s'est développé une forme d'angoisse fondée sur l'incertitude. Cette dernière aurait pu se trouver un peu soulagée par l'observation d'une meilleure concertation entre les institutions des deux côtés du Rhin dans la phase initiale de la vague pandémique forcément caractérisée par de nombreux tâtonnements, mais le spectacle des différences de politiques a eu l'effet inverse. H7 aborde directement le point précédent en postulant que si les causes de la crise sont claires et les solutions connues, la collaboration est plus naturelle. Le diagnostic en la matière est bien entendu pessimiste (-).

On peut résumer globalement notre propos en disant que l'incertitude, la peur et le manque de préparation en termes de gestion de crise des institutions transfrontalières comme l'Eurodistict Strasbourg-Ortenau ont contribué à une gestion inappropriée par les autorités : la fermeture de la frontière (à des degrés variables selon les périodes). D'autres options étaient-elles sur la table ? La prochaine section va aborder cette question en cherchant à savoir quelles sont les opportunités à saisir pour rendre les régions transfrontalières plus résilientes en cas de crise.

Dysfonctionnements dans la prise de décision et la communication : un état de coma clinique pour le « laboratoire de l'Europe » ?

Notre objectif est de reconstituer a posteriori et du mieux possible la structure des décisions qui ont été prises en détaillant le degré de concertation et de communication aux échelles locales, régionales et nationales. La chronologie des décisions fait apparaître cinq phases dans le processus d'encadrement des mobilités qui a affecté les navetteurs.

La première phase a commencé par des contrôles intensifs aux frontières dès le 12 mars au soir par la police fédérale allemande. Il s'agissait probablement d'une décision conjointe du ministre fédéral de l'Intérieur et du ministre de l'Intérieur du Bade-Wurtemberg. Cependant, la preuve ne peut pas être apportée que le Bade-Wurtemberg ait été mis devant une décision relevant du fait accompli. Ce qui est certain, c'est que les contrôles étaient déjà en cours lorsque le maire de Kehl a finalement été informé. Il a immédiatement contacté son homologue le maire de Strasbourg qui se révèle désemparé.

Deuxième phase : le 16 mars, la fermeture effective de la frontière a lieu. La décision a été prise à Berlin en coopération avec les autorités nationales françaises. La veille, le ministère français des Affaires étrangères a publié un communiqué de presse soulignant la concertation entre les deux gouvernements sur cette question. Néanmoins, cette concertation n'a eu lieu qu'entre Berlin et Paris. Il n'y a pas eu de déclaration officielle au niveau local. En revanche les échanges informels entre les deux maires se sont poursuivis. En parallèle, un confinement a été imposé pour l'ensemble territoire métropolitain français à partir du 12 mars. En conséquence de quoi, les habitants de Strasbourg (qu'ils soient français ou allemands) ne pouvaient plus se rendre à Kehl du fait de la règle de limitation des déplacements à un rayon d'un kilomètre. Les résidents allemands ou français de Kehl ne pouvaient plus entrer en France pour la même raison. Rétrospectivement, on peut penser qu'à ce stade la fermeture de la frontière était superflue. À la même période, le 16 mars, la police fédérale allemande impose à la CTS (Compagnie des Transports Strasbourgeois) la suspension de l'exploitation transfrontalière du tramway entre Strasbourg et Kehl – le tram s'arrête alors à la dernière station avant la frontière. Il s'agissait très probablement d'une décision conjointe du ministre fédéral de l'intérieur et du ministre de l'intérieur du Bade-Wurtemberg. Malgré cela, c'est la CTS (entreprise française), qui a informé la ville de Kehl de la suspension de l'exploitation du tramway et non les autorités allemandes[20].

Le 18 mars marque le début de ce qui peut être considéré comme la troisième phase : la police française contrôle les frontaliers en provenance d'Allemagne en application d'une directive nationale (instruction du Premier ministre n° 6149/SG du 18 mars 2020). Un document officiel doit être signé par l'employeur français pour que le résident allemand puisse franchir la frontière. Une version modifiée de ce document a été publiée par les autorités nationales françaises trois semaines plus tard, le 8 avril[21].

Dans la quatrième phase, les restrictions appliquées aux résidents français faisant la navette entre la France et l'Allemagne ont été modifiées, permettant notamment aux navetteurs d'accéder aux épiceries et supermarchés locaux sur le chemin du travail. Cette décision a été prise par le ministre de l'Intérieur du Bade-Wurtemberg. Là encore, les villes de Kehl et de Strasbourg n'ont pas été officiellement consultées.

Lors de la cinquième étape, à partir du 9 mai 2020, la situation revient progressivement à la normale pour les navetteurs transfrontaliers, avec un accès complet accordé dans les deux sens le 13 juin.

En fonction de cette séquence, nous proposons la synthèse suivante des processus de décision et de communication impliquant un certain nombre d'acteurs (voir Tableau 2). Les acteurs sélectionnés sont les suivants : les deux villes (mairies de Strasbourg et Kehl), le District de l'Ortenau (*Landratsamt Ortenau*), le département de Fribourg (*Regierungspräsidium*

[20] Des témoins et des journalistes affirment que la police fédérale allemande a poussé le zèle jusqu'à déployer un barrage sur la voie de tramway enjambant le Rhin. L'une des explications possibles selon les auteurs est que la police fédérale craignait qu'une locomotive de tramway soit détournée par un forcené ou un terroriste pour forcer le blocus. Nous avons de bonnes raisons de penser que la police du Land de Bade-Wurtemberg n'était pas sur cette ligne de pensée frisant la paranoïa

[21] La motivation du gouvernement français à cet égard reste assez confuse. Selon Coatleven *et al.* (p. 12) : « De l'autre côté du Rhin, le gouvernement français n'a jamais soutenu cette approche, mais a appliqué un principe de réciprocité aux contrôles frontaliers ».

Freiburg), le Land de Bade-Wurtemberg (à Stuttgart), le gouvernement fédéral (à Berlin), le département du Bas-Rhin, la région Grand-Est, le gouvernement français (relayé localement par la préfecture à Strasbourg), et deux instances transfrontalières :

- l'Eurodistrict Strasbourg-Ortenau qui regroupe 61 communes de l'Eurométropole de Strasbourg et de la communauté de communes « Canton d'Erstein » et 51 communes du district de l'Ortenau ;
- Infobest qui est un centre d'information sur les questions transfrontalières dans le Rhin supérieur

Pour chaque acteur nous essayons d'identifier si :

- l'acteur a été impliqué dans le processus de prise de décision relatif à la circulation des navetteurs (colonne « décision ») ;
- l'acteur était supposé avoir une responsabilité locale en termes de communication envers les citoyens ainsi qu'avec les partenaires locaux de l'autre côté de la frontière (colonne « responsabilité locale ») ;
- l'acteur était en mesure de communiquer de manière informelle avec ses partenaires locaux (ou homologues, par exemple le Land de Bade-Wurtemberg et la Région Grand Est) de l'autre côté de la frontière (colonne « communication informelle »).

Tableau 2: Présentation synthétique des rôles et responsabilités des acteurs sélectionnés

	Décision	**Responsabilité locale**	**Communication informelle**
Ville de Kehl	non	oui	oui
District de l'Ortenau	non	oui	oui
Département de Freiburg	non	oui	oui
Land du Bade-Wurtemberg (Stuttgart)	oui	non	non
Gouvernement fédéral (Berlin)	oui	non	non
Eurodistrict Strasbourg-Ortenau	non	non	oui
Infobest	non	oui	oui
Ville de Strasbourg	non	oui	oui
Département du Bas-Rhin	non	oui	oui
Région Grand-Est	non	oui	oui
Gouvernement français (Paris & Préfecture Strasbourg)	oui	non	non

Ce qui apparaît clairement est un hiatus en termes de gouvernance entre, d'un côté, les institutions qui prennent les décisions et, de l'autre, les institutions impactées localement par ces décisions. Cette situation est profondément paradoxale car ce sont les institutions locales qui disposaient du meilleur niveau d'information en termes d'impact de la fermeture des frontières. En effet, ce sont elles qui échangent régulièrement des informations avec leurs homologues de l'autre côté de la frontière et non les échelons nationaux.

Quelles sont les leçons à tirer de l'histoire que nous venons de rappeler et d'analyser ? Tout d'abord, il faut souligner à quel point la séquence de décisions prises par des institutions loin du terrain, mais aussi la manière de communiquer (voire de ne pas communiquer) ont profondément choqué les acteurs locaux que sont les navetteurs et les habitants. Les autorités locales (les municipalités les plus concernés, Kehl et Strasbourg qui forment une agglomération soudée, mais aussi les autres communes impliquées par les flux de travailleurs frontaliers) restent aussi sous le choc d'évènements qui les ont atteintes sans qu'elles soient significativement associées aux décisions prises en urgence. De l'avis même de chercheurs non locaux ayant étudié la situation[22], les tensions ont été particulièrement fortes sur ce segment de la frontière franco-allemande, par rapport à ce qui a pu être observé ailleurs, par exemple, à la frontière franco-suisse ou à la frontière germano-néerlandaise[23].

Trois obstacles majeurs à la collaboration peuvent être soulignés :

- L'absence d'une cellule de gestion de crise locale dotée de compétences transfrontalières, notamment en ce qui concerne les canaux d'information institutionnels. L'exemple ubuesque de la ville de Kehl se voyant informée d'une décision fédérale allemande par la société de transport française chargée de l'exploitation du tramway transfrontalier démontre parfaitement cet état de fait ;

[22] L. Coatleven, F. Hublet, T. Rospars, « Covid-19 et gestion de crise subsidiaire. Géopolitiques », Rapport, Décembre 2020.

[23] Cotleven *et al.*, 2020, p. 14 : « (…) la sévérité avec laquelle l'État voisin traitait les non-nationaux a suscité du ressentiment dans de nombreux endroits, ce qui ne pouvait que renforcer les tendances isolationnistes des deux côtés de la frontière. Par exemple, l'interdiction pour les frontaliers français de faire des achats dans les magasins de Bade-Wurtemberg a suscité l'incompréhension des deux côtés de la frontière. À l'inverse, les zones où ces tensions ne se sont pas manifestées ont souvent été celles où le régime frontalier était plus souple ou coordonné, comme à la frontière franco-suisse ou germano-néerlandaise ».

- La soumission institutionnelle contrainte et totale des acteurs locaux à leurs autorités nationales respectives (en d'autres termes la zone transfrontalière n'existe pas dans la perception de Berlin et de Paris pour les prises de décision) ;
- La fragilité de l'ancrage de « l'esprit transfrontalier » dans la population locale. Même si ce territoire transfrontalier est régulièrement célébré comme un symbole de la coopération et de l'amitié franco-allemande, et même présenté comme un laboratoire institutionnel pour l'Europe, la crise a montré à quel point les malentendus, l'inquiétude et même l'agressivité peuvent rapidement réapparaître.

Trois recommandations peuvent être formulées. Dans une certaine mesure, ces recommandations peuvent être pertinentes pour d'autres régions frontalières européennes :

- Développement d'un cadre juridique spécifique imposant aux acteurs locaux, régionaux et nationaux l'obligation d'une approche subsidiaire de la gestion de crise. Cela permettrait de garantir que les processus de décision soient à la fois plus efficaces et mieux compris par la population locale des deux côtés de la frontière.
- Création d'une *task force* transfrontalière qui pourrait être activée en tant qu'unité fédératrice de gestion de crise. Celle-ci se verrait dotée d'un pouvoir opérationnel autonome pour une durée limitée. Cela passe par le cadre juridique spécifique évoqué ci-dessus. Une unité de ce type garantirait une plus grande efficacité en état d'urgence.
- Réalisation d'une évaluation ex-post des événements survenus pendant la crise par une équipe d'experts multidisciplinaires, intégrant par exemple des personnels de santé, des policiers, des psychologues, des économistes et des politologues. Dans un effort de démocratie participative, l'analyse devrait inclure les citoyens tant dans sa réalisation que dans la discussion des résultats.

Dans l'ensemble, la crise a souligné qu'il existe un besoin urgent de nouveaux mécanismes de « gouvernance ouverte » allant plus loin que la célébration démodée de l'amitié franco-allemande ou l'existence d'institutions telles que l'Eurodistrict – qui ne disposent que de peu de moyens et de capacités opérationnelles.

Ce n'est que durant l'été 2021 (c'est-à-dire plusieurs mois après le début de la crise) qu'une unité de coordination locale commune franco-allemande a été consultée. Cette unité est le groupe de travail Santé de la Conférence du Rhin supérieur. Ce groupe de travail existe depuis de nombreuses années mais les autorités nationales françaises et allemandes n'avaient pas jugé utile de l'activer au moment de la pandémie… Il reste donc beaucoup de travail à faire de la part des citoyens qui croient à l'Europe et aux régions pour bousculer le monde politique et administratif en le sortant des multiples routines mentales qui contribuent à faire des frontières nationales des obstacles alors qu'elles devraient être des lieux d'interface créatifs.

Le processus de paix au Proche-Orient. Entre Charybde et Scylla

Alexis Vahlas

Nombreux sont ceux qui alternent activités intellectuelles et expériences de terrain, s'inscrivant, consciemment ou non, dans la célèbre prescription malrucienne : « transformer en conscience une expérience aussi large que possible »[1]. C'est ce qu'il est temps de faire dans ce livre en l'honneur de notre ancien directeur, Sylvain Schirmann, au moment où des changements de pouvoir en Israël et aux États-Unis incitent les bonnes âmes à l'optimisme. Pendant ces quelques années passées, en Palestine[2], à tenter de contribuer à la paix au sein de cette diplomatie expéditionnaire européenne si particulière, j'ai pu méditer sur les avantages respectifs de l'action de terrain du praticien et de l'analyse réfléchie de l'universitaire. Cette dernière se nourrit d'échanges avec d'éminents collègues et je ne peux que louer ceux entretenus avec Sylvain Schirmann. Je lui dédie donc cette petite réflexion, pour le remercier non seulement de ses lumières sur l'histoire de l'intégration européenne mais également du soutien apporté à mes initiatives – comme la création d'une formation sur les questions de sécurité européenne qui lui doit notamment l'acronyme SESI. Sans oublier ses propositions les plus aventureuses comme le fait de m'avoir embarqué pour quelques escapades mémorables dans des zones de paix perpétuelle, en Suisse, ou de paix précaire, en Ukraine.

Dans une relative indifférence occidentale, le processus de paix israélo-palestinien que certains croient voir renaître me semble au

---

1 A. Malraux, *L'espoir*, IIe partie, II, XII, 1937.

2 Pour l'Union européenne (UE) comme pour l'auteur de ces lignes, la désignation de « Palestine » ne doit pas être interprétée comme la reconnaissance d'un État de Palestine.

contraire agoniser. Les raisons en sont expliquées dans ce texte à destination des communautés de savants et de diplomates, à tout le moins ceux qui s'intéressent encore à ce conflit sans équivalent et qui continueront à le traiter ; on n'ose dire le penser pour les uns et le panser pour les autres.

L'unilatéralisme vaincu

À première vue, la situation au Proche-Orient semble s'être nettement améliorée, au point que certains retrouvent l'espoir de voir réactivé le processus de paix. Bonne nouvelle et non des moindres, le processus de paix a donc survécu à l'ère Netanyahu ainsi qu'à la suspension par l'Autorité palestinienne de la coopération avec Israël et les États-Unis, de mai à novembre 2020. Mieux encore, le nouveau gouvernement israélien mis en place en juin 2021, à partir de la coalition dite Lapid-Bennett, a éliminé la principale menace contre la paix, à savoir l'annexion par Israël d'au moins 33 % de la Cisjordanie, annoncée à plusieurs reprises par Benjamin Netanyahu entre août 2019 et mars 2021.

S'agissant maintenant des facteurs extérieurs de paix, l'élection de Joe Biden à la présidence américaine remet la diplomatie des États-Unis sur les rails du multilatéralisme. Cela pèse beaucoup lorsqu'il s'agit de réinitialiser – « reset » disent les Américains – un processus de négociation fondé sur le droit international. La rupture est impressionnante avec son prédécesseur Daniel Trump, lequel avait souvent agi comme le fer de lance de l'unilatéralisme israélien, en déplaçant l'ambassade des États-Unis de Tel-Aviv à Jérusalem, en reconnaissant la souveraineté israélienne sur le plateau du Golan annexé et en mettant en avant une proposition de paix de bantoustanisation au lieu d'un État palestinien indépendant.

À première vue, tout semble donc se remettre en bon ordre depuis que Benjamin Netanyahu et Donal Trump ont quitté leurs fonctions. Symbole d'un multilatéralisme renouvelé, Israël ambitionne désormais de bénéficier du statut d'observateur auprès de la Commission de l'Union africaine. Le débat est cependant loin d'être clos au sein de l'organisation continentale africaine. Au Proche-Orient, la solution à deux États semble à nouveau d'actualité, du moins officiellement. Car la réalité est bien plus préoccupante en raison, principalement, d'une conjonction de facteurs politiques empêchant toute avancée du processus de paix, à commencer par le silence assourdissant qui règne sur les cimes du pouvoir à Ramallah et Jérusalem lorsqu'il s'agit d'envisager sérieusement la paix.

L'inaptitude au sommet

Des deux côtés, palestinien comme israélien, il n'y a pas en vérité d'effort significatif pour négocier un règlement définitif. L'absence de bonne volonté est commune, seules les raisons diffèrent. Du côté palestinien, le président Mahmoud Abbas est le principal problème. Il est aussi la principale excuse. Élu en 2005, mais prorogé par des décisions controversées depuis 2009, le successeur de Yasser Arafat a aujourd'hui 86 ans. Cela lui semble certes assez jeune pour être candidat déclaré à la prochaine élection présidentielle, comme cela a été explicitement annoncé en janvier 2021. Mais, en pratique, que peut-on attendre d'un président octogénaire qui a déjà exercé l'équivalent de quatre mandats successifs de quatre ans ? Certainement pas beaucoup de créativité et, selon toute vraisemblance, un réel conservatisme entretenu par un petit cercle de fidèles lieutenants devenus tuteurs, au premier rang desquels le chef de l'autorité des affaires civiles Hussein Al-Sheikh et le chef des renseignements généraux Majed Faraj.

Difficulté supplémentaire, le soutien pan-musulman s'est érodé et il arrive aujourd'hui que l'Autorité palestinienne soit désavouée au sein de la oumma. Initiés par l'administration Trump en 2020, les accords d'Abraham ont vu plusieurs États membres de l'Organisation de coopération islamique (OCI) rompre avec sa stratégie centrale consistant à lier la reconnaissance d'Israël à l'établissement d'un État palestinien. Avec l'effet domino, ce sont Bahreïn, les Emirats Arabes Unis, le Soudan, le Maroc et Oman qui ont remis en cause cette exigence autrefois incontournable pour la cause palestinienne : les États musulmans ne doivent pas reconnaitre Israël tant que la solution à deux États n'est pas réalisée. Un autre phénomène nouveau est la critique du président palestinien dans le monde arabe, surtout lorsqu'elle prend une forme publique et virulente. Peu de ses téléspectateurs oublieront l'entretien diffusé par la chaîne d'information *i24news*, le 27 octobre 2020, dans lequel Mahmoud Abbas est comparé à un trafiquant de bas étage par Dherar Belhoul Al Falasi, membre du Conseil fédéral des Émirats Arabes Unis :

> « Les Émirats Arabes Unis sont attachés au peuple palestinien, pas au Hamas et à l'Autorité palestinienne [qui] sont à la fois des corrompus et des

> meurtriers […] Abbas est ce que nous appelons en arabe "Tager Shanta". […] Il est venu ici et il a emmené son fils qui distribuait sa carte de visite : "Je suis le représentant de cette entreprise, et de cette entreprise…" ; mais il vient pour aider les Palestiniens ou pour vendre ses entreprises ? Nous connaissons leurs petites magouilles »[3].

De l'autre côté de la potentielle table de négociation, il y a un autre type d'immobilisme. L'ère Netanyahu est peut-être terminée mais la politique israélienne vis-à-vis des velléités d'autodétermination palestinienne reste inchangée sur le point décisif : Israël n'envisage pas un État palestinien basé sur les paramètres internationalement agréés et endossés par l'ONU. En conséquence, dans toutes les zones stratégiques du territoire palestinien occupé, il y a chaque mois davantage d'Israéliens et moins de Palestiniens en raison de nouveaux avant-postes ou colonies, démolitions ou expulsions punitives, bases militaires ou parcs naturels. Le grignotage des territoires palestiniens par les colons et le gouvernement israélien peut ainsi continuer, en dépit d'une opposition de l'administration Biden. En d'autres termes, il n'y a absolument aucune envie de la part des nouveaux dirigeants israéliens d'œuvrer à un règlement de paix consensuel. À cet égard, il faut garder à l'esprit que le successeur de Benjamin Nentanyahu, Naftali Bennett a plaidé pour l'annexion d'au moins 62 % de la Cisjordanie dès 2012 et qu'il a déclaré, en avril 2020, que son parti Yamina veillerait à ce que toutes les colonies de Cisjordanie soient placées sous souveraineté israélienne. Cette ambition est actuellement mise en veilleuse mais pour combien de temps ? Il est évident que c'est la présence de partis arabes et centristes dans la coalition au pouvoir en Israël qui empêche aujourd'hui la question de l'annexion de ressurgir. Pour autant, il n'existe entre les coalisés aucun terrain d'entente sur lequel construire la paix. À cela s'ajoute l'absence d'effort significatif de la part de la communauté internationale.

Un faible stimulus international

La situation pourrait-elle changer grâce à une implication internationale croissante ou, mieux encore, sous la pression de la communauté internationale ? C'est malheureusement très peu probable dans les circonstances présentes. Compte tenu tout d'abord des positions des

---

[3] M. Abbas, *i24news*, 27.10.2020.

quatre membres de l'organe de médiation dédié, ledit Quartet. Avec une approche beaucoup plus équilibrée, les États-Unis désormais dirigés par un président démocrate ont renoué avec leur soutien à l'objectif classique d'une solution à deux États, mais pas au point de forcer Israël à accepter un État palestinien viable, autrement dit avec un minimum d'assise et de continuité territoriale. La nouvelle administration américaine reste très prudente sur les mesures pratiques à prendre pour mettre en place une paix durable, y compris face à l'expansion des colonies qui détruit pourtant le *statu quo* nécessaire à une solution à deux États. Pour sa part, la Russie fait entendre sa voix sur le respect du droit international et est officiellement en faveur de l'établissement d'un État palestinien le long des lignes de 1967. Néanmoins, Moscou s'abstient de faire pression sur Israël tant que ce dernier respecte les intérêts russes et est capable de traduire ce respect en actes, comme ce fut le cas, par exemple, avec la transmission d'informations sensibles pour aider à vaincre la Géorgie lors du conflit armé de 2008. L'Union européenne a elle une approche déclaratoire similaire, en faveur d'une politique légaliste de promotion d'un État palestinien basé sur les paramètres traditionnels. Mais en raison de ses propres divisions, l'Union est le plus souvent passive lorsqu'il s'agit de contrer les violations israéliennes du droit international. Il ne faut pas oublier qu'il suffit de l'opposition d'un seul des États membres de l'Union, la Hongrie par exemple, pour bloquer une politique étrangère et de sécurité commune basée sur le consensus. À l'inverse, l'une des rares fois où l'Union européenne a montré ses muscles en menaçant de cesser toute coopération universitaire après une annonce israélienne de fermeture des universités palestiniennes, l'État israélien a immédiatement fait machine arrière. Enfin et comme d'habitude, l'Organisation des Nations Unies (ONU) n'a pas de volonté autonome et n'est qu'une plate-forme de la volonté de ses membres, à commencer par celle de ceux qui siègent au Conseil de sécurité. Ce faisant et en raison des divisions sur la question, l'ONU ne peut pas faire grand-chose, surtout lorsque son Conseil de sécurité compte un soutien quasi-indéfectible à Israël parmi ses membres permanents – à savoir les États-Unis – prêt à utiliser son veto pour bloquer tout projet de sanctions contre les violations israéliennes du droit international, y compris lorsqu'il s'agit de non-respect des résolutions du Conseil.

En dehors du Quartet, il en va de même pour la Ligue des États arabes et l'Organisation de la coopération islamique. Bien que chacune fasse de la cause palestinienne un objectif clé et bien qu'elles aient toutes deux été créées en relation avec cette cause, en particulier l'OCI après l'attaque de la mosquée Al-Aqsa en 1969, les deux organisations sont trop divisées pour faire plus que des déclarations enflammées sur la cause sacrée des frères palestiniens. Un mot enfin, sur la Chine qui partage officiellement avec toutes ces organisations internationales – Union européenne, ONU, Ligue arabe, OCI – une approche légaliste et multilatérale, et donc objectivement en faveur des Palestiniens, mais ne prend pas de mesures fortes contre Israël. Certains estiment que cela tient au fait que Beijing veut éviter d'attirer les critiques sur ses propres politiques qui sont de plus en plus agressives en Asie.

Pour conclure sur ce point, il est manifeste qu'il n'y a pas aujourd'hui d'acteur international faisant montre d'une volonté forte de soutenir une initiative de paix équilibrée. Plus inquiétant encore, la communauté internationale ne fait pas grand-chose non plus pour éviter la guerre et parie donc sur une stabilité de la situation actuelle. Sauf que gérer la crise (« crisis management ») au lieu de le résoudre (« crisis settlement ») devient une attitude dangereuse lorsque le feu se rapproche de la poudre.

Evitata Charybdi In Schyllam Incidi

Et les peuples ? Tant le peuple israélien que le peuple palestinien, puisque toutes les initiatives de paix sont supposées être lancées pour servir leur intérêt supérieur. Sont-ils satisfaits de la situation actuelle ? Certainement pas. Car les deux sont politiquement frustrés, mais d'une frustration qui tout en étant belligène n'est pas directement liée à la stagnation du processus de paix. Frustrés d'avoir eu quatre élections législatives successives et peu concluantes en deux ans du côté israélien. Frustrés de n'avoir eu aucune élection présidentielle ou législative depuis 15 ans du côté palestinien. Sur la question précise de la mobilisation en faveur du processus de paix, les deux situations sont certes très différentes mais elles mènent toutes deux à la catastrophe. En effet, côté israélien, le camp de la paix est réduit au minimum et la grande majorité de la population se déclare soit en faveur d'un Grand Israël avec annexion de toutes les terres historiquement liées à l'histoire juive, soit désintéressée et peut-être secrètement satisfaite de voir son État grandir et devenir plus fort, quand bien même cela se fait au détriment de l'équité et du droit international. Cette inertie du peuple israélien facilite considérablement la tâche des partis nationalistes en quête d'annexion et augmente le risque de déflagration générale.

S'agissant des Palestiniens, le peuple exprime de plus en plus une double frustration. En premier lieu, beaucoup de Palestiniens ressentent une énorme et triste frustration de voir la perspective d'un État palestinien devenir de moins en moins réalisable à cause de ce contrôle israélien quasi-irréversible sur la majeure partie de la Cisjordanie. Cela est d'autant plus difficile à vivre que l'immense majorité de ce peuple ne soutient pas le terrorisme et s'était convaincue, avec les Accords d'Oslo, que la modération de Mahmoud Abbas serait récompensée d'un accord de paix global permettant l'établissement d'un État palestinien. En second lieu, un nombre croissant de Palestiniens ressent désormais une frustration parallèle de voir perdurer une Autorité palestinienne sans légitimité démocratique, sans efficacité face à Israël mais de plus en plus brutale vis-à-vis de ses propres citoyens. C'est là l'une des mauvaises surprises qui attendent les internationaux envoyés en Palestine pour assister l'Autorité palestinienne au nom du *statebuilding* : l'expression par beaucoup de Palestiniens du sentiment d'une « double oppression », à la fois par les forces armées israéliennes et par l'Autorité palestinienne.

C'est probablement cette frustration des Palestiniens à l'endroit de leur Autorité palestinienne qui constitue, pour l'avenir, le principal facteur de risque. Pour certains, il se peut même qu'ait déjà commencé le cycle qui va provoquer l'effondrement du pouvoir palestinien. Le cercle vicieux est le suivant : l'Autorité palestinienne a été si affaiblie par Israël et se sent maintenant tellement menacée par le Hamas qu'elle devient de plus en plus autoritaire. Partant, la tendance négative accroît l'opposition populaire qui à son tour rend l'Autorité Palestinienne toujours plus encline à la répression et donc plus vulnérable à une révolte populaire. D'ici la disparition de Mahmoud Abbas, la jeune population palestinienne se lèvera-t-elle pour sortir de cette impasse politique et de la souffrance psychologique d'une double oppression ? Difficile à dire car un embrasement populaire peut être provoqué par un détail, comme la confiscation de quelques fruits et légumes sur un marché de Sidi Bouzid lors du printemps arabe tunisien. Mais il est certain que si le système parvient à se maintenir jusqu'à la fin de l'ère Abbas, aucune force politique ne sera en mesure de faire accepter une transition autocratique lorsque s'en ira celui qui est peut-être le dernier président palestinien. Ce qui s'ensuivra sera le chaos et l'insécurité pour les populations palestinienne et israélienne, et l'inconnu pour le processus de paix au Proche-Orient.

L'histoire des jumelages en Europe L'invention d'une diplomatie par en bas

Corine Defrance

« [Le Jumelage] est la rencontre de deux communes qui entendent s'associer pour agir dans une perspective européenne, pour confronter leurs problèmes et pour développer entre elles des liens d'amitié de plus en plus étroits »[1]. Cette définition donnée en 1953 par Jean Bareth, premier secrétaire général du Conseil des Communes d'Europe, caractérise encore très largement les jumelages d'aujourd'hui, même si ceux-ci ne se limitent plus à l'échelle communale. Il s'agit d'une pratique entre des autorités locales ou régionales, engageant une coopération économique et culturelle, des échanges individuels et collectifs et faisant aussi appel à la solidarité[2] lors de cataclysmes naturels ou après des événements particulièrement douloureux (guerre, terrorisme, accidents industriels…). La palette des activités possibles au sein de ces partenariats est extrêmement diversifiée : on y noue des relations amicales, parfois amoureuses, des couples s'y forment, des perspectives de travail s'ouvrent – on pense ici en particulier au programme « Job dans la ville jumelée », mis en place par l'Office franco-allemand pour la Jeunesse (OFAJ) dès 1976[3] – ou encore à des actions de secours très concrètes : au début de la pandémie

1 Voir le site www.afccre.asso.fr – Un jumelage. Pourquoi ? Comment ? (21.11.2021).

2 K. Bayertz, « Begriff und Problem der Solidarität », *In* K. Bayertz (dir.), *Solidarität. Begriff und Problem*, Francfort/M., 1998, pp. 11–54; S. Tamm, « Solidarität aus freiheitlicher Perspektive », *APuZ*, 34–36, 2013, http://www.bpb.de/apuz/166661/solidaritaet-aus-freiheitlicher-perspektive (2.7.2022).

3 https://www.dfjw.org/programme-aus-und-fortbildungen/ferienjob-job-in-der-partnerstadt.html (21.11.2021]. Voir H.-M. Bock, C. Defrance, G. Krebs, U. Pfeil (dir.), *Les jeunes dans les relations transnationales. L'Office franco-allemand pour la Jeunesse, 1963–2008*, Paris, 2008.

de la Covid 19, les villes de Trèves et de Kassel, entre autres, ont soigné dans leurs hôpitaux des patients originaires des villes jumelées de Metz et Mulhouse respectivement. Le secrétaire général allemand de l'OFAJ, Tobias Bütow a souligné que « les jumelages peuvent sauver des vies »[4].

Aujourd'hui les jumelages sont présents partout en Europe, même s'ils sont inégalement répartis. On en dénombre actuellement environ 20 000[5]. Ils s'affichent dans les paysages urbains : ils sont indiqués sur les panneaux à l'entrée des villes ou devant les mairies comme sur les sites web des municipalités. Des rues, ponts, avenues, bus ou tramways sont aussi dénommées d'après la ville jumelée. Les cadeaux que les villes appariées s'offrent mutuellement, parfois exposés dans l'espace public, expriment l'identité des villes et l'image de soi qu'elles entendent projeter à l'extérieur. Ainsi la cabine de téléphone rouge, souvent offerte par les villes d'Outre-Manche à leurs partenaires (London Greenwich à Berlin-Tegel ou bien Clevedon à Epernay par exemple), est-elle le symbole de l'identité *nationale* britannique des premières, tandis que le coffret contenant de la terre des champs de bataille de Stalingrad, offert à Dijon en 1959, est lié à l'identité historique et mémorielle *spécifique* de Stalingrad-Volgograd (fondamentale aussi pour l'identité soviétique ou russe dans son ensemble). La conclusion d'un jumelage est un processus fondateur d'identité qui permet à chaque ville ou collectivité territoriale d'affirmer son profil en mettant en avant ses structures économiques et sociales, son histoire, son nom (on pense ici, par exemple au jumelage circulaire des villes portant le nom de « Linden » ou de ses dérivés[6]). Selon les différentes constellations, les jumelages peuvent refléter à l'échelon local les relations internationales entre les pays dont elles ressortissent, mais elles peuvent offrir une scène alternative, permettant d'affirmer leur autonomie, de suivre leurs propres objectifs et leur propre « relations internationales », parfois divergentes de la diplomatie entre États. Elles peuvent

4 M. Wiegel, « Wenn Städtepartnerschaften Leben retten », *FAZ*, 22.4.2020.

5 Voir les estimations du Conseil des Communes et Régions d'Europe : http://www.twinning.org/fr/page/les-jumelages-en-chiffres#.XrLFLa3pMdU (2.7.2022); voir aussi l'étude publiée par l'Institut franco-allemand de Ludwigsburg et la fondation Bertelsmann, *Les jumelages de collectivités territoriales, Renforcer le sentiment citoyen européen coopération*, Gütersloh janvier 2018 [https://www.bertelsmann-stiftung.de/fileadmin/files/BSt/Publikationen/GrauePublikationen/EZ_Staedtepartnerschaften_2018_frz.pdf].

6 https://ville-lalinde.fr/fr/as/827127/89078/comite-de-jumelage-des-lindens-europeens (21.11.2021).

préparer le terrain, en menant des expérimentations à l'échelon local. Les jumelages racontent donc une autre histoire des relations internationales. On parle parfois de diplomatie parapublique[7] ou de « diplomatie par en bas »[8], de « politique extérieure alternative »[9] ou de trans-localisme[10]. Se saisir de l'histoire des jumelages nous permet d'observer cette variété des situations et des coopérations. Les jumelages donnent à voir, à une échelle singulière, une histoire de l'Europe au XXe siècle.

Les jumelages, emblèmes des relations franco-allemandes au second XXe siècle

Pour désigner le partenariat entre des villes, la langue allemande dispose de plusieurs termes : *Städtepartnerschaft* (étymologiquement : partenariat de villes) ; *Gemeindepartnerschaft* (partenariat de communes) ; *Jumelage* aussi, repris directement du français[11]. Cette appropriation d'un mot étranger au fil des années 1960 reflète la perception allemande de ces partenariats comme un phénomène avant tout franco-allemand, qui symbolise aussi le développement singulier de ces relations bilatérales. « Jumeler » signifie à l'origine « accoupler deux objets semblables » (Littré, 1873)[12] et « jumelage » le couplage d'armes à feu ou l'assemblable particulier de matériaux pour la construction de ponts[13]. De manière très symbolique, un mot issu du vocabulaire militaire et technique, né dans le contexte de la guerre franco-allemande de 1870/71, est devenu

---

[7] U. Krotz, « Parapublic Underpinnings of International Relations. The Franco-German Construction of Europeanization of a Particular Kind », *European Journal of International Relations*, vol. 13, n° 3, 2007, pp. 385–417.

[8] J. E. Farquharson, St. C. Holt, *Europe from below. An assessment of Franco-German Popular Contacts*, Londres, 1975.

[9] K. Pfundheller, *Städtepartnerschaften – alternative Außenpolitik der Kommunen*, Berlin/Toronto, 2014.

[10] A. Langenohl, *Town Twinning, Transnational Connections, and Trans-local Citizenship Practices in Europe*, Basingstoke/New York, 2015.

[11] Le terme « die Jumelage » est entré dans le *Duden* (dictionnaire de la langue allemande) en 1967, en même temps que « die Städtepartnerschaft », Duden, *Rechtschreibung der deutschen Sprache und der Fremdwörter*, Mannheim [16]1967, pp. 361, 650.

[12] *Dictionnaire Littré, dictionnaire de la langue française,* https://www.littre.org (2.7.2022).

[13] *Trésor de la Langue Française* (TLF), www.cnrtl.fr/definition/jumelage%20 (21.12.2021).

l'emblème de leur amitié et de leur « réconciliation ». L'histoire du mot reflète en quelque sorte un siècle de relations franco-allemandes.

Dans les années 1950 et 1960, ce sont essentiellement des villes françaises et allemandes qui se sont liées mutuellement. Aussi, en 1970, les jumelages franco-allemands représentaient plus des deux tiers des jumelages européens. Ils étaient les piliers et les emblèmes du rapprochement et de la réconciliation entre anciens ennemis. Souvent, la métaphore conjugale a été convoquée, comme en témoigne ce récit forgé par le président du comité de jumelage d'Évreux lors de la cérémonie de jumelage avec Rüsselsheim (RFA) à l'automne 1961 :

> « Évreux menait depuis longtemps une existence solitaire lorsqu'on lui fit connaître une ville d'Outre-Rhin nommée Rüsselsheim. Aussitôt elles se plurent […]. On décida de célébrer les fiançailles officielles le 30 avril 1961 à Rüsselsheim. Le mariage définitif eut lieu à Évreux cinq mois plus tard. Pour assister à cette cérémonie mémorable, les Ébroïciens s'étaient réunis nombreux avec les édiles de Rüsselsheim dans la salle des mariages de l'Hôtel de Ville […]. Un climat d'émotion régnait dans l'assistance quand la charte fut signée, et l'union fut d'autant plus solide qu'il était ce jour-là deux maires pour la célébrer et une multitude de témoins pour les assister »[14].

Dès l'origine, le jumelage a été une pratique à forte charge émotionnelle. Lors du premier jumelage franco-ouest-allemand, entre Montbéliard et Ludwigsburg (1950), il a ainsi été question de « compréhension » et de « rapprochement ». Lucien Tharradin, le sénateur-maire de Montbéliard, a écrit à l'été 1950 :

> « Les plaies de l'horrible guerre ne sont pas encore effacées. […] Mais on ne construit rien sur la haine. […] Il faut dans les ténèbres de l'heure présente, chercher une voie commune de compréhension mutuelle. […] Mais qui ose encore nier la nécessité d'un rapprochement ? Se regarder toujours, de part et d'autre du Rhin, en grinçant les dents, le doigt sur la détente du fusil, prêts à mettre le feu au monde, n'est pas une existence raisonnable pour les

---

14 Archives municipales d'Évreux, dossier 244W4, discours de Robert Dulac à l'occasion de la signature du jumelage, Évreux, 1er octobre 1961. Voir C. Defrance, « "Le mariage d'Evreux". Le jumelage avec Rüsselsheim ou la pratique du « franco-allemand » à l'échelle locale », *In* J.-M. Guieu (dir.), *Un siècle d'aéronautique et de relations franco-allemandes dans l'Eure. 150 ans d'histoire euroise (1870–2021)*, Paris, 2021, pp. 162–173.

deux peuples […] Il faut dans les ténèbres de l'heure présente, chercher une voie commune de compréhension mutuelle »[15].

Douze ans plus tard, dans sa déclaration de jumelage (1962), Stuttgart proclame agir « dans la conviction qu'en s'unissant à la ville de Strasbourg dont le passé a été profondément marqué par les vicissitudes des relations franco-allemandes, elle peut apporter sa contribution à la *réconciliation* des deux nations »[16]. Les jumelages, conclus sur initiative sociétale en Europe de l'Ouest, sont devenus le sismographe des relations bilatérales.

En France, l'initiative des jumelages a souvent été prise par d'anciens résistants, comme Lucien Tharradin, qui combinait des expériences multiples : ancien combattant, il avait été fait prisonnier de guerre, s'était évadé, était entré dans la Résistance et, arrêté à ce titre, avait été déporté à Buchenwald. Ces tentatives précoces de rapprochement se sont assez souvent heurtées à l'incompréhension voire à l'hostilité de la population, toujours profondément marquée par les violences de guerre et le discours sur « l'ennemi héréditaire ». Ainsi, dans l'article déjà cité, Tharradin rapportait-il :

> « Certes, nous le savons, la route est longue et dure. De rudes pentes sont à remonter. Des personnalités éminentes ont échoué là où nous avons la prétention de vouloir réussir. Nous savons que nous ne sommes pas encore suivis, en France particulièrement par l'ensemble de nos concitoyens. Ceux-ci, repliés sur leurs souvenirs, n'ont pas repris conscience des dures nécessités de l'heure. […] Mais on ne construit rien sur la haine. […] Il nous faut vaincre par la persuasion les résistances très compréhensibles de nos concitoyens… »[17].

Les débuts des jumelages ont donc été lents et laborieux. Il y a eu des blocages en raison du poids du passé, dans les années 1950 et 1960 surtout, mais pas seulement. En 1993 encore, à Valréas, ville du Vaucluse marquée par l'exécution de 53 résistants par la Wehrmacht le 12 juin 1944, des manifestations ont eu lieu contre le jumelage avec Sachsenheim (Bade-Wurtemberg), si bien que la signature du partenariat a dû

---

15 L. Tharradin, « La rencontre des maires français et allemands à Stuttgart », *Allemagne* (Bulletin d'information du Comité français d'échanges avec l'Allemagne nouvelle), n° 8 août/septembre 1950, p. 3.

16 « Les villes jumelées », *Allemagne,* n° 17, 88–89, décembre 1964–mars 1965, p. 14 s.

17 L. Tharradin, « La rencontre », *op. cit.*

être reportée[18]. De tels incidents se produisent toujours plus rarement, en raison du renouvellement des générations et de « l'amitié » largement partagée entre Français et Allemands, comme le montrent les sondages d'opinion[19]. Mais au cours des premières décennies, la situation était particulièrement difficile. D'après une étude assez récente consacrée aux jumelages bilatéraux, la volonté d'œuvrer à la réconciliation a été une des principales motivations expliquant le succès de cette pratique. La « construction d'une Europe de la paix » et le désir d'ouvrir à la jeunesse de nouvelles perspectives d'avenir ont été les deux motifs principaux invoqués jusque dans le milieu des années 1970. Depuis les années 1990, la « réconciliation » n'est plus avancée que par moins de 20 % des villes jumelées. Les perspectives d'avenir, la coopération, l'ouverture internationale sont aujourd'hui les arguments les plus souvent mis en avant[20].

Les jumelages franco-allemands ne représentent plus aujourd'hui que 11 à 12 % des jumelages en Europe, ce qui résulte de l'essor de cette pratique dans l'ensemble du continent au fur et à mesure des élargissements européens, en particulier depuis la fin de la guerre froide[21]. La France et l'Allemagne restent cependant les deux pays comptant le plus de jumelages avec les autres pays de l'Europe (chacune plus de 6 000) et les jumelages franco-allemands sont de loin les plus nombreux sur le continent (environ 2 300 jumelages franco-allemands et 20 000 jumelages européens)[22].

Une plus longue et complexe préhistoire des jumelages

Si l'histoire des jumelages est fortement liée à celle des relations entre la France et l'Allemagne, les premiers partenariats de villes sont à la fois plus anciens et plus divers. Dès 1944, au nom de la communauté d'expériences et de la solidarité des villes bombardées, Coventry s'est liée avec Stalingrad (1944), a noué de premiers contacts avec Caen (1946), puis

---

18 T. Herrmann, *Der zweite deutsch-französische Städtepartnerschaftsboom 1985–1994. Akteure, Motive, Widerstände und Praxis*, Berlin, 2019, pp. 242–254.

19 Ifop, *Image de l'Allemagne en France*, janvier 2021, https://www.ifop.com/publication/limage-de-lallemagne-en-france-3/ (19.11.2021).

20 *Les jumelages de collectivités territoriales*, *op. cit.*, pp. 21–23.

21 A. Jünemann, E. Richter, H. Ullrich (dir.), *Gemeindepartnerschaften im Umbruch Europas*, Francfort/M., 1994.

22 *Les jumelages de collectivités territoriales*, *op. cit.*, pp. 21–23.

Kiel et Lidice (1947) – ultérieurement avec Varsovie (1957) et Dresde (1959) – par-delà toute considération de pays ex-alliés ou ennemis et des nouvelles lignes de fracture de la guerre froide[23].

Les jumelages ne sont pas nés non plus à la fin de la Seconde Guerre mondiale. Le plus ancien partenariat jusqu'à présent connu a été conclu en 1913 entre Brugg, en Suisse, et Rottweil en Allemagne[24]. Au lendemain immédiat de la Première Guerre mondiale, des villes britanniques et des villes françaises de l'arrière ont adopté des communes détruites du nord de la France (Marseille et Arras en 1918 ; Blackburn et Péronne en 1921) et leur sont venues en aide (collectes d'argent ou de vêtements ; aide à la reconstruction etc.)[25]. L'asymétrie du lien se reflète dans la dénomination. On parle d'« adoption » ou de « parrainage ». Dès cette époque, s'instaure la pratique de donner à un pont ou une rue le nom de la ville partenaire. D'autres types de partenariat, noués dans un esprit différent, ont encore vu le jour. Ainsi, en 1925, Kiel s'est liée à Sønderborg – devenue danoise en 1920 – afin de maintenir le lien avec la minorité allemande restée de l'autre côté de la frontière après le plébiscite du Schleswig[26], ou encore Wiesbaden avec Klagenfurt (1930) pour fêter la libération de l'occupant ennemi – français en l'occurrence – et affirmer la solidarité germano- autrichienne[27]. Ces partenariats ont été qualifiés de

---

23 St. Goebel, « Coventry und Dresden. Transnationale Netzwerke der Erinnerung in den1950er und 1960er Jahren », *In* D. Süß (dir.), *Deutschland im Luftkrieg. Geschichte und Erinnerung*, Munich, 2007, pp. 111–120 ; M. Howarth, « Coventry – Dresden, Manchester – Chemnitz, Aberdeen – Rostock. Städtepartnerschaften im Schatten des Kalten Krieges », *Deutschland Archiv*, 29.5.2015 [hptt://www.bpb.de/207012] ; T. Baker, « A tale of twin cities. How Coventry and Stalingrad invented the concept », *The Guardian*, 4.3.2016, https://www.theguardian.com/cities/2016/mar/04/twin-cities-coventry-stalingrad-war (21.11.2021).

24 Voir https://www.rottweil.de/de/Stadt+B%C3%BCrger/Unsere-Stadt/St%C3%A4dtepartnerschaften/Brugg-(Schweiz); http://www.nzz.ch/lebensart/reise/das-erbe-der-neckarschweizer-1.18546548 (21.11.2021).

25 J. E. Connolly, „'Alliierte' über den Krieg hinaus : Britische Zeitungen und 'Patenschaften' mit französischen Städten nach dem Ersten Weltkrieg", *In* C. Defrance, T. Herrmann, P. Nordblom (dir.), *Städtepartnerschaften in Europa im 20. Jahrhundert*, Göttingen, 2020, pp. 217–235 ; J.-Y. Le Noaour, « La culpabilité d'une ville en guerre. Marseille, 1914–1918 », *In* Ph. Chassaigne, J.-M. Largeaud (dir.), *Villes en guerre 1914–1945*, Paris, 2004, pp. 9–16.

26 I. Bautz, « Die Auslandsbeziehungen deutscher Kommunen bis 1945 – IULA, Städtepatenschaften und Weltstädtebund », *Interregiones*, vol. 8, 1999, pp. 19–58.

27 Evelyne Webernig, « Zur Entstehung der Städtepartnerschaft Klagenfurt-Wiesbaden im Jahre 1930 », *Carinthiai* 195, 2005, p. 589–595.

Patenschaften (parrainages). Loin d'être lié à la volonté de réconciliation, le « jumelage » de l'entre-deux-guerres a pu prendre un caractère révisionniste et agressif[28]. Dans les années 1930, des liens ont été noués entre des villes allemandes et italiennes partageant la même idéologie fasciste[29].

Les jumelages de l'après 1945 marquent, dans leur ensemble, une rupture avec ces premières expériences. Mais il y a cependant quelques cas qui s'inscrivent dans une certaine continuité avec ces pratiques du passé. Citons ici les « parrainages est-allemands » (*ostdeutsche Patenschaften*) entre des villes ouest-allemandes et des associations de réfugiés et d'expulsés allemands, venus des territoires perdus à l'Est : en 1952, entre Northeim et Neustadt/Prudnik, en Haute-Silésie, devenue polonaise au lendemain de la guerre ; en 1956 entre Lüneburg et Thorn/Torun, en Pologne également. Ces partenariats ont certes pu contribuer à l'intégration de ces citoyens dans la République fédérale, ils n'en gardaient pas moins des traits révisionnistes. C'est aussi dans cette catégorie que l'on peut classer les contacts entre des communes françaises et « algériennes » dans les années 1950. Ces liens ont été alors instrumentalisés à l'échelon local pour entraver le processus de décolonisation, comme dans le cas de Metz et Blida en 1956[30]. L'usage du mot *parrainage* ou *Patenschaft* reflète une fois encore qu'il s'agissait d'une relation inégale et hiérarchisée. Cependant, malgré ces quelques cas exceptionnels, la très grande majorité des jumelages conclus après 1945 ont poursuivi des objectifs d'une toute autre nature : le rapprochement avec l'ancien ennemi et la paix en Europe.

---

28 M. Fahlbusch, « Deutschtumspolitik und Westdeutsche Forschungsgemeinschaft », *In* H. Gabel, B. Dietz, U. Tiedau (dir.), *Griff nach dem Westen. Die ›Westforschung‹ der völkisch-nationalen Wissenschaften zum nord-westeuropäischen Raum 1919–1960*, Münster, 2003, pp. 569–648 ; T. Luther, *Volkstumspolitik des deutschen Reiches 1933–1938. Die Auslanddeutschen im Spannungsfeld zwischen Traditionalisten und Nationalsozialisten*, Stuttgart, 2004 ; I. Bautz, « Die Auslandsbeziehungen », *op. cit.*, pp. 19–58.

29 A. Hoffend, *Zwischen Kultur-Achse und Kulturkampf : die Beziehungen zwischen „Drittem Reich" und faschistischen Italien in den Bereichen Medien, Kunst, Wissenschaft und Rassenfragen*, Francfort/M., 1998, pp. 345–346.

30 L. Hardt, « Verbrüderung im Zeichen des Kolonialkriegs. Die ephemere Jumelage zwischen Metz und Blida 1956–1962 », *In* C. *In* C. Defrance, T. Herrmann, P. Nordblom (dir.), *Städtepartnerschaften*, *op. cit.*, pp. 203–216.

Les jumelages : reflets de l'Europe au temps de la guerre froide

La mutation et le véritable essor des jumelages se produisent après la Seconde Guerre mondiale. Les premiers d'entre eux, conclus en 1947, n'ont pas été franco-allemands, mais germano-britanniques et germano-américains, liant des villes des zones d'occupation britannique et américaine en Allemagne avec des communes de la puissance d'occupation, comme Bonn et Oxford ou bien Crailsheim et Worthington[31]. En 1948, une association suisse – l'association des Écrivains bernois – défendant l'idée que la commune est le premier échelon d'une organisation démocratique de l'Europe, a proposé et mis en œuvre la rencontre informelle de maires français et allemands en terrain neutre – sur le territoire helvétique[32]. Une fois la confiance établie, la troisième de ces rencontres s'est déroulée à Stuttgart en 1950 et c'est alors qu'a été fondée l'« Union internationale des maires pour le rapprochement franco-allemand » (UIM ou IBU – Internationale Bürgermeisterunion). Dans le Livre d'or de l'Union a été inscrit en 1962 : « Après l'échec de Locarno par en haut de 1925, nous voulons créer un Locarno par en bas par la coopération planifiée et constante d'homme à homme, de maire à maire, de commune à commune. Nous voulons placer l'idée fructueuse du jumelage au cœur de notre travail pratique »[33]. Parallèlement se constituait le Conseil des communes d'Europe (CCE), soutenant la construction de l'Europe de l'Ouest par la base[34].

À partir de la fin des années 1950, la pratique des jumelages a été progressivement mise en œuvre par les pays est-européens au sein du

---

[31] D. M. Woesler, « Städtepartnerschaften in einem neuen Licht », *In* U. von Alemann, C. Münch (dir.), *Europafähigkeit der Kommunen. Die lokale Ebene in der Europäischen Union*, Wiesbaden, 2006, pp. 412–433.

[32] B. Schwelling, « Die Rolle schweizerischer Intellektueller in der Etablierung deutsch-französischer Gesellschaftsbeziehungen nach dem 2. Weltkrieg », *In* B. Altermatt, C. Blaser, G. Casasus (dir.), *La Suisse dans les relations franco-allemandes/Die Schweiz in den deutsch-französischen Beziehungen : 1945–1963–2015*, Zurich, 2015, pp. 161–178.

[33] *Goldenes Buch der deutsch-französischen Städtepartnerschaften*, édité par la Internationale Bürgermeister Union, Stuttgart 1962, p. 29.

[34] A. Bergeret-Cassagne, *Pour une Europe fédérale des collectivités locales. Un demi-siècle de militantisme au sein du Conseil des Communes et des Régions d'Europe 1950–1999*, Paris, 2009.

pacte de Varsovie. Le premier jumelage a été conclu entre Rostock, en RDA, et Szczecin, désormais en Pologne, en 1957. Établis et strictement contrôlés par les partis communistes, ils n'émanaient pas de la société civile, quasi-inexistante dans les régimes communistes. Ils ne servaient pas le rapprochement, mais la « fraternité socialiste », « l'amitié entre les peuples » et la « paix mondiale ». Ainsi, le gouvernement de Berlin-Est n'estimait pas avoir besoin de se « réconcilier » avec ses voisins de l'Est. Les jumelages polono-est-allemands sont l'expression même d'une amitié décrétée par en haut[35].

Aux appariements au sein des blocs se sont adjoints des jumelages Est-Ouest, souvent conclus sous l'égide de la Fédération mondiale des villes jumelées (FMVJ) connue pour son « anti-anticommunisme »[36]. C'est dans ce cadre qu'a été noué le jumelage emblématique entre Dijon et Stalingrad en 1959, associé, côté bourguignon, à la figure du chanoine Kir, maire de la ville[37]. Les pays de l'Europe de l'Est ont vu l'intérêt politique qu'ils pouvaient retirer des jumelages : appui aux municipalités communistes, en France et en Italie notamment ; ou bien encore, pour la RDA, tenter (vainement) d'accélérer sa reconnaissance à l'Ouest. C'est en 1959, à l'occasion du 10e anniversaire de la RDA qu'ont été conclus les premiers jumelages franco-est-allemands (comme Cottbus-Montreuil[38]) au grand dam du gouvernement français qui a cherché à entraver cette pratique

---

35 M. Pieper, « Städtepartnerschaften als »brüderliche Kampfgemeinschaften«. Die Kommunalbeziehungen zwischen Polen und der DDR vor 1989/90 », *In* C. Defrance, T. Herrmann, P. Nordblom (dir.), *Städtepartnerschaften*, *op. cit.*, pp. 97–113 ; M. Pieper, *Parteiauftrag : Städtepartnerschaft. Kommunalpartnerschaften zwischen Polen und der DDR und ihre Transformation nach 1989* (Interdisciplinary Polish Studies, 8), epubli, Berlin, 2020 ; A. Nothnagle, « Verordnete Freundschaft, geschlossene Grenze. Zur politischen Kultur der deutsch-polnischen Beziehungen in der Oderregion », *In* H. Schultz (dir.), *Grenze der Hoffnung. Geschichte und Perspektiven der Grenzregion an der Oder*, Berlin, 1999, pp. 57–78.

36 W. Grossin, J. Guellier, *Si toutes les villes du monde… présentation de la FMVJ*, Paris, 1977 ; W. Grossin, « Une expression de solidarité internationale : la Fédération mondiale des villes jumelées », *In Actes du 13e colloque de l'AISLF*, Genève, août–septembre 1988, tome 2, pp. 959–970.

37 T. Gomart, *Double détente. Les relations franco-soviétiques de 1958 à 1964*, Paris, 2020, pp. 105–106 ; J.-F. Bazin, *Le chanoine Kir. La vie fantasque d'un homme politique en soutane*, Paris, 2018.

38 F. Flucke, « Ostdeutsch-französische Jugendkontakte zwischen Cottbus und Montreuil. Städtepartnerschaften zwischen transnationaler Annäherung und ideologischer Instrumentalisierung », *In* A. Kwaschik, U. Pfeil (dir.), *Die DDR in den deutsch-französischen Beziehungen*, Bruxelles, 2013, pp. 237–255.

jusqu'à l'établissement de relations officielles en 1973. Ont alors été fondées des associations binationales d'amitié, comme l'Association France-URSS ou Échanges Franco-Allemands – devenue en 1973 l'Association France-RDA – qui se sont consacrées respectivement à la fondation de jumelages franco-soviétiques et franco-est-allemands[39]. La proximité de ces associations au Parti communiste français (PCF) témoigne de ce que leurs activités avaient un caractère idéologique marqué. Cependant elles ne se sont pas limitées à démarcher les municipalités communistes pour les gagner à la cause d'un jumelage, mais elles ont aussi cherché le contact avec les maires socialistes et même gaullistes.

Pendant les années 1960, ces partenariats se sont poursuivis mais ont été fortement affectés par la guerre froide. Une « guerre des jumelages » a opposé les associations philo- et anti-communistes à l'ouest de l'Europe (FMVJ d'une part, IUM et CCE de l'autre)[40]. Après la signature des premiers jumelages entre villes ouest-allemandes et soviétiques (Hambourg et Leningrad en 1957), marquant le début de la normalisation des relations entre l'URSS et la République fédérale (avec le voyage du chancelier Adenauer à Moscou en 1955)[41], les jumelages Est-Ouest se sont surtout développés dans les années 1970, en raison de la détente. Dans le cadre de

---

39 F. Malle, « Die *Association France-URSS* und die französisch-sowjetischen Städtepartnerschaften in den Jahren 1950–1990 », *In* C. Defrance, T. Herrmann, P. Nordblom (dir.), *Städtepartnerschaften*, *op. cit.*, pp. 114–127 ; C. Knitter, « Ostdeutsch-französische Städtepartnerschaften und Zivilgesellschaft im Fadenkreuz der Staatssicherheit der DDR », *In* C. Defrance, T. Herrmann, P. Nordblom (dir.), *Städtepartnerschaften*, *op. cit.*, pp. 147–160 ; H.-Ch. Herrmann, « ‚Bedeutende Basen der Anerkennungsbewegung'. Zur Bedeutung der Städtepartnerschaftsbewegungen zwischen Frankreich und der DDR », *In* H. Timmermann (dir.), *Das war die DDR*, Münster, 2004, pp. 356–395 ; U. Pfeil, « Rendsburg – Vierzon – Bitterfeld. Ein Fallbeispiel deutsch-französischer Städtepartnerschaften im Kalten Krieg », *Zeitschrift der Gesellschaft für Schleswig-Holsteinische Geschichte*, 129, 2004, pp. 141–161.

40 C. Defrance, « Les jumelages franco-allemands. Aspect d'une coopération transnationale », *Vingtième Siècle. Revue d'histoire*, n° 99, juillet–septembre 2008, pp. 189–201 ; R. Belot, « Le jumelage des villes. Avatars d'une ›bombe de paix‹ dans la guerre froide », *In* A. Fleury, L. Jilek (dir.), *Une Europe malgré tout. Contacts et réseaux culturels et scientifiques entre Européens dans la Guerre froide*, Bruxelles, 2009, pp. 367–382 ; W. Richier, « Les jumelages entre Guerre froide et enjeux locaux », *In* Ph. Buton, O. Büttner, M. Hastings (dir.), *La Guerre froide vue d'en bas*, Paris, 2014, pp. 131–149.

41 En 1956, l'URSS a commencé à conclure des jumelages avec les villes d'Europe de l'Ouest, voir I. Bautz, *Die Auslandsbeziehungen der deutschen Kommunen im Rahmen der europäischen Kommunalbewegung in den 1950er und 60er Jahren.*

l'*Ostpolitik* – et après la signature des traités avec l'Est – les *Ostverträge* –, les villes ouest-allemandes en ont fait un instrument du rapprochement avec leurs voisines de l'Est (jumelage de Brême et Gdansk en 1976). Mais les jumelages, surtout après les accords d'Helsinki (1975), ont ouvert la porte à des influences extérieures jugées nocives. Le général Wojciech Jaruzelski a ainsi tenté de freiner les échanges entre la Pologne et la RFA dans les années 1980[42] et la RDA a retardé jusqu'en 1986 la signature des premiers jumelages interallemands. Le premier d'entre eux a été conclu entre Eisenhüttenstadt et Saarlouis sur décision du ministre-président de la Sarre Oskar Lafontaine et du chef du régime est-allemand, Erich Honecker, Sarrois d'origine[43].

Entre coopération et mémoire : le jumelage dans l'Europe après la Guerre froide

Après la fin de la guerre froide, les jumelages, censés incarner « l'Europe des citoyens »[44], ont connu un nouvel essor accompagnant les élargissements européens successifs. Ils ont aussi permis de développer les coopérations transfrontalières et interrégionales. Entre les grandes métropoles ont été créés des réseaux de villes jumelées qui exercent désormais un puissant lobbying à l'échelle internationale. Metropolis, fondé en 1985 et Eurocities, fondé en 1986, en sont des exemples[45]. Parallèlement, des partenariats anciens, entre plus petites communes, s'essoufflent

---

Städtepartnerschaften – Integration – Ost-West-Konflikt, Siegen, 2002 [http://dokumentix.ub.uni-siegen.de/opus/volltexte/2005/11/pdf/bautz.pdf], p. 316.

42 D. Pick, « Zivilgesellschaftliche und politische Aspekte der Städtezusammenarbeit : Volksrepublik Polen und Bundesrepublik Deutschland 1976–1989 », *In* C. Defrance, T. Herrmann, P. Nordblom (dir.), *Städtepartnerschaften, op. cit.*, pp. 182–199.

43 B. Wagner, *Partnerschaften deutscher Städte und Gemeinden. Transnationale Beiträge zur internationalen Sicherheit*, Münster, 1995.

44 M. Mulder, « Städtepartnerschaften und das Europa der Bürgerinnen und Bürger », *In* C. Defrance, T. Herrmann, P. Nordblom (dir.), *Städtepartnerschaften, op. cit.*, pp. 325–335.

45 T. Höpel, « Die Herausbildung kommunaler Europapolitik – das Städtenetzwerk Eurocities », *Vierteljahresschrift für Sozial- und Wirtschaftsgeschichte* 100, 2013, 1, pp. 23–42 ; T. Höpel, « Von der Städtepartnerschaft zum Städtenetzwerk. Die Entwicklung und Ausdifferenzierung interkommunaler Zusammenarbeit in Europa in der zweiten Hälfte des 20. Jahrhunderts », *In* C. Defrance, T. Herrmann, P. Nordblom (dir.), *Städtepartnerschaften, op. cit.*, pp. 289–309.

après la disparition de la génération des fondateurs. Rapprochement et réconciliation ne sont plus les moteurs de l'engagement des jeunes générations qui se qualifient de partenaires et d'amis. Il est fréquemment question d'une crise des jumelages. Pourtant, l'étude menée par l'Institut franco-allemand de Ludwigsburg et la Fondation Bertelsmann indique que deux tiers des villes jumelées ayant répondu à l'enquête considèrent leur jumelage comme stable ou en voie d'intensification au fil des dernières années. Seul un cinquième des partenariats ne seraient plus aussi actifs que par le passé[46]. La plupart des jumelages bilatéraux disent ne pas avoir de problème d'adaptation aux défis contemporains (numérisation notamment) et parvenir à atteindre des personnes bien au-delà du cercle de la „bourgeoisie cultivée" et de ceux maitrisant la langue de l'autre. Les jumelages restent toujours le seul instrument de rencontres en Europe qui permet d'initier des échanges larges quel que soit l'âge ou la catégorie socio-professionnelle. En France et en Allemagne, les deux gouvernements ont décidé, lors de la signature du traité d'Aix-la-Chapelle le 22 janvier 2019, de créer une fonds citoyen franco-allemand (le *Bürgerfonds*), doté de 2,4 millions d'euros. Administré sous le contrôle de l'OFAJ, il a été mis en œuvre en 2020. Les jumelages sont explicitement cités par les deux États signataires comme destinataires de ce fonds[47].

Les jumelages, orientés vers l'avenir et développant toujours davantage des actions sur projet, apportent aussi, depuis les années 1990, une contribution croissante à la construction d'une mémoire franco-allemande. Ils offrent un cadre approprié pour aborder ensemble le passé, et en particulier le passé douloureux. C'est un véritablement retournement par rapport à la situation des années 1950 ou 1960, où le jumelage était l'occasion de regarder vers l'avant en occultant les drames passés. Lucien Tharradin écrivait en 1950 : « Le passé est trop sombre. Essayons de voir ensemble vers l'avenir »[48]. Bien rares étaient ceux qui, comme le président du comité de jumelage d'Évreux osaient dire, le jour même de la cérémonie de jumelage : « Même si nous sommes résolument tournés vers l'avenir, le ressentiment comme l'oubli pur et simple seraient deux

46 *Les jumelages de collectivités territoriales*, *op. cit.*, p. 8.

47 https://www.bundesregierung.de/breg-de/aktuelles/umsetzung-des-vertrags-von-aachen-und-neue-projekte-1920006 (21.11.2021). Voir aussi C. Defrance, T. Herrmann, « Société civile franco-allemande : enjeu et acteur des relations bilatérales », *Note du Cerfa*, automne 2021 (sous presse).

48 L.Tharradin, « La rencontre des maires », *op. cit.*

positions à l'égard du passé aussi dangereuses l'une que l'autre ». En 1961, Robert Dulac plaidait donc la « voie difficile de la franchise ». Un an plus tard, lors de leur rencontre officielle à Reims, de Gaulle et Adenauer, parlaient de « réconciliation » sans presque évoquer le passé[49]. Concrètement, par le biais des échanges scolaires et des commémorations en particulier, les jumelages offrent un cadre adéquat pour approfondir le travail sur le passé au niveau local et devenir une sorte de laboratoire expérimental. Ainsi, en 1985, le maire de Schorndorf, Reinhard Hanke, a déposé une gerbe de fleurs au pied du monument aux victimes de la Seconde Guerre mondiale au Champ des Martyrs de Cueille, là où avaient été enfouis les corps des 99 pendus de Tulle, assassinés par la division SS « Das Reich » le 9 juin 1944[50].

En ce milieu des années 1980, les gouvernements de Paris et Bonn commençaient tout juste à commémorer ensemble les morts de la Première Guerre mondiale. On pense à François Mitterrand et Helmut Kohl se tenant la main à Verdun en 1984 (certes les soldats tombés au cours du Second conflit ont été mentionnés, mais cet hommage a été inaudible, tellement Verdun est consubstantiellement lié à la Grande Guerre[51]). Il faudrait attendre 2004 et l'invitation lancée par le président Jacques Chirac au chancelier allemand Helmut Kohl à participer aux cérémonies commémoratives du 60e anniversaire du débarquement allié en Normandie, pour que la Seconde Guerre mondiale entre pleinement dans le champ de la commémoration franco-allemande. C'était alors le début de la *libération* de l'Europe du nazisme qui était commémoré. Tandis qu'à Tulle 20 ans auparavant, les autorités locales françaises et allemandes avaient affronté ensemble la mémoire particulièrement douloureuse des crimes

---

49 S. Derix, *Bebilderte Politik. Staatsbesuche in der Bundesrepublik Deutschland 1949–1990*, Göttingen, 2009, pp. 139–142 ; A. Linsenmann, « Das „Te Deum": Konrad Adenauer und Charles de Gaulle in Reims 1962 », *In* C. Defrance, T. Herrmann, P. Nordblom (dir.), *Städtepartnerschaften, op. cit.*, pp. 65–81.

50 « Tulle-Schorndorf – 50 ans d'amitié », Tulle, 2019, p. 12, https://www.agglo-tulle.fr/les-publications/tulle-schorndorf-50-ans-damitie, (20.11.2021)

51 U. Pfeil, « Der Händedruck von Verdun. Pathosformel der deutsch-französischen Versöhnung », *In* G. Paul (dir.), *Das Jahrhundert der Bilder*, vol. 2: *1949 bis heute*, Bonn, 2008, pp. 498–505 ; R. Marcowitz, « ‚Hand in Hand'. François Mitterrand und Helmut Kohl in Verdun 1984 », *In* C. Defrance, U. Pfeil (dir.), *Verständigung und Versöhnung nach dem „Zivilisationsbruch"? Deutschland in Europa nach 1945*, Bruxelles, 2016, pp. 103–116 ; V.-B. Rosoux, *Les usages de la mémoire dans les relations internationales. Le recours au passé dans la politique étrangère de la France à l'égard de l'Allemagne et de l'Algérie de 1962 à nos jours*, Bruxelles, 2001.

de guerre commis par les nazis. Cet exemple illustre donc comment la scène locale, et le jumelage en particulier, ont joué un rôle pionnier dans les relations mémorielles entre la France et l'Allemagne[52]. Et ce potentiel s'est déployé bien au-delà du cadre des jumelages franco-allemands. Les élèves allemands et polonais de Northeim et Prudnik, jumelées depuis 1990, dans le cadre de leur échange, ont traité en 2010 de l'expulsion, une expérience historique partagée. Northeim avait accueilli des expulsés allemands au lendemain de la Seconde Guerre mondiale et Prudnik, après la translation vers l'ouest (*Westverschiebung*) des frontières de la Pologne en 1945, avait accueilli des déplacés polonais originaires des territoires orientaux. Les deux villes sont un exemple rare d'un ancien « parrainage » unilatéral germano-allemand en un véritable jumelage germano-polonais[53]. Dans le cadre des jumelages, en particulier des partenariats germano-israéliens, la mémoire du national-socialisme et de la Shoah est devenue un élément central[54]. Ainsi, ces dernières années, les maires des deux villes de Herzliya et Leipzig ont participé ensemble aux cérémonies commémoratives des victimes du national-socialisme dans la ville saxonne.

Au fur et à mesure de l'intensification des relations internationales et de la globalisation, les jumelages sont devenus un marqueur de la connexion internationale des villes. Un certain nombre de métropoles peuvent s'appuyer sur les réseaux de jumelages pour développer leur politique internationale. D'autres ont gardé des liens plus exclusifs et d'intensité variable avec leur(s) partenaire(s) jumelés. Presque systématiquement, les jumelages sont mis en avant dans la présentation des villes par elles-mêmes. Ils sont constitutifs de leur identité et sont censés être les « garants » de leur ouverture sur l'Europe voire sur le monde. Au fil des décennies, la palette des activités menées au sein des jumelages s'est élargie : dans les années 1950 et 1960 il était souvent question de rapprochement entre nations et de construction de l'Europe pour « préparer l'avenir ». À partir des années 1960 et 1970 les villes jumelées ont cherché

---

52 C. Defrance, T. Herrmann, « Städtepartnerschaften. Ein Instrument der "Versöhnung" von unten? », *In* C Defrance, U. Pfeil (dir.), *Verständigung und Versöhnung*, *op. cit.*, pp. 585–603.

53 https://www.northeim.de/rat-verwaltung/partnerstaedte/prudnik.html [consulté le 21.11.2021].

54 A. Jünemann, « Deutsch-israelische Gemeindepartnerschaften: Kommunale Außenpolitik unter historischer Hypothek », *In* J. Jünemann, E. Richter, H. Ullrich (dir.), *Gemeindepartnerschaften*, *op. cit.*, pp. 131–150.

à tirer profit de ce cadre particulier pour développer des coopérations spécifiques répondant aux défis du présent, qu'il s'agisse d'échanger sur les modèles de développement ou de proposer des solutions nouvelles face à la « crise », comme l'illustre le programme « job dans la ville jumelée ». Depuis le milieu des années 1980, les questions mémorielles et le travail commun sur les périodes les plus douloureuses du passé sont entrés dans le périmètre d'action des jumelages. Les villes jumelées ont mêmes été des actrices et des lieux d'expérimentation mémorielle au nom du refus de l'oubli. Elles insistent souvent sur leur capacité à mettre cette articulation des temporalités – passé, présent, futur – au cœur de leur coopération. Le travail sur le passé contribue à mettre en lumière une part de l'identité locale et nationale des villes. Aujourd'hui les villes se saisissent des anniversaires de jumelage pour raconter une histoire – leur histoire locale de relations internationales et la métaphore conjugale reste omniprésente. On célèbre des « noces d'or », de « diamant » ou même, désormais, de « platine » ! Dans ces récits de villes, on ne divorce presque jamais, tout au moins entre villes françaises et allemandes[55]. Et à l'heure du Brexit, les jumelages avec des villes du Royaume-Uni se retrouvent investis d'une mission particulière : compenser, à l'échelon local, le lien dénoué à l'échelle de l'Union Européenne[56].

---

55 Jürgen Dierkes a étudié le cas exceptionnel du jumelage entre Châtillon-sous-Bagneux et Wangen (RFA), conclu en 1959 et défait en 1974, sur décision de Wangen, après que Châtillon eut noué un autre jumelage avec la ville est-allemande de Merseburg. Voir J. Dierkes, « „Ménage à trois" im Ost-West-Konflikt: Städtepartnerschaften zwischen westdeutschen, französischen und ostdeutschen Kommunen von den 1950er Jahren bis zum Fall der Mauer », thèse de doctorat (cotutelle Universität des Saarlandes et Sorbonne-Université), soutenue en juillet 2021 à Sarrebruck. Les quelques cas de dénonciation de jumelages repérés jusqu'à présent en Europe suscitent localement de l'amertume. Des villes britanniques ou belges ont déjà dénoncé des jumelages qui *de facto* avaient cessé de vivre. Ces ruptures unilatéralement proclamées sont souvent mal vécues par le partenaire : « Deutsch-britische Städteparterschaften. Ende einer Beziehung », *Süddeutsche Zeitung*, 2.2.2012 (au sujet de la rupture du jumelage entre Bishop's Stortford et Friedberg, en Hesse) ; « Gute Freunde kann manches trennen », *FAZ*, 22.2.2021, p. 29 (au sujet de Gand mettant fin au jumelage avec Wiesbaden).

56 Le *deutscher Städtetag* a affirmé en janvier 2021 que les jumelages germano-britanniques étaient plus importants que jamais et qu'il convenait de les approfondir pour contrecarrer les effets négatifs du Brexit. https://www.staedtetag.de/presse/pressemeldungen/grenzueberschreitende-staedtepartnerschaften-zukuenftig-wichtiger-denn-je (2.7.2022). En mars 2019 les ministères français et britannique des Affaires étrangères ont organisé une rencontre de maires des deux pays « pour revitaliser les jumelages entre villes », https://franceurbaine.org/actualites/brexit-un-sommet-franco-britannique-pour-revitaliser-les-jumelages-entre-villes (2.7.2022).

Pour une grille de lecture « réaliste » dans l'approche historique de la coopération transfrontalière sur le Rhin supérieur

Martial Libera

À lire les travaux et les rapports de nombreux praticiens de la coopération transfrontalière sur le Rhin supérieur, on a parfois le sentiment que cette dernière s'inscrit dans un long processus linéaire, sans historicité, et qu'au fond sa montée en puissance s'opérerait de façon inéluctable, sans résistances ni anicroches[1]. Des événements récents – ceux liés, après les attentats de 2013 en France, au retour de contrôles récurrents aux frontières, ceux plus récents, consécutifs à la pandémie de Covid-19, qui ont rétabli la frontière dans la plupart de ses fonctions de barrière et ont réintroduit des discriminations entre frontaliers – ont montré qu'il n'en était rien. Loin de se résumer à un processus irréversible d'effacement de la frontière et de formes diverses de collaboration, la coopération transfrontalière est soumise à des crises, elle est aussi l'objet de tensions et de rivalités entre acteurs, le tout conduisant parfois à des blocages, voire à des reculs.

L'objectif de cet article est de montrer que l'approche historique de la coopération transfrontalière, par ailleurs déjà évoquée dans un autre cadre[2], s'abstrait trop souvent des problématiques de puissance et n'aborde pas suffisamment de front certaines thématiques chères à

---

1 Voir, à de rares exceptions près, les travaux des institutions chargées de la coopération transfrontalière : ceux de la Mission opérationnelle transfrontalière, ceux de la Conférence franco-germano-suisse du Rhin supérieur, ceux du Conseil rhénan ou de la Région métropolitaine trinationale.

2 M. Libera, « Les recherches historiques sur la coopération transfrontalière dans l'espace du Rhin supérieur », *In* J. Beck, B. Wassenberg (dir.), *Grenzüberschreitende Zusammenarbeit leben und* erforchen, Band 5 : *Integration und (trans-)regionale Identität*, Steiner, Stuttgart, 2013, pp. 101–113, et, dans une version plus courte,

l'approche réaliste des relations internationales. Ces angles morts sont nombreux. Ils renvoient entre autres aux intentions réelles des acteurs de la coopération transfrontalière, au rôle ambigu des États dans ce processus, à l'analyse de l'impact des crises sur la réalité de la coopération, à la mesure enfin des résultats effectifs de la coopération transfrontalière, en particulier sur le plan de l'émergence d'une identité commune sur le Rhin supérieur.

La coopération transfrontalière sur le Rhin supérieur : un « objet d'étude » essentiellement appréhendé dans une perspective théorique transnationaliste

L'histoire de la coopération tranfrontalière relève sans aucun doute de l'histoire des relations internationales. Mais elle se distingue de cette dernière sur de nombreux points méthodologiques[3].

En termes d'écoles de pensée, la coopération transfrontalière s'inscrit assurément dans la perspective transnationaliste des relations internationales, une variante de l'école libérale qui a en particulier percé aux États-Unis à partir des années 1970, au moment même où la coopération transfrontalière se développe et s'institutionnalise en Europe occidentale. Sous la houlette de Robert Keohane et de Joseph Nye, la perspective transnationaliste s'affranchit du paradigme réaliste en mettant en avant les liens entre la puissance et l'interdépendance, et en défendant l'idée que la puissance ne découle pas exclusivement des rapports de force. L'école transnationaliste s'affranchit également de la primauté du rôle des États dans les relations internationales et place les individus et les sociétés au cœur de ses investigations[4]. Elle privilégie l'étude des « contacts,

M. Libera, « Les historiens et la coopération transfrontalière : une rencontre tardive mais fructueuse », in B. Wassenberg (dir.), « L'approche pluridisciplinaire de la coopération transfrontalière. Les jalons pour un travail de recherche interdisciplinaire », *Fare Cahier*, n° 5, 2014, pp. 151–164.

3 R. Frank, (dir.), *Pour l'histoire des relations internationales*, Presses universitaires de la Sorbonne, Paris, 2012.

4 Voir, parmi de nombreux ouvrages de ces auteurs, R.O. Kehoane, J. Nye, *Power and Interdependance*, 3e éd., Addison-Wesley, New York, 2001.

coalitions, et interactions transfrontaliers qui ne sont pas contrôlés par les organes centraux de la politique étrangère des gouvernements »[5].

Reste que cette approche transnationaliste, aussi séduisante soit-elle, ne prend guère en compte le fait qu'en s'institutionnalisant, tout au moins sur le Rhin supérieur, la coopération transfrontalière replace les États, jusqu'alors restés en marge du processus de mise en place de ces « relations internationales de proximité décentralisées », au cœur de son dispositif décisionnel. Et c'est là que la coopération transfrontalière devient difficile à saisir. Les leviers classiques de la compréhension des relations internationales deviennent non pas inopérants mais acquièrent une complexité accrue. *Quid* par exemple de l'intérêt national ? S'efface-t-il devant l'intérêt local ou régional ? Se juxtapose-t-il à celui-ci ? S'obère-t-il du fait même de la dissymétrie existante entre un intérêt local et donc ponctuel et l'intérêt national, englobant et général ? Il en va de même, pour donner un autre exemple, des rapports entre politique étrangère et politique intérieure. Si à la politique étrangère on peut aisément substituer ici la « politique frontalière », qu'en est-il pour la politique intérieure ? Cette dernière n'est pas réductible aux seuls intérêts, d'ailleurs pas toujours facilement saisissables, des populations et des acteurs des espaces frontaliers. Là encore, la politique intérieure nationale se juxtapose et brouille les cartes, par sa capacité à imprimer sa marque à la politique intérieure locale. La question de la prise de décision est également difficile à suivre tant le rôle des acteurs, présents à différentes échelles – locales, régionales, nationales –, est souvent difficile à mesurer et *in fine* à comprendre.

Dans ce panorama, où la frontière entre le local et le national est souvent floutée, et où les outils classiques d'analyse de la politique étrangère butent, de chaque côté de la frontière, sur des millefeuilles institutionnels complexes, seul le rapport à la puissance intrinsèque de chaque région frontalière est rapidement perceptible. Que les flux de travailleurs frontaliers s'orientent dans un seul sens, que la dépendance foncière et industrielle se développe de façon unidirectionnelle, que le rayonnement urbain et culturel s'affirme au profit d'une des régions frontalières et l'on aura compris que l'espace frontalier perdant s'inscrit dans des formes de

---

[5] R.O. Kehoane, Robert O., J. Nye, (dir.), « Transnational Relations and World Politics », numéro spécial de *International organisation*, 25 (3), 1971, cité par D. Battistella (dir.), *Théorie des relations internationales*, Presses de la Fondation nationale des sciences politiques, Paris, 2009, p. 218.

dépendances plus ou fortes vis-à-vis de sa ou de ses voisines. Les symptômes d'insuffisance de cette dépendance sont connus : le chômage et son corollaire, la fuite de la main-d'œuvre, la désindustrialisation, la formation insuffisante et inadaptée de la jeunesse, etc.

Pour une approche moins « lissée » de l'histoire de la coopération transfrontalière

Sans doute cette approche de la puissance dans la coopération transfrontalière, selon la grille de lecture de l'école réaliste des relations internationales, constitue-t-elle un des angles morts de la recherche.

Le déficit d'une telle approche tient d'abord au fait que la coopération transfrontalière dans le Rhin supérieur, adossée à la construction européenne, est censé incarner un progrès indiscutable, une voie pour dépasser les nationalismes et le protectionnisme du premier vingtième siècle. Sans doute aussi parce que la coopération transfrontalière incarne la promesse d'une Europe en paix, où le passage d'un pays à un autre se fait de façon fluide et où le rôle des « frontières barrières » est définitivement relégué à un passé douloureux qui renvoie au rôle central de la frontière dans les régimes autoritaires. Sans doute enfin parce que le processus de marche en avant de la coopération transfrontalière lui-même, symbolisé par une institutionnalisation constante, semble progresser sans heurts, comme une évidence. Dans cette façon d'envisager l'histoire de la coopération transfrontalière, aucune alternative ne paraît possible, aucune contradiction n'a lieu d'être, aucune perspective conflictuelle n'est envisageable[6]. Fortes de ces présupposés, de nombreux travaux passent trop vite sur les véritables intentions des acteurs de la coopération transfrontalière, esquivent l'étude des crises qui la remettent en cause et restent parfois évasifs sur les résultats réels des politiques de coopération transfrontalière.

---

6 Voir à ce sujet les réflexions stimulantes sur la construction européenne, transposables à la coopération transfontalière, de L. Van Middelaar, *Quand l'Europe improvise. Dix ans de crises politiques*, Gallimard, Paris, 2018, pp. 340–343.

Coopération transfrontalière et objectifs réels des acteurs

Les intentions des acteurs qui se réclament de la coopération transfrontalière gagneraient à être davantage étudiées. La volonté de coopérer n'exclut en effet pas d'autres objectifs, parfois moins louables, moins avouables aussi. Dans les années qui suivent la fin de la Seconde Guerre mondiale, les chambres de commerce françaises du Rhin et de la Moselle créent une structure pour reprendre leurs échanges commerciaux avec l'Allemagne voisine, en particulier avec la zone française d'occupation (ZFO). Comme il est alors interdit aux Allemands d'exporter et comme les plans d'importation et d'exportation de la France vers la ZFO sont uniquement définis et régis par le gouvernement français, les acteurs consulaires obtiennent de celui-ci que des biens de première nécessité non prévus dans les plans gouvernementaux d'importation et d'exportation puissent être pris en charge par un office de compensation qu'elles se proposent de gérer, l'Office de compensation des chambres de commerce du Rhin et de Moselle (OCCR), créé en novembre 1946, qui fonctionne grâce à l'appui des chambres de commerce allemandes. L'OCCR apparaît ainsi comme une structure pionnière de la coopération transfrontalière et ce d'autant plus que dès 1948, les compagnies allemandes, dans un premier temps, assignées à des tâches d'exécution, sont traitées sur le même pied que leurs homologues françaises. Cette interprétation *a posteriori* des objectifs de l'OCCR fait en réalité peu de cas des buts poursuivis par les chambres françaises. Les échanges visaient avant tout à satisfaire les besoins des territoires frontaliers français sans grand souci des attentes allemandes. Le fonctionnement de l'Office permettait aussi aux Français de manipuler les taux de change à leur profit. Quant à l'évolution de l'OCCR vers un fonctionnement paritaire, elle est avant tout le fruit de l'évolution de la situation internationale, la France devant se résoudre à la création d'un État ouest-allemand. Dans ce cas précis, la volonté de coopération avec les acteurs économiques de la ZFO se double d'un objectif très clair de contrôle et d'exploitation[7].

Ce double jeu des acteurs de la coopération transfrontalière se retrouve également plus tard, lorsque cette dernière s'institutionnalise

---

[7] M. Libera, *Diplomatie patronale aux frontières. Les relations des chambres de commerce frontalières françaises avec leurs homologues allemandes (1945–milieu des années 1980)*, Droz, Genève, 2019, pp. 120–135.

au début des années 1970. En 1972, le gouvernement français propose à ses partenaires suisse et allemand de redéfinir les cadres généraux de la coopération transfrontalière par la signature d'un accord international entre les trois pays partenaires. Celui-ci serait régi par des institutions communes sur le plan intergouvernemental. Paris compte ainsi mieux contrôler les initiatives locales qui émanent désormais d'une multitude d'organisations. Les pourparlers aboutissent à la signature, le 3 novembre 1975, d'un accord international, le traité de Bonn, qui fixe l'aire géographique de la coopération et ses institutions. Elles se composent d'une commission intergouvernementale et de deux comités régionaux. L'un est dévolu à la coopération franco-allemande dans la partie Nord du Rhin supérieur, l'autre à la coopération trinationale autour de Bâle, Mulhouse et Lörrach[8]. Au-delà de la mainmise qu'ont dès lors les gouvernements des trois pays sur la coopération transfrontalière et du contrôle qu'ils exercent désormais sur tous les projets à venir, cette institutionnalisation se traduit également par l'éviction de toutes les instances économiques, en particulier les chambres de commerce, qui jouaient pourtant un rôle essentiel, à l'échelle locale, dans le développement économique et l'aménagement du territoire. Tenues à distance des négociations entre les trois pays, les compagnies comprennent progressivement qu'aucune place ne leur sera faite dans les nouvelles institutions. Pour Richard Dahlinger, président de la compagnie fribourgeoise, les raisons de cette mise à l'écart sont liées à la concurrence que les chambres, organismes économiques, pourraient constituer pour les autorités politiques. Ces dernières verraient d'un mauvais œil le fait que leurs propositions soient ramenées « sur le terrain de la réalité » par les chambres[9]. Leur intégration dans les institutions de la coopération transfrontalière risquerait également de constituer un précédent que d'autres organisations, en particulier les syndicats, pourraient mettre en avant pour demander à leur tour à être représentées[10]. Bref, les avancées de la coopération transfrontalière

---

[8] B. Wassenberg, *Vers une eurorégion ? La coopération transfrontalière franco-germano-suisse dans l'espace du Rhin supérieur de 1975 à 2000, Bruxelles*, PIE Peter Lang, Bruxelles, 2007, pp. 96–97.

[9] Courrier de Richard Dahlinger, CCI de Fribourg, à Otto Großmann, président de la CCI de Hochrhein-Bodensee (Constance), 311.1975, Wirtschaftsarchiv Baden-Württemberg (désormais WABW), Y 62 Bü 255 H.

[10] Courrier de Paul Schäfer, CCI de Fribourg, à Fr. Dole, CCI de Cologne, a/s de la commission transfrontalière d'aménagement du territoire, 16.1.1976, WABW, Y 62 Bü 255 H.

se doublent parfois de véritables rapports de force entre acteurs qui se traduisent par l'éviction de certains d'entre eux des nouvelles instances décisionnelles. L'institutionnalisation de la coopération transfrontalière montre par ailleurs combien les gouvernements entendent reprendre la main sur ces formes spécifiques de collaboration qui ne sauraient, à leurs yeux, être laissées aux seuls acteurs régionaux.

Le rôle ambigu des États

Sur ce point, les recherches historiques ont pour le moment fait, la plupart du temps, l'impasse sur la façon dont les gouvernements ont envisagé la coopération transfrontalière. Il n'existe par exemple pour la France aucune étude sur les positions et les décisions prises par les représentants de l'État en Alsace ou en Moselle sur la coopération transfrontalière. Or l'on sait, par quelques sondages, que les préfets n'ont pas toujours été favorables à la coopération transfrontalière et ont parfois même tenté de la freiner, voire de la stopper. Les années 1960 sont de ce point de vue exemplaires. L'heure est à la coopération entre régions frontalières. Avec la mise en place du Marché commun et la libération progressive des échanges, la frontière perd une part importante de ses fonctions de barrière. Qui plus est, sur les deux rives du Rhin, les acteurs locaux « prennent conscience que des problèmes économiques, culturels, touristiques se posent en des termes analogues dans des territoires voisins »[11]. Ils mesurent aussi l'intérêt de « leur apporter, sinon des solutions communes, du moins des solutions concertées »[12]. Ainsi émergent des projets de coopération transfrontalière. Le premier est connu sous le nom de *Regio Basiliensis*. Initié dès la fin des années cinquante par les milieux universitaires et économiques bâlois, il vise à instaurer une coopération avant tout économique entre des territoires issus de trois pays : Bâle et ses environs, le sud du Bade et des territoires français incluant l'Alsace méridionale[13]. Le second projet naît au centre de l'Alsace. Les élus locaux et les acteurs économiques mettent sur pied une Communauté d'intérêts

---

[11] Note d'information : entités supra-régionales débordant sur la région Alsace, Cabinet du préfet du Bas-Rhin, Service de l'information, 21.12.1964, Archives départementales du Bas-Rhin (désormais ADBR), 709 D 191.

[12] *Ibid.*

[13] Sur la *Regio*, voir notamment, outre les travaux scientifiques, la réunion du 31.3.1965, *Regio*, Groupe d'appui, ADBR, 709 D 191, et la note d'information au sujet de la

Moyenne Alsace-Brisgau, la CIMAB, qui comprend l'Alsace moyenne, autour de Colmar, et la région de Fribourg[14]. À partir du milieu des années soixante, il semble donc que la coopération transfrontalière s'impose.

Mais, en réalité, ces initiatives suscitent bien des réserves, en particulier celles de l'État français. Les préfets des deux départements alsaciens opposent deux séries de critiques aux initiatives de coopération transfrontalière. La première réserve renvoie à des considérations économiques. Pour le préfet de région, Maurice Cuttoli, le projet de *Regio Basiliensis* n'a pas pour objectif la mise en place d'une coopération entre trois territoires frontaliers. À ses yeux, il s'agit avant tout d'un projet d'expansion économique bâlois. Confrontés à l'exiguïté de leur territoire, au manque de main-d'œuvre et à des prix fonciers élevés, les Bâlois auraient compris l'intérêt de pouvoir s'étendre, sous couvert de coopération, sur des territoires plus propices à une expansion industrielle. À nouveau pointe ici la thématique, déjà évoquée, des intentions réelles des acteurs. Pour Cuttoli, les conséquences d'une telle politique ne peuvent être que fâcheuses pour le Haut-Rhin : les communes-frontières françaises deviendront des « annexes » de l'agglomération bâloise où s'imposera une forte spéculation foncière. Le préfet considère donc que la *Regio* ne favorisera pas le développement économique du Haut-Rhin : elle n'aboutira qu'à accentuer le nombre des travailleurs frontaliers quittant quotidiennement l'Alsace. Pour lui comme pour une bonne partie des élus locaux, la *Regio* marque en définitive la volonté de Bâle de s'affirmer comme une métropole régionale aux dépens de Mulhouse qui deviendrait un satellite de l'agglomération helvétique[15]. Scepticisme donc face à des projets cachés d'expansion économique qui ne profiteront pas à l'Alsace, mais aussi – et c'est là la seconde réserve – crainte que ces projets de

---

Regio Basiliensis – Regio des Trois Frontières », F. Gerst, membre du Comité d'action pour le progrès économique et social haut-rhinois (CAHR), ADBR, 709 D 191.

14 Voir la note d'information : entités supra-régionales débordant sur la région Alsace, Cabinet du préfet du Bas-Rhin, Service de l'information, 21.12.1964, ADBR, 709 D 191, et la note au sujet de la Communauté d'intérêts Moyenne Alsace-Brisgau, Préfecture du Bas-Rhin, Cabinet, 7.2.1966, ADBR, 709 D 193.

15 Note du préfet du Bas-Rhin (Maurice Cuttoli) au Premier ministre (Georges Pompidou), au ministre des Affaires étrangères (Maurice Couve de Murville), au ministre de l'Intérieur (Roger Frey) et au délégué à l'aménagement du territoire et à l'action régionale (Olivier Guichard) au sujet des problèmes posés par le développement de la ville de Bâle, 30.10.1965, ADBR, 709 D 191.

coopération transfrontalière constituent un modèle d'organisation qui concurrence la politique nationale de développement régional alors mise en place par Paris sous l'égide de la Délégation à l'aménagement du territoire et à l'action régionale (DATAR), créée en 1963. Cette seconde réserve n'émane pas que des représentants de l'État[16]. Elle est partagée par certains élus locaux, comme Pierre Pflimlin[17], et par des universitaires, comme Étienne Juillard, alors directeur de l'Institut d'études politiques de Strasbourg[18]. À leurs yeux, le projet de *Regio* empêchera une bonne coopération entre les deux départements alsaciens. L'Alsace du sud ne pourra pas s'insérer dans deux projets distincts d'aménagement régional. Or le projet de la *Regio* n'aboutira, comme cela a été rappelé plus haut, qu'à une satellisation de Mulhouse, alors que dans les projets français d'aménagement du territoire, Mulhouse, mieux reliée au reste de l'espace français, pourrait devenir une métropole-relais pour toute la Porte de Bourgogne[19]. En filigrane, ce sont aussi les stratégies des acteurs politiques locaux qui sont critiquées. Le préfet Cuttoli, Pierre Pflimlin et Étienne Juillard regrettent que certains édiles privilégient une coopération avec l'étranger dans laquelle ils pensent trouver des avantages plus importants que dans une coopération avec Strasbourg qui est leur

---

16 Les préfets d'Alsace ne sont pas tous d'accord sur cette question. Maurice Cuttoli, préfet du Bas-Rhin de 1957 à 1967 est opposé à ces regroupements qu'il juge porteurs de bien des dangers. Dans le Haut-Rhin, les positions sont plus nuancées. D'abord hostile à ces formes de coopération, Maurice Picard, préfet du Haut-Rhin de 1959 à 1966, y est ensuite plus favorable. Voir, à ce sujet, son courrier au ministre de l'Intérieur (Roger Frey), 21.10.1964, ADBR, 709 D 193, puis sa lettre à Maurice Cuttoli, 15.11.65, ADBR, 709 D 191. Dans ce courrier, qui est une réponse à la note adressée par Cuttoli au Premier ministre le 30.10.1965, Picard envisage la *Regio* sous un angle beaucoup plus constructif. Son successeur, Jacques Lenoir, en poste de 1966 à 1968, n'est pas opposé à ces regroupements. Il l'explique à Jean Verdier, qui succède à Maurice Cuttoli en 1967. Voir le courrier de Jacques Lenoir à Jean Verdier, 18.07.1967, ADBR, 709 D 191.

17 Traduction de la « note sur une conversation avec Pierre Pflimlin, maire de Strasbourg, pendant le Congrès international d'études régionales à Madrid en mai 1967 », Dr. Hans Briner, 3.5.1967, ADBR, 709 D 191. De nationalité suisse, Hans Briner, docteur en droit, journaliste, participe au lancement de la *Regio Basiliensis*. Voir à ce sujet, A-P. Weber, *Jeter un pont entre les hommes*, Hirlé, Strasbourg 2007, p. 114.

18 Voir la note sur la *Regio Basiliensis*, professeur Juillard, 8.1.1967, ADBR, 709 D 191.

19 *Ibid.* C'est aussi le point de vue défendu par Pierre Pflimlin. Voir à ce sujet la traduction de la note sur une conversation avec Pierre Pflimlin, maire de Strasbourg, pendant le Congrès international d'études régionales à Madrid en mai 1967, Dr. Hans Briner, 3.5.1967, ADBR, 709 D 191.

centre naturel[20]. La pique vaut particulièrement pour les projets élaborés à Colmar, la CIMAB devant surtout permettre à la ville de se soustraire à la double dépendance de Strasbourg et de Mulhouse[21]. À mots couverts enfin, les représentants de l'État en Alsace redoutent que les projets de coopération transfrontalière promeuvent des forces centrifuges favorables à une véritable autonomie de la région alsacienne par rapport au pouvoir central[22]. En d'autres termes, les préfets s'inquiètent de la réapparition d'une nouvelle forme de séparatisme. Inquiétude d'autant plus forte que le discrédit des partis autonomistes au lendemain de la Seconde Guerre mondiale et la disparition des partis régionaux en Alsace laissaient penser que cette page de l'histoire était définitivement tournée.

L'impact des crises économiques sur la coopération transfrontalière

La question des crises et de leur impact sur le développement de la coopération transfrontalière est un autre angle mort de la recherche historique. La pandémie de Covid-19 a montré que l'ouverture de la frontière n'était pas un processus irréversible. Elle rappelle également que la frontière, même si elle s'efface au quotidien, peut être rétablie, qu'elle marque la séparation entre deux pays, qu'elle divise des territoires relevant d'États différents avec des régimes politiques et des législations propres. Ce retour en force des États sur les espaces frontaliers où certaines de

---

20 Voir les trois documents suivants, déjà cités : note du préfet du Bas-Rhin (Maurice Cuttoli) au Premier ministre (Georges Pompidou), au ministre des Affaires étrangères (Maurice Couve de Murville), au ministre de l'Intérieur (Roger Frey) et au délégué à l'aménagement du territoire et à l'action régionale (Olivier Guichard) au sujet des problèmes posés par le développement de la ville de Bâle, 30.10.1965, ADBR, 709 D 191 ; note sur la *Regio Basiliensis*, professeur Juillard, 8.1.1967, ADBR, 709 D 191 ; traduction de la note sur une conversation avec Pierre Pflimlin, maire de Strasbourg, pendant le Congrès international d'études régionales à Madrid en mai 1967, Dr. Hans Briner, 3.5.1967, ADBR, 709 D 191.

21 Note au sujet de la Communauté d'intérêts Moyenne Alsace-Brisgau, Préfecture du Bas-Rhin, Cabinet, 7.2.1966, ADBR, 709 D 193.

22 Note du préfet du Bas-Rhin (Maurice Cuttoli) au Premier ministre (Georges Pompidou), au ministre des Affaires étrangères (Maurice Couve de Murville), au ministre de l'Intérieur (Roger Frey) et au délégué à l'aménagement du territoire et à l'action régionale (Olivier Guichard) au sujet des problèmes posés par le développement de la ville de Bâle, 30.10.1965, ADBR, 709 D 191, et courrier de Jacques Lenoir à Jean Verdier, 18.7.1967, ADBR, 709 D 191.

leurs prérogatives semblaient gommées n'est pas que contemporain. Les crises internationales ont systématiquement mis à mal la coopération transfrontalière.

La crise économique mondiale des années 1970 et 1980, aujourd'hui bien connue[23], en est un bon exemple. Dans les régions frontalières, ses effets semblent au départ atténués par la proximité de la frontière. Mais en réalité, la crise n'a pas la même acuité en Alsace et dans le Bade voisin ou autour de Bâle. La désindustrialisation et le chômage prennent des proportions plus importantes côté français. Le Bade a par ailleurs plus d'atouts en termes de commerce extérieur. Les conséquences de cet impact dissymétrique sont connues. Elles se traduisent par l'aggravation de la dépendance de l'Alsace vis-à-vis de ses voisins allemand et suisse. Le travail frontalier y prend une ampleur inquiétante, la dépendance foncière de l'Alsace vis-à-vis des Allemands s'accentue tandis que les villes alsaciennes se retrouvent en situation d'infériorité par rapport à leurs homologues d'outre-Rhin.

La crise conduit *in fine* à un recul important de la coopération transfrontalière marqué par la recherche de solutions nationales de sortie de crise, en particulier en termes de développement économique, qui conduisent à leur tour à de graves conflits autour de l'aménagement industriel de part et d'autre du Rhin. Du fait de la crise, la coopération transfrontalière devient illusoire. Les lois et les réglementations sont en effet pensées et destinées à s'appliquer dans un cadre strictement national qui ne prend nullement en compte la dimension transnationale de la coopération aux frontières[24]. Quant aux autorités nationales, elles sont responsables devant leurs administrés, mais en aucun cas devant ceux des pays voisins. Le poids des autorités nationales dans les hiérarchies politiques et administratives conduit en outre à faire valider prioritairement chaque projet par les pouvoirs publics centraux, les instances frontalières n'étant saisies qu'en cas d'accord sur le plan national. Bref, derrière la coopération transfrontalière affichée et portée haut, la réalité des pratiques, notamment administratives, est centrée sur le seul espace national. Sans doute l'avis du *Spiegel*, qui consacre au printemps 1977 un

---

23 Sur la notion de crise en 1973, voir les remarques et la définition du phénomène qui s'étend des années 1970 aux années 1980 dans ECK, J.-F. *Histoire de l'économie française. De la crise de 1929 à l'euro*, Colin, Paris, 2009, p. 80–81.

24 M. Libera, *Diplomatie patronale aux frontières*, *op. cit.*, chapitres V et VII.

article à la coopération transfrontalière au titre provocateur – « Seule la pollution est transfrontalière »[25] – est-il alors largement partagé.

La question de l'émergence d'une identité commune transfrontalière

La question de l'impact de la coopération transfrontalière constitue, d'une certaine manière, un dernier angle mort de la recherche. Les apports de cette coopération sont bien sûr nombreux. Les acquis des traités européens permettent aux citoyens européens de vivre dans le pays de leur préférence et de bénéficier du droit de vote aux élections locales et européennes. Le renforcement des structures institutionnelles, acté récemment par le traité d'Aix-la-Chapelle, et le développement de structures décisionnelles et administratives binationales, à l'image de l'Eurodistrict Strasbourg Ortenau ou de l'Eurodistrict trinational de Bâle, sont les gages de réflexions constructives et de projets concertés, en termes d'aménagement du territoire comme sur le plan de coopérations renforcées touchant à de nombreux domaines. Les informations transmises aux travailleurs frontaliers par les *Euro-Instituts* et les centres *Infobest* en sont un exemple. L'amélioration des relations d'une rive à l'autre du Rhin par la construction d'un aéroport franco-suisse et de ponts en est un autre. Elles se sont par ailleurs renforcées par l'interconnexion entre réseaux ferroviaires ou l'extension de lignes de tramway entre villes frontalières. Pour autant, la multiplication des voies d'accès et la facilitation des déplacements conduisent-ils à la constitution d'une véritable connaissance mutuelle de l'autre rive du Rhin et, partant, à l'émergence d'une identité transfrontalière commune ?

C'est sans doute là que la limite de la coopération transfrontalière est, au moins pour le moment, atteinte. D'abord, parce que la coopération transfrontalière est loin de concerner tous les habitants des espaces frontières. Ensuite, parce que dans un contexte où l'apprentissage de la langue du voisin est en recul, l'absence de sa maîtrise constitue un handicap sérieux pour évoluer sur l'autre rive du Rhin et apprendre à la connaître. Enfin, parce que la coopération transfrontalière ne concerne au fond, pour les citoyens qui ne la vivent pas dans un cadre professionnel, que

---

25 « Grenzüberschreitend ist nur der Schmutz », *Der Spiegel*, n° 20, 9.5.1977, WABW, Y 62 Bü 255 H.

certains types d'activités, essentiellement de loisirs : les Badois apprécient Strasbourg et l'Alsace pour y faire des emplettes, y goûter la gastronomie française ou y faire du tourisme, tandis que les Alsaciens plébiscitent les centres commerciaux et les restaurants allemands pour leurs spécialités et leurs prix compétitifs, certains centres d'attraction renommés, des piscines ouvertes et des complexes de bains thermaux. Des années 1960 aux années 1990, la persistance de l'« effet frontière », en particulier à cause des législations douanières et des contrôles exercés aux points de passage, constituait un obstacle évident à la coopération transfrontalière et ce, malgré le Marché commun. Si cet obstacle a aujourd'hui presque disparu, le Rhin continue d'avoir un effet barrière que l'orientation « nord-sud » de ses axes de communication amplifie[26]. Sur chacune des deux rives, les grandes villes se sont équipées et exercent une attraction réelle sur les populations avoisinantes. Quelle que soit son importance, aucune ville du Rhin supérieur n'est en mesure de contester aux grandes villes de l'autre rive leur rôle de centre principal. L'attraction des plus grandes villes adossées au Rhin n'est ainsi effective que dans un rayon de 180 degrés, c'est-à-dire sur le seul territoire français ou allemand. Seule Bâle, par sa puissance économique et financière, déroge à la règle en exerçant une forte influence sur les territoires voisins, aussi bien français qu'allemands.

En définitive, le fait que les informations données par les quotidiens régionaux des deux rives s'arrêtent pour l'essentiel à la frontière est révélateur du maintien d'une puissante frontière. Même si elle est aujourd'hui en grande partie invisible, cette « frontière de verre » n'en reste pas moins réelle. Sur le Rhin supérieur, l'ancrage identitaire se fait sur trois échelles territoriales différentes : au niveau régional, on se sent badois, alsacien, bâlois ; au niveau national, on est français, allemand ou suisse ; à une plus grande échelle, on peut se sentir européen, mais se sent-on citoyen du Rhin supérieur ? Les études menées par des géographes en ce sens concluent au fait que les habitants des régions frontalières s'identifient à ces espaces transfrontaliers, dont ils louent la diversité et la richesse linguistiques et culturelles. Pour autant, il n'existe pas d'identité

---

26 « L'attraction exercée par Strasbourg sur le Bade moyen », CRCI d'Alsace, service des études, avril 1982, ADBR, 1910 W 20.

transfrontalière clairement affirmée, les appartenances locales et nationales restant les points d'ancrage et de référence des habitants[27].

Au total, l'histoire de la coopération transfrontalière est riche de thèmes à investir. En appliquant à cet objet d'étude les méthodes de la théorie réaliste des relations internationales, il sera possible de mieux comprendre le champ des intentions – véritables – des différents acteurs de ces coopérations, leurs confrontations potentielles, les rapports de force entre territoires frontaliers. De la même façon, les enjeux strictement nationaux de la coopération transfrontalière pourront être éclairés d'un jour nouveau. Enfin, sur la question des identités transfrontalières, les chercheurs pourraient s'inspirer des travaux des historiens de la construction européenne sur la thématique « identités et construction européenne » pour lancer un grand chantier de recherche centré sur les espaces de la coopération transfrontalière[28].

---

27 S. E. Sandter, M. Sandter, « Une identité régionale transfrontalière ? La Regio TriRhena dans la prise de conscience de la population », *Revue Géographique de l'Est* [En ligne], vol. 42 / 1–2|2002, mis en ligne le 3.1.2011, http://journals.openedition.org/rge/2754 (8.4.2022).

28 R. Girault (dir.), *Identité et construction européenne au XXe siècle*, Hachette, Paris, 1994. R. Frank, avec la collaboration de G. Bossuat (dir.), *Les identités européennes au XXe siècle, diversités, convergences et solidarités*, Publications de la Sorbonne, Paris, 2004.

Dépasser les frontières et populariser le projet européen. Le sport, passeur d'Europe ?

William Gasparini

> « Aucune politique n'est viable si elle ne correspond pas à un courant réel de l'opinion publique [...]. Après avoir créé un commencement d'Europe, il nous faut des Européens »[1].

Les spécialistes des études européennes s'intéressent depuis longtemps aux perceptions du processus d'intégration européenne par les ressortissants des États membres[2]. L'interrogation centrale est évidemment de savoir à quel degré les citoyens ont des attitudes positives ou négatives à l'égard de la construction européenne mais également de savoir quels vecteurs sont efficaces pour populariser l'idée européenne. Le sentiment général est qu'un fossé s'est creusé entre les « élites », acquises à la cause européenne, et le « public de masse » qui ne perçoit pas les réalisations européennes qui les touchent concrètement.

Parmi les activités populaires transnationales susceptibles de créer tant une citoyenneté européenne concrète qu'une communauté européenne « imaginée » (au sens d'Anderson, 1983), le sport – du moins dans sa forme compétitive et télévisée – est souvent présenté comme l'un des vecteurs d'européanisation *soft* ou « ordinaire » des citoyen[3]. Depuis

---

1 Archives de la Commission européenne à Bruxelles (CEAB) 2/321 CECA, Doc. 2/ 1955–1957. Formulée en novembre 1956, c'est l'une des conclusions du groupe de travail de l'Assemblée commune de la CECA chargé d'examiner le « problème de l'information de l'opinion publique ».

2 Voir notamment D. Gaxie., N. Hubé, M. de Lassalle, J. Rowell (dir.) (2011), *L'Europe des Européens. Enquête comparative sur les perceptions de l'Europe*, Economica, Paris.

3 W. Gasparini, et J.-F. Polo (dir.), « L'espace européen du football : dynamiques institutionnelles et constructions sociales », *Politique européenne*, n° 36, 2012 ; W. Gasparini, *L'Europe du football. Socio-histoire d'une construction européenne*, Presses

la naissance de la communauté européenne, une partie de ses promoteurs sont en effet convaincus que seule l'adhésion des peuples assurera une légitimité à un processus politique qui les conduit au-delà de l'État-nation. Dès lors, comment faire « société européenne », toucher les citoyens européens « ordinaires » et populariser l'idée européenne ? Activité largement européanisée (bien avant la construction européenne), le sport est-il l'un des instruments de l'intégration européenne ?

Dans la boite à outils des vecteurs et des opérations de communication du projet européen (Eurovision, brochures, Maisons de l'Europe…), le sport émerge dès les années 1960. Ainsi, la Commission des Communautés européennes[4] évoque-t-elle pour la première fois le sport comme outil pour fabriquer une adhésion au projet européen en 1966. Le recours au sport se situe dans un contexte (entre 1966 à 1985) où toute une série d'opérations d'information et de communication se déploieront progressivement au travers des institutions européennes pour favoriser l'émergence d'une société civile, d'une opinion et d'un espace aux dimensions de la scène politique européenne[5]. À partir des années 1970, les instruments et les objectifs de la communication sur les communautés européennes se diversifient. Avec le soutien du Parlement, la Commission adjoint à ses moyens traditionnels de communication (relations publiques, conférences de presse, brochures destinées au grand public) des outils d'analyse de l'opinion (programme Eurobaromètre) et des médias. Avec pour objectif de fabriquer des euro-citoyens « ordinaires », la Communauté économique européenne (CEE) développe une nouvelle stratégie de communication censée toucher les peuples d'Europe. Le sport sera l'un des outils de cette politique symbolique.

Universitaires de Strasbourg, 2017; W. Gasparini, « Vendre l'Europe ? Le sport comme vecteur de communication du projet européen (1966–1985) », *Politique européenne*, 2021, n° 72, vol. 2, pp. 20 à 44.

4 Créée en 1967 lors de l'entrée en vigueur du traité de fusion des exécutifs communautaires, la Commission des Communautés européennes remplaça les trois institutions exécutives de la CECA, de la Communauté économique européenne et de la Communauté européenne de l'énergie atomique (Commission Euratom).

5 P. Aldrin, « L'invention de l'opinion publique européenne. Genèse intellectuelle et politique de l'Eurobaromètre (1950–1973) », *Politix*, vol. 23, n° 89, 2010, pp. 79–101. ; F. Foret, *Légitimer l'Europe. Pouvoir et symbolique à l'ère de la gouvernance*, Presses de Science Po, Paris, 2008.

Comme la chanson populaire (avec l'Eurovision[6]), les compétitions sportives télévisées sont pensées comme des vecteurs d'une européanisation « en douceur » par la diffusion d'idées, d'images et de pratiques européanisées sous forme non contraignante[7].L'effet supposé du sport sur l'attachement à l'Europe ou sur la construction de « l'identité européenne » mais également l'adéquation entre les valeurs de l'Europe et celles du sport sont fréquemment repris par nombre d'experts, eurodéputés et euro-fonctionnaires, universitaires et *lobbyistes* européens et circulent dans les champs médiatiques, académiques ou politiques nationaux[8]. La forte mobilité sportive intra-communautaire, l'intérêt croissant du public (spectateurs et téléspectateurs) pour les compétitions européennes, les programmes de recherche sur la citoyenneté sportive européenne financés par les programmes Erasmus+ « Sport » et l'implication des institutions européennes dans la définition du cadre d'action des fédérations sportives et des administrations nationales nous inciteraient à rejoindre ce postulat. Or, comme sur d'autres sujets[9], en matière de sport, souvent la science sociale hésite entre science et croyance. On s'aperçoit ainsi que les discours et productions écrites des institutions européennes sur le sport et ses valeurs sont destinés à produire un effet de vérité.

Dans une perspective sociohistorique, le chapitre propose d'une part de saisir les ressorts socio-politiques des usages européistes du sport dans le cadre de la politique symbolique des institutions européennes et, d'autre part, de comprendre qui sont les « entrepreneurs d'Europe » ayant recours au sport pour « vendre l'Europe » aux peuples de la communauté

---

6 Créé en 1956, l'*Eurovision Song Contest* est un événement annuel organisé par l'Union européenne de radio-télévision. Il réunit les membres de l'Union dans le cadre d'une compétition musicale, diffusée en direct et en simultané par tous les diffuseurs participants. L'Eurovision est l'un des plus anciens programmes télévisés au monde, et le plus important concours musical. Son succès a dépassé les frontières du continent européen et il a inspiré de nombreuses autres compétitions musicales.

7 P. Hassenteufel, Y. Surel, « Des politiques publiques comme les autres ? Construction de l'objet et outils d'analyse des politiques européennes », *Politiques européennes*, 2000, n° 1, pp. 8–23.

8 W. Gasparini, « Un sport européen ? Genèse et enjeux d'une catégorie européenne », *Savoir/agir*, n° 15, 2011, pp. 49–59.

9 Par exemple sur l'intégration par le sport ou sur le « sport-santé ». Voir à ce sujet W. Gasparini, « L'intégration par le sport. Genèse politique d'une croyance collective », *Sociétés contemporaines* (Presses de Sciences Po), 69, mars 2008, pp. 7–23 ; Gasparini W., Knobé S. (dir.), *Le sport-santé. De l'action publique aux acteurs sociaux*, Presses universitaires de Strasbourg.

européenne[10]. Il propose ainsi de s'intéresser non seulement à un objet d'analyse délaissé par les études européennes mais également aux acteurs sociaux et politiques de l'intégration européenne en contextualisant leurs comportements, pratiques, représentations et discours.

Ce chapitre se fonde sur l'analyse des notes rédigées par le Service de Presse et d'Information de la Commission des communautés européennes (1966–1985)[11] et sur un ensemble de documents et rapports institutionnels des communautés européennes et du Conseil de l'Europe[12]. À partir des archives européennes et des rapports au service d'une sociohistoire attentive aux acteurs, nous mettrons à jour quelques lieux et agents porteurs de « savoirs d'Europe » qui ont été jusqu'ici laissés dans l'ombre : les espaces et cercles institutionnels (comités d'experts, bureaux, service, commissions…) qui produisent des expertises et des recommandations sur le sport comme vecteur de communication du projet européen. Les archives consultées permettent d'interroger « les règles du pensable implicites qui commandent, à un moment donné, la production de savoirs sur l'Europe[13] ». L'objectif est ainsi de comprendre les contraintes qui gouvernent le champ d'énonciation de ces savoirs, de manière à saisir ceux qu'une « pensée d'Europe » a officialisés et ceux qui ont été relégués dans les tiroirs les moins visibles, sinon oubliés, de l'archive.

Pour comprendre ces usages européistes du sport, il convient également de les replacer dans un contexte d'interdépendances entre la sphère de la politique et celle du sport. Le recours au sport dans la construction européenne est ainsi autant le produit de transformations internes à la Communauté (l'élargissement, les nouvelles politiques communautaires, notamment en matière de communication ou la diplomatie sportive de l'Union européenne (UE)) qu'externes (la médiatisation du sport européen à partir des années 1970, les enjeux géopolitiques du sport, la

---

10 W. Gasparini, « Vendre l'Europe ? Le sport comme vecteur de communication du projet européen (1966–1985) », *op. cit.*

11 Archives historiques de la commission européenne (Fiesole-Florence), documents consultés en novembre 2019, BAC 101/1999, n° 3, 1966–1985.

12 Communiqués de presse de la Commission européenne, bulletin des Communautés européennes, déclarations du Conseil de l'Europe, entre 1966 et 1985.

13 F. Roa Bastos, A. Vauchez, « Savoirs et pouvoirs dans le gouvernement de l'Europe. Pour une sociohistoire de l'archive européenne », *Revue française de science politique*, n° 1, vol. 69, 2019, pp. 7–24.

gouvernance du sport par les fédérations sportives européennes, les relations entre l'UE et le Conseil de l'Europe). Malgré une première initiative en 1966, nous verrons que c'est principalement au cours des années 1970 et au début des années 1980 que les institutions européennes auront recours au sport comme vecteur de communication dans le cadre d'un processus d'européanisation informelle[14]. Pensé comme un instrument de promotion de réalisations européennes concrètes, le sport doit montrer l'image positive de la Communauté européenne.

Le sport « pour rapprocher les peuples » et faire Europe : de l'idéologie sportive à la croyance européenne

Le postulat d'un sport « passeur d'Europe » et vecteur d'identité européenne prend sa source d'abord dans le contexte sportif avec l'avènement du sport moderne, à travers notamment de l'olympisme à la fin du XIXe siècle puis de la Coupe du monde de football dans les années 1930. Portés par les promoteurs d'un sport internationalisé, membres de l'élite sociale européenne, ces projets voient plus loin que les frontières de leur propre pays et plaident pour le « rapprochement des peuples ».

Pierre de Coubertin, jeune aristocrate français, monarchiste par tradition familiale mais convaincu que son pays n'a pas d'autre avenir que républicain, porte ainsi le projet de faire de la compétition sportive la représentation d'un monde idéal et d'un espace de libre-échange. La diffusion des sports modernes à la fin du XIXe siècle se réalise dans le double contexte du capitalisme lié à l'impérialisme et de l'influence de l'Angleterre sur les autres pays européens. Mais la force de cette idéologie sportive, c'est qu'elle ne reste pas confinée dans les cercles de l'élite. Le football constitue un exemple particulièrement éclairant du « double jeu » du sport : d'une part forger une identité communautaire et nationale (dépassant les clivages sociaux) et, d'autre part, s'exporter comme un modèle du libre-échange à l'échelle européenne d'abord, mondiale ensuite. Lors du Congrès de la Sorbonne de novembre 1892, le baron Pierre de Coubertin dévoile son grand projet : pour « assurer aux athlètes de tous les pays un plus grand prestige, il faut internationaliser le sport

---

14 F. Mérand, J. Weisben, *Introduction à l'Union européenne. Institutions, politique et société*, 2011, De Boeck, Bruxelles.

et donc organiser les Jeux olympiques ». Ces Jeux olympiques étaient à la fois la finalité du Comité international olympique (CIO) créé deux ans plus tard et l'instrument voulu pour Coubertin pour le développement du sport et la diffusion de l'Olympisme.

Un autre Français, Jules Rimet, alors président de la Fédération française de football (FFF) et de la Fédération internationale de football association (FIFA) concrétise quelques décennies plus tard, en 1928, le vieux projet des fondateurs de la FIFA (1904) d'organiser une compétition internationale véritablement ouverte à tous les joueurs et à toutes les équipes. Fasciné par les Jeux Olympiques et ayant toujours à cœur de rapprocher les peuples dans un contexte de guerre où les relations internationales sont particulièrement tendues, il met au jour le projet de la Coupe du Monde. Né en 1873 en Haute-Saône, Jules Rimet est avocat de formation. En parallèle à ses études, il découvre le football. Comme de nombreux jeunes de l'élite sociale de son âge, au-delà d'un simple jeu, il y voit un vecteur d'amitié et de rapprochement des peuples. Désireux d'appliquer au football ses idéaux de fraternité entre les hommes de toutes origines, Jules Rimet crée en 1910 la Ligue de Football Association (LFA) qui soutient et s'allie au Comité Français Interfédéral (CFI) pour représenter la France auprès de la FIFA. Au sortir de la Première Guerre mondiale, il porte en 1919 l'idée d'une fédération qui portera toutes les responsabilités du football français : la Fédération Française de Football Association (FFFA), qui deviendra la Fédération Française de Football 45 ans plus tard. Jules Rimet estimait que le domaine sportif est le seul terrain « où demeurent vivaces, capables dès maintenant de croître et de proliférer, les belles ramures de la solidarité humaine ». Il va s'employer à faire de la Coupe du monde de football un instrument permanent d'entente internationale, et de la FIFA une véritable société des nations sportives[15]. En 1930, il n'hésite pas à entreprendre une longue traversée pour l'Amérique du Sud afin d'assister, sur le sol uruguayen à Montevideo, à la première Coupe du monde de football. Il va ainsi lancer une formidable accélération des échanges sportifs internationaux qui se confirmera lors des compétitions ultérieures[16].

---

15 Au soir de sa vie, Jules Rimet, président de la Fédération internationale de football association (FIFA) de 1921 à 1954 publie un opuscule intitulé *Le football et le rapprochement des peuples*.

16 A. Wahl, *Histoire de la Coupe du monde de football : une mondialisation réussie*, P.I.E. Peter Lang, Bruxelles, 2013.

On le voit, dès sa naissance, le sport moderne s'européanise – puis se mondialise – par ses élites économiques et transnationales, contribuant non seulement à la diffusion des sports en Europe mais aussi à la circulation d'un « projet européen ». Cette croyance collective perdure tout au long du XXe siècle et offrira un cadre idéologique aux « pères de l'Europe »[17] puis aux différents « entrepreneurs d'Europe »[18] se référant au sport. Au début de la construction européenne, les pères fondateurs de l'Europe reprennent ainsi à leur compte l'idée d'un sport passeur d'Europe. Ainsi, dès 1954, Jean Monnet imagine l'organisation d'un match annuel de football « Acier » contre « Charbon » dans le cadre de la Communauté européenne du charbon et de l'acier (CECA)[19]. Déjà, quelques années avant, l'europhile Belge Paul-Henri Spaak[20] apporte son soutien moral à l'éventuelle création d'un championnat européen disputé dans la ville de Strasbourg, où le Conseil de l'Europe vient d'établir son siège (Vonnard 2018)[21]. En parallèle, des représentants gaullistes à l'Assemblée parlementaire du Conseil de l'Europe soutiennent dès 1960 l'idée de créer un brevet sportif européen pour faire « aimer l'Europe ». Alors que le mot « sport » ne figure pas dans le traité de Rome de 1957 ni dans le traité de Maastricht de 1992 de la « petite Europe », c'est dans le cadre plus large et moins contraignant du Conseil de l'Europe que l'idée de « modèle sportif européen » prend progressivement corps à travers une coopération intergouvernementale. Au sein de la CEE puis de l'Union européenne (UE), le sport est une compétence des États membres en lien avec les organisations sportives non gouvernementales (fédérations nationales et européennes), notamment s'agissant du sport de compétition

---

[17] A. Cohen, « Le « père de l'Europe »: La construction sociale d'un récit des origines », *Actes de la recherche en sciences sociales*, 166–167, 2007, pp. 14–29.

[18] A. Cohen, Y. Dezalay, D. Marchetti., « Esprits d'État, entrepreneurs d'Europe », *Actes de la recherche en sciences sociales*, 166–167, 2007, pp. 5–13.

[19] Archives de la Fondation Jean Monnet pour l'Europe, CD01.1, AMH, 4/2/52, *Equipe de football européenne*, Note de Jean Monnet, 4.2.1952.

[20] Plusieurs fois ministre de 1936 à 1964, le Belge Paul-Henri Spaak est président du Mouvement européen de 1950 à 1955 et de l'Assemblée commune de la CECA de 1952 à 1954. Il est négociateur et signataire pour la Belgique du Traité de Rome qui fonde le Marché commun européen. Tout au long de sa carrière politique, il défend avec ferveur l'importance de l'intégration européenne et l'indépendance de la Commission européenne.

[21] « Vers un championnat d'Europe disputé à Strasbourg », *France football*, 22.8.1950 cité par Ph. Vonnard, *In* Ph. Vonnard, *L'Europe dans le monde du football : genèse et formation de l'UEFA (1930–1960),* P.I.E. Peter Lang. Bruxelles, 2018.

censé représenter les États-nations dans les grandes compétitions européennes et internationales[22]. Cependant, à mesure que le sport se diffuse via la télévision dans les foyers européens et qu'il devient une activité pratiquée par de plus en plus d'européens, il commence à intéresser les « entrepreneurs d'Europe » à partir du milieu des années 1960 (représentants des États dans les institutions européennes, fonctionnaires de Bruxelles puis eurodéputés à partir de 1979).

Cet intérêt pour le sport entre le milieu des années 1960 et le milieu des années 1980 émerge également dans un contexte particulier qui crée les conditions de cet intérêt. Dès le début des années 1970, les gouvernements des États membres souhaitent en effet donner un visage plus proche et plus humain à une Europe en quête de légitimité. Après les chocs économiques et monétaires (crise monétaire, crise de l'énergie avec le quadruplement du prix du pétrole en quelques mois, problèmes sociaux qui s'ensuivent), l'heure n'est pas à l'europhilie ni aux plans d'intégration ambitieux mais plutôt au repli sur soi et aux réflexes protectionnistes. Un vent d'euroscepticisme souffle au sein de la population des pays fondateurs des Communautés européennes. C'est dans ce contexte de crise qu'en 1973, la déclaration de Copenhague introduit les termes d'identité européenne dans le vocable communautaire[23] et développe – entre la deuxième moitié des années 1970 et les années 1980 – de nouvelles politiques communautaires en promouvant une série d'actions et de mesures touchant directement et concrètement la vie des citoyens européens. C'est également au cours de cette période qu'apparaît le concept *d'Europe des citoyens*, forgé en réaction à celui d'*Europe des marchands*[24] et que le sport sera progressivement convoqué pour « vendre l'Europe »[25].

C'est à partir des années 1970 que se met ainsi en place une politique symbolique d'européanisation qui contribue tant à façonner un modèle européen du sport qu'à développer l'idée que le sport est un vecteur efficace de communication des « valeurs » et de « l'identité » européennes.

---

22 F. Archambault, S. Beaud, et W. Gasparini, *Le football des nations. Des terrains de jeu aux communautés imaginées*, 2018, Éditions de la Sorbonne, Paris, seconde édition « Poche ».

23 « Déclaration sur l'identité européenne – Copenhague 1973 » – Voir le *Bulletin des Communautés européennes*, n° 12, 1973, p. 126.

24 Qui caractérise la Communauté à dominante économique issue du traité de Rome

25 Selon le directeur de la DG X (direction générale Information, communication, culture et médias audiovisuels) de la Commission en 1984.

Bien que de nombreux travaux aient analysé le nationalisme ordinaire ou « banal »[26], y compris dans le sport[27], aucun n'a transposé ce qui a été vérifié dans un cadre stato-national dans le contexte communautaire européen. Par ailleurs, les acteurs de cet « européisme ordinaire » par l'intermédiaire du sport n'ont jamais été étudiés.

Du Conseil de l'Europe à la CEE : la circulation d'un projet européiste

Après la Seconde Guerre mondiale et notamment dans le nouveau contexte de la guerre froide, le « sport pour tous » devient progressivement le terrain d'une coopération paneuropéenne grâce au Conseil de l'Europe. Dès 1960, des représentants gaullistes à l'Assemblée parlementaire du Conseil de l'Europe soutiennent l'initiative de créer un brevet sportif européen (tout comme une carte d'identité européenne) pour faire « aimer l'Europe » (Jean Drouot-L'Hermine, 1962) ou pour développer un « esprit européen » (Alain Peyrefitte, 1961). La notion de « sport pour tous » est formulée par le Conseil de l'Europe en 1966[28] (Gasparini : 2019).

Le Conseil de l'Europe et la CEE marquent un intérêt pour le sport à partir de la fin des années 1950 mais selon des optiques différentes. La CEE entretient d'abord des relations avec le sport professionnel – et notamment le football et *l'Union of European Football Associations* (UEFA). De son côté, le Conseil de l'Europe a été la première organisation intergouvernementale à avoir investi le champ du sport dans sa définition large, dans le cadre de la convention culturelle européenne adoptée en 1954. Le comité des ministres du Conseil de l'Europe institue ainsi dès 1963 le brevet sportif européen qui avait pour but de promouvoir la participation des jeunes aux activités sportives « en leur inculquant les valeurs de solidarité européenne ». La notion de « sport pour tous » est également

---

[26] M. Billig, *Banal Nationalism (Theory, Culture and Society)*, Loughborough University, 1995. Voir notamment le dossier « Nationalismes ordinaires » de la revue *Raisons politiques*, n° 37, 2010.

[27] Voir G. Hare, H. Dauncey, *Les Français et la Coupe du Monde de 1998*, Nouveau Monde Éditions, Paris. 2002.

[28] W. Gasparini, William. 2019. « Le Conseil de l'Europe et le sport : genèse et circulation d'un modèle sportif européen », *Encyclopédie pour une histoire nouvelle de l'Europe*, LabEx ENHE, 2019, [en ligne], ISSN 2677-6588, mis en ligne le 4.6.2019.

formulée par le Conseil de l'Europe en 1966. En 1967, le comité des ministres du Conseil de l'Europe adopte la Résolution (67) 12, premier instrument légal international concernant le « doping » des athlètes. La politique du Conseil de l'Europe dans le domaine du sport a ainsi pour principal objectif non pas de remplacer les politiques nationales mais de défendre certains principes communs et de lutter contre certains phénomènes jugés contraires aux « valeurs de l'Europe » (le dopage, la violence des spectateurs, les discriminations dans le sport, l'homophobie). Le modèle européen du sport promu par le Conseil de l'Europe prend corps dans la « Charte européenne du sport » servant de base aux politiques gouvernementales afin de permettre aux citoyens d'exercer leur « droit de pratiquer le sport ». Validée par l'Assemblée parlementaire en 1972, elle est votée en 1975 par les ministres européens responsables du sport, tout comme la Charte européenne du « sport pour tous ». Alors que la CEE n'englobe pas les pays de l'Est, le Conseil de l'Europe au contraire les intègre. Le sport constitue ainsi l'un des vecteurs d'une coopération intergouvernementale et d'une harmonisation des normes européennes à travers des conventions. Textes juridiques utilisés en droit international pour établir des règles applicables dans tous les pays participants, des conventions sur le sport sont ainsi votées à partir de 1985. La première convention européenne spécifique au sport est celle sur la violence et les débordements de spectateurs lors de manifestations sportives, notamment lors de matchs de football. Elle a été votée en 1985 suite au drame du Heysel[29].

Promoteurs et petits entrepreneurs sportifs d'Europe

Organe d'exécution des institutions européennes, la Commission joue de son côté un rôle central dans la politique d'information et de communication des Communautés européennes. Par ailleurs, fondé à l'origine sur une conception « relation publique », le travail d'information et de communication des Communautés a traditionnellement privilégié le soutien des relais « naturels » du projet européen (journalistes, enseignants, acteurs et représentants du monde économique). La

29 Véritable traumatisme européen, cet événement qui a vu la mort de 39 supporters, principalement italiens, au cours du match Liverpool-Juventus de Turin a été diffusé sur toutes les chaînes. La couverture médiatique simultanée à travers l'Europe a transformé cet événement en une expérience collective européenne.

proximité entre ces univers constitue un espace de circulation et de diffusion des enjeux de la traduction de l'idée européenne dans le processus communautaire[30]. Dès les premières années du processus d'intégration, journalistes, entrepreneurs économiques, organisations politiques et associations ont ainsi été incités à participer à la construction européenne. À partir de 1965, l'Europe finance également les activités de ces « partenaires » qui contribuent à promouvoir le processus d'intégration. Ces budgets européens sont désignés « Relations publiques » et ont pour vocation explicite de développer la « surface sociale » des institutions et de leurs représentations.

Dès 1966, dans sa recherche d'une adhésion des peuples au projet européen, le Service de Presse et d'Information de la Commission (qui deviendra en 1968 la DG X) formule pour la première fois le projet d'une Coupe du Marché commun dans l'objectif de fabriquer un « attachement » à la Communauté. Il est d'abord porté par des journalistes, « petits entrepreneurs d'Europe », c'est-à-dire des acteurs statutairement extérieurs aux institutions des Communautés européennes mais mobilisés pour la cause tant européenne que sportive. À l'origine de cette idée, deux journalistes belges également promoteurs de spectacle, Michel Szur et Raymond Arendt, qui multiplient les initiatives auprès de grands clubs européens de football et sollicitent leur adhésion afin de proposer au Service de Presse et d'Information un projet solide d'organisation d'une « Coupe du Marché commun de football » (Vonnard : 2018).

Dans un courrier datant du 22 mars 1966, les deux journalistes mentionnent l'intérêt des dirigeants des clubs et sollicitent d'abord le belge Robert Pendville, alors assistant de ce même Service de Presse depuis 1960, puis le Directeur général du Service Commun d'Information des Communautés Européennes, Jacques-René Rabier, pour leur exposer le projet. À noter que Rabier, directeur de cabinet de Jean Monnet de 1946 à 1952, puis directeur général de l'information de la Commission, est également le fondateur de l'Eurobaromètre à partir de 1973.

Ce dernier voit d'emblée l'intérêt d'utiliser le football dans sa nouvelle stratégie de communication et considère « qu'une Coupe du Marché commun serait une manière de populariser l'idée européenne »[31].

---

30 P. Aldrin et D. Dakowska, « Légitimer l'Europe sans Bruxelles ? Un regard sur les petits entrepreneurs d'Europe », *in Politique européenne*, 2011, n° 35, pp. 13–14.

31 Note du 10.10.1966.

Convaincu, Rabier contacte l'UEFA en octobre 1966 pour proposer ce projet de tournoi de football mais, le 21 novembre 1966, il reçoit un courrier de l'UEFA à Bruxelles lui signifiant un refus :

> « Nous regrettons devoir vous informer que le Comité Exécutif de l'Union des Associations Européennes de Football a décidé à l'unanimité lors de sa séance du 18 octobre et à Zurich de ne pas autoriser l'organisation de la compétition projetée, dénommée « Coupe du Marché Commun ». Conformément aux dispositions statutaires de l'UEFA, celle-ci est compétente pour autoriser ou rejeter l'organisation d'une nouvelle compétition internationales »[32].

Suite à la fin de non-recevoir de l'UEFA, le projet avorte. Cet échec témoigne de la difficulté d'initier une action dans un domaine où la CEE n'a pas de compétences explicites et où la volonté d'intervention n'est pas soutenue par le mouvement sportif européen. En outre, cette initiative de petits entrepreneurs d'Europe n'a pas bénéficié d'un relais assez solide au sein des instances européennes, ni d'un soutien déterminé de la part des États.

Le projet resurgit néanmoins sous d'autres formes à plusieurs reprises, entre 1973 et 1985.Ainsi, en 1985, Robert Pendville (qui a déjà soutenu l'initiative de la Coupe du Marché commun) est toujours en poste à la DG X. Il y rédigera une note à l'attention de M. Bourges-Maunoury[33], fonctionnaire de la Commission et membre du Mouvement Européen, pour demander une subvention pour une Coupe des Juniors de la communauté. L'UEFA ayant refusé l'implication de la Communauté européenne dans un championnat européen sénior, Robert Pendville continue de travailler à des propositions alternatives. D'autres fonctionnaires européens se sont également impliqués comme, par exemple Armando Toledano-Laredo, chef du cabinet du Vice-président de la Commission des communautés européennes, qui rédige en 1976 une note intitulée « Sport et Marché commun ». Il y suggère de créer des championnats du Marché et des équipes européennes. En voici un extrait :

---

32 Extrait du courrier du 21.11.1966 signé par le secrétaire général de l'UEFA, Hans Bangerter.

33 Polytechnicien et radical-socialiste, Maurice Bourgès-Maunoury a occupé les fonctions de président du Conseil des ministres du 13.6.1957 au 6.11.1957 et a fait ratifier le traité de Rome instituant la Communauté économique européenne.

> « L'Europe a été le berceau du sport moderne (…). Il est dès lors fort curieux de constater que jusqu'à ce jour, le sport n'a jamais été appelé à participer à la prise de conscience des bienfaits de l'intégration européenne. La similitude des régimes politiques, les intérêts fort semblables des neuf vis-à-vis des grandes disciplines sportives sont autant d'arguments qui plaident en faveur de l'organisation de compétitions sportives regroupant les pays du Marché commun. Il pourrait s'agir, par exemple, de championnats du Marché commun et, dans un 2ème temps, de la sélection d'une équipe du Marché commun appelée à rencontrer l'un ou l'autre pays ou groupe de pays »[34].

En 1981, c'est un avocat allemand – Franz Froschmaier –[35] qui devient le directeur général de la nouvelle DG X renommée « Information, communication, culture et médias audiovisuels » sous la Commission Delors en 1981. À noter son passage au bureau d'information de la Communauté européenne à Washington comme chef adjoint où il découvre le sport américain, double vecteur de patriotisme et de communication commerciale. Nommé directeur général, il restera en poste jusqu'en 1987, assurant ainsi une forme de continuité à la tête de cette direction. L'heure est à la communication qui s'impose jusque dans l'intitulé de la DG. La production de revues, de brochures et d'autres publications est de plus en plus réduite, la priorité allant aux médias audiovisuels afin de présenter une Europe vivante et proche de ses citoyens[36]. Dans un entretien à ce propos à l'automne 1984, Franz Froschmaier estime qu'il s'agit désormais de « vendre » la Communauté aux différentes tranches de l'opinion publique qui sont autant de « marchés » auxquels il convient de s'adapter[37]. Selon lui, « le sport est un vecteur d'information puissant pour promouvoir l'image de la Communauté européenne, et bien plus efficace dans ce cas, que des brochures ou des séminaires »[38].

---

34 Note d'A. Toledano-Laredo à l'attention de M. Ronan, Directeur général de l'Information, le 16.11.1976

35 Franz Froschmaier a fait carrière au sein de la Commission, ancien chef de cabinet de Wilhelm Haferkamp. Démocrate allemand, Wilhelm Haferkamp est nommé à la Commission par le gouvernement ouest-allemand en 1967. Il y a occupé un grand nombre de postes, dont celui de vice-président, jusqu'en 1985.

36 Voir Rapports généraux des Communautés européennes des années 1980.

37 « Nachlese zur Direktwahl », *Courrier du personnel,* n° 457, octobre 1984, pp. 2–7.

38 Extrait de la Note de F. Froschmaier à l'attention de M. Facini, directeur général du Contrôle financier sur le marathon de Dublin, 27.10.1984. Franz Froschmaier était directeur général de la DG X (direction générale Information, communication, culture et médias audiovisuels) de la Commission de 1981 à 1987.

Suite à ces différentes réflexions, Pierre Benoît Bockstael, chef de la division « Planning et Programmation » de la DG X rédige le 26 juillet 1984 une note de synthèse sur « le sport comme vecteur de communication »[39]. Pour ce fonctionnaire européen passionné de sport et européiste convaincu, l'objectif du soutien de la Commission à des manifestations sportives doit viser à « créer une identité européenne ». Selon P.-B. Bockstael, « on ne devient pas "Européen" par décret. Heureusement car l'Europe mérite mieux. Elle mérite, en effet, notre enthousiasme »[40].

> « Les compétitions sportives offrent de nombreuses opportunités de donner aux citoyens une image de la Communauté qui exprime sa vitalité et sa capacité d'expression (…). Le sport permet de toucher, se sensibiliser, d'affilier des millions de personnes qu'on ne peut atteindre autrement. Il permet de donner un visage humain à l'Europe, à travers une vedette qui n'est pas un homme politique, mais un sportif, une équipe sportive, ou tout simplement, un sport »[41].

Cette note constitue une sorte de guide de la politique de la Commission dans le domaine de la communication du projet européiste par le sport. Elle servira dans tous les projets ultérieurs tant de la DG X que des autres secteurs de la Commission. L'UEFA n'autorisant pas la communauté européenne à organiser ou à parrainer un championnat européen de football, l'idée d'une Coupe européenne de football en salle – qui n'existe pas pour l'instant – émerge ainsi au sein de la Commission en 1985. Dans une note à Jacques Delors, tout nouveau président de la Commission des Communautés européennes[42], Willy de Clerc, membre de la Commission chargé des Relations Extérieures et de la Politique Commerciale, demande un « patronage » de la Commission pour le projet de Coupe de la Communauté européenne de football en salle. Cette Coupe d'Europe réunirait – au cours de la trêve de la période hivernale – les clubs champions de leur pays. Avocat de profession puis professeur de droit à l'Université de Gand, Willy de Clerc a été président de diverses

[39] « Le sport comme vecteur de communication », note de synthèse à l'attention de Mme Nonon, MM. Maguire, Poorterman, Thoegersen, Cox, 26.7.1984.

[40] Note de P.-B. Bockstael, « Le sport comme vecteur de communication », 27.7.1984, p. 2.

[41] *Ibid.*

[42] Note de Willy de Clerc à Jacques Delors du 3.4.1985.

instances monétaires internationales et président du parti libéral belge[43]. Dans sa note, il soutient et justifie ce projet : « pour ma part, je suis favorable à ce projet. Le football est un sport très populaire dans la Communauté et je pense que c'est une bonne manière de promouvoir le label européen »[44].

Le sport, nouvel instrument d'européanisation des citoyens : le Comité Adonnino

Au-delà de sa politique intérieure, l'Europe tente également de s'imposer comme une entité politique spécifique dans le concert des nations. Les années 1980 sont marquées par la guerre froide et cette situation est ressentie jusque dans les événements sportifs internationaux et notamment les Jeux olympiques d'été. En réponse au boycott en 1980 des Jeux Olympiques (JO) de Moscou par les États-Unis et leurs alliés pour protester contre l'invasion soviétique de l'Afghanistan (1979), les JO de 1984 à Los Angeles ont été à leur tour boycottés par l'Union soviétique et quinze pays du bloc communiste. Sous l'influence du couple franco-allemand, la Communauté européenne privilégie la détente mais ses pays membres seront néanmoins divisés s'agissant du boycott des JO de 1980[45]. Ainsi, les gouvernements britannique, allemand, italien et français soutiennent le boycott mais laissent à leurs comités olympiques respectifs et à leurs athlètes le choix de participer ou non aux Jeux. Finalement, seule l'Allemagne de l'Ouest n'y participera pas. Du côté du Parlement européen, c'est en 1979 qu'auront lieu les premières élections au suffrage universel direct[46]. Un an après, pour la première fois, le terme « sport » apparaît

43 Willy de Clerc a été membre de la Commission européenne pendant un mandat (1985–1989). Il a également été Ministre d'État en 1985, puis membre du Parlement européen 1989 à 2004.

44 Note de Willy de Clerc à Jacques Delors du 3.4.1985, *op. cit.*

45 Soixante-six pays invités à participer aux Jeux olympiques de 1980 ne l'ont pas fait pour diverses raisons, y compris le soutien pour le boycott et des raisons économiques

46 À la création de la CEE et de l'Euratom, il existait une « Assemblée parlementaire européenne" sans élections. Le traité de Rome de 1957 prévoit, à terme, des élections « au suffrage universel direct, suivant une procédure uniforme dans tous les États membres » (Article 138). L'assemblée devient « Parlement européen » en 1962. C'est finalement en juin 1979 qu'ont lieu les premières élections au suffrage universel direct mais le Parlement joue toujours un rôle consultatif. Ce n'est qu'avec le traité d'Amsterdam de 1997 qu'il obtient un faible pouvoir législatif.

dans un débat parlementaire (question n° 85 de M. Lalor) demandant la position de États membres concernant les relations avec les équipes sportives participant aux compétitions en Afrique du Sud. Le régime de l'Apartheid est en effet condamné par les 9 de la Communauté européenne.

C'est dans ce contexte tant sportif que politique d'une Europe en quête de légitimité intérieure et extérieure[47] que les chefs d'État ou de gouvernement décident, à l'occasion du Conseil européen de Fontainebleau (25–26 juin 1984), de mettre sur pied un comité *ad hoc* pour « l'Europe des citoyens ». Il sera l'un des éléments de la relance de Fontainebleau pour répondre à la vague eurosceptique des années 1970[48]. L'objectif est de renforcer l'identité et l'image de l'Europe auprès de ses citoyens et dans le monde. La présidence de ce comité revient à l'Italie qui doit présider le Conseil au cours du premier semestre 1985. Bettino Craxi nomme Pietro Adonnino, un avocat fiscaliste, professeur de droit de l'Université de Naples de 55 ans, par ailleurs député européen chrétien démocrate de 1979 à 1984. La majorité des membres sont des « techniciens », la plupart du temps des diplomates envoyés par leur ministre. Ce groupe d'experts est chargé de proposer des mesures visant à promouvoir l'identité de la Communauté. Lors de sa quatrième réunion tenue fin décembre 1984, le Comité Adonnino adopte une répartition des thèmes à analyser[49]. À signaler que la plupart de ces domaines n'étant pas encore de la compétence des Communautés, leur application relève la plupart du temps des États.

Le Comité insiste particulièrement sur l'éducation, la jeunesse et les sports. Ainsi, le sport sera l'un des thèmes censés favoriser non seulement l'identité européenne mais également l'émergence d'un espace européen sans frontières. Aux côtés d'autres thématiques à l'ordre du jour du comité (suppression des formalités de police et de douane aux frontières

---

47 M. Catala, « La Communauté à la recherche de son identité. De l'Europe des citoyens à la citoyenneté européenne (1957–1992) », *Relations internationales*, 2009, vol. 4 n° 140, pp. 83–101.

48 Accentuée par l'arrivée d'un nouveau président de la Commission européenne, Jacques Delors, l'action des deux comités *ad hoc* Dooge (sur les institutions) et Adonnino (Europe des citoyens) doit proposer des nouveaux chantiers, tels qu'une réforme institutionnelle et qu'un rapprochement de l'Europe de ses citoyens

49 N. Tousignant, « L'impact du comité Adonnino (1984–1986) : rapprocher les Communautés européennes des citoyens », *Études internationales*, 2005, vol. 36 n° 1, pp. 41–59.

intercommunautaires pour la circulation des personnes, système d'équivalence des diplômes universitaires, création d'une monnaie européenne, ...), le sport n'est évidemment pas une priorité. Il sera d'ailleurs confié au dernier entrant dans la CEE (en 1981), la Grèce. Après moins d'un an de travail, le comité rend un premier rapport, approuvé par le Conseil européen de Bruxelles (29–30 mars 1985), puis un rapport final. Pour la première fois, un rapport des institutions européennes souligne l'importance du sport comme puissant moyen de communication entre les peuples. Pour appuyer ses propositions, il rend également compte de la place que le sport occupe dans la vie des citoyens européens et dans les médias : 10 % du temps d'antenne, en moyenne, lui est consacré (mais avec des pointes de 15 % à la BBC et 12 % à la RAI). Le sport représente plus de 80 % des émissions échangées au sein de l'Eurovision (contre 8 % pour les actualités, 4 % les variétés et 3 % la musique)[50]. La Commission pense que la télévision a le pouvoir symbolique de créer le sentiment d'appartenance à une communauté. Dans les années quatre-vingt, les instances européennes étaient persuadées que, grâce à la télévision sans frontière, « un plus grand nombre de téléspectateurs en Europe aurait la possibilité de voir des programmes télévisés d'autres pays ou des programmes télévisés européens ce qui pourrait contribuer à la compréhension entre les peuples, améliorer la connaissance de la culture et de l'histoire d'autres peuples ainsi que promouvoir la formation d'une conscience européenne »[51]. Par la diffusion des matchs en Europe, le sport est censé contribuer à une prise de conscience de la réalité européenne.

Des effets limités mais les germes d'un discours expert sur l'européanisation par le sport

Dans cette perspective, le rapport Adonnino fait plusieurs propositions à la Commission comme, par exemple, pour certains types de sports, l'organisation de compétitions de la Communauté européenne (tours cyclistes ou courses à pied à travers les pays européens), la constitution d'équipes sportives de la Communauté ou encore l'invitation aux équipes sportives à arborer sur leurs maillots, à côté de leurs couleurs

---

50 Chiffres cités dans le communiqué de presse « Communication et sport : bilan et perspectives », Commission européenne, 27.12.1986.

51 *Ibid.*, p. 32.

nationales, l'emblème communautaire lors de rencontres sportives importantes présentant un intérêt régional ou mondial.

Malgré sa nouveauté, ce rapport n'aura finalement qu'une résonance limitée auprès des chefs d'État et de gouvernement. Parmi les réalisations, on peut néanmoins mentionner les manifestations sportives et culturelles de grande envergure patronnées par la Commission, telles que la « Course de l'Europe à la voile » en 1985 ou le « Tour de l'avenir de la Communauté Européenne » (course cycliste pour amateurs et professionnels) organisé avec l'appui conjoint de la Commission européenne et du Parlement européen en 1986. Deuxième grande épreuve sportive, cette épreuve cycliste remportée par Miguel Indurain est l'occasion de mettre à l'honneur l'Espagne, le Portugal (en raison de leur adhésion récente) et l'Italie puisqu'elle relie, cette année-là, Porto à Turin. Se situant dans le cadre de la promotion de l'Europe des citoyens, cette épreuve sportive est également l'occasion pour les habitants des régions traversées de faire connaissance avec le drapeau et l'hymne européens officiellement adoptés par les institutions communautaires trois mois et demi plus tôt. À noter que dans un autre domaine, le concept de « Capitale européenne de la culture » démarre avec Athènes en 1985.

Concernant les compétitions communautaires, le mouvement sportif européen refusant de déléguer son pouvoir d'organisation des compétitions européennes, la Commission n'a réussi à convaincre que les fédérations nationales de natation[52] et de voile[53]. De la même manière, l'idée de constituer des équipes sportives communautaires n'a pas été acceptée ni par les États-membres, ni par les fédérations sportives, tout comme l'identification communautaire des athlètes aux Jeux olympiques, refusée par le CIO. Ainsi, aux JO de Seoul en 1988, seuls les emblèmes nationaux seront affichés par les athlètes.

Les résultats du Comité Adonnino paraissent à première vue décevants par rapport aux ambitions affichées. Il a néanmoins été le premier document communautaire à consacrer l'idée que le sport peut être considéré comme un instrument important d'européanisation des citoyens.

---

52 Organisation à Leeds en avril 1987 des premiers « Championnats de Natation de la Communauté Européenne ».

53 En mai/juin 1987 s'est disputée la « Course de la Constitution », une transat pour voiliers amateurs des pays membres ainsi que des États-Unis, organisée par l'Association sans but lucratif « Sail for Europe » pour commémorer le 30e anniversaire des Traités de Rome et le 200e anniversaire de la Constitution Américaine.

En lançant des campagnes visant à sensibiliser le public à l'appartenance à la Communauté par le biais du sport, ce rapport a ouvert la voie à une nouvelle forme d'européanisation informelle dont l'objectif est de diffuser l'idée d'une « citoyenneté » ou d'une « identité » européenne par le sport, reprise ensuite par de nombreux lobbyistes et mouvements pro-européens.

Tous les efforts de la commission européenne et du Parlement ont depuis lors convergé dans le sens d'un usage européiste du sport et de la construction d'un discours savant sur la citoyenneté européenne par le sport. Le Livre Blanc de 2007 sur le sport, le traité de Lisbonne en 2009 avec deux articles sur le sport[54] ou encore l'introduction d'un chapitre consacré au sport dans le programme « Erasmus+ » en 2014 ont été autant d'étapes dans l'idée de « vendre l'Europe par le sport ».

L'analyse des usages du sport comme vecteur de communication du projet européen à travers les exemples du Conseil de l'Europe, de la DG X et du comité Adonnino permet d'illustrer la complexité des processus d'européanisation. L'efficacité des discours experts sur l'Europe, bien souvent prescriptifs et teintés d'idéalisme (montrant une croyance en la nécessité et les vertus de l'intégration européenne), tient tout autant à ce qu'ils mettent en lumière qu'à ce qu'ils laissent dans l'ombre. On voit en effet que les fonctionnaires européens, les petits entrepreneurs de la cause européenne (comme les journalistes ou les lobbyistes) ou les experts du Comité Adonnino ont proposé de nombreuses idées pour utiliser le sport comme vecteur de communication du projet européen. Mais peu se sont concrétisées du fait de l'opposition du monde sportif, des résistances/réticences des députés européens ou des gouvernements nationaux, ou encore parce qu'elles n'étaient pas prioritaires dans la politique européenne.

La mise en scène de la construction européenne comme « étapes » successives d'un processus cumulatif qui relègue à l'oubli les « ratés » du projet européen ou du moins ses stratégies de communication, fonctionne ainsi comme une prophétie auto-réalisatrice, en suscitant les anticipations en ce sens de la part de tous les entrepreneurs d'Europe. Si l'on prend le temps d'ouvrir les archives des institutions communautaires, on mesure l'antériorité d'une démarche de co-production de la

---

54 Avec l'entrée en vigueur du traité de Lisbonne en 2009, le sport devient officiellement une compétence d'appui de l'UE à travers ses articles 6 et 165. Depuis, l'UE intervient en complément de l'action menée par les États membres au niveau national.

« construction européenne » ou de la « citoyenneté européenne », notamment dans les domaines d'activité comme le sport ou la culture qui ne relèvent pas de la compétence de la CEE ou de l'UE.

Cependant, même si les réalisations concrètes de « l'Europe du sport » sont minimes, l'idée d'une identité européenne ou d'un attachement à l'Europe par le sport a fait son chemin, du moins dans les milieux les plus intéressés par la construction européenne. Ainsi, dans les mouvements européistes, les *think tanks*, les institutions européennes ou encore les milieux universitaires européens, l'européanité du sport est progressivement devenue une catégorie savante circulant dans les pays européens à travers des textes et des discours. Ce faisant, elle se transforme en catégorie de pratiques[55] reprise par les acteurs sociaux ordinaires transformés en « eurocitoyens »[56].

Dans le contexte actuel d'une perte de souveraineté des États-nations d'Europe liée à l'application des traités européens successifs, il peut être légitime de poser la question de l'utilisation du sport à des fins européistes dans un processus en miroir de l'instrumentalisation à des fins nationalistes observée au cours des années 1930–1940 ou pendant la guerre froide. « L'Euro » de football[57] illustre cet usage européiste du sport : alors que la Commission européenne tente d'affaiblir l'idée de nation en orientant l'Europe d'une part vers un espace économique de libre-échange et, d'autre part, vers un espace politique du fédéralisme et du régionalisme, la mise en exergue d'équipes de football représentant la nation dans un championnat d'Europe serait-elle l'un des moyens de détourner le regard des peuples ? Dans ce cadre, la mise en scène d'un nationalisme sportif serait-il l'un des instruments de l'effacement de fait des États-nations ?

Les usages européistes du sport – et notamment du football – depuis le début de la construction européenne donnent à voir ces deux aspects apparemment contradictoires mais complémentaires : l'instrumentalisation des compétitions européennes pour « faire Europe » et la mise en lumière des nations d'Europe.

---

55 R. Brubaker, « Au-delà de l'identité », *Actes de la recherche en sciences sociales*, vol. 4 n° 139, 2001, pp. 66–85.

56 W. Gasparini, « Un sport européen ? Genèse et enjeux d'une catégorie européenne », *Savoir/agir*, n° 15, 2011, pp. 49–59. ; W. Gasparini, *L'Europe du football. Sociohistoire d'une construction européenne, op. cit.*

57 L'Euro de football est le Championnat d'Europe des Nations créé en 1958 par l'UEFA (et dont la première édition aura lieu en 1960).

Vers une histoire de la frontière pyrénéenne. Des traités de lies et passeries à la coopération transfrontalière

Martine Camiade

La chaîne des Pyrénées, montagnes frontalières, confère à cet espace sa caractéristique principale, à savoir un caractère traditionnel de marginalité par rapport aux économies nationales respectives françaises et espagnoles. La contrepartie de cette marginalité a été la conservation au cours de l'histoire de relations vivaces de bon voisinage, véritable creuset de civilisation et d'identités, entre les populations des deux versants.

Le caractère historique des relations transfrontières pyrénéennes

L'expression « frontière sauvage » récemment utilisée pour une campagne de publicité n'a pas toujours été vraie pour les Pyrénées. Naguère, les langues ne connaissaient pas de barrière : l'occitan, le catalan étaient parlés des deux côtés et les montagnards entretenaient des rapports étroits : en témoignent les foires mais aussi les hôpitaux et les monastères, ancêtres des hôtels, qui jalonnent les chemins des pèlerins de Saint Jacques de Compostelle. Un royaume pyrénéen exista même durant quelques années lorsque Gaston Phébus parvint à réunir sous son autorité les comtés de Foix, Béarn et Navarre. Au Moyen-Âge, l'usage des estives, pâturages d'altitude à la belle saison font d'ailleurs l'objet d'accords minutieux. Les villages, hameaux, vallées s'organisent pour gérer démocratiquement leurs biens collectifs, droits de passage ou de pacage. À l'origine, ces accords passés entre communautés montagnardes sont appelés *carta de paz ou patzeries*[1] qui sont des contrats de paix, puis de *lies et passeries*, soudent d'autant plus les populations que l'isolement et l'éloignement ne peuvent qu'alléger le poids de l'autorité seigneuriale, obligée d'accorder des exemptions fiscales pour assurer un minimum de rentrée de taxes. Ces traités peuvent être considérés comme les premiers accords de coopération pyrénéenne et transfrontalière à partir de 1659 qui ont existé d'Ouest en Est de la chaîne pyrénéenne comme per exemple[2] :

- Entre le Val d'Aran et le Couserans, accordés par privilèges en 1315, ratifiés en 1390 et renouvelés en 1513.
- Entre la Vallée d'Ossau (Béarn/ Pyrénées Atlantiques) et celle de Tena (Aragon) (col du Portalet), une *carta de patz* fut signée le 13 août 1328 et jusqu'à la Révolution Française de 1789,
- Entre la Vallée de Tavascan, Lladorra i Ribera de Cardós (Pallars Sobirà / Catalogne), et Ercé (Couserans) renouvelés en 1633,
- Entre la Vallée de Vic-de-Sòç (Vicdessos /Haute Ariège) et la Vallée Ferrera (Pallars Sobirà / Catalogne) ont été établies en 1293 jusqu'en 1784,
- Entre la Vallée de Canillo (Andorra) et le marquisat de Gudanes (Ariège) aux 17e et 18e siècles,
- Entre la Vallée d'Ordino (Andorra) et la Vallée de Siguer (Ariège) en 1511, 1514, 1699.
- Entre la Vallée d'ordino et la valllée de Miglos (Ariège) en 1680.

Ces vallées pyrénéennes voisines ont mis en place une coopération basée sur le commerce du bétail, l'usage des pâtures, la libre circulation des biens et des personnes, l'instauration d'un cordon sanitaire en cas d'épidémies, l'entraide en cas de guerre ou de mouvement de troupes. Un rituel scellait ce contrat et se caractérisait par :

---

1 B. Serge, « Les mutations des lies et passeries des Pyrénées du XIVe au XVIIIe siècle », *Annales du Midi : Revue archéologique, historique et philologique de la France méridionale*, Tome 114, N° 240, 2002 : Lies et passeries des Pyrénées, escartons des Alpes, pp. 431–456.

2 M. Camiade, *La casa en la comunitat andorrana del S. XVII al S. XIX, solidaritats i estràtegies d'aliances i de poder*, Editorial Andorra, 2001, p. 318.

- Le choix de la date correspondant généralement à la date prévue pour la transhumance du bétail, soit la veille de la Saint Jean (le 24 juin) correspondant au solstice d'été.
- Le jurament des conseillers représentant la comunauté. C'est un acte à la fois politique et religieux car c'est à l'église paroissiale après avoir assisté à la célébration de la messe que l'on prête hommage et jurament de fidélité au roi de France (dans le cas des Andorrans à Siguer), la main sur les évangiles.
- Le caractère festif. Les agapes symbolisent la convivialité et la solidarité entre communautés. Les danses et les jeux sur la place publique garantissaient le renouvèlement de ces traités de coopération et de bon voisinage.

Identité culturelle, frontière et territoire

Si l'on analyse l'histoire des droits d'usages en Catalogne du Nord, Département des Pyrénées-Orientales, sur les terres communales appartenant aux communautés villageoises, nous nous rendons compte que ces terres communales relèvent du fait que cet espace est un reflet matériel de sa gestion par les hommes. Les droits d'usage remontent au Moyen Âge et sont issus de l'article 72 des Constitutions de Catalogne appelé la loi *stratae*[3]. Des études sur les terres communales et les droits d'usage peuvent servir de point de départ pour mieux comprendre les changements socio-économiques d'un espace qui plus est devenu frontalier. Il est vrai que le vécu historique des Catalans au sein de l'état français provoque un impact sur la construction de leur identité collective mais elles se retrouvent dans leurs pratiques au quotidien. La gestion de ces terres communales révèle certaines facettes de l'identité culturelle catalane puisqu'elle a connu l'imposition de certaines contraintes de la part de l'état français. L'utilisation et la gestion des terres communales soulignent les tensions croissantes entre la périphérie catalane et l'état français en vue des restrictions imposées. Les conflits entre le royaume de France et d'Espagne pendant des siècles qui s'achèvent par le Traité des Pyrénées en 1659 sont révélateurs d'un centralisme qui sera encore plus prégnant sur les communautés avec la Révolution française.

3 L. Assier-Andrieu, *Le peuple et la loi. Anthropologie historique des droits paysans en Catalogne française*, L.G.D.J., Paris, 1987, p. 115.

En effet, si « le droit s'incarne dans l'État et l'État s'exerce par le droit », si ce droit est une « entité abstraite érigée en dépositaire de l'identité sociale et support permanent du pouvoir », si par cela l'État n'assume jamais aussi concrètement sa fonction « identitaire » qu'en déterminant les limites de son ressort, condition et conséquence de son propre principe actif : la souveraineté, il fallait pourvoir à son assise en imperméabilisant la frontière naturelle. Le massif des Pyrénées, séparant les anciens comtés devenus province du Roussillon du reste de l'espace catalan auquel elle appartenait.

De toutes les idéologies géographiques, celles qui ont eu les répercussions les plus profondes sont celles des frontières naturelles avec toutes les revendications juridiques qui en ont découlé. En ce qui concerne cette frontière pyrénéenne, Louis XIV, son cartographe Cassini et son ingénieur Vauban l'ont matérialisé délimitant son « pré carré », c'est-à-dire la souveraineté nationale de l'état français. Le pré-carré, la nation française, l'état n'auront de cesse de déstructurer et d'abolir les droits d'usage pour ses intérêts idéologiques : une France unie et indivisible. Le fait frontalier venait de naître et à partir de ce moment-là, après des siècles de conflits, les habitants de la province du Roussillon devenaient des frontaliers. P. Salhins souligne dans son ouvrage sur la Cerdagne qu'en dépit de communes ethnicités voire de structures de parenté et d'organisation de pouvoir « les régions frontalières sont des sites privilégiés pour l'articulation des distinctions nationales »[4]. Il démontre qu'en analysant les XVII–XIXe siècles à quel point une frontière linéaire arbitraire pouvait s'avérer « instrumentale » dans la création de la division politique entre la France et l'Espagne.

La frontière est-elle un élément structurant et structuré par les sociétés qu'elle parcourt ? C'est ce qu'argumente Louis Assier-Andrieu dans son article et Peter Salhins et que nous reprenons à notre compte ; « la frontière élabore autant qu'elle divise et ne divise réellement que dans la mesure où elle est capable d'élaborer »[5]. Pierre Vilar ne considérait-il pas que « c'est aux frontières où l'on observe le mieux l'histoire du monde » ? Il est utile d'observer le phénomène frontalier en tant que microcosme

---

4 P. Salhins, *Frontières et identités nationales – La France et l'Espagne dans les Pyrénées depuis le XVIIe siècle*, Collection Histoire et Société, Belin, Paris, 1996, p. 416.

5 L. Assier-Andrieu, « Frontières et ordre social, éléments pour un programme de recherche sur les repères de l'identité en domaine catalan » in: *Frontières*, P.U.P., Perpignan, 1995, p. 11.

de la construction institutionnelle de l'État souverain. Elle constitue le laboratoire essentiel de son identité, « expression syncrétique de l'ordre souverain[6] ». La frontière est zone-limite, instrument de séparation, division mais elle est à la fois fermeture et ouverture où se déploie un éventail de relations qui donnent à cette structure une physionomie propre.

Cependant et ce, malgré le traité des Pyrénées de 1659 et celui de Bayonne en 1866 délimitant la frontière pyrénnéene d'Ouest en Est jusqu'à la fin du XIXe siècle, les communautés villageoises frontalières espagnoles ont continué à signer des accords avec les françaises pour l'usage commun des pâturages bien qu'utilisé au minimum. Ils évoquaient les accords (lies et passeries), de pâturage entre frontaliers. Il reconnaissait aux frontaliers le droit, qu'ils ont toujours eu, précisait-il de faire entre eux, pour un temps déterminé, sous réserve de l'intervention obligatoire des autorités compétentes, les contrats de pâturage ou autres qui pourraient être avantageux à leurs intérêts et à leurs rapports de bon voisinage.

Durant les XIXe et XXe siècles, les régions et leurs diversités ont été des phénomènes complexes pour l'état. Afin que la France solidifie son hégémonie politique sur son territoire, elle a établi des lois qui liaient ses régions au centre. La Révolution française et l'idéologie jacobine étaient des forces homogénéisantes qui tentaient de forger une prétendue unité nationale, surtout dans ces territoires frontaliers comme la Catalogne du Nord, Département des Pyrénées-Orientales, où celle-ci avait peu de pertinence dans la vie quotidienne des gens. Après des siècles de tentatives de consolidation politique, une réelle diversité culturelle persiste encore sur le territoire français, et surtout dans ses régions frontalières liées pour la Catalogne du Nord à la Catalogne du Sud et à l'Andorre.

La signature à Bayonne, le 10 mars 1995, d'un traité franco-espagnol n'est donc pas une première. L'établissement de la ligne de démarcation entre la France et l'Espagne a été réalisé par un ensemble de traités établis à Bayonne sur une décennie. Réalisée méthodiquement, d'ouest en est à partir de 1856, la définition de la frontière est achevée par le traité fixant définitivement la frontière ainsi que les droits, usages et privilèges appartenant aux populations limitrophes des deux pays, entre le

---

[6] L. Assier-Andrieu, « La frontière ou l'expression syncrétique de l'ordre souverain », *In La France et ses lignes de partage géographique,* Institut d'Études Politiques, 1990, Paris.

département des Pyrénées-Orientales et la province de Gérone, depuis l'Andorre jusqu'à la Méditerranée ainsi que pour le reste de la chaîne pyrénéenne signé à Bayonne le 26 mai 1866. Le premier traité de cette longue concertation est celui du 2 décembre 1856, officialisant le bornage d'une partie de la frontière et les règles de migration pastorale.

La frontière franco-espagnole est en fait une des plus anciennes délimitations entre deux états européens, fondamentalement la même depuis plus de trois siècles à la suite de l'adoption du traité de paix entre l'Espagne et la France du 7 novembre 1659. La délimitation de la frontière peut être considérée comme définitivement achevée dans la deuxième moitié du XIXe siècle, et même si les populations de deux versants du massif pyrénéen ont nié la réalité politique, économique et juridique de la frontière, se révoltant contre les abus, va s'imposer progressivement à elles. En effet, l'annexion du Roussillon, du Vallespir, du Conflent et du Capcir à la France d'une part et le choix concomitant des Pyrénées comme ligne de séparation entre les royaumes de France et d'Espagne, d'autre part, n'ont pas effacé une réalité socio-économique d'appartenance à un même ensemble géographique : les Pyrénées, renforcée par un sentiment ancré dans les mentalités, de communauté culturelle et d'inclusion dans une nation : la Catalogne. Sept siècles de colonisation romaine relayés par la volonté de l'empire carolingien ont participé à l'édification d'un ensemble humain à partir de populations ibères, carthaginoises, romaines, wisigothiques, arabes, franques autour d'une langue commune, le catalan et ses dialectes, d'usages ancestraux, d'une littérature, d'un drapeau, d'une religion.

Si, à l'échelle historique, la nation catalane a connu une existence relativement courte (XIe siècle–fin du XVe siècle), cela n'a pas empêché une consolidation du sentiment national et la réalisation d'une grande puissance méditerranéenne du Moyen-Âge. Ce rapide rappel des relations officielles franco-espagnoles illustre l'ancienneté des relations transfrontalières et le souci de les doter d'instruments adéquats afin de les adapter à leur époque. Durant les premières phases de l'intégration européenne, les régions pyrénéennes, situées de part et d'autre d'une frontière communautaire extérieure, ont conservé ce caractère de marginalité, alors que se consolidait le polygone Londres–Rotterdam–Hambourg–Milan–Paris. Mais l'environnement géopolitique de l'espace pyrénéen a changé durant les années 1980. L'élargissement de la Communauté européenne à la Péninsule Ibérique en 1986 a renforcé la multiplication des échanges, l'intensification de la circulation des hommes et des flux. Les évolutions institutionnelles des deux territoires (statut des autonomies en Espagne et régionalisation en France) ont également contribué à corriger la marginalité des Pyrénées au sein des deux États, auparavant très centralisés. Néanmoins, les contraintes physiques de la zone de montagne demeurent et la globalisation économique renforce les polarisations sur des espaces extérieurs à l'espace pyrénéen. La zone frontalière constitue un espace fragile : faibles densités de population, vieillissement accentué, revenu par habitant inférieur aux moyennes nationales. Les principaux handicaps structurels ont été et sont encore les suivants : L'existence d'un cloisonnement des communications Nord-Sud, à l'exception de deux extrémités Est et Ouest du massif et de la liaison du Somport. Le manque d'infrastructures Nord-Sud dans la partie centrale du massif s'avère être un handicap important qui conforte l'imperméabilité frontalière et handicape les échanges entre les économies locales ; La faiblesse des échanges technologiques entre les deux versants est très marquée ; L'intégration économique (éloignement des métropoles, des centres universitaires et de recherche) est insuffisante ; Les effets spatiaux de l'intégration des Pyrénées dans le système de production industrielle se concrétisent par une urbanisation de la périphérie du massif et par l'intensification de l'exode rural. Le cloisonnement des vallées et l'absence de grandes villes internes au massif apparaissent comme les sources majeures d'enclavement. La mauvaise accessibilité des services est aggravée par la faiblesse du réseau de bourgs et de villes. Ce phénomène contribue à un affaiblissement du tissu commercial. Les difficultés qui pèsent sur la vie locale se retrouvent dans une certaine mesure dans le secteur associatif de loisirs et dans les équipements culturels. La fragilité de l'emploi se manifeste par un très faible taux d'activité et une diminution sensible des actifs ; Les vallées industrielles subissent la régression de leurs activités, surtout dans les extrémités atlantiques et méditerranéennes, du côté espagnol. La proximité des grands pôles de service constitue un facteur de développement de la zone pyrénéenne dans son ensemble sous réserve du développement des axes de communication. Le secteur du tourisme est dynamique, même si les implantations et leurs diverses retombées sont hétérogènes dans l'ensemble pyrénéen.

Les Pyrénées constituent en effet un espace de valeur patrimoniale exceptionnelle : qualité et variété des paysages, villes thermales du XIXe siècle, espaces naturels à la faune et la flore variées, sites protégés. Dépositaires historiques de multiples cultures, les Pyrénées ont une grande diversité de pratiques économiques, d'architecture et d'organisations sociales.

Le cadre historique des relations transfrontières sur le versant méditerranéen des Pyrénées

Franco meurt officiellement le 20 novembre 1975. Le 22, devant les *Cortes*, son héritier, le Prince Don Juan Carlos est proclamé Roi d'Espagne. Une ère nouvelle s'ouvre. Dans son discours d'intronisation du 27 novembre, le roi précise ses intentions : il sera le réconciliateur de tous les Espagnols, à travers une monarchie démocratique et parlementaire. Le processus de « transition démocratique » est engagé.

Il se traduit par une série d'importantes réformes parmi lesquelles, sur le plan intérieur, ressortent l'amnistie politique et sociale, la légalisation des partis politiques, l'élection de deux chambres au suffrage universel, la liberté syndicale, la reconnaissance du droit de grève et l'autonomie des nationalités et des régions... La Généralité de Catalogne est rétablie le 29 septembre 1977 et le 24 octobre, Josep Tarradellas, après 40 ans d'exil en devient le premier président provisoire. La nouvelle Constitution, adoptée par référendum le 6 décembre 1978, précise les modalités du processus autonomiste. Le Statut d'autonomie de la Catalogne est aussi adopté par voie référendaire en octobre 1979 et le 20 mars 1980 sont élus au suffrage universel direct les 135 membres du Parlement. Le mois suivant, le 24 avril, ils élisent Jordi Pujol comme président de la Généralité. La langue et la culture catalanes sortent de la clandestinité.

Sur le plan de la politique extérieure, le gouvernement espagnol se fixe comme objectif une totale intégration internationale et une pleine adhésion à la CEE. En octobre 1977, l'Espagne rejoint le Conseil de l'Europe et ratifie la Charte Européenne des Droits de l'Homme. Les négociations Madrid–Bruxelles qui débutent en février 1979, sont longues et difficiles, et ce n'est que le 1er janvier 1986 que l'Espagne devient membre de plein droit de la Communauté européenne. Ces bouleversements rejaillissent sur l'ensemble des villes et villages du sud du versant méditerranéen des Pyrénées, mais aussi sur leurs relations avec ceux du nord. Dès 1976, elles sont favorisées par la mise en service de l'autoroute du côté symbolisant un début du processus d'intégration réelle de l'Espagne. Le tronçon Figueres – la Jonquera de l'autoroute A-7, est inauguré en juillet 1975 ; un an plus tard, c'est au tour du tronçon Perpignan – la Jonquera de s'ouvrir au trafic.

Pour le village français du Perthus qui au cours des trois mois de l'été précédent enregistrait le passage de 1.750 000 véhicules, c'est par contre un drame qui commence. Du jour au lendemain, l'autoroute détourne une grande partie du trafic. Un mois après l'ouverture, les commerçants enregistrent une baisse de plus de 80 % de leur chiffre d'affaires ... Si la vie s'est éteinte d'un coup du côté français de la rue, il n'en est rien du côté espagnol où les supermarchés n'ont rien perdu de leur fréquentation et même contre toute attente ont gagné une clientèle de Catalans du nord pour qui l'accès est devenu plus facile. Face à cette situation préoccupante, le maire de la commune, Jean-Louis Nibet, obtient en compensation, avec l'aide de la Chambre de Commerce et du Conseil Général des P.-O., que les commerçants et changeurs perthusiens réunis au sein de la Société anonyme de premiers services autoroutiers (SAPSA), puissent s'implanter sur l'aire autoroutière de services du « Village catalan des Aspres », et ouvrir un bureau de changes sur l'aire de contrôle douanier du Perthus.

La nouvelle donne du Marché unique (1993)

L'idée directrice du traité de Rome (1957) créant la Communauté économique européenne (CEE) est d'abattre les barrières internes qui morcellent l'Europe, pour aboutir à une Union économique, puis politique. C'est une longue route, jalonnée de traités complémentaires qui préciseront les modalités de cette intégration. L'Acte unique européen de février 1986 est un de ceux-là. Il institue un grand marché intérieur avec la liberté de circulation des personnes, des biens et services et des capitaux : le Marché unique qui supprime toutes les entraves réglementaires ou administratives à la mobilité. Il entre en vigueur le 1er juillet 1987, mais laisse aux États membres jusqu'au 1er janvier 1993 pour harmoniser leurs législations respectives.

Le 1er janvier 2002 marque un jalon de plus dans l'intégration européenne : le passage à l'Euro comme monnaie unique. Les panneaux « *Cambio, change, weschel* », qui fleurissaient aux postes frontières deviennent, du jour au lendemain, caduques. Le volume des opérations de change avec les pays hors zone euro comme l'Angleterre, les pays de l'Est, n'est plus suffisant pour garantir le maintien des nombreux bureaux de change. Beaucoup sont contraints à la fermeture. Ce nouveau coup dur pour l'économie frontalière conduit à des licenciements ou à des reclassements. La SAPSA, premier employeur du Perthus, choisit la voie de la diversification de ses activités et, dans le cadre de sa restructuration, entreprend la construction d'un centre de services, le « Relais Pyramide », sur la plate-forme autoroutière à la frontière. Cette révolution monétaire ne fait pas que des malheureux. Elle est dans l'ensemble au nord comme au sud de la Catalogne plutôt bien accueillie, en particulier chez les commerçants du sud du massif qui espèrent profiter du différentiel de prix en leur faveur pour accroître leurs ventes. Le phénomène se confirme dans un premier temps, celui du vidage des « bas de laine » qui bénéficie au marché immobilier de la Costa Brava. Puis les choses se normalisent et aujourd'hui l'euro, en fluidifiant les échanges transfrontaliers, est devenu le symbole majeur de cette intégration européenne.

L'accord de Schengen (juin 1985) pose le principe du libre franchissement des frontières intérieures par tous les ressortissants des États membres de la C.E.E. Mais il ne s'agit pas d'une liberté inconditionnelle. Pour ne pas affaiblir la sécurité des États concernés, la convention d'application de cet accord (juin 1990 / entrée en vigueur en mars 1995), longue de 142 articles, tout en supprimant les contrôles fixes aux frontières communes, introduit des mesures compensatoires à cette libre circulation. Ainsi prévoit-elle dans son article 39, la signature d'arrangements bilatéraux de coopération entre services de police et de douane.

Une délinquance protéiforme

La délinquance est en pleine expansion sur la frontière pyrénéenne depuis le milieu des années 1980, où la mondialisation des échanges a généré l'apparition de formes migratoires nouvelles qui impliquent « des collectifs en migration développant des initiatives résolues par la constitution d'économies souterraines internationales de produits d'usages licites ou illicites[7] ». On est bien loin de la contrebande d'antan. À côté des va-et-vient permanents de passeurs à destination du Maghreb, le poste frontière du Perthus-la Jonquera doit faire face aux trafics organisés par des réseaux mafieux. Ils portent aussi bien sur des marchandises, drogues, contrefaçons, produits volés, que sur des animaux, ou des êtres humains, immigrés clandestins et prostituées.

---

7 A. Tarrius, L. Missaoui, F. Qacha, *Transmigrants et nouveaux étrangers*, Presses Universitaires du Mirail, Toulouse, 2013, p. 196.

Les Centres de coopération policière et douanière franco-espagnol (CCPD)

La complexité et la mobilité des filières ont poussé la France et l'Espagne à mieux coordonner leurs actions à travers différents accords de coopération entre services douaniers (1962, 1997) et policiers (1995, 1996). L'arrangement administratif de juin 1996 a donné lieu à la création de quatre commissariats communs dont un au Perthus. D'autres accords spécifiques lient les deux pays en matière pénale, de lutte contre le terrorisme ou encore de trafic de stupéfiants… Avec le traité de Blois (juillet 1998 / ratifié en juin 2003), un pas de plus est fait pour renforcer leur coopération par la création de structures bilatérales nouvelles : les Centres de coopération policière et douanière (CCPD) qui se substituent aux commissariats communs. Outre leur rôle de recueil et d'échange de renseignements, leurs missions prioritaires sont de lutter contre l'immigration irrégulière, la délinquance frontalière, les trafics illicites et de prévenir les menaces à l'ordre public. Ils peuvent aussi, à la demande des Etats et conformément à l'article 2 de la convention de Schengen, rétablir ponctuellement des contrôles fixes à la frontière. Le premier centre de ce type, a été inauguré au Perthus – la Jonquera le 25 novembre 2002. Les locaux du CCPD franco-espagnol situés à la frontière sur la plate-forme autoroutière abritent en 2003, 30 fonctionnaires dont 18 policiers, gendarmes et douaniers français et 12 représentants du corps de la police espagnole, de la garde civile et de la douane. Un accord bilatéral (fin 2002) complétant le traité de Blois permet à chaque corps de participer en uniforme et avec arme à des patrouilles mixtes sur le territoire de l'autre partie.

Le vent en poupe des relations transfrontalières

Malmenées par le traité des Pyrénées, mais cependant toujours vives jusqu'à la Guerre civile espagnole, les relations transfrontalières subissent un coup de frein pendant les trente-six ans de franquisme. Elles se bornent alors au seul domaine économique (importations et exportations de marchandises), et aux migrations estivales des touristes vers la Costa Brava et automnales des vendangeurs « espagnols » vers le Roussillon et au-delà. Le dégel sera long et ce n'est que dans les années 1980 que, porté par le souffle de la construction européenne, la mort du dictateur Franco, des rencontres transfrontalières se tissent. Au niveau de la chaîne des Pyrénées, elles débouchent en 1983 sur la création de la Communauté de Travail des Pyrénées (Euskadi, Navarre, Aragon, Catalogne / Aquitaine, Midi-Pyrénées, Languedoc-Roussillon / Andorre) et en 1991 sur l'Eurorégion méditerranéenne entre la Catalogne, Midi-Pyrénées et le Languedoc-Roussillon.

Des relations transfrontalières de proximité

Des relations se nouent à l'initiative d'élus locaux et de membres d'associations des deux côtés. Leur démarche se concrétise en 1992 par la création de l'association « Albera Viva » au nord du massif, réunissant 13 communes, et du *consorci* du même nom, au sud qui en regroupe 23. Cette dualité de structures n'est pas issue de la volonté de leurs créateurs, mais de l'absence de structure juridique commune de droit européen. Albera Viva entreprend des actions transfrontalières dans différents domaines : randonnées, foires, rencontres (les Diades), conférences, édition d'un « Itinéraire transfrontalier des abbayes » en 1996 et d'un « Guide de randonnées transfrontalier » en 2000.

Dans ces mêmes années, une démarche similaire est menée par les maires des neuf communes de Collioure à Cadaqués. Elle donne naissance à l'Association « Cap de Creus–Cap Sant Vicens » dont l'objectif est de développer des projets intéressant les différents villages : contre la pollution marine, pour une promotion touristique commune…

En 1999, le « Pays Pyrénées Méditerranée » dédie un des quatre axes de sa Charte de Développement à la coopération transfrontalière, avec pour objectif de faciliter les échanges de proximité, de développer et diversifier des coopérations régulières entre institutions similaires des deux côtés de la frontière et de réaliser des projets en commun. Au niveau opérationnel, il se dote d'une cellule transfrontalière pour accompagner toutes les initiatives en la matière. À ces engagements collectifs font écho des actions plus ciblées : dans le domaine culturel, Saint-Génis-des-Fontaines et Rabós tentent d'impulser une dynamique commune autour de leurs monastères bénédictins respectifs, tandis que l'Association des Amis de la Mer et des Eaux (ASAME) de Banyuls et *l'Associació gironina d'amics de la Mar*, s'associent pour une publication commune transfrontalière : *L'Exocetus volitans*. Concernant le sauvetage en mer, Port-Vendres et Roses jumèlent en 1997 leurs deux stations de sauvetage, formalisant ainsi des liens de solidarité entre marins tissés depuis de nombreuses années. Toujours en 1997, le Laboratoire Arago à Banyuls-sur-Mer s'associe à neuf laboratoires dont ceux des universités de la Catalogne du Sud pour mettre en place un laboratoire européen des sciences de la mer (LEA). En 2007, Banyuls et Portbou s'nissent pour créer « La route Walter Benjamin » un itinéraire culturel dans les pas du grand philosophe juif allemand qui, fuyant les persécutions des nazis, est mort à Portbou en 1944.

Interreg III, l'impulsion décisive

Dans ses précédents programmes transfrontaliers, l'Union européenne (UE) avait limité son cahier des charges à des projets d'envergure transfrontalière, mais pouvant être du domaine d'un seul partenaire. Les abus constatés et l'inefficacité de la démarche ont conduit l'Europe à modifier ses critères d'attribution concernant le programme Interreg III d'aide aux régions frontalières (2000–2006), en imposant un partenariat transfrontalier. Plusieurs projets ont ainsi vu le jour parmi lesquels :

- « L'Albera : Mémoire et Terre », placé sous l'autorité administrative du Pays Pyrénées-Méditerranée, avec pour partenaires l'Association Albera Viva, le Consell Comarcal de l'Alt Empordà, l'Université de Perpignan Via Domitia (à travers l'Institut Franco-catalan Transfrontalier) et l'Université Autonome de Barcelona. Son objectif était de recueillir la mémoire vivante des habitants de ce massif et de mettre en œuvre un programme de recherche.
- « Pyrénées méditerranéennes, la montagne qui rapproche », entre la Généralité de Catalogne et l'Office National des Forêts (ONF). Ce projet avait pour but de renforcer la cohérence des actions transfrontalières dans la gestion des ressources naturelles, patrimoniales et touristiques sur le massif de l'Albera.

La mémoire de l'exil des républicains de 1939 a aussi bénéficié des Fonds européen de développement régional (FEDER) de ce programme Interreg III qui ont permis de financer (pour partie) le « Musée Mémorial de l'Exil » de la Jonquera, inauguré en décembre 2007 et le Centre international de documentation et d'études sur la Retirada (CIDER) à Argelès-sur-Mer.

Candidature du Rivage méditerranéen des Pyrénées à l'Unesco

Forts de quinze ans de relations transfrontalières fructueuses, Henri Sicre, alors président du Pays Pyrénées Méditerranée et Jordi Cabezas alors président du Consell Comarcal de l'Alt Empordà, décident en 2001 de franchir un pas supplémentaire en sollicitant l'inscription du territoire transfrontalier du Rivage méditerranéen des Pyrénées sur la Liste du Patrimoine mondial de l'Unesco. La constitution du dossier de candidature a été l'occasion d'un intense travail de réflexion et de propositions mobilisant les forces vives des deux côtés. Présenté en janvier 2006 au titre de « Patrimoine culturel vivant et évolutif », il a été retiré avant son passage devant le comité international de l'Unesco et n'a jamais pu être présenté.

Toutes ces années de travail ont permis aux différents partenaires, institutionnels, universitaires, associatifs de mieux se connaître. Par ailleurs une nouvelle génération arrive, plus mobile et européenne, qui commence à insuffler son dynamisme. D'autre part, l'Europe a récemment mis en place avec le Groupement européen de coopération territoriale (GECT), l'outil juridique supranational qui faisait cruellement défaut. Enfin, le train à grande vitesse TGV/AVE est entré en service. Autant de facteurs qui ont réduit les ultimes résistances mentales, les vieilles frilosités et autres tentations protectionnistes.

Le nouveau programme Interreg IV (2007–2013) est une pierre supplémentaire à l'édifice qui compte avec la création d'un Eurodistrict de l'espace catalan transfrontalier. L'Eurodistrict a pour objectif de « renforcer, structurer et harmoniser l'Espace catalan transfrontalier ». Ses institutions signataires sont la Generalitat de Catalunya, le Département des Pyrénées-Orientales, les villes de Perpignan et Girona, ainsi que de nombreuses communes ou communautés d'agglomérations et de communes et autres acteurs locaux. Le fonds commun de soutien aux projets de coopération sur l'espace catalan transfrontalier créé a pour objet d'aider les acteurs des territoires des Pyrénées-Orientales et des comarques de la province de Gérone à la réalisation de projets communs à l'échelle transfrontalière, de permettre ainsi l'émergence de projets qui apportent une plus-value transfrontalière avérée et qui répondent aux orientations portées par l'Eurodistrict de l'espace catalan transfrontalier.

Le traité de Maastricht, l'ouverture des frontières, la monnaie unique sont autant de catalyseurs du développement des actions de la coopération nord-sud. Les initiatives se multiplient. En 2004, la signature de l'Acte de constitution de l'Eurorégion Pyrénées-Méditerrané[8] marque la création d'une nouvelle structure souple de coopération transfrontalière et interrégionale, composée de deux régions françaises, le Languedoc-Roussillon et Midi-Pyrénées, et de trois communautés autonomes espagnoles : l'Aragon[9], les Iles Baléares et la Catalogne. L'Eurorégion s'étend sur 157.316 km^2 et compte plus de 14 millions d'habitants. La constitution du GECT Pyrénées-Méditerrannée en 2009 facilite la coopération transfrontalière, transnationale et interrégionale, dans le cadre de programmes co-financés par l'UE. Parmi les grands dossiers transfrontaliers prioritaires : le TGV France/Espagne. Sur l'ensemble de sa durée, ce chantier titanesque aura mobilisé plus de 2.500 personnes. Par ailleurs, l'émergence de cette dynamique de coopération se poursuit avec la création de l'hôpital transfrontalier à Puigcerda et son ouverture en 2014 grâce à l'aide économique de l'Europe ainsi que l'abattoir transfrontalier. Cet hôpital est un projet unique en son genre. Il sera le premier équipement sanitaire conçu dès le départ en transfrontalier. Un autre organisme important transfrontalier est en 2009 le Pays d'art et d'histoire transfrontalier des vallées du Tech et du Ter (PAHT). En s'appuyant sur les vallées du Tech (Pyrénées-Orientales) et du Ter (Catalogne), il se fonde sur une histoire et une culture communes. Il agit comme un vecteur de reconnaissance d'une identité régionale particulière. Il est composé de 31 communes du nord et du sud. Le GECT créé en 2015 devient l'organisme en charge de la gouvernance du projet. Le PAHT bénéficie du soutien du programme opérationnel POCTEFA[10] (Interreg IV 2014–2020) qui contribue à financer diverses actions de valorisation et de réhabilitation du patrimoine. En décembre 2021, l'inauguration du Centre

---

[8] Signataires : C. Bourquin, représentant G. Frèche, Président de la région Languedoc-Roussillon, M. Iglesias, Président de la Communauté autonome d'Aragon, M. Malvy, Président de la région Midi-Pyrénées, P. Maragall, Président de la Généralité de Catalogne et J. Matas, Président du Gouvernement des Iles Baléares

[9] L'Aragon a suspendu sa participation aux travaux de l'Eurorégion le 25.5.2006 à cause du contentieux entre l'Aragon et la Catalogne concernant l'art sacré de La Franja.

[10] À partir de 2007, l'Andorre fait partie du programme opérationnel et s'appelle POCTEFA, programme opérationnel de coopération transfrontalière Espagne, France, Andorre.

d'interprétation de l'architecture et du patrimoine (CIAP) s'inscrit dans cette démarche et en est son aboutissement.

Parallèlement, des relations se nouent à l'initiative d'élus locaux et de membres d'associations des deux côtés. La coopération transfrontalière est devenue un des outils de l'intégration communautaire puisqu'elle encourage le contact entre les peuples de l'UE et favorise l'émergence d'une citoyenneté européenne. L'émergence d'un enjeu transfrontalier communautaire et pyrénéen n'a pu s'effectuer qu'à partir du moment où les sphères européenne et locale ont accru leur poids respectif par rapport aux gouvernements des États membres, conditions réunies au début des années 1980. Dans ce contexte devient possible l'apparition d'une action communautaire en faveur des zones frontalières. Les frontières européennes deviennent progressivement plus poreuses sous la pression des collectivités décentralisées cherchant à établir de nouvelles solidarités politiques et économiques avec leurs voisins et des institutions internationales et européennes qui promeuvent le libre-échange.

Cependant avec la pandémie, nous avons pu constater des réflexes archaïques de rejet de la population « étrangère », conséquences du retour de la souveraineté nationale exercée par l'État seul dans le cadre des frontières « dures ». Cette pandémie a montré que les États sont décisifs dans une crise sanitaire, mais aussi qu'ils doivent agir ensemble à chaque frontière au niveau européen. Il faut faire valoir que l'espace transfrontalier est un bassin de vie, qu'il ne doit pas être qu'une ligne de séparation de souveraineté nationale, et cela passe par des dispositifs de gouvernance innovants, pour une meilleure compréhension collective de ce qu'est une frontière, y compris les personnes, les citoyens de l'Europe et du monde, avec une vision partagée de leur avenir commun.

La frontière franco-belge. Batailles, patrimoines et Europe

Fabienne Leloup

Le sous-titre de ce chapitre aurait pu être non pas « batailles, patrimoines et Europe » qui annonce le plan choisi mais « quelle(s) histoire(s) » ponctué d'un double point d'exclamation et d'interrogation. Il aurait alors traduit la diversité des récits historiques auxquels la frontière franco-belge – comme toute frontière – peut renvoyer, diversité structurée dans la mémoire collective et renforcée notamment par les processus de patrimonialisation mis en œuvre.

A priori, la frontière franco-belge coupe un espace considéré depuis des décennies comme transfrontalier. L'adjectif transfrontalier rend compte de la possibilité de la traversée, d'un retour à la proximité entre deux régions contigües séparées par une limite entre états voire traduit l'émergence ou la réémergence de traits communs[1]. Le chapitre ne propose pas une analyse des flux ou des projets ; des dimensions extrêmement intéressantes de la réalité (trans)frontalière dans le contexte franco-belge ne sont pas abordées : ne s'y retrouvent ni la discussion des destins des travailleurs frontaliers, ni l'analyse des achats de consommation, du marché immobilier ou des différentiels fiscaux. Il interroge par contre le ressenti (trans)frontalier que véhicule aujourd'hui la relation à cette zone.

La question qui structure le texte se formule alors comme suit : la région formée de part et d'autre de la frontière franco-belge produit-elle une histoire commune ou des histoires séparées. Cette question peut sembler saugrenue alors que cette frontière est – sauf période de terrorisme

1 B. Reitel et F. Leloup, « Borders and cross-border cooperation. A political and geographical point of view », *In* Beck J. (dir.) *Transdisciplinary Discourses on Cross-Border Cooperation in Europe,* PIE, Peter Lang, Bruxelles, 2019, pp. 83–119.

ou de pandémie – si aisément traversée physiquement, alors qu'elle a fait l'objet de plus de 5 000 partenariats depuis 2000, dans le cadre des projets financés par la politique de cohésion territoriale européenne et spécifiquement les programmes de coopération transfrontalière Interreg III, IV ou V[2] ou qu'elle est aujourd'hui l'objet de trois institutions officielles transfrontalières que sont les groupements européens de coopération transfrontalière, la Grande Région, le Groupement européen de coopération territoriale (GECT) West-Vlaanderen / Flandre-Dunkerque-Côte d'Opale ou encore l'Eurométropole Lille-Kortrijk-Tournai. Mais au-delà de ces réalisations, qu'en est-il de la représentation sociale de l'histoire de cette zone ? s'avère-t-elle distincte ou quelque peu partagée ?

L'analyse porte sur une problématique très large. Son traitement est ici limité à trois batailles et trois patrimoines, contextualisés dans le cadre de la politique régionale européenne. En outre, la posture est celle d'une chercheure belge, économico-politiste[3]. Les données mobilisées proviennent de quelques études menées notamment dans le cadre des collaborations instituées au sein du Centre d'excellence franco-allemand Jean Monnet Strasbourg, fondé par le professeur Sylvain Schirmann[4], du réseau Jean Monnet Frontières en mouvement (FRONTEM), du groupement d'intérêt scientifique franco-belge l'Institut frontières et discontinuités (IFD) ou encore du réseau Jean Monnet Capitales européennes de la culture et cohésion urbaine transfrontalière (CECCUT). Une première section rappelle les grandes étapes de la définition et de la délimitation de la frontière politique entre la république française et le royaume de Belgique[5]. La deuxième section se consacre à trois batailles localisées dans la région franco-belge et en commente les sens acquis dans la mémoire collective. La troisième section se base sur le processus de patrimonialisation, en tant que reconnaissance et valorisation de traces mémorielles, et utilise trois cas inscrits au patrimoine mondial de

---

2 Voir site web : Interreg, Interreg-IPA, ENI and IPA-IPA cross-border projects, partners and programmes Interreg, Interreg-IPA, ENI and IPA-IPA cross-border projects, partners, programmes (keep.eu) (2.7.2022).

3 Tous mes remerciements sont adressés à Philippe Walkowiak pour ses commentaires et ses conseils. Toutes imprécisions restent miennes.

4 Voir site web : Centre d'excellence Jean Monnet Strasbourg (unistra.fr) (2.7.2022).

5 Voir l'article de F. Leloup *In* F. Moullé François (dir.), *Frontières, Presses universitaires de Bordeaux*, Bordeaux, 2017.

l'Unesco. La section quatre relie ces exemples aux projets de coopération transfrontalière en œuvre dans cette zone.

Les propositions, illustrées par six cas, ne permettent aucune conclusion mais, à tout le moins, alimentent le traitement de la problématique. À l'aube de la nouvelle programmation Interreg et face aux regains de nationalismes, il apparaît que la question de la frontière se pose même pour une frontière apparemment aussi couture que la frontière franco-belge. La dernière section esquisse dès lors les bases de nouveaux chantiers.

De la définition de la frontière franco-belge

Sans retracer par le détail les divers tracés qui ont amené la délimitation de la frontière franco-belge, il importe de rappeler quelques grandes étapes explicatives de sa définition, un tracé linéaire de 620 km séparant aujourd'hui la république française et le royaume de Belgique[6].

En terme politique, le territoire qui correspond *grosso modo* à la Belgique actuelle appartient initialement à l'Empire romain germanique et est peu à peu agrégé en un ensemble unique à l'instigation des ducs de Bourgogne aux XIVe et XVe siècles. La famille de Habsbourg, au sein de laquelle Charles-Quint, né dans le comté de Flandre en 1500, hérite de ce regroupement. Les dix-sept provinces sont regroupées en 1549. Les Pays-Bas du Nord se séparent des Pays-Bas du Sud ou Pays-Bas espagnols en 1598. À partir du XVIIe siècle, le royaume de France annexe divers territoires des Pays-Bas espagnols, à la suite du traité d'Aix-la-Chapelle en 1668 ou des traités de Nimègue en 1678. Au traité d'Utrecht en 1713, les Pays-Bas passent aux mains des Habsbourg d'Autriche[7].

À la fin du XVIIIe siècle, la France envahit les Pays-Bas du Sud et la principauté de Liège, qui resteront français jusqu'en 1815. Au XIXe siècle, à l'exemple de ce qui se déroule en Irlande ou en Grèce[8], divers mouvements amènent la sécession des provinces de Belgique de la Hollande et la constitution en un État indépendant en 1830. Le 19 avril 1839, le traité signé entre les Pays-Bas et la Belgique consacre la reconnaissance

---

6 F. Alabrune, « Les Frontières de la France » *in Pouvoirs,* n° 165, 2, 2018, pp. 51–64.

7 X. Mabille, *Histoire politique de la Belgique,* Centre de recherche et d'information socio-politiques, Bruxelles, 2000.

8 *Ibid.*, p. 87.

internationale de l'indépendance de la Belgique, l'établissement du territoire de l'État belge et la création du Grand-Duché de Luxembourg[9]. Le tracé de la frontière entre la France et la Belgique est globalement stabilisé depuis 1815 – même si la presse a rapporté en 2021 qu'une borne marquant cette frontière avait été déplacée de 2,2 mètres dans le territoire français[10].

En terme géographique, la frontière franco-belge traverse des plaines ou des forêts et ne correspond presque à aucune limite naturelle, à l'exception de la Lys entre Armentières et Comines-Warneton ou de la Honnelle à Quiévrain : elle ne suit pas les rivières, elle les traverse. Tantôt ouverte, par exemple pour faciliter les échanges commerciaux ou les flux de travailleurs, tantôt davantage fermée ou contrôlée, cette frontière a traduit tout au long des XIXe, XXe et XXIe siècles régionalement les politiques nationales des deux États. Comme l'illustre factuellement le musée de la vie frontalière de Godewaersvelde (France), la frontière a plutôt adapté que modifié les pratiques ou coutumes régionales, rendant par exemple complices les populations locales via les pratiques de fraude[11].

Dans ce contexte de tracé récent et de continuité paysagère, comment la mémoire collective rend-elle compte de l'histoire de cette zone ? Cette mémoire est-elle fractionnée ? La patrimonialisation s'ancre-t-elle dans un passé commun ou distinct et nationalement borné ? Pour traiter ces questions, la section 2 utilise trois exemples de batailles préalables à l'indépendance du royaume de Belgique et la section 3 trois patrimoines inscrits au patrimoine mondial de l'UNESCO, tous les six localisés dans la région d'étude.

Batailles et mémoire collective

De la frontière et de la représentation

La frontière « favorise la territorialisation des individus tout autant que la territorialité du pouvoir de l'État[12] ». Objet politique, la frontière

---

[9] X. Mabille, *Nouvelle histoire politique de la Belgique,* Centre de recherche et d'information socio-politiques, Bruxelles, 2011.

[10] *La Libre.be,* 14.5.2021.

[11] Voir Site web : Godewaersvelde | MUSÉE DE LA VIE FRONTALIÈRE (nord-decouverte.fr). (2.7.2022).

[12] F. Moullé (dir.), *Frontières, op. cit.*, p. 13.

est à la fois un instrument de délimitation géographique et de discontinuité territoriale, la marque d'un construit social et une figure symbolique de différenciation. Même si, dans le contexte franco-belge qui nous intéresse, elle n'est guère démarquée, elle reste cependant perceptible, via les panneaux de signalisation routière ou encore le changement d'opérateur téléphonique[13]. Comme l'ont montré entre autres les travaux de Sylvie Considère et Thomas Perrin[14], les règles, les pratiques, les artefacts mais aussi les transmissions, les informations, les discours, les ressentis construisent le vécu et la réalité de la frontière et contribuent à en forger les représentations sociales. L'étude de la mémoire collective, telle que développée par Wagoner et Brasco[15], interroge l'identité commune qui peut émerger de ces représentations ; elle révèle comment les récits qui véhiculent cette mémoire collective donnent du signifiant aux souvenirs, objets, monuments et espaces.

Trois batailles[16] ayant marqué la zone franco-belge sont utilisées afin d'analyser le cadre mémoriel qui y est associé. La frontière, par sa définition-même, cristallise les rapports de force et les enjeux géopolitiques en des lieux spécifiques ; souvent conséquence de guerres ou de conflits, elle peut elle-même être le lieu de batailles. Les exemples repris ici sont tirés d'expériences vécues par l'auteure, une visite de musée ou des demandes de collègues français. L'information a été complétée par diverses sources documentaires. Pour chaque bataille, il s'agit, après un bref cadrage historique, d'étudier la mémoire collective et les traces laissées jusqu'à aujourd'hui.

Les trois batailles militaires choisies, le siège de Mons, la bataille de Jemappes et la bataille de Courtrai, sont localisées sur le sol belge actuel, elles sont antérieures à l'indépendance de la Belgique.

---

13 S. Considère, F. Leloup, « Les pratiques au quotidien ou comment les habitants font avec la frontière » *In* C. Sylvie et P. Thomas, *Frontières et représentations sociales,* collection Thélème, XX, L'Harmattan, Paris, 2017.

14 *Ibid.*

15 B.Wagoner, I. Bresco, « Conflict and Memory: The Past in the Present », *Peace and Conflict: Journal of Peace Psychology*, vol. 22, n° 1, 2016, pp. 3–4.

16 Les éléments ici présentés ont trouvé leurs prémisses dans les *Castle Talks* et les discussions élaborées dans le cadre du réseau Jean Monnet FRONTEM.

Des boulets de canon français

La première bataille est située à Mons, ville moyenne belge située à 15 km de la frontière française. Elle renvoie au siège de Mons, cité du comté de Hainaut, opéré par le royaume de France en mars et avril 1691. Quelques années après les traités d'Aix-la-Chapelle et de Nimègue, Louis XIV s'engage en 1688 dans un vaste ensemble d'opérations militaires, la guerre de la Ligue d'Augsbourg ou guerre de Neuf Ans. Le roi forme « *le dessein de faire investir Mons*[17] ». La ville est assiégée du 15 mars au 10 avril 1691. Les canons ont tiré 57 673 boulets, les mortiers ont lancé 5 750 bombes[18]. Le 10 avril, les conditions de reddition sont établies et la cité évacuée. Six ans plus tard, le traité de Ryswick amène le roi Louis XIV à renoncer aux places annexées et à rendre la majeure partie des Pays-Bas espagnols à Charles II d'Espagne.

Aujourd'hui, dans certains murs fortifiés ou musée de la ville, on peut encore voir les boulets tirés par Louis XIV ou leurs impacts[19]. Mis en exergue par les guides de la cité, ils sont remémorés en tant que « *vestiges de la guerre qui opposa la France à la future Belgique* ». Le boulet devient le symbole de la puissance de Louis XIV et de la France, mais surtout de la résistance de la cité montoise. Elle illustre la différenciation entre « eux », les Français, et « nous », les Belges. Pourtant, à l'époque, la Belgique n'existe pas et les guerres de conquête de Louis XIV se font à cet endroit contre les possessions du royaume d'Espagne.

Les boulets de Louis XIV se veulent précurseur de la distinction avec la France ; ils renforcent la discontinuité, la séparation des deux versants et entretient une mémoire sécessionniste de la résistance « belge » contre l'envahisseur.

Jemappes et la France républicaine

À quelques kilomètres de Mons, un monument discret intitulé « Le Coq » célèbre la bataille de Jemappes en souvenir de l'amitié franco-belge[20].

---

17 *1691. Le siège de Mons par Louis XIV*, Crédit Communal, Bruxelles, 1991, p. 29.

18 B. Van Mol, L'état des canons après le siège *in* Crédit Communal, 1991, *1691. Le siège de Mons par Louis XIV*, Crédit Communal, 1991, Bruxelles, p. 61.

19 *1691. Le siège de Mons par Louis XIV*, *op. cit*, p. 110.

20 Voir Site web : Le monument au coq à Jemappes (Wallonie) – TRACES DE FRANCE (2.7.2022).

La bataille de Jemappes datée du 6 novembre 1792 appartient aux guerres révolutionnaires françaises et est considérée comme la première grande victoire des armées de la république[21]. Elle fait partie de la doctrine de guerre de propagande et non d'annexion des armées de la république : elle est destinée non à annexer de nouveaux territoires mais à favoriser l'émergence d'une ceinture de républiques comme l'énonce le président du Comité diplomatique Brissot à condition que s'y établisse un gouvernement basé sur la souveraineté du peuple[22]. Le ministre des Affaires étrangères français Dumoiriez annonce ainsi l'indépendance de la république (belge) le 8 novembre 1792[23] mais des dissensions internes, l'absence d'appuis extérieurs et le changement de doctrine de la convention française transforment cette indépendance en annexion en 1793. La Belgique gardera de cette période le découpage administratif en « départements », qui correspondent aux provinces actuelles.

En 1911, un monument, « Le Coq », est érigé à Jemappes afin de célébrer l'amitié franco-belge à l'occasion du Congrès international des Amitiés françaises ; cet événement s'organise sous l'impulsion d'un comité auquel prend part Jules Destrée, acteur majeur du Mouvement wallon. Ce mouvement est destiné à reconnaître les spécificités de la Wallonie, région francophone belge distincte de la Flandre et de Bruxelles. En 1962, le mouvement wallon y célèbre le 160e anniversaire de la bataille de Jemappes. En 1989, le mouvement wallon « Wallonie Région d'Europe » tente de relancer cette manifestation mais sans succès.

Aujourd'hui, le monument n'est plus guère visité que par des touristes français à la recherche de traces de cette bataille symbolique pour les armées de la république. Peu de Jemappiens, a fortiori de Belges, connaissent le lieu voire le sens du monument. Le Coq de Jemappes ne commémore ainsi ni une indépendance prématurée de l'État belge, ni une alliance de la France au service de cette indépendance. Témoin initialement de l'amitié franco-belge puis de la francophilie soutenue par le régionalisme wallon, le monument – bien qu'en Belgique – appartient actuellement essentiellement au patrimoine mémoriel français.

---

21 X. Mabille, *Nouvelle histoire politique de la Belgique, op. cit.*

22 X. Mabille, *Histoire politique de la Belgique, op. cit*, pp. 48–49.

23 X. Mabille, *Nouvelle histoire politique de la Belgique, op. cit.*

De la bataille de Courtrai à la fête du 11 juillet

Plus loin vers le nord, à Kortrijk, ville de Flandre occidentale, la Porte et le monument de Groeninge érigés en 1902 commémorent la bataille des Eperons d'or ou *Guldensporenslag*.

À partir de la fin du XIIe siècle, diverses batailles opposent les comtes de Flandre et le roi de France. La bataille de Courtrai en particulier se tient le 11 juillet 1302 dans les plaines de la Lys et voit s'affronter une petite dizaine de milliers de combattants français et à peu près le même nombre d'hommes issus des cités flamandes[24], de Namur, de Lègue, de Zeeland ou même d'Angleterre. Les troupes de Flandre mettent en déroute l'armée de Philippe le Bel, la légende raconte qu'ils capturèrent 500 paires d'éperons d'or, ce qui donna le nom à la bataille. Le comté de Flandre acquit son indépendance mais la France récupèrera ses territoires en 1304, et ce jusqu'à la cession du comté de Flandre par François Ier au profit de l'empire romain germanique de Charles Quint.

À l'indépendance de la Belgique, à la recherche de symboles de l'histoire héroïque du pays[25] et dans le contexte romantique de l'époque, la bataille des Eperons d'or est célébrée comme une victoire belge sur l'occupant. Le peintre Nicaise de Keyser l'immortalise ainsi dans un tableau de 1836 intitulé « Bataille des Eperons d'or ». À la fin du XIX et au début du XXe siècles, la victoire localisée en Flandre se focalise sur la lutte entre des combattants de Flandre et la France et se transforme en un symbole de la libération flamande. Elle concerne non seulement la séparation de la France mais par extension une libération de la Belgique francophone, comme le précise Vincent Dujardin[26]. Sans reprendre ici l'évolution de la structuration fédérale du royaume de Belgique, rappelons que, à partir des années 1960, un ensemble de révisions entraîne le passage d'une Belgique unitaire et centralisée à un État fédéral constitué de trois régions et de trois communautés, à savoir la Région flamande, la Région de Bruxelles-Capitale et la Région wallonne, la Communauté flamande, la Communauté française et la Communauté germanophone[27]. En 1973, la

---

24 C. Istasse, « Histoire, mémoire et identité : Les fêtes nationales, régionales et communautaires en Belgique » *in Courrier hebdomadaire du CRISP*, 2019, n° 2412–2413, pp. 33.

25 *Ibid.*

26 Entretien avec V. Dujardin dans RTBF le 8.7.2011 https://www.rtbf.be/article/le-11-juillet-1302-une-victoire-belge-devenue-un-mythe-flamand-780293. (2.7.2022).

27 Voir site web : La Belgique, un État fédéral | Belgium.be. (2.7.2022).

date de la bataille des Eperons d'or, le 11 juillet, est choisie comme jour de fête de la Communauté flamande et est depuis fériée dans la partie flamande de la Belgique.

La bataille des Eperons d'or est aujourd'hui convoquée comme une victoire moins vis-à-vis de la France que par rapport à la francisation. Le monument de Groeninge est ainsi approprié comme patrimoine mémoriel du nationalisme flamand ; il est mis en scène annuellement lors de la fête de la Communauté flamande comme tribune des élus flamands[28].

Ces trois exemples localisés « à la frontière » franco-belge illustrent comment la mémoire de ces batailles se perpétue à travers le temps et évolue, comment leur récit se recompose en proposant des sens différents, convoqués pour la construction identitaire. Dans les trois cas, la France était l'envahisseur. Elle l'est toujours dans le récit des boulets de canon montois, elle ne l'est plus ni pour la bataille de Courtrai – qui nourrit l'identité flamande –, ni pour la bataille de Jemappes – qui n'appartient plus aujourd'hui qu'au récit républicain français -.

Patrimoines et frontière

Le processus de patrimonialisation d'un monument ou d'une tradition tend à stabiliser, ancrer et pérenniser la mémoire qu'ils véhiculent. Les acteurs institutionnels par la sélection qu'ils opèrent et la mise en scène qu'ils proposent, valorisent ce monument ou cette tradition en les dotant d'un sens particulier, une histoire choisie insérée dans un récit cohérent. La patrimonialisation est toujours liée à un discours et à un moment, appuyée sur le passé, valable dans le présent et déterminée par des préférences et des choix politiques[29].

La reconnaissance en tant que patrimoine mondial renforce cette valorisation et le récit choisi de par la qualité de l'organisation internationale (l'Unesco) et l'échelle mondiale du label. Rappelons que ce label désigne des ensembles de biens, culturels ou naturels, matériels ou immatériels, présentant un intérêt exceptionnel pour l'héritage commun de

---

28 C. Istasse, « Histoire, mémoire et identité : Les fêtes nationales, régionales et communautaires en Belgique », *op. cit.*

29 C. Lacour, F. Leloup, L. Moyart, « Culture, patrimoine, savoirs : facteurs dynamiques de développement : introduction », *Revue d'économie régionale et urbaine*, n. 5, 2014, pp. 785–799.

l'humanité[30]; ces patrimoines rendent compte d'une spécificité unique, ancrée dans l'histoire locale.

Les trois patrimoines traités sont situés dans la zone étudiée. L'analyse de ces patrimoines s'inscrit dans une histoire socio-économique commune aux deux versants de la frontière : l'essor des villes au Moyen-âge ou l'exploitation industrielle du charbon et du fer qui structurent de façon relativement analogue le nord occidental de la France et le territoire belge. Les exemples sélectionnés concernent le réseau des 56 beffrois de Belgique et de France inscrits sur la liste du patrimoine mondial, l'inscription – séparée – du bassin minier du Nord Pas-de-Calais côté français et de quatre sites miniers wallons côté belge et enfin la reconnaissance – belge – des carillons. Pour chacun de ces patrimoines, le récit qui en justifie l'exceptionnalité et donc le label Unesco est précisé et le positionnement de la reconnaissance, transfrontalière ou nationale, discuté.

De 32 à 56 beffrois

Le premier patrimoine concerne les beffrois de Belgique et de France. En 1999, 32 beffrois belges sont inscrits au patrimoine mondial de l'Unesco ; vingt-trois beffrois, situés dans le nord de la France, ainsi que le beffroi de Gembloux, en Belgique, les rejoignent en 2005[31].

Les beffrois, construits entre le Xe et le XVIIe siècles, représentent la conquête des libertés civiques des villes spécifiquement dans l'Europe nord-occidentale[32]. Chefs-d'œuvre architecturaux, de style roman, gothique, Renaissance ou baroque, ils sont construits au cœur de la ville en opposition au donjon, symbole de l'aristocratie, et au clocher, symbole du clergé. Ils représentent le pouvoir communal : ils sont reconnus comme patrimoine universel car constituent des exemples uniques d'architecture urbaine et publique. Eléments majeurs de la ville médiévale, ils conservent aujourd'hui un rôle central dans le développement des

30 Voir site web : UNESCO Centre du patrimoine mondial (2.7.2022).

31 Voir site web : Beffrois de Belgique et de France – UNESCO World Heritage Centre (2.7.2022).

32 B. Bove, F. Lachaud, P. Monnet, J.-B. Santamaria, « Villes et construction étatique au Moyen âge », *Histoire urbaine*, n° 1, HS1, hors-série, 2021, pp. 7–28.

villes concernées, que ce soit comme horloge, siège d'un carillon, étape touristique ou objet culturel[33].

La reconnaissance Unesco a d'abord concerné 32 beffrois belges de Flandre et de la Wallonie en 1999 puis cette liste s'est étendue à 24 autres beffrois dont 23 situés dans le nord de la France : elle est ainsi devenue une reconnaissance de type transfrontalier. Ce caractère transfrontalier n'est pas unique : 43 patrimoines Unesco – sur 1154 biens concernés – sont reconnus comme transfrontaliers ; les beffrois y côtoient ainsi les frontières de l'empire romain, les Grandes Villes d'eau d'Europe ou l'œuvre architecturale de Le Corbusier[34]. L'ensemble ainsi constitué relie des tours situées dans le nord de la France, en Flandre et en Wallonie et le caractère transfrontalier de ce patrimoine labellisé entraîne l'organisation d'une réunion annuelle franco-belge des responsables de la restauration et de l'entretien des beffrois pour diffuser les bonnes pratiques même si, à ce jour, aucune politique de valorisation transfrontalière en tant que telle n'existe.

Bassin minier ou sites miniers

Le deuxième exemple choisi concerne le bassin minier du Nord-Pas de Calais d'une part et les sites miniers majeurs de Wallonie d'autre part, tous deux reconnus en 2012 comme patrimoine mondial de l'Unesco. Ils témoignent de l'histoire charbonnière de cette région, tant dans sa portée architecturale, technologique que paysagère ou sociale.

L'exploitation charbonnière, caractéristique de la révolution industrielle des XIXe et XXe siècles a profondément marqué les espaces de vie où elle s'est développée, que ce soit au vu des sites industriels en tant que tels, des méthodes d'exploitation et de technologies, de l'évolution urbanistique ou encore de l'émergence de paysages typiques – comme ceux produits par les canaux ou les terrils[35]. La mise en patrimoine de cette

[33] C. Lamour, F. Durand, P. Bosredon, F. Leloup, T. Perrin, N. Popa, C. Tursie, *Capitales européennes de la culture et cohésion urbaine transfrontalière : guide de bonnes pratiques et boîte à outils pour l'évaluation*, research output, Liser, Luxembourg, 2022.

[34] Voir site web : UNESCO Centre du patrimoine mondial – Liste du patrimoine mondial (2.7.2022).

[35] P. Tilly, « Fleuves et Canaux dans la zone franco-belge entre 1814 et 1914 : vers une redéfinition des espaces ? », *Revue du Nord*, n° 416, 3, 2016, pp. 577–599.

exploitation charbonnière rend aussi compte des conditions de travail et de vie ouvrière au sein des industries et à proximité, de leur mise en forme notamment par l'habitat caractéristique de ces territoires que sont les corons ou les cités-jardins, mais aussi de l'émergence de luttes sociales ou encore des divers courants migratoires ouvriers[36].

Même si le filon charbonnier du nord-ouest européen traverse la frontière franco-belge et que son exploitation correspond à la même période dans cette zone, la reconnaissance par l'Unesco du caractère exceptionnel du patrimoine s'est déroulée de façon distincte, côté français et côté belge. Dans les deux cas, le patrimoine témoigne d'« un échange d'influences considérables pendant une période donnée ou dans une aire culturelle déterminée » sur le bâti, la technologie ou le paysage et d'un exemple illustrant une ou des périodes significatives de l'histoire humaine même si, dans le cas français, l'exceptionnalité est aussi associée à des « événements et traditions vivantes, idées, croyances et œuvres artistiques »[37]. Plus précisément, du côté belge, ce sont quatre sites qui ont été sélectionnés, dont trois sont situés en Hainaut, province belge limitrophe de la France ; le bassin minier français sélectionné couvre, quant à lui, 120 km situé dans le Nord-Pas de Calais, également frontalier[38].

Ces deux patrimoines font l'objet d'une inscription séparée et ce, malgré la forte similitude du bâti, de la technologie, du paysage, des conditions de la vie ouvrière et des luttes sociales célébrés par cette reconnaissance. Coexistant indépendamment, leur gestion relève d'autorités et d'objectifs distincts de part et d'autre de la frontière.

Les carillons

En 2008, le film français de Dany Boon « Bienvenue chez les Ch'tis » dénonçait les stéréotypes plaqués sur le nord de la France, tout en décrivant les habitudes de vie, les coutumes et les traditions qui se retrouvaient dans le nord, et dès lors en partie dans l'est de la Belgique. Le film est

---

36 S. Lembré, « Terres de travail, terrains d'histoire » *Revue du Nord,* n° 435, 2, 2020, pp. 277–288.

37 Voir site web : UNESCO Centre du patrimoine mondial – Les critères de sélection (2.7.2022).

38 Voir site web : Bassin minier du Nord-Pas de Calais – UNESCO World Heritage Centre ; Sites miniers majeurs de Wallonie – UNESCO World Heritage Centre (2.7.2022).

ainsi ponctué par le son du carillon, joué depuis le haut du beffroi de Bergues (un des 56 beffrois reconnus patrimoine mondial de l'Unesco). Six ans plus tard, l'Unesco reconnaît la culture du carillon comme meilleure pratique de sauvegarde de patrimoine immatériel pour la Belgique. Appliquée à la Belgique dans son entièreté – mais pas à la France –, cette reconnaissance reconnaît la transmission et la mise en valeur de cet élément culturel historique apparu dans les Pays-Bas espagnols et datant du XVIe siècle, le carillon étant par ailleurs reconnu comme le plus grand instrument de musique au monde[39].

Scandant aujourd'hui encore la vie quotidienne de communes tant du nord de la France que de la Flandre, de Bruxelles ou de Wallonie, la patrimonialisation du carillon n'a pas passé la frontière. Elle se restreint – pour ce qui concerne sa reconnaissance mondiale – au périmètre actuel du royaume de Belgique, omettant les pratiques toujours actuelles de l'autre côté de la frontière. Notons cependant que le GECT West-Vlaanderen/Flandre-Dunkerque-Côte d'Opale soutient depuis 2010 divers micro-projets afin de revaloriser l'art du carillon « puisque les Flandres françaises et flamandes concentrent le plus grand nombre de carillons au monde, puisque le berceau du carillon se trouve dans cette région, puisque la plupart des beffrois qui les abritent sont reconnus au patrimoine mondial de l'Unesco »[40].

Un quatrième exemple de patrimoine de l'Unesco commun à la région franco-belge aurait pu être étudié. Il s'agit des géants et dragons processionnels de Belgique et de France, proclamés en 2005 et inscrits en 2008 sur la liste représentative du patrimoine culturel oral et immatériel de l'humanité[41]. Parmi les neuf folklores consignés, deux des quatre français et deux des cinq belges sont localisés dans la zone franco-belge : à Cassel et Douai et à Mons et Ath. Cette liste n'est pas classée comme transfrontalière et vise surtout à une mise en réseau des villes et des folklores concernés.

---

39 Voir site web : La sauvegarde de la culture du carillon : préservation, transmission, échange et sensibilisation – patrimoine immatériel – Secteur de la culture – UNESCO (2.7.2022).

40 Voir site web : Le ciel comme salle de concert l'histoire des carrilloneurs. | Actualités. | Egts (egts-gect.eu) (2.7.2022).

41 Voir site web : Géants et dragons processionnels de Belgique et de France – patrimoine immatériel – Secteur de la culture – UNESCO (2.7.2022).

Batailles, patrimoines et coopération territoriale européenne

Les éléments mémoriels étudiés, qu'il s'agisse de batailles ou de patrimoines labellisés, s'affirment avant tout comme révélateurs de l'identité d'un versant de la frontière. Alors que la Belgique n'existe pas encore, les batailles étudiées vont participer quelques siècles plus tard à construire et à nourrir un récit historique ciblé, renforçant le républicanisme français, le nationalisme belge ou flamand. De même, les patrimoines labellisés s'inscrivent dans la commémoration de bâtis, de paysages, de modes de vie ou de pratiques à l'intérieur du périmètre d'un seul État, et ce même si l'histoire et la culture qu'ils valorisent traversent la frontière. Les six cas participent en cela à renforcer une mémoire collective fractionnée, arrêtée par les limites frontalières politiques.

La zone franco-belge constitue pourtant un espace ouvert géographiquement parlant et pacifié depuis l'indépendance de la Belgique. En outre, elle est devenue de plus en plus poreuse et les coopérations s'y sont multipliées notamment sous l'effet des politiques de l'Union européenne et de la coopération territoriale européenne[42].

Un rapide recensement des programmes Interreg dans l'espace France-Wallonie-Vlaanderen met en évidence la grande diversité et l'ampleur des coopérations établies entre opérateurs de part et d'autre de la frontière franco-belge depuis 1990, notamment dans des thématiques liées à la culture ou au patrimoine. L'étude plus attentive des deux dernières programmations (Interreg IV 2007–2013 et Interreg V 2014–2020) permet de repérer un certain nombre de projets directement liés à la question historique de la frontière, aux batailles ou aux patrimoines reconnus Unesco.

L'histoire de l'exploitation du charbon et les paysages miniers ont ainsi fait l'objet de projets au cours de ces deux dernières programmations. Sous Interreg IV, le projet APBM[43] visait la gestion du patrimoine culturel et naturel des espaces miniers franco-wallons et le projet ICI[44], la création d'un itinéraire de la culture industrielle autour du patrimoine

---

[42] B. Reitel, B. Wassenberg, *La coopération territoriale en Europe : une perspective historique,* Commission européenne, Bruxelles, 2015.

[43] Voir http://www.interreg4-fwvl.eu/admin/upload/project/pdf/101-nl.pdf (2.7.2022).

[44] Voir site web : 83-fr.pdf, (interreg4-fwvl.eu) (2.7.2022).

minier franco-belge en incluant entre autres les sites de Bois-du-Luc ou du Bois-du-Cazier – qui allaient faire parler des quatre sites miniers wallons reconnus par l'Unesco en 2012. Le projet « Destination Terrils » (Interreg V) concernait 75 terrils et visait le développement touristique et économique de ces « vestiges de l'exploitation charbonnière » et leur préservation tant patrimoniale qu'écologique[45]. Dans tous ces cas, la coopération entre opérateurs des deux versants a mis en œuvre des actions conjointes autour de ce patrimoine commun que constituent les sites miniers.

Un autre ensemble de projets se révèlent intéressants à noter en termes de mémoire collective, éventuellement transfrontalière. Ils concernent des batailles et l'histoire de la frontière. Ainsi quatre projets du programme Interreg IV concernaient la Première Guerre ou la Seconde Guerre mondiales : « Mémoire de la Grande Guerre »[46] et « La Grande Guerre, corps et âmes de paix »[47] consacrés à la commémoration du centenaire de la Guerre 1914–1918 ou « Transmusites 14–45 »[48] et « Mémoire commune du XXe siècle »[49] ces deux derniers étant dédiés au développement d'infrastructures muséales ou de recherches conjointes relatives aux deux guerres mondiales. Comme le met en évidence le thème de ces projets, les deux guerres mondiales ont profondément marqué tant la Belgique que la France et particulièrement la région franco-belge ; les projets ont alors comme objectif une commémoration conjointe, à l'occasion d'un anniversaire. Citons enfin un projet particulier « Une Frontière de 300 ans »[50]. Ce projet visait à développer un ensemble d'activités culturelles pendant deux années, autour du tricentenaire du Traité d'Utrecht, posé comme moment fondateur de la frontière franco-belge car mettant fin à la guerre de succession d'Espagne[51]. La frontière y a été célébrée sous le « signe du bon voisinage », incluant la redécouverte de la vie transfrontalière passée dans la région ou l'animation d'anciens postes-frontières.

---

45 Voir site web: Destination terrils | Interreg (interreg-fwvl.eu) (2.7.2022).

46 Voir site web : 16-fr.pdf (interreg4-fwvl.eu) (2.7.2022).

47 Voir site web : 210-fr.pdf (interreg4-fwvl.eu) (2.7.2022).

48 Voir site web : 21-fr.pdf (interreg4-fwvl.eu) (2.7.2022).

49 Voir site web : 20-fr.pdf (interreg4-fwvl.eu) (2.7.2022).

50 Voir site web : 229-fr.pdf (interreg4-fwvl.eu) (2.7.2022).

51 F. Alabrune, « Les Frontières de la France », *op. cit.*

Ces exemples illustrent le souhait d'acteurs des deux versants d'élaborer ensemble un projet destiné à initier une coopération, avec le soutien de l'Europe, parfois dans le cadre d'événements conjoncturels, souvent dans la perspective de coopération de plus longue haleine.

L'analyse présentée dans ce chapitre expose quelques premiers éléments utiles pour analyser la zone franco-belge et en évaluer la perception de la frontière. La coopération transfrontalière européenne construit des ponts, des occasions d'échanges et de « faire ensemble » ; elle incite en cela à tisser un espace fonctionnel de plus en plus intégré. Cependant, les exemples épinglés indiquent que la mémoire collective nourrit davantage une identité nationale ou régionale qu'une perspective transfrontalière et que les processus de reconnaissance patrimoniale – même si basés sur des passés communs – restent fortement limités aux périmètres nationaux.

Le slogan du programme IV France-Wallonie-Vlaanderen annonçait « Interreg efface la frontière ». Même si la question de la permanence d'une mémoire fractionnée, arrêtée à la frontière, peut étonner en 2022, analyser la façon dont les représentations rendent compte du passé ou dont la reconnaissance patrimoniale s'organise n'entend pas effacer les batailles ou les oppositions. À l'heure des replis nationalistes et sans l'illusion du sans-frontiérisme, une réflexion plus approfondie s'impose sur les mémoires collectives et les patrimoines forgeant les « nous » et les « eux » à la frontière. Au-delà des échanges, des flux et autres actions transfrontalières, la frontière se révèle comme un lieu original, porteur d'histoires – avec s –, associant diversité et continuité, réécriture et réinterprétation. Un programme de recherche s'ouvre pour les années à venir autour de ces récits et de ces représentations : l'opportunité dont s'est saisie le réseau *Transborder Euro-Institut Network* (TEIN) dont les membres du Centre d'Excellence franco-allemand Jean Monnet Strasbourg dans le cadre du projet *Borders In Globalization* (BIG)[52] amènera sans nul doute quelques éléments de réponse plus approfondis, liant régionalisme, minorité, pratiques culturelles, et frontière.

---

[52] Voir site web: Borders in Globalization 2 (BIG2) – 21st Century Borders – Transfrontier | Europe (2.7.2022).

Partie 2

Acteurs

Teil 2

Akteure

La France et le financement de l'économie sarroise de 1945 à 1959. Ampleur et limites d'une volonté réformatrice

Jean-François Eck

Pour quiconque s'intéresse à la politique menée en Sarre par la France et l'Allemagne au lendemain de la Seconde Guerre mondiale et, plus généralement, au rôle qu'a tenu ce territoire dans les relations entre les deux pays tout au long du XXe siècle, les nombreuses études réalisées forment une base de départ largement pourvue, comme le montrent les références rappelées ci-dessous limitées à quelques contributions majeures sur le plan historiographique[1].

Dans cet ensemble, les aspects politiques et diplomatiques se taillent la part belle, jusque dans l'approche des questions économiques. De fait,

1 Depuis le livre du spécialiste suisse de relations internationales J. Freymond, *Le conflit sarrois (1945–1955)*, Institut de sociologie Solvay, Bruxelles, 1959, véritable ouvrage d'histoire immédiate, mentionnons, par ordre chronologique de publication, J.-P. Cahn, *Le second retour. Le rattachement de la Sarre à l'Allemagne 1955–1957*, Peter Lang, Berne, 1985; R. Hudemann, R. Poidevin (dir.), *Die Saar 1945–1955. Ein Problem der europäischen Geschichte*, Oldenbourg Verlag, Munich,1992; A. Heinen, *Saarjahre*, Franz Steiner Verlag, Stuttgart, 1996; D. Hüser, *Frankreichs „doppelte Deutschlandpolitik" 1944–1950*, Duncker und Humblot, Berlin, 1996; S. Lefèvre, *Les relations économiques franco-allemandes de 1945 à 1955. De l'occupation à la coopération*, Comité pour l'histoire économique et financière de la France, Paris, 1998; R. Hudemann et A. Wahl (dir.), *La Lorraine et la Sarre depuis 1871 : perspectives transfrontalières*, Centre de recherche histoire et civilisation de l'Université de Metz, Metz, 2001. Il faut y joindre les recueils de documents publiés tel celui dirigé par H. Möller et K. Hildebrand, *Die Bundesrepublik Deutschland und Frankreich : Dokumente 1949–1963*, t. II : *Wirtschaft*, sous la responsabilité d'Andreas Wilkens, K.G. Saur, Munich,1997.

l'industrialisation de la Sarre au XIXe siècle, à la fois précoce et brillante[2], alimentait en grande partie les visées des puissances qui ambitionnaient d'en prendre le contrôle. Pour l'étude de la période postérieure à 1945, l'historiographie a suivi une tendance analogue, n'envisageant les questions économiques de la région qu'au prisme d'un rapport de forces entre pays. Ceci tient au fait que les premières études sur la Sarre ont été effectuées, durant les années 1980–1990, par des équipes formées dans les pôles universitaires de Sarrebruck, autour de Rainer Hudemann, et de Metz, puis de Strasbourg, autour de Raymond Poidevin. Celles-ci se sont fondées sur les archives alors disponibles qui provenaient pour l'essentiel des ministères des Affaires étrangères. Il a fallu attendre l'ouverture de fonds plus diversifiés, émanant des acteurs mêmes de la vie économique, pour étudier cette dernière directement, et non comme seul enjeu de puissance entre les pays. C'est ce que nous avons tenté de faire en recourant, durant la période de rattachement de la Sarre à la France, à un fonds d'archives encore peu utilisé, celui de la Banque de réescompte de la Sarre (BRS).

Durant ses douze années d'existence, de 1947 à 1959, cet établissement, étroitement lié à la Banque de France (BdF), fut l'instrument privilégié de la politique économique et financière sarroise de la France. Lors de sa liquidation, deux ans et demi après la réintégration politique de la Sarre à la République fédérale et la fin de l'union économique et monétaire avec la France, ses archives furent d'abord entreposées à Sarreguemines, puis transférées à la Mission historique de la BdF à Paris, classées, inventoriées et mises à la disposition du public[3]. Dans le cadre de cette contribution, nous nous limiterons à quelques sondages à travers ce fonds qui comporte 306 articles et occupe plus de 30 mètres linéaires. D'une richesse considérable, il présente pour l'étude des relations franco-allemandes un triple intérêt, permettant d'analyser la place de l'économie dans la politique sarroise de la France, de suivre la manière dont elle subit l'influence du contexte politique et diplomatique de la période et enfin d'observer la marque du dirigisme qui est alors dominant. Nous montrerons tout d'abord comment la BRS se trouve mise au service des

2 Analysée dans un important ouvrage par R. Banken, *Die Industrialisierung der Saarregion 1815–1914*, Franz Steiner Verlag, Stuttgart, 2000–2003.

3 Archives de la Banque de France, Secrétariat du Conseil général, inventaire du fonds Banque de réescompte de la Sarre 1910–1960, versement 1069200415, 2004, réalisé par M. Quentin-Dupuis.

intérêts monétaires et bancaires français, puis nous retracerons sa tutelle auprès de certaines entreprises, destinée à renforcer la puissance industrielle nationale.

La Banque de réescompte de la Sarre (BRS) au service des intérêts monétaires et bancaires français

L'organisation générale de la BRS

Créée en novembre 1947 sous le gouvernement de Paul Ramadier, ouverte quatre mois plus tard sous celui de Robert Schuman, la BRS dispose en apparence d'une totale autonomie par rapport à la BdF dont elle est le « correspondant », formule jugée préférable à la création d'une succursale à Sarrebruck. En réalité, le décalque des institutions de la banque d'émission est très poussé. Son premier directeur général est un homme dont toute la vie professionnelle s'est déroulée au sein de la BdF, Paul-Jean Favre-Gilly. Né en 1896, il appartient à une véritable dynastie d'employés supérieurs de la Banque. Son père dirige la succursale de Valence, son frère aîné est attaché au secrétariat général. La Première Guerre mondiale représente pour lui une expérience décisive. Engagé volontaire dès le début des hostilités, puis mobilisé, il reçoit un coup de lance à la face qui le prive de l'usage d'un œil, mais est maintenu sous les drapeaux jusqu'en 1919. Puis, détenteur d'une licence en droit préparée par ses propres moyens, il travaille dans les succursales de la BdF en région parisienne où il donne toute satisfaction[4]. En 1940, il prend part à la liquidation des succursales d'Alsace-Lorraine. Cinq ans plus tard, il accède à l'inspection générale. Étant administrateur-séquestre d'établissements bancaires sarrois, il connait bien l'Allemagne occupée, ce qui

[4] Archives de la BdF, 1514200903 AR 83, dossier Favre-Gilly, communiqué par Fabrice Reuzé, Service du patrimoine historique et des archives, que nous remercions vivement. On y lit, en 1924, l'appréciation suivante du directeur de la succursale de Meaux où travaille alors Favre-Gilly : « Étant fils du directeur de la succursale de Valence, il a la tradition de la Banque. De caractère sérieux, intelligent, travailleur, très bien élevé et d'une tenue toujours correcte, il produit une excellente impression. Il s'exprime aisément et sert très exactement et avec courtoisie notre clientèle. »

explique sa nomination à la direction générale de la BRS[5]. Lorsqu'il la quitte en décembre 1956, il retourne à Paris comme caissier général de la BdF[6]. Recevant une lettre chaleureuse de Wilfrid Baumgartner lors de son départ en retraite, il fait figure d'homme de la fidélité à une institution à laquelle il doit tout. Parallèlement, il conserve sur les affaires dont il a la charge la discrétion du haut fonctionnaire, s'interdisant d'exprimer le moindre avis personnel. Par bien des traits il est pleinement représentatif de sa génération. Tout comme lui, Charles Lefort qui lui succède à la tête de la BRS au début de 1957 est un ancien inspecteur de la BdF, en position de détachement auprès du Haut-Commissariat français.

Outre la personnalité de ses deux directeurs généraux, d'autres traits rapprochent la BRS de la BdF. Tout comme cette dernière, elle possède des succursales dans quatre villes de la Sarre : à Sarrebruck, sa succursale principale, qui abrite dans les mêmes locaux la direction de l'institution, Sarrelouis, St Ingbert et Neunkirchen. Comme à la BdF aussi, l'activité y est encadrée par plusieurs conseils de direction. Deux d'entre eux jouent un rôle important : le conseil consultatif et le collège de censure. Le premier débat, non seulement de la situation de la BRS, mais aussi de l'évolution monétaire et économique de la Sarre. Le second approuve le bilan annuel et décide de l'affectation du résultat d'exploitation. Leurs membres sont en nombre réduit : 6, puis 8, pour le premier, 5 pour le second[7]. Même si des Sarrois y figurent, l'élément français reste majoritaire, du moins jusqu'aux accords de Paris d'octobre 1954 qui prévoient un référendum sur le statut futur de la Sarre tout en maintenant pour cinq années encore son union économique avec la France. Leur présidence revient au directeur général de la BRS pour le conseil consultatif, tandis que celle du collège de censure est confiée à André Cramois, directeur de la Caisse nationale de crédit agricole et membre du conseil général de la BdF. Il existe également un conseil d'escompte, créé à partir de 1955, dont les douze membres, tous sarrois, représentent à parts égales le commerce, l'industrie, l'artisanat et l'agriculture, qui examine les effets

5 Archives de la BdF, fonds BRS (désormais ABRS), 1069200415/4, lettre d'Emmanuel Mönick, gouverneur de la BdF, annonçant au haut-commissaire Grandval sa prochaine nomination, 11.12.1947.

6 À ce titre, sa signature figure au recto des billets de banque émis entre 1957 et 1960.

7 Plusieurs des personnages mentionnés, membres des institutions consulaires, sont étudiés dans l'ouvrage de M. Libera, *Diplomatie patronale aux frontières. Les relations des chambres de commerce frontalières françaises avec leurs homologues allemandes (1945–milieu des années 1980)*, Droz, Genève, 2020.

présentés au réescompte et élimine ceux ne réunissant pas les conditions requises. On retrouve là encore un mode de fonctionnement analogue à celui de la BdF. La proximité des deux institutions s'observe enfin au niveau du personnel : l'un des directeurs de la BRS, Marc de Lignerolles, vient de la BdF qui l'a détaché en Sarre pendant six années consécutives[8].

À l'intérieur de ces conseils le directeur général possède une place importante, qu'il en préside les séances ou se borne à y assister. C'est l'occasion pour lui de brosser un tableau de l'évolution économique de la Sarre durant l'année écoulée. Se félicitant d'une prospérité qu'il qualifie en 1951 d'« extraordinaire », il ajoute : « Nous sommes en plein emploi. Ce qui manque ici, c'est la main-d'œuvre »[9]. Faut-il y voir comme lui le résultat de l'union économique et monétaire liant la Sarre à la France ? Une telle vision de la situation paraît fort réductrice. Parallèlement, il souligne la lourdeur des tâches confiées à la BRS, notamment pour la mise en circulation des billets et monnaies divisionnaires français envoyés en Sarre à partir de novembre 1947, le franc y devenant l'unité monétaire. Il s'inquiète à plusieurs reprises du déficit subi par son établissement dès sa fondation, rejoignant sur ce point le haut-commissaire de France Gilbert Grandval qui attire l'attention du gouvernement « sur une situation qui ne saurait se prolonger davantage »[10]. Une solution au problème paraît s'esquisser en 1951 grâce à l'assouplissement de ses règles de fonctionnement auquel consent la BdF. Désormais, explique-t-il, « la BdF consent à n'être créditée du montant des effets que nous encaissons pour elle que dix jours après les délais normaux. Nous utilisons les sommes dont nous disposons ainsi à nourrir une part de notre portefeuille, encaissant de la sorte des agios dont nous pouvons créditer notre compte de profits et pertes. Ce procédé nous a permis de réaliser en 1951 un bénéfice d'exploitation relativement important »[11]. De fait, l'examen des bilans de la BRS fait ressortir, après trois années de déficit, une amélioration spectaculaire de la situation. Mais elle paraît due, davantage qu'aux efforts

---

8 De son nom complet Le Guelinel de Lignerolles, il est détaché à la BRS de 1948 à 1953. Sa carrière se poursuit ensuite dans les succursales de la BdF, à Belfort, Nantes et Bordeaux, selon les éléments communicables de son dossier.

9 ABRS 1069200415/5, conseil consultatif du 24.1.1951.

10 ABRS, 1069200415/79, lettre de Grandval à Maurice Petsche, ministre des Finances et des Affaires économiques dans le gouvernement de Georges Bidault, 14.3.1950.

11 ABRS, 1069200415/84, collège de censure du 19.1.1952.

du directeur général, à l'inflation coréenne qui gonfle les résultats des entreprises.

Il en est de même en 1956–1957, lors d'une nouvelle augmentation du bénéfice qui révèle les dangers présentés par la situation monétaire. Depuis l'échec au référendum du 23 octobre 1955 du projet de statut européen échafaudé pour la Sarre, les sorties de billets français se multiplient, destinées à des achats de biens de consommation durables, de valeurs mobilières, d'or, et surtout à des placements en Allemagne fédérale où ils sont convertis en deutsche Marks. Simultanément, se déclenche en France une vive poussée d'inflation, liée au creusement des déficits publics et à la hausse des coûts salariaux depuis l'envoi du contingent en Algérie. Pour la première fois depuis 1948 le franc doit être dévalué alors que le deutsche Mark entame sur le marché des changes une ascension qui le conduira en 1961 à entamer une longue série de réévaluations. Le successeur de Favre-Gilly à la tête de la BRS, Charles Lefort, analyse sans fard les problèmes posés à la BRS par cette situation, soulignant que, « sans les commissions sur le montant des sorties de billets aux guichets et les crédits obtenus de la BdF, le compte d'exploitation serait déficitaire »[12].

L'introduction des modalités françaises de financement des activités

Pour être appréciée à sa juste mesure, l'activité de la BRS doit être replacée dans un contexte général. L'organisation économique et financière de la Sarre présente de nombreuses permanences : importance des dépôts dans les caisses d'épargne, les banques populaires et coopératives, les caisses de crédit agricole qui, une fois résorbé l'excédent de liquidités de l'immédiat après-guerre, retrouvent en 1955 un niveau représentant en monnaie constante six fois celui de 1948 ; poids des charbonnages, regroupés en 1947 dans la Régie des mines de la Sarre, devenue six années plus tard les Saarbergwerke AG ; puissance de l'industrie de biens intermédiaires, fournis par les aciéries de Völklingen, Neunkirchen, Dilling, Brebach, et de la construction de biens d'équipement, assurée par des entreprises liées aux grands groupes sidérurgiques comme Ehrhardt und Sehmer ou Dingler, Karcher et Cie ; rôle actif des services collectifs

12 ABRS, 1069200415/3, collège de censure du 14.3.1958.

autour des chemins de fer, mais aussi de la distribution du gaz de cokeries et de l'électricité. Tout en soulignant les avantages retirés par la France de cette structure qui lui permet de couvrir une partie de ses besoins, les responsables français en souhaitent la modernisation.

Il en est de même des circuits de financement. Les dirigeants de la BRS s'efforcent d'y introduire de nouvelles modalités calquées sur le modèle français. Le dessein semble clair. On sait l'importance revêtue traditionnellement en France par l'escompte des effets de commerce, bien mise en valeur par plusieurs travaux[13]. Pour la BRS dont le nom même s'y réfère, développer le réescompte présenterait de nombreux avantages. Elle disposerait ainsi de ressources abondantes et relativement stables, affirmerait sa place à la tête du système bancaire sarrois et remplirait l'une des missions qui lui ont été confiées. Le rattachement économique de la Sarre à la France, proclamé depuis 1946, implique en effet qu'aucune différence dans les modalités de fonctionnement de l'économie n'y subsiste avec la France. Or, en Sarre comme dans le reste de l'Allemagne, les banques financent l'activité des entreprises par des autorisations de découverts, des avances en comptes courants, des prises de participation au capital, gagées sur des actifs tels que les locaux à usage industriel, le parc de machines, les brevets, le patrimoine des principaux actionnaires. Quoique connu, l'escompte est peu pratiqué, car il n'inspire pas confiance et rapporte aux banques moins de profits que les intérêts et commissions perçus sur les comptes des entreprises. Aussi, pour atteindre cet objectif, les dirigeants de la BRS doivent-ils convaincre les banques sarroises de transformer leurs règles de fonctionnement et de réaliser un véritable transfert d'un mode de financement à un autre : vaste ambition qui repose en grande partie sur la persuasion, plus difficile à mettre en œuvre qu'une simple règlementation. On comprend l'insistance avec laquelle ils reviennent sur ce thème devant les conseils de direction de la BRS, décrivant les avantages que le développement de l'escompte procurerait au système bancaire sarrois et faisant rédiger à ce sujet par leurs collaborateurs d'importants rapports, riches en données statistiques de

13 P. Baubeau, « Les « cathédrales de papier » ou la foi dans le crédit. Naissance et subversion du système de l'escompte en France (fin XVIIIe–premier XXe siècle) », thèse de doctorat d'histoire, sous la direction de M. Lescure, Université de Paris X–Nanterre, 2004.

toutes sortes[14]. C'est surtout le cas de Favre-Gilly dont la carrière antérieure à 1940 s'est déroulée dans des succursales de la BdF où il a pu observer le rôle dominant joué par la traite. Il reste que son optimisme lorsqu'il relève les progrès réalisés en Sarre dans cette direction semble partagé au niveau supérieur. En témoigne un rapport du ministère des Affaires étrangères qui voit dans la nouvelle organisation du crédit en Sarre « un progrès capital par rapport au régime antérieur allemand qui faisait du réseau bancaire sarrois un simple secteur du réseau allemand et transférait hors de Sarre les trois quarts des ressources sarroises »[15].

Mais la volonté de transposer en Sarre les techniques françaises de financement des activités ne se borne pas là. Elle s'étend au crédit à moyen terme. Le directeur général de la BRS en détaille les modalités de fonctionnement : un financement grâce aux fonds d'épargne déposés à la Caisse des dépôts et consignations ; la présence sur les effets représentatifs de trois signatures, dont l'une peut être éventuellement une simple reconnaissance de dette hypothécaire. À partir de 1952 la suppression de l'intervention de la Caisse des dépôts et consignations les rend réescomptables par les seuls établissements sarrois, une décision jugée « particulièrement importante [pour] l'octroi des crédits nécessaires à la modernisation et à l'extension de l'appareil producteur sarrois »[16]. Il évoque encore d'autres projets : une procédure particulière destinée au crédit à l'exportation ; une introduction d'une cotation de valeurs mobilières, « de façon à ce que les porteurs d'actions ne se trouvent pas dans l'impossibilité de négocier leurs titres » ; un recours à l'*open market* auquel la BRS a reçu le droit de participer, « un privilège qui n'est accordé en dehors de Paris à aucune ville de France », pour permettre aux entreprises en manque de liquidités de s'en procurer pour une courte période[17]. La floraison d'initiatives est impressionnante. S'appuie-t-elle sur des banques qui puissent en faire profiter l'ensemble de l'économie ?

---

14 ABRS, 1069200415/147, projet de note sur l'adaptation des banques privées sarroises aux normes bancaires françaises, 30 p., avec nombreuses annotations manuscrites et ratures (1948).

15 Rapport confidentiel, août 1952, *In* H. Möller, A. Hildebrandt (dir.), *Die Bundesrepublik Deutschland und Frankreich*, t. 2, *op. cit.*, p. 239.

16 ABRS, 1069200415/7, conseil consultatif du 19.1.1952.

17 ABRS, 1069200415/5, conseils consultatifs des 27.10.1948 et 24.1.1951.

Le soutien aux banques françaises établies en Sarre

Placé sous la surveillance de la BRS, le système bancaire sarrois possède des caractéristiques nettement marquées : concentration géographique à Sarrebruck, les autres villes ne possédant que de simples succursales ou agences ; dépendance vis-à-vis des grandes métropoles financières allemandes comme Stuttgart, Francfort ou Cologne ; étroitesse des liens avec l'industrie lourde, certains groupes sidérurgiques comme Röchling possédant leur propre banque. Les dirigeants de la BRS souhaitent l'infléchir au profit des établissements sous contrôle français. Ils y parviennent dans un premier temps, d'autant plus facilement que, mis à part quelques banques privées de médiocre envergure comme Bickelmann ou Georg Müller, toute activité bancaire semble avoir disparu de la Sarre, passée dès l'avant-guerre sous le contrôle des réseaux berlinois et concurrencée par les caisses de crédit publiques ou semi-publiques. En témoigne la liste des effets admis au réescompte de la BRS en 1949. Sur un total de plus d'1 milliard de F, 67 % émanent de banques françaises ou sous contrôle français, reléguant la part des banques sarroises à 2 % et celle des caisses d'épargne, banques populaires et coopératives et caisses de crédit agricole à 31 %.

Tableau 1: Effets présentés au réescompte de la BRS en 1949 pour un montant supérieur à 1 million de F[a]

Etablissements	Catégorie	Montant (en milliers F)	En % du total
Crédit sarrois	banque commerciale	408 198	38,2
Kreissparkasse Saarbrücken	caisse d'épargne	216 969	20,3
BNCI	banque commerciale	132 038	12,4
Crédit lyonnais	banque commerciale	122 600	11,5
Sogénal	banque commerciale	56 528	5,3
Landesbank und Girozentrale	Banque centrale des caisses d'épargne	54 348	5,1
Zentralbank saarländischer Genossenschaften	banque coopérative	43 610	4,1
Bankhaus Georg Müller	banque commerciale	16 866	1,6
Saargenosssenschaftsbank	banque coopérative	6 603	0,6
Vereinsbank Saarbrücken	banque populaire	3 615	0, 4
Sparkasse der Stadt Saarbrücken	caisse d'épargne	3 010	0,3
Friedrichsthal Raiffeisenbank	banque coopérative	2 948	0,2
Total		1 067 333	

[a] ABRS, 1069200415/147, rapport sur l'évolution bancaire en Sarre 1948–1955 (1956).

Parmi ces banques, le Crédit sarrois s'impose au premier rang. Comme pour beaucoup d'autres établissements, la raison sociale y masque une direction française. Sa création en 1947 était destinée à remplacer en Sarre les établissements de la *Deutsche Bank* mis sous séquestre. Le nouvel établissement associe plusieurs catégories de partenaires : grandes banques parisiennes, de dépôts (Banque nationale pour le commerce et l'industrie (BNCI)) ou d'affaires (Paribas) ; banques régionales (Crédit industriel d'Alsace et de Lorraine (CIAL), Société nancéienne de crédit industriel) ; firmes de négoce comme l'Union charbonnière rhénane (UNICHAR). Le volume de ses affaires atteste son importance. Viennent ensuite les succursales sarroises des banques de Paris (BNCI, Crédit lyonnais) ou de l'est de la France comme la Société générale alsacienne de banque (Sogénal) et le CIAL. Ces deux derniers établissements, respectivement fondés en 1881 et 1932, possèdent en Allemagne d'anciens réseaux dotés d'une forte capacité d'adaptation à un contexte fréquemment modifié[18]. Nulle surprise à constater leur importance au lendemain de la Seconde Guerre mondiale, encore accrue par la reprise des succursales des banques allemandes placées sous séquestre. La BNCI, par exemple, s'empare des activités sarroises de la *Commerzbank* et de la *Dresdner Bank*, ainsi que de la Banque Röchling. Mais le contrôle français reste éphémère. Dès 1955, à l'invitation des actionnaires, la *Deutsche Bank* restructurée entre à nouveau dans le capital du Crédit sarrois Elle y devient majoritaire à la fin de l'année suivante, peu avant que la Sarre ne soit intégrée à la République fédérale[19]. Malgré cette mutation, il continue à dépendre de

[18] H. Bonin, *La Banque nationale de crédit. Histoire de la quatrième banque de dépôts française en 1913–1932*, Plage, Paris, 2002 ; H. Bonin, « Un modèle ? La Sogénal, une banque régionale européenne (1881–2001) », *In* M. Lescure, A. Plessis (dir.), *Banques locales et banques régionales en Europe au XXe siècle*, Albin Michel, Paris, 2004, p. 390–410 ; N. Stoskopf, *150 ans du CIC*, 2 vol., Éditions La Branche, Paris, 2009.

[19] N. Stoskopf, *150 ans du CIC*, *op. cit.*, t. II, p. 221–222. Lors d'une réunion interministérielle tenue au ministère des Affaires étrangères le 24.11.1955 examinant les conséquences du rattachement de la Sarre à la République fédérale, inéluctable depuis l'échec au référendum du projet de statut européen, Pierre Pflimlin, ministre des Finances et des Affaires économiques, juge que les banques françaises auraient intérêt à « négocier tout de suite [...] pour maintenir une présence française dans ce domaine en Sarre » et envisage, au Crédit sarrois, de « retourner la position actuelle existante, c'est-à-dire participation 1/3 aux Français, 2/3 aux Allemands » (procès-verbal de réunion cité *In* H. Möller, A. Hildebrandt (dir.), *Die Bundesrepublik Deutschland und Frankreich*, t. 2, *op. cit.*, p. 239).

la BRS où son directeur, Eugène Rohmer, vient s'entretenir de problèmes rencontrés dans le fonctionnement du réescompte et du crédit à l'exportation[20]. Quant à la *Landesbank und Girozentrale* qui sert de banque centrale aux caisses d'épargne sarroises, procédant à des opérations de gestion mutuelle des dépôts et de placement des excédents sur le marché des capitaux, elle est dirigée par René Charrier, administrateur-séquestre jusqu'en 1952 des parts allemandes des fonderies d'Halberger Hütte et des aciéries de Dilling, toutes deux contrôlées par la Compagnie de Pont-à-Mousson. Dans cet établissement aussi, l'influence française reste prépondérante.

Outre la présentation d'effets au réescompte de la BRS, les banques françaises proposent aux entreprises de leur clientèle la prise en pension des titres en leur possession, leur procurant ainsi d'importantes liquidités, particulièrement appréciables en périodes de renchérissement des taux d'intérêt. Il en est ainsi en 1953, au lendemain de la stabilisation Pinay. Le directeur général de la BRS souligne au collège de censure que le montant des mises en pension rejoint désormais presque celui du réescompte. Il s'en félicite, car « la mise en pension représente le moyen le plus souple pour remédier aux insuffisances de trésorerie passagères des banques, puisqu'elle n'est accordée que pour de courtes périodes »[21]. D'autres moyens aussi, d'une utilisation plus complexe, permettent à la BRS de faciliter le crédit bancaire destiné aux entreprises industrielles et commerciales. Tel est le cas des lettres de garantie par lesquelles les banques leur avancent des fonds pour une durée maximale de neuf mois. Leur remboursement est garanti par le Trésor public et leur montant limité pour éviter tout risque d'inflation. Elles sont plus particulièrement destinées aux entreprises ayant connu des difficultés de trésorerie lors de circonstances exceptionnelles comme les deux opérations de conversion monétaire qui ont affecté la Sarre en 1947, d'abord pour l'échange des Reichsmarks contre des Saarmarks, puis pour celui de ces derniers contre des francs. Sur présentation des banques concernées, ces lettres de garantie sont examinées par un comité composé de Paul Favre-Gilly, Jean Robert et René Desjardin, respectivement conseillers financier et économique du Haut-Commissariat, Frédéric Schlachter, président de la

---

20 ABRS, 1069200415/189, compte rendu de la visite d'Eugène Rohmer à la BRS, 25.1.1957.

21 Respectivement, en 1953, 64 509 et 71 727 millions de F selon les chiffres communiqués au collège de censure du 18.6.1954 (ABRS, 1069200415/2).

Chambre de commerce de Sarrebruck, et Alfred Anterist, entrepreneur sarrois de transports routiers. Toute demande dépassant 5 millions de francs est subordonnée à l'avis conforme de la Caisse nationale des marchés de l'État. Leur répartition par banques est, plus encore que celle des effets réescomptés, fortement déséquilibrée au profit des seules banques françaises, ne laissant qu'une très faible part aux établissements sarrois, qu'il s'agisse de banques privées comme Bickelmann, l'une des rares qui s'efforcent de suivre les normes françaises d'activité, ou des caisses du secteur populaire et coopératif.

Tableau 1: Lettres de garantie accordées par catégories d'établissements en 1948 (en %)[22]

Etablissements français	En %	*Etablissements sarrois*	En %
Crédit sarrois	51,6	Banque Bickelmann	8,1
Crédit lyonnais	22,7	Landesbank und Girozentrale	4,2
BNCI	10,3	Banques populaires	2,8
Total établissements français	84,6	Total établissements sarrois	15,1

Les banques françaises participent également au financement des entreprises par le biais du crédit à moyen terme, généralement dans le cadre de consortiums fondés à cet effet. Les sommes concernées sont souvent importantes. En 1957, une étude de la BRS évalue à 4,5 milliards de francs le montant des encours de crédits à moyen terme accordés pour l'ensemble de la Sarre. Sur cette somme, la BNCI en supporte près de 800 millions, ventilés entre ses agences de Sarrebruck, Sulzbach et Völklingen qui est le siège des Aciéries Röchling. 53 % du total vont aux Charbonnages sarrois, 28 % aux Aciéries Röchling, une répartition qui ne laisse guère de place à d'autres destinataires[23]. Il existe pourtant en Sarre des besoins de financement autres que ceux de l'industrie lourde. Les Petites et moyennes entreprises (PME) productrices de biens de consommation courante seraient pour les banques une appréciable

[22] ABRS, 1069200415/248–250, lettres de garantie (1947–1950).

[23] ABRS, 1069200415/189, crédits à moyen terme consentis aux entreprises sarroises au 15.3.1957, note sans indication d'auteur, 27.6.1957.

clientèle. Plusieurs études en montrent l'importance, notamment dans le bâtiment, la construction mécanique, le travail du bois, la chimie fine, le textile, et insistent sur la stimulation qu'elles retirent de l'aisance matérielle de la population[24]. Or les banques françaises les négligent, privilégiant l'évolution du rapport de forces avec leurs rivales allemandes. Au moment où sont levés les séquestres qui les protégeaient de la concurrence, certaines redoutent de se trouver placées en position d'infériorité. Une note sur la BNCI à Sarrebruck, soulignant un recul des dépôts de 26 % en six mois, s'interroge sur l'avenir :

> « Il n'apparaît pas pour le moment que la situation de la succursale à Sarrebruck de la BNCI soit irrémédiablement compromise. Certes elle a perdu quelques clients. [...] Mais, après quelques aménagements apportés à certains postes du bilan et sous l'impulsion d'une direction dynamique, il semble bien qu'elle doive se maintenir en Sarre et conserver parmi les banques de la place, à un rang sans doute un peu diminué, une position plus qu'honorable »[25].

Malgré la prudence de la rédaction, c'est reconnaître implicitement que le soutien apporté par les pouvoirs publics aux banques françaises établies en Sarre n'a pas produit tous les résultats espérés.

Parmi les tâches imparties à la BRS, l'appui accordé aux intérêts français ne passe pas seulement par l'introduction de techniques nouvelles de financement ou la préférence accordée à certaines catégories d'établissements bancaires. Il est d'autres activités de services où la France possède une domination apparemment solide, l'assurance par exemple où les trois quarts des compagnies établies en Sarre sont françaises. Mais les enjeux industriels sont d'importance plus décisive encore. La BRS s'en est vue confier la tutelle. Comment s'opère-t-elle et pour quels résultats ?

---

[24] Selon J. Dircks-Dilly, directeur du bureau de liaison de la Mission diplomatique française en Sarre, *La Sarre et son destin*, Paris, La Colombe, Paris, 1956, pp. 94–95, 38 % des entreprises sarroises n'ont en 1954 aucun salarié, 74 % deux au maximum et 95 % moins de dix.

[25] ABS, 1069200415/189, note sur la succursale de la BNCI à Sarrebruck, sans indication d'auteur, 27.6.1957.

Une tutelle sur les entreprises aux résultats peu convaincants : l'exemple de Feintechnik

Un projet manqué

Les activités de la BRS la mettent en rapports étroits avec des entreprises sur lesquelles s'exerce sa tutelle. Au niveau institutionnel, ils se manifestent par la présence de chefs d'entreprises dans ses conseils de direction : grands patrons de l'énergie ou de la sidérurgie comme, côté français, Robert Baboin et Pierre Couture qui se succèdent à la tête de la Régie des mines de la Sarre ou, côté sarrois, Kurt Schlupkotten, directeur général des Aciéries de Neunkirchen ; représentants du petit patronat de l'industrie et de l'artisanat tels l'entrepreneur de toitures Louis Arend et son collègue Wilhelm Maurer, présidents successifs de la Chambre des métiers. De plus, la BRS est tenue régulièrement informée de la situation financière des entreprises dont elle possède une partie du capital. Elle en reçoit les bilans et comptes d'exploitation, est représentée dans leurs assemblées générales et conseils d'administration. L'un de ses directeurs, Marc de Lignerolles, semble spécialement chargé de cette tâche de liaison avec les entreprises placées sous sa tutelle, devenant leur intermédiaire obligé auprès des instances parisiennes.

Pour montrer le fonctionnement de cette tutelle, un exemple a été retenu que l'importance de l'entreprise concernée et la diversité des protagonistes rendent significatif : celui de la Société de mécanique de précision *Feintechnik* (désignée désormais par ses initiales, FTK). Fondée en 1947 à Homburg, à une trentaine de kilomètres de Sarrebruck, elle dispose de vastes locaux ayant abrité une caserne de la Wehrmacht où sont entreposées plus de mille machines-outils transférées depuis Reutlingen, la ville wurtembergeoise où le groupe Bosch possède d'importantes usines. Dans l'esprit de l'administrateur-séquestre qui l'a organisé, ce déménagement doit permettre à ce matériel d'exploitation d'échapper à l'emprise américaine en cas de modification des limites entre les zones d'occupation alliées. Les espoirs mis dans la FTK semblent d'abord justifiés. Une mission est envoyée sur place par le ministre de l'Industrie Robert Lacoste, munie d'instructions du directeur des Industries mécaniques et électriques Pierre Bellier. Elle est dirigée par Paul Moulin, diplômé Sup'Aéro, ingénieur chez Gnome et Rhône, puis chez Renault. La conclusion de son rapport affirme :

« La FTK a les moyens de devenir un ensemble industriel puissant et homogène, consacré à la production d'appareils pour injecteurs Diesel et d'accessoires électriques divers. L'achat déjà effectué de machines et éléments d'installation d'usines a été une bonne opération pour le Trésor qui actuellement s'en trouve indirectement propriétaire. Les cadres dont on prévoit le recrutement sont expérimentés dans cette fabrication. La main-d'œuvre locale est appliquée, docile aux décisions d'une autorité ferme, et semble comprendre son intérêt de collaborer à une reconstruction rapide de ses moyens de travail. La FTK peut donc devenir un facteur important de l'économie franco-sarroise en reconstituant sur place des moyens de fabrication autrefois situés en Wurtemberg et dans le Palatinat »[26].

Deux ans plus tard, un inspecteur du Crédit national chargé d'examiner une demande de prêt y voit « un ensemble considérable correspondant à l'équipement d'une très grosse usine [dotée de machines-outils modernes ayant en moyenne treize ans d'âge] dont la mise en place se traduirait par un rééquilibrage considérable de l'industrie mécanique en Sarre »[27].

On remarque toutefois que l'administrateur-séquestre des usines Bosch de Reutlingen, quoiqu'à l'origine du projet, n'a rencontré la mission Moulin que brièvement, que l'achat des machines-outils a été conclu avec précipitation, à la veille de l'introduction du franc en Sarre pour profiter des conditions avantageuses fixées pour la conversion monétaire et que le capital social de 240 millions de F prévu initialement semble d'emblée insuffisant à la mission Moulin qui en juge l'augmentation indispensable. Aussi, « pressée par les circonstances, [elle a obtenu que] la Landesbank et les Mines de la Sarre en souscrivent la part la plus importante ». 87 % reviennent au premier partenaire, 12,5 % au second. Diverses souscriptions complètent le tour de table, la plus importante étant celle de l'entreprise de construction de machines Ehrhardt und Sehmer, aux côtés de personnalités sarroises proches de la BRS, dont Louis Arend. Paul Moulin est nommé directeur général. Mais les moyens financiers dont dispose la FTK s'avèrent vite insuffisants. Ils sont pourtant augmentés par deux lettres de garantie représentant au total 165 millions de francs, mobilisées par le Crédit sarrois et la BNCI. Les dirigeants sollicitent alors

26 ABRS, 1069200415/171, rapport sur les possibilités d'exploitation d'un ensemble industriel sis à Hombourg, 113 p., 31.12.1947.

27 *Ibid.*, rapport de l'inspecteur général Schwoerer, 29.8.1949. L'adjectif « très grosse » est souligné au texte.

un prêt de 230 millions sur les fonds Marshall attribués à la Sarre[28]. Ils ne peuvent cependant vaincre les réticences de l'inspecteur du Crédit national chargé du dossier. Sans méconnaître l'intérêt du projet poursuivi, ses critiques s'avèreront par la suite amplement justifiées : « Un prêt de 50 ou même de 80 millions ne fournirait qu'un concours illusoire qui ajournerait de quelques mois au plus le dépôt de bilan. [...] Des erreurs de base [ont été] commises à l'origine : capitaux insuffisants, équipement surabondant, ce qui immobilise inutilement des fonds, possibilités commerciales non étudiées ou mal appréciées »[29]. Dans l'immédiat, il faut recourir d'urgence à des mesures de sauvegarde : report du paiement des impôts et des charges sociales, moratoire sur le remboursement des emprunts.

Durant plusieurs années les pertes s'accumulent, à un rythme parfois atténué lors de brèves phases d'accalmie, mais qui tend à devenir explosif à partir de 1951.

Tableau 3: Résultats comptables de la FTK de 1947 à 1953[a]

	Total du bilan		**Pertes**		**% des pertes**
	(en milliers de F courants)	**(en milliers de F constants valeur 1953)**	**(en milliers de F courants)**	**(en milliers de F constants valeur 1953)**	
20/11/47	422 728	1 062 315	nd	nd	nd
31/12/48	667 645	1 057 233	50 241	79 582	7,5
31/12/49	702 678	982 344	61 480	85 949	8,7
31/12/50	609 000	775 866	65 200	83 065	10,7
31/12/51	883 800	969 529	144 300	158 297	16,3
31/12/52	1 013 800	995 552	216 100	212 210	21,3
30/6/53	1 099 100	1 099 100	302 100	302 100	27,5

[a] ABRS, 1069200415/171 et 172, bilans de la FTK 1947–1951 et 1952–1953 (bilan d'ouverture en 1947 ; en 1953, premier semestre seulement).

[28] La Sarre reçoit 1/45e du total des sommes de contre-valeur, « pourcentage établi au prorata des populations française et sarroise » selon G. Bossuat (*La France, l'aide américaine et la construction européenne 1944–1954*, Comité pour l'histoire économique et financière de la France, Paris, 1992, t. I, p. 522).

[29] ABRS, 1069200415/171, rapport Schwoerer précité, confirmé le 21.9.1949 par une note complémentaire qui estime : « On est encore loin des mesures d'assainissement et de réorganisation ainsi que des apports de capitaux frais qui permettraient d'augurer favorablement de l'évolution future de la situation ».

Il faut alors revoir les ambitions initiales. De multiples remèdes ont été tentés : surveillance de la gestion par des comités périodiquement réunis, renouvellement de la direction, revente du matériel d'exploitation excédentaire, licenciement d'une partie des effectifs, recherche de nouveaux actionnaires. Mais aucun ne semble capable de sauver une entreprise dont, en un enchaînement inexorable, l'actif déprécié réduit à néant la valeur des créances détenues sur elle et dont l'activité est devenue trop faible pour qu'on en puisse espérer le redressement. En 1960, le gouvernement sarrois qui avait repris dix ans auparavant la part du capital initialement détenue par la Landesbank abandonne la partie et se résout à une reprise par le groupe Bosch. À cette date, le contexte n'a plus que de lointains rapports avec celui de 1947. Les accords passés en octobre 1956 entre les gouvernements français et allemand permettent la réintégration politique de la Sarre à la République fédérale à partir du 1er janvier 1957. Deux ans et demi après, en juillet 1959, l'union douanière et monétaire qui la reliait à la France est dissoute à son tour. Au même moment disparaît la BRS dont la tutelle sur la FTK n'a produit aucun résultat convaincant. Du projet conçu dans l'immédiat après-guerre, tout n'était pourtant pas uniformément condamnable. On n'en veut pour preuve qu'un article de presse paru une cinquantaine d'années plus tard dans un grand quotidien lorrain qui décrit avec admiration l'usine Bosch de Homburg où 5 400 salariés fabriquent des pompes à injection pour moteurs de voitures et de camions[30]. N'est-ce pas un indice de la validité du projet, en même temps qu'une invitation à s'interroger sur son effondrement ?

Les raisons de l'échec

Les problèmes financiers auxquels se heurte la FTK proviennent de causes étroitement reliées les unes aux autres en un écheveau complexe : à une direction peu expérimentée et à une stratégie industrielle et commerciale inexistante, s'ajoutent un ancien partenaire souvent hostile à son égard et des autorités de tutelle qu'accaparent d'autres préoccupations.

L'équipe dirigeante, fréquemment renouvelée, ne présente guère les qualités requises. Paul Moulin abandonne la direction générale dès

---

30 ABRS, 1069200415/1, *Le Républicain lorrain*, édition de Sarreguemines, 14.2.2016, article de C. Di Giacomo : « Hombourg : Bosch met la pression sur les rampes à injection ».

janvier 1950. Il y est remplacé par le général Heurtaux, ancien as de l'aviation de la Première Guerre mondiale qui a fait carrière aux États-Unis durant l'entre-deux guerres, chez Ford et General Motors, puis, revenu en France, est entré chez Renault qu'il quitte en 1941. Organisateur d'un réseau de renseignements pendant l'Occupation, il appartient après 1945 à la Mission militaire pour les affaires allemandes. Mis à part son prestige personnel, ses relations d'affaires et ses connaissances en matière de tours et de fraiseuses automatiques, il n'a aucune expérience de la gestion des entreprises. De Lignerolles qui représente la BRS au comité de direction critique le flou entretenu sur la situation de l'entreprise, écrivant en marge d'un compte rendu : « Ce rapport (?) est aussi inconsistant que les précédents et ne déparera pas la collection »[31]. Il n'est pas seul à douter de ses capacités à conduire l'affaire. René Charrier, à la Landesbank und Girozentrale, Eugène Rohmer, au Crédit sarrois, partagent son avis, le premier ayant retiré de la dernière séance du comité de direction de TFK une « pénible impression de désordre, d'incertitude et d'incompétence », le second souhaitant l'arrivée chez FTK d'» un ingénieur énergique et capable qui ait l'âme d'un chef d'entreprise »[32]. De plus, Heurtaux entre en conflit avec son collègue chargé de l'administration générale de la firme, le Sarrois Walter Scheu, à qui il n'adresse plus la parole. Au bout de deux années et demie durant lesquelles les pertes s'accumulent, il donne sa démission en juillet 1952. Lui succèdent des ingénieurs recrutés sur promesse, en cas de succès, d'accéder à la direction générale. Même s'ils ne restent en fonction que brièvement, ils soulignent, parmi les insuffisances les plus criantes, l'absence de véritable fabrication en série.

La FTK fabrique en effet des équipements de toutes sortes. Loin de se spécialiser dans les pièces pour moteurs Diesel comme les injecteurs, dynamos ou les démarreurs électriques, elle produit parallèlement des boîtes de vitesse pour automobiles, des freins hydrauliques et trains d'atterrissage pour l'aviation, des ralentisseurs pour machines à laver, des

---

31 ABRS, 1069200415/172, note en marge d'un compte rendu d'activité daté du 31.10.1951 transmis au directeur général de la BRS. Les renseignements sur Heurtaux, communiqués à de Lignerolles par un correspondant lors de son entrée chez FTK, recoupent les indications fournies par sa notice de Compagnon de la Libération (*ordredelaliberation.fr/fr/compagnons/alfred-heurtaux*) qui, pour la période postérieure à 1945, se bornent à signaler qu'il « exerce la profession d'ingénieur-conseil » sans mentionner sa présence en Sarre.

32 *Ibid.*, lettres de Charrier, sd, et de Rohmer à de Lignerolles, 9.11.1951, transmises au conseiller économique du Haut-Commissariat René Desjardin.

moteurs auxiliaires pour véhicules à deux roues et des pièces détachées de tous types, souvent sur modèles spéciaux demandés par la clientèle. Les chefs d'ateliers ont toute liberté pour apporter des perfectionnements aux fabrications en cours, ce qui relève davantage du prototype que de la production industrielle. Il en résulte des prix de revient, donc de vente, trop élevés. Même si l'on comprend le souci des dirigeants de gonfler le chiffre d'affaires de la firme par ces fabrications, les quantités vendues ne permettent pas d'assurer le remboursement des dettes accumulées par la FTK. Toujours accaparés par la recherche d'expédients et de nouveaux crédits, ils ne semblent guère alarmés par l'insuffisante productivité du personnel qui tourne autour de 500 salariés. La présence de sureffectifs, pourtant relevée par ceux qui visitent les locaux, alourdit considérablement les frais d'exploitation. Enfin, à l'absence de spécialisation technique, s'ajoute celle de stratégie commerciale. Aucune étude de marché ne permet d'estimer les possibilités de débouchés et les perspectives de profit.

Ces insuffisances proviennent en grande partie des relations ambivalentes qu'entretient la FTK avec son ancien partenaire, les Ateliers de construction Lavalette. Installés depuis 1929 à Saint-Ouen, concessionnaire exclusif de Bosch pour la France avant la guerre, rachetés par le groupe allemand durant le conflit pour près de 48 % du capital[33], ils ont été mis sous séquestre à la Libération pour collaboration. Or, après accord de la direction des Finances extérieures au ministère des Affaires économiques, ils obtiennent en 1948 le droit de racheter la part du capital de FTK détenue par la Landeszentralbank, soit 52 % du total, qui elle-même avait employé pour ce faire des fonds fournis par la Commission d'administration pour le territoire de la Sarre. Ayant succédé à la Landeszentralbank, la BRS, détentrice de l'autre part, devient actionnaire d'une grande entreprise industrielle. Mais l'avantage principal revient aux Éts Lavalette. Une lettre d'agrément avalisée par la Caisse nationale des marchés de l'État, donc réescomptable auprès de la BdF, leur permet d'acquérir sans bourse délier le contrôle d'un concurrent potentiel. Selon le directeur général de la BRS, commence alors un processus d'étouffement de la FTK dont les ateliers ne fonctionnent qu'au ralenti, Lavalette réduisant progressivement le volume de ses commandes

---

33 Selon A. Lacroix-Riz, *Industriels et banquiers sous l'Occupation. La collaboration économique avec le Reich et Vichy*, Armand Colin, Paris, 1999, p. 389.

à une filiale « dont la situation financière ne put résister à cette insuffisance d'activité »[34]. De plus, d'autres facteurs interviennent. Les deux conseils de surveillance de Lavalette et de la FTK sont présidés par le même homme, Jacques Piette, proche collaborateur de Guy Mollet, ce qui ajoute aux problèmes industriels les péripéties d'une vie politique qui, en ces années de Quatrième République commençante, n'échappe pas aux réseaux d'amitiés partisanes[35]. Le contrôle de Lavalette sur la FTK reste cependant temporaire. Il permet d'attendre l'entrée dans son capital d'un investisseur qui rachèterait partiellement ou totalement la part de Lavalette, aux conditions fixées par ce dernier. Aucun ne se manifestant, malgré des démarches entreprises par de Lignerolles et Favre-Gilly auprès de Rodolphe Peugeot et de Jean Wenger-Valentin[36], le gouvernement sarrois, pressé, semble-t-il, par le Haut-Commissariat français en Sarre, accepte de le faire. À partir de 1950, le conseil de surveillance de FTK est présidé par l'ancien ministre de l'Économie du gouvernement sarrois Franz Singer à qui succède deux ans plus tard le Ministerialrat Eugen Huthmacher. Toutefois Lavalette continue à y être représenté et à défendre les intérêts de Bosch. Il faut attendre le milieu des années 1950 pour que, dans le cadre de la décartellisation, le groupe allemand autorise la FTK à utiliser ses anciens brevets, pourvu que leur date soit mentionnée sur les appareils ainsi fabriqués, de manière à éviter toute confusion avec les brevets déposés ultérieurement. Il y a donc dans les relations

34 ABRS, 1069200415/172, note paraphée FG (Favre-Gilly) sans indication de destinataire, vraisemblablement écrite à l'appui d'une demande de prêts supplémentaires sur l'aide Marshall au profit de la FTK, 18.4.1951.

35 Qualifié d'« ami le plus intime de Guy Mollet » dans l'ouvrage dirigé par Bernard Ménager *et al.*, *Guy Mollet, un camarade en république*, Lille, Presses universitaires de Lille, 1987, Jacques Piette appartient au comité directeur de la SFIO tout en étant en même temps haut fonctionnaire au ministère de la Production industrielle, puis inspecteur général de l'Economie nationale. Voir la notice de G. Mora, https://maitron.fr/spip.php ? article 15980 (2.7.2022). G. Elgey (*La République des tourmentes (1954–1959)*, t. I, Fayard, Paris,1992, pp. 424–428) qui insiste sur ses liens avec Guy Mollet n'aborde pas ce volet sarrois de sa carrière.

36 ABRS, 1069200415/172, lettre de Favre-Gilly à Rodolphe Peugeot, directeur des Aciers et outillages Peugeot, 26.8.1950, recourant largement à l'argument patriotique : « Nous ne pouvons pas admettre qu'une initiative française en Sarre se termine par un échec français. [...] Je garde l'espoir que l'exceptionnelle connaissance des milieux industriels qui est la vôtre vous permettra de nous aider dans la recherche de l'homme capable d'assurer le redressement de la FTK. » ; ABRS, 1069200415/173, lettres de de Lignerolles à Wenger-Valentin et Robert Demenge, directeur général de l'Union des mines, 6.2.1950.

entre la FTK et Lavalette au moins autant ambivalence que véritable hostilité.

Quant aux autorités de tutelle, au premier chef intéressées par l'avenir de la FTK, elles paraissent dépassées par l'importance de l'enjeu. Jusqu'à son départ de Sarrebruck, Favre-Gilly semble laisser le champ libre à son adjoint, de Lignerolles. Estime-t-il la partie perdue à l'avance ? Croit-il que les multiples relations possédées par ce dernier dans les milieux de la banque et de l'industrie suffiront à trouver une solution d'avenir ? Attend-il d'autres interventions, à Sarrebruck, Paris ou Baden-Baden, qui pourraient sauver la FTK du dépôt de bilan ? Redoute-t-il d'engloutir dans l'affaire de l'argent frais qui serait dépensé en pure perte ? On ne sait. Toujours est-il qu'il se borne à quelques démarches appuyant celles de son adjoint et à des annotations en marge des bilans et comptes rendus qui lui sont adressés[37]. En 1957, l'apurement des comptes des différents partenaires permet d'éviter le contentieux qui opposait à ce sujet les représentants français et sarrois au collège de censure.

Au-delà du cas de la FTK, le découragement qui saisit, à la fin des années 1950, les responsables des questions sarroises a une portée générale. Pour la France, la Sarre a toujours représenté un enjeu davantage politique et diplomatique qu'économique. Lorsque se profile l'imminence de son retour à l'Allemagne, on assiste au repli des positions acquises. Loin de correspondre à une situation passagère, ce désintérêt pour l'aspect économique des questions sarroises existe de tout temps chez les responsables français, même de haut rang. Rappelons l'anecdote selon laquelle Antoine Pinay aurait demandé à Grandval, lors d'une rencontre à Sarrebruck en mars 1955 : « Dites-moi, cher Grandval, quelle est donc la monnaie en Sarre ? »[38]. Cette méconnaissance des réalités économiques conduit à l'illusion de juger la politique française bien adaptée aux besoins des entreprises sarroises, alors que l'échec de la tutelle exercée par la BRS sur la FTK semble emblématique d'un dirigisme qui, bien qu'en recul par rapport aux lendemains de la Libération, incite à préférer les désirs aux réalités.

De cette étude du rôle de la BRS entre 1947 et 1959, émergent à la fois des constatations, des interrogations et une incitation à élargir l'enquête.

---

37 Tel ce laconique « Évidemment, c'est lourd ! », écrit au dos du bilan provisoire au 30.11.19/51 qui fait état d'une perte importante pour l'exercice en cours (ABRS, 1069200415/171).

38 A. Heinen, *Saarjahre*, *op. cit.*, p. 280.

Les constatations portent sur l'action économique menée en Sarre par la France. Elle apparaît ici fragile, marquée d'illusions persistantes, voire fourvoyée dans des voies sans issue. Au sommet de l'État on voit dans la BRS un instrument capable de contribuer à l'union douanière et monétaire franco-sarroise proclamée en décembre 1946. Point n'est besoin d'insister sur les multiples déconvenues que rencontre la réalisation de ce projet et les responsables de la BRS en font l'amère expérience, notamment en ce qui concerne le financement des activités. Quant à la tutelle exercée sur certaines entreprises, dont la Feintechnik, elle bute dès le départ sur l'absence de dirigeants sachant les conduire vers des objectifs qui demeurent d'ailleurs non explicités. Cet outil de politique industrielle aurait pu, dans un secteur important comme la construction automobile, contribuer à la modernisation économique de la France. Il est resté inemployé. Il existe certes d'autres cas qui sortent du champ de notre étude, car ils correspondent à des entreprises sarroises détenues par de grands groupes français de la sidérurgie, de l'industrie du verre ou de la fabrication des tuyaux qui recourent à l'autofinancement pour développer leurs activités, et non au crédit bancaire, ce qui les fait échapper à la surveillance de la BRS. Globalement cependant, la conduite des affaires économiques et financières sarroises paraît manquer, sinon d'envergure, tout au moins de moyens.

Les interrogations sont nombreuses. Nos sondages dans les archives de la BRS laissent subsister des zones d'ombre et suscitent des questions. La rapidité avec laquelle se développent certains enchaînements étonne. À la FTK, ils entraînent dès 1951 la firme vers la déconfiture, quatre ans à peine après sa fondation. Les tentatives de sauvetage échouent l'une après l'autre, conduisant Français et Sarrois, d'abord associés dans la gestion, à renoncer aux créances qu'ils détiennent sur une entreprise aux pertes impossibles à colmater. Pourquoi n'a-t-on pas pris à temps des mesures susceptibles d'éviter le désastre ? La direction de la BRS ne manquait pourtant pas d'expérience dans la surveillance des entreprises. Avait-elle reçu des consignes de non-intervention émanant d'autorités que nous n'avons pas identifiées ? On peut en dire autant d'autres problèmes. Par exemple, l'appui accordé par la BRS aux banques françaises établies en Sarre ne pouvait-il s'accompagner d'incitations destinées à leur faire emprunter des voies différentes de celles qui ont été suivies et à éviter ainsi une vaine confrontation avec les établissements sarrois ?

L'incitation à élargir l'enquête conduit à envisager d'étudier le dirigisme dans une perspective comparative. On en a observé la continuité en Sarre durant la période d'union économique et monétaire avec la France, conduisant à une gestion rigide d'entreprises relevant alors en quasi-totalité du secteur public : sociétés minières comme les Saarbergwerke, firmes de transport comme UNICHAR, banques de dépôts comme le Crédit lyonnais ou la BNCI. Cette situation contraste avec la politique conjoncturelle menée au niveau national, réorientée progressivement vers le libéralisme, du plan Mayer aux stabilisations Pinay, puis Gaillard. Or les responsables français présents en Sarre restent insensibles à un libéralisme qu'ils pourraient pourtant facilement observer à travers le cas allemand. Sans doute la politique économique menée outre-Rhin s'écarte-t-elle du libéralisme sur nombre de points. Sans doute aussi l'Allemagne reste-t-elle un repoussoir pour toute une génération profondément marquée par le nazisme et la guerre. Mais ne pourrait-on étudier la politique économique menée en Sarre parallèlement à d'autres, également inspirées par le dirigisme, pratiquées ailleurs au même moment ? Une telle étude ne pourrait que bénéficier à une histoire économique comparée qui semble aujourd'hui quelque peu délaissée.

Le ministère Bouchardeau dans l'arène européenne. Arracher un compromis entre résistance interne et pressions externes (1983–1985)

Laurent Warlouzet

Au début des années 1980, une mobilisation en faveur d'une réduction des émissions automobiles polluantes se déploie du fait de leurs conséquences négatives pour la santé humaine (plomb surtout, mais aussi hydrocarbures) et pour l'environnement naturel (« pluies acides » ou « retombées acides » liées aux oxydes d'azote et de soufre)[1]. La solution technique consiste à utiliser un catalyseur qui réduit les émissions d'oxyde d'azote (Nox : l'une des deux substances à l'origine des pluies acides avec le dioxyde de soufre issu notamment des centrales thermiques), de monoxyde de carbone (CO), et d'hydrocarbures non brulés (HC). Comme le plomb abime les catalyseurs, il est nécessaire de combiner la législation sur l'adoption des catalyseurs avec celle de la diffusion de l'essence sans plomb. Or, ces deux réformes ont un coût industriel non négligeable, particulièrement sensible pour les petites voitures du fait de la déperdition de puissance et du coût unitaire du catalyseur et

[1] Cet article est issu d'une communication non publiée. Il est fondé sur diverses archives européennes, notamment les archives nationales françaises (signalées ci-dessous par l'acronyme : AN). Pour une étude plus approfondie sur l'automobile et l'intégration européenne, et en particulier sur cette négociation sur l'essence sans plomb tout au long des années 1980, voir : A. Milor, « Construire l'automobile, conduire l'Europe Industriels, consommateurs et responsables politiques (1972–1998) », thèse de doctorat sous la direction de P. Griset, Sorbonne Université, 2021.

des adaptations du moteur, proportionnellement plus importante pour cette gamme de véhicules. Comme les constructeurs français produisent beaucoup de petits véhicules, et ont peu investi dans cette technique, ils s'opposent à ce projet législatif venant du Nord de l'Europe et s'exprimant dans le cadre de la Communauté économique européenne (CEE). L'intégration européenne prend alors une tournure verte, et joue un rôle croissant pour la régulation des dossiers environnementaux à partir de cette époque[2].

C'est là qu'intervient Huguette Bouchardeau, la ministre de l'Environnement qui a négocié le compromis franco-allemand de 1983–1985 permettant d'aboutir à une législation européenne en la matière. Cette dernière représente un véritable tournant en France, même si son déploiement est très progressif. Dans ses mémoires, l'ancienne candidate du Parti socialiste unifié (PSU) aux présidentielles consacre un chapitre entier à cette bataille homérique[3]. Cette contribution revient sur cet épisode à partir des archives de son cabinet, conservées aux archives nationales, éclairées par divers autres fonds européens, notamment ceux du gouvernement allemand, dans la tradition d'une histoire à la fois franco-allemande et européenne incarnée par Sylvain Schirmann[4].

Cette histoire reste toutefois largement ignorée dans la littérature académique. Huguette Bouchardeau et Michel Crépeau ne sont cités qu'une fois dans l'index du long ouvrage (973 pages) issu du colloque *François*

---

2 E. Bussière, A. Grisoni, H. Miard-Delacroix, C. Wenkel (dir.), *The Environment and the European public sphere: Perceptions, Actors, Policies*, The White Horse Press, Winwick, 2020.

3 H. Bouchardeau, *Le ministère du possible*, éd. Alain Moreau, Paris, 1986, pp. 105–120.

4 Outre les nombreuses directions d'ouvrages collectifs, citons, entre autres, quelques travaux proches de la période de cet article : S. Schirmann, « Le conseil syndical interregional Saar-Lor-Lux. Un coin d'Europe en marche ? », *In* M. Dumoulin (dir.), *Réseaux économiques et construction européenne,* Peter Lang, Bruxelles, 2004, pp. 317327 ; S. Schirmann, « L'Allemagne et sa politique économique extérieure (1981–1994). Marché unique, GATT et multilatéralisme. Relations internationales », *Relations Internationales*, 2020, 1, pp. 3–19; S. Schirmann, « Willy Brandt und die Anfänge des ‚sozialen Europas' (1969–1974) » *In* A. Wilkens (dir.), *Wir sind auf dem richtigen Weg. Willy Brandt und die europäische Einigung*, Dietz, Bonn, 2010, pp. 305–319; S. Schirmann, « Les couples politiques franco-allemands et l'intégration européenne », *In* H. Siedentopf, B. Speer (dir.), *Deutschland und Frankreich in der europäischen Integration: Motor oder Blockierer?,* Duncker & Humblot, Berlin, 2011, pp. 39–50.

Mitterrand, 1981–1984, qui ne comporte pas de chapitre consacré à l'environnement[5]. Ce dossier de l'essence sans plomb a essentiellement été étudié du point de vue de l'histoire diplomatique européenne dans la deuxième partie des années 1980[6], et du point de vue de l'histoire industrielle, notamment dans l'ouvrage de Daniel Boullet et dans deux thèses de doctorats récentes privilégiant une approche économique et technologique[7], car la pression internationale et européenne à légiférer dans ce domaine est forte, mais sans que le point de vue du ministère de l'environnement ne soit examiné. Inversement, d'un point de vue de histoire environnementale, l'étude de Brigit Metzger et de Laurent Schmit évoque brièvement cette négociation sur les émissions automobiles en y soulignant le rôle d'Huguette Bouchardeau, mais sans substantifier leur affirmation, leur propos étant autre[8]. Plus généralement, les études sur la politique européenne de l'environnement restent encore embryonnaires[9]. Joachim Radkau évoque à leur égard une certaine « gêne » des historiens à propos d'une législation européenne de l'environnement à

---

5 S. Berstein, P. Milza, J.-L. Bianco (dir.), *François Mitterrand. Les années du changement, 1981–1984*, Perrin, Paris, 2001.

6 Sur la négociation de 1988–1989 : L. Warlouzet, « The implementation of the Single Market Programme (1985–1992): the examples of Car Emission and of Competition Policy », *op. cit.;* L. Warlouzet, « A social Europe with a Greener Perspective: the Evolution of the Delors Commission around 1989 », *Studi Storici*, 62, 1, 2021, pp. 189–209.

7 D. Boullet, *Entreprises et environnement en France de 1960 à 1990,* Droz, Paris, 2006, p. 521 ; S. Klebaner, *Dynamiques réglementaires et planification des firmes : les leçons des limites européennes d'émissions de polluants dans l'automobile*, doctorat en économie, Université de Bordeaux, 2018 ; A. Milor, « Construire l'automobile, conduire l'Europe Industriels, consommateurs et responsables politiques (1972–1998) », *op. cit.*

8 B. Metzger, L. Schmit, « Shades of Green: Ökologische Modernisierung im deutsch-französischen Vergleich (1970–1990) », *In* M. Bemman, B. Metzger, R. von Detten (dir.), *Ökologische Modernisierung. Zur Geschichte und Gegenwart eines Konzepts in Umweltpolitik und Sozialwissenschaften*, Campus Verlag, Francfort, 2014, pp. 270–71.

9 Outre les nombreuses études pionnières de J.-H. Meyer et de L. Scichilone sur ce sujet, voir l'ouvrage pionnier : E. Bussière *et al.* (dir.), *The Environment and the European public sphere: Perceptions, Actors, Policies, op cit.*, mais la pollution automobile y reste ignorée.

l'importance croissante, mais finalement « impénétrable »[10], en promouvant une histoire des politiques européennes de l'environnement.

Plus généralement, une telle étude est susceptible de contribuer à trois débats historiographiques. Sur le plan personnel, elle interroge le tournant Bouchardeau, alors que la ministre a un profil de militante écologiste, plus que d'élu locale ou de membre éminente d'un parti de gouvernement, et issu du Parti socialiste unifié (PSU), un mouvement soucieux de renouveler les thématiques du mouvement social, dans la lignée des revendications qualitatives de 1968[11]. Se pose notamment la question du style de gouvernance de la ministre, et notamment de ses liens avec la société civile alors que la préoccupation envers les pluies acides mobilise largement en Allemagne et commence à inquiéter les populations de l'Est de la France[12]. Sur le plan politico-institutionnel, elle s'insère dans les études sur l'institutionnalisation d'un ministère de l'environnement[13], confronté cette fois-ci à la fois à l'alternance (en 1981) et à la montée en puissance de l'échelle européenne dans les régulations environnementales. Elle s'inscrit donc dans une approche multiscalaire du processus de décision. Enfin, dans une perspective d'histoire économique et sociale des politiques environnementales, elle interroge la caractérisation des décisions prises en termes de réduction des émissions automobiles, et notamment de la tension (et parfois de la combinaison) entre les logiques environnementales, libérales et industrielles[14].

Particulièrement prégnante sont les questions du lobbying des entreprises régulées, qu'elles soient publiques ou privées, et de la compatibilité entre différents objectifs environnementaux. Ainsi, l'introduction du pot catalytique augmente les consommations, et doit alors s'insérer dans une démarche plus globale (réduction des consommations par de nouvelles

---

10 « It also makes one uneasy to see how utterly impenetrable environmental law has become in the wake of Europeanization » : J. Radkau, *Nature and Power. A Global History of the Environment,* Cambridge University Press, 2008, p. 290.

11 S. Mallet, *Le pouvoir ouvrier. Bureaucratie ou démocratie ouvrière,* Anthropos, Paris, 1971, chapitre VI, pp. 166–171.

12 B. Metzger, L. Schmit, « Shades of Green: Ökologische Modernisierung im deutsch-französischen Vergleich (1970–1990) », *op. cit.,* p. 263.

13 P. Lascoumes, *L'Eco-pouvoir. Environnements et politiques,* La Découverte, Paris, 1994 ; P. Lascoumes, *Instituer l'environnement : vingt-cinq ans d'administration de l'environnement,* L'Harmattan, Paris, 1999.

14 L. Warlouzet, *Europe contre Europe. Entre liberté, solidarité et puissance,* CNRS éditions, Paris, 2022.

techniques et de nouveaux usages comme une vitesse inférieure) pour dépasser cette contradiction.

Pour envisager ces dynamiques, un premier ensemble établira les forces en présence en 1983, tant à Paris avec l'arrivée de la ministre Huguette Bouchardeau qu'à Bruxelles, avant qu'une deuxième partie n'identifie les pressions contradictoires, de Bonn d'une part, et du ministre de l'Industrie français d'autre part, auxquelles la ministre est confrontée. La dernière partie envisagera la contribution spécifique d'Huguette Bouchardeau pour définir le compromis français.

La découverte du dossier par le ministère Bouchardeau

La nouvelle ministre entre Paris et Bruxelles

Huguette Bouchardeau devient ministre dans le gouvernement Mauroy le 22 mars 1983, à la suite d'un remaniement. Elle succède à un ministre important, Michel Crépeau, qui fit de sa ville de La Rochelle une pionnière dans le domaine environnemental, notamment sur le plan de la circulation cycliste. Elle conserve le portefeuille de l'environnement dans le gouvernement Fabius, actif à partir du 19 juillet 1984, jusqu'au 20 mars 1986 avec la Cohabitation. Elle évoque dans ses mémoires ses origines ouvrières modestes mais pas pauvre, à St-Étienne, puis son parcours d'agrégée de philosophie et de militante féministe et écologiste, active en particulier dans les mobilisations anti-nucléaires[15]. Élue secrétaire nationale du Parti socialiste unifié (PSU), elle est la candidate de ce parti aux élections présidentielles de 1981.

Comme ministre de l'Environnement, elle est immédiatement confrontée à d'encombrants dossiers européens. C'est d'abord l'affaire des quarante et un fûts de dioxine venus de Seveso, en Italie, qui la préoccupent. Le dossier est particulièrement sensible car la fuite de dioxine de Seveso en 1976 a choqué toute l'Europe, et a donné lieu à une législation européenne sur la sécurisation des installations dangereuses, dite « Seveso », adoptée en 1982 et toujours en vigueur depuis, sous une forme aujourd'hui plus aboutie. Cette affaire prend rapidement un tournant politique, car ces déchets dangereux sont perdus en France, et elle est réglée directement par l'Élysée et Matignon. La ministre joue un rôle

---

[15] H. Bouchardeau, *Le ministère du possible*, *op. cit.*

plus opérationnel dans les nombreux textes européens en cours de discussion qui concernent l'environnement. Des notes du SGCI, le service chargé de la coordination interministérielle en matière européenne, de juin 1984[16], recensent les nombreux dossiers alors en négociations à Bruxelles : règlement européen sur les échanges transfrontaliers de déchets (pour répondre justement au problème des fûts Seveso exportés d'Italie en France), directive sur les études d'impact ou texte sur la pollution atmosphérique des grandes installations. Tous ces textes aboutissent peu après, avec la directive du 6 décembre 1984 dans le premier cas, celle du 27 juin 1985 dans le second cas, et celle du 24 novembre 1988 dans le troisième. L'activité législative européenne en matière environnementale commence à devenir intense, d'autant que des négociations ont lieu aussi pour réduire les CFC, ces gaz menaçant la couche d'ozone, et en interaction avec l'échelon mondial. La réduction des CFC est finalement acquise par un accord international, le Protocole de Montréal de 1987.

Un nouvel enjeu : le plomb dans l'essence

Rapidement, l'attention des Communautés européennes se porte sur la question de l'essence sans plomb du fait de la mobilisation de la société civile en Europe septentrionale. Elle stigmatise deux conséquences néfastes des émissions automobiles de plomb : sur la santé au Royaume-Uni tout d'abord, sur les pluies acides détruisant les forêts en Allemagne ensuite. Outre-Manche, la « Conservation Society » s'est mobilisée dès 1973 contre les effets négatifs des émissions de plomb par les automobiles sur la santé humaine. Cela s'est traduit par une *Campaign Against Lead In Petrol* (CALIP), en 1977[17]. L'adoption d'une première directive européenne limitant les émissions de plomb en 1978 est perçue comme une première victoire. Par la suite, en avril 1983, la *Royal Commission on Environmental Pollution* recommande l'adoption de législations européennes plus sévères, afin de mettre en production rapidement des véhicules fonctionnant à l'essence sans plomb. En parallèle se déploie une

---

[16] AN 19880071/66, notes du SGCI en vue du Conseil des ministres de l'environnement de juin 1984.

[17] N. Haigh, *EU environmental policy: its journey to centre stage*, Routledge, New York, 2016.

intense campagne de mobilisation, organisée par une nouvelle organisation appelée *Campaign for LEad-free AiR* (CLEAR), soutenue par un millionnaire.

En Allemagne, la mobilisation se développe plus tard, au début des années 1980, en relation avec le drame des « pluies acides » causant la « mort des forêts », d'où le mouvement dit *Waldsterben* actif en Allemagne. Le spectacle de centaines d'hectares de forêt brûlés à petit feu manifeste alors concrètement l'effet délétère de la pollution atmosphérique. L'effet est particulièrement important en Allemagne car l'attachement aux forêts y est fort, et chevillée au corps de l'identité nationale[18]. Par ailleurs, le débat sur la pollution de l'air est vigoureux au *Bundestag* dès les années 1970, beaucoup plus qu'en France[19].

Au sens strict, il est plus correct d'utiliser l'expression « retombées acides » que « pluies acides » car des dépôts secs pouvaient aussi affecter les arbres. Les arbres sont affectés par l'émission d'oxydes de soufre et d'azote surtout, provenant des automobiles et des centrales thermiques. Or, pour éliminer ces oxydes d'azote NO_x des émissions automobiles, il est nécessaire d'utiliser un pot catalytique, qui n'accepte que l'essence sans plomb. En-dehors d'Allemagne, les « retombées acides » affectent d'abord la Scandinavie (généralement du fait d'effluves en provenance du Royaume-Uni)[20], puis les États-Unis, et enfin la Tchécoslovaquie. À partir de 1983, certaines forêts de l'Est de la France sont touchées, mais moins massivement[21]. La préoccupation est donc internationale.

En retour, la législation se durcit progressivement. Les États-Unis adoptent dès 1973 une réglementation limitant la teneur en plomb et en octane dans l'essence et imposent en 1979 à tous les véhicules américains de disposer d'un catalyseur trois-voies[22]. La Suède introduit également

---

[18] B. Metzger, L. Schmit, « Shades of Green: Ökologische Modernisierung im deutsch-französischen Vergleich (1970–1990) », *op. cit.*

[19] E. Oberloskamp, « Energy and the Environment in Parliamentary Debates in the Federal Republic of Germany, United Kingdom and France from the 1970s to the 1990s », *In* E Bussière *et al.* (dir.), *The Environment and the European public sphere: Perceptions, Actors, Policies, op. cit.*, pp. 205–219.

[20] M. Chick, « The changing role of space and time in British environmental policy since 1945 » *Revue française d'histoire économique*, 1-2015, pp. 72–89.

[21] AN, 19880070/2, Projet de note de Vesseron pour Mousel sur les pluies acides, 12.5.1984.

[22] S. Klebaner, *Dynamiques réglementaires et planification des firmes : les leçons des limites européennes d'émissions de polluants dans l'automobile, op. cit.*

une législation plus sévère que celles de nombreux pays européens. La mobilisation de la société civile et l'adoption de normes strictes dans certains de ses marchés d'exportation poussent les constructeurs allemands à se convertir progressivement à la nécessité d'adopter le pot catalytique, malgré le coût supplémentaire que ce dernier représente, ainsi que les baisses de puissance et augmentation de consommation qu'il entraîne[23]. L'industriel allemand Bosch joue d'ailleurs un rôle leader dans le développement du catalyseur à trois voies.

Sur le marché de la Communauté européenne toutefois, les normes restent minimales. La directive de 1978 fixe la teneur de plomb dans l'essence entre 0,15 et 0,40 g/litre. Se pose alors un problème d'interprétation car certains acteurs considèrent que cela interdit de fait l'essence sans plomb.

Les autres institutions internationales ne sont pas plus efficaces. La Commission économique des Nations-unies pour l'Europe adopte en 1979 une convention sur la pollution atmosphérique transfrontière à longue distance mais elle demeure largement théorique[24]. Dans d'autres domaines, comme dans le débat global sur le contrôle des multinationales, les acteurs demandeurs de régulation, comme les syndicats, ont souvent déploré le caractère non contraignant des accords conclus à l'Organisation des Nations-Unies (ONU), à l'Organisation de coopération et de développement économique (OCDE) ou au Bureau international du travail (BIT), et se sont donc investis dans l'arène communautaire pour obtenir des textes directement applicables[25].

---

23 B. Metzger, L. Schmit, « Shades of Green: Ökologische Modernisierung im deutsch-französischen Vergleich (1970–1990) », *op. cit.*

24 Sur cette commission de l'ONU, voir : S. Kott, *Organiser le monde. Une autre histoire de la guerre froide*, Seuil, Paris, 2021.

25 Sur le débat européen et mondial sur le contrôle des multinationales : L. Warlouzet, *Governing Europe in a Globalizing World: Neoliberalism and its Alternatives following the 1973 Oil Crisis*, Routledge, Londres, 2018, chapitre 3.

Entre le marteau et l'enclume : les pressions contraires de Bonn et du ministère de l'Industrie.

L'offensive de Bonn

En 1983, le gouvernement de Bonn passe à l'offensive en publiant un mémorandum sur les pluies acides juste avant le Conseil Européen de Stuttgart du 17 au 19 juin 1983, qui marque l'apogée de la présidence allemande de la Communauté. Le 16 juin 1983, Bonn a officiellement demandé, avec le soutien de Londres et de la Haye, l'élimination rapide du plomb dans l'essence. Le Conseil européen a accepté le débat et a demandé à la Commission de présenter des propositions pour avril 1984[26].

L'offensive allemande est liée aux deux dynamiques déjà mentionnées, la mobilisation de la société civile autour du mouvement « Waldsterben », et l'intérêt des industriels pour l'adoption d'une norme unique similaire pour tous leurs marchés. Une troisième s'y ajoute, l'entrée des députés Verts au Bundestag en mars 1983. Certes, ils ne sont pas nombreux et leur succès électoral est aussi largement dû à des thématiques non-écologiques comme les manifestations contre les euromissiles, mais leur simple présence contribue à faire évoluer les débats[27]. Toutefois, l'Allemagne fédérale est réticente sur d'autres dossiers environnementaux moins favorables à son industrie, comme sur les textes devant restreindre les transferts transfrontaliers de déchets dangereux[28].

L'implication des Pays-Bas s'explique par la conscience environnementale précoce de ce pays, avec des associations très dynamiques comme le « Stichting Natuur en Milieu » fondé 1972[29]. Le soutien britannique est plus surprenant car la Première ministre Thatcher est avant tout préoccupée par le démantèlement des mesures étatiques plus que par

---

[26] AN, 19880070/2, note SGCI, 21.5.1984; cette négociation est également traitée en détail, avec un angle un peu différent (accent sur les industriels, ainsi que sur le marché commun et les aides fiscales allemandes) *In* A. Milor, « Construire l'automobile, conduire l'Europe Industriels, consommateurs et responsables politiques (1972–1998) », *op. cit.*, pp. 123–167.

[27] P. Mair, « The Green Challenge and Political Competition: How Typical is the German Experience », *German Politics*, 10.2.2001, pp. 99–116.

[28] AN, 5AG4/EG/37, note SGCI, 15.3.1984.

[29] A. Zito, "Trajectories of European Environmental Governance over Time", *In* E. Bussière *et al.* (dir.), *The Environment and the European public sphere: Perceptions, Actors, Policies, op. cit.*, p. 305.

l'émergence de nouvelles normes. Il semble que les officiels britanniques prennent conscience de l'importance du problème des pluies acides, car ils reconnaissent que le Royaume-Uni est un « exportateur net » d'émissions (même si elles se dirigent plus vers la Scandinavie que vers l'Allemagne), et qu'ils souhaitent orienter les négociations européennes vers ce qui est le moins coûteux pour leurs industriels : la réduction des émissions des automobiles plutôt que la réduction des émissions de centrales thermiques[30] [31]. Il est possible que le gouvernement britannique tienne compte du fait que les constructeurs automobiles britanniques généralistes avaient déjà subi un très fort déclin, et ceux qui subsistaient produisaient généralement des voitures imposantes, pour lesquelles le pot catalytique ne représentait pas une contrainte forte (à l'exception des Minis et d'autres modèles de milieu de gamme). D'autre part, Thatcher encourageait l'implantation de constructeurs japonais, qui suivaient déjà des normes d'émissions plus sévères[32]. Par ailleurs, sur le plan politique, le gouvernement, en répondant favorablement à la campagne CLEAN, se donnait ainsi une image plus progressiste.

Par contre, la Commission européenne était divisée entre une aile néomercantiliste favorable aux industriels, incarnée par Étienne Davignon, et une aile environnementaliste représentée par Karl-Heinz Narjes[33]. Ce dernier était un chrétien-démocrate européiste et libéral, qui avait une fibre environnementale dans le cas d'espèce sans doute du fait de son ouverture envers les priorités du gouvernement allemand, lui aussi chrétien-démocrate.

Face à ce contexte difficile, la pression allemande pour obtenir une législation communautaire satisfaisante s'exerce de manière plus offensive par l'adoption d'une disposition nationale susceptible de perturber le marché européen. À l'été 1983, Bonn annonce des mesures unilatérales pour supprimer le plomb dans l'essence et imposer progressivement la vente de voiture fonctionnant à l'ensemble sans plomb. Pour Bruxelles,

---

30 Archives nationales britanniques, PREM 19/1030, general brief for the European Council in Stuttgart, FCO, 10.6.1983.

31 Archives nationales britanniques, PREM 19/1027, general brief on European Council, FCO, 7.3.1983.

32 H. Suzuki, *Japanese Investment and British Trade Unionism. Thatcher and Nissan Revisited in the Wake of Brexit,* Palgrave Macmillan, Singapore, 2020.

33 AN, 19880070/2, note de synthèse des document Com (84) 226/6 et 226/7, mai 1984.

émerge alors le spectre d'une division du marché automobile communautaire entre plusieurs ensembles, entravant la libre-circulation des marchandises.

Les réticences à Paris

À Paris au contraire, la thématique de la pollution automobile ne mobilise pas massivement. Aux explications politico-culturelles développées par la littérature sur la faiblesse du mouvement écologiste français par rapport à ses voisins nordiques au début des années 1980[34], s'ajoute la pression des constructeurs automobiles pour ne pas adopter le pot catalytique. Les firmes françaises produisent majoritairement des voitures petites et moyennes pour lesquelles le coût d'un pot catalytique, la réduction de puissance et l'augmentation de consommation qu'il entraîne, ont des conséquences beaucoup plus importantes, comparativement, que pour des voitures de taille supérieure. Peugeot, en particulier, émerge d'une quasi-faillite à la faveur du succès de la 205, sortie en 1983, et qui pourrait voir son prix et ses performances largement grevées par un tel dispositif technique.

La résistance du gouvernement français face à la pression septentrionale s'organise autour d'une contre-offensive triple[35]. D'abord, la préoccupation environnementaliste des autorités françaises dans les années 1970 et 1980 s'inscrit naturellement dans le registre de l'indépendance nationale : l'impératif est d'économiser l'énergie pour restaurer la balance commerciale et être moins dépendant de l'extérieur[36]. Dans cette logique, Paris insiste sur la nécessité de réduire les consommations par des dispositifs comme des limitations de vitesse plus sévères – la République fédérale d'Allemagne (RFA) est particulièrement visée du fait de ses autoroutes sans limitations –, une réduction du poids des automobiles – là aussi touchant particulièrement les industriels d'Outre-Rhin –,

---

[34] M. Bess, *La France vert clair. Écologie et modernité technologique 1960–2000*, Champ Vallon, Seyssel, 2011 ; G. Massard-Guilbaud, « La France, une "société vert clair" ? Retour sur The Light Green Society: Ecology and Technological Modernity in France, 1960–2000 », *in Vingtième Siècle. Revue d'histoire*, 113, 2012, pp. 205 à 210.

[35] AN, 19880070/2, note SGCI, 21.5.1984.

[36] E. Oberloskamp, « Energy and the Environment in Parliamentary Debates in the Federal Republic of Germany, United Kingdom and France from the 1970s to the 1990s », *op. cit.*, pp. 205–219.

ou l'exploration de solutions techniques encore en développement (moteur à faible émission ou « lean burnt engine », amélioration de l'aérodynamisme des véhicules).

Ensuite, sur le plan défensif, certains Français s'emploient à remettre en cause les certitudes scientifiques sur la pollution à réguler[37]. Le problème étant récent et complexe, les experts français, généralement recrutés dans le secteur automobile, à travers la Chambre syndicales des constructeurs automobile qui est régulièrement consultée[38], mettent en doute la relation causale entre émission, réaction atmosphérique, pluies acides et dégradation des arbres. Lorsque le ministre de l'Industrie Laurent Fabius écrit à Huguette Bouchardeau le 30 novembre 1983 pour expliciter la position française, il affirme explicitement qu'elle a été définie en concertation avec les industriels[39]. Son but est de repousser l'introduction du pot catalytique à 1991 au plus tôt[40].

Au cabinet d'Huguette Bouchardeau, le directeur de cabinet Philippe Vesseron est sur une position intermédiaire, insistant sur la nécessité de réduire les émissions d'oxydes d'azote par les véhicules et sur la réduction des oxydes de soufre des centrales thermiques, même si la France a intérêt à faire porter l'effort sur la deuxième catégorie plutôt que sur la première[41].

---

37 Sur ce type d'approche, fréquente en matière environnementale : R. Proctor, « Agnotology: A Missing Term to Describe the Cultural Production of Ignorance (and Its Study) », *In* R. Proctor, L. Schiebinger (dir.), *Agnotology. The Making and Unmaking of Ignorance*, Stanford, Stanford UP, 2008, pp. 1–35; Oreskes N, Conway E. M., *Merchants of Doubt. How a Handful of Scientists Obscured the Truth on Issues from Tobacco Smoke to Global Warming*, Blomsbury, Londres, 2010.

38 AN, 19880071/62, note de la Chambre syndicale des constructeurs automobiles, 14.6.1983 ; AN, 19880071/62, note sur une réunion avec le patronat, 18.10.1983.

39 AN, 19880071/62, lettre de L. Fabius, ministre de l'Industrie, à H. Bouchardeau, 30.11.1983.

40 AN, 19880070/2, note SGCI, 21.5.1984 ; note du ministère de l'industrie, sans date, sans doute en décembre 1983 au vu de la correspondance ultérieure figurant à la suite dans le dossier d'archives.

41 AN, 19880070/2, projet de note de Vesseron pour Mousel sur les pluies acides, 12.5.1984.

Le compromis Bouchardeau

Face à ces injonctions contradictoires, une pression de l'Europe du Nord à une réduction sévère des émissions automobiles, et une résistance des constructeurs français relayée par le ministre de l'Industrie, la ministre de l'Écologie agit en proposant un compromis qu'elle cherche à faire endosser par une stratégie double, indirecte et institutionnelle.

Une action indirecte

L'espace d'action propre à la ministre ne se circonscrit pas à la sphère institutionnelle, surtout pour une militante de la société civile aguerrie comme Huguette Bouchardeau, qui utilise ainsi les relations associatives et intellectuelles pour faire pression sur son propre gouvernement. Dès août 1983, la ministère sollicite et reçoit une étude d'un expert, Jean Desley (institut de recherche des transports), qui démontre la faisabilité industrielle d'une élimination rapide du plomb pour les constructeurs français[42]. L'étude finale, rendue en octobre 1983, et réalisée par Robert Joumard, Mireille Chiron, Jean Desley, et Jacques Lambert, de l'Institut de recherche des transports, infirme la plupart des arguments du ministère de l'Industrie sur l'impossible adaptation de la filière française à l'essence sans plomb[43].

Cette réunion d'information se double d'une prise de parole publique de la ministre. En novembre 1983, alors que le ministère de l'Industrie a obtenu un arbitrage favorable à sa position restrictive, Huguette Bouchardeau se prononce publiquement, au colloque du Centre interprofessionnel technique d'étude de la pollution atmosphérique (CITEPA) qui réunit des représentants des industriels et de l'État (ministère de l'industrie et de l'environnement) en faveur de l'adoption assez rapide du pot catalytique par un règlement européen[44]. Elle visait explicitement des objectifs environnementaux mais aussi de santé publique, faisant référence au rapport Roussel. À la demande des ministères de la Santé et de l'Environnement, le professeur André Roussel, alors président de l'Association pour la prévention de la pollution atmosphérique (APPA),

42 AN, 19880071/62, étude de J. Desley, Institut de recherche des transports, 3.8.1983.

43 AN, 19880070/2, dossier de l'Institut de recherche des transports : Le dossier du plomb, additif des carburants automobiles, octobre 1983.

44 AN, 19880071/62, note de Vesseron du 20.12.1983.

avait publié en juillet 1983 un rapport sur l'impact médical délétère des émissions automobiles (et notamment des poussières diesel)[45].

Les déclarations de la ministre sur cette thématique sont ensuite reprises par des associations alliées objectives, comme les Amis de la Terre, dans laquelle le mari d'Huguette Bouchardeau est un membre actif. Ils s'adressent au Président Mitterrand en juin 1984 en y faisant référence : « rappelons que les coûts de la pollution atmosphérique en France ont été estimés récemment à 25 milliards de francs par an (discours de Mme Bouchardeau lors du Congrès du Mouvement national de lutte pour l'envrionnement (MNLE)) ». Les Amis de la Terre opposent à cette somme considérable des coûts d'investissement pour les constructeurs français d'environ 5 Md de FF[46]. L'argumentation est donc financière et industrielle, en plus des arguments environnementaux et de santé publique.

Le ministère reçoit aussi une note de revendication très visuelle de l'association « Les Droits du Piéton » (présidée par Roger Lapeyre), qui exige une forte réduction des émissions automobiles[47]. Arguant du fait que 70 % du plomb injecté dans le moteur (pour augmenter l'indice d'octane et donc le rendement du moteur) se retrouve dans l'échappement, et rappelant l'existence de l'essence sans plomb aux États-Unis, au Canada et au Japon, elle demande un alignement sur l'Allemagne, qui prévoit de réduire la teneur de plomb de l'essence rapidement, avant de la supprimer en 1986. À noter que l'association réclame également une suppression des particules cancérigènes émises par le diesel et, plus structurellement, une réduction de l'usage de la voiture particulière à essence en favorisant les transports en commun. Pleine d'utopie, elle s'interroge : « Pourquoi ne pas réserver certaines rues uniquement aux autobus, aux bicyclettes et aux piétons ».

En outre, la ministre se préoccupe de convaincre l'opinion publique, afin de présenter les mesures anti-pollution non plus comme un coût

---

[45] Impact médical des pollutions d'origine automobile / rapport présenté par M. Le Professeur André Roussel, 1983 ; I. Roussel, « La pollution atmosphérique entre santé et environnement (1958–1996). L'exemple de l'Association pour la prévention de la pollution atmosphérique (APPA), de sa création à la loi de 1996 », *Écologie & politique*, 58, 2019, pp. 35–52.

[46] AN, 19880071/62, lettre du Président des Amis de la Terre, P. Samuel, au Président de la République, 14.6.1984.

[47] 19880071/62, note de l'Association « Les droits du piéton », mars 1984.

mais comme une opportunité. Le cabinet envisage une vaste campagne de presse, en s'appuyant sur le rapport Roussel[48]. Sur le plan politique, l'idée est aussi de préparer l'opinion publique à l'adoption d'une législation européenne qui se profile[49].

L'offensive institutionnelle

Cet effort de promotion intellectuelle se double d'une offensive institutionnelle à Paris. Au départ, en 1983, le gouvernement français avait une position dilatoire, visant à retarder les débats. Le 22 mai 1984, le cabinet d'Huguette Bouchardeau se plaint auprès du ministre des Affaires européennes André Chandernagor de l'absence d'instructions claires pour la délégation française, qui la conduit à être très réservée[50]. Il demande des arbitrages clairs. La ministre intensifie sa campagne en écrivant une lettre manuscrite directement au Président Mitterrand le 26 mai 1984, en prévision d'un sommet franco-allemand à venir[51] : « vous avez relevé, à l'occasion de ma communication au Conseil des ministres du 22 février que la position du gouvernement était encore assez embarrassée ». Elle cherche à convaincre le Président d'accepter l'essence sans plomb pour des arguments environnementaux, sanitaires mais aussi industriels car « la production automobile française apparaît figée sur des conceptions obsolètes ». Il est probable que la ministre s'adresse directement au Président pour contourner les oppositions internes, notamment celles du ministre de l'Industrie, car les débats sont difficiles au sein du Conseil des ministres français[52]. En parallèle, Huguette Bouchardeau écrit au Premier ministre Pierre Mauroy[53], ainsi qu'au commissaire européen Karl-Heinz Narjes, pour lui demander d'accélérer les travaux afin de tout régler en juin 1984.

Plus généralement, Huguette Bouchardeau souligne dans sa lettre au Président Mitterrand l'enjeu politique de parvenir à un accord

---

48 AN, 19880070/2, note préconisant un débat national, 15.1.1984.

49 AN, 19880071/62, note du ministère de l'environnement, 30.1.1984.

50 AN, 19880070/2, note de Ph. Vesseron, cabinet Bouchardeau, pour Bernet, cabinet Chandernagor, 22.5.1984.

51 AN, 19880070/2, Lettre manuscrite d'H. Bouchardeau au Président F. Mitterrand, 26.5.1984.

52 Sur ces débats difficiles : AN 19880071/62, note Vesserron, 25.5.1984.

53 AN, 19880071/62, note de Bouchardeau à Mauroy, 14.6.1984.

franco-allemand sur ce thème. En effet, plus globalement, la période est marquée par un puissant rapprochement entre Mitterrand, Kohl et les autres partenaires de la Communauté afin de débloquer cette dernière, paralysée par la querelle budgétaire britannique, le maintien du droit de veto au Conseil, et les manœuvres dilatoires de la France face à l'élargissement espagnol. Ces trois abcès de fixation trouvent une solution peu après, lors du Conseil européen de Fontainebleau des 25 et 26 juin 1984 qui lance la « relance de l'Europe », selon l'expression utilisée à l'époque[54].

Le compromis de 1984–1985 arraché

Finalement, il semble que le Président ait accepté la proposition de la ministre Bouchardeau car un compromis intervient lors du Conseil des ministres du 28 juin 1984[55]. L'essence sans plomb doit être introduite au plus tard en 1989, selon des modalités à définir. La France continue de défendre une approche globale, fondée sur la limitation de la pollution par un ensemble de mesures : réduction des valeurs limites d'émission mais aussi limitation de la vitesse et des consommations unitaires, ce qui permet de souligner le rôle des puissantes berlines allemandes dans la pollution automobile. La France souligne le rôle majeur que doit jouer l'adoption d'un projet de directive sur la pollution des installations par le dioxyde de soufre, beaucoup plus important pour limiter les pluies d'acide selon Paris, mais qui suscite des réticences de Bonn, qui compte beaucoup sur des centrales thermiques particulièrement polluantes. Les discussions franco-allemandes continuent donc, notamment entre Laurent Fabius, devenu Premier ministre, et Helmut Kohl à Bad Kreuznach les 29 et 30 octobre 1984 sur la mise en œuvre du compromis politique[56].

---

54 G. Saunier, « Le gouvernement français et les enjeux économiques européens à l'heure de la rigueur, 1981–1984 », *In* E. Bussière, M. Dumoulin, S. Schirmann (dir.), *Milieux économiques et intégration européenne au XXe siècle. La relance des années quatre-vingt (1979–1992)*, CHEFF, Paris, 2007, pp. 109–146.

55 AN, 5AG4/39, note SGCI, 29.11.1984 ; AN, 19880071/62, Conclusion de la Présidence sur la pollution automobile après le Conseil des ministres du 28.6.1984.

56 *Akten zur Auswärtigen Politik der Bundesrepublik Deutschland, 1984*, De Gruyter, Oldenbourg, 2015, doc. 294 : consultations franco-allemandes, Bad Kreuznach, 29–30.10.1984.

La deuxième partie de l'accord intervient au Conseil européen de Dublin de décembre 1984[57]. Une distinction est introduite entre les voitures puissantes, celles dont les moteurs sont supérieurs à deux litres de cylindrée, et les autres. Les premières devront adopter l'essence sans plomb et le catalyseur trois voies avant les autres. Cette distinction est cruciale, et facilite l'accord final qui intervient lors du Conseil des 20 et 21 mars 1985, préparé par la rencontre du 4 mars entre Huguette Bouchardeau et Martin Bangemann, le ministre allemand de l'économie[58], autour d'une adoption retardée pour les petits véhicules, ceux qui intéressent les Français. Dès cette époque, Renault prend acte de cette évolution et choisit dès 1985 d'adopter le pot catalytique[59]. Au contraire, Jacques Calvet de PSA continue son lobbying hostile jusqu'à l'adoption du dernier texte sur le passage complet à l'essence sans plomb, en 1989[60].

Pour conclure, la construction européenne joue un rôle croissant dans les dossiers environnementaux, à la faveur de la pression de la société civile et de gouvernements des pays du Nord de l'Europe. Le débat se cristallise particulièrement autour de l'essence sans plomb en 1983. La situation est difficile pour la nouvelle ministre de l'Environnement, Huguette Bouchardeau, qui doit affronter une puissante opposition interne des constructions automobiles, surtout de Peugeot société anonyme (PSA) dirigé par l'eurosceptique Jacques Calvet, et les réticences du ministère de l'Industrie conduit par Laurent Fabius.

La ministre dépasse ce blocage par une triple action. D'abord, elle sollicite l'expertise de la société civile et elle intervient elle-même en colloque pour briser la fabrique du doute des constructeurs. Ensuite, elle intervient directement auprès du Président Mitterrand, de la Commission européenne, et de son homologue allemand pour débloquer les négociations. Enfin, elle contribue à définir un compromis entre les approches socio-environnementales (protection de la santé et de l'environnement),

---

57 Archives nationales britanniques, PREM 19/1223, note FCO, CR Budd, 30.11.1984.

58 A. Milor, « Construire l'automobile, conduire l'Europe Industriels, consommateurs et responsables politiques (19721998) », *op. cit.* pp. 150–151.

59 S. Klebaner, *Dynamiques réglementaires et planification des firmes : les leçons des limites européennes d'émissions de polluants dans l'automobile, op. cit.*, p. 194.

60 L. Warlouzet, « The implementation of the Single Market Programme (19851992): the examples of Car Emission and of Competition Policy », *In* M. Gehler, W. Loth (dir.), *Reshaping Europe: Towards a Political, Economic and Monetary Union, 19841989*, Nomos Verlag, Baden-Baden, 2020, pp. 247262.

libérales (préservation du marché unique) et néomercantilistes (attention aux intérêts industriels), qui annonce à bien des égards la notion de « développement durable », couronné par le rapport Brundtland de 1987[61].

Il reste à souligner l'importance de cette négociation sur l'essence sans plomb, confirmée par la ministre elle-même dans ses mémoires : « J'ai découvert dans l'exercice de cette responsabilité très singulière l'extraordinaire sérieux des institutions européennes, l'utilité de ces « rouages » réguliers que sont la Commission ou le comité des représentants permanents ; Sans doute ai-je pu, là plus qu'ailleurs, éprouver combien le rôle d'un ministre y était politique, c'est-à-dire animé par une volonté claire d'organiser la vie collective, de maîtriser le développement – et, toute immodestie bue, de fabriquer (un peu) l'Histoire »[62].

---

61 L. Schichilone, « A new challenge for global governance: the UN and EEC/EU in the face of the contemporary ecological crisis », *In* L. Mechi, G. Migani, F. Petrini (dir.), *Networks of Global Governance. International Orgnizations and European Integration in European Perspective*, Cambridge Scholar Publishing, Newcastle Upon Tyne, 2014, p. 241; I. Borowy, *Defining sustainable development for our common future: a history of the World Commission on Environment and Development (Brundtland Commission)*, Routledge, Londres, 2014.

62 H. Bouchardeau, *Le ministère du possible*, *op. cit.*, p. 120.

Trente ans d'ENA à Strasbourg (1991–2021)[1]

Fabrice Larat

Le 7 novembre 1991, le Comité interministériel d'aménagement du territoire réuni sous la présidence du Premier ministre, Edith Cresson, annonce le transfert à Strasbourg de l'École nationale d'administration (ENA). Cette décision présentée comme s'inscrivant dans un plan d'ensemble de délocalisation des activités de l'État concernait une vingtaine d'organismes et environ 2 500 agents. Trente ans plus tard, il est mis fin à l'existence de cette même École nationale d'administration[2], remplacée au 1er janvier 2022 par l'Institut national du service public (INSP).

La concomitance entre le trentième anniversaire de l'annonce de la délocalisation de l'ENA et sa disparition nominale fournit une occasion bienvenue de dresser un panorama des transformations intervenues au cours de cette période et de dresser un bilan de la présence à Strasbourg de cet établissement, ô combien emblématique, de formation des futurs cadres supérieurs et dirigeants de l'État. Pour cette première esquisse d'une histoire récente de l'ENA[3], nous accorderons une attention

---

1 L'auteur tient à remercier Grant Guttmann, archiviste, et l'équipe du Centre de ressources et d'ingénierie documentaires de l'ENA pour l'aide apportée dans la recherche des documents utilisés, ainsi que ses collègues qui ont apporté une relecture attentive à ce texte.

2 Annonce faite par le président Emmanuel Macron le 8.4.2021 lors de la convention managériale de l'État, et Décret n° 2021-1556 du 1.12.2021 relatif à l'organisation et au fonctionnement de l'Institut national du service public, pris sur la base de l'ordonnance n° 2021-702 du 2.6.2021 portant réforme de l'encadrement supérieur de la fonction publique de l'État. Une première communication relative au projet de suppression avait eu lieu en avril 2019. Pour une vue d'ensemble cf. l'article de B. Floc'h « La réforme de la haute fonction publique, un concentré du quinquennat Macron », *Le Monde*, 1.1.2022.

3 Il existe de nombreux ouvrages consacrés à l'ENA. Ceux-ci datent toutefois tous d'au moins une vingtaine d'année, cf. notamment J.-M. de Forges, « L'École

particulière aux transformations successives de ses activités ainsi que de son organisation, lesquelles ont contribué à changer profondément le visage de l'institution.

Le transfert

L'annonce de la délocalisation provoque une vague de réactions de toutes parts, tant la présence de cette école à Paris à proximité des cercles du pouvoir semblait aller de soi[4]. Un conseil d'administration exceptionnel se réunit le 13 décembre[5]. Un texte est alors adopté qui affirme que le déplacement hors de Paris « aurait pour effet de changer la nature de la formation des hauts fonctionnaires » et provoquerait une coupure avec la fonction publique[6]. De son côté, la direction de l'école essaye de faire revenir le Premier ministre sur sa décision en mettant en avant des arguments d'ordre juridique ainsi que d'opportunité pouvant s'opposer à la délocalisation[7]. Dans la même veine, l'association des anciens élèves rappelle que l'ENA étant une école d'application, son fonctionnement repose « sur un corps enseignant non professionnel constitué de

nationale d'administration », Presses universitaires de France, Que sais-je ?, Paris, 1989 ; J.-F. Kessler, « L'ENA, la Société, l'État », Berger-Levrault, Paris, 1985 ; J.-M. Gaillard, « L'ENA, miroir de l'État, de 1945 à nos jours », Complexe, Bruxelles, 1999 ; I. Bellier, « L'ENA comme si vous y étiez », Seuil, Paris, 1999 ; J.-M. Eymeri, « La fabrique des énarques », Economica, Paris, 2001.

4 Pour ne citer que des établissements formant à des niveaux de responsabilité comparables, rappelons que l'Ecole nationale de la magistrature est installée à Bordeaux depuis 1960 (après avoir été créée à Paris sous le nom de Centre national d'études judiciaires), l'Ecole des hautes études de santé publique (ex-ENSP) est installée à Rennes depuis 1962, et l'École Nationale Supérieure de Sécurité Sociale (Centre national d'études supérieures de sécurité sociale) s'est installée à Saint–Étienne en 1978. L'Institut national des études territoriales qui a succédé à l'Institut des études supérieures de la fonction publique territoriale s'est quant à lui installé à Strasbourg en 1997, suite à l'arrivée de l'ENA.

5 Son président, Marceau Long, raconte n'avoir été averti de la décision par le ministre de la Fonction publique Jean-Pierre Soisson qu'une fois celle-ci prise. Voir le récit très informé qu'il donne des suites de l'annonce ainsi que du processus de délocalisation in *Cahiers pour une histoire de l'ENA* n° 2 « Mes regards sur l'ENA (1949–1995). De l'élève au président du conseil d'administration », Comité d'histoire de l'Ecole nationale d'administration, 2008, pp. 93–138.

6 *Ibid.*, texte reproduit dans les souvenirs de Marceau Long en tant que président du conseil d'administration, p. 95.

7 Lettre de René Lenoir à Edith Cresson, Paris, le 3.1.1992. ENA/CRID.

praticiens de la vie administrative, économique et sociale du pays qui exercent presque tous leur fonction à Paris »[8]. La mobilisation est large. Un préavis de grève est même déposé par les élèves et le personnel de l'école du 31 mars au 1er avril 1992 en prévision des réunions du Conseil d'administration du 1er et 7 avril[9].

Toutes ces protestations n'en restent pas moins vaines. Le directeur en poste depuis 1988, René Lenoir, qui est en désaccord avec la décision de transférer l'ENA à Strasbourg est remplacé en janvier 1992 par Jean Coussirou, préfet de la région Midi-Pyrénées. À la suite de l'annulation le 4 juin 1993 de la décision par le Conseil d'État pour des raisons de forme, le gouvernement dirigé par le nouveau Premier ministre Edouard Balladur renouvelle la décision d'implanter l'ENA à Strasbourg « dans le respect des procédures et principes rappelés par le Conseil d'État dans son arrêt »[10]. Le cap est maintenu, même si la majorité a en effet changé : André Rossinot est ministre de la Fonction publique, Nicolas Sarkozy, ministre du Budget, et l'Alsacien Daniel Hoeffel, ministre délégué à l'Aménagement du territoire.

Un décret pris en Conseil d'État en décembre 1993 après avoir été soumis au Conseil d'administration et au Comité technique paritaire de l'ENA fixe officiellement le siège à Strasbourg[11]. On relèvera que, soucieux de justifier le choix de la capitale alsacienne, le gouvernement décide d'accompagner la délocalisation par une réforme de la scolarité en introduisant dans celle-ci des enseignements sur les questions européennes ainsi que sur l'administration territoriale[12]. Il est décidé qu'à la rentrée 1994, la promotion des élèves revenant de stage passera une période de scolarité accrue à Strasbourg, l'achèvement des travaux du site retenu étant programmé pour le 1er janvier 1995.

---

8 Archives ENA, dossier spécial « Délocalisation ENA » centre de ressources et d'ingénierie documentaires. ENA/CRID, Communiqué de presse, 6.12.1991.

9 ENA/CRID, Trac intitulé « Mobilisation contre la délocalisation de l'ENA », non daté, accompagné de 5 pages d'argumentaire.

10 ENA/CRID, Communiqué lu par André Rossinot, Ministre de la fonction publique à l'issue de la réunion interministérielle du 7.6.1993.

11 Décret n° 93-1351 du 28 décembre 1993 modifiant le décret n° 82-819 du 27.9.1982 modifié relatif aux conditions d'accès à l'École nationale d'administration et au régime de la scolarité.

12 ENA/CRID, Secrétariat général du gouvernement, Compte rendu de la réunion des ministres tenue le 7.6.1993 sous la présidence du Premier ministre, diffusé le 14.6.1993.

Plusieurs implantations possibles avaient été envisagées en lien avec les autorités locales. Le site dit de la Commanderie Saint Jean est finalement retenu. D'après la direction, il présente l'avantage de permettre le transfert dans d'excellentes conditions[13]. En 1992, les bâtiments comment à être entièrement rénovés sous la direction des architectes Gérard Altorffer et Michel Moretti, afin d'offrir une superficie de quelques 2 000 m^2[14]. En 2004 le regroupement à Strasbourg de l'essentiel des activités de l'ENA nécessitera néanmoins la location de locaux supplémentaires près du Vieil Hôpital civil. La construction d'un bâtiment supplémentaire Haute qualité environnementale en 2011 relié à celui de la Commanderie par une passerelle permettra finalement de rassembler l'ensemble des services sur un même site[15].

L'installation définitive à Strasbourg

Le 5 janvier 1993, par des températures « sibériennes » (-14°), une rentrée symbolique se fait dans les locaux strasbourgeois ; les premiers travaux de rénovation du site portant sur le bâtiment C de la Commanderie permettant d'organiser quelques semaines de la scolarité à Strasbourg. À partir du 1er janvier 1995, et pendant une longue période de 11 ans, la scolarité est partagée entre les deux sites, même si une grande partie des agents travaille encore à Paris, l'ENA gardant les locaux du 7 rue de l'Université après avoir résilié le bail de ceux de la Rue du Bac dédiés au logement des étudiants.

La confirmation de la délocalisation s'accompagne en fait d'un compromis. Comme l'explique le nouveau directeur « Nous avons reçu pour mission de mettre en place une organisation bipolaire de la scolarité entre

---

13 ENA/CRID, Note du directeur à Madame le premier ministre sur le transfert de l'ENA à Strasbourg, 2.3.1992. Le document conservé porte l'annotation manuscrite « Accord pour le transfert définitif au 1er janvier 1994. Édith Cresson ». Ancien couvent et hôpital au Moyen-Âge propriété des Hospitaliers de Saint-Jean de Jérusalem, le site abrita la prison Sainte Marguerite à partir de 1740 et pendant près de 250 ans. Devenue vétuste, la prison est fermée en 1989.

14 Le coût du transfert était estimé à 127 millions de francs.

15 Voir la brochure « La commanderie Saint Jean. Historique du bâtiment »., ENA, 2019. Le nouveau bâtiment est inauguré le 7.11.2011 en présence du ministre de la Fonction publique, François Sauvadet.

les deux sites »[16]. Outre le stage de première année – en administration et en entreprise – qui ne change pas, la scolarité est scindée en deux parties successives : les élèves passent sept mois, de janvier à fin juillet, dans la capitale alsacienne, puis reviennent à Paris de septembre à fin mars (ou avril) de l'année suivante. La durée totale des études s'en trouve prolongée d'un mois (27 au total). Ce n'est qu'en 2004 que la décision d'installation devient définitive, la promotion Simone Veil (2005–2007), étant la première à effectuer l'ensemble de sa scolarité à Strasbourg.

Le maintien d'une annexe à Paris

En 2002, l'Institut international d'administration publique (IIAP) est intégré à l'ENA[17], ce qui lui permet de renforcer son ouverture vers l'international. Ses locaux situés au 2 avenue de l'Observatoire deviennent l'annexe parisienne de l'ENA après la vente à Sciences Po Paris de ceux de la Rue de l'Université. Créé en 1966 à l'initiative du général de Gaulle, et faisant suite à l'Institut des hautes études d'outre-mer (IHEOM), lequel avait lui-même succédé en 1959 à l'École nationale de la France d'outre-mer (ENFOM) qui prenait la suite de l'École coloniale dont les locaux avaient été construits en 1895, l'IIAP avait pour mission de développer la coopération administrative internationale. Avec le développement de l'accueil d'élèves étrangers à l'ENA, le cycle long international proposé par l'IIAP à des jeunes hauts fonctionnaires étrangers pour leur offrir un perfectionnement professionnel faisait toutefois double emploi[18].

---

16 Jean Coussirou, directeur de l'ENA, cité *In* « ENA : le vrai-faux transfert », *L'Express,* 18.11.1993. La mise à disposition de place dans des résidences universitaires permit rapidement de loger les élèves lors de leur passage à Strasbourg.

17 Décret n° 2002-49 du 10.1.2002.

18 La situation de concurrence avec l'ENA ne datait toutefois pas de l'IIAP, mais posait déjà problème du temps de l'ENFOM, certains de ses élèves tel André Chandernagor passant le concours de l'ENA après y avoir suivi la scolarité pour devenir administrateur d'Outre-mer. Voir « Le 2 avenue de l'Observatoire. De l'Ecole cambodgienne à l'Institut international d'administration publique IIAP », La Documentation française, 1996, p. 90. Sur la situation de concurrence entre les deux institutions ayant menée à la fusion, voir Ph. Ratte, « L'Institut international d'administration publique (2 décembre 1966–10 janvier 2002) », *Revue française d'administration publique* n° 100, 2001, pp. 585–597. Voir également le rapport Bechtel sur la mise en œuvre de la fusion ENA/IIAP remis au ministre de la Fonction publique en 2001.

Jusqu'à la fusion avec l'IIAP, les relations internationales de l'ENA dépendaient d'un service délégué rattaché à la direction des stages. Désormais, une direction des relations internationales est créée avec différents départements géographiques. Depuis, les activités de coopération internationale de l'ENA sont basées à Paris. Il en va de même des activités de formation permanente à courte durée, pour lesquelles la proximité avec les ministères et donc les personnels à former se révèle être un atout. Les actions de formation permanente de l'ENA qui sont obligatoires et de longue durée sont quant à elles transférées à Strasbourg[19].

L'ENA prend racine en Alsace

Le transfert du centre de gravité de l'ENA avec la formation initiale et les cycles internationaux ainsi que les principaux services qui regroupent la plupart des agents va s'accompagner au cours de ces trois décennies d'un ancrage territorial progressif mais réel[20]. La présence des élèves, accompagnés pour certains d'entre eux de leur famille, pendant toute la durée des enseignements donne corps à cet ancrage manifesté par l'accueil chaque année de la nouvelle promotion à l'Hôtel de ville de Strasbourg par le maire. L'ouverture en juin 2007 de la ligne de train à grande vitesse entre Paris et Strasbourg va considérablement faciliter cette intégration en permettant aux élèves et aux enseignants de rallier la capitale alsacienne en 2 h 20[21]. De fait, la localisation du siège de l'ENA non loin de la gare se révèle un avantage très appréciable. C'est ce qui amène Bernard Boucault à reconnaître que les facteurs de succès du transfert, 20 ans après sont le temps, les hommes et le Train à grande vitesse (TGV)[22].

---

19 M. Long, *op. cit.* p. 110.

20 En 2003, un rapport rédigé par Yves-Thibault de Silguy « Moderniser l'État : le cas de l'ENA » conforte la localisation de l'école à Strasbourg.

21 Auparavant, les liaisons s'effectuaient principalement par voie aérienne via l'aéroport de Entzheim.

22 « L'ENA fête les 20 ans de son installation à Strasbourg, devenue une évidence », *DNA*, 7.11.2011.

L'ancrage territorial

Le succès d'une telle délocalisation dépend également de la capacité de l'organisation à s'intégrer dans son nouvel environnement. Le développement de liens multiples avec l'Université de Strasbourg et en particulier avec son Institut d'études politiques (IEP) ont contribué à renforcer cet ancrage local, tout comme la participation de l'ENA comme membre fondateur du Pôle européen d'administration publique. Créé en novembre 2004 sur la base d'une convention, le Pôle a pour objectif de mutualiser et de valoriser les compétences des institutions qui le composent, grâce à des projets de formation, de recherche, des publications ainsi que l'organisation de manifestations. Il réunit d'un côté l'État et les collectivités locales alsaciennes (Ville et la Communauté urbaine de Strasbourg, Département du Bas-Rhin[23] et Région Alsace) en tant que signataires du contrat triennal « Strasbourg, ville européenne », ainsi que des partenaires pédagogiques présents à Strasbourg actifs dans le cadre de la formation en administration publique et sur les question européennes : l'École nationale d'administration, l'Institut national des études territoriales, l'Université de Strasbourg et son Institut d'études politiques de Strasbourg ainsi que l'Euro-Institut, Groupement local de coopération transfrontalière (GLCT) basé sur l'Accord de Karlsruhe de 1996 sur la coopération transfrontalière entre collectivités territoriales et organismes publics locaux.

Cette mise en réseau visant à renforcer le rayonnement et le statut de Strasbourg capitale européenne et à développer des synergies pour une offre de formation innovante a permis de tisser des liens durables avec ces différents acteurs et notamment la communauté d'enseignants chercheurs, grâce aux financements et à l'organisation d'activités communes. L'ENA est ainsi devenue une partie prenante de l'écosystème local. Des accords passés avec l'Institut d'études politiques (IEP) de Strasbourg en 2012 ont offert aux élèves étrangers du Cycle international long et du Cycle international de perfectionnement la possibilité de suivre en parallèle à leur formation à l'ENA des enseignements dispensés par l'IEP leur permettant d'obtenir respectivement un Master spécialité

---

[23] Le Département s'étant toutefois rapidement retiré du financement du Pôle.

Administration publique générale ou un Master spécialité Carrières et action publiques[24].

Du fait de la proximité des fonctions auxquelles les deux écoles préparent, un rapprochement s'est également opéré avec l'Institut national des études territoriales (INET) qui prend la forme d'une mutualisation d'enseignements lors d'une période de formation en commun de leurs élèves. La présence de l'ENA dans le paysage institutionnel local se manifeste enfin par les stages effectués par une partie des élèves auprès de la préfecture ou de l'Eurométropole, et depuis 2016–2017, par les missions d'intérêt général que ces derniers doivent assurer pour un volume horaire de 20 heures auprès d'associations locales.

Le développement de ces activités, échanges et liens institutionnels a ainsi profondément modifié l'équilibre géographique entre les deux pôles de Paris et de Strasbourg. Le fait que le centre de gravité de l'ENA se trouve désormais très clairement dans cette dernière ville, de même que les avantages de cette localisation, expliquent certainement qu'en 2021 le siège de l'Institut national du service public ait été maintenu à Strasbourg sans ambiguïté[25].

L'affirmation d'une vocation européenne

Dès le début, le choix de Strasbourg participait à la volonté plus large de donner une orientation européenne à la formation des hauts fonctionnaires français. La délocalisation de l'ENA annoncée par Edith Cresson constitue à cet égard une étape majeure, puisque la décision était motivée, entre autres, par le souci d'ouvrir l'école sur l'Europe et les nouveaux défis imposés par les futures échéances européennes, à savoir la création du marché unique. Le choix de Strasbourg « ville au cœur de l'Europe de 1993 » était présenté comme une réponse à ce défi[26].

---

[24] Les élèves étrangers (plus d'une soixantaine chaque année) bénéficient par ailleurs de parrainages et d'un programme d'activité organisé depuis 2004 par le Club des Jeunes Ambassadeurs d'Alsace.

[25] Art. 1 du Décret n° 2021-1556 du 1.12.2021 relatif à l'organisation et au fonctionnement de l'Institut national du service public. Celui-ci reprend les agents exerçant leurs fonctions au 31.12.2021 au sein de l'ENA (Art. 27 du décret) ainsi que ses biens, droits et obligations (Art. 12 de l'Ordonnance n° 2021-702 du 2.6.2021).

[26] Communiqué des services du Premier ministre, en date du 7.11.1991, sur la délocalisation d'organismes publics de Paris vers la banlieue et la province. La perspective de la présidence française du conseil de l'UE en 1995 a contribué à cette orientation.

La prise de conscience de l'importance croissante des questions européennes dans les affaires nationales et la nécessité d'avoir une meilleure préparation des cadres du pays sur l'Europe, notamment au sein de l'administration, s'était manifestée au travers d'une succession de rapports qui ont trouvé à se concrétiser progressivement au niveau de la principale école en charge de la formation des cadres supérieures de l'État. La création d'un Centre des études européennes de Strasbourg (CEES) avait déjà été évoquée en parallèle au projet de délocalisation. Appelé à se prononcer sur le projet, le Conseil d'administration du 20 avril 1993 donne un avis positif à la participation de l'ENA au groupement d'intérêt public[27]. Le CEES voit le jour le 17 mars 1995 par un arrêté approuvant la convention constituant le Groupement d'intérêt public (GIP) et s'installe dans une aile de la Commanderie Saint-Jean[28]. Son directeur est nommé coordonnateur de l'enseignement des questions européennes à l'ENA. À côté de ces enseignements destinés à la formation initiale, le Centre développe d'autres activités telles le Cycle long des études européennes en 2000, ou à partir de 2004 une préparation aux concours européennes, activités qui seront ultérieurement reprises par l'ENA.

Outre la prise en compte des questions européennes dans les épreuves du concours d'entrée à l'ENA, cette orientation se matérialise au début des années 2000 sous la direction d'Antoine Durrleman (2002–2007), par l'utilisation du qualificatif d'« École européenne de gouvernance », qui fut même un temps envisagé comme nouvelle appellation officielle. Pour son successeur, Bernard Boucault (2007–2012), la « vocation européenne de l'ENA » irrigue même l'ensemble de ses formations, initiale comme continue.[29] C'est ainsi qu'une réforme de la scolarité, entrée en vigueur en janvier 2006, organise cette dernière en trois modules, dont un module « Europe » de 7 mois, avec un stage de 17 semaines dans le monde des institutions européennes et internationales[30].

Cet objectif s'est concrétisé au travers des visites effectuées au Parlement européen par les élèves dans le cadre de leur formation à l'occasion des sessions plénières.

27 M. Long, *op. cit*, p. 117.

28 Sur l'histoire du CEES, voir. F.-G. Le Theule, « La genèse du Centre des études européennes de Strasbourg : Europe et haute fonction publique (1990–1995) », *In* F. Larat, M. Mangenot, S. Schirmann (dir.) « Les études européennes, Genèse et institutionnalisation d'un objet d'études », L'Harmattan, Paris, 2018, pp. 173–212.

29 « L'Europe est à tous les étages de l'ENA ! », *Toute l'Europe*, 9.11.2010.

30 Cette organisation en 3 modules de la formation a été abandonnée en 2016.

L'évocation formelle de l'Union européenne (UE) comme faisant partie des thématiques de formation de l'ENA fait son apparition pour la première fois dans le décret relatif à ses missions, à son administration et à son régime financier lors de la modification du décret 2002-49 intervenue en avril 2005, lequel intègre le CEES à l'ENA comme direction, chargée de la formation « dans les domaines de compétences des organisations européennes »[31]. Une nouvelle modification intervenue en février 2010 met fin à l'existence du CEES en créant une Direction des affaires européennes chargée de la coordination de l'ensemble des actions de formation initiale et continue aux questions européennes.

En plus de sa prise en compte dans la formation initiale des élèves issus des concours, au fil du temps, la formation à l'UE concerne également la formation continue au travers d'une offre qui s'est progressivement diversifiée, tant en ce qui concerne les types de publics concernés (agents publics français, d'autres États membres ou situés hors de l'UE, cadres du secteur privé…), que les formats et la durée[32].

Une organisation en mutations permanentes

Toute l'histoire de l'ENA est jalonnée de réformes et de projets de réformes, en fonction des changements politiques, de l'évolution du

---

31 « Le centre a pour objet la formation et la recherche dans les domaines de compétence des organisations européennes, notamment celles relevant de l'Union européenne, du Conseil de l'Europe et de l'Organisation sur la sécurité et la coopération en Europe, ainsi que sur toute question concernant la coopération et le développement des relations entre les États européens. Il a, dans ces domaines, notamment pour mission : la participation, le cas échéant, à la formation initiale des élèves des écoles administratives ; la formation permanente de fonctionnaires civils et militaires de l'État, des collectivités territoriales, de magistrats, de membres de professions libérales, de cadres d'entreprises et d'élus nationaux et locaux, ressortissants français ou des États membres de l'Union européenne, des pays candidats à l'adhésion ou associés à l'Union européenne, ou enfin de pays tiers ; la préparation aux concours de recrutement des fonctionnaires des institutions européennes ; l'organisation d'actions de coopération administrative ; l'organisation de séminaires, colloques, conférences et autres actions destinées à encourager la réflexion sur les questions européennes ».

32 Pour une présentation détaillée de la place des questions européennes dans les formations dispensées par l'ENA, voir notre contribution à l'article de D. Georgakakis « Réflexions sur la formation post-universitaire à l'administration européenne », *Revue française d'administration publique*, n° 181, 2022, pp. 213–227.

contexte et des besoins de l'administration, ainsi que des rapports et études qui questionnent régulièrement, tant le périmètre de ses missions, le contenu de la scolarité, l'organisation de l'école, voire son statut. De fait, de son arrivée à Strasbourg à son remplacement par l'INSP, l'ENA s'est trouvée en situation de mouvement quasi continu.

Des épreuves de sélection et une scolarité qui évoluent

Une importante réforme de la scolarité entre en vigueur le 1er janvier 2006. Ses caractéristiques principales sont les suivantes : une alternance stages/études dynamisée et une scolarité scandée par des épreuves d'évaluation rénovées avec trois modules thématiques et une option d'approfondissement : module « Europe » (7 mois, dont un stage de 17 semaines dans le monde des institutions européennes et internationales) ; module « Territoire » (8 mois dont un stage de 22 semaines dans une préfecture ou une administration territoriale) ; module « Gestion et management publics » (6 mois, dont un stage de 10 semaines en entreprise et un autre de 4 semaines en administration centrale) ; ainsi qu'une option d'approfondissement, soit une travail de 3 mois par groupe de 5 à 6 élèves ayant pour but de placer les élèves en situation d'autogestion[33].

Parallèlement à cela, la durée de la scolarité qui était montée à 27 mois suite au transfert partiel des enseignements à Strasbourg, est raccourcie à 24 en 2009[34]. Cette même année, l'évaluation constitutive du classement de sortie connait une modification significative avec l'introduction d'une note pour chacun des trois stages au lieu d'une note générale[35]. Une nouvelle modification des épreuves de classement intervient en 2009, avec en particulier, la rédaction d'un rapport collectif sur commande d'une administration centrale.

Une nouvelle réforme de la scolarité est initiée en 2016. Celle-ci est axée autour du management public, tandis que l'articulation stages/

33 Cf. le point du compte rendu du Conseil d'administration du 5.7.2006 sur la mise en œuvre de la réforme de la scolarité et celui du Conseil d'administration du 17.7.2007. Ces options d'approfondissement seront réalisées de 2008 à 2011.

34 La modification du 2.8.2019 du décret n° 2015-1449 indique que la scolarité dure entre 20 et 24 mois. Au moment de la transformation de l'ENA en INSP, elle se termine au mois d'octobre de l'année suivant le début de la scolarité, soit 22 mois.

35 Un grief récurrent de la part des élèves étant le manque de transparence concernant les critères d'attribution de la note de stage.

formations est renouvelée. Elle revient par ailleurs sur le séquençage de la scolarité par blocs thématiques qui impliquait de la part des élèves de très fréquents déménagements et ne prenait pas en compte les objectifs de conciliation entre vie professionnelle et vie personnelle. Pour répondre à ces inconvénients, elle rétablit la formule d'une année continue de stages[36]. C'est sur cette base qu'en 2018, un nouvel aménagement de la période de stage est entré en vigueur : le stage international (17 semaines) est suivi d'un stage dans les territoires (22 semaines), puis d'un temps en entreprise (11 semaines).

La recherche continue d'une cohérence pédagogique et d'une adaptation optimale aux besoins et attentes des élèves et des futurs employeurs passe également par la définition, en amont, des connaissances et des compétences attendues de la part de celles et ceux qui vont entrer en formation. Faisant suite à une réflexion qui a duré plusieurs années[37], une réforme des épreuves de concours intervient ainsi en 2014 afin d'actualiser un programme d'épreuves qui n'avait pas été modifié depuis 1999, mise à part une mise à jour en finances publiques (en octobre 2009). En plus d'allègement et d'européanisation des contenus, l'objectif poursuivi était d'accentuer la diversité des profils des élèves admis à l'ENA, de prévenir les risques de biais sociaux dans les épreuves des concours, de renforcer l'attractivité du concours interne, et de prendre en compte les différences de parcours dans l'organisation des concours en veillant à assurer une variété suffisante dans la nature des épreuves.

Tout en ayant des intitulés et un nombre d'épreuves similaires entre les trois concours, la réforme s'est attachée à diversifier le format des épreuves écrites en fonction des concours – l'argument avancé étant qu'on ne peut attendre des compétences similaires selon qu'il s'agit de candidats externes, internes ou du troisième concours – mais aussi à l'intérieur de chacun des concours, en vue de rééquilibrer la vérification des connaissances et des compétences[38]. L'admissibilité comporte désormais

---

36 Conseil d'administration du 30.11.2017, Point 3 « Information sur la modification du calendrier de la scolarité ».

37 Cf. notamment le point du Conseil d'administration du 30.11.2010, « Communication sur le lancement du groupe de travail de la réforme des concours d'entrée », ainsi que Conseil d'administration du 27.11.2013 « Point d'information sur la perspective d'évolution des concours et de la scolarité ».

38 Conseil d'administration du 26.3.2014, point 3 « Consultation du Conseil d'administration sur la réforme des concours d'entrée ».

5 épreuves écrites (droit public, économie, questions contemporaines, questions sociales, finances publiques), tandis qu'à l'oral, il y a 5 épreuves d'admission : une épreuve portant sur les questions relatives à l'UE et une épreuve portant sur les questions internationales, un entretien permettant d'apprécier la personnalité, les motivations, le parcours et les réalisations du candidat à partir d'un dossier présentant son expérience professionnelle, une épreuve collective d'interaction permettant d'apprécier, dans l'exercice de différents rôles, les aptitudes comportementales et relationnelles des candidats, et une épreuve orale en langue anglaise.

Dernière réforme en date, dont la mise en œuvre intervient au moment même de la transformation de l'ENA en INSP, la nature et la structure de la scolarité sont remaniées en 2020 pour application à la promotion 2021–2022. Sur la base d'un parcours de l'élève qui s'étale tout au long de sa scolarité ainsi que d'un référentiel de compétences spécialement développé à cet effet, les enseignements sont systématiquement orientés vers des situations professionnelles. L'idée centrale de cette approche consiste à définir, à partir de l'examen de situations professionnelles concrètes, les compétences requises (les « savoir-faire » et « savoir-agir » dans un contexte professionnel donné), afin que les élèves soient en capacité d'être opérationnels dès leur premier poste. Le référentiel est constitué de trois familles de pratiques professionnelles (politiques publiques, transformation de l'action publique, missions essentielles de l'État[39]) et de deux socles identifiant les techniques et savoir-être indispensables à l'exercice des futures fonctions des élèves[40].

[39] « Dans le cadre d'une approche par les compétences, la scolarité a pour objectif de former les élèves à la conception, la mise en œuvre et l'évaluation des politiques publiques, au pilotage des transformations de l'action publique et à l'exercice des missions essentielles de l'État ». Arrêté du 22.12.2020 modifiant l'arrêté du 4.12.2015 modifié portant approbation du règlement intérieur de l'Ecole nationale d'administration.

[40] Conseil d'administration du mercredi 17.6.2020, point 4 « Information sur la mise en œuvre du plan de transformation de l'école : communication sur le projet de maquette des enseignements de la promotion 20–21 », ainsi que présentation sur le site internet https://www.ena.fr/Formation/Formation-Fonction-Publique/Formation-initiale/Reforme-de-la-scolarite. (2.7.2022).

à mobiliser, dans un environnement professionnel, les connaissances et compétences acquises pour l'accomplissement des fonctions confiées aux corps recrutant par la voie de l'ENA (coefficient 4) et une épreuve orale en langue anglaise ayant pour sujet l'actualité européenne et internationale (durée : 30 minutes, coefficient 2).

Enfin, en 2021, cette politique de diversification est complétée par l'ajout d'un dispositif intitulé « concours Talents » développé dans le cadre du plan « Talents du service public » visant à favoriser l'égalité des chances pour l'accès à certaines écoles de service public. Il permet l'ouverture à titre expérimental entre 2021 et 2024, d'une nouvelle voie d'accès à la haute fonction publique, via l'ENA et quatre autres écoles de service public. Ce deuxième concours externe « Talents » est ouvert aux candidats suivant ou ayant suivi un cycle de formation au concours externe spécial d'accès à certaines écoles de service public, accessible au regard de critères sociaux, et à l'issue d'une procédure de sélection. Conçu sur le modèle du concours externe classique, ce nouveau concours porte sur les mêmes programmes, comporte les mêmes épreuves et est soumis au même jury[43]. Six places ont ainsi été pourvues en 2021 au titre de ce concours externe spécial « Talents ».

Du fait de l'ouverture de nouvelles voies d'accès mais aussi des décisions des pouvoirs publics par rapport aux postes à pourvoir en sortie de l'ENA, le nombre d'élèves en scolarité issus des concours a fortement varié au cours de ces trois décennies, culminant à 134 au début des années 2000 (Promotion Senghor, janvier 2002–mars 2004) avec un étiage à 74 (Promotion Curie, janvier 2011–décembre 2012). Alors même que le nombre de candidats reste élevé (mis à part pour le concours interne qui connait une baisse tendancielle depuis 2015), le nombre limité de places ouvertes joue sur le taux de sélectivité, rendant plus difficile son accès à des candidats n'ayant pas bénéficié de conditions les plus favorables pour leur préparation.

---

[43] Pour une présentation détaillée du dispositif ainsi que du Plan talents, voir A. Karsenty, « Actualité de l'ENA », *Revue française d'administration publique*, 2, n° 178, 2021, pp. 513–519.

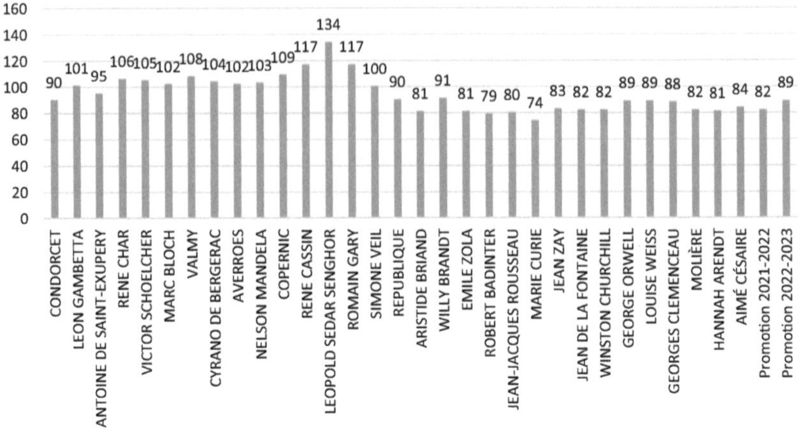

Tableau 1: Évolution du nombre d'élèves par promotion. Note : ces chiffres ne correspondent pas toujours exactement au nombre d'élèves admis au titre de l'année de concours du fait des démissions ou reports de scolarité éventuels.

L'échec de la suppression du classement de sortie

Caractéristique fondatrice du fonctionnement de l'école et de l'affectation des élèves à leur premier poste, le classement de sortie a fait l'objet de critiques récurrentes[44]. Dans un rapport intitulé « L'ENA, l'urgence d'une réforme », 132 des 134 élèves de la promotion Léopold Sédar-Senghor (2002–2004) avaient ainsi exprimé leurs griefs concernant la scolarité et considéraient qu'en matière d'évaluation, l'ENA « laisse trop de place à l'arbitraire », « apparaissant comme un concours d'entrée suivi d'un concours de circonstances »[45]. C'est dans ce contexte qu'en janvier 2008, le président de la République Nicolas Sarkozy remet en cause le principe du classement de sortie[46]. Sur ce, le 22 avril 2008, les élèves

---

[44] Dans son rapport remis en 2003, intitulé « Moderniser l'État : le cas de l'ENA », Y.-Th. de Silguy faisait le constat que l'ENA était « une école de classement plutôt que de formation » et préconisé la suppression de ce dernier. Rapport disponible sur https://www.vie-publique.fr/rapport/26278-moderniser-letat-le-cas-de-lena (2.7.2022).

[45] Voir l'article « ENA, grands corps… Il y a quinze ans, Emmanuel Macron et sa promo se rebellaient déjà ».de B. Scordia paru dans *Acteurs publics* le 30.4.2021 qui revient sur cet épisode à l'occasion de l'annonce de la suppression de l'accès direct aux grands corps à la sortie de l'ENA.

[46] « Je souhaite également que les classements de sortie des écoles de fonctionnaires, qui rigidifient l'entrée dans la carrière, soient supprimés au profit de listes d'aptitude

de la promotion Willy Brandt votent en assemblée générale la suppression du classement de sortie pour leur promotion à une forte majorité, même si le conseil d'administration de l'École a réaffirmé peu après le maintien du classement pour les promotions en cours de scolarité. En juin 2009, André Santini, alors secrétaire d'État à la Fonction publique, introduit la suppression du classement dans le projet de loi sur la mobilité dans la fonction publique, mais le projet est rejeté par les députés en commission des lois. En décembre 2009, un projet de décret prévoyant la fin du classement de sortie et son remplacement par un dossier d'aptitude complété par un entretien de recrutement est invalidé par le Conseil d'État qui estime qu'une modification législative était nécessaire. Le nouveau Ministre de la Fonction publique, François Sauvadet, renouvelle l'annonce de sa suppression lors d'une rencontre organisée jeudi 6 octobre 2011 avec la nouvelle promotion de la classe préparatoire intégrée de l'ENA.

Le 12 mai 2011, c'est le Conseil constitutionnel qui censure l'article 187 relatif à l'ENA, considérant que cette disposition est non conforme à la Constitution car les dispositions introduites par l'amendement ne présentent pas de lien même indirect avec celles qui figuraient dans la proposition de loi[47]. La « commission de réflexion sur le classement de sortie de l'ENA » mise en place par François Sauvadet en janvier 2012 n'arrive pas à trouver un terrain d'accord sur la réforme, et finalement, le 6 février 2012, le ministre annonce qu'il renonce à déposer un amendement au vote de l'Assemblée nationale visant à permettre la suppression du classement. Le projet est enterré après trois tentatives de la part du gouvernement et malgré le soutien continu de la direction de l'ENA[48].

---

qui permettront de mieux concilier la demande des administrations et les attentes des agents, aussi bien professionnelles que personnelles », déclaration de Nicolas Sarkozy, Président de la République, sur la modernisation de la Fonction publique, notamment par la revalorisation du travail des fonctionnaires, à Lille, 11.1.2008.

47 Décision n° 2011-629 DC du 12.5.2011, relative à la Loi de simplification et d'amélioration de la qualité du droit.

48 La commission de suivi de la procédure d'affectation des élèves créée par l'arrêté du 14.1.2011 sera néanmoins mise en œuvre. Elle a pour mission d'assurer la régularité et le bon déroulement de cette procédure et de veiller à l'égalité de traitement des élèves par les administrations et les institutions d'emploi sollicitées.

Un élargissement continu du champ d'activités

Si l'ordonnance du 9 octobre 1945 créant l'ENA lui fixait comme mission le recrutement et la formation initiale des hauts fonctionnaires français, le décret du 10 janvier 2002[49] y avait ajouté la formation professionnelle tout au long de la vie et le perfectionnement de fonctionnaires français et étrangers, l'organisation des concours d'entrée à l'école et la préparation à ces concours, la coopération européenne et internationale, bilatérale et multilatérale, dans le domaine de l'administration publique, la formation, ainsi que la préparation aux concours européens, de même que la recherche, l'expertise et la publication, notamment en prospective administrative et en droit et administration comparés. À fil des ans, dans une logique de complémentarité de ses activités, l'ENA va ainsi élargir de manière continue son champ d'action à partir de la formation initiale en direction de la formation tout au long de la vie et en faveur de différentes catégories d'agents publics français ou étrangers, voir plus largement, de publics ayant vocation à travailler avec la fonction publique.

Ayant changé plusieurs fois d'appellation depuis 1972, le « tour extérieur » d'accès au corps des administrateurs civils ouvre chaque année entre 25 et 30 postes à des fonctionnaires et agents justifiant de huit ans de services effectifs dans un corps de catégorie A. Sélectionnés après examen de leurs dossiers de candidature et auditionnés par un comité de sélection, les lauréats, avant de rejoindre leur nouvelle affectation, suivent une formation de six mois à Strasbourg appelée Cycle supérieur de perfectionnement des administrateurs civils stagiaires (CSPA)[50]. Répondant au même souci de professionnalisation de la haute fonction publique, le savoir-faire de l'école en matière de management public combiné à l'encouragement à la mobilité des cadres du secteur public ont conduit l'ENA à partir de 2018 d'ouvrir sa formation initiale à des officiers supérieurs de la Gendarmerie nationale, reçus à l'École de guerre, qui chaque année suivent les mêmes enseignements que les élèves issus des concours[51].

---

49 Décret n° 2002-49 du 10.1.2002 relatif aux missions, à l'administration et au régime financier de l'Ecole nationale d'administration.

50 Décret n° 99-945 du 16.11.1999 portant statut particulier du corps des administrateurs civils, ainsi que l'arrêté du 10 novembre 2010 fixant l'organisation et le fonctionnement du cycle supérieur de perfectionnement des administrateurs civils stagiaires.

51 À cela s'ajoutent depuis 2020 des officiers supérieurs de l'Armée de terre, également reçus à l'École de guerre.

De son côté, déjà montée en puissance lors de son arrivée à Strasbourg, la formation continue n'a cessé de s'étoffer. Ses principes, tels que définis en 2011 lors de la présentation de la nouvelle offre témoignent de la volonté de l'école de se positionner comme un acteur majeur sur les questions d'administration et de management publics : organisation de modules autour de grandes thématiques, ajustement des formats en fonction de la disponibilité des publics et adaptation des modalités et du contenu aux besoins et à leur évolution[52]. Un recentrage de l'offre de formation continue concurrentielle intervint en 2019 sous la forme d'une plus grande focalisation sur un certain nombre de thèmes et de publics cibles (encadrement supérieur de la fonction publique, « hauts potentiels ») de manière à améliorer encore la rentabilité des produits proposés[53].

Cette évolution de l'offre, notamment au travers du développement de formations dites « executives » s'inscrit dans une volonté plus large de compléter et de décliner les enseignements constitutifs de la formation initiale de nature réglementaire (c'est-à-dire prévus par les textes) par l'ajout de programmes relevant du marché de la formation au sens large du terme. En témoigne également le déploiement à partir du milieu des années 2000 d'une offre de formations diplômantes. Établissement public à caractère administratif dépendant du Premier ministre, l'ENA n'est pas habilitée à délivrer des diplômes nationaux d'enseignement supérieur. Or, que cela soit pour ses élèves étrangers ou pour des publics français souhaitant combiner l'orientation professionnalisante propre à une école d'application avec une approche plus académique permettant l'obtention de diplômes reconnus internationalement, un besoin croissant se faisait sentir. Cela passa par la création de formations dédiées en partenariat avec des universités ou accrédités par la Conférence des grandes écoles (CGE) à laquelle l'ENA a adhéré en 1973 juste après sa création.

Un Master européen de gouvernance et d'administration (MEGA) organisé en collaboration avec les universités de Paris 1, Potsdam et Humboldt de Berlin et l'Académie fédérale allemande d'administration publique, la *Bundesakademie für öffentliche Verwaltung* (BAköV), est

---

52 Conseil d'administration du 27.4.2011, « Communication sur la nouvelle offre de formation continue de l'Ecole ».

53 Conseil d'administration du 13.3.2019, point 4 « Information sur la mise en œuvre du plan de transformation de l'école ».

ainsi créé en 2005 à l'initiative des gouvernements français et allemands afin de former de manière ciblée des cadres de la fonction publique des deux pays aux réalités de la coopération franco-allemande dans une perspective européenne. En 2006, c'est un Master de gestion publique élaboré en commun avec l'Université Paris-Dauphine qui est ouvert à Paris, et un Master accrédité par la CGE en gestion des risques sur les territoires, organisé conjointement par l'ENA et l'École internationale des sciences et techniques de l'information est créé à Strasbourg. En 2018, un nouveau programme, le Mastère spécialisé « Expert en affaires publiques européennes » est venu compléter l'offre de formation de l'ENA en matière européenne.

Les trois décennies de présence de l'ENA dans la capitale alsacienne sont également marquées par une internationalisation de ses activités qui prennent différentes formes. Il s'agit tout d'abord de l'organisation de cycles de formation de plusieurs mois à destination d'agents publics étrangers ayant lieu à Strasbourg, ou de cycles courts d'une à trois semaines organisés à Paris[54]. Pour ce qui est du volet de la coopération administrative, celle-ci prend la forme d'un soutien apporté à la création ou à la modernisation d'écoles et d'instituts d'administration publique étrangers, du pilotage et de la mise en œuvre de programmes de jumelage institutionnel entre fonctions publiques, de missions de conseil et d'expertise en matière de formation, ainsi que l'organisation de visites d'études.

Elément devenu indispensable pour la production de contenus de formation qui soient en phase avec les enjeux actuels et à venir de l'action publique de même que pour l'analyse de ses évolutions, en France comme à l'étranger, l'élargissement du champs d'activité de l'ENA est également passé par le développement d'activités de recherche et de publications. Annoncé par la communication gouvernementale d'octobre 2003, un Centre d'expertise et de recherche administrative (CERA) est créé en décembre 2006[55] qui est intégré à la Direction de la formation, puis en 2020 à celle de la Direction des enseignements et de la recherche.

---

54 En 2020, cela représentait quelques 90 élèves pour les cycles longs et plus de 900 auditeurs pour les cycles courts, cf. Rapport annuel 2020.

55 Voir compte rendu Conseil d'administration du 20.12.2006 sur les nouvelles offres pédagogiques de l'Ecole. Outre concevoir et éditer la *Revue française d'administration publique* (suite à l'absorption de l'IIAP qui en était l'éditeur jusqu'à lors), le CERA se voit fixer pour missions d'accueillir des chercheurs français et étrangers, de développer les partenariats avec les établissements universitaires, de représenter

Enfin, l'objectif de démocratisation de l'accès à la haute fonction publique à l'origine de la création de l'ENA est renouvelé en 2009 au travers de la création d'une classe préparatoire au concours externe d'entrée pour les jeunes issus de milieux sociaux modestes. Localisée dans les locaux parisiens de l'école et comptant chaque année une vingtaine de préparationnaires bénéficiant de bourses et d'un programme d'accompagnement spécifique, elle sera complétée dix ans plus tard par l'ouverture d'une seconde classe préparatoire « Égalité des chances » (CP'ENA), à Strasbourg, puis en 2021 par une troisième (classe « Talents ») à Nantes.

Une organisation qui s'adapte régulièrement

L'évolution de ses missions et les nombreuses transformations concernant ses activités ne sont pas restées sans effet sur la structure de l'école et son organisation interne. Créée en 1982 afin de coordonner les cycles courts de formation à l'attention de stagiaires français ou étrangers, la Direction de la formation permanente et de la recherche fusionne en 2010 avec la Direction des études pour donner lieu à la Direction de la formation, dirigée par une directrice et trois adjoints. Au même moment, le CEES est définitivement intégré à l'ENA en devenant sa Direction des affaires européennes[56]. Cette réorganisation s'appuyait sur les résultats d'un travail de réflexion qui avait débuté en juillet 2007, lorsque le Directeur général de l'Administration et de la Fonction publique avait demandé à l'école d'élaborer un contrat d'objectifs et de performance. La création d'une Direction de la formation en regroupement des deux grandes directions pédagogiques visait à mutualiser les ressources existantes au service des différents types de formation et à donner sa pleine signification au concept de formation tout au long de la vie[57].

En janvier 2020, dans le prolongement du plan de transformation de l'école adopté en conseil d'administration du 28 novembre 2018, une nouvelle organisation réduit de cinq à trois le nombre de directions. À

---

l'école dans les réseaux européens et internationaux, d'organiser des colloques et tables-rondes et d'assurer une veille scientifique. Les moyens humains et financiers mis à sa disposition ne lui permettront toutefois pas de se développer au niveau des ambitions initialement affichées.

56 Décret n° 2010-167 du 23.2.2010 relatif aux missions, à l'administration et aux emplois de direction de l'Ecole nationale d'administration.

57 Communication de Bernard Boucault sur le projet de nouvelle organisation de l'Ecole, Conseil d'administration du 25.3.2009.

côté du Secrétariat général et de la Direction des stages, une Direction des enseignements et de la recherche est créée en charge de l'ensemble des formations, y compris celles à dimension européenne, tandis que la Direction des relations internationales est remplacée par une Mission des projets et partenariats internationaux[58]. En plus d'une plus grande interopérabilité et le développement de synergies entre les différentes ressources disponibles en matière de pédagogie, cette transformation répondait à la nécessité de simplifier et de rationaliser son fonctionnement et son organisation administrative conformément à l'arrêté du 26 août 2019 actualisant la liste des emplois de chefs de service et de sous-directeur de l'ENA[59].

On relèvera que le développement important des activités et la diversification des actions de formations qui a conduit à un accroissement du nombre de personnes formées s'est accompagnée au cours de toutes ces années de manière paradoxale d'une réduction constante des effectifs travaillant à l'ENA, conformément à la politique générale de réduction des emplois publics. L'évolution du nombre d'emplois (en moyenne suppression de 4 équivalents temps plein chaque année) a ainsi suivant une courbe inversement proportionnelle à celle du périmètre d'activités. Parallèlement, compte tenu de la baisse de la subvention pour charge de service publique et malgré la hausse des recettes, la situation financière de l'ENA se dégrade. Elle finira par se stabiliser en 2019 après six années de budgets déficitaires[60].

Ces transformations trouvent en partie leur origine dans des changements de direction. L'universitaire et préfet Raymond-François Le Bris (1995–2000) eut à gérer l'installation à Strasbourg et ses conséquences sur la scolarité, les importantes manifestations du cinquantenaire de l'École tout en initiant des réformes tant sur les concours (introduction d'une option visant à diversifier les recrutements), que sur la formation (notamment la pleine intégration des cycles long étrangers à la

58 Décision du 27.8.2019 fixant l'organisation de l'Ecole nationale d'administration, modifiée par la décision du 23.6.2020.

59 Arrêté du 26.8.2019 fixant la liste des emplois de chef de service à l'Ecole nationale d'administration.

60 Voir l'article paru dans *Les Échos* le 2.12.2019 : « L'ENA renoue avec des comptes dans le vert ». Un plan de transformation de l'école ainsi que ses premières mesures réglementaires et financières ont été présentés aux Conseils d'administration des 10.10.2018 et 28.11.2018.

scolarité des élèves français), tout comme la conseillère d'État Marie-Françoise Bechtel (2000–2002) qui porta la fusion avec l'Institut international d'administration publique. Antoine Durreleman (2002–2007), conseiller-maître à la Cour des comptes eut à gérer les opérations de vente des locaux parisiens, les différents déménagements entre Paris et Strasbourg, mais aussi la réinstallation avenue de l'Observatoire. C'est sous sa direction que fut mises en place la scolarité modulaire qui affichait pleinement l'orientation européenne de l'École. Bernard Boucault qui fut directeur d'août 2007 à mai 2012 approfondit cette orientation et fut à l'initiative du développement des formations diplômantes et d'un premier rapprochement avec le monde de l'enseignement supérieur et de la recherche. Nommé préfet de police de Paris, il est remplacé en octobre 2012 par la diplomate Nathalie Loiseau qui n'est pas ancienne élève de l'ENA. Elle resta cinq années à la tête de l'école jusqu'à son départ au gouvernement en juin 2017 comme Ministre chargée des affaires européennes. Elle favorisa en ce qui la concerne le développement de l'offre de formation permanente ainsi que la coopération internationale. Nommé directeur en août 2017, Patrick Gérard, conseiller d'État, ancien recteur et ancien professeur de droit public initia et mis en œuvre à un rythme soutenu un grand nombre de transformations, tant en matière de diversification, d'ouverture et de rayonnement, que de gestion de l'organisation. Très présent à Strasbourg où il résidait, il multiplia les initiatives de rapprochement et d'échanges de l'ENA avec les acteurs culturels et institutionnels locaux. Il quitta l'ENA le 31 août 2021 pour rejoindre le Conseil d'État et fut remplacé par Maryvonne le Brignonen, inspectrice générale des finances qui occupa brièvement la fonction en décembre 2021 en tant que dernière directrice, avant de prendre les rênes de l'INSP.

Au fil des années, l'ancrage strasbourgeois de l'ENA est, on l'a vu, devenu une réalité incontestable, le maintien d'un site parisien ayant en fait contribué à l'élargissement du périmètre des activités. Si l'essentiel des élèves, étudiants et auditeurs formés par l'ENA[61] le sont sur son site parisien, en distanciel ou chez les commanditaires, surtout dans le cadre de programmes courts d'une à plusieurs journées, ce sont plus de 300 personnes qui bénéficient chaque année des formations longues et récurrentes à Strasbourg. En trente ans, ce sont ainsi quelques 3 100 élèves

61 En 2020, cela représentait 505 élèves, étudiants et auditeurs. Voir ENA, « Rapport d'activité 2020 », *L'année 2020 en chiffres, op. cit.*, p. 5.

français issus des concours[62] et plusieurs milliers d'élèves étrangers qui auront effectué leur scolarité à Strasbourg. L'adhésion en janvier 2020 à l'Université Paris Sciences et Lettres (PSL) comme membre partenaire ne remet pas en cause cet ancrage ni la coopération avec d'autres établissements d'enseignements supérieur comme l'Université de Strasbourg.

À l'occasion du 70e anniversaire de sa création, une étude réalisée par deux chercheurs de l'École des hautes études en sciences sociales et par des chercheurs de l'ENA[63] a permis de faire le point de manière factuelle sur le parcours des anciens énarques en présentant des données statistiques portant sur trois décennies quant à l'évolution du profil et des trajectoires des élèves. Même si cette étude a eu le grand mérite de fournir des données quantitatives récentes et fiables permettant de prendre toute la mesure des problèmes d'inégalités sociales qui se posent, tout en corrigeant un certain nombre d'idées préconçues en matière de pantouflage ou d'entrée des énarques en politique, la réalité de ce qu'est devenu l'ENA en tant qu'organisation ne saurait toutefois se limiter à un tel bilan.

Trente ans après l'annonce de sa délocalisation, l'ENA n'a de fait plus grand chose à voir avec l'institution étudiée par l'anthropologue Irène Bélier au tout début des années 1990. Nonobstant l'existence de certaines constantes, les nombreuses réformes et modifications qu'elle a connues l'ont changée en profondeur. Cette évolution jusqu'à sa disparition le 31 décembre 2021 pour céder la place à l'Institut national du service public n'est en fait que le reflet des transformations plus vastes qui, parallèlement, ont marqué l'administration au cours de cette période. En ce sens, l'histoire de l'ENA est en même temps celle des mutations de l'action publique, avec ses défis et tensions, et notamment la modification continue des besoins et attente en termes de formation des hauts fonctionnaires.

---

62 Dont Emmanuel Macron, Bruno Le Maire, Florence Parly, Emmanuelle Wargon, Agnes Panier Runnacher et Clément Beaune, pour ne citer que les personnalités au pouvoir au moment de la disparition de l'ENA.

63 « Que sont les Enarques devenus ? » Synthèse des résultats de l'étude ENA/EHESS présentée à l'occasion de la rencontre débat du 24.11.2015 à l'ENA, Paris.

Quand la dynamique européenne vient buter sur une frontière institutionnelle. Jacques Delors et le traité de Maastricht

Éric Bussière

Le traité de Maastricht a représenté en 1992 une série d'évolutions significatives du cadre de gouvernance européenne avec la naissance de l'Union européenne (UE) associant les champs d'activité relevant du modèle communautaire – pour l'essentiel dans le domaine de l'économie largement élargi du fait de la mise en place de l'Union économique et monétaire – et les champs d'activité relevant pour l'essentiel de la coopération intergouvernementale en particulier en matière de politique de sécurité et de défense. Mais ce traité sanctionnait aussi l'impossibilité pour le président de la Commission, Jacques Delors, à promouvoir l'architecture institutionnelle intégrée qu'il souhaitait pour l'Union européenne en réunissant l'ensemble des politiques en un tout tenant compte des interdépendances qui les associaient. L'architecture en forme d'arbre prônée par Delors et ses équipes – un tronc unique et des branches aux procédures de fonctionnement différenciées – s'était vue préférer un *temple* dont les trois colonnes renvoyaient à une architecture issue des années 1950 et dont le fronton imaginé pour coiffer le tout ne pouvait générer l'unité d'action requise[1].

Pour Delors, l'UE devait désormais pouvoir désormais agir à tous les niveaux et dans tous les domaines de sorte à pouvoir tirer parti des interdépendances entre ses domaines de compétence dont le nombre et le contenu s'étaient fortement développés depuis les années 1980. Comme l'affirmait Delors devant le parlement européen : « l'osmose

---

1 J. Delors, *Mémoires*, Plon, 2004, pp. 357–361.

entre l'économique, le social, le financier et le monétaire d'une part, et la politique extérieure d'autre part, constitue et doit rester la philosophie même de l'Union européenne, comme l'affirme le préambule de l'Acte unique[2]». En prenant en compte les interconnexions de fait qu'il s'agissait de développer, Delors opposait à la structure en silos finalement retenue une structure en réseau intégrant l'ensemble des politiques relevant de l'Union. Une architecture favorisant des choix beaucoup plus globaux que par le passé, impliquant à l'échelon de l'Union une politisation des grandes orientations et un processus de démocratisation de ces dernières.

De fait, depuis le milieu des années 1980, la Communauté européenne se trouvait confrontée à deux types de transformations. Des mutations internes avec la mise en place du grand marché complété par la dynamique de développement des politiques communes sanctionnée par l'Acte Unique et par le développement des fonds structurels. Mutations potentiellement amplifiées par la mise en œuvre à venir de l'Union économique et monétaire (UEM) dont l'objectif était posé depuis la fin des années 1960 et qui se présentait comme le prolongement du grand marché. Une union monétaire souhaitée par Delors dès son arrivée et dont le schéma avait été finalement défini par le rapport du comité Delors adopté par le Conseil européen en juin 1989. Cette dynamique interne relevait ainsi largement de sa logique propre mais comportait aussi des conséquences quant aux relations de la Communauté avec le reste du monde. Les mutations d'origine extérieure relevaient d'une dynamique nettement amplifiée par les données de la fin des années 1980. Au-delà de la politique commerciale et d'aide au développement déjà bien établies, devaient s'ajouter les compétences de la future UEM en matière de politique monétaire internationale. Enfin le nouveau contexte issu des évènements intervenus à l'Est à partir de 1989 impliquait des responsabilités bien plus amples que par le passé pour la Communauté. Si la Coopération politique européenne (CPE) avait connu une série de développements depuis les années 1970 sur une base intergouvernementale[3],

---

2 Archives Union européenne, Florence (AUE), Papiers François Lamoureux (FL) 577, Com (90) 600, 22-10-1990, Avis de la Commission.

3 A. Romano, *From Détente in Europe to European detente. How the West shaped the Helsinki CSCE*, PIE-Peter Lang, Bruxelles, 2009, p. 250. ; M. Gainar, *Aux origines de la diplomatie européenne. Les neuf et la Coopération politique européenne de 1973 à 1980*, PIE Peter Lang, Bruxelles, 2012, p. 642.

se posait la question du développement d'une politique extérieure et de sécurité communes sur des bases renouvelées.

La dimension politique et institutionnelle du projet européen se trouvait ainsi posée sans que les schémas à adopter ne soient pré-définis. Avec pour question centrale la forme à donner à une Union européenne dont la perspective avait été posée en 1972 mais que l'amplitude nouvelle des enjeux imposait de définir de toute urgence. Dans le cas de l'UEM la logique fonctionnelle issue des origines de la construction européenne traçait la voie en vue d'une première Conférence intergouvernementale (CIG) dont le principe fut adopté à Strasbourg en décembre 1989. Mais le cadre institutionnel à donner à l'union politique relevait d'une dynamique différente et d'une architecture à définir en quasi-totalité générant par là-même une grande incertitude.

La Commission européenne et son président furent ainsi confrontés à la problématique d'ensemble qui conduisit à la tenue des deux CIG ouvertes le 15 décembre 1990 qui débouchèrent sur le traité de Maastricht. Le cheminement qui conduisit à chacune d'entre elle relevait de dynamiques spécifiques au plan de leur gestion diplomatique. Mais sur le fond, les enjeux étaient en réalité profondément entrecroisés et la Commission fut très vite convaincue de la nécessité d'intégrer le tout dans un même cadre institutionnel constitutif de l'UE unitaire à construire. Dans l'esprit de Delors et de ses collaborateurs, l'architecture ainsi définie devrait tenir compte de la globalisation des champs d'action de la future Union et être capable d'évoluer à long terme. Le modèle de l'arbre à la fois unitaire et différencié apparaissait plus propre à anticiper ces évolutions que le modèle du temple finalement retenu. C'est ce modèle que Delors et son équipe ne parvinrent pas à faire prévaloir. Mais plus fondamentalement encore le temps de Maastricht fut conçu par Delors comme un temps de rupture global. Les événements européens de la fin des années 1980 n'étaient en réalité que la traduction régionale et accélérée du phénomène de mondialisation en cours. Un temps par conséquent où les diverses politiques de l'Union en construction, du fait de leurs dimensions à la fois externes et internes et de leurs interconnexions, impliquaient une politisation des enjeux et des décisions. Un temps par conséquent où la démarche fonctionnelle à la Monnet fondée sur la segmentation des champs devait être dépassée.

Nous nous attacherons dans les pages qui suivent à l'analyse des dynamiques ayant engendré les réformes institutionnelles négociées en 1990 et 1991 avant d'examiner la portée politique et le déroulement du débat relatif à l'architecture institutionnelle inscrite dans le traité de Maastricht. Nous centrons le regard sur la Commission européenne et sur la vision portant l'action du président Delors et de son équipe.

La dynamique interne : Union économique et monétaire (UEM) et mise en convergence des politiques économiques.

La dynamique d'intégration économique engagée depuis 1985 par la Commission Delors relevait d'une mise en cohérence globale de l'ensemble des actions conduites par la Communauté dans le champ économique et social. Initiée par la mise en œuvre du grand marché intérieur, il s'agissait de promouvoir le développement de nouveaux champs d'action liés à cet achèvement et réciproquement. Ces nouveaux champs étaient en passe de recouvrir tous les domaines de l'action économique, et sociale en vue d'allier performance économique, performance sociale et affirmation d'identité vis à vis du monde extérieur. Objectifs qui devaient s'appuyer sur une action sur les structures en direction des entreprises, des hommes et des territoires, le tout dans un environnement international en mouvement générateur de pressions et d'incertitudes. Cette conception impliquait donc de penser le rôle de la Commission comme une totalité visant à intégrer le tout selon une démarche dynamique. L'objectif 1992, exposait Delors en 1988, a constitué :

> « un point d'appui, dans le moyen terme, un moyen de s'approprier le temps pour faciliter l'adaptation des économies nationales face à la mondialisation ». L'ensemble selon un objectif de cohérence : « d'un côté, l'amélioration du fonctionnement du marché et l'effet de dimension communautaire, de l'autre de grandes politiques d'accompagnement où s'affirme la volonté de donner un sens commun à cette aventure : par l'Union économique et monétaire, le dialogue social, le développement ou la reconversion des régions les plus défavorisées, un programme-cadre commun de recherche, la promotion de l'environnement »[4].

La mise en place de ce projet passait donc, à côté de l'achèvement du marché intérieur, par le renforcement des politiques communes préexistantes et *in fine* par l'union monétaire.

---

[4] J. Delors, *L'Héritage Pierre Massé et la planification française* Colloque Pierre Massé, 29–30.11.1988.

La mise en convergence des politiques devient un des traits majeurs de la gouvernance européenne à partir de la deuxième moitié des années 1980. La politique industrielle se situe ainsi au cœur d'un dispositif qui associe marché intérieur, normes et politique de la recherche, formation, politique régionale mais aussi politique commerciale à travers les négociations au sein du *General Agreement on Trade and Tariffs* (GATT) dans le cadre de l'Uruguay round. Des constats de ce type sont également possibles pour les autres politiques impulsées par la Commission. La politique des transports est ainsi la condition de mise en œuvre du grand marché à travers le développement des réseaux en même temps qu'instrument de la politique régionale ou partie prenante de la politique industrielle et de la recherche. La politique de l'énergie s'insère dans ce même type de schéma. L'élimination des distorsions de concurrence au sein de l'espace communautaire et des différences de prix que ces distorsions génèrent est l'une des conditions du bon fonctionnement du marché intérieur tandis que la construction de grands réseaux de transport et de distribution de l'énergie à travers l'espace communautaire est la condition de la création effective de marchés de l'énergie à l'échelle européenne, la construction de ces grands réseaux étant elle-même liée à différentes composantes de la politique industrielle. La politique agricole commune de son côté n'échappe pas au renforcement des liens avec les autres politiques. D'un côté, la réduction de son poids relatif dans les dépenses communautaires est la condition de la mobilisation des ressources destinées à la mise en œuvre des paquets Delors et d'un redéploiement des politiques communes. De l'autre, l'inflexion vers des modes de production plus extensifs, la prise en compte des impératifs de santé publique et d'environnement rejoignent des modes de consommation qui évoluent dans la société, toutes données qui irriguent les politiques correspondantes initiées par la Commission comme l'environnement, la recherche. Mais elle se situe aussi à l'articulation des enjeux extérieurs et intérieurs auxquels la Commission est confrontée : la réforme de la Politique agricole commune (PAC) étant la condition de la participation active du nouveau round du GATT lancé en 1986 dont par ailleurs le secteur des services comme nombre de branches industrielles communautaires a besoin.

L'architecture d'ensemble des politiques communautaires qui se construit à partir des années 1980 prend donc une allure très différente de celle des années 1960. Aux lignes de force verticales et au fonctionnement en silos des années 1960 s'ajoutent désormais des lignes horizontales, chacune des politiques étant partie prenante d'une politique d'environnement affectant la mise en œuvre de la plupart des autres. Le tout constituant un réseau, les liens assurant la cohérence de l'ensemble devenant ainsi plus politiques que par le passé.

Delors et son équipe conçurent la mise en œuvre de l'union monétaire comme le complément du marché intérieur, apportant à ce dernier la stabilité nécessaire à une concurrence loyale, la promotion d'un marché européen des capitaux et des services financiers. Les relations entre union économique et union monétaire répondent au schéma conceptuel précédemment décrit. L'union monétaire ne pouvait fonctionner qu'au moyen d'une coordination ample des politiques économiques qui devaient être considérées comme des questions d'intérêt commun. Delors imagine ainsi d'un côté une Banque centrale indépendante en charge d'une politique monétaire unique, de l'autre une organisation de la gouvernance économique assurant la coordination indispensable des politiques économiques en termes macro-économique mais aussi en termes de contenu.

À l'automne 1989 le bien-fondé de la mise en œuvre du processus semblait largement partagé. Comme l'indiqua Delors dans le discours de Bruges du 17 octobre 1989: « l'Union Économique et Monétaire est décidée » du fait de l'acceptation du rapport Delors comme base pour la mise en œuvre de l'UEM par le Conseil européen de Madrid à la fin juin 1989. Le dispositif institutionnel nécessaire à la mise en œuvre du processus restait cependant à mettre en place autour d'un « centre de décision monétaire » relevant d'une structure fédérale définissant la politique monétaire commune et d'une coordination par le conseil des ministres des politiques économiques nationales en vue de leur convergence[5], le tout articulé sur le développement de politiques communes venant en appui des précédentes. La mise en œuvre du projet d'UEM nécessitait donc la tenue d'une Conférence intergouvernementale en charge d'en préciser les modalités de mise en œuvre et les articulations. Mais des hésitations existaient encore à l'automne 1989 en particulier du côté de l'Allemagne où l'opinion n'était guère favorable à l'union monétaire.

La perspective d'une réunification allemande ouverte par la chute du mur de Berlin le 9 novembre 1989 eut pour effet d'introduire l'UEM comme un élément important du jeu diplomatique des derniers mois de l'année. La réalisation de l'UEM, au-delà d'une logique fonctionnelle

[5] CVCE, Discours de Jacques Delors au Collège de Bruges, 17-10-1989.

dominante, apparut dès lors comme l'un des moyens d'ancrage de l'Allemagne dans la Communauté. Les pressions exercées sur le gouvernement allemand aboutirent ainsi à la décision de principe de tenir la Conférence intergouvernementale (CIG) en charge de l'UEM avant la fin de 1990 lors du Conseil européen de Strasbourg des 8 et 9 décembre. L'importance politique que revêtait la tenue effective de cette conférence se manifesta à plusieurs reprises au cours des premiers mois de 1990. Cette importance joua notamment à la suite du discours de Strasbourg du 17 janvier où Jacques Delors mit sur la table la proposition d'une deuxième CIG aux objectifs articulés sur la première mais portant celle-ci sur l'union politique. Toutefois les incertitudes qui se développèrent à la fin janvier autour de la réunification allemande et sur la perspective de la tenue effective d'une deuxième CIG – du fait notamment des réticences de François Mitterand – valorisèrent d'autant plus la CIG monétaire. Ph. de Schouteete, représentant permanent de la Belgique et très proche de Jacques Delors, bien que rejoignant ce dernier quant à la nécessité d'une CIG sur l'union politique, considérait alors que la CIG monétaire était la seule en mesure de maintenir la dynamique de l'intégration. Il considérait donc qu'il fallait pousser les feux de ce côté[6]. Souci partagé par le gouvernement italien qui, également favorable à la tenue d'une seconde CIG, souhaita consolider la dynamique en suggérant d'anticiper la CIG consacrée à l'UEM[7]. En réalité l'état d'avancement du dossier « union monétaire » permettait d'aller de l'avant dans la mesure où la CIG disposait avant même son ouverture des bases d'un projet de traité sur lesquelles discuter. Delors pensait donc à la fin février que la dynamique se trouvait du côté de l'UEM et qu'il fallait l'exploiter sous réserve « d'ouvrir le second front » sans pénaliser le premier[8]. Ce même souci animait alors plusieurs des représentants permanents réunis le 22 février 1990 même si le représentant allemand fait encore état des hésitations de son pays à faire avancer rapidement le chantier de l'UEM[9]. À la fin février cependant, Delors est convaincu que la dynamique UEM ne suffirait

---

6 AUE. Papiers Pascal Lamy (PLA) 426, Philippe de Shoutheete à Pascal Lamy 23.1.1990.

7 AUE PLA 426, Frederico di Roberto, représentant permanent de l'Italie à Pascal Lamy, 14.2.1990.

8 AUE PLA 426, entretien Jacques Delors – Tommaso Padoa-Schioppa, 28.2.1990.

9 AUE PLA 426, note de dossier, secrétariat général.

pas et qu'il fallait marcher vers l'union politique[10]. Au début mars 1990 la question de la tenue de la CIG en charge de l'UEM s'est ainsi trouvée absorbée dans le jeu diplomatique ouvert par les bouleversements en Allemagne et à l'Est de l'Europe. Elle ne s'en trouvait pas modifiée quant à ses fondamentaux, les considérants devant animer les débats à venir étant d'ores et déjà posés.

La dynamique externe : gérer « la prodigieuse mutation à l'Est »[11] : vers l'union politique.

Beaucoup plus que pour le domaine économique, les implications des bouleversements à l'Est bousculaient les certitudes quant à l'union politique. Intégration de la République démocratique allemande (RDA), élargissement de grande ampleur en perspective ont des conséquences potentielles majeures sur la géographie et, surtout, la configuration de la future Union. Ces données nouvelles poussaient vers l'union politique. Cette orientation s'intégrait dans une dynamique déjà en cours avant 1989 en termes d'efficacité de fonctionnement, de citoyenneté et de démocratie mais aussi en matière de politique étrangère, de sécurité et de défense dont la nécessité apparait nettement renforcée depuis 1989, le tout générant un débat difficile quant à la définition des contours à lui donner quant à ces derniers domaines. Se trouvait ainsi posée la définition d'une architecture institutionnelle déterminant les articulations entre le champ et le rôle de ce qui relèverait de chacune des institutions de la future Union. Plus encore que pour le domaine de l'économie, les impératifs diplomatiques s'invitaient à la table des négociations pour l'union politique.

Les discussions quant à la tenue d'une CIG sur l'union politique occupèrent le devant de la scène jusqu'au sommet de Dublin 1 d'avril 1990. Durant plusieurs mois les considérations d'ordre diplomatique dominèrent, portant sur l'opportunité même et les modalités de traitement de la question, considérations s'articulant toutefois, surtout du point de vue de la Commission, sur les paramètres de fond relevant de l'architecture institutionnelle à donner à la future Union.

---

10 AUE PLA 426, entretiens Wilfried Martens, Mark Eyskens avec Jacques Delors et Pascal Lamy, 26.2.1990.

11 Titre donné au chapitre 10 des *Mémoires* de Jacques Delors.

À travers son discours de Bruges du 17 octobre, Delors lança le débat avec quelques semaines d'avance sur la chute du mur dans la nuit du 9 novembre. Face aux évènements qui se préparaient à l'Est, il posa la question de la capacité de la Communauté européenne d'être « demain à la hauteur des circonstances ». Il déduisait d'une dynamique en cours qui conduisait à « la grande Europe », à la nécessaire prise en charge de « responsabilités internationales » nouvelles et au saut institutionnel nécessaire à la mise en cohérence de l'ensemble : « comment préparer les voies d'une solution, sinon en renforçant certains traits fédéralistes de la Communauté ».

Les circonstances politiques vinrent ainsi bouleverser la dynamique fonctionnaliste en cours dans le champ de l'économie : « l'Histoire s'accélère. Nous aussi devons accélérer » exposait Delors. « J'ai toujours été un adepte de la politique des petits pas (...) mais je m'en éloigne un peu aujourd'hui, parce que le temps nous est compté[12] ». La méthode Monnet devait par conséquent être dépassée.

Une fois acquise la tenue d'une CIG en charge de l'UEM, à la fin décembre 1989, Delors relança publiquement le débat institutionnel à l'occasion de la présentation du programme de travail de la Commission pour l'année 1990 devant le parlement européen le 17 janvier 1990. S'inscrivant dans la ligne du discours de Bruges sur l'accélération de l'histoire, il s'inquiétait d'une possible déstabilisation de la Communauté soumise à des remises en cause possibles quant à son existence-même comme à des surenchères quant au rôle qu'elle devait jouer. Delors s'inquiétait notamment de l'hypothèse de l'insertion de la Communauté dans une très large confédération européenne comportant la Russie dont l'idée venait d'être exposée par François Mitterrand. Il exprima donc son souhait d'une démarche conduisant à l'union politique associée à l'UEM déjà lancée, le tout dans la perspective d'inspiration fédéraliste déjà évoquée à Bruges[13]. Le discours de Delors poussa les uns et les autres à exprimer leurs positions. Philippe de Schoutheete définit la position belge en des termes très proches de la vision de Delors : permettre à la Communauté de « jouer sans dilution le rôle d'acteur principal » dans l'Europe de demain, objectif qui posait la question de la tenue d'une seconde CIG. Delors put compter également sur l'appui d'Andreotti pour l'Italie mais

---

12 CVCE, Discours de Jacques Delors au collège de Bruges, 17.10.1989.

13 J. Delors, discours au Parlement européen, 17.1.1990.

Une multiplication des voies d'accès

Les mutations que connait l'ENA touchent également les modalités de son accès. La loi n° 8326 du 19 janvier 1983 avait créée, à côté du concours externe et du concours interne, une troisième voie de recrutement à l'ENA réservée à des hommes ou femmes ayant exercé pendant huit ans au total une ou plusieurs fonctions électives ou associatives. Les épreuves, distinctes des deux autres concours, sont aménagées pour tenir compte des contraintes liées au profil des candidats et aux conditions de préparation (épreuves essentiellement orales, langue vivante en option)[41]. La loi du 2 janvier 1990 créant le troisième concours à l'ÉNA a également ouvert son accès aux actifs du secteur privé et aux responsables, y compris bénévoles, d'associations[42].

Dans un souci de diversification continue des profils des élèves, une nouvelle voie d'accès est ajoutée en 2018 afin de faciliter l'accès à la haute fonction publique d'agents disposant d'une solide culture scientifique (notamment en sciences « dures ») leur permettant de relever les défis posés par un recours de plus en plus important à une expertise pointue dans la conception et la conduite des politiques publiques. Le décret n° 2018-793 du 14 septembre 2018 institue ainsi à titre expérimental un concours externe spécial d'entrée réservé aux titulaires d'un diplôme de doctorat. Un premier concours est organisé en 2019 permettant l'admission de trois élèves au titre de la spécialité « sciences de la matière et de l'ingénieur ».

Au concours 2020, ce sont quatre docteurs qui sont admis au titre de la spécialité « sciences humaines et sociales », et en 2021 quatre en « sciences de la vie ». Ce concours bénéficie d'un dispositif particulier avec une seule épreuve d'admissibilité : épreuve de rédaction d'une note d'analyse et de propositions à partir d'un dossier de 25 pages maximum, d'une durée de cinq heures (coefficient 6). L'admission comporte deux épreuves : un entretien d'une durée d'une heure permettant, à partir d'un dossier renseigné par le candidat et présentant son expérience professionnelle et ses travaux de recherche, d'apprécier ses aptitudes, ses motivations, son parcours et ses réalisations ainsi que son aptitude

---

41 Cf. G. Duthil, N. de Lorgeril, « Vingt-cinq ans de troisième concours à l'ENA un exemple réussi de diversification de la haute fonction publique ? », *Revue française d'administration publique*, 1, n° 153, 2015, pp. 195–212.

42 La barrière d'âge qui existait initialement est supprimée en 2002.

se heurtait aux incertitudes françaises tant au sein de la classe politique qu'au sein de l'exécutif. En réalité Delors était bien conscient que la question allemande était à l'origine des hésitations manifestées par plusieurs gouvernements dont celui de la France. L'insistance de Kohl à mettre en avant l'objectif d'union politique et à reporter l'UEM, encore manifestée à la fin février 1990[14] et certaines maladresses du gouvernement allemand dans la gestion de la réunification et les inquiétudes qu'elles génèrent bloquent la dynamique communautaire[15]. Face aux risques d'enlisement, Delors proposa la tenue d'un conseil européen exceptionnel à l'occasion d'un discours devant le parlement européen le 13 février 1990[16]. Mitterrand et Andreotti tombèrent d'accord le lendemain pour approuver l'initiative et accélérer le processus de réformes institutionnelles engagées et sur le principe de la tenue d'un sommet exceptionnel avant fin mars. Ce sera le conseil européen de Dublin 1 qui se tiendrait finalement le 28 avril[17]. C'est en vue de préparer ce dernier que Delors eut une série d'entretiens avec les Premiers ministres et ministres des Affaires Étrangères belges, néerlandais, italiens et espagnols entre le 19 février et le 2 mars. Delors constatait que l'Acte Unique et l'UEM « ne suffiront pas à contenir le choc » face au risque de dilution que représentent les projets d'Europe élargie. La nécessité d'une démarche combinée union politique – UEM s'imposait donc. La tournée entreprise par Delors et Lamy au tournant du mois de mars permit ainsi de réunir les forces autour de la Commission en vue d'une initiative associant le Benelux, l'Italie et l'Espagne à laquelle la France et l'Allemagne, pensait-on, se rallieraient probablement[18]. En réalité c'est des analyses et positions belges dont Delors se savait le plus proche. Le constat en est fait lors d'un entretien avec les ministres belges le 26 février. Le Premier ministre Wilfried Martens avait pu constater lors d'une réunion du PPE à Pise, qu'une initiative en vue

---

14 AUE PLA 426, réunion des représentants permanents, 22.2.1990.

15 AUE PLA 426, entretien Jacques Delors – Tommaso Padoa-Schioppa, 28.2.1990.

16 F. Bozo, *Mitterrand, la fin de la guerre froide et l'unification allemande,* Odile Jacob, 2005, p. 201.

17 AUE PLA 426, Frederico di Roberto, représentant permanent de l'Italie à Pascal Lamy, 14-2-1990.

18 AUE PLA 426, note de dossier du 1.3.1990 sur le Dîner de travail de Jacques Delors avec le Premier ministre et le ministre des Affaires étrangères néerlandais du 19.2.1990 ; entretiens de Madrid de Jacques Delors avec le Président du gouvernement espagnol, 2.3.1990 ; déjeuner de travail à Rome avec le premier ministre et le ministre des affaires étrangères italiens, 2.3.1990.

de la tenue d'une conférence sur l'union politique rencontrerait l'appui italien et espagnol. Ainsi en fut-il décidé, Philippe de Schouteete étant chargé du suivi et de la préparation des propositions[19]. Cette démarche déboucha sur le mémorandum du gouvernement belge du 20 mars 1990 proposant la tenue d'une CIG spécifique sur l'Union politique. Le principal obstacle à une prise de décision en faveur du lancement du processus vint en réalité de la difficulté des Allemands et des Français à s'entendre sur la question du devenir de la RDA, de la priorité à donner à l'UEM ou à l'union politique, un tel contexte engendrant un climat de « malaise des capitales[20] ». Si les intentions de Kohl exprimées à Delors étaient claires – priorité à l'union politique-[21], Mitterrand donnait à Delors « l'impression de flotter » même s'il pensait qu'au final ce dernier s'y rallierait[22]. Les premières semaines de mars furent ainsi consacrées par la Commission à promouvoir la tenue d'une seconde CIG auprès de différents acteurs dont le parlement européen[23]. L'ensemble de ces pressions politiques associées aux analyses des collaborateurs de François Mitterrand poussa ce dernier à infléchir sa position. Le 29 mars, en réponse à une proposition de Kohl transmise au Premier ministre irlandais qui présidait le Conseil, Mitterrand accepta finalement le principe de la convocation d'une seconde CIG portant sur l'union politique[24].

Durant ces premiers mois de 1990 où la question allemande et les enjeux européens se télescopent, Delors a donc adopté une posture à la fois dynamique et prudente : rassurer sur le potentiel déséquilibrant de la réunification, promouvoir l'Union européenne en tant que « réductrice d'instabilité » (Pascal Lamy), mais laisser les gouvernements agir tant que la nature des enjeux relevait pour l'essentiel des diplomaties : initiative belge, initiatives italienne et espagnole, initiatives allemande et française[25]. Ainsi si le projet d'union politique s'inscrivait, comme celui de l'UEM, dans une dynamique de type partiellement fonctionnel, il

---

19 AUE PLA 426, compte-rendu de l'entretien avec les ministres belges, le 26.2.1990.

20 AUE PLA 426, note pour le président, déjeuner du COREPER du 15.3.1990.

21 AUE PLA 426, Helmut Kohl à Jacques Delors, 13.3.1990.

22 AUE PLA 426, entretien de Madrid, 2.3.1990.

23 AUE PLA 427, Delors devant la commission politique du parlement européen, 20.3.1990 ; PLA 426, discours au parlement européen 14.3.1990.

24 F. Bozo, *op. cit.* pp. 245–246.

25 AUE PLA 420, colloque Echanges et projets. Intervention de Pascal Lamy le 31.3.1990, compte rendu représentation de la Communauté à Paris.

s'en détachait car représentant un véritable saut institutionnel en inscrivant les contenus et les processus de décision au sein de la future Union dans une logique à caractère fondamentalement politique. Cette logique n'avait pas échappé aux diplomates même s'ils s'en étaient pour un temps apparemment tenus relativement en retrait. Mais une fois les décisions prises quant au principe de la tenue de la deuxième CIG ils s'investirent à leur tour aussi de l'élaboration du contenu de l'union politique.

Quelle architecture institutionnelle ?

Les contours et les échéances de la CIG Union politique sont esquissés à très grands traits dans la lettre adressée conjointement par Mitterrand et Kohl au premier ministre irlandais le 19 avril. Le programme retenu reprenait une série de thèmes en discussion depuis plusieurs mois : légitimité démocratique de l'Union, efficacité des institutions, politique étrangère et de sécurité, cohérence d'ensemble de l'action de l'Union. Le tout devant donc être précisé avant toute négociation sur le fond, le conseil de Dublin 1 confia aux ministres des Affaires étrangères le soin de définir plus avant les objectifs de la seconde CIG en charge de l'union politique. À la suite des travaux de leurs représentants, les ministres se réunirent les 18 et 19 juin en vue de finaliser un schéma d'ensemble soumis aux chefs d'État et de gouvernement lors du conseil européen de Dublin 2 tenu le 26 juin 1990[26]. Dublin 2 fit l'inventaire de l'ensemble des dossiers relatifs à la réalisation de l'Union européenne. Au vu de l'état d'avancement du dossier on décida que les deux CIG s'ouvriraient le 15 décembre 1990. On décida également de compléter la préparation de la CIG union politique avant la mi-décembre et de confier cette dernière aux ministres des Affaires étrangères.

En réalité le débat sur l'architecture institutionnelle de la future union se développa de façon continue par-delà les étapes formelles que nous venons de mentionner. Il fut ouvert bien avant Dublin 1 et le point de vue de la Commission fut défini dans ses grandes lignes dès la mi-mars. Les principaux axes du système institutionnel réformé souhaité par la Commission avaient été esquissés dans le discours de Bruges puis lors de l'intervention de Delors devant le parlement européen le 17 janvier. Delors en précisa le schéma d'ensemble à Strasbourg le 14 mars

[26] F. Bozo, *op. cit.* pp. 247–248.

1990: équilibre entre coopération politique et intégration économique et sociale, contreparties politiques et démocratiques à l'union monétaire. Du point de vue de la Commission il s'agissait d'établir un continuum politique mettant un terme à l'existence d'une « *zone grise* » entre les responsabilités de la Commission en matière extérieure (politique commerciale, coopération au développement), les implications de l'UEM dans le cadre du pilotage des relations monétaires internationales (avec les américains et les japonais) et ce qui relevait jusqu'alors de la CPE. Il s'agissait aussi de mettre en place une approche globale de la politique économique et monétaire en Europe associant le pilotage monétaire, les politiques communes et les politiques des gouvernements développées par les pays-membres à l'échelon national. Delors souhaitait au final la définition d'un projet institutionnel à long terme d'inspiration fédéraliste – et non une fédération – dont la réalisation pourrait s'effectuer par étapes[27]. Dans un tel schéma la Commission devait pouvoir être présente dans tous les champs d'action de la future union et disposer d'un droit d'initiative, même s'il devait être non exclusif pour certains domaines comme la politique étrangère et de sécurité.

Delors et ses équipes savent déjà que cette vision des choses ne coïncidait pas avec les idées dominantes à Paris où l'on se souciait peu de voir augmenter les pouvoirs de la Commission. Les options promues par Paris s'inscrivaient de fait dans le droit fil d'une vision intergouvernementale même si elle était adaptée et rénovée par rapport aux conceptions des années 1960. Vu de Paris, l'Union européenne à venir devrait donc être « coiffée » par le Conseil européen de sorte à tenir la Commission à distance[28]. À la mi-mai, Pascal Lamy indique à Emile Noël que l'une des difficultés des négociations à venir serait « la place de la Commission dans le dispositif de l'union politique, problème qui semble bien devoir être crucial dans les temps à venir : comme prévu par le président[29] ».

Un séminaire de réflexion tenu le 13 mai 1990 permit à la Commission de préciser les positions à tenir dans la perspective de la réunion du conseil informel des ministres des affaires étrangères le 21 mai. Se confirma l'option en faveur de l'association de la Commission à l'élaboration et la mise en œuvre d'une politique étrangère rénovée, le développement de

---

27 AUE PLA 426, discours de Delors au parlement européen, Strasbourg, 14.3.1990.

28 F. Bozo, *op. cit* p. 245 qui analyse en particulier une note du 20 mars 1990 d'Elisabeth Guigou à François Mitterrand.

29 AUE PLA 428, Pascal Lamy à Emile Noël, 11.5.1990.

la prise de décision à la majorité au sein du conseil, l'accroissement des compétences d'exécution de la Commission. Au total, tout ceci dans le cadre d'un processus institutionnel réformé n'induisant pas un bouleversement du cadre alors en place mais que l'on pourrait faire évoluer par la suite, notamment dans la perspective d'une Communauté à 24 que l'on situait à une échéance lointaine[30]. Lors de la réunion des ministres le 21 mai, Delors fit une claire distinction entre une UEM pour laquelle on disposait d'un schéma définissant le stade ultime du processus à mettre en œuvre et l'union politique pour laquelle une démarche graduelle s'imposait. Mais le tout organisé en un cadre d'ensemble garantissant l'unité d'action pour la Communauté et la CPE[31].

La décision prise le 26 juin lors du conseil européen de Dublin 2 d'ouvrir les deux CIG en date du 14 décembre détermina la Commission à réaffirmer ses positions. Ce furent dans un premier temps les interventions au parlement européen du commissaire Bangemann le 11 juillet pour ce qui relevait de l'UEM et de Delors le 12 juillet pour ce qui relevait des questions politiques et institutionnelles. Au centre des deux discours le continuum politique à mettre en place en vue de rencontrer les exigences d'efficacité et de démocratisation de la gouvernance européenne. Bangemann posa la question centrale de l'équilibre des responsabilités en matière de politique monétaire et de politique économique[32]. Delors développa de son côté le schéma d'une communauté unique comportant des dispositifs institutionnels spécifiques pour la politique étrangère et de sécurité mais auxquels la Commission devra être associée à tous les niveaux[33].

Les positions de la Commission furent à nouveau développées dans l'avis publié par la Commission le 21 octobre 1990 qui fixa ses positions en vue des deux CIG. Le point essentiel, conformément à la ligne affirmée depuis mars est celui d'une communauté unique :

> « L'osmose entre l'économique, le social, le financier et le monétaire d'une part, et la politique extérieure d'autre part, constitue et doit rester la

30 AUE PLA 428, bilan de la réunion de travail de la Commission, 13.5.1990.

31 AUE PLA 428, dépêche Agence Europe, 21–22.5.1990.

32 AUE FL 208, Intervention du commissaire Bangemann devant le Parlement européen, 11.7.1990.

33 AUE FL 208, Intervention de Jacques Delors devant le parlement européen, 12.7.1990.

philosophie même de l'Union européenne, comme l'affirme le préambule de l'Acte unique »[34].

Delors défendit à nouveau sa vision unitaire de l'Union le 28 novembre devant la conférence des parlements de la Communauté, il conclut son intervention sur la nécessité de politiser le débat européen : « avec l'union politique, tout sera ramené à l'essentiel, à la politique (...) aux choix qui doivent être faits vis à vis des citoyens[35] ». Mais les débats de l'automne 1990 entre représentants des ministres des Affaires étrangères témoignèrent de la permanence des divergences quant à l'architecture de l'Union à construire ces divergences tenant au rôle de la Commission en matière de politique étrangère et notamment au droit d'initiative partagée à lui reconnaitre en ce domaine. La France s'opposait à une telle option face à la Belgique, l'Italie et l'Espagne favorables à un droit d'initiative non exclusif[36].

Les sessions du Conseil européen tenues à Rome les 27 et 28 octobre puis les 14 et 15 décembre 1990 ouvrirent la voie à la tenue des deux CIG conduites sous présidence luxembourgeoise jusqu'à la fin juin 1991. Les débats portant sur l'UEM portèrent notamment sur les objectifs et modalités de la coordination des politiques économiques. Loin de prendre en compte les différentes composantes de leur contenu qui auraient permis, du point de vue de la Commission, une coordination en profondeur et aux différentes échelles, on se limita au final à un dispositif relatif aux déficits publics excessifs[37]. Les débats les plus délicats portèrent comme on le prévoyait sur l'union politique. Les collaborateurs de Mitterrand – Élisabeth Guigou – et de Roland Dumas – Pierre de Boissieu – qui dirigeait l'équipe de négociation sur l'union politique s'employèrent à resserrer les liens avec les allemands autour de la mise en place d'une politique étrangère et de sécurité commune forte mais basée sur une logique intergouvernementale[38]. La lettre Mitterrand-Kohl du 6 décembre fut orientée en ce sens même si la prépondérance du conseil européen souhaitée par la France fit discussion entre ses partenaires.

---

34 AUE FL 577, Com (90) 600 final, 22.10.1990.

35 AUE FL 598, Delors devant la conférence des parlements de la Communauté européenne, 28.11.1990.

36 AUE Papiers Bino Olivi (BO) 14, notes pour les membres de la Commission, 14.9.1990, 25.9.1990.

37 AUE FL 560, note pour le président, UEM, 19.2.1991.

38 F. Bozo *op. cit.* pp. 306–307.

Le point de vue défendu par la France différait des positions exprimées par la Commission en décembre 1990 qui visaient, conformément à la ligne développée au cours des mois antérieurs, à mettre en cohérence l'ensemble des politiques de la future Union[39]. Au total les positions de la Commission quant à cette mise en cohérence, à la politisation et à la démocratisation nécessaire des choix, impliquaient une architecture unitaire. Delors et ses collaborateurs ne furent pas suivis sur ce plan.

La position de la France au cours du premier semestre détermina pour partie l'échec de la Commission à faire prévaloir ses vues, les représentants de la France entretenant de « soigneuses distinctions » sur l'Union politique, l'UEM et la Communauté[40]. Appuyé sur la présidence luxembourgeoise le gouvernement français parvint à influencer le projet de traité présenté en avril 1991. Pour l'essentiel les collaborateurs de Delors ne purent que constater le défaut d'unité du dispositif institutionnel organisé en trois piliers coiffés par le Conseil européen. Ils déplorèrent une structure impliquant le « risque de création de différents ensembles institutionnels » et faisant la part trop belle à l'intergouvernementalisme au détriment de la cohérence de l'ensemble[41]. La réunion des représentants personnels des ministres des affaires étrangères puis des ministres eux-mêmes réunis le 28 mai puis le 3 juin 1991 à Dresde débattirent d'une série d'amendements proposés par la Commission en vue d'une approche plus unitaire du traité sans que ces derniers soient pour l'essentiel retenus[42]. Dans une nouvelle intervention devant le parlement européen le 12 juin 1991 Delors releva à nouveau l'ensemble des insuffisances du projet de traité rédigé par la présidence luxembourgeoise[43]. Compte tenu d'amendements inspirés pour partie par cette présidence luxembourgeoise elle-même et d'avancées décidées au cours du conseil européen de Luxembourg des 28 et 29 juin, le projet de traité corrigea une partie des défauts constatés par la Commission tout en laissant subsister la structure en 3 piliers[44]. Le traité de Maastricht, malgré une

39 AUE FL 560, note pour le président, union politique, 19.2.1991.

40 AUE FL 559, note pour le président, 26.2.1991.

41 AUE FL 569, note pour le président, 16.4.1991, Delors à Poos ; note 1.6.1991.

42 AUE FL 569 note pour le président, structure du traité, 29.5.1991. Jacques Delors, *Mémoires,op. cit.*, pp. 358–359.

43 AUE FL 568, Jacques Delors devant le parlement européen, 12.6.1991.

44 AUE FL 568, note pour le président, CIG, projet de traité de la présidence, 23.6.1991.

tentative de la présidence hollandaise pour infléchir la négociation à partir de nouvelles bases, tentative qui fut mal reçue par la plupart des pays-membres, laissa subsister la structure en trois piliers malgré un dernier avertissement de Delors le 27 novembre 1991[45].

L'histoire du tournant des années 1990 correspond à un changement de paradigme relevant non du choix délibéré de Delors et de la Commission mais de l'évolution même du processus d'intégration. La dynamique fonctionnelle, utilisée avec efficacité dans la perspective de l'Acte unique avait épuisé l'essentiel de son potentiel à la fin des années 1980. L'achèvement du marché intérieur avait en effet généré des contreparties à travers le développement, dans l'acte Unique puis Maastricht, de politiques communes nombreuses, fonctionnant désormais en réseau. Les orientations prises quant à l'une d'entre elles induisaient désormais des effets sur l'ensemble : les choix devenaient dès lors beaucoup plus globaux que par le passé. Cette interconnexion des champs allait être encore renforcée avec l'union monétaire. Si celle-ci s'inscrivait d'un côté dans la démarche fonctionnelle antérieure – un marché, une monnaie –, les liens tant avec les politiques nationales qu'avec les politiques économiques développées au sein de l'Union plus nombreuses encore après Maastricht, s'inscrivaient désormais dans une logique encore beaucoup plus politique qu'après l'Acte unique. Ce d'autant plus que la globalisation en cours impliquait un changement de nature de l'ensemble des actions de l'Union, la plupart d'entre elles ayant à la fois un volet interne et un volet externe. La coordination nécessaire et admise par les gouvernements des politiques économiques se devait donc d'être beaucoup plus large et intégrée. La Commission et Delors lui-même avaient acquis une conscience pleine de ces réalités, beaucoup moins la plupart des gouvernants des États-membres. Pour Delors, la voie devait être ouverte à une communautarisation progressive et différenciée de tous les champs, à une mise en relation des déférentes échelles de gouvernance – régionale, nationale et européenne –, le tout s'inscrivant dans un processus de fédéralisation progressive des processus de décision.

Fédéralisation et non fédération. Delors ne pouvait imaginer une transformation brutale du dispositif politique et institutionnel ni la définition immédiate de ce que seraient les institutions de l'Union à long terme. Ni les gouvernements ni les peuples n'y étaient préparés. La

---

45 Jacques Delors *Mémoires, op. cit.*, p. 360.

Commission se devait de temporiser et de rassurer. D'où la mise en avant à partir de 1989 de la subsidiarité comme principe de gouvernance[46], un discours prudent et des interrogations sur la tactique à suivre au cours de la négociation. De fait la Commission prit conscience dès 1988 d'une relative perte d'influence et de la tentation, pour beaucoup, de réduire ses ambitions et ses compétences.

La « prodigieuse mutation à l'Est » vint perturber un schéma conceptuel et tactique largement conçu dans le contexte de la période antérieure et comme une inflexion dans une évolution. La Commission se trouva moins bien armée pour traiter des enjeux politiques et de sécurité du début des années 1990. Si les schémas institutionnels qu'elle proposa tinrent compte de la prudence évidemment nécessaire, ils amplifièrent nécessairement le saut politique à mettre en œuvre, donnant une nouvelle vigueur à des réflexes et des positionnements issus des années 1960. L'intergouvernementalisme renouvelé des années 1990 est en contradiction avec les tendances profondes émergeant à un moment où plus de cohésion entre les douze aurait été nécessaire. Il induisit au final un dispositif institutionnel bancal accepté au mieux comme un compromis provisoire. Ni Delors ni ses collaborateurs directs ne pouvaient s'opposer à une telle tendance même si on peut penser que plus de souplesse aurait permis d'aller un peu plus loin sur le chemin esquissé par Delors[47]. L'Union actuelle, malgré les révisions institutionnelles réalisées depuis, n'a pas tiré tous les enseignements issus des débats des années Delors. Ne serait-ce par exemple que dans le champ de la politique énergétique où, malgré la pleine conscience de la nécessité d'accroitre la sécurité des approvisionnements de l'Union depuis les années 1980, l'absence de politique européenne a laissé se développer des situations porteuses de vulnérabilité politique pour tous. En cela les crises peuvent être génératrices de nouvelles avancées mais elles sont aussi le produit des insuffisances et faiblesses du passé.

---

[46] Le thème devient central dans le discours de Bruges du 17.10.1989. Voir J. Barroche, « La subsidiarité chez Jacques Delors. Du socialisme chrétien au fédéralisme européen », *Politique européenne,* 3, 2007, pp. 153–177.

[47] Voir par exemple, AUE, Histoire orale. La Commission européenne, 1986–2000, entretien avec Philippe de Shoutheete sur le rôle de François Lamoureux qui suit le dossier de la CIG au sein du cabinet Delors et entretien avec Jim Cloos.

L'implication de la Roumanie dans le processus d'adhésion européenne de la Moldavie. Une analyse des discours du président Klaus Iohannis (2014–2019)

Antoanela-Paula Mureșan

Faisant partie de la Grande Roumanie après la Première Guerre mondiale[1], incorporée par l'Union des Républiques socialistes soviétiques (URSS) pendant et après la Seconde Guerre mondiale[2], république parlementaire qui a obtenu son indépendance face à l'Union soviétique en 1991[3], la République de Moldavie est un État qui a toujours été confronté aux dilemmes d'intérêt national, en matière de politique étrangère, oscillant entre deux directions géopolitiques diamétralement opposées : l'une pro-russe et l'autre pro-européenne. Il faut mentionner que la Roumanie a été le premier pays à reconnaître son indépendance[4].

Depuis son indépendance jusqu'à présent, la Moldavie a eu six présidents élus soit par le parlement, soit par le peuple moldave : Mircea Snegur (1990–1996), Petru Lucinschi (1996–2001), Vladimir Voronin

---

1 R. Haynes, *Moldova: A History*, Ed. I.B.Tauris, 2020, p. 109.

2 M. Mureșan, M. Trufan, *Anul 1940 în istoria Europei. Între expansiune și declin*, Ed. Casa Cărții de Știință, 2020, p. 79.

3 A. Marchitan, « 27 august 1991: R. Moldova își declara independența față de URSS, etapă spre realizarea Unirii », https://infoprut.ro/80457-27-august-1991-r-moldova-isi-declara-independenta-fata-de-urss-etapa-spre-realizarea-unirii.html, (10.10.2021).

4 « Comunicat de presă comun al MAE al României și Ministerului Afacerilor Externe și Integrării Europene al Rep. Moldova. Aniversarea a 30 de ani de la stabilirea relațiilor diplomatice, la nivel de ambasadă, între România și Republica Moldova », https://www.mae.ro/node/56494, (10.10.2021).

(2001–2009), Nicolae Timofti (2012–2016), Igor Dodon (2016–2020) et Maia Sandu (2020- présent) et trois présidents intérimaires Mihai Ghimpu (2009–2010), Vladimir Filat (28–30 décembre 2010) et Marian Lupu (2010–2012)[5].

Politiquement troublée, à l'instar d'autres pays sortis du communisme, l'histoire de la Moldavie après 1991 trouve plusieurs points qui deviennent des jalons pour assumer une voie européenne[6]. L'axe du fonctionnement de l'Union européenne (UE) est de s'engager solidement à encourager les valeurs européennes (respect de la dignité humaine, liberté, démocratie, égalité, État de droit et respect des droits de l'homme, y compris ceux des minorités), la paix et le bien-être de ses peuples. Assurer un tel cadre civilisationnel n'est possible qu'en garantissant la liberté, la sécurité et une justice équitable, mais aussi en assurant un environnement socio-économique compétitif, équilibré et stable, qui permet un développement durable, encourageant le progrès technologique et scientifique. Lutter contre l'exclusion sociale et la discrimination, respecter la diversité culturelle et linguistique de ses peuples et créer une union économique et monétaire dont la monnaie est l'euro sont aussi des objectifs assumés par l'UE[7].

Un premier jalon qui montre la voie pro-européenne de la République de Moldavie a eu lieu trois ans après l'Independence. Ainsi, en 1994 a eu lieu la signature de l'Accord de partenariat et de coopération entre les Communautés européennes et la République de Moldavie[8], qui a marqué le début des relations pro-européennes. Ensuite, l'année 2009 a exprimé la volonté d'adhérer à l'Union Européenne. Elle devient une priorité publique et politique primordiale et la République de Moldavie depuis 2009 se déclare un État européen du point de vue géopolitique

---

5 « Preşedinţia Republicii Moldova », https://presedinte.md/rom/istorie, (10.10.2021).

6 E. Rusu, C. Cerevate, « The new Commission's stance on enlargement and Moldova's European ambitions » *Modelling the New Europe*, On-line Journal, n° 13, 2014, pp. 24–46.

7 « Objectifs et valeurs de l'Union européenne », https://europa.eu/european-union/about-eu/eu-in-brief_fr (10.10.2021).

8 « PROTOCOL la Acordul de parteneriat şi cooperare de instituire a unui parteneriat între Comunităţile Europene şi statele membre ale acestora, pe de o parte, şi Republica Moldova, pe de altă parte, referitor la un acord-cadru între Uniunea Europeană şi Republica Moldova privind principiile generale de participare a Republicii Moldova la programele Uniunii », https://eurlex.europa.eu/legal-content/RO/TXT/PDF/?uri=CELEX:22011A0119(01)&from=EN (10.10.2021).

et culturel-civilisationnel en signant le Partenariat oriental[9] avec l'Arménie, l'Azerbaïdjan, la Biélorussie, la Géorgie et l'Ukraine. En 2014, l'accord d'association et de libre-échange[10] a été signé, autorisant la responsabilité assumée par la République de Moldavie dans la réforme des politiques et des pratiques intérieures fondées sur la législation de l'UE. La Zone de libre-échange approfondi et complet fait partie intégrante de l'accord. Les tarifs auxquels les entreprises européennes sont confrontées lorsqu'elles exportent vers la Moldavie sont réduits et les procédures douanières deviennent plus efficaces. En outre, l'accord facilite davantage les échanges en rapprochant progressivement la législation, les règles et les procédures moldaves, y compris les normes, de celles de l'UE[11]. De cette manière, l'UE devient le partenaire commercial le plus important de la République de Moldavie. Pour les relations bilatérales roumaines-moldaves, en 2010, la « Déclaration sur l'établissement d'un partenariat stratégique entre la Roumanie et la République de Moldavie pour l'intégration européenne de la République de Moldavie » a été signée[12]. Le document relève la coopération dans trois paliers : politique, économique et culturel[13].

Un aspect important qui doit être clarifié dès le début de la recherche concerne la langue. Nous avons été confrontés à la traduction des discours du roumain en français, qui s'est avérée en quelque sorte problématique. En conséquence, nous avons choisi de recourir à une traduction mot-à-mot, afin que le texte en français reste très similaire au roumain. Pour notre recherche, nous utilisons la méthode qualitative matérialisée

---

9 « Partenariat oriental », https://www.consilium.europa.eu/fr/policies/eastern-partnership/ (10.10.2021).

10 Journal Officiel de l'UE, L 260, Vol. 57, 30.8.2014, https://eeas.europa.eu/archives/docs/moldova/pdf/eu-md_aa-dcfta_en.pdf (10.10.2021).

11 « EU-Moldova Deep and Comprehensive Free Trade Area », https://trade.ec.europa.eu/access-to-markets/en/content/eu-moldova-deep-and-comprehensive-free-trade-area (10.10.2021).

12 En roumain : Declaraţia privind instituirea unui parteneriat strategic între România şi Republica Moldova pentru integrarea europeană a Republicii Moldova: « Declaraţia privind instituirea unui parteneriat strategic între România şi Republica Moldova pentru integrarea europeană a Republicii Moldova », https://mfa.gov.md/img/docs/0001739.pdf (10.10.2021).

13 A.-G. Corpădean, « Romania and the Republic of Moldova. Common Assets and Challenges amid the Europe 2020 Agenda », *In* V. Naumescu, D. Dungaciu (dir.), *The European Union's Eastern Neighbourhood Today. Politics, Dynamics, Perspectives*, Cambridge Scholars, Londres, 2015, pp. 249–268.

dans l'analyse des textes, en s'appuyant sur des sources primaires. Nous nous tournerons vers les programmes politiques, les communiqués de presse et les discours tenus à différentes occasions.

Du point de vue des relations institutionnelles entre la Roumanie et la Moldavie, pendant la période que nous analysons, 2014–2019 – de la perspective du discours de Klaus Iohannis – la Moldavie a eu deux présidents, Nicolae Timofti (2012–2016) et Igor Dodon (2016–2020). Le premier a été un supporteur de la voie européenne de la Moldavie, tandis que le deuxième a manifesté une attitude pro-russe.

L'analyse du discours de Klaus Iohannis comporte deux étapes : la première se penche sur son programme électoral pour la présidence en 2014 et la deuxième est dédiée aux discours prononcés après avoir gagné la présidentielle de 2014. Ainsi, Klaus Iohannis, candidat à la présidence de Roumanie en 2014, a exprimé sa vision politique pour les cinq années suivantes dans le cadre du programme intitulé *România lucrului bine făcut- La Roumanie de la chose bien faite*[14]. Le but final de ce programme a été d'obtenir la légitimité de la part de l'électorat. Dans un programme électoral, l'auto-valorisation par la proposition des politiques intérieures ou extérieures détermine l'influence de l'électorat et l'espoir de gagner les élections. Subséquemment, Iohannis a structuré son programme autour de 11 grands thèmes de débat et de consensus national :

- L'éducation comme ressource de performance de la Roumanie ;
- Investir dans la santé – un investissement dans l'avenir ;
- L'économie libérale : compétitivité et prospérité ;
- La vision fiscale-budgétaire : repenser la relation entre État et citoyen ;
- L'agriculture performante et le développement du village roumain ;
- L'avenir du système de retraite ;
- L'infrastructure comme instrument d'européisation de la Roumanie ;
- La réforme des institutions politiques et administratives ;
- La régionalisation et la décentralisation comme outils de modernisation et de réduction des écarts ;

14 K. Iohannis, *România lucrului bine făcut*, https://www.presidency.ro/files/userfiles/Program-prezidential.pdf (10.10.2021).

- La démographie – un défi à long terme ;
- Le parcours européen de la République de Moldavie comme priorité nationale.

Le fait que le dernier chapitre est dédié aux relations de la Roumanie avec la République de Moldavie et, en plus, le fait que le soutien roumain pour la Moldavie est vu comme une priorité nationale, souligne l'importance que la Roumanie accorde à la Moldavie et son implication dans ce processus. Les sujets-clés dans la rhétorique de Klaus Iohannis dans le programme présidentiel font référence aux aspects culturels, politiques, institutionnels et sociétaux qui se sont développés ou peuvent se développer entre la Roumanie et la Moldavie. Tout d'abord, il identifie une liaison culturelle forte, indestructible, depuis des siècles, entre les deux pays :

> « La communion de la langue, de l'histoire, de la civilisation et de la culture rend la relation de la Roumanie avec la République de Moldavie un épisode unique au niveau européen. Indépendamment de la couleur politique du gouvernement de Bucarest, la Roumanie a une dette face aux citoyens d'outre Prut, dérivée précisément de cette relation spéciale »[15].

Grâce à cette liaison culturelle, offrir la citoyenneté roumaine est perçu par Iohannis comme une normalité : « Leur accorder la nationalité roumaine est la conséquence naturelle d'une telle supposition »[16]. Par conséquent, il considère qu'un effort collectif des présidents et des gouvernements pour favoriser le cadre européen de la Moldavie est un devoir de la classe politique roumaine : « Un partenariat stratégique pour amener la République de Moldavie dans l'espace européen est donc un impératif politique majeur. Tous les présidents et tous les gouvernements roumains ont insisté sur cet aspect, même si la mise en œuvre de ce desideratum eut différents degrés de succès »[17].

En matière de relations politiques étrangères, à son avis, le « conflit gelé » en Transnistrie ne doit pas influencer le parcours européen de la Moldavie : « (…) l'objectif de l'adhésion à l'UE ne doit pas être mis en balance avec le "dossier transnistrien" ou conditionné par celui-ci. La route européenne de la République de Moldavie est encore longue, sans

---

15 *Ibid.*

16 K. Iohannis, *România lucrului bine făcut, op. cit.*

17 *Ibid.*

garanties formelles d'adhésion à l'UE »[18]. En termes de politique étrangère, le rapport entre la Roumanie et la Moldavie est statué entre deux coordonnées qui ne sont pas en opposition : le soutien européen pour Chişinău et la réunification avec la Roumanie. La première est une certitude assumée par le président, le gouvernement et le parlement, tandis que la deuxième tient exclusivement de la volonté du peuple moldave :

> « Mettre "la réunification" contre "l'intégration" est faux et inutile. La "réunification" est l'alternative que seul Bucarest peut offrir et seul Chişinău peut accepter et en profiter. Si les citoyens de la République de Moldavie ne veulent pas la réunification, personne ne peut les forcer à la faire, et s'ils la veulent, personne ne peut les empêcher de la faire »[19].

Un autre aspect amené en discussion est la situation politique intérieure de la Roumanie. Selon Iohannis, les élections en Roumanie ne doivent pas influencer l'appui pour le parcours européen de la Moldavie : « La bataille politique intérieure ne doit pas empêcher les élites roumaines de penser à la relation avec la République de Moldavie, dans une perspective post ou non électorale, mais surtout si le chemin européen des voisins d'outre Prut ralentissait ou était bloqué »[20].

Au niveau de l'implication de la société, la Déclaration de Snagov, le premier projet de pays visionnaire et cohérent de la Roumanie assumé pour un parcours d'intégration dans l'UE et l'Organisation du traité de l'Atlantique nord (OTAN) a été un modèle de bonne pratique et il faut le reprendre dans le cas de la Moldavie : « Adopté dans un contexte international favorable, la Déclaration de Snagov a été, catégoriquement, le produit de la volonté politique bien équilibrée de la société roumaine dans son ensemble. Il y avait encore des tensions politiques et des animosités, mais le consensus a été atteint au nom de l'intérêt national »[21].

En 2014, Klaus Iohannis (Alliance Chrétienne-Libérale) a gagné les élections présidentielles[22] face à son adversaire Victor Ponta, dirigeant du

---

18 K. Iohannis, *România lucrului bine făcut*, *op. cit.*

19 *Ibid.*

20 K. Iohannis, *România lucrului bine făcut*, *op. cit.*

21 *Ibid.*

22 « Rezultate finale în diaspora. Iohannis, votat de 89,73 % dintre românii din străinătate; Ponta a câştigat doar în Palestina », https://stirileprotv.ro/stiri/alegeri-prezidentiale-2014/rezultate-finale-in-diaspora-iohannis-votat-de-89-73-dintre-romanii-din-strainatate-ponta-a-castigat-doar-in-palestina.html (10.10.2021). Un

Parti Social-Démocrate, avec 54,43 % des voix. La première visite officielle en tant que président élu a été faite en Moldavie[23], en novembre 2014, pendant laquelle il a réitéré son soutien promis dans la campagne électorale pour la Moldavie :

> « Les citoyens de la République de Moldavie n'ont plus besoin de visa lorsqu'ils souhaitent se rendre dans l'espace Schengen. Il s'agit d'étapes extrêmement importantes dans le contexte de l'intégration plénière de la République de Moldavie dans l'UE. (...) En tant que président élu, je vous promets que la Roumanie protégera l'intégrité territoriale et les intérêts économiques de la République de Moldavie »[24].

En février 2015, pendant la visite à l'Université d'État de Moldavie, Klaus Iohannis a tenu un discours, en fait une occasion pour renforcer les mêmes sujets-clés mentionnés dans son programme présidentiel. Ainsi, la relation avec la Roumanie est un soutien important pour le processus d'adhésion : « La Moldavie a une grande chance que nous n'avions pas au moment de l'adhésion. Cette chance s'appelle la Roumanie, membre à part entière de l'Union européenne, aujourd'hui le plus formidable soutien de la République de Moldavie dans le processus d'intégration »[25]. La Roumanie, en tant que *big brother*, aidera la Moldavie avec l'expertise qu'elle a acquise lors du processus d'adhésion. La solidarité est le concept autour duquel le président considère que les bonnes relations entre les deux pays peuvent se construire :

---

grand nombre de Roumains – 35 543 – se sont rendus aux urnes le 16 novembre en République de Moldova. Parmi ceux-ci, 27 933 (78,58 %) ont voté avec Klaus Iohannis et 7 610 (21,41 %) avec Victor Ponta.

23 V. Călugăreanu, « Klaus Iohannis a încurajat moldovenii să aleagă, duminică, viitorul european », 28.11.2014, https://www.dw.com/ro/klaus-iohannis-a-%C3%AEncurajat-moldovenii-s%C4%83-aleag%C4%83-duminic%C4%83-viitorul-european/a-18099818, (10.10.2021).

24 « Klaus Iohannis, în vizită la Vlad Filat: Aderarea la UE a Republicii Moldova este un proiect național al României, îmi doresc mult ca acest lucru să se intâmple în mandatul meu / Vă promit că România va proteja integritatea teritorială a Republicii Moldova », 28.11.2014, https://www.hotnews.ro/stiri-esential-18688288-livetext-video-klaus-iohannis-vlad-filat-conferinta-presa-comuna-chisinau.htm (10.10.2014).

25 « Discursul Președintelui României, domnul Klaus Iohannis, la Universitatea de Stat din Moldova », 25.2.2015, https://www.presidency.ro/ro/media/politica-externa/discursul-presedintelui-romaniei-domnul-klaus-iohannis-la-universitatea-de-stat-din-moldova (10.10.2021).

« L'un des grands défis des années à venir est de mener à bien les réformes démocratiques engagées dans votre pays. Il n'y a pas d'autre chemin vers la prospérité et la sécurité que de poursuivre cet effort soutenu. Une fois de plus, la solidarité roumaine se manifestera par le partage de l'expérience que la Roumanie a acquise »[26].

La solidarité a été, selon Iohannis, la caractéristique la plus importante dans le domaine économique qui a consolidé une coopération désirable de chaque côté :

« Nos gouvernements ont pris des mesures importantes pour rapprocher les deux États dans des domaines concrets, et à l'avenir cette collaboration sera encore plus intense. De l'éducation aux infrastructures, nous avons renforcé notre coopération et nous avons montré à nos concitoyens, mais aussi à l'Europe, que la solidarité signifie avant tout mettre en valeur l'identité à travers des projets spécifiques, durables et notamment pragmatiques »[27].

Le message final est optimiste, de confiance et de réaffirmation de l'appui roumain dans le processus d'adhésion :

« Je veux vous assurer que la Roumanie vous soutiendra dans tout cet effort d'européisation. Je suis convaincu que, dans un délai raisonnable, le Prut ne restera qu'une frontière géographique et la République de Moldavie sera un membre sérieux et important de l'Union Européenne. Ainsi, la porte de l'Europe franchira un pas de plus, comme elle l'a fait en 2013, 2007 ou 2004 »[28].

En outre, le président roumain a eu une conférence commune avec le président moldave, Nicolae Timofte, un jour avant, renforçant les mêmes idées.[29] En 2015, à l'occasion de la fête de l'indépendance de la République de Moldavie, le message de Klaus Iohannis s'inscrit dans le même registre de soutien de la partie roumaine :

---

26 *Ibid.*

27 « Discursul Preşedintelui României, domnul Klaus Iohannis, la Universitatea de Stat din Moldova », 25.2.2015, *op. cit.*

28 *Ibid.*

29 « Declaraţia de presă comună a Preşedintelui României, domnul Klaus Iohannis, şi a Preşedintelui Republicii Moldova, domnul Nicolae Timofti », 24.2.2015, https://www.presidency.ro/ro/media/politica-externa/declaratia-de-presa-comuna-a-presedintelui-romaniei-domnul-klaus-iohannis-si-a-presedintelui-republicii-moldova-domnul-nicolae-timofti (10.10.2021).

> « 24 ans après son instauration en tant qu'État souverain et indépendant, la République de Moldavie doit suivre son destin en poursuivant le processus de démocratisation au sein de l'Union Européenne. Je profite de cette occasion de fête pour réitérer l'engagement que nous avons pris pour le soutien que la Roumanie apporte à la République de Moldavie dans le processus absolument nécessaire d'adhésion aux structures de l'Union Européenne et nous resterons les mêmes partisans dévoués et déterminés dans la réalisation de cet objectif »[30].

Au cours d'un débat public sur le thème « Dialogue pour la Roumanie. Le ressort politique de la société civile » en 2016, le président a répété son idée en ce qui concerne la réunification avec la Moldavie. Selon lui, la question se pose dans d'autres paramètres : tout d'abord, la Moldavie doit consolider sa voie pro-européenne et après on peut s'interroger sur l'unification, lorsque la situation politique est stable. Le manque de patience dans la politique est un aspect définitoire qui conduit à des problèmes et à des fautes :

> « Nous devons voir les choses dans un ordre raisonnable. Il y a deux enjeux vitaux pour la Moldavie : la consolidation de la voie pro-européenne et la question de l'Union, revendiquée par certains. Je suis convaincu qu'à ce stade, maintenant, nous devons aider la Moldavie à renforcer sa voie pro-européenne, à surmonter la crise politique. La route vers l'Europe doit être renforcée, la situation en Moldavie doit se stabiliser. La prochaine étape est l'intégration européenne. Et l'autre question, l'Union, peut être discutée lorsque les choses sont stables des deux côtés du Prut »[31].

Le sujet de l'union est revenu sur l'agenda des journalistes à l'occasion de la participation de Klaus Iohannis au Sommet du Partenariat oriental à Bruxelles, en 2017. Il exclut que la Moldavie soit intégrée dans l'UE par une possible union avec la Roumanie. Bien que la Moldavie ait fait des reformes et que l'évolution semble positive, le parcours est encore long :

---

30 « Mesajul Preşedintelui României, domnul Klaus Iohannis, cu prilejul Zilei Independenţei Republicii Moldova », 27.8.2015, https://www.presidency.ro/ro/media/politica-externa/mesajul-presedintelui-romaniei-domnul-klaus-iohannis-cu-prilejul-zilei-independentei-republicii-moldova (10.10.2021).

31 « Klaus Iohannis, la dezbaterea publică « Dialog pentru România. Primavara politică a societăţii civile »: Alegerile în două tururi, mai potrivite, dar trebuie să judecăm foarte bine înainte de a schimba legea », 17.2.2016, http://www.hotnews.ro/stiri-politic-20802491-live-text-klaus-iohannis-dezbaterea-publica-dialog-pentru-romania-primavara-politica-societatii-civile-organizata-initiativa-romania.htm (10.10.2021).

> « Je ne pense pas que nous puissions aborder la question de manière indirecte. La Moldavie est clairement engagée sur la voie européenne et, pour le moment, de l'accord d'association, et tout le droit dérivé qui s'y rattache, entre temps, est perfectionné, mais tout cela doit être mis en œuvre et le parcours de la Moldavie doit être renforcé. Ensuite, la Moldavie doit décider si elle veut ou non s'engager sur une voie qui mène à l'Union Européenne. Un raccourci via l'union avec la Roumanie, je pense, n'est pas une voie très réaliste en ce moment »[32].

Un épisode perçu par la presse comme ne pas avoir été dans le registre auquel le président a habitué les journalistes s'est passé en 2018. Il s'agit du centenaire de l'union de la Bessarabie avec la Roumanie. Klaus Iohannis n'a pas participé aux manifestations dédiées à ce moment. Interrogé par la presse, il a considéré que les faits concrets, et non pas les paroles, sont importants : « Je crois que nous devons les aider, être avec eux pendant leur voyage européen, et faire des choses concrètes qui atteignent le citoyen moldave. Et je pense que c'est moins important d'avoir des discours grandiloquents sur un ton populiste-électoraliste, parce que ceux-là ne les aident et ne nous aident »[33].

Toutefois, il a envoyé un message pour le peuple moldave, synthétisant l'importance de l'année 1918 pour les deux pays, tout en rendant un grand hommage à ceux qui ont fait possible l'Union et en soulignant le projet commun des deux pays, c'est à dire le parcours européen de la Moldavie :

> « Actuellement, notre parcours de convergence s'appelle le parcours européen de la République de Moldavie, pour la réussite duquel notre pays apporte un soutien cohérent et permanent, diplomatique, financier et technique. Mais la Roumanie a aussi le devoir d'être pour la République de Moldavie, à l'avenir, un exemple de nation engagée dans le projet européen, un modèle d'économie compétitive, d'une société qui sait valoriser et capitaliser son

---

[32] « Declaraţiile de presă ale Preşedintelui României, domnul Klaus Iohannis, susţinute cu prilejul participării la Summitul Parteneriatului Estic (Bruxelles, Regatul Belgiei) », 24.11.2017, https://www.presidency.ro/ro/media/politica-externa/declaratiile-de-presa-ale-presedintelui-romaniei-domnul-klaus-iohannis-sustinute-cu-prilejul-participarii-la-summitul-parteneriatului-estic-bruxelles-regatul-belgiei (10.10.2021).

[33] I. Ardelean, « Cum explică Iohannis lipsa din Parlament la 100 de ani de la Unirea cu Basarabia », 28.3.2018, https://www.mediafax.ro/politic/cum-explica-iohannis-lipsa-din-parlament-la-100-de-ani-de-la-unirea-cu-basarabia-discursurile-populist-electoraliste-nu-ajuta-nici-republica-moldova-nici-romania-17104035 (10.10.2021).

potentiel humain. Dans ce projet, je suis convaincu que nous pouvons nous hisser à la hauteur des événements que nous célébrons aujourd'hui ! »[34].

L'année 2019 a été difficile pour la situation politique intérieure de la Moldavie. À la suite des élections parlementaires du 24 février, aucun parti politique n'a réussi à former une majorité et à donner un gouvernement. Après de longues négociations et des compromis politiques, Maia Sandu devient Premier ministre de la Moldavie, le 8 juin. Le 12 juin, le président Iohannis adresse une lettre au Président du Conseil européen et au Président de la Commission européenne[35] sur la situation de la République de Moldavie. Le chef d'État déclare que la République de Moldavie est confrontée à une grave crise constitutionnelle et politique, qui fait peser des risques sur sa stabilité :

> « Je crois fermement que l'Union Européenne dans son ensemble, conformément à ses engagements envers la République de Moldavie à travers la politique européenne de voisinage, ainsi qu'à travers la stratégie globale de l'Union Européenne, doit être à la hauteur des attentes des citoyens de la République de Moldavie, la majorité ayant exprimé leur soutien à l'agenda européen de leur pays, comme il a été confirmé lors des élections législatives de février 2019 »[36].

Klaus Iohannis a fait appel à l'identification, avec les États membres de l'UE, d'actions concrètes pour mettre fin à la situation à travers une solution négociée en République de Moldavie, basée sur les valeurs et les principes de l'UE.

Si le parcours de la Moldavie est pro-européen, la Roumanie montrera son appui pour qu'il soit mené à bien : « La Roumanie est prête à soutenir ces efforts, en pleine conformité avec notre objectif stratégique,

---

34 « Mesajul Președintelui României, domnul Klaus Iohannis, transmis cu prilejul aniversării unui secol de la unirea Basarabiei cu România », 27.3.2018, https://www.presidency.ro/ro/media/mesaje/mesajul-presedintelui-romaniei-domnul-klaus-iohannis-transmis-cu-prilejul-aniversarii-unui-secol-de-la-unirea-basarabiei-cu-romania (10.10.2021).

35 « Scrisoare transmisă Președintelui Consiliului European și Președintelui Comisiei Europene privind situația din Republica Moldova », 12.6.2019, https://www.presidency.ro/ro/media/politica-externa/scrisoare-transmisa-presedintelui-consiliului-european-si-presedintelui-comisiei-europene-privind-situatia-din-republica-moldova (10.10.2021).

36 *Ibid.*

qui est aussi l'objectif de l'Union européenne, celui de soutenir la voie européenne de la République de Moldavie »[37].

Cependant, le mandat du gouvernement moldave a été de courte durée, juin – novembre 2019. Ainsi, le 14 novembre, le gouvernement pro-européen dirigé par Maia Sandu a été démis de ses fonctions par le Parlement de Chişinău, suite à la motion de censure initiée par la faction socialiste. Le président Klaus Iohannis est intervenu, de nouveau, de manière déclarative dans cette nouvelle situation à laquelle se confrontait la République de Moldavie, par un communiqué de presse. Tout d'abord, il a condamné la motion de censure du Parti des Socialistes, soulignant le mal fait contre la Moldavie et ses citoyens : « L'initiative initiée par le Parti des Socialistes de la République de Moldavie (PSRM) pour destituer le gouvernement de Maia Sandu, à un moment clé pour la réforme de la magistrature, est dirigée contre les intérêts à moyen et à long terme de la République de Moldavie et de ses citoyens »[38].

D'autre part, Iohannis a salué les initiatives positives du gouvernement dirigé par Maia Sandu, notamment en raison des réformes qu'il avait réussi à entreprendre en peu de temps, devenant un nouveau partenaire de dialogue pour les dirigeants européens :

> « Au cours des cinq mois qui ont suivi son entrée en fonction, le gouvernement dirigé par Maia Sandu a fait des progrès significatifs dans la mise en œuvre des réformes nécessaires pour se rapprocher de l'Union européenne, afin de promouvoir les valeurs de la démocratie et de l'État de droit, la lutte contre la corruption et l'indépendance de la justice, les réformes économiques et sociales visant à assurer l'augmentation du niveau de prospérité et de sécurité des citoyens de la République de Moldavie »[39].

Selon lui, le gouvernement de Maia Sandu s'est rapidement rapproché des valeurs de l'UE : « Dans le même temps, le gouvernement de Maia Sandu est parvenu à restaurer la confiance des partenaires dans le développement, notamment l'UE, prémisse indispensable à la reprise

---

37 *Ibid.*

38 « Declaraţie de presă a Preşedintelui României, domnul Klaus Iohannis, privind situaţia din Republica Moldova », 12.11.2019, https://www.presidency.ro/ro/media/politica-externa/declaratie-de-presa-a-presedintelui-romaniei-domnul-klaus-iohannis-privind-situatia-din-republica-moldova (10.10.2021).

39 *Ibid.*

du soutien politique et financier international à la République de Moldavie »[40].

Tout au long de ce processus de réforme, la Roumanie a pleinement soutenu les efforts du gouvernement moldave : « La Roumanie a fortement exprimé son soutien aux efforts du gouvernement de Chișinău, étant donné l'engagement clair et déterminé de la coalition gouvernementale pour le parcours européen et pour l'avancement du partenariat stratégique bilatéral visant l'intégration européenne de la République de Moldavie »[41]. Le président a exprimé les préoccupations de la Roumanie à la veille de la motion de censure, en soulignant l'importance du parcours pro-européen commencé par le gouvernement :

> « Dans la perspective de la motion de censure, la Roumanie a lancé un appel direct fort et à plusieurs voies aux forces politiques de Chișinău pour qu'elles rendent des comptes et sortent de l'impasse politique, encourageant l'identification d'une solution pour assurer la stabilité, poursuivre la réforme de la justice et permettre au gouvernement de maintenir le parcours européen »[42].

Le message final est de conditionnement, comprenant le manque de soutien financier de la Roumanie si le cours de la Moldavie n'est pas pro-européen :

> « Dans le contexte actuel, le soutien de la Roumanie, y compris financier, continuera à poursuivre en priorité les intérêts des citoyens de la République de Moldavie, la réalisation de projets bilatéraux stratégiques et sera strictement conditionné par la poursuite des réformes essentielles pour le développement démocratique de la République de Moldavie »[43].

Pour son deuxième mandat à Cotroceni, le président Iohannis a présenté son programme électoral intitulé *Împreună pentru România normală* (Tous ensemble pour la Roumanie normale[44]. Cette fois, le programme a été structuré en 10 thèmes de débat :

---

[40] « Declarație de presă a Președintelui României, domnul Klaus Iohannis, privind situația din Republica Moldova », 12 11 2019, *op. cit.*

[41] *Ibid.*

[42] « Declarație de presă a Președintelui României, domnul Klaus Iohannis, privind situația din Republica Moldova », 12.11.2019, *op. cit.*

[43] *Ibid.*

[44] Klaus Iohannis, *Împreună pentru România normală*, Program electoral, 2019, https://www.presidency.ro/files/userfiles/Program_prezidenial_Romania_Normal_2019.pdf (10.10.2021).

- La fondation sur laquelle se bâtit la Roumanie normale ;
- L'État au service du citoyen – reconstituer la confiance dans les institutions ;

  La Roumanie de droit – garantir l'État de droit ;
- La Roumanie durable – favoriser l'éducation, la santé et la solidarité sociale ;
- La Roumanie prospère et prévisible – consolider l'entrepreneuriat roumain ;
- La Roumanie concurrentielle – combler les lacunes par des stratégies et des politiques intelligentes ;
- La Roumanie connectée – en développant l'infrastructure et la numérisation ;
- La Roumanie européenne – augmenter les bénéfices de l'intégration européenne ;
- La Roumanie forte – promouvoir des partenariats durables ;
- Bâtir ensemble la Roumanie normale.

La République de Moldavie n'apparaît plus comme sujet de débat séparé, à la différence du programme de 2014. Elle a été englobée dans la politique de voisinage avec l'Ukraine et la Géorgie, les trois États qui ont signé des accords programmatiques et stratégiques avec l'UE : « Je favoriserai une approche stratégique et ambitieuse dans la région et je soutiendrai fermement le parcours européen de la République de Moldavie, de l'Ukraine et de la Géorgie, les trois États qui ont signé des accords d'association et de libre-échange avec l'UE »[45]. En 2019, Klaus Iohannis a gagné les élections présidentielles face à son adversaire Viorica Dăncilă, candidat du Parti Social-Démocrate, avec 66,09 % des voix[46].

Conformément au Ministère des affaires étrangères, entre 2015 et 2019, la Roumanie a fourni une aide publique au développement de la République de Moldavie pour un montant total d'environ 130 millions d'euros, dont la plus grande partie a été consacrée au domaine de l'éducation par le biais de bourses, de cours et de sessions de formation au profit des jeunes. Les autres domaines financés par les institutions publiques de Roumanie à travers des projets bilatéraux, des visites d'étude et des

---

45 *Ibid.*

46 « Alegeri prezidenţiale 2019, turul 2 », https://prezenta.bec.ro/prezidentiale24112019/romania-pv-final (10.10.2021).

échanges d'expériences ont été principalement la bonne gouvernance, la lutte contre la corruption et la promotion d'une société écologique et durable[47].

La République de Moldavie, une fois qu'elle a obtenu l'indépendance face à l'Union soviétique, a dû choisir en matière de relations internationales entre les deux voies : une voie pro-européenne et l'autre pro-russe. Bien que les déclarations des facteurs politiques aient été sur la voie pro-européenne, la mentalité de ses citoyens, les influences des partis pro-russes, la corruption et le manque de transparence des institutions nationales ont fait que ce processus d'adhésion est devenu extrêmement difficile. Avec tous ces freins intérieurs ou extérieurs, la Moldavie a signé les documents programmatiques et stratégiques (des accords d'association et de libre-échange avec l'UE) pour faciliter son adhésion et s'est conformée aux procédures de ces documents en fonction des opinions politiques du premier ministre ou du président. Ainsi, depuis presque 30 ans la Moldavie fait des efforts et tente de reformer ses secteurs : le politique, l'économique, le social, le culturel et l'institutionnel. En plus, le but de ces reformes est d'essayer de se conformer aux normes, principes, objectifs et valeurs européens. La Roumanie, tout au long de cette période, est devenue le principal partenaire commercial et un allié politique influent de la République de Moldavie.

Candidat et ultérieurement président, Klaus Iohannis s'est avéré un supporteur très impliqué dans ce processus. Partisan actif et loyal de Chișinău au sein de l'UE, dans son premier programme politique, celui de 2014, il a dédié un chapitre entier à la République de Moldavie, en transformant le parcours européen souhaité de la République de Moldavie en priorité nationale. L'analyse du discours électoral nous a permis d'en identifier le thème principal : la liaison culturelle depuis des siècles, grâce à l'histoire commune. Cette liaison doit être maintenue et la Roumanie doit rester le partenaire de confiance. Les idées de ce programme électoral ont eu un objectif performatif, c'est-à-dire le désir d'influencer l'opinion publique pour gagner les élections. La bipolarité roumaine-moldave a été en permanence invoquée. Malheureusement, la Déclaration de Snagov, la promesse faite en campagne électorale, n'a pas été mise en pratique.

---

47 « Asistența pentru dezvoltare acordată Republicii Moldova în perioada 2015–2019 », https://www.mae.ro/node/1677 (10.10.2021).

Les interventions officielles de la part du président élu Klaus Iohannis s'avèrent être dans la même typologie. On y a trouvé des éléments de continuité. La Roumanie soutient les efforts de la Moldavie pour s'inscrire sur le chemin pro-européen. Cependant, la réunification n'entre pas dans les intentions de la Roumanie. Nous avons remarqué l'utilisation d'un langage émotionnel car les relations moldaves-roumaines sont perçues dans une perspective historique, culturelle, politique, économique et sociale, qui abonde en exemples d'une réalité passée ou présente.

La Roumanie entre les deux guerres mondiales. Le début du processus de modernisation et d'européanisation de l'économie

Nicolae Păun

La vie économique de l'ère moderne a l'attribut de l'innovation, de la transformation et du développement. Depuis le XVIIe siècle, le creuset dans lequel le monde moderne s'est plié, la dynamique économique ne peut plus s'expliquer par elle-même, mais en corrélation avec les autres segments de la société – politiques, sociaux, culturels. La pensée économique et socio-politique a également tracé des surfaces de contact, pas toujours continues, entre les sphères impliquées dans le « jeu » de la société moderne. L'une de ces surfaces donne de l'identité à la relation entre l'économique et le politique. La relation état-économie-société s'est structurée, s'est développé et s'est continuellement positionnée au sein du paradigme libéralisme-interventionnisme, qui a d'ailleurs marqué la modernité.

Les analyses roumaines du XXe siècle sur ces relations ne sont pas différentes des analyses européennes. Des solutions de modernisation et de développement communautaire ont été avancées dans la société ; les intellectuels humanistes, expérimentateurs, économistes, juristes, etc. ont pris des idées, des solutions, des théories non seulement en tant que bénéficiaires, mais assez souvent en tant que contributeurs estimés au niveau européen. Eugen Lovinescu, Mihail Manoilescu, Dimitrie Drăghicescu, Virgil Madgearu, Victor Slăvescu, Mitiță Constantinescu etc. ont généré à l'intérieur de la société roumaine l'émulation et le soutien nécessaires pour encadrer le pays dans le modèle de développement occidental. Les politiciens se sont aussi impliqués dans le débat sur les idées modernes et inclusives et les ont traduites en programmes ou en action politique.

Les lignes d'évolution après 1918, dans la pensée et la pratique économiques et politiques de notre pays, ont tenu compte à la fois des réalités auxquelles le modèle occidental était confronté et de la complexité du bilan économique auquel ils étaient appelés à répondre. À la base des articulations du complexe économique roumain, la législation et les instruments d'intervention de l'État ont été positionnés. La réponse de l'économie s'est matérialisée en faits et en processus, inscrits à des moments différents dans les bilans de la société. Ils surprennent par leur ampleur, leur évolution, leur développement et l'européanisation de nos facteurs économiques. Par ailleurs, par la Constitution de 1923, l'option du renouvèlement et de la modernisation constituait un élément de fermeté et de cohérence assumé par les principaux partis politiques dans l'acte de gouvernance. C'est ainsi que la Roumanie a réussi à maintenir la démocratie parlementaire, malgré les fortes ingérences des zones d'autoritarisme du pays ou de ses influences extérieures. L'économie de type occidental a rejeté l'étatisme, tout comme l'État et ses institutions ont refusé le totalitarisme, même si pas toujours de manière convaincante.

Les résultats du développement et de la modernisation de la vie économique après 1918, fondés sur une stratégie de développement cohérente et assumée par les forces progressistes de la société, ont été positifs, même si, quantitativement et qualitativement, ils sont restés modestes. N'oublions pas qu'en 1939, la Roumanie se situait encore par les principaux paramètres à des places modestes dans les classements européens. La production et la consommation des produits de base étaient dépassées par de nombreux États du continent.

Les données mettent en évidence, comme caractéristique fondamentale de l'économie roumaine, un faible degré d'exploitation du potentiel humain et des ressources matérielles, un faible niveau technique de l'appareil de production national. Dans le système de complémentarité des relations économiques extérieures, la Roumanie occupait la position de source de matières premières et, en partie, de débouché industriel, de placement de capitaux extérieurs. Dans l'agriculture, une réforme agraire profonde (1921), un système de fermes-modèles, avec, pour les paysans, la suppression de la grande propriété, ont transformé le village roumain. Grâce à une croissance démographique exceptionnelle, d'environ quatre millions en 20 ans, l'accès à la vie politique, grâce au suffrage universel, par le Parti National Paysan [Partidul Național Țărănesc], par l'éducation (conséquence des réformes de Spiru Haret à la fin du XIXe siècle), il s'est recréé et transformé dans le lieu social le plus dynamique de la société.

Le niveau économique atteint, avec les limites susmentionnées, a permis à la Roumanie de se comparer aux États d'Europe centrale et de se positionner par rapport aux indicateurs les plus avancés – industrie de la machine minière et pétrolière, énergie, tracteurs, camions, aéronautiques, instruments de contrôle et de bord, industrie de l'armement et, dans l'agriculture, par une exportation importante de produits céréaliers, de blé, de maïs, de plantes oléagineuses et de matériel forestier.

Entre liberalisme et interventionnisme : la modernité roumaine

Dans notre pays, la réflexion sur la vie économique s'est cristallisée lentement. Des influences sporadiques de la doctrine libérale se trouvent dans les écrits de Nicolae Şuţu[1]. Ion Ghica, perçu comme le premier économiste roumain, est le précurseur d'une première conception claire pour ses contemporains[2].

Par la leçon sur l'importance de l'économie politique tenue en 1843 à l'Academia Mihăileană, Ghica a façonné, à partir de la doctrine classique, la partie qui était non seulement la plus susceptible de populariser, mais aussi apte à défendre les intérêts de l'exportation libre et adaptée à l'objectif de lier les intérêts et les idées entre une nouvelle Roumanie et l'Occident exportateur de produits manufacturés. Pendant les années d'organisation de l'État moderne, Ghica a apporté aussi sa contribution au chapitre économique du message du souverain Alexandre Ioan Cuza (1859), en se référant directement à la liberté économique officiellement consacrée et reçue avec satisfaction par les membres de la Société d'économie politique de la France et de la Belgique[3]. Ion Ghica écrivait sur le rôle économique de l'État que, « en matière d'échanges, comme dans la manière de diriger tous les autres intérêts sociaux, il serait souhaitable que le gouvernement concentre son action uniquement sur le maintien

[1] I. Veverca, N*icolae Şuţu: Viaţa, activitatea şi opera întâiului economist ideolog din România, 1798–1871,* 1936.

[2] I. Ghica, *Scrieri economice,* Édition soignée et commentée par I. Veverca, vol. 1–3, 1937.

[3] C. Murgescu, *Mersul ideilor economice la români*, vol. I, 1987, p. 52. ; E. Regnault, *L'hisioire politique et sociale des Principautés danubiennes*, 1855, pp. 13–18.

de l'ordre public, l'arrêt des personnes intéressées à opprimer les faibles et à prendre soin de la santé générale »[4].

La conception de non-interventionnisme se retrouve également chez d'autres économistes roumains d'influence libérale, comme Ion Ionescu de la Brad et Ion Strat, rapporteur de la future convention commerciale avec l'Autriche-Hongrie. Quel que soit le moment qu'ils considéraient comme le point de départ de la modernisation de la Roumanie (le Mouvement des charrettes pour E. Lovinescu ou le traité d'Adrianopole pour V. Madgearu ou Șt. Zeletin), une chose peut être affirmée avec certitude : les principaux courants de l'entre-deux-guerres ont leur héritage au début du XIXe siècle, lorsque la Roumanie entrait sur les routes commerciales de la modernité et du capitalisme. Une fois sur ces routes du commerce international, on observe une prise de contrôle et une assimilation des théories dominantes en Occident par des générations d'étudiants roumains de l'époque. En outre, parce que, sur la base des relations d'affaires, ces pays exportaient vers la Roumanie leur culture et leur civilisation, notamment par l'intermédiaire des étudiants roumains. C'est ainsi créée, après 1829, la première génération d'intellectuels roumains ayant fait des études à l'étranger : – Brătianu, Rosseti, Quinet, Kogălniceanu – tous anciens étudiants à Paris, partisans de premier plan, en Roumanie, de l'idéologie révolutionnaire depuis 1789. La révolution de 1848 sera leur moment d'expression, mettant sur le papier peint politique roumain les conceptions rousseauistes et rationalistes françaises, qui offraient comme solution à l'évolution d'un État la révolution sociale. À cette époque, le mouvement révolutionnaire favorable aux renouvellements de fond du pays est né en Roumanie. Toutes ces données amènent E. Lovinescu à affirmer dans le chapitre consacré aux forces révolutionnaires de l'histoire de la civilisation roumaine moderne que : « Le mouvement de 1848 représente précisément le geste historique par lequel notre processus de formation a été imprimé une direction révolutionnaire, la seule sociologique possible aux peuples empêchés de leur démarche évolutive »[5]. Sur la filière idéologique française née du philosophe René Descartes, fondateur du rationalisme, se dessine en Roumanie la moitié du XIXe siècle, courant révolutionnaire accélérateur du renouvèlement. Transposé principalement dans les théories du nouveau Parti libéral, ce

---

4 I. Ghica, *Scrieri economice, op. cit.*, p. 20.

5 E. Lovinescu; *Istoria civilizației române moderne,* Vol. 1–3, Ancora, București, 1924–25, p. 113.

courant trouvera également de fortes réverbérations dans l'entre-deux-guerres dans les différentes solutions de renouveler le pays.

Le deuxième grand courant du XIXe siècle en Roumanie est le courant réactionnaire. Tout en respectant pleinement son explication, il se plie parfaitement au deuxième moment économique de la Roumanie, celui d'après 1875, lorsque le pays sort de sous l'hégémonie économique anglo-française et tombe sous l'hégémonie germano-austrique, comme l'affirme Şt. Zeletin. Au cours de la neuvième décennie du XIXe siècle, la bourgeoisie roumaine s'éloigne du capitalisme anglais et se rapproche du capitalisme allemand : « et avec cela, Berlin-Vienne héritera aussi sur le terrain politique du rôle que Paris-Londres avait auparavant »[6]. À partir de maintenant, la mode des études se déplace de Paris à Berlin, défendant ainsi la génération des critiques des « formes sans fond » de la Roumanie. Présent principalement en Moldavie, représenté par le mouvement « Junimea » présidé par Titu Maiorescu, le courant réactionnaire s'est structuré sur la filiation de la philosophie allemande de l'évolutionnisme. Avec en tant que représentants de Spengler et Burckle, la théorie de l'évolution prévoyait que le progrès normal d'une société était son évolution naturelle d'une étape à l'autre, basée sur le donné ancestral et la tradition nationale. Toute une pléiade d'artistes, poètes, écrivains, politiciens, boyards se replient sur ce courant, donnant lieu à quelques hypostases : le poporanisme,à travers G. Ibrăileanu et H. Sanielevici, soutenus par la revue littéraire-culturelle La vie roumaine [Viaţa românească]; sămărătonism,avec Nicolas Iorga à l'avant-garde du mouvement assis autour de la revue Sămănătorul ; le junimisme, apparu en 1864, représenté par Titu Maiorescu et P.P. Carp et M. Eminescu, Ion Creangă et I.L. Caragiale et d'autres. Tous ces promoteurs d'idéologies ou de culture ont défendu l'évolutionnisme et se sont opposés, critiquant toutes les formes modernes de culture et de civilisation apportées de l'Occident. En ce sens, non sans esprit de révolte, Lovinescu affirmait que : « Tous les courants organisés, qui ont mis en place notre vie spirituelle dans la seconde moitié de l'âge passé, et presque toutes les consciences critiques, individuelles et sans distinction régionale se sont montrés opposés au groupe révolutionnaire de notre société et de notre culture »[7].

---

6 Voir St. Zeletin, *Neoliberalismul*, Bucureşti; 1927.

7 *Ibid.*, p. 186.

« Compte tenu des quelques arguments d'une Roumanie qui a subordonné sa stratégie de développement économique à l'objectif majeur de l'époque, l'indépendance, le libéralisme économique signifiait en fait adhérer à la condition historique de la réalisation de l'individualité et de l'indépendance politique et économique de notre nation »[8]. Une école nationale d'économie était en cours d'élaboration pour renforcer les revendications radicales passées dans la structure de l'État roumain moderne. Si Nicolae Suțu, P. Mavrogheni, I. Ghica avaient pensé à l'utilité d'un commerce dans la variante libre-échange, si D.P. Marțian n'insistait pas, à son tour, sur les possibilités de traiter nous-mêmes notre matière première, P.S. Aurelian a fait « de la prédication de cette doctrine le but principal de sa vie »[9]. Il a constaté que les décideurs de l'État n'avaient pas à l'époque un programme prospectif étayé par un « plan d'amélioration économique dont le pays a besoin[10] ».

L'historiographie roumaine, ancienne et récente, analysant le segment de la pensée économique de la seconde moitié du siècle dernier, a correctement compris que le différend entre le libre-échange et le protectionnisme s'était accentué après 1875, le moment de la Convention commerciale avec l'Autriche-Hongrie. Les relations commerciales entre la Transylvanie et l'Ancien Royaume ont été pratiquement interrompues par la guerre douanière menée entre 1887 et 1894. Le conflit a éclaté précisément à une époque où l'Europe passait de la petite industrie artisanale à la grande industrie, ce qui a empêché la Transylvanie de rattraper l'écart important qui la séparait de l'industrie d'Europe occidentale, d'autant plus qu'elle, entre les mains d'Allemands ethniques (ou/et souabes), était entrée sur les routes de la révolution industrielle et bénéficiait de débouchés allemands dans l'Ancien Royaume.

La Roumanie entière après 1918 est devenue pour les Allemands ethniques « un nouveau territoire économique », constitué *de jure* maintenant, parce qu'il avait produit *de facto* des effets positifs. L'économiste Fred Sigerus attribuait à la Transylvanie le rôle central de l'industrie, ses arguments étant l'existence d'entreprises de village, les ressources

---

8 E. Demetrescu, I*nfluența școlii economice liberale în România în veacul al XIX-lea*, 1936, pp. 180–181. ; *Enciclopedia României*, vol. III, 1939, pp. 236–240. ; G. Zane, S*tudii*, 1980, p. 155.

9 P. S. Aurelian, *Opere economice*, 1970, p. 78.

10 C. Murgescu, U*n economist reprezentativ al secolului său*, *P.S. Aurelian*, étude introductive à P.S. Aurelian, *Opere economice*, Ed. Academiei Române, 1967, p. LV.

énergétiques, les richesses naturelles, mais aussi la « haute culture de ses habitants[11] ». Un autre auteur Saxon de Transylvanie, Ewald Sindel, a déclaré en 1925 qu'en s'unissant à la Roumanie, la Transylvanie assurait un « arrière-pays » pour ses produits et que la province formait la partie la plus importante de la Roumanie, avec une contribution essentielle à l'économie nationale[12].

La question de savoir si l'État devait impérativement assumer des tâches dans le domaine économique est devenue une priorité dans le débat sur l'évolution, le développement, la modernisation et l'européanisation de la Roumanie après la Grande Union. Les analyses roumaines ont incorporé le moment historique du 1er décembre 1918, accentuant sa continuité avec les structures précédentes et l'intégrant dans la stratégie de modernisation du pays, conçue et appliquée par les principaux partis politiques dans l'acte de gouvernement. Les exigences objectives du moment et l'impact européen ont appelé la pensée économique et politique à se prononcer sur la résolution des processus d'intégration et de relance économique, à définir la stratégie de développement futur. Cette stratégie a tenu compte du besoin aigu de progrès technique, du passage de l'économie à prédominance agraire à une économie agraire-industrielle, en accélérant et en diversifiant l'industrialisation, en augmentant les investissements en capital, en augmentant le produit social et le revenu national, en accordant l'importance nécessaire au capital, au leadership et à la main-d'œuvre. Les objectifs de modernisation et d'intégration de la Roumanie dans le modèle de développement occidental ne pouvaient être promus sans l'intervention active de l'État dans le domaine de la vie économique. Avec un pays comme la Roumanie, en phase de maturation de la physionomie capitaliste, avec un processus d'accumulation dynamique, avec une bourgeoisie faisant des efforts pour surmonter son statut économique de classe moyenne, pour s'inscrire sur les voies de la finance européenne, l'appel à l'aide de l'État a été une constante du développement, considérée comme la seule alternative par les spécialistes roumains, du groupe duquel Mihail Manoilescu faisait

---

11 F. Sigerus, *Grossrumänien ein neues Wirtschaftsgebiet*, Reimar Höbling Verlag, 1920, p. 21.

12 E. Sindel, *Volkswirtschaftliche und handelspolitische Bedeutung Siebenbürgens für das Reich,* en Rohrbach P., Rudolph H., *Das Auslanddeutschtum im Unterricht. Deutsche Kolonialsiedlungen*, Verlag O.O. Co., 1930, pp. 39–40.

partie. Cette option n'excluait pas les voix qui manifestaient leur sympathie pour le libéralisme classique – G. Taşcă, N. Daşcovici.

Au cours de la nouvelle période historique, les politiques économiques sont devenues particulièrement visibles dans les éléments de l'interventionnisme de l'État. La stratégie de développement industriel était liée aux principes fondamentaux de la réforme agraire. L'attitude européenne avancée, conforme aux dernières approches de l'époque en matière de promotion des compétences économiques et techniques, des « forces morales » nécessaires à l'économie, place les études de Mihail Manoilescu parmi les plus connues de l'Europe à l'époque, avec une actualité qui s'est prolongée jusqu'à nos jours.

Le néolibéralisme

Les concepts promus par Mihail Manoilescu, avec d'autres de l'époque tout aussi précieux, dus à des personnalités telles que Vintilă Brătianu, I.G. Duca, Dr. Angelescu, Dimitrie Drăghicescu, Al. Topliceanu, Ştefan Zeletin et d'autres, ont consacré le néolibéralisme dans l'espace roumain de l'entre-deux guerres.

Le néolibéralisme dans la conception du Parti national libéral, dans l'acceptation de la doctrine proprement dite qu'il a promue, signifiait la voie du « progrès social sous toutes ses formes », au sein de la « propriété individuelle », par un « mouvement organisé », par « ordre », « démocratie », « nationalisme » et « harmonie sociale ». Ces éléments étaient considérés par I.G. Duca comme des « colonnes de soutien du temple libéral[13] ». L'État n'avait le droit et l'obligation d'agir sur l'économie que pour : la défense des intérêts des consommateurs ; assurer des sources de revenus à l'autorité publique ; la défense des intérêts de l'économie nationale sous la pression concertée des grandes puissances ; et la consolidation financière et de la monnaie nationale. Le nouveau libéralisme, c'est-à-dire le néolibéralisme, a conservé depuis le XIXe siècle le fond des idées libérales : la vie sociale fondée sur la liberté de l'individu et l'intérêt personnel ; la sphère publique réceptive au progrès ; l'État au-dessus des classes sociales ; la concurrence, l'offre et la demande ; l'évitement de la lutte des classes.

---

[13] I.G. Duca, *Doctrina liberală*, în *Doctrinele partidelor politice, 19 prelegeri organizate de Institutul Social Român*, Ed. Garamond, 1996, p. 104.

Stephen Zeletin, personnalité centrale du néolibéralisme roumain, présentait la doctrine « comme un moment de grandeur unique, comme son substrat – le capitalisme européen – dans l'histoire économique du monde[14] ». C'est vrai, il acceptait aussi la période de crise du libéralisme, mais il la justifiait comme un passage d'un stade inférieur à un stade supérieur. Ainsi, il écrivait en 1927 :

> « Aujourd'hui ; la bourgeoisie est en train de passer du libéralisme à l'âge mûr de l'impérialisme, dont le fondement est la suprématie de la Grande Finance. La division de cette transition est précisément ce qui constitue la soi-disant "crise du libéralisme" ; elle mettra en place un nouveau libéralisme – un néolibéralisme »[15].

La doctrine se caractérise – après Zeletin – par l'intervention de l'État dans l'économie, l'émergence de la grande finance qui oblige les industriels à s'entendre, à former des cartels, des fiducies et des syndicats verticalement et horizontalement, à apporter l'harmonie entre les hommes d'affaires. L'oligarchie financière a entraîné, selon Ştefan Zeletin, des processus économiques et politiques caractérisés par : la nationalisation du capital ; le développement de la production nationale et son organisation selon un plan unitaire[16].

Nous n'avons pas l'intention de débattre de l'œuvre de Zeletin, intéressante et pleine d'idées. Nous nous associons à la thèse qu'il a énoncée, après laquelle la Constitution de 1923 – l'acte de naissance du néolibéralisme roumain[17], consacre l'intervention du pouvoir de l'État et la compréhension des libertés individuelles en tant que « fonctions sociales[18] ». Contrairement à celle de 1866, la nouvelle Constitution a pris en compte les besoins sociaux et a donné une nouvelle formulation au droit de propriété. Le libéralisme classique valorise la propriété comme sacrée et inviolable, tandis que le néolibéralisme l'admet comme fonction sociale et précise l'expropriation pour la cause de l'utilité publique. Sur cette base, la Constitution de 1923 proclame le principe de la nationalisation du sous-sol. Ştefan Zeletin comprend le néolibéralisme comme

---

[14] St. Zeletin, *Neoliberalismul*, *op. cit.*, p. 71.

[15] *Ibid.*

[16] St. Zeletin, *Neoliberalismul*, *op. cit.*

[17] I. Vezi şi Agrigoroaiei, *Despre neoliberalismul românesc. Teze şi idei*, Xenopoliana, no. 1–4, 2005, pp. 103–112.

[18] St. Zeletin, *Neoliberalismul*, *op. cit.*

une réévaluation, une modernisation et une adaptation du libéralisme du XIXe siècle aux nouvelles conditions historiques, avec l'aide de l'État.

Le néolibéralisme était avant tout un ensemble d'idées appliquées dans la zone économique, grâce à la contribution des théoriciens du Parti national libéral, mais pas seulement, Mihail Manoilescu étant l'exception – lui venant du Parti populaire. Même les libéraux Vintilă Brătianu, C.I. Băicoianu, N. Basilescu, I.N. Angelescu, I.G. Duca, D. Drăghicescu, Ştefan Zeletin etc. ont préfiguré différemment certains problèmes économiques, comme l'industrialisation, la réforme agraire, la propriété, le rôle de l'État.

La doctrine paysanne et « l'État paysan »

Au lendemain de la Grande Union, on a créé la doctrine économique du courant paysan[19]. Dès le début, la doctrine paysanne a été caractérisée par son éclectisme. Correspondant à une base sociale hétérogène et à la diversité des sources d'inspiration, ainsi qu'à certaines idées reprises de l'héritage du peuple, on trouve aussi des idées socialistes associées à la lutte des classes[20].

Constantin Stere, Virgil Madgearu, I. Mihalache, I. Răducanu, M. Ralea, E. Ene, Gh. Zane et d'autres ont considéré comme une idée fondamentale de la doctrine paysanne la capacité de la classe paysanne constituée en un parti politique à édifier un « État paysan »[21]. Sa base économique était considérée comme le « ménage paysan basé sur le travail » et le moyen pour y parvenir – la coopération. L'État constitutionnel monarchique devait être fondé sur une organisation politique, économique et sociale largement décentralisée et une organisation centralisée pour les services nécessaires à l'exercice des fonctions fondamentales – la base de l'ordre public, la défense nationale, les affaires étrangères, la justice, l'éducation publique, l'hygiène de la nation et le guidage de l'économie nationale. Le régime socio-économique coopératif était considéré

---

19 M. Vezi pe larg Oroian, *Doctrina economică a ţărănismului în România*, Ed. Risoprint, Cluj-Napoca, 2004, p. 328.

20 Drăghicescu D., *Evoluţia ideilor liberale şi un Apel către locuitorii din România Mare*, 1921, p. 54.

21 Z. Ornea, *Tradiţionalism şi modernitate în deceniul al treilea*, Ed. Eminescu, 1980, pp. 313–315.

comme le plus indiqué pour encourager l'agriculture et faire de l'industrie une branche complémentaire.

La notion d'» État paysan » était associée par G. Zane à celle d'» économie paysanne », totalement différente de celle capitaliste. Le nouvel État ne pouvait pas être réalisé par lui-même, mais par une politique économique particulière dirigée, selon de l'économiste V.H. Serdici. Il soutenait également que « l'État paysan » avait le droit, au nom de la collectivité, d'intervenir dans le processus de production, de circulation et de rémunération. Cet organisme de nouveau type aurait été en mesure d'adapter la production de consommation, de réaliser la corrélation indispensable entre les branches de l'économie nationale, principalement entre l'industrie et l'agriculture[22]. Comme moyen de diriger l'économie nationale, « l'État paysan » était destiné – selon la vision de I. Mihalache – à mettre en pratique le programme économique du Parti national paysan, qui mettait au cœur « l'exploitation du plein potentiel de travail national, en utilisant la richesse du sol, de l'intelligence et du travail roumains »[23]. Les secteurs de l'économie agricole comptaient sur les coopératives, considérées comme une réaction au capitalisme. L'économie dirigée, concept développé par Ion Mihalache, n'excluait pas le capitalisme individuel ; elle l'acceptait, mais elle l'encadrait dans un programme de l'état, contrôlé, guidé. L'économie dirigée et l'État paysan étaient fondamentaux dans le programme économique du *Partidul Național Țărănesc* (PNȚ). Par tous ses développements, il s'inscrit dans les limites de l'économie capitaliste, soutient la propriété privatiste-capitaliste dans l'industrie et l'agriculture, mais la complète par des formes de propriété mixte – étatique et privée – et surtout coopérative.

La stratégie de développement et de modernisation économique, politique et socioculturelle visait à renforcer et à intégrer le pays dans le modèle occidental. Elle a été élaborée après 1918 et a bénéficié de l'apport des partis parlementaires. Ce soutien massif à l'européanisation du pays a eu des effets positifs dans la société. L'alternative de « l'État paysan » à l'État néolibéral ne doit pas nous étonner, dans ce contexte ; le PNȚ l'a décrit seulement de façon doctrinale dans le programme du parti de 1935, après la Grande Dépression :

---

[22] S. Vasile, *Două conferințe: În jurul statului țărănesc* și *Regimul nostru de azi, cauza ruinei comerțului exterior*, 1935, p. 3.

[23] Voir le discours de M. Ion Mihalache au Congrès du PNȚ, le 4.3.1937, Bucarest, p. 20.

> « Dans l'ordre économique, face à l'anarchie, l'Étatisme se retrouve en plein essor, de tous les côtés ; l'intervention méthodique et consciente de l'État pour l'orientation, la régularisation et la normalisation de la vie économique constituent aujourd'hui les fondements de l'économie dirigée »[24] .

Le programme a mis le signe de l'égalité entre l'interventionnisme d'État en général, qui pouvait aussi signifier un néolibéralisme, et l'économie dirigée. La confusion était d'ailleurs fréquente dans la pensée de l'époque. PNȚ, dans le programme de 1935, précisait explicitement que « l'économie dirigée ne signifiait pas un nouveau type d'économie, mais une économie fondée sur la coexistence des secteurs : individualiste, étatiste et coopératif, le dernier étant le plus important dans l'État paysan ».[25] Les thèses du programme PNT sont précieuses, même si l'idée d'un « État paysan » fondé sur la coopération ne s'est pas révélée viable du point de vue du développement et de l'intégration de la Roumanie dans une société occidentale fondée sur l'industrialisme et l'individualisme. Le débat suscité par l'opportunité de plusieurs structures économiques et étatiques fondées sur différentes formes de propriété, dans des relations de collaboration, a stimulé les solutions à la crise du système basée sur le modèle néolibéral.

> « Nous, Messieurs les Députés – proclamait I. Răducanu de la haute tribune du Parlement en 1938 – pour l'ordre économique social de demain, nous voyons une pluralité de systèmes qui coexistent et nous ne pouvons pas dire que nous aurons seulement une coopération, seulement la coopération ou seulement l'individualisme économique, mais ce sera une fusion harmonique, nous l'espérons au moins, et dans cette direction nous devons aller »[26].

Parallèlement à ces grands courants de pensée économique mais aussi politique, débattus et, certains, appliqués dans les politiques économiques, d'autres idées se sont manifestées dans la société roumaine, du type du corporatisme (surtout fasciste italien), du planisme, du dirigisme, etc., mais elles sont restées périphériques, mineures et elles n'ont pas engagé un débat substantiel dans la société.

---

24 Voir le programme de PNȚ voté par le Comité central exécutif, en séance des 2 et 6 février 1935, Bucarest, f.a., pp. 6–7.

25 *Ibid.*

26 I. Răducanu, *În apărarea cooperației*, 1935, p. 23.

Un début de politiques publiques

L'organisation administrative et territoriale, au-delà des débats animés sur un modèle particulier de structuration des pouvoirs dans l'État, a contribué à l'intégration des provinces historiques, à la création du marché national, à la recréation du village, au renforcement du régime démocratique et de la monarchie parlementaire. La pensée économique s'est elle-même élevée au niveau du débat européen et nous l'avons analysée du point de vue du dialogue libéralisme-autoritarisme.

Parmi les préoccupations immédiates qui ont suivi 1918, les spécialistes ont dû définir le caractère de l'économie nationale. La thèse qui a rencontré la plupart des suffrages était que la Roumanie n'était pas destinée à devenir un État industriel, mais qu'elle ne devait pas non plus rester telle qu'elle avait évolué économiquement jusqu'à la Première Guerre mondiale, c'est-à-dire exclusivement agricole. L'essence de la thèse plaidait pour une économie complexe, agraire-industrielle[27]. Conformément à ce caractère, l'industrialisation s'est réservée une place bien définie. Le type d'industrialisation proposé et soutenu par la politique économique de l'État était axé sur la spécificité des réalités socio-économiques du pays, qui permettaient de valoriser les sources de matières premières et d'énergie, la transformation supérieure, industrielle, des produits agricoles. Cette stratégie et les programmes appliqués ont fait leurs preuves, car à la fin de la quatrième décennie, l'économie roumaine est devenue agraire-industrielle et a démontré que l'industrie constituait la condition essentielle et le point de départ de l'acquisition de la société.

Les forces politiques et scientifiques progressistes ont soutenu le développement et la modernisation de l'économie fondée sur l'industrialisation et ont élaboré des politiques économiques appropriées. Des concepts visant à éviter les pertes découlant d'échanges non équivalents ont été formulés et mis en évidence, en modernisant l'économie, en développant et en renforçant sa propre industrie afin de pouvoir faire face à la concurrence, en élaborant une législation protectionniste, en renforçant le rôle interventionniste de l'État et en augmentant la contribution de la science

---

27 *Doctrinele partidelor politice*, Bucarest, 1924, p. 303. ; I.G. Duca, *Partidul Național Liberal, partid industrial*, Democrația, no. 4, 1924. ; M. Plătăreanu, *Politica economică și socială a României în trecut și în cadrul legislației actuale*, 1936, p. 205 ; GR. C. Zota Constantin, N. Tulceanu, *Partidele politice din România, istoricul și programele lor*, 1934, p. 112.

au processus de production, en menant efficacement les actions au profit du capital national, en collaborant avec le financement international dans l'intérêt de l'économie roumaine[28]. La législation, les instruments d'intervention et les institutions ont été à la base des articulations du complexe économique roumain de 1918 à 1939.

Nous présenterons ci-après quelques-uns des éléments déterminants de deux politiques économiques essentielles au caractère de l'économie, à savoir celle de l'agriculture et l'industrie. De toute évidence, des exégèses politiques importantes pour lesquelles l'espace ne nous a pas permis d'émettre des jugements de valeur dans cette étude, restent en dehors, comme celles fiscale, monétaire, commerciale, de transport, etc.

La législation, les politiques agricoles et l'évolution de l'agriculture ont été principalement traitées dans la littérature[29]. Il n'est pas nouveau que le système céréalier se soit maintenu principalement pendant toute la période – 82 % des terres arables contre 6 % des pâturages, 3,2 % des cultures vivrières et environ 2 % des cultures industrielles. Le Parti national paysan a poursuivi le processus législatif dans le but de moderniser l'agriculture, mais aussi pour la sauver de la catastrophe de la crise : le cadre juridique a été réalisé pour l'organisation des communautés [*obști*] de location et d'achat, la coopération agricole a été encouragée. En 1930, le ministre de l'Agriculture et des domaines, M. Cipăianu, a déclaré dans un rapport que 1 374 communautés [*obști*] d'achat, 128 communautés [*obști*] de location et 832 coopératives d'achat activaient pour l'exploitation des petites propriétés[30]. Des lois sur la conversion de la dette agricole rurale et urbaine de 1932 à 1934, etc. ont été promulguées.

Sur l'économie forestière, les statistiques publiées par le ministère de l'Agriculture et des Champs, la Maison des Forêts, les bureaux des sociétés anonymes d'exploitation nous donnent des données différentes d'une année à l'autre, voire pour la même année, sur la superficie forestière de

---

28 I. Saizu, *Politica economică a României între 1922 și 1928*, 1981, p. 23 et seq.

29 Nous mentionnons quelques contributions d'une liste impressionnante : V. Madgearu, *Evoluția economiei românești după războiul mondial*, 1995. ; V. Madgearu, *Agrariarism, capitalism, imperialism*, 1936. ; C. Garoflid, *Structura proprietății mijlocii și mari*, 1938. ; M. Georgescu, *Reforme agrare. Principii și metode în legiuirile române și străine*, 1943. ; Gh. Ionescu-Șișești, N. Cornățianu, *La réforme agraire en Roumanie et ses conséquences*, 1937. ; N. Iorga, *Evolution de la question rurale en Roumanie*, 1929.

30 *Ibid.*

la Roumanie[31]. Pour l'année 1922, le chiffre de 7 094 056 ha boisés est avancé. Pour l'année 1929, les statistiques indiquent 6 486 471 ha, ce qui témoigne d'une diminution du fonds forestier du pays. Cela est dû au rythme des coupes, réclamé par la demande croissante de matières boisées nécessaires à la reconstruction et à l'exportation d'après-guerre, en raison des lois de réforme agraire qui ont permis d'augmenter les superficies agricoles en raison de la déforestation encouragée par l'absence de sanctions pour les infractions forestières[32]. Les chiffres indiqués pour les années 1922 et 1929 correspondent respectivement à 24,5 et 22 % de superficie boisée par rapport à la superficie agricole du pays[33], plaçant la Roumanie à la 12e place en Europe (sur la base de 1.000 habitants)[34]. Au niveau du centre et du sud-est du continent, la Roumanie se classe troisième, derrière la Pologne (9 062 000 ha de superficie boisée) et la Yougoslavie (7 586 300 ha)[35].

Le développement de l'industrie a contraint l'État à intervenir dans la réglementation des relations entre le travail et le capital par des mesures de protection sociale et de protection des consommateurs (qualité, prix).

---

31 En Roumanie, aucune statistique générale des forêts ou aucune carte de celles-ci n'ont été établies entre les deux guerres mondiales, ni aucune étude documentaire sur les possibilités réelles d'augmentation du fonds forestier et des réserves de matières boisées, des consommations intérieures et des disponibilités à l'exportation. Les forêts n'ont pas été inventoriées par nature de propriété, aucun programme d'activité de *La Maison des Forêts* n'a été décrit pour dénoter une politique forestière poursuivie de façon cohérente par l'État.

32 Voir Decretul-lege nr. 3.097; Legea pentru reforma agrară din Oltenia, Muntenia şi Moldova ; Legea de reformă agrară din Basarabia; Legea de înfiinţare de păşuni comunale din Vechiul Regat du 24.9.1920; Legea pentru reforma din Transilvania, Banat, Crişana şi Maramureş du 30.4.1921; Legea pentru reforma agrară din Bucovina du 30.7.1921. Voir aussi M. Constantinescu, *L'évolution de la propriété rurale et la réforme agraire en Roumanie*, 1925, pp. 403–424. Ce document estime que jusqu'en 1925, 965 050 ha de forêt avaient été expropriés pour la création de pâturages communaux. D'autres sources, par exemple, *Revista pădurilor* de 1926, pp. 174–178, indiquent les mêmes chiffres. *Expunerea de motive la Proiectul de lege pentru Organizarea Ministerului Agriculturii şi Domeniilor, Consiliul Superior al Agriculturii*, publié dans *Monitorul oficial*, Partie III, Dezbateri parlamentare, no. 88 du 2.6.1927, pp. 2338–2362 indique 1,3 mil. ha de forêt destinés à la déforestation en vue de la création de pâturages communaux.

33 *Sylviculture dans la République Tchécoslovaque*, Prague, 1926, p. 13. À voir aussi *Monitorul oficial*, no. 42 du 12 juin 1930, p. 1458, et G.G. Miletici, L. Colescu, *Statistică economică internaţională*, 1928, p. 64.

34 *Monitorul oficial*, 1930, no. 42, p. 1459.

35 G.G. Miletici, *op. cit.*

Les politiques industrielles et financières ont suivi de manière cohérente les circuits monétaires, les échanges de matières premières et de devises avec l'étranger. Le plan envisagé lié à l'industrialisation du pays visait à changer le caractère principalement agricole de l'économie. À cette fin, un véritable engrenage législatif a été promu, visant, progressivement à consacrer l'intégration économique des provinces historiques et à résoudre les multiples questions de remise en état, à clarifier le statut de la relation créancier-débiteur.

La loi économique a été utilisée pour créer les institutions nécessaires à l'approvisionnement en machines et à l'établissement du crédit industriel sur une base aussi large que possible. La règle judiciaire a décrit la politique de l'État en matière de carburants et de matières premières. Les éléments de stratégie, ainsi que ceux liés à l'état d'avancement de la jurisprudence économique dans les États européens, se trouvent incorporés unitairement dans la législation industrielle promue par l'exécutif roumain. En 19181921, 63 lois, règlements, décrets-lois, journaux du Conseil des ministres d'intérêt industriel ont été adoptés. La Loi de 1912 sur l'encouragement de l'industrie nationale a été étendue à l'échelle de l'ensemble de l'organisme national en tant que loi fondamentale. La législation a largement répondu aux besoins objectifs liés à la restauration, à l'intégration, au développement et à la modernisation de l'industrie. Arrivés au pouvoir en janvier 1922, par le biais de mesures économiques minutieusement préparées, les libéraux attestent de rejoindre les intérêts du parti « dans la direction desquels ils attaquent l'opposition[36] » à des intérêts nationaux supérieurs. Le programme économique « par nous-mêmes » prévoyait d'encourager l'industrie par le travail, l'initiative et les capitaux roumains, par l'unification de la législation, par le renforcement du crédit, l'activation des énergies nationales, l'augmentation de la production et la défense des richesses du pays[37]. C'était une prise en compte des principes et des énoncés de politique économique qui seront incorporés dans la Constitution de 1923[38].

La loi fondamentale du pays reflétait les changements structurels dans la société, y compris le rôle accru de l'État dans le développement

---

36 I. Saizu, *op. cit.*, pp. 97–98.

37 Les Archives Historiques Centrales, fond. cit. Dos. No. 12/1922, f. 1–2 ; *Viitorul* du 22.4.1922, p. 1.

38 *Constituția României din 1923*, annoté par A. Lascarov-Moldovanu, S.D. Ionescu, Bucarest, 1925.

économique. La Constitution a été adoptée à un moment où les représentants des forces économiques avaient dépassé la phase critique des années de reconstitution, et maintenant, en 1923, des groupes compacts dans leurs rangs se lançaient dans le renforcement des positions économiques et politiques. La Constitution a exprimé, du point de vue des articles économiques, l'expression du passage dans la pratique, pendant longtemps, à l'étape néolibérale du développement du pays. Sur cette base, la législation industrielle adoptée immédiatement après a consacré l'intégration des provinces historiques, le dépassement de la restauration et est venue à la rencontre de la « nécessité de progrès de la nation[39] ».

L'exécutif a proposé au Parlement les lois fondamentales de l'industrialisation roumaine. La première a consacré la création de la Société Nationale de Crédit Industriel en 1923[40], tandis que quatre autres, de 1924, ont transposé du domaine juridique à l'article 19 de la Constitution, par la loi sur l'énergie, la loi sur les mines, la loi sur le régime de l'eau et la loi sur la commercialisation. La législation élaborée sous le gouvernement I.I.C. Brătianu (1922–1926) a réussi à définir un programme d'État dans le domaine des carburants liquides[41], avec plusieurs objectifs : celui de prévenir le contrôle majoritaire des ressources pétrolières par les capitaux étrangers ; de la satisfaction (même si ce n'était pas dans la mesure souhaitée, faute de capitaux) à l'implication de facteurs nationaux dans la valorisation des ressources ; établir une corrélation optimale entre l'exploitation des sources d'énergie, principalement du pétrole, et le développement de tous les compartiments de l'économie nationale ; encourager les tendances à la valorisation supérieure des gisements ; renforcer la capacité de défense de l'État ; défendre les intérêts roumains sur le marché mondial[42]. Sous l'impulsion de ces objectifs, l'économie s'est

---

39 Voir aussi le travail I. Adămoiu, *Puterea economică a României*, Institutul de Arte Grafice Ardealul, 1930, p. 96.

40 *Codul general al industriei cuprinzând legi industriale, miniere, muncitorești. Ghid practic al meseriașului,* avec une préface de ing. Cezar Petrescu, 1938.

41 *Monitorul oficial*, no. 163 du 4.7.1924 ; no. 106 du 11.7.1924 ; no. 137 du 27.7.1924.; C. Hamangiu. *Codul general al României, vol. XI–XII, 1922–1926.*

42 N. Păun, *Aspecte ale problemei capitalului străin în industria petrolului din România înainte și după legea minelor din 1924*, Studia UBB, Historia, 1980, pp. 38–54.; Gh. Buzatu, *România și trusturile petroliere internaționale până la 1929*, 1981, p. 272. ; Gh. Buzatu, *Petrolul – o dimensiune a relațiilor externe ale României în perioada 1918–1924. Lupta împotriva penetrației monopolurilor străine*, Revista de istorie, vol. 35, no. 1. pp. 5–33; V. Axenciuc, *Unificarea organismului economiei naționale*

inscrite sur la voie du développement et de la modernisation. La nouvelle équipe gouvernementale du Parti du peuple (Averescu, 19261927), puis celle libérale (Vintilă Brătianu, 19271928), ont poursuivi les orientations de politique économique préfigurées en janvier 1922.

Les années 19291932 ont suivi dans l'évolution capitaliste du pays, coïncidant avec le début et le point culminant de la Grande Dépression. La période est idéologiquement marquée par les conceptions économiques et politiques du PNŢ, devenu parti au pouvoir. Après le 10 novembre 1928, toute une législation a entrepris d'introduire dans l'économie les postulats de base du programme de politique économique élaboré par ce parti. Il s'agissait, dans l'ensemble, de la constitution du complexe économique national, axé sur le développement de l'agriculture et des industries étroitement liées à celui-ci et à la défense nationale. L'organisation de la production des sources d'énergie devait se faire avec un rendement maximal et par rapport à l'utilité pour l'économie nationale, en encourageant l'initiative de capital privé. En ce qui concerne la collaboration économique avec les capitaux étrangers, par le biais de la « politique de la porte ouverte », le PNŢ prévoyait une participation aussi large que possible, aux côtés des capitaux locaux, au développement des forces productives du pays. Dans ces directions, une législation bien représentée de point de vue numérique, mais pas unitaire, a été promue. Les causes de l'hyperactivité législative s'expliquent par des divergences d'opinions entre les nombreuses factions et équipes gouvernementales du PNŢ.

En 1932, le droit du travail s'enrichit de 20 autres lois, d'un décret-loi et de six règlements. Ils ont été délivrés par le Cabinet Iorga, les deux gouvernements Al. Vaida-Voievod et le gouvernement Iuliu Maniu. Nous signalons en tant que ministre de l'Industrie et du Commerce, dans le gouvernement d'Iorga, I. Lugojianu, suivi par Virgil Madgearu sous Vaida et à nouveau Lugojanu dans le gouvernement Maniu. Parmi les mesures législatives, le *Journal du Conseil des Ministres* a été imposé, par lequel la Direction Mixte des Usines Métallurgiques Copşa-Mica-Cugir est passée au ministère de la Défense Nationale[43].

şi refacerea economică postbelică a României, Revista de istorie, vol. 30, no. 5, 1977, pp. 931–947.

[43] *Monitorul oficial*, no. 156 du 6.7.1932.

La législation économique promue à partir de l'initiative des gouvernements PNȚ et Iorga-Argetoianu a trouvé dans la pratique économique un champ d'action important, aidant à surmonter la crise. Parallèlement, les orientations interventionnistes de l'économie ont été fixées, qui s'accentueront dans la période suivante. Les tâches de soutenir l'économie dans le but de surmonter la crise sont revenues, par le résultat des élections de novembre 1933, au Parti National Libéral.

Aucune discontinuité ou rupture n'a été enregistrée par voie législative, ce qui est apparemment paradoxal, si l'on pense que, par programme, les éléments de politique économique promus par les libéraux avaient d'autres points doctrinaux. Bien sûr, nous pouvons parler de nuances, de corrections apportées par la nouvelle formule politique au pouvoir par rapport à ce qui a été enregistré dans les années 1929–1933. Par exemple, les régimes autonomes – point fort du PNȚ – ont été transmis aux ministères de profil, en tant que simples administrations commerciales, services et directions qui devaient être régies par des règles commerciales, par dérogation à la Loi sur la comptabilité publique[44]. Par la Loi pour l'utilisation du personnel roumain dans les entreprises[45], on a tenté de revenir à la politique de résistance aux capitaux étrangers. Il s'agissait, en fait, de la mise à jour d'un principe, puisque la loi de 1934 lui manquait jusqu'à la Seconde Guerre mondiale en vertu d'un règlement d'application de la loi. La Loi sur les mines, promulguée par PNȚ en 1929, a également été modifiée, en introduisant de nouveaux articles relatifs au droit de préemption accordé à l'État lors de l'achat de métaux précieux[46].

Le gouvernement libéral de Gheorghe Tătăscu a élaboré une législation interventionniste et a renforcé les dispositions en vigueur pour protéger l'industrie nationale, a poursuivi la politique d'investissement de l'État alloué principalement dans les branches macro métallurgiques. Les entreprises qui avaient des commandes pour l'État ont été incitées à travailler par des avances, des crédits préférentiels à la *Banca Națională a României* (BNR), des allégements fiscaux, etc. De nouvelles mesures visant à encourager les industries, en plus de celles de la loi de 1912 en vigueur, ont conduit à la création de branches hautement

---

44 *Ibid.*, no. 102 du 4.5.1934.

45 *Ibid.*, no. 161 du 16.3.1934.

46 *Ibid.*, no. 94 du 20.4.1935.

techniques – électrotechnique, aéronautique. On mentionne, pour leur importance, la Loi pour autoriser la Direction autonome des chemins de fer roumains, la *Compania Națională de Căi Ferate* (CFR), à conclure des transactions avec les usines de matériel roulant Reșița, Unio, Malaxa, Romlac, Lemaître, Franco-Roumaine[47], Loi pour le déplacement des usines Astra, la première usine roumaine de wagons et de moteurs SA, et Unio, usine de wagons SA, à Brasov[48]. L'apport de l'État aux usines de Copșa-Mică-Cugir a été fixé par la loi[49], des avantages ont été légiférés pour la création d'usines de produits non fabriqués jusqu'à ce moment-là dans le pays[50]. Un acte normatif à caractère essentiellement interventionniste a été le Décret-loi pour la réglementation et le contrôle des cartels du 10 mai 1937.

Dans les pays occidentaux, on pouvait à l'époque parler d'une politique des industries par le biais des lois de la France, de l'Angleterre, de la Belgique, des Pays-Bas, de la Suisse, de l'Autriche et des États-Unis. Une législation spéciale sur les fiducies et les cartels a été promulguée en Europe centrale à partir de l'Allemagne en 1923. (En Pologne, en Tchécoslovaquie, en Hongrie et en Bulgarie, la législation en la matière s'est inspirée de la législation allemande.) Le régime des cartels a présenté certaines particularités en Italie. Ici, la syndicalisation des industries était considérée comme un moyen de contrôle de l'État et une prémisse destinée à accélérer la rationalisation et la coordination de leur travail (lois de 1926 et 1932). Le Conseil supérieur des cartels auprès du MIC avait un rôle consultatif. Avec l'aide de la Direction de l'industrie, le MIC s'est créé des possibilités concrètes de surveillance des prix, sanctions qui pourraient aller jusqu'à démanteler les cartels. L'article 24 est particulièrement important pour la nouvelle politique interventionniste, qui consiste à orienter les investissements industriels en fonction des intérêts supérieurs du pays.

> « Aux fins du contrôle du fonctionnement des industries, de la rationalisation de la production ainsi que pour les intérêts de la défense nationale, aucune usine ne peut être installée, agrandie ou déménagée, sauf avec l'autorisation préalable du ministère de l'industrie et du commerce [...]. Le rejet

---

47 *Ibid.*, no. 101 du 4.5.1936.

48 *Ibid.*, no. 132 du 10.6.1936.

49 *Ibid.*, no. 177 du 1.8.1936.

50 *Ibid.*, no. 163 du 11.5.1937.

de la demande d'installation d'une usine se fait par décision ministérielle. Le même régime s'applique aux usines existantes, en cas d'agrandissement d'installations ou de déplacement total et partiel »[51].

Malgré toute l'intensification du processus de concentration des capitaux et de la production, de formation de monopoles, consacrés juridiquement par le décret-loi ci-dessus, en particulier dans l'industrie lourde, extractive et manufacturière, la Roumanie n'est pas devenue un pays doté d'une structure monopolistique.

Conformément au principe centraliste dominant de la Constitution de février 1938, le Conseil Économique Supérieur a été organisé en juin 1938[52]. Celui-ci avait pour mission d'organiser l'économie, de rationaliser et de valoriser la production, de coordonner la politique des échanges et la politique fiscale, d'avis préalable sur les projets de lois économiques, de traités et de conventions avec des pays étrangers, etc. En octobre 1939, par le Décret-loi modifiant et complétant le décret relatif à la réglementation et au contrôle des cartels, la syndicalisation obligatoire des industries a été introduite[53]. Les mesures d'intervention et de contrôle de l'État dans la politique générale du carburant et des matières premières ont été renforcées, par la création (Décret-loi de janvier 1940) du Commissariat Général du Pétrole auprès du Ministère de l'Économie Nationale[54].

La législation industrielle adoptée à la fin de l'entre-deux-guerres, les institutions nouvellement créées dotées de pouvoirs de contrôle et de réglementation, étaient des indices forts de la détermination de l'État roumain à renforcer sa position d'« acteur » économique principalement dans l'industrie stratégique, à poursuivre le processus entamé après 1918 visant à modifier le caractère de l'économie en faveur de l'industrie et des services et à utiliser les ressources économiques disponibles pour moderniser et développer une économie et de tester ses capacités dans le cadre d'une nouvelle guerre mondiale.

La thèse qui a rencontré la plupart des suffrages était que la Roumanie n'était pas destinée à devenir un État industriel, mais qu'elle ne devait pas non plus rester telle qu'elle avait évolué économiquement jusqu'à la

---

51 *Codul general al industriei.,op. cit.*, pp. 40–45.

52 *Monitorul oficial*, no. 81 du 7.4.1938 ; no. 235 du 10.10.1939.

53 *Ibid.*, no. 248 du 16.10.1939.

54 *Ibid.*

Première Guerre mondiale, c'est-à-dire exclusivement agricole. L'essence de la thèse plaidait pour une économie complexe, agraire-industrielle[55]. Conformément à ce caractère, on a réservé une place bien définie à l'industrialisation. Le type d'industrialisation proposé et soutenu par la politique économique de l'État était axé sur la spécificité des réalités socio-économiques du pays, qui permettaient de valoriser les sources de matières premières et d'énergie, la transformation supérieure, industrielle, des produits agricoles. Cette stratégie et les programmes appliqués ont fait leurs preuves, car à la fin de la quatrième décennie, l'économie roumaine est devenue agraire-industrielle et a démontré que l'industrie constituait la condition essentielle et le point de départ de l'acquisition de la société. Les forces politiques et scientifiques progressistes ont soutenu le développement et la modernisation de l'économie fondée sur l'industrialisation et ont élaboré des politiques économiques appropriées.

La stratégie de développement global de la Roumanie a sans aucun doute été un succès. Les résultats de l'économie n'ont toutefois pas été à la hauteur des approches doctrinales, en raison du court délai de mise en œuvre des politiques économiques, qui n'a été que de trois décennies ; après ça, la Grande Dépression, la guerre mondiale et la transition vers l'économie de commandement planifiée suivent. Avec les limites rappelées, la Roumanie a évolué dans le modèle occidental avec une détermination visible à moderniser et à réduire les écarts de développement. L'expérience roumaine de l'entre-deux-guerres n'a pas été une simple copie du modèle occidental, mais un décalage appréciable avec l'esprit européen, dans des conditions socio-économiques et géopolitiques spécifiques relativement différentes de celles de l'Occident.

---

[55] *Doctrinele partidelor politice*, 1924, p. 303 ; I.G. Duca, *Partidul Național Liberal, partid industrial*, Democrația, no. 4, 1927 ; M. Plătăreanu M., *Politica economică și socială a României în trecut și în cadrul legislației actuale*, 1936, p. 205 ; Gr. C. Zotta Constantin, N. Tulceanu, *Partidele politice din România, istoricul și programele lor*, 1934, p. 112.

Der Aachener Vertrag und die deutsch-französische Kooperation in der Klima- und Energiepolitik

Christine Aquatias & Clara Eichinger

Die Klimafrage ist heute aktueller denn je. Allein im Sommer 2021 haben Starkregen dazu geführt, dass in mehreren EU-Mitgliedsstaaten Menschen ihr Leben und ihren Wohnort verloren. Diskussionen um die Bekämpfung des Klimawandels sind im derzeitigen sozio-politischen Diskurs unumgänglich geworden, wie auch die letzte Wahlkampagne für den neuen Bundestag gezeigt hat. Im Pariser Klimaabkommen 2015 wurde vorgesehen, die Erderwärmung auf unter 2°C zu begrenzen. Angesichts der aktuellen Entwicklungen scheint dieses Ziel kaum erreichbar. Deutschland und Frankreich haben ihrerseits am 22.01.2019 die Zusammenarbeit in Klima- und Energiefragen im „Aachener Kooperationsvertrag zwischen der Bundesrepublik Deutschland und der Französischen Republik über die deutsch-französische Zusammenarbeit und Integration" vertraglich verankert[1]. Der Vertrag wird als Neuauflage des Élysée-Vertrags von 1963 dargestellt, der die Grundsteine der Partnerschaft der beiden Länder gelegt hatte.

Das fünfte Kapitel des Vertrags von Aachen beschäftigt sich mit dem Thema „Nachhaltige Entwicklung, Klima, Umwelt und wirtschaftliche Angelegenheiten"[2], so wurde das klimapolitische Engagement zum

---

[1] Bundesregierung, „Vertrag zwischen der Bundesrepublik Deutschland und der Französischen Republik über die deutsch-französische Zusammenarbeit und Integration", 2019, https://www.bundesregierung.de/resource/blob/974430/1570126/c720a7f2e1a0128050baaa6a16b760f7/2019-01-19-vertrag-von-aachen-data.pdf?download=1 (12. 12.2021).

[2] *Ibid.*, S. 12.

„neuen Grundpfeiler der deutsch-französischen Zusammenarbeit“[3]. Neben einer engen Zusammenarbeit im Kampf gegen den Klimawandel durch gemeinsame politische Strategien und Ansätze (Art. 18)[4] wird auch das gemeinsame Vorantreiben der Energiewende erwähnt (Art. 19)[5]. Auf die Bedeutung der Zivilgesellschaft und der lokalen Akteure wird allgemein ein Fokus gelegt (Art. 13 (1)). Damit verbunden sind die Gründung eines deutsch-französischen Bürgerfonds (DFBF), welcher „Bürgerinitiativen und Städtepartnerschaften fördern und unterstützen soll“[6] und die Entstehung eines deutsch-französischen Zukunftswerks (DFZW), welches sich mit „Transformationsprozessen in [beiden] Gesellschaften auseinandersetzen“[7] soll. Als „prioritäre Vorhaben des Vertrags“ sollen sie unverzüglich in die Praxis umgesetzt werden, so die „Deutsch-Französische Agenda“ vom 27.01.2019[8]. Zu weiteren Projekten dieser Agenda zählt die „Gemeinsame Entwicklung eines Projekts zur Nachnutzung des Gebiets rund um das AKW Fessenheim nach dessen Stilllegung im Rahmen eines deutsch-französischen Wirtschafts- und Innovationsparks“, das Projekt Eco-Rhéna[9].

Dieser Beitrag soll untersuchen, inwiefern der Aachener Vertrag die Zusammenarbeit der beiden Länder in dem breiten und komplexen Feld der Klima- und Energiepolitik schon verstärken konnte. Welche Auswirkungen hatte die vertraglich verankerte Zusammenarbeit in der Praxis? Welche Dynamiken können dafür sorgen, dass der Vertrag die Zusammenarbeit in diesem Bereich nachhaltig intensivieren und verstärken kann? Der Politologe Andreas Marchetti erklärt nämlich,

---

3 „Klimapolitik wird Teil deutsch-französischer Partnerschaft“. *Entwicklungspolitik online*, 2019, https://www.epo.de/index.php?option=com_content&view=article&id=15133:aachener-vertrag-klimapolitik-wird-teil-deutsch-franzoesischer-partnerschaft&catid=15&Itemid=85' (12.12.2021).

4 Siehe „Vertrag zwischen der Bundesrepublik Deutschland und der Französischen Republik über die deutsch-französische Zusammenarbeit und Integration“, *op. cit.*, S. 12.

5 *Ibid.*, S. 12 f.

6 *Ibid.*, S. 9.

7 *Ibid.*, S. 14.

8 Presse- und Informationsamt der Bundesregierung, „Deutsch-Französische Agenda“, 2019, https://www.bundesregierung.de/resource/blob/974430/1571028/633c78d6e85c9cf4d93ccdf94b56119e/2019-01-22-prioritaere-vorhaben-vertrag-aachen-data.pdf?download=1 (12.12.2021).

9 *Ibid.*, Punkt 7.

die Entwicklung der deutsch-französischen Zusammenarbeit könne als „zwischenstaatlicher top-down-Prozess, aber auch als vielfältiger bottom-up-Prozess beschrieben werden“[10]. In einem ersten Teil wird an die Ausgangslage 2018 für die deutsch-französische Zusammenarbeit im Bereich Klima und Energie erinnert. Analysiert wird dann, was der Vertrag schon konkret brachte und schließlich wird auf noch offene Fragen hingewiesen.

Die Klima- und Energiepolitik in Deutschland und Frankreich zum Zeitpunkt der Entstehung des Aachener Vertrags (2018)

Soziokulturelle und politische Unterschiede wie ungleiche Energiemärkte oder die Ressourcenaufteilung der beiden Länder schienen lange eine verstärkte Zusammenarbeit in diesem Bereich beinahe unvorstellbar zu machen. Insbesondere bei der Energiepolitik haben Deutschland und Frankreich sehr unterschiedliche Traditionen. Historisch gesehen ist die Atommacht für Frankreich ein Statussymbol, auch um auf internationaler Bühne eine gewisse Bedeutung zu bewahren. Deutschland erhielt erst 1955 wieder Zugang zur Atomenergie, welcher an strikte Bedingungen gebunden war. Das Land setzte hauptsächlich auf Stein- und Braunkohlevorkommen, Kohleenergie wurde stark unterstützt[11]. Die Ölkrise von 1973 unterstrich in beiden Ländern die Knappheit heimischer Ressourcen. In Frankreich hat insbesondere der Plan Messmer in den 1970er-Jahren dazu beigetragen, dass ein schneller Bau von Kernkraftwerken vorgesehen wurde. Er sollte unter anderem Frankreichs Abhängigkeit vom Erdöl begrenzen und Energie einsparen. Pierre Messmer kommentierte zu der Zeit:

> „Il est vrai que la France n’a pas été très favorisée par la nature en matière de ressources énergétiques. Nous n’avons presque pas de pétrole sur notre territoire, nous avons beaucoup moins de charbon que l’Angleterre et

---

10 A. Marchetti, „Durchbruch für die dezentrale deutsch-französische Zusammenarbeit. Perspektiven nach dem Vertrag von Aachen“. Visions franco-allemandes – IFRI 30, 2020, S. 6., https://www.ifri.org/sites/default/files/atoms/files/vfa_30_a._marchetti_zusammenarbeit_aachen_juin_2020.pdf, (12.12.2021), S. 6.

11 C. Demesmay, Ch. Pütz, „Images et stéréotypes. Perceptions franco-allemandes en temps de crise“. Heinrich-Böll-Stiftung, Paris, 2016, S. 68 f, https://fr.boell.org/fr/2016/10/07/images-et-stereotypes-perceptions-franco-allemandes-en-temps-de-crise (12.12.2021).

l'Allemagne, et moins de gaz que la Hollande, notre grande chance est notre énergie électrique d'origine nucléaire"[12].

Zwischen 1980 und 1986 wurden 37 Reaktoren gebaut (heute sind es 56[13]), so viele wie in keinem weiteren Mitgliedsstaat der EU. Frankreich konnte daher früher auf einen großen Anteil an Kohlekraft im gesamten Energiemix verzichten als Deutschland[14].

Der politische Wille zur Atomkraft in Deutschland war schon damals viel begrenzter als im Nachbarland Frankreich. Vor allem die Nuklearkatastrophe von Tschernobyl 1986 führte zu einer Neuaufstellung der Energiepolitik. Anfang 2000 verabschiedete die Koalition von Sozialdemokratischer Partei Deutschlands (SPD) und Grünen das Erneuerbare-Energien- Gesetz, kurz EEG, welches den Baustein für den deutschen Atomausstieg legte. Die Nuklearkatastrophe von 2011 in Fukushima sollte endgültig zum Ende der deutschen Atomenergienutzung führen. Die derzeitige Regierung (Christlich demokratische Union (CDU)-Christlich soziale Union (CSU) / Freie demokratische Partie (FDP)) beschloss bis 2022 alle Atomkraftwerke vom Netz zu nehmen. Wie Tschernobyl bewirkte Fukushima in Frankreich unter Präsident Nicolas Sarkozy keine wirkliche Debatte über Atomenergie. Ein Jahr später, als sich die Präsidentschaftswahlen näherten, wurde das Thema jedoch durch den sozialistischen Kandidaten François Hollande zu einem Politikum, indem dieser vorschlug, bis 2025 die Kernkraft in Frankreich um 50–75 % zu reduzieren[15].

Was Kohleenergie betrifft, legte das Pariser Abkommen 2015 für den Kohleausstieg eine Frist bis 2030 fest[16]. Frankreich setzte sich im

---

12 G. Le Gros, „La naissance du parc nucléaire français : le plan Messmer". *La Revue Générale du Nucléaire*. 2020, https://www.sfen.org/rgn/naissance-parc-nucleaire-francais-plan-messmer (12.12.2021).

13 Siehe EDF „Le nucléaire en chiffres", 2021, https://www.edf.fr/groupe-edf/espaces-dedies/l-energie-de-a-a-z/tout-sur-l-energie/produire-de-l-electricite/le-nucleaire-en-chiffres#:~:text=En%20France%2C%20le%20nucl%C3%A9aire%20est,sur%20l'ensemble%20du%20territoire, (12.12.2021).

14 S. Viallet-Thévenin, „État et secteur énergétique en France : quels dirigeants pour quelles relations ?", *Revue française de sociologie*, 56 : 3, 2015, S. 490,

15 Siehe C. Demesmay, Ch. Pütz, „Images et stéréotypes. Perceptions franco-allemandes en temps de crise", *op. cit.*, S. 70 f.

16 K. Taylor, „Sortie du charbon d'ici à 2030, l'Europe est à mi-chemin", *Euractiv*, 2021, https://www.euractiv.fr/section/energie/news/europe-halfway-towards-closing-all-coal-power-plants-by-2030/, (12.12.2021).

Rahmen der *United Nations* (UN)-Klimakonferenz 2017 dafür ein, ab 2022 die vier letzten französischen Kohlekraftwerke vom Netz zu nehmen. Aufgrund von Umstellungsproblemen müsse jedoch laut *E'lectricité de France* in einem der beiden letzten aktiven Kraftwerke noch bis 2026 Kohle verstromt werden[17]. Der deutsche Kohleausstieg hingegen ist für 2038 geplant. 2018 wurde der Kohleausstieg Deutschlands durch die Kommission „Wachstum, Strukturwandel und Beschäftigung", auch Kohlekommission genannt, konkretisiert. Diese hat im Januar 2019 ihre Empfehlungen für den Kohleausstieg bis 2038 vorgelegt[18]. Die nationalen Strategien beider Länder nähern sich heute trotz weiterhin unterschiedlicher Haltungen zur Kernkraft vor allem in den langfristigen Zielen bezüglich Klimaschutz, erneuerbare Energien oder Energieeffizienz immer mehr an, sei es durch internationale Abkommen wie das Pariser Klimaabkommen oder auf europäischer Ebene durch den Ende 2019 vorgestellten Green Deal.

Eine deutsch-französische institutionelle Kooperation im Bereich Klima und Energie besteht allerdings schon seit 1990. Unter dem deutsch-französischen Führungsduo Kohl und Mitterand wurde damals die erste konkrete Partnerschaft in Umweltthemen ins Spiel gebracht, der Deutsch-Französische Umweltrat (DFUR). Dieser sollte die Umweltpolitiken Deutschlands und Frankreichs im Rahmen der Europäischen Gemeinschaft und auf internationaler Ebene abstimmen, als „impulsgebende Motoren". Der Umweltrat kam zwischen 1990 und 2008 sechzehnmal zusammen[19], ist jedoch der breiten Gesellschaft kein Begriff.

Zwei Jahre nach Entstehung des DFUR wurde die Kooperation 1991 durch das deutsch-französische Institut für Umweltforschung (DFIU) ergänzt, um die grenzüberschreitende wissenschaftliche Zusammenarbeit im Bereich der Umweltforschung zu verstärken. Ein weiterer Akteur entstand fünfzehn Jahre später auf Initiative des französischen Ministère délégué de l'Industrie und des deutschen

---

17 AFP, „Frankreich verschiebt Kohleausstieg auf 2024". *Nau,* 2021, https://www.nau.ch/news/wirtschaft/frankreich-verschiebt-kohleausstieg-auf-2024-65961439 (12.12.2021).

18 Siehe Aurora Energy Research, „Die Kohlekommission. Ihre Empfehlungen und deren Auswirkungen auf den deutschen Stromsektor bis 2030", *Agora Energiewende,* 2019, https://static.agoraenergiewende.de/fileadmin/Projekte/2019/Kohlekommission_Ergebnisse/167_Kohlekommission_DE.pdf (12.12.2021).

19 T. Teucher, *Ratlos? Eine Recherche über den deutsch-französischen Umweltrat,* AV Akademiker Verlag, Saarbrücken, 2012, Anhang S. 27.

Bundesministeriums für Umwelt (BMU), das Deutsch-französische Büro für die Energiewende (DFBEW)[20]. Es soll eine Informations- und Netzwerkplattform sein, die einen Know-how-Transfer über den Fortschritt der Energiewende ermöglicht. Auch durch die deutsch-französische Energieplattform in 2014 wurde das Feld um einen weiteren Akteur ergänzt. Diese entstand durch eine Kooperationsvereinbarung der Deutschen Energie-Agentur (dena) und der französischen *Agence de la transition écologique* (ADEME). Die Plattform wird durch das DFBEW unterstützt und sieht sich als Schnittstelle zwischen Politik, Wirtschaft und Wissenschaft. Ziel ist es, die Erfahrungen der nationalen Energieagenturen und relevanter Akteur:innen zu bündeln, um mit Erfolg einen Beitrag zur europäischen Energiewende zu leisten. Vor Erscheinung des Aachener Vertrags hatten diese in 2018 eine Stellungnahme veröffentlicht, wie die Themen „Energie" und „Klima" in einem „neuen Elysée-Vertrag" integriert werden könnten[21].

Auch auf lokaler Ebene fanden bereits vor dem Vertrag institutionalisierte Kooperationen statt. Unter Koordination von Energy Cities und dem Klima-Bündnis entstand 2014 das TANDEM-Projekt: Deutsch-französische Klimapartnerschaften für die lokale Energiewende. Das Projekt bietet Kooperations- und Austauschmöglichkeiten für Kommunen beider Länder an, um durch einen gegenseitigen Austausch neue Lösungsansätze für die Klima- und Energiepolitik zu entwickeln[22]. Eines der TANDEM-Projekte ist die Deutsch-Französische Energiewendewoche (DFEWW), die zum ersten Mal 2019 stattfand, jedoch vor Unterzeichnung des Vertrags von Aachen geplant worden war. Diese unterstützt teilnehmende Städte aus beiden Ländern bei der Durchführung verschiedener Aktionen zum Klimaschutz[23].

---

[20] H. Uterwedde, *Die deutsch-französischen Beziehungen: Eine Einführung*, Budrich, Stuttgart, 2019, S. 61.

[21] dena/ADEME, „Stellungnahme zur Integration der Themen Energie und Klima in einen neuen Élysée-Vertrag", 2018, https://www.bundestag.de/resource/blob/556374/bbabe0b8bb58f3f8ac9c1895eda74ca4/4-Dena-data.pdf, (12.12.2021).

[22] TANDEM, „Plan Climat-Energie Territorial und Klimaschutzkonzept: Praxis und Rahmenbedingungen in Frankreich und Deutschland", 2014, https://tandem-staedte.eu/die-partnerschaften/dokumente-die-partnerschaften/ (12.12.2021).

[23] TANDEM, „Deutsch-französische Energiewendewoche", 2021, https://tandem-staedte.eu/energiewendewoche/ (12.12.2021)

Ein Gremium, welches nach dem DFUR ein neuer Versuch war, die Zusammenarbeit in diesem Feld weiter zu institutionalisieren, ist die Meseberger Klima-AG (MBKAG). Im Rahmen der deutsch-französischen Regierungskonsultationen von Meseberg am 19. Juni 2018 beschlossen Bundeskanzlerin Merkel und der französische Präsident Macron, diese „gemeinsame interministerielle hochrangige Arbeitsgruppe zum Klimawandel", um die Zusammenarbeit zu verstärken und „gemeinsame Auffassungen zur Energiewende zu entwickeln"[24]. Diese ressortübergreifende Arbeitsgruppe zum Klimaschutz soll Gremien wie der deutschen Kohlekommission, dem französischen Klimarat oder dem deutschen Klimakabinett einen Austausch über institutionelle Ansätze ermöglichen[25]. Seit Gründung der MBKAG hat sich die Arbeitsgruppe viermal getroffen und wurde so zu einem weiteren Grundpfeiler in der Zusammenarbeit.

Trotz der breiten Vielfalt an bereits existierenden Institutionen und Organisationen in diesem Bereich, kann man 2018 in diesem Feld noch nicht von einer deutsch-französischen Klima- und Energiepolitik sprechen. Ist das fünfte Kapitel des Vertrags ein Versuch, dies zu erreichen? Fakt ist, dass dieser die Kooperation seit 2019 juristisch legitimiert. Im Folgenden soll näher darauf eingegangen werden, welche Auswirkungen der Vertrag auf den heutigen Stand der Klima- und Energiepolitik des deutsch-französischen Tandems hat.

Was brachte der Aachener Vertrag?

Vorerst ein kurzer Überblick zu der Entstehung des Vertrags, der durch eine parteiübergreifende Erklärung beider Parlamente, die am 22.01.2018 eine Resolution zur Stärkung der deutsch-französischen Beziehungen verabschiedeten, entstand. Die Arbeitsgruppe, die den neuen Vertrag ausarbeiten sollte, bestand aus neun deutschen und neun französischen Abgeordneten, darunter unter anderem Sabine Thillaye, heutige Vorsitzende des Europaausschusses der Assemblée nationale und die heutigen Vorsitzenden des Vorstands der deutsch-französischen parlamentarischen Versammlung (DFPV), Andreas Jung und Christophe

---

24 BMU, „Schulze und de Rugy bekräftigen enge Zusammenarbeit beim Schutz des Klimas und der biologischen Vielfalt", 2021, https://www.bmu.de/pressemitteilung/schulze-und-de-rugy-bekraeftigen-enge-zusammenarbeit-beim-schutz-des-klimas-und-der-biologischen-vielfalt (12.12.2021).

25 *Ibid.*

Arend[26]. Jahrzehnte nach dem Élysée-Vertrag sollte der neue Vertrag ein Fortschritt in der deutsch-französischen Dynamik sein, die durch die Wahl des französischen Präsidenten Macrons und seinen proeuropäischen Wahlkampf einen neuen Schwung bekommen hatte[27]. Der Vertrag sollte auch, laut Stefan Seidendorf, den „zentrifugalen Tendenzen begegnen und ein neues und starkes Zeichen der fortdauernden Gültigkeit der besonderen deutsch-französischen Kooperationsbeziehung setzen"[28]. Eine erfolgreiche Umsetzung der festgeschriebenen Ziele könnte Deutschland und Frankreich, so Christoph Bals, Geschäftsführer von Germanwatch, zur „Klima-Lokomotive"[29] für die EU werden lassen.

Trotz Erwähnung der Klima- und Energiepolitik in dem Vertrag wird diesem auch vorgeworfen, nicht konkret genug zu sein, zu „schwammig"[30] in der Festlegung gemeinsamer Ziele für die Bekämpfung des Klimawandels. Diese Kritik wurde auch von Abgeordneten aufgenommen wie Anton Hofreiter, dem ehemaligen Co-Fraktionsvorsitzenden der Grünen im Bundestag: „Das, was in Aachen beschlossen wurde, ist eine Zusammenarbeit auf Sparflamme". Das Kanzleramt und somit die schwarz-rote Koalition habe „viele Reformhoffnungen ausgebremst"[31]. Artikel 18 und 19 des Vertrages sind so verfasst worden, dass sie gemeinsame Bestrebungen in der Klima- und Energiepolitik und die Zusammenarbeit der beiden Staaten thematisieren, ohne dabei konkrete Ziele für eine deutsch-französische Politik in diesem Bereich anzugeben[32]. Der

---

26 Bundestag, „Un plaidoyer pour une coopération franco-allemande plus intense", 2021, https://www.bundestag.de/fr/documents/textarchiv/kw20-2018-elysee-554970, (12.12.2021).

27 H. Uterwedde, *Die deutsch-französischen Beziehungen: Eine Einführung*, *op. cit.*, S. 171.

28 St. Seidendorf, „Frankreich, Deutschland und die europäische Integration im Aachener Vertrag", *Integration* 42, 3, 2019, S. 200.

29 Germanwatch, „Neuer deutsch-französischer Vertrag legt Grundstein für gemeinsame Klimapolitik", 2019, https://germanwatch.org/de/16242, (12.12.2021).

30 S. Schwarz, Susanne, „Aachener Vertrag lässt CO_2-Preis". *Klimareporter,* 2019, https://www.klimareporter.de/europaische-union/aachener-vertrag-ohne-co2-steuer (12.12.2021).

31 ALS/DPA/AFP, „Tschechiens Ex-Präsident spricht von ‚Geheimvertrag'", 2019, https://www.spiegel.de/politik/ausland/vertrag-von-aachen-vaclav-klaus-kritisiert-geheimvertrag-zwischen-deutschland-und-frankreich-a-1249354.html (12.12.2021).

32 Art. 18: „Beide Staaten arbeiten darauf hin, den Prozess der Durchführung mehrseitiger Übereinkünfte in den Bereichen der nachhaltigen Entwicklung, der globalen

Vertrag soll als juristische Grundlage fungieren, der auch noch in den nächsten Jahrzehnten an Gültigkeit bewahren kann.

Ein Katalysator, der dafür gedacht wurde, die Versprechen des Aachener Vertrags im Bereich der Klima- und Energiepolitik zu verstärken, ist die Arbeitsgruppe „Green Deal" der DFPV. Befasst man sich mit dem Aachener Vertrag, kann diese Institution nicht ausgelassen werden, da zu ihren Hauptaufgaben zählt, die Bestimmungen des Élysée- sowie des Aachener Vertrags zu kontrollieren. Die Versammlung tagt im Plenum mindestens zweimal im Jahr abwechselnd in Deutschland und Frankreich und besteht aus je 50 Abgeordneten der französischen Assemblée nationale und des deutschen Bundestages[33]. In Rahmen der DFPV wurden Arbeitsgruppen einberufen, von denen eine sich mit dem European Green Deal beschäftigt. Diese soll Klimaschutzmaßnahmen auf internationaler und europäischer Ebene bilateral begleiten, die konkreten Umsetzungen des Green Deals in Deutschland und Frankreich vereinen und gemeinsame Vorschläge erarbeiten. Im Rahmen der letzten Plenarsitzung der DFPV am 28. Juni 2021 wurde ein gemeinsamer Beschluss verabschiedet. Dieser erwähnt den Zuspruch der Versammlung für die geplanten Maßnahmen der EU, die gemeinsamen Klimaziele bis 2030 anzuheben[34]. Bei der Lektüre des Beschlusses fällt auf, dass viele Vorschläge der Kommission zwar seitens der Parlamentarier:innen „unterstützt" werden, konkrete bilaterale Vorschläge, die weiter gehen als die

---

Gesundheit sowie des Umwelt- und Klimaschutzes, insbesondere das Übereinkommen von Paris vom 12. Dezember 2015 und die Agenda 2030 für nachhaltige Entwicklung der Vereinten Nationen, zu stärken. Zu diesem Zweck arbeiten sie eng zusammen, um gemeinsame Ansätze und politische Strategien zu erarbeiten, wozu auch die Schaffung von Anreizen für den Umbau ihrer Volkswirtschaften und die Förderung ehrgeiziger Maßnahmen zum Kampf gegen den Klimawandel zählen. Sie stellen die Berücksichtigung des Klimaschutzes in allen Politikbereichen sicher, unter anderem durch regelmäßigen, sektorübergreifenden Austausch zwischen den Regierungen in Schlüsselbereichen".

Art. 19: „Beide Staaten werden die Energiewende in allen einschlägigen Bereichen weiter vorantreiben; zu diesem Zweck bauen sie ihre Zusammenarbeit aus und stärken den institutionellen Rahmen zur Finanzierung, Vorbereitung und Umsetzung gemeinsamer Vorhaben, insbesondere in den Bereichen Infrastruktur, erneuerbare Energien und Energieeffizienz".

33 H. Uterwedde, *Die deutsch-französischen Beziehungen: Eine Einführung*, *op. cit.*, S. 171.

34 Deutscher Bundestag, „Ausschüsse – Arbeitsgruppe European Green Deal", 2021, https://www.bundestag.de/ausschuesse/weitere_gremien/deutsch_franzoesische_versammlung/egd (12.12.2021).

Vorschläge der Kommission jedoch seltener sind. Im Gegensatz dazu hatte Andreas Jung in einem Interview mit der CDU/CSU-Fraktion erklärt, Deutschland und Frankreich komme bei der Umsetzung des Green Deals eine besondere Verantwortung zu, die Arbeitsgruppe habe viele konkrete Vorschläge in den Beschluss integriert[35]. Einer dieser konkreten Vorschläge ist die Forderung der Parlamentarier, die Regierungen zu ermutigen, durch Zusammenarbeit eine gewisse Kohärenz im Emissionshandel zu schaffen[36]. Die mangelnde Konkretheit des Beschlusses kann auch daran liegen, dass die DFPV generell aufgrund unterschiedlicher Verhältnisse zur Exekutive keine für die nationalen Regierungen zwingenden Beschlüsse erlassen kann[37]. Sie kann dem Bundestag und der Assemblée nationale die gemeinsamen Entschließungen lediglich vorschlagen[38].

Auch wenn dem Vertrag mangelnde Konkretheit vorgeworfen werden kann, sind einige „prioritäre Vorhaben" bereits in den nationalen Vorhaben integriert. Bei Punkt 9 der Prioritären Vorhaben hat der Aachener Vertrag schon als gutes Werkzeug fungiert: Dieser besagt, dass die „Zusammenarbeit im Rahmen der bestehenden bilateralen hochrangigen Formate zu Energie und Klima, insbesondere zu den jeweiligen nationalen Energie- und Klimaplänen" (NCEP) gestärkt werden sollte[39]. Die NCEP, die jedes EU-Mitglied einreichen muss, wurden im Rahmen der Energieunion der EU entwickelt und dienen als Planungs- und Monitoringinstrumente zur Integration der nationalen Energie- und

35 CDU/CSU, „Deutschland und Frankreich haben besondere Verantwortung", 2021, https://www.cducsu.de/presse/texte-und-interviews/deutschland-und-frankreich-haben-besondere-verantwortung (12.12.2021).

36 *Ibid.*

37 Th. Nguyen, H. Heimbach, (2020): „Ein Vorbild für den Biparlamentarismus? Das deutsch-französische Modell". Hertie School – Jacques Delors Centre, 2020, S. 4, https://www.hertie-school.org/fileadmin/2_Research/1_About_our_research/2_Research_centres/6_Jacques_Delors_Centre/Publications/20201026_DE_Franco-German_Parliamentary_Assembly_by_Nguyen_and_Heimbach.pdf, (12.12.2021).

38 Artikel 6; Siehe Deutsch-französische Parlamentarische Versammlung, „Geschäftsordnung", 2021, https://www.bundestag.de/resource/blob/644932/37b5aab67807cd1dcf6272bc2fd6a4ba/geschaeftsordnung_dt_fr-data.pdf (12.12.2021).

39 Presse- und Informationsamt der Bundesregierung, „Deutsch-Französische Agenda", 2019, S. 2.

Klimapolitiken der EU-Mitgliedsstaaten[40]. Bei der Betrachtung des deutschen NCEP fällt tatsächlich auf, dass im Abschnitt der bilateralen Kooperationen besonders die Zusammenarbeit mit Frankreich dokumentiert wird. In diesem Rahmen wird sowohl die MBKAG als auch die Stärkung der Kooperation in diesem Bereich durch den Aachener Vertrag genannt. Als Kooperationen werden unter anderem die Projekte der deutsch-französischen Energieplattform genannt sowie die des deutsch-französischen Büros für Energiewende[41]. Auf französischer Seite des NCEP wird in dem Kapitel „Une coopération bilatérale franco-allemande renforcée pour favoriser le développement de solutions innovantes"[42] ebenfalls die verstärkte Zusammenarbeit der beiden Länder erwähnt. Allerdings ist insbesondere von einem bereits im Jahr 2018 eingereichten Projektantrag die Rede, der die Entwicklung innovativer, effizienter und nachhaltiger Lösungen für die Energiespeicherung und -verteilung betrifft[43]. Anders als im deutschen Plan werden hier weder der Aachener Vertrag noch die MBKAG explizit genannt. Wenn Punkt 9 der Vorhaben mit dem Vorsatz endet, ein „gemeinsames deutsch-französisches Kapitel in diesen Plänen zu erörtern", zeigt die beiderseitige Erwähnung immerhin, dass die Grundbausteine für ein zukünftiges gemeinsames Kapitel gelegt wurden.

Auch der Fokus auf die Zivilgesellschaft ist ein großer Bestandteil des Aachener Vertrags. Diese stellt sowohl in Frankreich als auch in Deutschland in den letzten Jahren einen zentralen Katalysator in den Maßnahmen zur Klima- und Energiepolitik dar. In beiden Ländern wurden nämlich die Regierungen nach Anträgen aus der Zivilgesellschaft durch höhere Instanzen wie das Bundesverfassungsgericht[44] und

---

40 BMWi, „Der integrierte nationale Energie- und Klimaplan", 2020, https://www.bmwi.de/Redaktion/DE/Downloads/I/der-integrierte-nationale-energie-und-klimaplan.pdf?__blob=publicationFile&v=6 (12.12.2021).

41 BMWi, „Integrierter Nationaler Energie- und Klimaplan", 2020, S. 42, https://www.bmwi.de/Redaktion/DE/Downloads/I/integrierter-nationaler-energie-klimaplan.pdf?__blob=publicationFile&v=4 (12.12.2021).

42 Europäische Kommission, „Plan National Intégré Énergie-Climat de la France", 2020, S. 135, https://ec.europa.eu/energy/sites/default/files/documents/fr_final_necp_main_fr.pdf (12.12.2021).

43 *Ibid.*

44 K. Rall, „Deutschland: Bundesverfassungsgericht kippt Klimagesetz". *Human Rights Watch*, 2021, https://www.hrw.org/de/news/2021/05/04/deutschland-bundesverfassungsgericht-kippt-klimagesetz (12.12.2021).

den Conseil d'État[45] dazu aufgefordert, ihre unzureichenden Klimaschutzgesetze zu überarbeiten. In der Fortsetzung des Élysée-Vertrags mit der Gründung des Deutsch-französischen Jugendwerks legt der Aachener Vertrag besonderen Wert darauf, die „beiden Völker einander noch näher zu bringen" (Art. 12). Grenzüberschreitende Zusammenarbeit fördert engere Beziehungen zwischen Bürger:innen, zwischen Unternehmen, zwischen Gebietskörperschaften und zwischen lokalen Akteuren (Art. 13 (1)) – und anders herum. Diese starke zivilgesellschaftliche Prägung ist laut Henrik Uterwedde eine Einmaligkeit[46]. Auch der Politikwissenschaftler Andreas Marchetti schreibt, der Aachener Vertrag stärke die dezentrale Zusammenarbeit auf europäischer und nationaler Ebene. Vor allem die regionale und lokale Zusammenarbeit wird intensiviert, womit er vor allem auf die zivilgesellschaftlichen Projekte anspielt[47]. Tatsächlich konnten die durch den Aachener Vertrag zur Stärkung der deutsch-französischen zivilgesellschaftlichen Projekte entstandenen Institutionen, der Deutsch-Französische Bürgerfonds oder das Deutsch-Französische Zukunftswerk, jetzt schon Erfolge verbuchen. Der Bereich Klima und Energie kam nicht zu kurz, denn der Fonds unterstützte im Juni 2021 achtzehn grenzüberschreitenden Initiativen für die Umwelt[48] und ein erster Schwerpunkt des Zukunftswerks war der ökologische Wandel. Das Zukunftswerk arbeitete z.B. mit der Gemeinde Loos-en-Gohelle im Norden Frankreichs, wo Ende der 1980er-Jahre durch die Schließung der Minen ein Strukturwandel vollzogen wurde. Bürger:innen initiierten eine Initiative, um diesen Wandel zugunsten regionaler Resilienz und des ökologischen Wandels zu begleiten. Vor allem deutsche Regionen könnten somit für ihren bevorstehenden Kohleausstieg

---

45 Conseil d'État, „Émissions de gaz à effet de serre : le Conseil d'État enjoint au Gouvernement de prendre des mesures supplémentaires avant le 31 mars 2022", 2021, https://www.conseil-etat.fr/actualites/actualites/emissions-de-gaz-a-effet-de-serre-le-conseil-d-etat-enjoint-au-gouvernement-de-prendre-des-mesures-supplementaires-avant-le-31-mars-2022 (12.12.2021).

46 H. Uterwedde, *Die deutsch-französischen Beziehungen: Eine Einführung*, *op. cit.*, S. 59.

47 A. Marchetti, „Durchbruch für die dezentrale deutsch-französische Zusammenarbeit. Perspektiven nach dem Vertrag von Aachen", *op. cit.*, S. 7 ff.

48 Deutsch-Französischer Bürgerfonds, „Initiatives locales pour l'environnement et le développement durable „, 2021, https://www.fondscitoyen.eu/actualites/initiatives-locales-franco-allemandes-environnement-presse (12.12.2021).

viel von der Region lernen. Ziel dieses Projekts ist es, Empfehlungen für die politische Ebene herauszuarbeiten[49].

Feststellungen und offene Fragen

Am 31. Mai 2021 fand ein deutsch-französischer Ministerrat statt. Auch wenn die Bewältigung der Covid-19 Pandemie das Hauptthema der Gespräche zwischen beiden Regierungen war, wurde gleichzeitig eine Bilanz der Umsetzung des Vertrags von Aachen gezogen. Zwei Dokumente wurden nach der Sitzung des Rates veröffentlicht[50]. Die „Deutsch-Französische Erklärung von Berlin" liest sich wie ein gemeinsames Positionspapier, dessen Adressaten die übrigen EU-Mitgliedstaaten bzw. europäischen Staaten sein könnten. Die zwei Regierungen („wir") beteuern gleich in der Einführung ihren Willen, ihre durch den Vertrag von Aachen gestärkte und erfolgreiche Zusammenarbeit in den Dienst der Ziele der EU zu stellen. Später werden der Ausschuss für grenzüberschreitende Zusammenarbeit und der Bürgerfonds erwähnt. Das andere Dokument ist ein detaillierterer Bericht über die „Umsetzung des Vertrages von Aachen und neue Projekte". Auch von Klima- und Energiepolitik ist hier die Rede. Allerdings wird der Erfolg des deutsch-französischen Bürgerfonds (Punkt 5) nicht ausdrücklich auf dieses Thema bezogen, obwohl der Fonds vom 5.6.2021 bis zum 7.7.2021 spezifisch grenzüberschreitende Initiativen für die Umwelt förderte. Der Bericht erwähnt 300 finanzierte Projekte, bestätigt, dass „neue Zielgruppen in der Zivilgesellschaft erreicht wurden", stellt also das gute Ineinandergreifen von top-down- und bottom-up-Dynamiken fest und bekennt „sich auch weiterhin dazu, niedrigschwellige Finanzierung zur Verfügung zu stellen, um innovative Ideen zu unterstützen"[51]. Der Fokus liegt beim Bürgerfonds auf deutsch-französischen Initiativen der Zivilbevölkerung, so bescheiden sie auch sein mögen: Umweltschutzprojekte

---

[49] Deutsch-Französisches Zukunftswerk (2021): „Loos-en-Gohelle", 2021, https://df-zukunftswerk.eu/wo-und-mit-wem/loos-en-gohelle/ (12.12.2021).

[50] Beide Texte können unter https://www.auswaertiges-amt.de/de/aussenpolitik/laender/frankreich-node/maas-frankreich-deutsch-franzoesischer-ministerrat-/2463854 heruntergeladen werden (12.12.2021).

[51] Bundesregierung (2021): „Umsetzung des Vertrages von Aachen und neue Projekte", 2021, https://www.diplomatie.gouv.fr/IMG/pdf/umsetzung_des_vertrags_von_aachen_und_neue_projekte.31.05_cle011d47-1.pdf (12.12.2021).

können unterstützt werden, andere Projekte auch. Die Ausschreibung vom Juni war eine von drei im Jahre 2021 und die einzige mit diesem Themenbereich. Ebenso unterstreicht Punkt 15, dass das deutsch-französische Zukunftswerk sich „in seinem ersten Arbeitszyklus mit der Analyse des ökologischen Wandels sowie mit wirtschaftlicher und sozialer Resilienz“[52] befasste. Weitere Arbeitszyklen werden also möglicherweise andere Schwerpunkte in den Vordergrund stellen. Sowohl beim Bürgerfonds als auch beim Zukunftswerk war es den Verfassern des Vertrags von Aachen wichtig, dass zwischen Zivilgesellschaften und/oder lokalen Akteuren der beiden Länder Kontakte geknüpft und Erfahrungen ausgetauscht werden (Art. 12: „Beide Staaten richten einen gemeinsamen Bürgerfonds ein, der Bürgerinitiativen und Städtepartnerschaften fördern und unterstützen soll, um ihre beiden Völker einander noch näher zu bringen.“). Gewettet wurde darauf, dass die geknüpften Kontakte nicht mit den Subventionen aufhören und dass allmählich „die deutsch-französische Freundschaft und Europa in der Breite der Bevölkerung erlebbar“[53] werden.

Die Verstetigung der Zusammenarbeit unterhalb staatlicher Ebene, die thematische Ausweitung deutsch-französischer Städtepartnerschaften um die Themen Energie und Klima waren allerdings Aspekte, deren Bedeutung 2018, also schon vor Entstehung bzw. in der Vorbereitung des Vertrags von Aachen von der Deutsch-französischen Energieplattform, der Deutschen Energie-Agentur (dena) und der französischen Energie- und Umweltagentur (ADEME) in der oben erwähnten „Stellungnahme zur Integration der Themen Energie und Klima in einen neuen Élysée-Vertrag“ hervorgehoben worden war. Damals sahen jedoch die drei Institutionen in dem Abschluss eines neuen Vertrags einen Gewinn, nur „wenn eine Überfrachtung durch einen Katalog von Einzelprojekten und Willensbekundungen vermieden“ werde. Der neue Vertrag solle „ein zentrales Instrument für eine wirksame, strategisch ausgerichtete, bilaterale und vor allem europäische Energie- und Klimapolitik“ darstellen[54].

---

52 *Ibid.*, S. 3: „Das Deutsch-französische Zukunftswerk wurde im Jahr 2020 errichtet und verfolgt das Ziel, Transformationsprozesse in beiden Ländern zu vergleichen und aus den vor Ort gemachten Erfahrungen sowie von den lokalen Akteuren zu lernen“.

53 Flyer des Bürgerfonds, 2021, https://www.buergerfonds.eu/ (12.12.2021).

54 dena/ADEME „Stellungnahme zur Integration der Themen Energie und Klima in einen neuen Élysée-Vertrag, *op. cit.*, S. 1 ff.

So präzis wie hier erwünscht ist der tatsächliche Vertrag von Aachen bestimmt nicht geworden und so zentralisierend und richtungsweisend scheinen weder der Bürgerfonds noch das Zukunftswerk zu fungieren. Ob aus der Vielfalt der unterstützten Projekte gleich auf „Überfrachtung" zu schließen ist, bleibt dahingestellt. Abgesehen davon, dass beide Organe erst vor kurzer Zeit ihre Arbeit aufgenommen haben, scheinen sie auch nach anderen Zielen ausgerichtet zu sein.

Ein paar Bemerkungen noch hierzu. Nicht nur ganz neue Projekte sind vom Bürgerfonds unterstützt worden, sondern auch Projekte von Organisationen, die schon vor Vertrag und Bürgerfonds in dem Feld tätig waren. TANDEM hilft, wie oben erwähnt, seit 2014 bei der Bildung von Klimaschutzpartnerschaften zwischen deutschen und französischen Städten. TANDEM wird im Rahmen der Europäischen Klimaschutzinitiative von Mitteln des Bundesministeriums für Umwelt und Naturschutz und der ADEME getragen und durch die Städtenetzwerke Energy Cities und Klima-Bündnis koordiniert[55]. TANDEM führt also schon seit gut sechs Jahren eine weitere Forderung der Deutsch-französischen Energieplattform, der dena und der ADEME in ihrer Stellungnahme aus, und zwar die „thematische Ausweitung deutsch-französischer Städtepartnerschaften um die Themen Energie und Klima". Die zweite von TANDEM organisierte deutsch-französische Energiewendewoche wurde zum Teil vom Bürgerfonds mitfinanziert, also mit Mitteln vom Bundesministerium für Familie, Senioren, Frauen und Jugend und vom französischen Bildungs- und Jugendministerium. Vor dem Vertrag oder nach dem Vertrag wurden die Aktionen folglich mit öffentlichen Mitteln finanziert, wenn auch nicht aus denselben Staatskassen. Für die Kommunen heißt es „nur", dass die Instanzen, an die sie ihre Finanzierungsanträge gerichtet haben, sich verschoben haben. Festzustellen ist, dass, wenn dank dem Vertrag nicht immer Neues entstanden ist, Bestehendes doch an zusätzlicher Legitimität gewonnen hat.

Auch in der Umsetzung des Vertrages von Aachen gewinnen die Leser:innen den Eindruck, dass der Vertrag als ein umfassender Rahmen verstanden werden muss, der nicht nur Neues ins Leben ruft sondern auch die Handlungswirksamkeit von schon existierenden Organen unterstützt. Punkt 9 erwähnt z.B. die Deutsch-Französische Meseberger

---

[55] TANDEM, „Über Tandem", 2021, https://tandem-staedte.eu/uber-tandem/ (12.12.2021).

Klima AG, gegründet 2018, und ihre 2019 erarbeiteten Positionen zum Europäischen Green Deal. Hier wird auch das Projekt Make Our Planet Great Again zitiert, das von Präsident Macron 2017, nach dem Pariser Klimaabkommen, initiiert worden war und am 1.10.2019 einen erneuten Aufschwung in der Präsentation eines deutsch-französischen Forschungsprojekts für Wissenschaftler aus aller Welt kannte:

> „Cette initiative commune illustre l'excellente coopération franco-allemande dans ce domaine, renforcée par le traité d'Aix-la-Chapelle signé le 22 janvier 2019, ainsi que l'attractivité des deux pays pour les scientifiques issus du monde entier. L'objectif est de proposer aux chercheurs les meilleures conditions possibles afin d'affronter efficacement l'enjeu fondamental que représente le changement climatique pour nos sociétés et l'environnement“[56].

Ein anderes Beispiel: Punkt 7 des Berichts thematisiert den Deutsch-französischen Wirtschaftspark in Fessenheim. Dieser wurde zwar nicht explizit im Vertrag genannt aber war unter Punkt 7 der prioritären Vorhaben, der „deutsch-französischen Agenda“, zu finden. Schon Anfang 2018 hatte eine territoriale Zusammenarbeit zwischen Deutschland und Frankreich in diesem Gebiet auf Initiative des französischen Staatssekretärs Sébastien Lecornu begonnen[57]. Auch wenn das für die Unterzeichnung des territorialen Projekts (1.2.2019) gewählte Datum seine Ausführung symbolisch unter die Schirmherrschaft des Vertrags von Aachen stellt, ist klar, dass dieser bei dem hochsensiblen Thema vor allem eine institutionelle Grundlage für die weiteren Verhandlungen zur Umsetzung liefert – etwa in der Form der Mitwirkung des Ausschusses für grenzüberschreitende Zusammenarbeit. Die notwendige und sorgfältige Koordinierung und Vernetzung zwischen älteren und neueren Strukturen dürfte bei der Umsetzung der Vorhaben entscheidend sein, dementsprechend vielleicht auch schwierig.

In beiden Dokumenten, dem Bericht und der Erklärung von Berlin, wird auf die Verknüpfung von deutsch-französischen und europäischen Interessen, die durch die „wichtigen Vorhaben von gemeinsamem

---

56 Ministère de l'Enseignement supérieur de la recherche et de l'innovation, „Make our Planet Great Again: conférence de lancement“, 2019, https://www.enseignementsup-recherche.gouv.fr/fr/make-our-planet-great-again-conference-de-lancement-46948 (12.12.2021).

57 C. Munsch, „Sébastien Lecornu lance la reconversion de la centrale de Fessenheim“. *France 3*. 2018, Online verfügbar unter https://france3-regions.francetvinfo.fr/grand-est/fessenheim-sebastien-lecornu-lance-dossier-reconversion-1404603.html, (12.12.2021).

europäischen Interesse“ (IPCEI) konkretisiert wird, hingewiesen. Bei IPCEI handelt es sich allerdings um Industriekooperation, nicht um zwischenstaatliche Kooperation. Die Frage stellt sich, wie über den Vertrag von Aachen konkrete Anreize für private Investitionen dieser Art geschaffen werden können. Das eine im Bericht erwähnte deutsch-französische Projekt, das IPCEI Wasserstoff, könnte bedeutende Fortschritte im Bereich Klima und Energie bringen. In Moselle und dem Saarland wird an dem Aufbau eines Wasserstoff-Clusters gearbeitet, der eine große Chance für den Strukturwandel in der Großregion und die Dekarbonisierung der Stahlindustrie wäre. Die Unternehmen Stahlholding Saar (SHS), CREOS, STEAG/Siemens und Saarbahn und die lothringischen Emil'Hy und H2VSt Avold haben im Februar 2021 „ein gemeinsames Chapeau-Dokument, das den Verbundcharakter der einzelnen IPCEI-Projektanträge beschreibt, auf den Weg gebracht“[58]. Hilfe wollten im Mai 2021 zwei Abgeordnete der Moselle, Hélène Zannier und Christophe Arend (auch Co-Vorsitzender der DFVP) leisten, indem sie ein Unterstützungsschreiben an beide Regierungen richteten: Bei den Wirtschaftsministerien liefen nämlich die Interessenbekundungsverfahren um EU-Genehmigung für ein IPCEI[59]. In dem von der DFPV veröffentlichten Beschluss vom 28. Juni 2021 blieben auch hier die Empfehlungen der Versammlung an beide Regierungen allgemein: „Deutschland und Frankreich müssen die europäische Wasserstoffstrategie ehrgeizig umsetzen, indem sie die Strukturierung der Wasserstoffwirtschaft durch Innovationsprojekte erleichtern und unterstützen“[60]. Dies ist verständlich, denn viele Projekte konkurrierten. Die deutschen Wirtschafts- und Verkehrsministerien hatten am 28. Mai bekannt gegeben, dass aus 230 Projektskizzen 62 Wasserstoff-Großprojekte ausgewählt worden waren[61].

---

[58] Ministerium für Wirtschaft, Arbeit, Energie und Verkehr – Saarland, „Deutsch-französische Unterstützung für grenzüberschreitende Wasserstoffallianz “, 2021, https://www.saarland.de/mwaev/DE/aktuelles/aktuelle-meldungen/medieninfos/pm_2021_05_20_grenzueberschreitende_wasserstoffallianz.html (12.12.2021).

[59] *Ibid.*

[60] Deutsch-Französische Parlamentarische Versammlung, „Beschluss vom 28. Juni 2021 zum European Green Deal“, 2021, S. 4., https://www.bundestag.de/resource/blob/866570/2345018a00ca6ffa4f7b8d24a304778b/2021_3_european_green_deal-data.pdf (12.12.2021).

[61] IHK Karlsruhe, „Bundesregierung verkündet Forderung für 62 Wasserstoff-IPCEI“. 2021, https://www.karlsruhe.ihk.de/fachthemen/energie/energie-aktuell/archivenergie2021/bundesregierung-verkuendet-foerderung-fuer-62-wasserstoff-ipcei-5148614 (12.12.2021).

Es solle „die Produktion neuer Elektrolyseure unterstützt und ein Fahrplan für den Einsatz von Wasserstoff bei Industrieprozessen und bei den schweren Mobilitätsarten festgelegt“[62] werden, schreibt die DFPV. Konkretere Empfehlungen über diesen Fahrplan werden vorerst nicht formuliert.

Vielleicht fehlt einfach bis jetzt nur die Zeit. Aus dem Bericht des Ministerrats geht hervor, dass viele Projekte noch in der Entwicklung sind oder auf Machbarkeit geprüft werden, wie die Reaktivierung von grenzüberschreitenden Verkehrsverbindungen zwischen Freiburg und Colmar bzw. Rastatt und Hagenau. Der deutsch-französische Ausschuss für grenzüberschreitende Zusammenarbeit, der sich am 22. Januar 2020 konstituiert hat, habe ja auch gerade sein erstes Paket von Empfehlungen dem Ministerrat zur Kenntnis gebracht[63].

Schlussbetrachtung

Ziel des 1963 unterschriebenen Élysée-Vertrags war, den Frieden und die Stabilität im europäischen Raum durch eine starke deutsch-französische Partnerschaft zu gewährleisten. Im Jahr 2021, mehr als 58 Jahre nach Unterzeichnung des Vertrags, ist die Bekämpfung des Klimawandels eine der großen Herausforderungen. Der Aachener Vertrag, anders als der Élysée-Vertrag, hat diese Frage in seinem 5. Kapitel zur Klima- und Energiepolitik und in seinen prioritären Vorhaben thematisiert; manche Beobachter:innen sehen in ihm einen neuen „Grundstein für eine gemeinsame Klimapolitik“[64]. Zwar existierten schon Institutionen und Strukturen der deutsch-französischen Zusammenarbeit im Bereich Klima und Energie seit geraumer Zeit, auch wenn die meisten – oder die bekanntesten – in den 2010er- Jahren entstanden. Der Vertrag von Aachen setzte aber die Ziele des Pariser Abkommens und der Agenda 2030 auf das Programm der deutsch-französischen Zusammenarbeit. Er verlieh dadurch den schon unternommenen Aktionen zusätzliche Legitimität und den kommenden Projekten einen juristischen Rahmen.

---

62 Deutsch-Französische Parlamentarische Versammlung, „Beschluss vom 28. Juni 2021 zum European Green Deal“, *op. cit.*, S. 4.

63 Bundesregierung „Umsetzung des Vertrages von Aachen und neue Projekte“, *op. cit.*,S. 2.

64 Germanwatch, „Neuer deutsch-französischer Vertrag legt Grundstein für gemeinsame Klimapolitik“, 2019, https://germanwatch.org/de/16242 (12.12.2021).

Eben als Rahmen oder als allgemeiner „Fahrplan" (nach dem aussagekräftigen Ausdruck der DFPV) soll der Vertrag fungieren und dies nicht nur im Bereich Klima und Energie sondern auch in vielen anderen Bereichen. Konkrete Pläne und Maßnahmen zur Erreichung der Ziele sollen ja in diesem Rahmen von den verschiedenen und verschiedensten Akteuren entworfen werden. Ein erster Erfolg, der auf das Konto des Vertrags geht, ist eindeutig die Miteinbeziehung der Zivilgesellschaft, die positiv auf die Gründung des Bürgerfonds und des Zukunftswerkes reagierte und sich dieser neuen Werkzeuge bediente: Eben im Bereich Umweltschutz und ökologischer Wandel wurden die lokalen Akteure in beiden Ländern gemeinsam aktiv. Corine Defrance und Tanja Herrmann schreiben in den *Notes de l'IFRI* vom Dezember 2021: „Si l'OFAJ se voit souvent qualifié de „plus bel enfant du traité de l'E'lyse'e", le bilan que le Fonds citoyen franco-allemand a su mettre à son actif en deux ans n'a pas tardé à lui valoir le titre de „plus bel enfant du traité d'Aix-la-Chapelle"[65]. Es scheint also, dass beide Prozesse, top-down und bottom-up, bis jetzt tatsächlich gut ineinandergreifen konnten.

Eine andere Dynamik ist ohne Zweifel für weitere Erfolge auch von Bedeutung, nämlich die Koordinierung und Vernetzung zwischen älteren (vor dem Vertrag entstandenen) und neueren (durch den Vertrag initiierten) Strukturen. Die Zeit wird zeigen, ob diese Dynamik auch funktioniert und ob die deutsch-französischen Organe, Räte, Arbeitsgruppen schließlich deutsch-französische konkrete Vorschläge unterbreiten, die vielleicht in der EU zu gebrauchen wären. So eine Äußerung beider Regierungen bezüglich des Emissionshandelssystems ist schon in der Erklärung von Berlin zu lesen[66]. Zeit war allerdings noch wenig seit Januar 2019, zudem die Covid-19 Pandemie vieles erschwerte und bevorstehende Regierungswechsel, in der Bundesrepublik zuerst und nun auch in Frankreich, andere Fragen aufwarfen und aufwerfen – werden die neuen Regierungen zukünftig weiterhin tatkräftig an einem Strang ziehen? Zumindest im Bereich Klima und Energie ist die Frage berechtigt.

---

65 C Defrance, T. Herrmann, „Société civile franco-allemande : enjeu et acteur des relations bilatérales. Bilan et perspectives après la signature du traité d'Aix-la-Chapelle". *Visions franco-allemandes*, n° 32, IFRI, 2021, S. 24, https://www.ifri.org/fr/publications/notes-de-lifri/visions-franco-allemandes/societe-civile-franco-allemande-enjeu-acteur (12.12.2021).

66 Bundesregierung, „Deutsch-Französische Erklärung von Berlin", 2021, S. 5, https://www.bundesregierung.de/breg-de/suche/deutsch-franzoesische-erklaerung-von-berlin-1919726, (12.12.2021).

Rééducation an der Universität Mainz. Die Studentenzeitschrift „Die Burse" 1947/1948

Michael Kissener

Dass eine Besatzungsmacht dem besetzten Land als eine ihrer ersten Maßnahmen eine neue Universität schenkt, dürfte in der Geschichte militärischer Besatzungsherrschaften ein selten anzutreffendes Phänomen sein. Im rheinhessischen Mainz, das im Norden der von Frankreich am 10. Juli 1945 übernommenen Besatzungszone in Deutschland gelegen war, wurde dies Wirklichkeit.

L'Université de Mayence

Schon 1477 war hier eine Universität gegründet worden, die allerdings im Gefolge der französischen Revolutionskriege „untergegangen", vielleicht auch nur allmählich „eingeschlafen" war. Im 19. Jahrhundert existierte daher in Mainz keine Hochschule mehr. Schon während der französischen Rheinlandbesetzung nach dem Ersten Weltkrieg von 1918 bis 1930 aber kamen erste Pläne auf, mit französischer Hilfe hier eine neue Universität zu gründen. Während diese sich in der von nationalem Egoismus dominierten Zeit nicht realisieren ließen, war nach der Katastrophe des Zweiten Weltkrieges und den von Deutschland zu verantwortenden Menschheitsverbrechen die Lage grundlegend anders und damit weitaus günstiger, um solche Pläne zu verwirklichen[1]. Interessierte Kreise der Stadt wie aus der katholischen Kirche in Mainz intervenierten

---

1 Siehe hierzu M. Matheus, „Die ‚alte' Universität Mainz und ihre Bedeutung für die Wiedergründung 1946", *In 75 Jahre Johannes Gutenberg-Universität Mainz. Universität in der demokratischen Gesellschaft,* Hrsg. vom Präsidenten der Johannes Gutenberg-Universität Mainz, Regensburg 2021, S. 27–39.

daher schon früh bei den Besatzungsbehörden, um den Plan einer Universitätsneugründung Wirklichkeit werden zu lassen[2]. Ihre Ideen fielen auf fruchtbaren Boden, nicht zuletzt weil die für die Universitäten zuständige Direction de l'Éducation Publique unter Führung des aus einer elsässischen Familie mit deutscher Mutter stammenden Raymond Schmittlein[3] die enormen Chancen erkannte, die eine Universitätsgründung für die französischen Interessen und das Ansehen Frankreichs in den besetzten deutschen Gebieten in einer Zeit haben konnte, in der die staatliche Zukunft insbesondere auch der linksrheinischen deutschen Gebiete völlig offen erschien. In einem Memorandum vom 25. Februar 1946 stellte General Schmittlein fest, „Mayence … deviendrait rapidement … un centre d'attraction culturelle très puissant où l'influence française aurait d'immenses possibilités de rayonnement", wenn man hier nur eine Universität gründe. Frankreich könne hier gleichsam moralische Eroberungen machen, wenn die Menschen „la glorieuse ville de Gutenberg renaître de ses cendres sous l'impulsion des autorités françaises" sähen. Im Übrigen gelte: „Seule l'existence d'universités d'un type nouveau permettra à la Direction de l'Education Publique d'entreprendre avec quelque chance de succès la rééducation des élites"[4].

Tatsächlich wurde in einer ehemaligen Wehrmachtskaserne am 22. Mai 1946 mit massiver Unterstützung der französischen Besatzungsmacht eine neue Mainzer Universität gegründet, die den Namen des größten Sohnes der Stadt, des Erfinders des modernen Buchdrucks, Johannes Gutenberg, erhielt[5].

---

2 Siehe dazu die Dokumente bei H. Mathy (Bearb.) *In* M. Eibel (Hrsg.) *Die Wiedereröffnung der Mainzer Universität1945/46. Dokumente, Berichte, Aufzeichnungen, Erinnerungen, i. Auftrag der „Freunde der Universität Mainz"*, Mainz 1966.

3 Zu Schmittlein siehe C., Defrance, „Raymond Schmittlein (1904–1974). Leben und Werk eines französischen Gründungsvaters der Universität Mainz", *In* M. Kißener, H. Mathy (Hrsg.), *Ut omnes unum sint (Teil 1). Gründungspersönlichkeiten der Johannes Gutenberg-Universität*, Stuttgart 2005, S. 11–30 und C. Defrance, „Raymond Schmittlein (1904–1974). Ein Kulturmittler zwischen Deutschland und Frankreich?", *In* F. Beilecke, K. Mametschke (Hrsg.), *Der Intellektuelle und der Mandarin. Für Hans Manfred Bock*, Kassel 2005, S. 481–502.

4 Abdruck des Memorandums bei P. Brommer, (Bearb.), *Quellen zur Geschichte von Rheinland-Pfalz während der französischen Besatzung März 1945 bis August 1949*, Mainz 1985, Dok. 59, S. 151–160.

5 Siehe hierzu im Überblick C. Defrance, „‚Das Wunder von Mainz'. Die Franzosen und die Gründung der JGU", *In 75 Jahre Johannes Gutenberg-Universität Mainz, op. cit.*, S. 43–55 und M. Kißener, H. Mathy (Hrsg.), *Ut omnes unum sint T. 1 und*

Nach einer Reihe einschlägiger Studien, vor allem von Corine Defrance[6], wissen wir heute, dass der französische Anspruch, eine Universität neuen Typs zu gründen, die sich von der negativ bewerteten deutschen Universitätstradition abheben sollte, nur bedingt gelungen ist. Zwar konnte man durchaus eine überwiegend politisch wenig oder unbelastete Professorenschaft für die neue Universität gewinnen und etwa mit der Einführung eines umfassenden Studiums Generale Akzente in der Umerziehung und politischen Bildungsarbeit setzen. Doch schon in der regionalen, möglichst rheinischen Verwurzelung des Universitätspersonals oder der Abkehr vom traditionellen Berufungsweg der Professorenschaft über die Habilitation waren bald Abstriche zu machen. General Schmittlein selbst sah wohl mehr als einmal sein Reformwerk als gefährdet an[7].

Nur wenig ist in diesem Zusammenhang jenseits von singulären Zeitzeugenerinnerungen[8] auch darüber bekannt, wie die politische Umerziehung, vor allem Demokratisierung der Mainzer Studierendenschaft gelang, welche Maßnahmen an der neuen Universität mit Hilfe der französischen Besatzungsmacht dazu ergriffen wurden und wie diese bei den Studierenden ankamen. Angesichts des Fehlens von repräsentativen Meinungsumfragen unter den Studierenden der Nachkriegszeit kommt daher einer bislang unbeachteten Quelle einige Bedeutung zu,

---

2. Gründungspersönlichkeiten der Johannes Gutenberg-Universität, Stuttgart, 2005 und 2006.

6 Siehe die Zusammenfassung der Forschungserträge mit Angabe vorausgehender Arbeiten in dem Beitrag Defrance, Das „Wunder von Mainz", *op. cit.*

7 M. Kißener, „Kontinuität oder Wandel? Die erste Professorengeneration der Johannes Gutenberg-Universität Mainz", *In Ut omnes unum sint (Teil 1). Gründungspersönlichkeiten der Johannes Gutenberg-Universität, op. cit.*, S. 97–123; F. Hüther, „Diversität und Korpsgeist. Die Berufung der ersten Mainzer Professoren", *In 75 Jahre Johannes Gutenberg-Universität Mainz, op. cit.*, S. 364–377; K. Krämer, „Das Studium Generale an der JGU. Streben nach einer fundierten Allgemeinbildung", *In Ibid.*, S. 552–559.

8 Siehe etwa P. Manns, *Höchstpersönliche Erinnerungen an einen großen Franzosen und die bewegten Jahre der Wiederbegründung einer alten Universität. In memoriam Raymond Schmittlein*, Mainz, 1978 ; K. Holzamer, B. Krammer, *Lebensreise zwischen Philosophie und Fernsehen. Erfahrungen, Erlebnisse, Begegnungen im 20. Jahrhundert*, Mainz, 2003; Sammlung von Zeitzeugenberichten auf der homepage des Forschungsverbundes Universitätsgeschichte, URL: https://www.ub.uni-mainz.de/de/forschungsverbund-universitaetsgeschichte/zeitzeugenerinnerungen (2.7.2022).

die im Folgenden ausgewertet werden soll: der Studentenzeitschrift „Die Burse“.[9]

Eine Studentenzeitschrift für die Universität Mainz

„Die Burse“ erschien in vier umfänglichen Heften im Format 15 x 22,5 cm in den Jahren 1947 und 1948 zum Preis von einer Reichsmark pro Heft und war über den Buchhandel zu beziehen. Den Druck übernahm nach Autorisation durch die französischen Besatzungsbehörden die Mainzer Verlagsanstalt, 1948 auch einmalig der Florian Kupferberg Verlag Mainz. Dafür waren jeweils 900 kg Papier der Klasse 1 und für den Umschlag 100 kg Papier der Klasse 2 notwendig, für die die Besatzungsmacht in Zeiten großen Papiermangels sorgte. Die Auflagenhöhe betrug 10.000 Exemplare, mit denen nicht nur die JGU in Mainz, sondern auch die Dolmetscherhochschule in Germersheim und die Verwaltungshochschule in Speyer (alle französische Gründungen) versorgt wurden[10].

Die Redaktion lag in den Händen der Studenten Rudolf Fröhling und Bruno Hilt. Nach dem Lizenzierungsantrag sollte auch der Kommilitone Heinrich Schneekloth als verantwortlicher Redakteur wirken[11]. Der aus Koblenz stammende kriegsversehrte Hilt (Jahrgang 1923) studierte Rechtswissenschaften an der Johannes Gutenberg-Universität mit dem Ziel Wirtschaftsjurist zu werden. Er war Mitglied der Hitler Jugend (HJ) gewesen, hatte ansonsten aber keinerlei engere Beziehungen zum National-Sozialistischen (NS)-Staat gehabt[12]. Heinrich Schneekloth (Jahrgang 1924) war in Ludwigshafen/Rhein geboren, studierte Nationalökonomie und hatte sich – eignen Angaben zufolge – stets distanziert zum Nationalsozialismus verhalten. In seinen

---

9 „Die Burse“ ist digitalisiert einsehbar unter: https://gutenberg-capture.ub.uni-mainzt.de/histbuch/periodical/titleinfo/341009 (2.7.2022).

10 Siehe Impressum Die Burse 1 (1947), S. 40 und Ministère de l'Europe et des Affaires Étrangères (MAE), Direction des Archives La Courneuve (im Folgenden: MAE Archives La Courneuve), 1 AC/891, Dossier 13, Demande de Licence d'édition, 1.8.1947.

11 S. Impressum Die Burse 1 (1947), S. 40 und Lizenzierungsantrag vom 1.8.1947. Im Impressum des 2. Jahrgangs wird der Name Hild mit ‚t‘ am Ende geschrieben.

12 MAE Archives La Courneuve, 1 AC 891, Dossier 13, Entnazifizierungsbogen (Questionnaire) Bruno Hilt, 5.8.1947.

Entnazifizierungsunterlagen gab er an, nicht nur wegen Desinteresses aus dem Jungvolk ausgeschlossen worden zu sein, sondern sich „durch nicht-faschistischen Umgang und Verkehr vor der allgemeinen Verdummung" im Nationalsozialismus bewahrt zu haben[13]. Der entscheidende Motor der Studentenzeitschrift sollte aber schließlich Rudolf Fröhling (Jahrgang 1920) werden, der sich nach einem anfänglichen Medizinstudium in Frankfurt a. M. (auch schon während des Krieges) in Mainz für Volkswirtschaftslehre im Hauptfach, Jura und Betriebswirtschaftslehre im Nebenfach eingeschrieben hatte und danach strebte Wirtschaftsjournalist zu werden. Fröhling hatte eine Stelle als Hilfskraft in der Universitätsverwaltung inne, auf der er als eine Art „Pressesprecher" der Universität fungieren sollte, und deshalb von seinem Dienstzimmer (Nr. 43) aus die Redaktionsleitung übernehmen konnte[14]. Fröhling hatte ein gewisses problematisches politisches Vorleben gehabt: Er war seit 1938 Parteianwärter gewesen, hatte als Gefolgschaftsführer in der HJ fungiert und war seit 1944 zum kommissarischen Außenamtsleiter im Nationalsozialistischen Deutschen Studentenbund ernannt worden. Das war den Besatzungsbehörden bekannt und führte auch einmal zu einer kritischen Überprüfung seiner Vergangenheit durch die französischen Sicherheitsbehörden. Aber Fröhling konnte diese „Belastungen" als gegen seinen Willen erfolgte Ernennungen erklären und vor allem durch die Bescheinigungen eines französischen Zwangsarbeiters und eines KZ-Opfers relevante Aktivitäten nachweisen, die ihn in einem anderen Licht zeigten. Ein französischer Student und ehemaliger Zwangsarbeiter namens R. Ballet aus Villeurbanne erklärte mit Schreiben vom 3. Juli 1945, dass Fröhling französischen Zwangsarbeitern in Frankfurt mehrfach geholfen und sich um sie gekümmert habe. Er sei sogar bei der Gestapo vorstellig geworden, wenn diese sich gegen die Franzosen gewandt habe. Auch Margarete Spreier, die selbst im KZ Ravensbrück inhaftiert gewesen und deren jüdischer Ehemann in Auschwitz ermordet worden war, bescheinigte Fröhling in einem Brief vom 8. Juli 1945: „Herr Fröhling war einer der wenigen Deutschen in Frankfurt, der

---

13 MAE Archives La Courneuve, 1 AC 891, Dossier 13, Entnazifizierungsbogen (Questionnaire) Heinrich Schneekloth, 30.7.1947 und Renseignements désirés, 30.7.1947.

14 So ein Hinweis im Impressum der Burse 2 (1948).

den jungen Franzosen Freund und Helfer in der Not war"[15]. Fröhlings Interesse galt auch nach dem Krieg Frankreich. Er sprach gut Französisch und war nicht zuletzt wegen des französischen Einflusses in Mainz an die Johannes Gutenberg-Universität gewechselt. In seiner Bewerbung um einen Studienplatz in Mainz betonte er: „Meine besondere Neigung gilt dem großen französischen Nachbarvolk, in dessen Sprache und Kultur ich tief eindringen möchte, um später zu meinem Ziel zu gelangen, an der dauernden Verständigung unserer beiden Völker mitarbeiten zu können"[16].

In einer Art Eckpunktepapier vom 25. September 1947 brachte er seine Ideen für eine Mainzer Studentenzeitung, mit deren Herausgabe ihn Rektor Schmid und der Allgemeine Studentenausschuss (AStA) der Universität beauftragt hätten, zu Papier. Ziel müsse es sein, eine Studentenzeitung zu schaffen, die frei von Parteipolitik und konfessioneller Einseitigkeit sei. Sie solle zur „Klärung der geistigen Situation der akademischen Jugend beitragen … wobei die schicksalhafte Verbundenheit dieser Jugend mit den Schaffenden aller Volksschichten" zu betonen sei. Der Verzicht auf Parteipolitik könne jedoch nicht bedeuten, dass nicht auch „jene Probleme grundsätzlicher Art zur Diskussion kommen, vor die sich die junge deutsche Heimkehrer-Generation im politischen, kulturellen, sozialen, wirtschaftlichen und – nicht zuletzt – religiösen Bereich gestellt sieht." Die Mainzer Studentenzeitung solle die intendierte Internationalität der Johannes Gutenberg-Universität fördern und „zur Festigung der jungen rheinhessischen Hochschulen [sic!], zur politischen Willensbildung ihrer Studenten und zum Heranbilden einer internationalen, humanitären Gesinnung in der deutschen Jugend beitragen"[17]. In der ersten Nummer der „Burse" präzisierte Fröhling sein Ziel weiter: „im Geiste des UT OMNES UNUM SINT", das war das selbstgewählte Motto der neu gegründeten Universität, müsse die „Burse" „zu der Begründung einer neuen Gemeinschaftsgesinnung bei[zu]tragen, die ihre stärksten Antriebe aus dem Bewußtsein der schicksalhaften

15 MAE Archives La Courneuve, 1 AC/891, Dossier 13, Entnazifizierungsbogen R. Fröhling, Declaration de R. Ballet aus Villeurbanne, 3. Juli 1945; Bescheinigung von Margarete Spreier, 8.7.1945.

16 UA Mainz Best. 91, Nr. 2915 Studienakte R. Fröhling, handschriftlicher Lebenslauf vom 25.9.1946.

17 MAE Archives La Courneuve, 1 AC/891, Dossier 13, Antragsunterlagen zur Lizenzierung der „Burse", 25.9.1947.

Verbundenheit mit dem ganzen Volke und der unzerstörbaren Kraft des gemeinsamen abendländischen Kulturerbes empfängt". Auch der Rektor der Universität, Augustin Reatz[18], war ein Verfechter der hier angesprochenen Abendlandidee, die eine Einheit der westeuropäischen Völker in einer gemeinsamen christlichen Werthaltung propagierte[19]. Deshalb empfahl er in seinem Geleitwort, ebenfalls mit dieser Zeitschrift „ein neues ideales Band zur Jugend anderer Völker" zu knüpfen[20].

Fröhling rannte mit seinem Plan bei der französischen Besatzungsmacht ganz offensichtlich offene Türen ein und wurde großzügig unterstützt. Zwar belegen die Unterlagen der französischen Besatzungsverwaltung, dass man Erkundigungen einholte über die Autorinnen und Autoren der „Burse" und auch mit M. Maréchal ein Offizier bestimmt wurde, der für die Zensur des Blattes zuständig sein sollte. Doch die fiel denkbar sanft aus und wurde im Wesentlichen durch die „rechte Hand" von Raymond Schmittlein, Irène Giron, ausgeübt. Sie gab beispielsweise bei einem Artikel, der die Zustände an der Universität Frankfurt kritisierte, zu bedenken, ob es angängig sei, sich über die Hochschulen in anderen Besatzungszonen negativ zu äußern oder fand es problematisch, wenn sich die Studierenden in einem Artikel gegen eine neu eingeführte Zwischenprüfung wehren wollten. Aber harsche Verbote sprach sie nicht aus, wollte eher mit Hinweisen auf bedeutsame Forschungsliteratur aus Frankreich helfen und stand dem ganzen Vorhaben wohlwollend gegenüber. Einige von ihr kritisierte Beiträge erschienen im Übrigen trotzdem[21].

---

18 Zu Reatz siehe J. Siggemann, „August Reatz (1889–1978). Katholischer Theologe und erster gewählter Rektor", *In Ut omnes unum sint (Teil 1). Gründungspersönlichkeiten der Johannes Gutenberg-Universität, op. cit.*, S. 81–95.

19 Zur Abendlandidee im deutsch-französischen Kontext siehe W. Becker, M. Sagnier und H. Platz, „Eine frühe Wahrnehmung und Würdigung des ‚Sillon' in der Münchner Zeitschrift ‚Hochland'", *Zeitschrift für Bayerische Landesgeschichte,* 68, 2005, S. 1109–1129.

20 R. F., „Die siebzehnte Studentenzeitung?", *Die Burse,* 1, 1947, S. 1 f.; A. Reatz, „Ein Geleitwort", *Die Burse,* 1, 1947, S. 3.

21 MAE Archives La Courneuve, 1 AC/891, Dossier 13, S. z.B. Renseignements über die Autoren Bellm, Zander, Engel. Die Zensur von Giron ist möglicherweise auch erst im Nachhinein erfolgt – dies legen die undatierten handschriftlichen Bemerkungen Girons nahe, die im Zusammenhang mit Korrespondenz im April 1948 abgelegt wurden. Gegenüber dem Kurator der JGU Eichholz äußerte sich Giron in einem Schreiben vom 2.1.1948 positiv über die „Burse" und teilte dessen skeptische Sicht auf einen Artikel nicht. Zur insgesamt milden französischen Zensur s. Schölzel, Stephan, Die Pressepolitik in der französischen Besatzungszone 1945–1949,

Als „Die Burse“ ihr Erscheinen bereits 1948 infolge der Währungsreform, die zur Finanzknappheit führte, einstellen musste, wurde eine neue Studentenzeitschrift geplant, die gemeinsam von den Studierenden der Universitäten Köln, Bonn, Mainz und Frankfurt a.M. herausgegeben werden sollte. Diese Idee unterstützte Raymond Schmittlein mit viel Nachdruck, weil er hoffte, damit die „Verbundenheit des rheinischen Kulturraums“ zu unterstützen und weil damit die Chance bestand, dass „die Johannes Gutenberg-Universität in Mainz zum Wortführer der westdeutschen Studenten auf publizistischem Gebiet“ werden könnte. Folglich war er bereit, dafür erhebliche finanzielle Mittel bereitzustellen.[22] Dennoch kam es nicht zu dieser gemeinsamen Studentenzeitung. So wurde am Ende eine neue Studentenzeitschrift nur für die Universität Mainz aufgelegt, die den prosaischen Namen „Mainzer Studenten-Zeitung“ trug.

Mainzer Studierende und ihre demokratische Neuorientierung

Was die „Burse“ der universitätsgeschichtlichen Forschung bietet, sind Einblicke in die Lage und Haltung der ersten Mainzer Studierendengeneration, eine genaue Vorstellung des konkreten Anforderungsprofils für die politische Neuorientierung, das von französischer wie deutscher Seite den Studierenden nahegebracht wurde, und eine sehr plastische Vorstellung von den konkreten Maßnahmen, die zur Umerziehung der neuen akademischen Elite ergriffen wurden. Nimmt man die vielfältig abgedruckten Stimmen zu diesen Maßnahmen ernst, so lässt sich pars pro toto mit aller Vorsicht auch einiges über deren Wirkung auf die Studierendenschaft aussagen.

Mainz 1986, S. 83, 89, 144, der auch angibt, dass 1947 lediglich eine „Nachzensur“ geübt worden sei.

22 UA Mainz, Bestand 01-243 (2/2), Kurator Eichholz an General Schmittlein, 25.11.1948, Aktennotiz Fröhling, 24.8.1948 und 12.10.1948.

Zur Lage und Haltung der ersten Mainzer Studierendengeneration

Wie kaum anders zu erwarten, stellt sich die Mainzer Studierendenschaft in den Jahren 1947/1948 im Spiegel der „Burse" äußerst heterogen dar.

Vor allem eines einte sie: der Mangel an Nahrung und Wohnraum sowie denkbar schlechte Berufsaussichten in praktisch allen Bereichen, insbesondere aber für Juristen und Mediziner. Ob und wenn ja, wann sich die Lage bessern würde, war in diesen Jahren völlig unklar, das Studium gleichsam ein ungedeckter Wechsel auf eine bessere Zukunft. Dies hinterließ Spuren, nicht nur, weil die Sicherung des alltäglichen Bedarfs Aufwand verlangte, der von der Studienzeit abging, sondern auch zumindest periodisch Zukunftsängste auslöste. Die kriegszerstörte Stadt vermittelte mit ihren Ruinen in dieser Situation kaum Hoffnung, die Fahrt zum Campus in überfüllten, meist unpünktlichen Bahnen war ein Abenteuer, und auch in den oft ungeheizten Hörsälen der Universität, wo man dicht gedrängt, teils auf den Stufen sitzen musste, erwartete die Studierwilligen ebenso wenig Komfort wie bei der Essenausgabe der Mensa. Dass handwerkliche Hilfsdienste zum weiteren Ausbau der Universität von allen Studienanfängern gefordert wurden, belastete ein weiteres Mal[23]. Die Not- und Mangelsituation sowie die besondere Ausrichtung der Universität als französische Reformhochschule führte umgekehrt aber auch zu einem Zusammengehörigkeitsgefühl, das selbstbewusst gegen Anfeindungen, die Mainzer Studierenden studierten an einer „Separatistenuniversität", auftreten konnte[24].

[23] S. WB., „Universitätsstadt Mainz?", *Die Burse,* 1, 1947. Der Autor des Beitrages hebt allerdings hervor, dass die Mainzer Bevölkerung die Studierenden immer mehr unterstütze. S. auch Kersting, Hans, Am runden Tisch. Stimme vom Dorfe, in *Die Burse,* 2, 1948, S. 75; R. Fröhling, „Akademischer Nachwuchs vor verschlossenen Türen", *Die Burse,* 2, 1948, S. 46; Deynet, „Die voraussichtlichen Berufsaussichten für junge Juristen im Lande Rheinland-Pfalz", *Die Burse,* 4, 1948, S. 130 ff.; W. Weitbrecht, „Am runden Tisch. Akademisches Proletariat", *Die Burse,* 4, 1948, S. 151 f., der dazu aufrief, sich gewerkschaftlich zu vereinen und für bessere Zukunftsaussichten zu streiten: Siehe Artikel „Arbeitseinsatz an der Uni", *Die Burse,* 4, 1948, S. 153; R.F., „Studentische Berater", *Die Burse,* 4, 1948, S. 132.

[24] R.F., „Berliner Fanfaren", *Die Burse,* 2, 1948, S. 86.

Abgesehen davon, zeigen die Artikel der „Burse“ markante Unterschiede in der Studierendenschaft, die keineswegs hauptsächlich im politischen Bereich lagen.

Zunächst teilte sich die Studierendenschaft in jene Gruppe, die auf dem Campus oder in Mainz selbst wohnen konnte und damit den Vorzug hatte, an allen, auch den nicht verpflichtenden Veranstaltungen auf dem Campus teilnehmen zu können. Die zweite Gruppe, die weit außerhalb auf den rheinhessischen Dörfern in oft nahezu ungeheizten Unterkünften lebte, verfügte wegen der schlechten Verkehrsverbindungen über diese Möglichkeiten nicht, war für Maßnahmen der Neuorientierung schlechter zu erreichen und vereinsamte bisweilen regelrecht[25].

Heiß diskutiert wurde unter den Mainzer Kommilitoninnen und Kommilitonen, wie sich zukünftig das Verhältnis der akademischen Elite zur Arbeiterschaft darstellen sollte, inwieweit es schon gelungen sei, eine Art Standesdünkel der Akademiker gegenüber den Arbeitern abzulegen[26]. Vor allem aber war man sehr uneins über die Frage, ob denn Frauen studieren sollten oder nicht. Zu diesem Punkt entwickelte sich auch die einzige und durchaus heftige Diskussion in der „Burse“, bei der auch einzelne Studentinnen massiv Stellung gegen Anwürfe bezogen, sie nähmen nicht nur den männlichen Studienkollegen und Familienvätern die Studienplätze weg, sondern seien auch unfähig zu wissenschaftlichem Denken. Während einige sogar der Meinung waren, dass auch Frauen in studentische Verbindungen aufzunehmen seien, war ein Student, der unter dem Pseudonym „Theophil“ schrieb, der Auffassung, Frauen seien zu rationalen Problemlösungen wegen ihrer Emotionalität nicht in der Lage. Die Studentin Ursula Diehl konterte: Theophils Ergüsse seien nicht viel mehr als das „Machwerk eines bornierten, geistig impotenten Schwätzers“[27].

Auch die Frage, wie man sich zur NS-Vergangenheit und den deutschen Verbrechen an den Juden stellen sollte, wurde gestellt und war offensichtlich umstritten. Hin und wieder wird in den Beiträgen der

---

25 Kersting, Hand, „Am runden Tisch. Stimme vom Dorfe“, *Die Burse*, 2, 1948, S. 75.

26 Bruno, „Brief an einen Arbeiter“, *Die Burse*, 1, 1947, S. 16; R.F., Die „Hohen Kommilitonen“, *Die Burse*, 2, 1948, S. 41; Artikel „Arbeiter und Studenten“, *Die Burse*, 2, 1948, S. 77 f.

27 W. G., Busse, „Zur Soziologie der Studentenschaft“, *Die Burse,* 1, 1947, S. 11–15; Theophil, „Die Studentin“, *Die Burse,* 2, 1948, S. 70 f., U. Diehl, „Der Akademische Zwitter hat das Wort“, *Die Burse,* 3, 1948, S. 109.

Studierenden in der „Burse" darauf hingewiesen, dass es trotz einer von der Besatzungsmacht kontrollierten Auswahl der Studierwilligen immer noch etliche Heimkehrer unter den Studenten gäbe, die altem nationalistischen oder militaristischen Denken anhingen[28]. Bei der Vorstellung von Kandidaten für die Wahlen zum AStA fiel z.B. ein Kommilitone auf, der wissen wollte, welchen Dienstgrad die männlichen Kandidaten in der Wehrmacht gehabt hätten – allerdings wurde er dafür von der Studentenversammlung ausgelacht[29]. Bekannt ist darüber hinaus, dass nach einer Semesterabschlussfeier der Rechtswissenschaften mit 1.100 Teilnehmern, die im Juli 1947 in zwei großen Lokalitäten in Alzey stattfand, einige wenige Mainzer Studenten in den frühen Morgenstunden dadurch auffielen, dass sie in betrunkenem Zustand alte NS-Lieder gegrölt hatten. Dies hatte ein Nachspiel, zumal die französische Besatzungsmacht für die Feier Sonderzüge bereitgestellt hatte, die die Teilnehmenden von Mainz nach Alzey beförderten[30]. In der

---

[28] M. Müllern-Berglund, „Mainzer Impressionen von zwei Schwedinnen", Die Burse 1 (1947), S. 23; H.S., „Kleine Pfeiferei", *Die Burse,* 1, 1947, S. 38; H. Grüneberg, „Am Runden Tisch. Politik im Hörsaal?", *Die Burse,* 1, 1947, S. 39 f. vertrat die Ansicht, dass es an der Universität Mainz, prozentual zur Gesamtgesellschaft gesehen, weit weniger reaktionäre Geister gäbe.

[29] G. Storch, "Per Asta ad Astra", *Die Burse,* 3, 1948, S. 104.

[30] UA Mainz Best. 7, Nr. 68 (1/3), Bericht über die Ermittlungen bezüglich der Semester-Abschlußfeier der Studierenden der juristischen Fakultät, 11.8.1947 sowie Artikel „Falsch verstanden", *In Die Freiheit,* Nr. 5, 8.8.1947. H. Mathy, *Die erste Landesuniversität von Rheinland-Pfalz. Studien und Essays zu ihrer Entstehungsphase,* Mainz, 1997, S. 209 verweist darüber hinaus auf Erinnerungen eines ehemaligen Assistenten des Musikwissenschaftlers Prof. Arnold Schmitz, der allerdings viel später berichtet habe, Schmitz habe die betreffenden Studenten vor einem französischen Gericht aus ihrer unangenehmen Lage befreien können, indem er nachgewiesen habe, dass die Studierenden gar nicht das inkriminierte Lied – nach dieser Erzählung soll es „Siegreich wollen wir Frankreich schlagen" gewesen sein –, sondern ein älteres Volkslied mit gleicher Melodie gesungen hätten. Die Quelle dieser Erzählung stellt ein undatierter Brief von Georg Toussaint an Arnold Schmitz dar, der im UA Mainz verwahrt wird (UA Mainz, Nr. 60, S. 13). G. Massenkeil, „Moments musicaux", *In Almanach auf das 500. Jahr der universitas litterarum in Mainz,* Hrsg. v. Präsident und Senat der Johannes Gutenberg-Universität, Mainz, 1977, S. 129–141, hier S. 132 f., datiert den Brief auf den 80. Geburtstag von Schmitz, also ca. 1973. Es ist allerdings fraglich, ob diese Erzählung den tatsächlichen Begebenheiten entspricht. In der Allgemeinen Zeitung Mainz erschien am 5. August 1947 auf S. 2 ein kurzer Bericht über den Vorfall unter der Überschrift „So fing es auch damals an". Darin wird davon gesprochen, dass die betrunkenen Studenten „Nazilieder, in denen die offene Mordaufforderung an Juden zum

„Burse“ war allerdings von diesem peinlichen Zwischenfall nichts zu lesen[31].

Sehr wohl aber konnte man in der „Burse“ in einer Vielzahl von studentischen Beiträgen lesen, wie sehr sich Mainzer Studierende bemühten, einen geeigneten Weg zur Auseinandersetzung mit der NS-Vergangenheit zu finden, und nach neuer Orientierung suchten. Von der Gegenwartsliteratur erwartete man Wahrheit, das Aufgreifen der aktuellen Lage und Lösungsansätze für die Bewältigung des Erlebten, gleichsam „nach der großen Menschheitskatastrophe“[32]. Einige versuchten sich im Verfassen von Lyrik, so etwa in einem veröffentlichten Gedicht mit dem Titel „Abschied 1944“[33]. Andere suchten nach internationalen Kontakten, um sich neu orientieren zu können und offen über die Vergangenheit zu diskutieren[34]. Gerade deshalb waren die Lehrveranstaltungen des Kulturwissenschaftlers Anton Hilckmann unter Hörern aller

---

Ausdruck kam,“ gesungen hätten. Von dem Lied „Siegreich wollen wir Frankreich schlagen“ ist nicht die Rede, auch nicht von einer Untersuchung des Geschehenen vor einem französischen Gericht. Bemerkenswert ist allerdings, wie sehr sich der Berichterstatter von den Ereignissen distanzierte: „Wir haben schon einmal das Gleiche erlebt … Das deutsche Volk muß heute in seiner Gesamtheit die Kosten dieser verbrecherischen Politik bezahlen. Umso weniger ist es diesmal gewillt, sich ähnliche Provokationen noch weiter gefallen zu lassen.“ Unter den Nachkommen von Arnold Schmitz ist nichts über den Einsatz des Musikwissenschaftlers vor einem französischen Gericht und seine Rolle bei der „Bewältigung“ des Alzeyer Zwischenfalles bekannt. Siehe Mail Myriam Mieles an den Verf., 21.4.2021. Bemerkenswert ist zudem, dass der französische Untersuchungsbericht über die Vorfälle sehr differenziert ausfiel und neben einer gewissen Verärgerung über maximal 25 (von 1.100!) Mainzer Studierenden, die sich diese Provokation hatten zu Schulden kommen lassen, vermerkte: „L’attitude des étudiants était animée mais non hostile. À noter que Mr. Le Délégué d’Alzey avait été à son arrivée chaleureusement applaudi, était passé entre les tables et avait bavardé avec les étudiants.“ Siehe MAE, RP 1807/3, Délégation Générale pour le Gouvernement Militaire de L’État Rhéno-Palatin an Le Commissaire-Adjoint Henig, 31.7.1947.

31 Es ist allerdings denkbar, dass der Artikel von W. G. Busse, „Vom Kommerslied zum Uni-Schlager“, *Die Burse,* 4, 1948, S. 144–146 eine indirekte Reaktion auf das Geschehen darstellt, insofern hier das Fehlen aktueller Studentenlieder, die bei Geselligkeiten gesungen werden könnten, bedauert wurde.

32 G. Pfeiffer, „Lyrik zwischen gestern und heute“, *Die Burse,* 1, 1947, S. 6–10; „Zitat von Schneebloth, Heinz, Neue Wirklichkeit? Eine kritische Betrachtung zur jungen deutschen Dichtung“, *Die Burse,* 2, 1948, S. 54–56.

33 „Abschied 1944“, *Die Burse,* 1, 1947, S. 11.

34 Ch. Engel, „Gespräch über die Grenzen. Begegnung am Rhein. Ein Bericht vom Internationalen Ferienkurs der Johannes Gutenberg-Universität in Mainz“, *Die Burse,* 1, 1947, S. 21 f.

Fakultäten sehr beliebt, eröffnete er doch den Zugang zu verschiedenen europäischen Kulturen und lieferte, was in der nationalistischen Verengung der NS-Zeit entbehrt worden war. Gerade das fördere den notwendigen „Weitblick und Weltblick", zeige Wege aus „der Existenzkrise des Abendlandes", empfahl ein Kommilitone[35]. Bei einem Aufsatzwettbewerb zum Thema „Aufgaben, Möglichkeiten und Zielsetzungen der modernen Universität" wählten die drei schließlich prämierten Arbeiten Themen wie „Europa und wir", „Leben und Geist der neuen Mainzer Universität" und „Politische oder unpolitische Studentengruppen?"[36] An den Wahlen zum AStA beteiligten sich die Studierenden in rasch zunehmendem Maße[37].

Besonders deutlich tritt in den Artikeln der „Burse" hervor, wie schwer sich viele Studentinnen und Studenten damit taten, ihren eigenen Standort im Nachkriegsdeutschland zu finden. Vielfach wurde die Gefahr thematisiert, sich angesichts der Zeitnöte ins eigene Innere zurückzuziehen, sein kleines Glück zu suchen und zu finden, möglichst Abstand von Politik zu halten, die nach den Erfahrungen der NS-Zeit vielen ohnehin als „schmutziges Geschäft" galt. Ein interner Bericht aus dem Jahr 1947 ging gleichwohl davon aus, dass die meisten Mainzer Studierenden demokratischen Parteien wie der Christlich demokratische Union (CDU) oder der Sozialdemokratische Partei (SPD) zuneigten, Anhänger der Abendlandidee waren und ganz überwiegend den Kommunismus ablehnten[38]. Mit großem Misstrauen begegneten sie zumindest anfänglich der französischen Besatzungsmacht wie dem politischen Neuanfang im Land und warteten ab, ohne sich zu positionieren oder zu engagieren. Vertrauen zu politischen Führungspersonen oder demokratischen Institutionen aufzubauen, fiel den meisten außerordentlich

---

35 W.B., „Abendländische Selbsterkenntnis", *Die Burse*, 2, 1948, S. 63.

36 „Preisausschreiben", *Die Burse*, 3, 1948, S. 93 und 124.

37 „Höhere Wahlbeteiligung Mainzer Studenten", *Die Burse*, 3, 1948, S. 92. 1948 lag die Wahlbeteiligung bei 55,4 % nach 35 % bei der ersten AStA-Wahl.

38 UA Mainz Best. 07 Nr. 68 (1/3). Bericht über die Ermittlungen bezüglich der Semester-Abschlußfeier der Studierenden der juristischen Fakultät, 11.8.1947. Siehe auch Zeitungsmeldungen über die politische Haltung der Mainzer Studierenden in auswärtiger Presse, gesammelt in: *Die Burse*, 4, 1948, S. 136 f.

schwer. Ein amerikanischer Beobachter sprach von einer Art „Interimsethik“, die sich nicht wenige Mainzer Studierenden zurechtgelegt hätten[39].

Erwartungen an die Mainzer Studierenden

Genau an diesem Punkt setzten sechs damals durchaus weithin bekannte Persönlichkeiten an, die die Einladung zu einem Wort an die Mainzer Studierendenschaft annahmen und kurze Texte in der „Burse“ veröffentlichten. Nicht der Vorwurf politischer oder moralischer Schuld, nicht die Aufforderung zur Unterordnung unter die Besatzungsmacht oder das Verlangen nach Neuorientierung nach einem von der Besatzungsmacht vorgegebenen Muster bestimmte diese Ansprachen an die Studierenden, obwohl einige der Autoren persönlich unter der NS-Herrschaft hatten leiden müssen. Vielmehr war es die Aufforderung an die Studierenden, die neue Freiheit produktiv zu nutzen, politisch denken und handeln zu lernen, nicht abseits zu stehen und Verantwortung zu übernehmen, die diese Beiträge einte.

So rief der französische Philosoph Emmanuelle Mounier, im Krieg Mitglied der Résistancegruppe Combat und nach dem Krieg Mitbegründer des „Comité français d’échange avec l’Allemagne nouvelle“, das die europäische Einbindung Deutschlands förderte, den Mainzer Studierenden gleich in der ersten Nummer der „Burse“ zu, sich einzubringen und politisch zu werden: „Les neutres sont les vaincus de ce temps. Le Professeur qui “ne prend pas parti” prit parti tour à tour pour Bismarck, Guillaume II et Hitler, c’est à dire toujours pour le pouvoir … Exploitez cette chance à fond, pour faire une Université d’esprit nouveau, qui soit un modèle et non pas un refuge“[40]. Jacques Viénot, einer der bekanntesten französischen Industriedesigner der Zeit, rief bei einem Gastvortrag an der Universität, den die „Burse“ abdruckte, dazu auf,

---

39 J.H., „Rencontre – Camp Junger Katholiken“, *Die Burse,* 1, 1947, S. 32. Diese Beobachtung stand auch im Zentrum des Resümees über seinen Aufenthalt an der Mainzer Universität, das der Amerikaner Paul Peachey unter dem Titel „Neuaufbau – Segen und Gefahr“ in der *Burse* 3, 1948, S. 96 f. veröffentlichte.

40 E. Mounier, „Jeunes Allemands, jeunes intellectuels Allemands“, *Die Burse,* 1, 1947, S. 4. Zu Mouniers Rolle im Nachkriegsdeutschland und dem Comité siehe M. Strickmann, *L’Allemagne nouvelle contre l’Allemagne éternelle. Die französischen Intellektuellen und die deutsch-französische Verständigung 1944–1950*, Frankfurt/Main, 2004, S. 202–220, 227–242.

einen „Bund von Menschen oder Ländern" zu schaffen, in dem „alle, die ihm angehören, sich kennen und sich achten." Nationale Egoismen müssten überwunden, ein einiges Europa jetzt erschaffen werden[41]. Mit Louis Jacques Zimmerman gewann General Schmittlein 1947 einen niederländischen Betriebswirt, der bereit war, als Gastprofessor einige Jahre an der Johannes Gutenberg-Universität zu lehren und sich darüber hinaus auch „an der Erwachsenenbildung im Ausstrahlungsbezirk der Universität Mainz" zu beteiligen. Zimmerman war ursprünglich im Wissenschaftlichen Büro der von der deutschen Besatzungsmacht im Krieg verbotenen Sociaal – Democratische Arbeiderspartij (SDAP) in Amsterdam tätig gewesen und lehrte bis 1952 dann in Mainz[42]. In seiner in der „Burse" abgedruckten Antrittsvorlesung vom 28. April 1948 forderte er die Mainzer Studenten auf, die neue deutsche Demokratie als „Lebensform" anzunehmen, die, wenn sie erfolgreich sein wolle, jener Grundeinstellung bedürfe, die man in Frankreich mit dem Begriff der „honnêteté" bezeichne. Gemeint sei damit „Anständigkeit", „Pathoslosigkeit", „Sachlichkeit", ja auch die „Achtung für den Gegner, die den wahren Demokraten auszeichnet". „Dieser einfache Mut, diese Zivilcourage und diese Ehrlichkeit und Treue zum Ideal der Humanität, das sind, meine ich, die Voraussetzungen für einen demokratisch denkenden und handelnden Menschen." Als Vorbilder stellte er den Mainzer Studierenden die Geschwister Scholl an der Universität München vor Augen, die wegen ihres Widerstandsgeistes hingerichtet worden waren. Im Geiste einer solchen honnêteté müssten die Mainzer Studierenden politische Verantwortung übernehmen und Deutschland wieder aufbauen[43].

Es waren aber keineswegs nur ausländische Intellektuelle, die den Mainzer Studenten Mut machten, ihre politische Verantwortung wahrzunehmen, auch bekannte deutsche Persönlichkeiten wandten sich über die „Burse" an sie. Am bemerkenswertesten dürfte dabei ein Beitrag des aus dem amerikanischen Exil gerade zurückgekehrten deutschen

---

41 Zitate in *Die Burse*, 2, 1948, S. 53. Zu Viénot siehe J. Le Bœuf, *Jaques Viénot (1893–1959). Pionnier de l'esthétique industrielle en France*, Rennes, 2006.

42 UA Mainz, Best. S 64, Nr. 1115, Personalakte Louis Zimmerman, Berufungsvorschlag o.Dat.

43 L. J. Zimmerman, „Von der Bildung einer neuen deutschen Elite", *Die Burse*, 3, 1948, S. 81 ff.

Schriftstellers Carl Zuckmayer[44] gewesen sein, der der „Burse" attestierte, sie zeige, dass die nachwachsende Generation „den besten und wertvollsten Beitrag zum künftigen Europa leisten kann – (wenn man sie nur läßt!)". Zum Abdruck bot er eine Rede an, die er in der Schweiz gehalten hatte. Darin beschrieb er das Problem grassierenden Misstrauens unter der deutschen Jugend gegenüber jeder neuen politischen Ordnung, nachdem sie so sehr vom Nationalsozialismus missbraucht worden sei. Gleichwohl hätten es die jungen deutschen Demokraten verdient, dass man ihnen international Vertrauen schenke.[45] Wesentlich skeptischer betrachtete der bekannte Philosoph und Pädagoge Otto Friedrich Bollnow, der damals noch in Mainz lehrte und selbst eine schillernde Vergangenheit in der NS-Zeit gehabt hatte[46], die Lage der Mainzer Studierenden. Auch er rief dazu auf, nicht vor der „tieferen Verantwortung des Studiums" zu fliehen und sich nur ja nicht mehr an „dem Lebensstil einer vergangenen Epoche" zu orientieren[47]. Ganz ähnlich sprach der Mainzer Professor für Experimentalphysik Hans Klumb[48] seine Studenten an. In dem von ihm begründeten „Seminar für europäischen Aufbau" diskutierten er und seine Kollegen mit den Studierenden wöchentlich aktuelle Zeitfragen[49]. In der „Burse" formulierte der bei

---

44 Zu Zuckmayers Biographie und Haltung siehe seine Berichte an den amerikanischen Geheimdienst, veröffentlicht von G. Nickel, J. Schrön (Hrsg.), *Carl Zuckmayer Geheimreport*, 4. Aufl., Göttingen, 2021.

45 C. Zuckmayer, „Germania est omnis divisa", *Die Burse*, 4, 1948, S. 121–123.

46 Bollnow hatte etwa 1934 eine kleine Arbeit unter dem Titel „Das neue Bild des Menschen und die pädagogische Aufgabe" veröffentlicht, in der er sich nach Einschätzung der jüngeren Forschung „mit Nachdruck" zur nationalsozialistischen Revolution bekannt hatte. 1933 war er dem Kampfbund für deutsche Kultur beigetreten, 1940 war er Parteimitglied der NSDAP geworden. Siehe W. Klafki, J.-L. Brockmann, *Geisteswissenschaftliche Pädagogik und Nationalsozialismus. Herman Nohl und seine „Göttinger Schule" 1932–1937*, Weinheim, 2003, S. 384, Fn. 525; W. Konitzer, J. Bach, D. Palme, J. Balzer, (Hrsg.), *Vermeintliche Gründe. Ethik und Ethiken im Nationalsozialismus,* Frankfurt/New York, 2020, S. 157–176.

47 O. F. Bollnow, „Ein Wort an meine Studenten", *Die Burse,* 2, 1948, S. 43 f.

48 Zu Klumb siehe seine ausführliche Personalakten in UA Mainz Best. 64 Nr. 36-1 und 36-2. Daraus geht hervor, dass Klumb in der NS-Zeit Nachteile wegen seiner antinationalsozialistischen Einstellung hatte erleiden müssen und 1937 seine Assistentenstelle wegen schlechter Beurteilung durch den NS-Dozentenbund verloren hatte. 1940 hatte er gleichwohl, aber letztlich erfolglos versucht, eine Art Hilfsgemeinschaft für Wissenschaftler der von Deutschland besetzten Länder ins Leben zu rufen, insbesondere für französische Kollegen.

49 Zu Klumb H. Mathy, *Die erste Landesuniversität von Rheinland-Pfalz. Studien und Essays zu ihrer Entstehungsphase, op. cit.*, S. 262; P. Manns, *Höchstpersönliche*

den Studierenden sehr beliebte akademische Lehrer die Notwendigkeit, sich nach den Beschränkungen der NS-Zeit nun wieder umfassend wissenschaftlich zu bilden. Die Jugend müsse „nach zehn schweren Jahren einer fehlgeleiteten, geistesfernen Erziehung und Entwicklung mit vielfach ungeschultem Urteilsvermögen und unterentwickelten geistigen Fähigkeiten" hart an sich arbeiten, die Dozenten aber trügen insofern auch eine besondere Verantwortung[50].

Maßnahmen zur Neuorientierung

Um all diese sehr weiten, offenen Ziele einer verstärkten geistigen Bildung, des europäischen Denkens und der politischen Verantwortungsbereitschaft in neuen demokratischen Strukturen zu erreichen, unterstützte die französische Besatzungsverwaltung und namentlich Raymond Schmittlein vor allem zielführende Initiativen, die aus dem Lehrkörper der Universität sowie aus der Studierendenschaft selbst kamen, und zwar mit einem beachtlichen finanziellen wie organisatorischen Aufwand. Nicht Anordnungen, Verbote oder strenge Kontrolle und Überwachung prägten das Bild der Neuorientierung an der Universität Mainz, sondern pragmatische Hilfe zur Selbsthilfe, die sich eines sehr banalen, aber dafür umso effektiveren Mittels bediente: der Förderung der Begegnung von „Mensch zu Mensch". Ähnlich wie die christlichen Kirchen nach dem Zweiten Weltkrieg die Aussöhnung zwischen Deutschen und Franzosen durch gemeinsame Begegnungen bei Wallfahrten und Kirchenfesten auf der Basis des gemeinsamen Glaubens unterstützten[51], oder die Städtepartnerschaftsbewegung auf unterster politischer Ebene menschliche

---

Erinnerungen an einen großen Franzosen und die bewegten Jahre der Wiederbegründung einer alten Universität, op. cit., S. 128.

50 H. Klumb, „Ein Wort an meine Studenten", *Die Burse,* 4, 1948, S. 134 f.

51 Zum kirchlichen Engagement siehe M. Kißener, „Boten eines versöhnten Europa? Deutsche Bischöfe, Versöhnung der Völker und Europaidee nach dem Zweiten Weltkrieg", *In* H. Duchhardt, M. Morawiec (Hrsg.) *Die europäische Integration und die Kirchen. Akteure und Rezipienten*, Göttingen, 2010, S. 53–72; A. Linsenmann, I. Dingel, (Hrsg.), *Die Kirchen in den deutsch-französischen Beziehungen. Vom Alten Reich bis zur Gegenwart,* Göttingen, 2018; U. Schröber, *Auf dem Weg zur europäischen Völkerverständigung – Die deutsch-französische Annäherung nach dem Zweiten Weltkrieg. Marcel Sturm und Robert Picard de la Vacquerie als oberste französische Militärgeistliche in Deutschland*, Hamburg 2017; A. Weiler, *Bischöfe für Europa? Der deutsche Episkopat und die Europäische Integration,* Hamburg, 2018.

Kontakte über die Grenzen aufbaute[52], suchte die Besatzungsverwaltung auch im akademischen Bereich vor allem durch die Ermöglichung direkter Kontakte zwischen deutschen und französischen Studierenden, gerne auch solchen anderer westeuropäischer Nationen, die Überwindung von Nationalismus, das politische Engagement und die Aufarbeitung der Vergangenheit herbeizuführen. Es ist eine erstaunliche Vielzahl von kleinen und großen Aktivitäten gewesen, die im Laufe der Jahre gefördert wurden. In der „Burse" findet sich, wie in einem Brennglas verdichtet, das für die Mainzer Studierenden in den Jahren 1947 und 1948 wohl Wichtigste und Eindrücklichste konzentriert und aus der Perspektive deutscher wie ausländischer Teilnehmer reflektiert.

Im Alltag der Mainzer Studierenden machten sich zunächst Hilfen bemerkbar, die sich positiv auf den täglichen Studienbetrieb auswirkten, so etwa wenn durch internationale Kooperation eine Verbesserung der Nahrungsversorgung erzielt[53] oder wenn ein neu erbautes internationales Haus, „Jung-Mainz" genannt, im Februar 1948 der Betreibergesellschaft Pro Juventute übergeben werden konnte, die hier dafür sorgen wollte, dass „das Gespräch mit denen, die sich nur vor wenigen Jahren noch mit der Waffe in der Hand gegenüberstanden, wieder in Gang" kommt[54]. Damit war ein Ort der Begegnung zwischen deutschen und ausländischen Studierenden vor Ort an der Gutenberg-Universität geschaffen. Auch die Anbahnung von Kontakten zur Studentenschaft ausländischer Universitäten wurde gefördert[55] ebenso wie der Aufbau eines kritischen

---

52 Siehe dazu neuerdings zusammenfassend C. Defrance, T. Herrmann, P. Nordblom, (Hrsg.), *Städtepartnerschaften in Europa im 20. Jahrhundert*, Göttingen, 2020.

53 P. Peachey, „Neuaufbau – Segen und Gefahr", *Die Burse*, 3, 1948, S. 96 f.

54 Artikel „Jung-Mainz. Ein Fenster zur Welt", *Die Burse*, 2, 1948, S. 95. Als erster Leiter dieser Einrichtung wurde der Franzose G.M. Bourgeois bestellt, der zuvor die renommierte Kultur- und Kunstzeitschrift „Wort und Tat" in Österreich geleitet hatte. Siehe dazu die Informationen der Österreichischen Nationalbibliothek: onb.ac.at/oe-literaturzeitschriften/Wort_und_Tat.htm. (11.3.2021). Die schweizerische Stiftung Pro Juventute war 1912 ursprünglich als Hilfsorganisation zur Bekämpfung der Schwindsucht bei Jugendlichen gegründet worden, hatte sich aber in ihrer Satzung allen „Bestrebungen zum Wohle der Jugend unseres Landes" verpflichtet. 1945 war ein „Internationaler Pro Juventute-Dienst" gegründet worden, der auf allen drei Aufgabenfeldern der Stiftung („Mutter und Kind", „Schulkind", „Schulentlassene") tätig war. Siehe A. Peter, *40 Jahre Pro Juventute. Gründung, Organisation und Tätigkeit der „Schweizerischen Stiftung Pro Juventute" 1912–1952,* Zürich, 1952, S. 6 f., 47, 52.

55 Artikel „Grüsse von Draußen. Aus Briefen an den AStA", *Die Burse,* 1, 1947, S. 31; Artikel „Grüsse von Draußen. Aus Briefen an den AStA", *Die Burse,* 2, 1948, S. 62.

Studententheaters, und zwar wegen dessen „Bedeutsamkeit für die Selbsterkenntnis des Menschen“[56].

Von ganz außerordentlicher Bedeutung waren französische Hilfen für die Ausrichtung von besonderen internationalen Studierendentreffen und -konferenzen in Mainz und andernorts. Sie hinterließen ausweislich der Berichterstattung in der „Burse“ bei den Beteiligten einen nachhaltigen Eindruck. Allein für Sommer/Winter 1947/48 sind in der Studentenzeitschrift vier große Ereignisse dieser Art dokumentiert, die aber vermutlich nicht die einzigen waren: Der erste Internationale Ferienkurs der Universität Mainz im Sommer 1947, das „Rencontre – Camp Junger Katholiken“ vom 1. bis 10. August 1947, der deutsch-französische Ferienkurs an der Dolmetscherhochschule in Germersheim vom 6. bis 31. August 1947 und die Austauschfahrt von 30 evangelischen Mainzer Studierenden nach Le Chambon bei St. Étienne im Januar 1948.

Am Internationalen Ferienkurs nahmen 450 Studierende aus Mainz und dem Ausland teil: „Er führte junge Menschen zusammen, deren Völker sechs Jahre lang zum Haß gegeneinander aufgepeitscht worden waren. Unter den Franzosen waren Kämpfer der Résistance, die in deutschen Lagern gelitten, deren Angehörige in deutschen Gaskammern gestorben waren. Es ist schwer das zu vergessen. Die französischen Kameraden, die hierherkamen, haben den Willen dazu aufgezeigt, Mißtrauen und Vorurteile der Vergangenheit wegzuwerfen“, berichtete der Student Christof Engel in der „Burse“. Das Wesentliche, so Engel weiter, sei aber: „Die jungen Menschen, die hier zusammen waren, denken nicht mehr in Kollektivbegriffen, sie haben gelernt, über Grenzen hinweg den Menschen, den fragenden, kämpfenden, irrenden, strebenden Menschen zu sehen und zu finden. Mehr als Resolutionen und tönende Kommuniqués sind die wirklich wesentlichen Freundschaften, die sich hier schlossen, bleibender Gewinn und die versöhnliche und schöne Atmosphäre dieser Tage gibt Hoffnung“. Zwei schwedische Studentinnen betonten in ihrem Bericht, dass man nicht nur von den Sonderzuteilungen von Nahrungsmitteln – die Teilnehmer bekamen französische Offiziersrationen und Wein – profitiert habe, sondern auch in einen echten Austausch über das vergangene Kriegsgeschehen gekommen sei. So hätten sie eine französische Teilnehmerin, die im Krieg wegen der deutschen Besatzung ihre Gesundheit eingebüßt habe, gefragt: „Aber die Deutschen sind doch

---

56 „ASM, Studentenbühne – Universitätstheater“, *Die Burse,* 1, 1947, S. 16.

schuld an Ihrer Unterernährung? – Und jetzt kommen Sie in diesen Ferienkurs? Haben Sie alles vergessen? – ‚Nein, wir vergessen nicht. Aber irgendwo müssen wir wieder anfangen, eine Gemeinschaft zu schaffen. Gerade wir Jungen!' ", habe sie geantwortet. Diese Antwort sei „symptomatisch für die Einstellung der Kursteilnehmer" gewesen. Dabei wollten die Schwedinnen allerdings nicht übersehen wissen, dass auch einige deutsche Studenten angesichts des Nahrungsmittelmangels nur wenig Interesse an Diskussionen gezeigt hätten, manche ihnen wie „Wendehälse" vorgekommen seien. Umso wichtiger sei es, weiter im Gespräch zu bleiben, weil die Haltung der deutschen Nachwuchsakademiker sehr „labil" sei. Ein französischer Teilnehmer konstatierte, man habe sich bei diesem Kurs „nicht immer schätzen und lieben, aber wenigstens kennengelernt". „C'est le vin qui nous unit", scherzte er, nahm für sich aber auch mit, dass er nun, nachdem er Deutsche einmal kennengelernt habe, vorsichtiger über „*die* Deutschen" urteilen werde[57].

Beim „Camp Junger Katholiken", zu dem eine französische Jugendorganisation eingeladen hatte, bestanden nach einem Bericht in der „Burse" zunächst Vorbehalte: „Wer ist nicht skeptisch bei derartigen Versuchen der Ueberbrückung von scheinbar unübersteigbaren Gegensätzen? Wir waren es auch gewohnt, mehr das Trennende zwischen den beiden Völkern zu sehen als das Verbindende". Dann aber habe man beim gemeinsamen Gebet und bei vielen Diskussionen, auch über den Nationalsozialismus, gelernt, dass man politische Verantwortung übernehmen und handeln müsse. Das wichtigste aber seien „die beglückenden persönlichen Begegnungen" gewesen, die alle dazu gebracht hätten, am Ende ein Kreuz zu errichten, auf dem sie eine Tafel mit der Inschrift „Er hat die beiden geeint!" angebracht hätten[58].

In der Germersheimer Dolmetscherhochschule, die 1947 noch selbständig war, heute aber ein Fachbereich der Johannes Gutenberg-Universität ist[59], fanden 70 französische Studierende Kontakt zu ihren deutschen Kommilitoninnen und Kommilitonen, bei denen sie z.T. auch

---

[57] Ch. Engel, „Gespräch über die Grenzen. Begegnung am Rhein. Ein Bericht vom Internationalen Ferienkurs der Johannes Gutenberg-Universität in Mainz" sowie „Mainzer Impressionen von zwei Schwedinnen und Rabotin", „Maurice, Souvenirs vom Ferienkurs", alle *In Die Burse,* 1, 1947, S. 21–30.

[58] J.H., „Rencontre – Camp Junger Katholiken (1.8. bis 10.8.1947)", *Die Burse*, 1, 1947, S. 32 ff.

[59] Zur Dolmetscherhochschule Germersheim siehe M. Dingfelder Stone, „Ein idealistisches und außergewöhnliches Projekt. Übersetzen und Dolmetschen im

wohnten. Auch hier kam ein „enges Band zwischen der Jugend zweier Nationen“ zustande und wurde „zum Symbol der Völkerverständigung, in der die Dolmetscherhochschule eine ihre [sic!] wichtigsten Aufgaben sieht, ihre Studenten in diesem Sinne zu erziehen“[60].

Beim evangelischen Studierendentreffen in Le Chambon im Januar 1948 handelte es sich um eine Einladung der „Fédération Française des Associations Chrétiennes d'Étudiants“, die auch einen dreitägigen Aufenthalt der Mainzer Studierenden in der französischen Hauptstadt finanzierte. Auch hier stand nach dem Bericht des Studenten Volkmar Paeslak am Anfang Skepsis. Man habe sich „keine Illusionen über Völkerverbrüderung“ gemacht, ja man habe sogar Angst vor den französischen Kommilitonen gehabt, denn Frankreich habe „durch deutsche Menschen so Furchtbares erlitten“. Dann vermochten aber drei französische Pfarrer das Eis zu brechen und Diskussionen über Kommunismus, Nationalsozialismus, Menschenrechte, Föderalismus, europäischen Wiederaufbau, ja auch Kriegsdienstverweigerung und dergleichen anzuregen, über die die Teilnehmer einander nähergekommen seien. Es seien große menschliche Erlebnisse gewesen, die die Mainzer Studenten mit den französischen Kommilitonen hätten machen dürfen und die sie anspornten, ihre Erfahrungen jetzt möglichst vielen mitzuteilen: „Wir müssen Inseln bilden – Inseln der Vernunft, der Liebe, der Wahrhaftigkeit und des guten Willens“[61].

Resümee

Was die studentischen Autorinnen und Autoren in der „Burse“ zum Teil sehr emotional, aber doch auch anschaulich aus dem unmittelbaren Erleben berichteten, korrespondiert in vielfacher Hinsicht mit späteren Zeitzeugenerinnerungen, anderen Zeitdokumenten oder historischen Analysen. Peter Manns, damals Asta-Vorsitzender, erinnerte sich noch in den 1970er Jahren, dass die Mainzer Studenten die französische Förderung lebhaft begrüßt hätten und Raymond Schmittlein von den Mainzer Studenten gerne und mit Hochachtung als „unser General“ bezeichnet

Fachbereich 06 in Germersheim“, *In 75 Jahre Johannes Gutenberg-Universität Main. Universität in der demokratischen Gesellschaft, op. cit.*, S. 238–251.

60 I. Neuer, „Dolmetscherhochschule Germersheim“, *Die Burse*, 1, 1947, S. 51.

61 V. Paeslack, „Le Chambon – Januar 1948“, *Die Burse*, 3, 1948, S. 99 f.

worden sei[62]. Ganz ähnlich klingt, woran sich Karl Holzamer, in dieser Zeit Professor an der Universität und später erster Intendant des ZDF erinnerte[63]. Im Mainzer Vorlesungsverzeichnis von 1947/1948 findet sich ein Hinweis darauf, dass der Wunsch der Mainzer Studierenden nach internationalen Begegnungen vor allem von prominenten Besuchern der Johannes Gutenberg-Universität wie dem britischen Ökonom Lord William Henry Beveridge[64] und dem französischen Schriftsteller und Nobelpreisträger (1947) André Gide[65] bei der französischen Militärregierung unterstützt worden sei, die daraufhin umgehend ihre Bemühungen nochmals verstärkt habe[66]. Helmut Mathy, der erste Universitätshistoriker der Johannes Gutenberg-Universität, der noch viele der damaligen Akteure persönlich kannte, bewertete die französischen Unterstützungsleistungen, vor allem die Studierendenbegegnungen, als zentralen Baustein in der deutsch-französischen Aussöhnungspolitik

---

62 Manns, *Höchstpersönliche Erinnerungen an einen großen Franzosen und die bewegten Jahre der Wiederbegründung einer alten Universität, op. cit.*, S. 89, 123. Unter www.ub.uni-mainz.de/forschungsverbund-universitaetsgeschichte/zeitzeugenerinnerungen finden sich vier Transkriptionen von Zeitzeugenberichten ehemaliger Mainzer Studenten der Anfangsjahre, von denen zwei (Hans-Heinrich Brixius, Marlis Gleichauf) die besonders positive Rolle der französischen Besatzungsmacht, den Bildungshunger der Studierenden und das besondere Erlebnis eines Aufenthaltes in Frankreich bzw. bei einem Ferienkurs hervorheben. Ebenso argumentiert eine weitere, noch nicht veröffentlichte Erinnerung des damaligen Studenten Paul Rüdiger Abele von 2006, die im UA Mainz S 13, Nr. 17 zu finden ist. Auch in den von Präsident und Senat der Johannes Gutenberg-Universität Mainz herausgegebenen losen Erinnerungen und Anekdoten ehemaliger Studierender unter dem Titel *Almanach auf das 500. Jahr der universitas litterarum in Mainz*, Mainz, 1977, finden sich an etlichen Stellen lobende und dankbare Erinnerungen an die konstruktive französische Besatzungspolitik und deren Umsetzung an der Johannes Gutenberg-Universität.

63 K. Holzamer, B. Krammer, *Lebensreise zwischen Philosophie und Fernsehen, op. cit.*, S. 114, 125.

64 Beveridge war bis 1937 Direktor der London School of Economics and Political Sciences, während des Krieges hatte er den Academic Assistance Council für verfolgte deutsche Wissenschaftler gegründet. Siehe J. Harris, *William Beveridge. A Biography*, 2. Aufl., Oxford, 1997, der allerdings auf die Reisen Beveridges im Nachkriegsdeutschland nicht eingeht.

65 Zu Gides Haltung während der deutschen Besatzung und seiner Deutschlandreise siehe M. Strickmann, *L'Allemagne nouvelle contre l'Allemagne éternelle, op. cit.*, S. 189–195.

66 Siehe den Abdruck des Quellentextes „Das studentische Leben an der Mainzer Universität" bei H. Mathy, *Die erste Landesuniversität von Rheinland-Pfalz. Studien und Essays zu ihrer Entstehungsphase, op. cit*, S. 5–15.

und sah sie eingebettet in eine breite Palette von Maßnahmen zur Neuorientierung, die von deutschen wie französischen Stellen unternommen worden sind. Dazu gehörten in dem behandelten Zeitraum auch wissenschaftliche Vortragsreihen, in denen z.B. der Straßburger Professor Sagave über „Comment la France comprend le caractère allemand" sprach und der Mainzer Theologe Tischleder über „Le faux chemin à l'état totalitaire dans la vision prophétique de Ketteler" unterrichtete, sowie über international besetzte fachwissenschaftliche Kolloquien. Ausspracheabende mit den Spitzen der politischen Parteien in Rheinland-Pfalz fanden regelmäßig statt – auch mit den Vertretern der KPD. Und die Möglichkeit, in den Semesterferien als Werkstudent in andere Länder zu reisen und dort bei Hilfsarbeiten Geld zu verdienen, wurde ebenso geschaffen[67]. Und schließlich zeigt auch das Nachfolgeorgan der „Burse", die „Mainzer Studenten-Zeitung" schon in ihrer ersten Nummer im Wintersemester 1949/1950 in mehreren Beiträgen, wie positiv die französischen Bildungs- und Austauschangebote von der Mainzer Studierendenschaft angenommen wurden[68].

Auch Raymond Schmittlein selbst hat just in unserem Betrachtungszeitraum die Arbeit seiner Behörde kritisch reflektiert. In einem Memorandum unter dem Titel „Die Umerziehung des deutschen Volkes" vom 27. Januar 1948 formulierte er vielfältige Überlegungen zum deutschen Erziehungswesen allgemein, zur deutschen Jugend und den Aussichten, diese nach mehr als einem Jahrhundert der Fehlleitung – so seine Sicht der Dinge – umzuerziehen. Manches scheint in diesem langen, oft sprunghaft die Themen wechselnden Text allzu oberflächlich betrachtet, vielleicht auch, um Erwartungen von Schmittleins Dienstvorgesetzten zu erfüllen. Deutlich aber tritt hervor, dass er seine Arbeit an der Rééducation der Menschen in der französischen Besatzungszone deutlich unterschieden wissen wollte von den von ihm als gescheitert betrachteten Ansätzen nach dem Ersten Weltkrieg. Nach 1918 habe man im besetzten linksrheinischen Deutschland den Fehler gemacht, als Besatzungsmacht aufzutreten, zu verbieten und zu unterdrücken – die

---

67 *Ibid.*, S. 191, 197, 255. Siehe auch die Unterlagen UA Mainz Best. 1, Nr. 243 (1/2), Pressemitteilung der Universität vom 13.8.1948 „Werkstudenten nach Frankreich"; UA Mainz Best. 7 Nr. 429, Presseartikel Politisches Universitätsgespräch aus Unser Tag. Volkszeitung für Baden, 25.7.1947; K. Holzamer, B. Krammer, *Lebensreise zwischen Philosophie und Fernsehen, op. cit.*, S. 109.

68 UA Mainz, S 8, Nr. 59, Mainzer Studenten-Zeitung. Ein Digitalisat stellt das Universitätsarchiv auf Anfrage gerne zur Verfügung.

Idee einer Neuorientierung des deutschen Volkes sei nie ernsthaft zur Umsetzung gekommen. Sehr hellsichtig analysierte er, dass es falsch sei, die Deutschen nach dem Zweiten Weltkrieg einteilen zu wollen in zwei Gruppen: „auf der einen Seite die Nazis und auf der anderen Seite die guten Deutschen". Vielmehr seien alle Deutschen durch den in der Romantik aufgekommenen deutschen Nationalismus, durch die Politik Preußens und am Ende durch die verbrecherische Moral des Nationalsozialismus fehlgeleitet und verbildet worden. Daran müsse man arbeiten, wenn man eine bessere Zukunft im besiegten Deutschland sicherstellen wolle. Es brauche dazu eine „ehrliche" Haltung der französischen Besatzungsmacht, die darauf abziele, die Jugend zum Nachdenken zu bringen, zur Bereitschaft, das eigene Schicksal in die Hand zu nehmen, sie zu „Menschen und nicht [zu] Maschinen" zu machen. Er sei mit seinen Mitarbeitern bestrebt, „bei den jungen Deutschen solche Qualitäten wie Großmut und Intelligenz zu entwickeln. … Wir möchten, daß sie etwas von ihrer Menschenwürde begreifen und von der unabdingbaren Notwendigkeit, sich eine eigene Meinung zu bilden, sie sollten studieren und sich mit eigenen und fremden Meinungen auseinandersetzen. Wir möchten auch, daß sie den Preis der Freiheit kennenlernen, nicht nur, um sie als das Beste und Kostbarste, was man besitzt, schätzen zu lernen, sie muß für die jungen Deutschen heilig genug sein, um sie auch bei anderen respektieren zu können. Wir möchten sie zu der Einsicht bringen, daß überall neben der Wahrheit auch Irrtümer zu finden sind und daß die Größe und die Schwäche des Menschen in seinem beständigen Streben nach der Wahrheit, in deren vollen Besitz er niemals gelangen kann, besteht. Davon wird er vielleicht behalten, daß jede Meinung Respekt verdient und daß die Menschen erst dann zusammenleben können, wenn die Nationen Nachbarn zu sein vermögen, wenn ihr Sinn für Toleranz so beschaffen ist, daß sie nicht versuchen, sich gegenseitig gewaltsam ihre Überzeugung aufzuzwingen"[69].

Nimmt man die studentischen Beiträge der Mainzer Zeitschrift die ‚Burse' als Spiegelbild der Haltung und Entwicklung der Mainzer Studierendenschaft in den ersten Jahren der Besatzungszeit, dürfte kein Zweifel daran bestehen, dass Schmittlein und seine Behörde immerhin einiges erreicht haben.

---

[69] „Schmittlein, Raymond, Die Umerziehung des deutschen Volkes", Bericht vom 27.1.1948, ins Deutsche übersetzt und abgedruckt in J. Vaillant, (Hrsg.), *Französische Kulturpolitik in Deutschland 1945–1949. Berichte und Dokumente*, Konstanz, 1984, S. 161–185, hier bes. S. 178.

Partie 3

Représentations de l'Europe

Teil 3

Repräsentationen von Europa

„Europa ohne Grenzen". Mythus oder Realität? Eine historische Analyse

Birte Wassenberg

„Zeichne mir eine Grenze bitte" – so hätte ein Kapitel des Buches *Der kleine Prinz* von Saint-Exupéry im Jahr 2022 heißen können. In der Tat hat die Europäische Kommission von Ursula von der Leyen 2019 in ihrem neuen Programm den Willen der Europäischen Union (EU) angekündigt, über „starke Grenzen" zu verfügen[1]. Dieser Diskurs steht jedoch stark im Kontrast zum Ideal eines „Europa ohne Grenzen", das lange Zeit bei den Europäischen Institutionen und in der Historiographie zur Europäischen Integration vorherrschend war[2].

Es gibt in der Tat ein Paradox zwischen offenen und geschlossenen Grenzen im Prozess der Europäischen Einigung – zwischen *Debordering* und *(Re)bordering-*, das bisher wenig Aufmerksamkeit in den Europastudien erhalten hat. Seit 2015 haben jedoch die verschiedenen Krisen in Europa – Terrorismus, Migration, Pandemie Covid-19 – das Image des „Europa ohne Grenzen" stak beschädigt[3]. Die Rückkehr von systematischen Grenzkotrollen an denn Innen- und Außengrenzen der EU, ja sogar die Errichtung neuer Grenzen und Mauern in und um die EU haben zu einer vorherrschenden Logik des *Reborderung* geführt, die nicht nur das Prinzip der freien Bewegung des Binnenmarkte gefährdet,

---

1 U. von der Leyen, „Politische Leitlinien für die künftige Europäische Kommission", *Meine Agenda für Europa*, Europäische Kommission, Brüssel, https://ec.europa.eu/info/sites/default/files/political-guidelines-next-commission_de.pdf, S. 18 (11.7.2022).

2 B. Wassenberg, „The Schengen Crisis and the End of the 'Myth' of Europe without Borders", *Borders in Globalization Review*, vol. 1, Issue 2, 2020, S. 30–39.

3 P. Haski, „COVID-19 : les frontières sont de retour en Europe", *France Inter*, 17.3.2020.

sondern auch zu Reflexen der Abschottung und des Protektionismus, zum Anstieg neuer nationalistischer und populistischer Bewegungen, dem Euroskeptizismus und allgemein zur Affirmation einer nationalen anstelle einer Europäischen Identität geführt hat[4].

Aber anstatt die Rolle und die Funktionen der Grenze in der Europäischen Integration zu hinterfragen, beobachtet man einen neuen Diskurs in den Europastudien, den der Europäischen Desintegration, deren bestes Beispiel der Brexit sei[5]. Die Argumentation ist bestechend: da die EU ein Synonym des „Europa ohne Grenzen" ist, ist der Europäische Einigungsprozess gescheitert, denn das grenzenlose Europa gibt es nicht mehr. Diese Argumentation ist jedoch auch stark vereinfacht und trägt nicht der Komplexität der Grenze und deren Rolle in der EU Rechnung. Wer so gegen das „Europa ohne Grenzen" argumentiert, basiert dies auf ein unidimensionales Konzept der Grenze, das diese einzig als sichtbare Barriere definiert, ein Konzept, das sowohl potential positive Funktionen wie auch die Realität der vielfältigen Grenzen in der EU ignoriert. In der Tat existieren außer den Grenzen, die als physische Schlagbäume zwischen Nationalstaaten sichtbar sind, noch viele andere Grenzen – wirtschaftliche, politische, administrative, kulturelle, mentale-, von denen nicht alle in einem „Europa ohne Grenzen" versschwinden[6].

Was ist also mit dem Ideal des „Europa ohne Grenzen" passiert, an dem so viele überzeugte Europäer festhalten? Ist es ein Mythos oder bleibt es eine Realität? Ist das „Europa ohne Grenzen" als generelles allumfassendes Ideal für die Europäische Integration haltbar, wenn nicht nur Prozesse von *Debordering,* sondern auch von *Rebordering* in der EU stattfinden?

Dieser Beitrag zeigt auf, dass die Wirklichkeit der Grenzen in Europa komplex ist und dass es einerseits nie eine Aufhebung aller Arten und Funktionen von Grenzen in der Europäischen Gemeinschaft gegeben

---

4 E. Brunet-Jailly, Emmanuel, „Borders and the EU: The consequences of the Schengen crisis", Kommunikation bei der 2. ABS World Conference, Budapest/Wien, 10–14.7.2018.

5 Siehe B. Wassenberg, N. Suzuki (dir.), *Origins and Consequences of European Crises. Global Views on Brexit*, Peter Lang, Brüssel, 2020.

6 B. Wassenberg, „The 'myth' of a Europe without borders and its consequences for European Integration and cross-border cooperation in the EU", Kommunikation bei der ABS Annual Conference „Bridges or Walls? The Case for Open Borders in the XXI Century", San Francisco, 12–15.4.2017.

hat, dass aber anderseits bei der Eliminierung bestimmter Grenzen, vor allem wirtschaftlicher Natur, ein „Europa ohne Grenzen“ auch in Krisensituationen weiterbesteht, ja sogar eine Art Resilienz des „Europa ohne Grenzen“ aufgezeigt werden kann. Zunächst werden der Ursprung und die Entwicklung des Modells in der Geschichte der Europäischen Integration nachgezeichnet. Nachfolgend wird dann zunächst analysiert, wie die Realität des „Europa ohne Grenzen“ in den 1980er Jahren zu einem Mythus verwandelt wurde, der dann durch die aufeinanderfolgenden Krisen 2015 und 2020 zerstört wurde. Und zuletzt wird erläutert, wie durch Resilienz an den Grenzen Europas die Realität eines entmystifizierten Modells des „Europa der Regionen“ in der EU zurückkehrt.

Das Modell eines „Europa ohne Grenzen“ (1950–2015)

Wenn man die historische Entwicklung der Europäischen Integration betrachtet, scheint es eindeutig, dass das Ziel eines „Europa ohne Grenzen“ schon seit der Gründung der Europäischen Kohle- und Stahlgemeinschaft (EKSG) 1952 verfolgt wurde und mit der Schaffung der Europäischen Wirtschaftsgemeinschaft (EWG) 1957 und dem Projekt eines gemeinsamen Marktes ohne Grenzzölle und Wirtschaftsbarrieren stückweise verwirklich wurde[7]. Das Modell eines grenzenlosen Europas war eng mit dem funktionalistischen Ansatz von Jean Monnet zur Europäischen Integration verbunden[8]. Die Schuman-Erklärung vom 9. Mai 1950 forderte in der Tat, dass „die Ein- und Ausfuhr von Kohle und Stahl zwischen den Teilnehmerländern sofort von aller Zollpflicht befreit wird“[9]. Sie erwähnte nicht explizit die Terminologie eines „Europa ohne Grenzen“, aber erläuterte, dass die Eliminierung von Wirtschaftsgrenzen im Kohle- und Stahlmarkt der erste Schritt auf dem Weg zu einer Europäischen Föderation sei:

> „Durch die Zusammenlegung der Grundindustrien und die Errichtung einer neuen Hohen Behörde, deren Entscheidungen für Frankreich,

---

[7] J.-M. Gaillard, „Un territoire sans frontières“, *L'Histoire*, mensuel n° 284, 2004, S. 32–33.

[8] F. Schimmelfennig, Frank, „European integration (theory) in times of crisis. A comparison of the Europe and Schengen crisis“, *Journal of European Public Policy*, Vol. 25, Issue 7, 2015, S. 969–989.

[9] Schuman Erlklärung vom 9.5.1950.

Deutschland und die anderen teilnehmenden Länder bindend sein werden, wird dieser Vorschlag den ersten Grundstein einer europäischen Föderation bilden, die zur Bewahrung des Friedens unerlässlich ist“[10].

Der funktionalistische Ansatz identifizierte also die Eliminierung von Wirtschaftsgrenzen (Zöllen) als einen Schritt vorwärts im Europäischen Einigungsprozess, d.h. das „Europa ohne Grenzen“ war eindeutig ein Mittel zum Zweck eines höheren Ziels, dem der Europäischen Föderation. Die am 25. März 1957 unterzeichneten Römischen Verträge bestätigten diesen Ansatz, indem sie das Modell eines „Europa ohne Grenzen“ auf die allgemeine Eliminierung von Gütergrenzzöllen ausweiteten:

> „Die Tätigkeit der Gemeinschaft (…) umfasst nach Maßgabe dieses Vertrags und der darin vorgesehenen Zeitfolge die Abschaffung der Zölle und mengenmäßigen Beschränkungen bei der Ein- und Ausfuhr von Waren sowie aller sonstigen Maßnahmen gleicher Wirkung zwischen den Mitgliedstaaten“[11].

Dies war jedoch auch eng mit dem Prinzip der freien Bewegung verbunden, indem „die Beseitigung der Hindernisse für den freien Personen-, Dienstleistungs- und Kapitalverkehr zwischen den Mitgliedstaaten“ präkonisiert wurde[12]. Das Modell des „Europa ohne Grenzen“ wurde demnach zwischen 1958 und 1962 innerhalb der EWG durch die Abschaffung aller Grenzgüterzölle weiter umgesetzt. Dadurch war es auch von Anfang an mit einem wirtschaftlichen Blickwinkel auf Grenzen als Barrieren zu freier Güterbewegung verbunden[13]. Erst Mitte der 1980er Jahre wurde das Modell des „Europa ohne Grenzen“ mit dem Projekt des Europäischen Binnenmarktes weiterentwickelt, bei dem nicht nur Wirtschaftsbarrieren – Zölle- eliminiert werden sollten, sondern auch die freie Mobilität von Personen, Dienstleistungen und Kapital gewährleistet werden sollte. Dennoch fand sich selbst in diesem Projekt, das sich nicht nur auf die freie Güterbewegung bezog, die Referenz zu Personen in einer rein wirtschaftlichen Perspektive wieder, da es im Wesentlichen um die Mobilität von Arbeitern ging, d.h. von

---

10 *Ibid.*

11 Römische Verträge, vom 25.3.1957, Art. 3.

12 *Ibid.*

13 B. Wassenberg, „Frontières, coopération transfrontalière et intégration européenne“ *In* B. Wassenberg, M. Aballéa, (Hrsg.), „Frontières, géopolitique et relations internationales“, *Cahier Fare* n° 16, Harmattan, Paris, 2019, S. 44.

Personen als Produktionsfaktoren in der EWG[14]. Es muss dabei auch betont werden, dass, während der Europäische Binnenmarkt ein von der Jacques Delors Kommission 1985 vorgeschlagenes Projekt zur Schaffung einer freibeweglichen Güter-, Dienstleistungs-, Kapital- und Personenverkehrszone war, die Idee, Grenzkontrollen für Personen abzuschaffen, nicht innerhalb der EWG entstand[15]. Es handelte sich eher um eine Initiative, die von einer kleinen Anzahl von Mitgliedstaaten – Frankreich, Deutschland und die drei Benelux-Länder- ergriffen wurde, als Antwort auf eine Reihe von Streiks von Italienischen und Französischen Grenzkontrollbeamten im Jahr 1984, die sich über den immer größer werdenden Arbeitsaufwand an der Grenze nach einem Lastwagenfahrerstreik beschwert hatten. Es war also in der Absicht, den freien Güterverkehr zu erleichtern, dass diese fünf Staaten am 14. Juni 1985 auf dem Prinzessin Marie-Astrid Boot auf der Mosel, in der Nähe der kleinen Stadt Schengen, ein zwischenstaatliches Abkommen unterzeichneten, das sogenannte „Schengener Abkommen", das Maßnahmen zur progressiven Abschaffung von Grenzkontrollen an den gemeinsamen Grenzen der Unterzeichner vorsah[16].

Das Schengener Abkommen sollte das Modell eines „Europa ohne Grenzen" durch die Abschaffung von internen Grenzkontrollen von Personen weiterentwickeln. Es war jedoch vor allem dazu konzipiert, die Umsetzung des Europäischen Binnenmarktes der EWG zu erleichtern. Der Fokus auf das grenzenlose Europa lag daher auf der internen Mobilität und das Modell des „Europa ohne Grenzen" wurde dementsprechend ausgerichtet[17]. Es wurde zum Mittel für das Erreichen dieses Mobilitätsziels der Europäischen Integration und das Schengener Abkommen wurde Teil dieser Strategie.

---

[14] E. Thielemann, C Armstrong, „Understanding European asylum cooperation under the Schengen/Dublin System: A public goods framework", *European Security,* vol. 22 Issue 2, 2012,S. 148–164.

[15] L. Warlouzet, Laurent, „At the heart of the recovery in the 1980s, the internal market", *In The European Commission 1986–2000, History and Memories of an institution,* Publicationsoffice der Europäischen Union, Luxemburg, 2019, S. 258–268.

[16] Ch. Blanco Sío-López, „Dialogues beyond the 'fortress Europe': tracing back the genesis and evolution of the 'free circulation of persons' concept through European Parliament Schengen area debates, 1985–2015", *In* A. Cunha, M. Silva, R. Frederico (Hrsg.), *The Borders of Schengen,* Peter Lang, Brüssel, 2015, S. 33–50.

[17] B. Wassenberg, „Frontières, coopération transfrontalière et intégration européenne", *op. cit.,* S. 43–65.

Diese Ausrichtung des Modells wurde danach auch auf EWG Ebene übernommen. Nach der Unterzeichnung der Europäischen Einheitsakte durch die zwölf EWG- Mitgliedstaaten am 16. Februar 1986, die die Schaffung des Binnenmarktes bis 1992 vorsah, präsentierte die Europäische Kommission im März 1988 einen Bericht zu den Hindernissen der freien Mobilität, den sogenannten Cecchini Bericht, der nach seinem Autor benannt wurde: Paolo Cecchini, ein hoher Beamter in der Europäischen Kommission[18]. Er enthielt eine 6000 Seiten lange Begutachtung der „Kosten des nicht-Europas", die mindestens auf 4.25 % und maximal auf 6.5 % des EWG Bruttosozialproduktes (BSP) geschätzt wurden. Dem Bericht zufolge würden Handelsbarrieren nicht verschwinden, wenn Grenzen technisch (mittels nationaler Verwaltungsregelungen), steuerlich (mittels indirekter Steuern, die langwierige und kostenreiche Grenzformalitäten verursachen) aber auch physisch (mittels von Personengrenzkontrollen in der EWG) beibehalten wurden[19]. Der Ceccini Bericht erwähnte zum ersten Mal explizit das Modell eines „Europa ohne Grenzen". Er nahm die Idee des Schengener Abkommens auf, das Konzept des „Europa ohne Grenzen" vom wirtschaftlichen freien Personenverkehr, d.h. das Recht, in einem anderen EWG Staat zu arbeiten oder zu studieren, auf eine „politische" freie Bewegung hin auszuweiten. Denn was nun abgeschafft werden sollte, waren nicht die Wirtschafsbarrieren (Zölle), sondern die Passkontrollen von Personen an der Grenze[20]. Diese politische grenzfreie Mobilität war nicht so leicht umsetzbar, da sie einerseits gemeinsame Kontrollen an den Außengrenzen erforderte, um die Ankunft von Personen von außerhalb der EWG zu regulieren und anderseits eine größere interne Kooperation zwischen Grenzpolizei und der Justiz, um Menschenhandel und andere Arten von Kriminalität in einem grenzenlosen Europa der freien Bewegung zu bekämpfen[21].

Das ursprüngliche Schengener Abkommen sah u.a. eine Harmonisierung der Visabestimmungen vor, die den Bewohnern in Grenzgebieten die Freiheit gab, „die Grenzen außerhalb von festgelegten Checkpoints

---

18 Europäische Kommission, „Cecchini Bericht zu den Kosten des nicht-Europas", März 1988.

19 *Ibid.*

20 E. Guild, Elspeth, *Moving the Borders of Europe*, University of Nijmegen, 2001, S. 13.

21 O. Sacramento, „Schengen and the security obsession: Selective citizenship, exclusion and the ironies of contro", *In* A. Cunha, M. Silva, R. Frederico (Hrsg.), *op. cit.*, S. 115–127.

zu überqueren“, sowie den Ersatz von Passportkontrollen durch „visuelle Überwachung von Fahrzeugen mit gemäßigter Geschwindigkeit“ und Fahrzeugkontrollen, die es Fahrzeugen ermöglichten, „die Grenze zu überqueren, ohne anzuhalten“[22]. Im Jahr 1990 wurde es durch die Schengener Konvention ergänzt, die die Abschaffung von internen Grenzkontrollen und eine gemeinsame Visapolitik vorsah. Für die internen Grenzen gab es außerdem eine Vorrichtung für ein Schengen Informationssystem (SIS), das eingerichtet werden sollte, um den Austausch von Daten und Informationen über kriminelle Aktivitäten zu ermöglichen und um die Investigation von grenzüberschreitender Kriminalität zu koordinieren[23]. Die Konvention trat erst am 25. März 1995 in Kraft, aber zu dem Zeitpunkt war sie schon ebenfalls von Italien, Spanien, Portugal und Griechenland unterzeichnet worden, gefolgt von Österreich, Finnland und Schweden im April 1995. Es war daher nicht überraschend, zu sehen, dass sie, obwohl sie zunächst außerhalb des EWG Rechtsrahmens entwickelt wurde, dann schnell in den Amsterdamer Vertrag der EU im Jahr 1997 integriert wurde und zum sogenannten Schengener „Acquis“ wurde[24]. Dieser sollte nun von allen Mitgliedstaaten angewandt werden und war ebenfalls offen für die Beteiligung von benachbarten EU Staaten[25]. Die Schengen Regeln wurden im Schengener Grenz-Code im Jahr 2006 verankert, der eine uniforme Anwendung des Prinzips des freien Personenverkehrs garantierte, d.h. die Abwesenheit von Personenkontrollen im Schengen-Raum[26]. Im Jahr 2007 bestätigte der Lissaboner Vertrag den institutionellen Rahmen des Schengen-Raums und dies bedeutete, dass das „Europa ohne Grenzen“ operationell war. In der Tat waren bis 2015 sukzessiv 26 Staaten dem Schengener Abkommen beigetreten, vier von denen nicht EU-Mitglieder waren (Island, Liechtenstein,

---

22 Schengener Abkommen vom 14.6.1985, Art. 2, 5 und 7. Siehe auch F. Infantino, *Schengen Visa Implementation and Transnational Policymaking. Bordering Europe*, Palgrave, Cham, 2019.

23 H. Bevers, „Police observation and the 1990 Schengen convention“, *European Journal of Crime and Policy Research*, vol. 1, issue 4, 1993, S. 83–107.

24 Official Journal of the European Communities (OJEC), „The Schengen Acquis“, 22.9.2000

25 C. Coelho, „Schengen: people, borders and mobility“, *In* A. Cunha, M. Silva, R. Frederico (Hrsg.), *op. cit.*, S. 1–3.

26 Regulation (EC) No 562/2006 of the European Parliament and of the Council of 15 March 2006 establishing a Community Code on the rules governing the movement of persons across borders (Schengen Borders Code), 13.4.2006.

Norwegen und die Schweiz) und nur zwei EU-Mitgliedstaaten – das Vereinigte Königreich und Irland- erhielten eine Möglichkeit des *opting-out*. Das Modell des „Europa ohne Grenzen" schien demnach erfolgreich umgesetzt geworden zu sein und sich sogar jenseits der geographischen Grenzen der EU auf einige Nachbarländer auszuweiten.

Diese Einschätzung wurde jedoch ab 2015 revidiert, da die die verschiedenen Europäischen Krisen das Modell des „Europa ohne Grenzen" in Frage stellten, vor allem, weil sie zu einem *Rebordering* Prozess in der EU führten. Das „Europa ohne Grenzen" wurde nun als Mythos bezeichnet und diskreditiert. Aber wie ist dieser Mythos entstanden? Was unterscheidet den Mythos des „Europa ohne Grenzen" vom Modell des „Europa ohne Grenzen"?

Vom Ideal zum Mythos: der Kriseneffekt (1980–2020)

Das Mythos eines „Europa ohne Grenzen" entstand in den 1980er Jahren, insbesondere unter dem Einfluss von zwei EU Institutionen: dem Europäischen Parlament und der Europäischen Kommission. Es wurde nicht absichtlich konstruiert, sondern entwickelte sich langsam durch die Gleichstellung des Ziels der freien Bewegung mit dem finalen Ziel der Europäischen Integration. Das ursprüngliche Projekt der Abschaffung von Grenzen zur Erleichterung der Mobilität wurde zu einem eigenständigen Ziel umgewandelt, anstatt es weiterhin als Mittel zum Zweck des Fortschritts der Europäischen Integration zu betrachten. Das Schlagwort „Europa ohne Grenzen" wurde gleichgesetzt mit dem Idealzustand der EU, dem eines föderalen Europas, so wie es von den Gründungsvätern der EWG – Robert Schuman, Konrad Adenauer, Paul-Henri Spaak, Alcide De Gasperi- vorgesehen war. Und es wurde dabei gleichzeitig angenommen, dass in diesem idealen Europa alle nationalstaatlichen Grenzen in der Föderation verschmelzen. Das „Europa ohne Grenzen" war nun also nicht mehr nur mit der Eliminierung von wirtschaftlichen Grenzen verbunden, sondern mit der Idee einer gemeinsamen Europäischen Identität, einer Europäischen Bürgerschaft, und, *in fine*, einem EU-Bundesstaat[27]. Aber dies war ein Mythos, der

[27] M. Berezin, M. Schain (Hrsg.), *Europe Without Borders: Remapping Territory, Citizenship, and Identity in a Transnational Age*, John Hopkins University press, Baltimore, 2003.

suggerierte, dass innerhalb der EU alle – auch die nationalstaatlichen, politischen – Grenzen verschwinden würden, obwohl der Europäische Integrationsprozess hauptsächlich auf die Abschaffung von Wirtschaftsgrenzen beruhte und die EU weiterhin – vor allem im Rat – als intergouvernementale Organisation fungierte, in der die Nationalstaaten in Kernbereichen, die normalerweise in einer Föderation auf Bundesebene entschieden werden (z.B. Sicherheit und Verteidigung) nicht auf Souveränität verzichteten. Dieser Mythos beruhte letztendlich auf der (fälschlichen) Annahme, dass in der EU sämtliche Grenzen abgeschafft werden müssen, da Grenzen einzig negative Funktionen haben: die Eliminierung von Grenzen wurde somit zu einer Missionsbestimmung für die Europäische Integration.

Im Europäischen Parlament war es eine Intergruppe, die 1979 gegründete Känguru-Gruppe, die diesen Mythos des „Europa ohne Grenzen" aufnahm und weiterverbreitete. Die Känguru-Gruppe war für ihr Lobbying für freie Bewegung in der EWG bekannt und ihr Name, das Känguru, verkörperte dies sogar bildlich. Bis zur Mitte der 1980er Jahre hatte die Gruppe das Modell des „Europa ohne Grenzen" zur ihrer Philosophie für die Europäische Integration erklärt, die den Kurs der EWG bestimmen sollte[28]. Gegründet von Basil, de Ferranti, einem Britischen Konservativen und Präsident des Wirtschafts- und Sozialausschusses des Europäischen Parlamentes, hatte die Gruppe das Känguru als Emblem für dessen Fähigkeit, Grenzen ohne Schwierigkeiten zu überwinden, ausgesucht. Sie startete eine Kampagne für die Umsetzung des Binnenmarktes und brachte Europaparlamentarier unterschiedlicher politischer Affiliation – Sozialisten, Christdemokraten, Liberale – zusammen, die während der Sitzungen in Strasbourg einmal im Monat zu einem Mittagessen zusammentrafen. Politische Persönlichkeiten aus verschiedenen Mitgliedstaaten und Akteure aus dem Wirtschaftssektor, wie z.B. wichtige Firmenchefs, wurden eingeladen, um darüber zu debattieren, wie die Mobilität in der Europäischen Gemeinschaft vorangebracht werden könnte. Die Känguru-Gruppe war vor allem ein starker Unterstützer der Abschaffung von Wirtschaftsgrenzen in der EWG, da sie als wesentliche Hindernisse für die Umsetzung des Binnenmarktes betrachtet wurden. Trotzdem trug ihr Lobbying zur Verbreitung des Mythos eines „Europa

---

[28] B. Wassenberg, S. Schirmann, *Political Culture and Dynamics of the European Parliament, 1979–1989,* European Research Service of the European Parliament, Luxemburg, 2019, S. 27.

ohne Grenzen“ bei, da es sich hauptsächlich auf die Eliminierung von Grenzen fokussierte. Dieser Mythus wurde auch von der Gruppe selbst genährt und von der Presse weitergetragen, z.B. durch den Deutschen Sozialdemokraten Dieter Rogolla, der, um das „Europa ohne Grenzen“ publik zu machen, 1982 eine Fahrradtour startete, die zum Ziel hatte, alle Grenzen der EWG-Mitgliedstaaten zu überqueren[29].

Die Europäische Kommission verknüpfte das Modell eines „Europa ohne Grenzen“ zunehmend mit dem Ideal der Europäischen Föderation. Im Rahmen des Projektes des Europäischen Binnenmarktes war vorgesehen, „alle internen Wirtschaftsgrenzen Europas“ zu eliminieren, wie es Jacques Delors im Januar 1985 verkündete, als er sein Weißbuch zur Umsetzung des Binnenmarktes vorstellte[30]. Doch Jacques Delors war ein überzeugter Föderalist und sein Hauptziel war nicht der Binnenmarkt an sich, sondern er sah diesen als Teil zweier weiterer Projekte, die Währungsunion und die politische Union, die beide in der Intergouvernementalen Konferenz im Jahr 1991 von den Mitgliedstaaten verhandelt wurden und 1992 zur Unterzeichnung des Maastrichter Vertrages führten[31]. Der Mythos eines „Europa ohne Grenzen“ wurde dadurch geschaffen, indem suggeriert wurde, dass durch die Umsetzung des Binnenmarktes bis 1992, die mit der Schaffung der Europäischen Union (EU) zeitlich zusammentraf, nun auch die Europäische Föderation umgesetzt würde. In Wirklichkeit bildete jedoch der Maastrichter Vertrag einen institutionellen Rahmen mit drei Säulen von Politikfeldern für die EU, von denen zwei intergouvernemental blieben: die Außen- und Sicherheitspolitik und der Bereich Justiz und Inneres. Nur die erste Säule der EWG sah eine Vergemeinschaftung im Sinne einer Föderation im Bereich der Währungspolitik vor, wo die Eliminierung von Wirtschaftsgrenzen für die Umsetzung der Währungsunion vorgesehen war[32]. Somit war es nie gedacht, politische (Staats-)Grenzen abzuschaffen und die EU war immer als eine Organisation *sui generis* qualifiziert und nicht als Europäische Föderation.

---

29 *Ibid.*, S. 77.

30 Europäische Kommission, „Weißbuch zur Umsetzung des Binnenmarktes“, 14.6.1985.

31 E. Bussière, I. Maes, „Towards Economic and Monetary Union“, *In The European Commission 1986–2000. History and Memories of an Institution*, Publikationsoffice der EU, Luxemburg, 2019, S. 229–252.

32 *Ibid.*

Der Mythos stimmte demnach nicht mit der Realität des „Europa ohne Grenzen“ überein, welches ein Modell der freien Bewegung mit Eliminierung von wirtschlichen, aber nicht politischen Grenzen blieb. Dies traf auch auf das Schengener Abkommen von 1985 zu, das die Abschaffung von Personenkontrollen an der Grenze vorsah, aber dies ebenfalls in einer wirtschaftlichen Perspektive tat, d.h. um die Umsetzung des Binnenmarktes zu ermöglichen. Das Abkommen schuf außerdem keine Grenzen ab, sondern nur Grenzkontrollen, die dann durch den Einsatz von verstärkten Grenzkontrollen an den Außengrenzen kompensiert werden mussten, um die Zugang von außerhalb des Schengen-Raums zu regulieren[33]. Es sah auch die Möglichkeit für „mobile“ Zollkontrollen vor, die nicht notwendigerweise an der Grenze selbst durchgeführt würden und schuf somit den Begriff der „mobile“ Grenze, die innerhalb der EU-Mitgliedsstaaten deplatziert werden konnte, um weiterhin, falls notwendig, Identitäts- und Zollkontrollen durchführen zu können[34]. Der Mythos eines „Europa ohne Grenzen“ beruhte demnach auf einem pro-Europäischen Diskurs der EU-Institutionen zur Europäischen Integration, der die Komplexität von Grenzen und ihrer unterschiedlichen Funktionen nicht berücksichtigte. Er weitete den Ansatz zu Grenzen, der sich auf die Eliminierung von Wirtschaftsgrenzen in der EWG beschränkte, implizit auf eine ideelle Vision eines „Europa ohne (alle) Grenzen“ aus, ohne dabei zu präzisieren, was damit eigentlich gemeint war. Dieser Diskurs führte zu zwei falschen Eindrücken über die EU in der Europäischen Bevölkerung: zum einen, dass alle Grenzen in der EU negative Barriere-Funktionen haben und zum anderen, dass sie alle abgeschafft wurden.

Von 2015 an haben die verschiedenen Krisen in Europa das Ende dieses Mythos eingeläutet. Schon die Wirtschafts- und Finanzkrise 2008 führte zu protektionistischen Maßnahmen in einigen EU Mitgliedstaaten, um die Effekte der Krise abzuschwächen und die eigene Wirtschaft zu schützen. Dies war vor allem beim Verhalten Deutschlands spürbar, das viel für seine mangelnde Solidarität gegenüber den von der Krise stärker betroffenen Staaten im Süden – Griechenland, Spanien,

---

33 A. Ullestad, „Protecting the Security of the EU through its External Borders“, *In* B. Wassenberg, (Hrsg.), *Castle-talks on Cross-Border Cooperation. Fear of Integration? The Pertinence of the Border*, Steiner Verlag, Stuttgart, 2018, S. 219–239.

34 A.-L. Amilhat-Szary, „La frontière mobile“, *In* A. Amilhat-Szary, *Qu'est-ce qu'une frontière aujourd'hui ?*, PUF, Paris, 2015, S. 4–20.

Frankreich- kritisiert wurde[35]. Es waren jedoch vor allem die Schengen-Krise im Jahr 2015 und die Pandemie Covid-19 im Jahr 2020, die den Mythos des „Europa ohne Grenzen" erschüttert haben, denn sie führten zu mehr oder weniger permanenten Grenzschließungen und -kontrollen innerhalb der EU.

Als die Schengen-Krise 2015 eintrat, unterbrach sie das Prinzip der freien Bewegung in Europa, da sie zu einem Prozess des *Rebordering* im Schengen-Raum führte[36]. Die Krise hatte grundsätzlich zwei unterschiedliche Ursprünge. Der erste waren die Islamistischen Terrorismusanschläge gegen Frankreich im November 2015, die dazu führten, dass die französische Regierung den Notstand ausrief und die Schengener Konvention aus Sicherheitsgründen auf unbestimmte Zeit aussetzte. Der zweite war die Migrationskrise in Europa, die im August 2015 durch die Kanzlerin Angela Merkel ausgelöst wurde, als sie mit ihrem Ausruf „Wir schaffen das" einen massiven Andrang von Flüchtlingen in die EU auslöste[37]. Nachdem die Ungarische Regierung entschieden hatte, ihre Grenzen zu öffnen, gab es einen Domino-Effekt, der zunächst an den internen Grenzen des Schengen-Raums zu einem *Debordering* Prozess führte. So reisten die Flüchtlinge über Österreich nach Deutschland, wobei die Dublin-Regel bei Asylanträgen, die im ersten Eingangsland behandelt werden müssen, ausgehebelt wurde. Deutschland entschied, die Dublin-Konvention zu suspendieren und diese Willkommenspolitik wurde zunächst auch von Österreich und Schweden angewandt, die den massiven Ankunftsstrom von Flüchtlingen akzeptierten. Doch dieser interne *Debordering-* Prozess führte danach paradoxaler Weise schnell zur einem *Rebordering* Prozess im Schengen-Raum[38]. Dies lag daran, dass, sobald die Dublin-Konvention aufgehoben worden war, der Flüchtlingsstrom auch EU-Mitgliedstaaten betraf, die nicht dieselbe

---

35 V. Dujardin, Y. de Cordt, R. Costa, V. de Moriamé (Hrsg.), *La crise économique et financière de 2008–2009,* Peter Lang, Brüssel, 2010.

36 B. Wassenberg, „The Schengen Crisis and the End of the 'Myth' of Europe without Borders", *Borders in Globalization Review, op. cit.,* S. 30.

37 L. P. Schmelter, „The Refugee Crisis and the German Question", *In* G. Besier, K. Stoklosa (Hrsg.), *How to Deal with Refugees? Europe as a Continent of Dreams,* LIT, Zürich, 2018, S. 157–167

38 B. Wassenberg, „De-bordering (Re-)bordering in the EU during the 2015 Migration Crisis: the End of a 'Europe without borders?'", *In* M. J. Carpenter, M. Kelly, O. Schmidtke, *Borders and Migration in Canadian Comparative Perspective,* University of Ottawa Press, 2022.

Willkommenspolitik wie Deutschland oder Schweden praktizierten. Auch wenn Frankreich, Dänemark, Belgien und die Niederlande z.B. keine prioritären Destinationsländer für Flüchtlinge waren, begannen diese ab Ende des Jahres 2015, sich für die Einrichtung von internen Grenzkontrollen als Reaktion auf den Kollaps des Dublin-Systems einzusetzen und führten diese Kontrollen dann nach und nach ein. Doch ironischer Weise folgten bis zum Frühjahr 2016 dann auch die „Willkommensländer" diesem Beispiel, d.h. Deutschland, Österreich und Schweden, die ebenfalls ihre offene Grenzpolitik revidierten, da sie mit dem unkontrollierten Strom der eintreffenden Flüchtlinge überfordert waren[39]. Österreich war der erste EU-Mitgliedstaat, der Tagesquoten für Asylanträge festlegte, um den Strom der durchreisenden Flüchtlinge zu begrenzen. Auch Deutschland und Schweden, die mit tausenden von ankommenden Flüchtlingen täglich konfrontiert waren, führten schließlich interne Grenzkontrollen ein[40]. Der *Rebordering* Prozess stellte nicht nur für die Flüchtlinge ein Problem dar, die versuchten, ihr Destinationsland zu erreichen, sondern er unterbrach auch den Grenzverkehr in den Regionen, in denen viele Grenzgänger arbeiteten. Dort, wo es schon immer ein Bewusstsein für die Grenze als „Grenzlinie" gegeben hat, war nun die Realität des „Europa ohne Grenzen" im täglichen Leben ausgesetzt[41]. Die Medien reagierten einheitlich auf diese Schengen-Krise mit der Ankündigung des Endes vom „Europa ohne Grenzen" und klagten die EU an, ihr Hauptziel der Integration verfehlt zu haben[42].

Die Covid-19 Pandemie hat 2020 dann diese Tendenz des *Rebordering* im Schengen-Raum bekräftigt. Angesichts der Infektionsgefahr haben sich die EU-Mitgliedstaaten organisiert, um die Verbreitung des Virus durch Grenzschließungen einzudämmen. Ohne vorherige

---

[39] S. C. Colombeau, „Policing the internal Schengen borders – managing the double bind between free movement and migration control", *Policing and Society* 27(5), 2017, S. 480–493.

[40] M. Lovee, „Politics of the Schengen/Dublin System: The Case of the European Migrant and Refugee Crisis", *In* C. Günay, N. Witjes, Ninan (Hrsg.), *Border Politics. Defining Spaces of Governance and Forms of Transgressions*, Springer, Cham, 2017, S. 127–143.

[41] E. Evrard, B. Nienaber, A. Sommaribas, „The Temporary Reintroduction of Border Controls Inside the Schengen Area: Towards a Spatial Perspective", *Journal of Borderland Studies* 35(3), 2018, S. 369–383

[42] Tajani, Antonio, „The Migration Crisis Threatens to Destroy the EU. We Must Not Let It", The Guardian, 27 June 2018

gegenseitige Absprache wurden diese fast überall eingeführt und das Modell des „Europa ohne Grenzen“ somit in Frage gestellt. Sie stützten ihr *Rebordering* auf mehrere Artikel des Schengen-Codes, insbesondere den Art. 23, der es erlaubte, Personen auf dem nationalen Territorium zu kontrollieren und sie auszuweisen, wenn die sanitäre Sicherheit des Staates in Gefahr ist, sowie auf den Art. 28, der ihnen die Möglichkeit gab, mit sofortiger Wirkung Grenzkontrollen für eine wiederholbare Dauer von 20 Tagen durchzuführen[43]. Die Covid-19 Krise hat daher unweigerlich dazu geführt, die Grenze als Mittel zu nutzen, um sich vor dem EU-Nachbarn zu schützen und damit den Mythos des „Europa ohne Grenzen“ beendet.

Es stimmt zwar, dass die Krisensituation der Pandemie weltweit dazu führte, dass Einschränkungen für die freie Bewegung der Bevölkerung eingeführt wurden. Grenzschließungen und -kontrollen waren aber vor allem in Europa, wo eigentlich das Prinzip eines „Europa ohne Grenzen“ vorherrschte und uneingeschränkte Mobilität den Alltag bestimmte, eine traumatische Erfahrung. Denn gerade für die Grenzregionen war die Pandemie ein Schock, da die Grenzbarrieren nicht nur die Beweglichkeit über die Grenze verhinderten, sondern den Status der Grenzregionen als Modell dieses „Europas ohne Grenzen“ in Frage stellten[44]. Dies galt insbesondere für den deutsch-französischen Grenzraum, der als Grundstein eines vereinigten Europa diesen Modellcharakter ganz besonders verkörperte[45]. Anstelle Vorzeigeprojekte für ein gelungenes „Europa ohne Grenzen“ zu sein, wurden die Grenzregionen nun aber zum Schauplatz des gescheiterten Mythos, wo Abschottung und Grenzziehung den Platz von freier Bewegung und Mobilität einnahmen.

Dieses Ende des „Europa ohne Grenzen“ traf die Grenzregionen im Frühjahr 2020 unvorbereitet und hart, denn in denn in fast allen EU-Mitgliedstaaten wurden plötzlich hermetische Grenzschließungen vorgenommen. An der Deutsch-Französischen Grenze war es

---

[43] B. Wassenberg, B., „Médiation et gestion de crises aux frontières de l'UE“, *Cahier Fare* n° 20, Harmattan, Paris, 2021, S. 173.

[44] Mission Opérationnelle Transfrontalière (MOT), „The effects of COVID-19 induced border closures on cross-border regions. An empirical report covering the period March to June 2020“, Paris, 2021, S. 8–9.

[45] F. Berrod, M. Chovet, B. Wassenberg, B., „La frontière franco-allemande au temps du COVID-19 : la fin d'un espace commun“, *In* Ch. Wille, R. Kanesu, (Hrsg.), *Bordering in Pandemic Times: Insights into the COVID-19 Lockdown*, Thematic Issue, Bd. 4. UniGR-Center for Border Studies, Luxemburg, 2020, S. 39–42.

die Entscheidung des deutschen Innenministers Horst Seehofers am 15. März 2020, die Grenzen zu Frankreich zu schließen. Diese Entscheidung wurde zwar am 16 März der Europäischen Kommission mitgeteilt, aber weder die französische Seite noch die Grenzregionen waren informiert worden und sie traf somit ohne Vorwarnung die deutsche und französische Grenzbevölkerung[46]. Die Grenzschließung war hermetisch, es handelte sich also nicht nur um eine Verstärkung der Grenzkontrollen, sondern um eine Blockierung aller Grenzübergänge zwischen den beiden Ländern[47]. Diese hermetische Abgrenzung wurde durch Errichtung von Barrieren und Zäunen an allen Grenzübergängen materialisiert, die nicht nur eine physische Überquerung der Grenze unmöglich machten, sondern auch symbolisch den Mythos des „Europa ohne Grenzen" beendete[48]. Die Folgen für die Grenzregionen in der EU waren gravierend. Zunächst einmal gab es einen traumatischen Schock für die Grenzbevölkerung, der durch die unvorbereitete und plötzliche Grenzschließung blockiert wurde. Es wurden nämlich nicht nur Grenzgänger daran gehindert, auf der anderen Seite der Grenze zur Arbeit zu gelangen, sondern aufgrund der integrierten Lebensräume auch ganze Familien getrennt, die auf beiden Seiten der Grenze verteilt lebten[49]. Bei manchen Grenzbewohnern erinnerte diese abrupte Abgrenzung „über Nacht" an den Mauerbau in Berlin 1961, der ebenfalls die Bevölkerung völlig unvorbereitet traf und viele Deutsche Familien trennte. Damit befand man sich plötzlich eher in einem neuen „Europa der Grenzen" als in einem „Europa ohne Grenzen"[50]. Denn die Grenzregionen hatten sich über Nacht wieder von einem gemeinsamen Lebensraum in zwei

---

46 B. Wassenberg, „The return of mental borders': A Diary of the COVID19 crisis experienced at the Franco-German border between Kehl and Strasbourg (March–June 2020)", *Borders in Globalization Review*, vol. 1, Issue 3, 2020, S. 115–117.

47 F. Berrod, P. Bruyas, P., „Union Européenne : La Frontière Comme Antidote à l'épidémie ?" *The Conversation*, 29.3.2020.

48 Dies ist z.B. in den vielen Fotos von geschlossenen Grenzen in Europa im Frühjahr 2020 aus der Border-Gallery der Universität Luxemburg ersichtlich: siehe Border Gallery, UniGR-Center for Border Studies, http://cbs.uni-gr.eu/index.php/en/border-gallery/home (2.7.2022).

49 J. Beck, Wassenberg, B.; „Eprouver les frontières au temps de la COVID-19", Webinar, Deutsch-Französisches Jean Monnet Exzellenzzentrum, Strasbourg, 17. Juli 2020. https://centre-jean-monnet.unistra.fr/2020/07/17/webinaire-eprouver-les-frontieres-au-temps-de-la-covid19/ (2.7.2022).

50 B. Wassenberg, „The return of mental borders", *op. cit.*, S. 116.

national voneinander getrennten Zonen verwandelt[51]. Die Symbolik der geschlossenen Grenzen in der Form von Barrieren und Schlagbäumen war die für das „Europa ohne Grenzen" am verheerendste Konsequenz der Covid-19 Pandemie. Sie hinterließ den Eindruck, dass die EU anstelle eines Modells des „Europa ohne Grenzen" zum Schauplatz von Desintegration umgewandelt wurde.

In einer solchen Situation der Aushebelung der Mobilität und der der nationalen Abschottung kann man bestätigen, dass die Europäischen Krisen bis 2020 das Ende des „Europa ohne Grenzen" eingeläutet haben.

Aber handelt es sich nicht eher um das Ende des Mythos? Haben die Krisen nicht aufgezeigt, dass man zu einer Realität eines entmystifizierten „Europa ohne Grenzen" zurückkehren sollte, bei dem nicht alle Grenzen verschwinden?

Vom Mythos zurück zur Realität: die Resilienz des „Europa ohne Grenzen"

Sowohl die Schengen-Krise als auch die Pandemie Covid-19 haben trotz der Prozesse des *Rebordering* eine gewisse Resilienz des „Europa ohne Grenzen" aufgezeigt. Diese Resilienz bezieht sich zum einen auf das entmystifizierte Modell des „Europa ohne (Wirtschafts)grenzen" und zum anderen auf die Realität von integrierten Grenzräumen, in denen eine *Rebordering*-Politik auf Dauer nicht funktioniert.

Schon während der Schengen-Krise 2015 gab es keine Aufhebung des Prinzips der freien Bewegung von Gütern, Personen, Dienstleistungen und Kapital, denn die Grenzen wurden nicht hermetisch geschlossen. Auch das Schengener Abkommen wurde nicht ausgehebelt, denn aus juristischer Perspektive ermöglicht es der Schengen Code, temporäre Grenzkontrollen an internen Grenzen wiedereinzuführen, wenn es eine ernste Bedrohung für die öffentliche Sicherheit gibt[52]. Die Bedingung dafür ist, dass Grenzkontrollen die Ausnahme bleiben und das Prinzip der Proportionalität erfüllen müssen und dass der Umfang und die Dauer dieser Grenzkontrollen zeitlich begrenzt bleiben. Da in der Schengen-Krise die meisten EU-Mitgliedstaaten, mit der Ausnahme

---

51 F. Berrod, B., Wassenberg, B., „La coopération transfrontalière, maillon vital de la politique de santé de l'UE", *Revue des Affaires européennes,* 21, 2021, S. 326.

52 Siehe Art. 26 des Schengen-codes.

Frankreichs, angekündigt hatten, die Grenzkontrollen auf eine Periode von sechs Monaten zu beschränken, bedeutete diese daher nicht eine Verletzung der Schengener Konvention[53]. In der Tat war die Krise nicht die erste Gelegenheit für Mitgliedstaaten des Schengen-Raums, temporäre Grenzkontrollen wiedereinzuführen – aus unterschiedlichen Gründen. Dies war z.B. schon der Fall im Jahr 1995, als Frankreich nach den Terrorismusanschlägen im Sommer den Mechanismus der partiellen Aufhebung der Schengener Konvention für eine begrenzte Zeit nutzte. Portugal hat ebenfalls mehrere Male Sicherheitskontrollen an der Grenze zu Spanien wiedereingeführt, z.B. während der UEFA Euro Championship im Jahr 2004 und als es den NATO Gipfel in Lissabon im Jahr 2010 ausrichtete. Im selben Jahr nutzte auch Malta den Mechanismus während eines Staatsbesuches von Papst Benedikt XVI[54]. Eine temporäre Aufhebung der Schengener Konvention bedeutet daher nicht unbedingt das Ende des Modells eines „Europa ohne Grenzen".

Außerdem beendete die Schengen-Krise aus wirtschaftlicher Sicht keineswegs das „Europa ohne Grenzen", da der freie Warenverkehr zu keinem Zeitpunkt unterbrochen wurde, wie auch die freie Bewegung von Dienstleistungen und Kapital[55]. Sogar wenn man die freie Bewegung von Personen in Anbetracht zieht, hat die Schengen-Krise nur teilweise zu Hindernissen der Mobilität geführt, z.B. da, wo an Landgrenzen Identitätskontrollen durchgeführt wurden. Doch dies bedeutete nicht, dass die Grenzen für die Bürgerinnen und Bürger der EU geschlossen waren[56]. Letztere mussten nur mit Verzögerungen durch die Grenzkontrollen rechnen, aber konnten danach dennoch die Grenze überqueren. In Grenzregionen mit einer hohen Prozentzahl von Grenzgängern führten die temporären Grenzkontrollen sogar schnell zu Protesten gegen die staatlichen Behörden und zu der Forderung, die freie Bewegung wiederherzustellen. Nach fünf Monaten von Reisebeschränkungen an der Oresund-Brücke zwischen Schweden und Dänemark z.B., die für

---

53 E. Guild, E, Brouwer, K. Groenendijk S. Carrera, "What is Happening to the Schengen Borders?", CEPS Paper *In Liberty and Security in Europe*, N° 86, Dezember 2015, S. 3–10.

54 V. Guiraudon, „Schengen : une crise en tompe d'œil", *Politique étrangère*, 2011, 4, S. 773–784.

55 C. Fijnaut, Cyrille, „The Refugee Crisis. The End of Schengen?", *European Journal of Crime, Criminal Law and Criminal Justice*, 23(4), 2015, S. 313–332.

56 Europäisches Parlament, „Internal border controls in the Schengen area: is Schengen crisis-proof?", Studie für den LIBE Ausschuss, Juni 2016.

die 20000 täglichen Pendler schwere Verzögerungen mit sich brachten, musste die Schwedische Regierung schließlich die Grenze im Mai 2017 aufgrund der steigenden Proteste wieder öffnen[57].

Dies war natürlich anders in der Covid-19 Pandemie, wo zwischen März und Juni 2020 die meisten Grenzen des Schengen-Raums hermetisch geschlossen waren. Aber auch in dieser sanitären Krise führten die Grenzschließungen letztendlich zu einer Resilienz in den Grenzgebieten. Die Reaktion für die Wiederherstellung der Mobilität kam zunächst von Seiten der lokalen und regionalen Akteure und dann auch aus Teilen der Bevölkerung, vor allem in den Deutsch-französischen Grenzgebieten, die innovative grenzüberschreitende Initiativen zum Erhalt des „Europa ohne Grenzen" ergriffen[58]. Es waren zunächst die regionalen Regierungen auf Deutscher und Französischer Seite, die sich für die Rückkehr der freien Bewegung einsetzten[59]. Die Ministerpräsidenten der Deutschen Länder an der Grenze zu Frankreich gründeten demnach Mitte März 2020 relativ schnell nach der Grenzschließung, zusammen mit dem Präsidenten der *Région Grand Est,* eine neue Arbeitsgruppe, um nach Lösungen zu suchen, wie die Kohäsion in den Grenzregionen bewahrt werden könnte. Dies führte zunächst zu Kooperationen im Bereich des Gesundheitswesens: Am 21. März 2020 kam es somit zum ersten Transfer von elsässischen Covid-19 Patienten nach Freiburg, der den Anfang einer kontinuierlichen grenzüberschreitenden Zusammenarbeit im Bereich der Intensivunterbringung in der Pandemie darstellte[60]. Aber auch im zwischenmenschlichen Bereich gab es Appelle für eine Rückkehr der Grenzregionen als Modelle eines „Europa ohne Grenzen". Eine der Kundgebungen Europäischer Solidarität fand z.B. am 9. Mai 2020, dem Europatag, im Eurodistrikt

---

57 „Sweden Ends ID Checks on Oresund Bridge Imposed as Migration Peaked", *The Telegraph*, 3.5.2017.

58 F. Weber, R. Theis, K. Terrolion, K. (Hrsg.), *Grenzerfahrungen. Expériences transfrontalières COVID-19 und die deutsch-französischen Beziehungen. Les relations franco-allemandes à l'heure de la COVID-19*, Springer, Berlin, 2021, S. 1–10.

59 B. Wassenberg, „Cooperative Federalism or 'Flickenteppich' (patchwork)? Crisis management during the COVID-19 pandemic in the Federal Republic of Germany, a comparative approach with regard to France", *In* P.-A. Beylier, V. Molinari (Hrgs.), *Covid-19, internal boundaries and regional governance*, De Gruyter, Berlin, 2022, S. 80–82.

60 F. Berrod, B., Wassenberg, „La coopération transfrontalière, maillon vital de la politique de santé de l'UE", *op. cit.,* S. 323–334.

Strasbourg-Kehl/Ortenau statt. Auf beiden Seiten der Grenze, im Garten der zwei Ufer, versammelten sich 100 bis 200 Personen, um für die Öffnung der Grenzen und die Rückkehr des „Europa ohne Grenzen" zu demonstrieren[61]. Auf der Fußgängerbrücke öffneten sie zum Zeichen der Deutsch-Französischen Freundschaft Regenschirme, um ihre Europäische Solidarität zu zeigen[62]. Am 30. Mai gab es eine noch weitreichendere grenzüberschreitende Aktion, als einige Personen von beiden Seites dieser Brücke, die auch *Passerelle* genannt wird, auf die Mitte zuliefen, über die Barrieren kletterten und damit gegen alle Restriktionen und Verbote der grenzüberschreitenden Mobilität protestierten. Der elsässische Journalist Kai Littmann nannte dies augenzwinkernd, in Erinnerung an den Ansturm auf die Bastille, die *„prise de la passerelle"* (Eroberung des Grenzübergangs)[63].

Es ist auch dem Einsatz der lokalen und regionalen Akteure zu verdanken, dass die Öffnung der Grenze am 15. Juni 2020 im Gegensatz zur Schließung im März nun zwischen den nationalen Regierungen abgesprochen und danach die Grenze nicht mehr hermetisch geschlossen wurde: ein Zeichen für die Resilienz des „Europa ohne Grenzen". Nach der Grenzöffnung im Juni 2020 kam es in Europa in der Tat immer wieder zu neuen Wellen der Corona Pandemie, ausgelöst von der Entwicklung neuer Varianten des Covid-19 Virus. Dies hatte zur Folge, dass es zwischen dem Herbst 2020 und dem Sommer 2021 in vielen EU Mitgliedsstaaten immer wieder zu neuen Restriktionen der freien Bewegung bis hin zu weiteren Lockdowns kam[64]. Aber die EU-Mitgliedstaaten hatten aus der ersten Phase der Pandemie gelernt und mithilfe des Lobbying der Grenzregionen wurde verhindert, dass zwischen Oktober 2020 und Juli 2021 wieder Grenzschließungen erfolgten, trotz unterschiedlicher epidemiologischer Lage und unterschiedlicher Corona-Politik innerhalb der EU[65]. Im Wesentlichen gelang es, auch bei unterschiedlichen

---

61 MOT, „The effects of COVID-19 induced border closures on cross-border regions", *op. cit.*, S. 23.

62 „Kehl : des parapluies en signe d'amitié", *DNA*, 5. Mai 2020.

63 T. Boucart, T. „‚Weg mit den Grenzen', ‚Schengen 2.0': Quand l'engagement citoyen transcende la fermeture des frontières", *Le Taurillon*, 17.6.2020.

64 F. Berrod, B., Wassenberg, „La coopération transfrontalière, maillon vital de la politique de santé de l'UE", *op. cit.*, S. 331–332.

65 B. Wassenberg, „Cooperative Federalism or 'Flickenteppich' (patchwork)? Crisis management during the COVID-19 pandemic in the Federal Republic of Germany, a comparative approach with regard to France", *op. cit.*, S. 90.

nationalen Inzidenzzahlen zu vermeiden, dass die Grenzen wieder geschlossen wurden[66]. Die anfänglich spontan organisierte Gruppe der Ministerpräsidenten der Deutschen Länder an der Französischen Grenze und der *Région Grand Est* strukturierte sich zunehmend als Plattform der grenzüberschreitenden Krisenkoordination und als Lobbying gegenüber den nationalen Regierungen. Gemeinsam mit dem im Rahmen des Aachener Vertrages gegründeten Ausschusses zur grenzüberschreitenden Zusammenarbeit ermöglichte diese Koordination nicht nur, eine erneute Grenzschließung zu verhindern, sondern auch, innovative Lösungen für die Grenzkontrollen in den Grenzregionen einzuführen[67]. In der Tat wurden in der zweiten Welle der Pandemie Ende Oktober 2020, als der Französische Staat einen neuen Lockdown beschloss, neue Maßnahmen für Grenzgänger und die Grenzbevölkerung ergriffen, um die Mobilität in den Grenzräumen weiterhin gewährleisten zu können und vor allem das Leben für Familien, die dies- und jenseits der Grenze lebten, zu erleichtern. Eine 24-Stunden Regelung wurde z.B. eingeführt, die es der Grenzbevölkerung erlaubte, sich ohne administrative Erlaubnis ins Nachbarland zu begeben, aus Tourismusgründen, um einzukaufen, oder um die Familie zu besuchen[68]. Dies bewies, dass sich die Pandemie Covid-19 von einem Destabilisierungsfaktor für das „Europa ohne Grenzen" zur Chance für grenzüberschreitende Resilienz dieses Modells entwickelt hat[69].

Diese grenzüberschreitende Resilienz wurde auch von der Europäischen Kommission unterstützt, die schon im Mai 2020 ein progressives Herunterfahren restriktiver Maßnahmen innerhalb der EU gefordert hatte und dabei besonders grenzüberschreitende Regionen anvisierte. Unter Beibehaltung der Regeln der „sozialen Distanzierung" empfahl die Kommission die allgemeine Aufhebung der physischen Barrieren

---

[66] „Covid-19 : les frontières de l'UE devraient-elles rester ouvertes ?", *Euractiv*, 27.10.2020.

[67] F. Berrod, B., Wassenberg, „La coopération transfrontalière, maillon vital de la politique de santé de l'UE", *op. cit.*, S. 334.

[68] „Coronavirus : une dérogation de 24 heures pour aller faire ses courses en Allemagne", *Francebleu*, 16.10.2020.

[69] B. Wassenberg, „Die Auswirkungen der Covid-19-Pandemie auf den Eurodistrikt Strasbourg-Kehl/Ortenaukreis: Von Ressentiments zur Europäischen Solidarität und grenzüberschreitenden Innovation", *In* D. Brodowski, J. Nesselhauf, F. Weber (Hrsg.) *Pandemisches Virus – nationales Handeln Covid-19 und die europäische Idee.*

und Kontrollen an den EU-Grenzen, vor allem in „den Regionen, Zonen und Mitgliedsstaaten, wo die epidemische Lage günstig aussah"[70]. Für die Grenzbevölkerung bedeutete dies, dass die Kontrollen auf beiden Seiten gleichzeitig aufgehoben wurden. Damit war in der Pandemie schon ein erster Schritt für die Rückkehr des „Europa ohne Grenzen" geleistet. Um dieses Modells noch weiter zu unterstützen, hat die Kommission am 2. Juni 2021 dann eine Strategie veröffentlicht, um den Schengen-Raum widerstandsfähiger zu machen, die drei Säulen der Resilienz vorschlug: ein effizientes Management der Außengrenzen der EU, die Stärkung der internen Maßnahmen, um die Abwesenheit von internen Grenzkontrollen zu kompensieren, vor allem durch Kooperation von Polizei, sowie im Bereich Sicherheit und Migration und eine solide Governance, die die Umsetzung der Integration im Schengen-Raum ermöglichen sollte[71]. Was das „Europa ohne Grenzen" betrifft, kann man daher sowohl eine Resilienz von unten – den lokalen und regionalen Akteuren in den Grenzregionen – wie auch von oben – der Europäischen Kommission – beobachten, die die EU-Mitgliedstaaten in gewisser Weise „beidseitig" bearbeiten, um zum Modell des „Europa ohne Grenzen" zurückzukommen.

Was bedeutet dies nun für die Zukunft des „Europa ohne Grenzen"? Die Europäischen Krisen haben das Modell eines „Europa ohne Grenzen" im Sinne der Mobilität in Europa nicht beendet. Es hat jedoch eine bestimme Interpretation dieses Modells in Frage gestellt, die lange als Mythos in der Geschichte der Europäischen Integration standgehalten hat.

Wenn man sich die Geschichte der Europäischen Integration näher anschaut und von einer einseitigen Betrachtung von Grenzen als Wirtschaftsbarrieren absieht, dann stellt man fest, dass viele Grenzen in der Europäischen Gemeinschaft nie abgeschafft wurden und auch nicht abgeschafft werden sollten. Dies zählt zum einen insbesondere für die kulturellen Grenzen, denn schon die Gründungsverträge unterstrichen

---

70 Europäische Kommission, „Towards a phased and coordinated approach for restoring freedom of movement and lifting internal border controls – COVID-19", Kommunikation. Official Journal. Nr. C 169. 15. Mai 2020

71 Europäische Kommission, „Hin zu einem stärkeren und widerstandfähigeren Schengen-Raum", Pressemitteilung, 2.6.2021. https://ec.europa.eu/commission/presscorner/api/files/document/print/de/ip_21_2708/IP_21_2708_DE.pdf (2.7.20220).

das Prinzip der „Einheit in der Vielfalt“, d.h. die kulturelle Diversität der regionalen und nationalen Sprachen, Gewohnheiten und dem Kulturerbe der Mitgliedstaaten. Somit wurde schon bei der Einrichtung der EKSG 1952 entschieden, dass alle Sprachen der Mitgliedstatten Amtssprachen würden, ein Prinzip, dass bis heute beibehalten wurde, wie es de 24 offiziellen Sprachen der EU beweisen. Zum anderen wurden zu keinem Zeitpunkt in der Geschichte der Europäischen Integration die politischen Grenzen der EU Mitgliedstaaten eliminiert. Die EU ist eine regionale Organisation, die in einigen Bereichen Staatskompetenzen besitzt, aber sie ist keine Föderation, in der sich Nationalstaaten bereit erklärt haben, ihre Souveränität in Kernbereichen den EU Institutionen zu übertragen. Deshalb behalten die Im Europäischen Rat vertretenen Nationalstaaten exklusive Kompetenzen in vielen Politikfeldern, insbesondre im Bereich der Außen-, Sicherheits- und Verteidigungspolitik. Die Schengen-Krise und die Pandemie Covid-19 haben gezeigt, dass diese politischen Grenzen beständig sind, da die EU Staaten über ihre nationale Sicherheit wachen und dafür auch von ihrer Kompetenz, Grenzkontrollen oder Grenzschließungen vorzunehmen, Gebrauch machen. Es war der *Rebordering* Prozess 2015 und 2020, der an diese Funktion der nationalen Grenze zum Schutz der Bevölkerung gegen eine äußere Bedrohung erinnerte. Im Kontext der Europäischen Integration haben diese Krisen den Mythos des „Europa ohne Grenzen“ entlarvt, das niemals wirklich existierte, wenn es um politische Grenzen ging. Denn sobald es an den internen und externen Grenzen der EU um Kernfragen der Sicherheit ging, waren die EU Mitgliedstaaten nicht länger an der Grenze als Ort der freien Bewegung und des Austauschs interessiert, wo es darum geht, Grenzen abzubauen, sondern eher an der Grenze als Schutzlinie, wo die Kontrollfunktion gegenüber Bedrohungen der internen Sicherheit den Vorrang hat. Die Schengen-Krise und die Covid-19 Pandemie haben daher bewiesen, dass die Westfälische Grenze aus einer Sicherheits- und geopolitischen Perspektive hochgradig relevant bleibt. Dies gilt auch trotz der Tatsache, dass die Grenzen zwischen den EU-Mitgliedstaaten ein Stück ihrer geopolitischen Relevanz durch die Europäische Integration, durch Mobilität und transnationale Interaktionen verloren haben. Dies heißt aber nicht, dass es nicht länger ein Modell des „Europa ohne Grenzen“ im Sinne des Prinzips der freien Bewegung gibt, aber es führt zu der Einsicht, dass dieses Prinzip zu gewissen Zeitpunkten und in exzeptionellen Situationen Restriktionen und Anpassungen benötigen kann.

Je großer letztendlich das Bewusstsein für die Persistenz der Grenzen in der EU ist, je mehr wird deutlich, dass die Rolle von Grenzen in der Europäischen Integration differenzierter betrachtet werden muss. So illustrierten die Schengen-Krise und die Covid-19 Pandemie, dass es interne und externe Probleme beim Grenzmanagement gab. Sie betonten, dass Grenzmanagement keine EU-Kompetenz ist und dass es die EU Mitgliedstaaten sind, die individuell entscheiden können, wann und wie sie Grenzkontrollen und -schließungen einführen. Dieses nationale *Rebordering* war der beste Indikator für den konstruierten Mythos eines „Europa ohne Grenzen", der nicht präzisiert, wer wann welche Grenzen abschafft, unter welchen Umstanden, und für wie lange. Das Modell eines „Europa ohne Grenzen" im Sinne des freien Güterverkehrs blieb dabei intakt, aber ein „Europa ohne Grenzen" im Sinne eines politisch integrierten Europas, oder, andersgesagt als Europäische Föderation existierte und existiert heute noch nicht.

Dennoch gibt es auch für ein „Europa ohne Grenzen", das nicht mit einer Europäischen Föderation gleichzusetzen ist, eine Zukunft. So hat die Covid-19 Pandemie einerseits gezeigt, dass die Reaktion der meisten EU-Mitgliedsstaaten, durch nationale Abschottung und Grenzschließungen auf eine sanitäre Krise reagierten, nicht effizient war. Das Virus wurde nicht durch Grenzschließungen gestoppt und die Kosten – wirtschaftlich und emotional – dieser unkoordinierten Grenzschließungen waren erheblich. Anderseits hat die Covid-19 Krise schon jetzt eine Kapazität zur Resilienz des „Europa ohne Grenzen" bewiesen. Diese Resilienz zeigte sich sowohl top-down, von der Europäischen Kommission aus, die ihre Koordinationsfunktion im Grenzmanagement gestärkt hat. Aber sie zeigte sich auch bottum-up, von den lokalen und regionalen Akteuren in den Grenzregionen ausgehend. Während sie im ersten Lockdown von März bis Juni 2020 zunächst in einem Schockzustand verharrten, ergriffen sie danach schnell grenzüberschreitende Inaktiven, um die Mobilität im Grenzraum wiederherzustellen. Diese Initiativen entstanden sowohl auf politischer und administrativer Ebene, wie auch in der Zivilgesellschaft. Somit konstituierte sich zunehmend Kooperation im Gesundheitsbereich zum Transfer von Patienten und in der Bevölkerung regte sich der Wille zur Resilienz der freien Bewegung, wie z.B. am 9. Mai 2020, als sich die Bürgerinnen und Bürger an der Grenze zwischen Strasbourg und Kehl zu ihrem gemeinsamen Grenzraum bekannten. Das „Europa ohne Grenzen" hat also im Sinne der grenzüberschreitenden Resilienz und im Sinne eines koordinierten „multi-level" Ansatzes zum Grenzmanagement durchaus Zukunft.

Mémoire et stratégie : Au cœur de la guerre des sièges onusiens Vienne, une capitale oubliée de l'Europe ?

Laurence Badel

En 2018, Sylvain Schirmann définissait les capitales européennes comme « le siège d'institutions de l'UE », soulignant la polycentralité du système bruxellois, organisé autour de Strasbourg, Luxembourg, Bruxelles et Francfort, mais rappelant aussi que, bien avant les débuts de la construction européenne, un certain nombre de villes auraient pu prétendre, à un moment de leur histoire, au « titre symbolique de capitale de l'Europe » : Paris, capitale du nouvel ordre européen en 1919, Genève, capitale du système avorté de sécurité collective dans l'entre-deux-guerres, Londres, capitale de l'Europe de la Résistance durant la Seconde Guerre mondiale, Berlin, incarnation des déchirures de la Guerre froide[1]. Dans la réflexion contemporaine sur la « gouvernance européenne », les villes des petits États tiennent une bonne place, inscrite dans la continuité de l'histoire de l'Europe. Les petites villes néerlandaises (Nimègue, Utrecht, Ryswick) ont, par exemple, été, aux XVIIe–XVIIIe siècle, le lieu privilégié de la négociation internationale dans une partie de l'espace européen (le Saint-Empire) demeurée longtemps dépourvue de capitale[2]. Or, une ville, Vienne, semble s'être estompée de la mémoire européenne alors qu'elle a cristallisé longtemps une forme

---

1 S. Schirmann, « Capitales-Villes sièges », *In* V. Charléty *et al.*, *Dictionnaire encyclopédique de la gouvernance européenne*, Éditions Larcier, Bruxelles, 2018, p. 62.

2 L. Schilling, « Temples de la paix et de la sûreté publique au milieu des armes : Auswahl und Status frühneuzeitlicher Kongressorte », *In* C. Windler (dir.), *Kongressorte der Frühen Neuzeit im europäischen Vergleich. Der Friede von Baden (1714)*, Böhlau Verlag, Cologne, 2016, pp. 17–37.

d'essence d'« européanité », en partie mythifiée par la construction des images de la « Vienne fin de siècle », capitale culturelle venue concurrencer Paris, et de « Vienne-la-rouge », laboratoire de la « modernité ». S'ils sont réalimentés en permanence au gré des programmations culturelles de la municipalité, ces mythes n'ont plus dans les années 2020, la vigueur qui était la leur dans les années 1980[3]. Parallèlement, la Guerre froide a inventé, certes, une nouvelle mythologie, entretenue par le cinéma : du *Troisième homme* d'Otto Preminger au *Welcome in Vienna* d'Axel Corti, mais c'est celle d'une ville interlope, où les activités diplomatiques semblent se dissoudre dans les pratiques de l'espionnage.

Les « nouvelles histoires » de l'Europe lui font une place, mais au gré de considérations culturelles – le « creuset viennois » –, trop souvent présentées de manière exclusive des enjeux politiques liés au statut de capitale[4]. Or, à son statut de capitale européenne, qui a connu de multiples métamorphoses en deux siècles, sont aussi liés des enjeux proprement diplomatiques, qui nous permettent de mieux comprendre certaines transformations structurelles des relations internationales. Vienne a contribué à la redéfinition des normes de la capitalité diplomatique au XXe siècle en affirmant, outre sa qualité de capitale de la négociation, celle de ville de la codification diplomatique. Capitale européenne, elle est devenue depuis les années 1960 une capitale diplomatique mondiale, en mobilisant les représentations attachées au congrès de Vienne, mais aussi en utilisant la neutralité imposée par le traité d'État de 1955 pour attirer des organisations sur son territoire[5]. La construction d'un récit historique établissant une continuité entre les négociations conduites à Vienne (traités de paix et codification juridique) est ainsi mise au service d'une stratégie politique. Son objectif est de consolider l'existence de l'État en s'appuyant sur une diplomatie de niche fondée sur l'identification de la

3 M. Pollak, « Vienne fin de siècle », *Vingtième Siècle, revue d'histoire*, 1984/4, pp. 49–64.

4 C. Horel, « Le creuset viennois », *In* S. Bledniak *et al.*, *Chroniques de l'Europe*, CNRS Éditions, Paris, 2022, p. 143. Voir aussi C. Lebeau, « Vienne », *In* C. Charle et D. Roche (dir.), *L'Europe. Encyclopédie historique*, Actes Sud, Paris, 2018, p. 258–260.

5 E. A. Schmidl, « Wien als internationales Zentrum », *In* M. Dippelreiter (dir.), *Wien: Die Metamorphose einer Stadt* (= Geschichte der österreichischen Bundesländer seit 1945; Schriftenreihe des Forschungsinstitutes für politisch-historische Studien der Dr.-Wilfried-Haslauer-Bibliothek, Salzburg, Band 6/9), Böhlau, Wien, Köln, Weimar, 2013, p. 703–730.

ville à l'un des hauts lieux de la négociation européenne et mondiale. Si cet activisme a pu susciter l'agacement d'un autre État, la Suisse, qui, depuis un siècle, accueillait des organisations internationales et était devenu le premier siège onusien en Europe, il est néanmoins parvenu à asseoir Vienne comme nouvelle capitale diplomatique mondiale à la fin des années 1970.

Un lieu de mémoire diplomatique au service de la définition d'un rôle mondial

Vienne a d'abord été une ville de congrès, une capitale de la négociation, dont la longévité vient nous rappeler que la frontière a souvent été un facteur favorable dans leur localisation. Que l'on songe à Constance sur la rive allemande du lac éponyme, à Aix-la-Chapelle sur les frontières de l'Allemagne, des Pays-Bas et de la Belgique, à Genève à la pointe de la Suisse, à Strasbourg toujours prise entre France et Allemagne, ces capitales ont souvent été des villes frontalières. La crise migratoire de 2015, le cavalier seul de l'Autriche du chancelier Kurz, nous ont remis en mémoire le mot prêté à Metternich : « Asien fängt auf der Landstraße an »[6], et ont souligné le caractère autant matériel qu'imaginaire de sa frontière orientale.

En étant le lieu de la redéfinition de l'ordre européen en 1815, en définissant par sa pratique les nouveaux standards de la négociation internationale, Vienne crée, pour plus d'un siècle, l'archétype de la capitale diplomatique, exemple encore médité par l'historien britannique Charles Webster, dans un opuscule rédigé pour le Foreign Office, entre mai et août 1918, pour préparer la conférence de la Paix de Paris[7]. Le diplomate Ernst Satow en fait, dans le même contexte, la pierre de touche de son propre livret comparant l'ensemble des congrès internationaux du XIXe siècle[8].

---

[6] H. Yilmaz, « The Eastern Question and the Ottoman Empire », *In* M. E. Bonine *et al.* (dir.), *Is There a Middle East? The Evolution of a Geopolitical Concept*, Stanford, University Press, Stanford, 2012, p. 17. La Landstrasse, intégrée dans Vienne en 1850 et devenue le IIIe arrondissement, était alors la banlieue la plus à l'est, en direction de la Hongrie.

[7] C. Webster, *The Congress of Vienna, 1814–1815*, H. Milford, Oxford University Press, London, New York, 1919.

[8] E. Satow, *International Congresses*, H. M. Stationery Off, Londres, 1920.

Si Vienne s'impose comme la ville d'accueil du congrès de 1814–1815 au sortir des guerres napoléoniennes, c'est en raison de la puissance recouvrée de l'Empire d'Autriche, mais aussi parce qu'elle jouit, déjà, d'une réputation de confort et d'hospitalité, que reflètent les premiers guides touristiques. « Il est peu de villes en Europe dont le séjour soit aussi agréable aux étrangers que celui de Vienne ; ils y trouvent dans toutes les classes de la société l'accueil le plus favorable […] », peut-on lire dans celui de Johann Pezzl[9]. Elle est riche de ses palais et hôtels particuliers où ont été réparties les délégations du Congrès, « les Anglais dans vingt-deux pièces sur Minoritenplatz, les Français au palais Kaunitz, les Russes au palais du prince Paar, les Prussiens dans de vastes appartements »[10].

Son nom est encore avancé, malgré la disparition de l'Empire austro-hongrois, au moment de la conférence de la Paix de 1919, aux côtés de Bruxelles, Berne, La Haye et Genève pour accueillir le siège de la Société des nations, et si la ville suisse l'emporte, un échange entre Hans Schreiber, le ministre de la Suisse à Stockholm, et le chef du Département politique de la Confédération helvétique, Giuseppe Motta, montre qu'un an après, le débat n'est pas clos. Le premier revient sur « la question du siège de la Société des Nations que de nouvelles intrigues tendraient à transférer à Vienne »[11]. S'il le déplore, le diplomate suisse ne peut que reconnaître la force du stéréotype qui s'est déjà imposé dans les esprits : « la réputation de ville gaie qu'a Vienne, les ressources qu'elle offre en amusements, les palais dont elle dispose […] » au regard duquel il déplore « le caractère sérieux des Suisses, [leurs aspects] un peu lourds, austères ou pédants et, disons le mot, ennuyeux »[12].

Dans l'entre-deux-guerres, Vienne devient aussi, à deux reprises (1926, 1934), la ville de congrès rassemblant des représentants de la société civile, militants paneuropéens à l'initiative du comte Coudenhove-Kalergi. En 1934, il défend sa nomination comme « Washington européen ».

---

9 J. Pezzl, *Nouveau guide des voyageurs à Vienne, contenant la description de tous les objets et curiosités*, Artaria et comp., Vienne, p. 117.

10 T. Lentz, *Le Congrès de Vienne*, Perrin, Paris, 2015, p. 35.

11 Lettre de H. Schreiber, le ministre de la Suisse à Stockholm, au chef du Département politique [ie. des Affaires étrangères] de la Confédération helvétique, Giuseppe Motta du 14.12.1921, dans Antoine Fleury, Gabriel Imboden (éd.), *Documents diplomatiques suisses*, vol. 8, document 141, Berne, 1988, http://dodis.ch/44783 (2.7.2022).

12 *Ibid.*

« L'idée de déplacer le siège de la Confédération européenne à proximité de la frontière franco-allemande, à Bâle ou à Luxembourg, s'est imposée. Si l'Angleterre faisait partie de la Confédération européenne, La Haye ou Bruxelles pourraient être envisagées en raison de leur situation géographique, mais l'impossibilité pour l'Angleterre d'y adhérer empêche ces candidatures. La politique, l'économie, la culture, la géographie et l'histoire prédisposent aujourd'hui une autre ville d'Europe à devenir le siège de la Confédération : Vienne. Cette ville à l'histoire et à la tradition européennes bimillénaires est, après Berlin et Paris, la plus grande ville du continent européen. [...].

Mais c'est surtout la situation politique qui pousse à choisir Vienne comme Washington européen. Car toute l'Europe, à l'exception de l'Allemagne, exige le maintien de l'indépendance de l'Autriche. L'indépendance durable de l'Autriche ne peut toutefois pas être assurée uniquement par des moyens matériels, mais doit également être étayée par des idées. [...]

Ainsi, Vienne est de toute façon qualifiée pour devenir un jour la capitale de l'Union paneuropéenne et de la Confédération européenne »[13].

L'Autriche étant sortie défaite de la Seconde Guerre mondiale, Vienne accède à un nouveau type d'internationalité. Vienne devient d'abord « zone internationale », découpée en quatre et occupée par les vainqueurs à l'image de Berlin, puis dix ans plus tard, dans la foulée du traité d'État, devenue la « capitale surdimensionnée d'un 'État

---

13 R. N. Coudenhove-Kalergi, *Europa erwacht*, 8. éd, Paneuropa-Verlag, Zürich, Wien, Leipzig, 1934: « Gedanke nahe, den europäischen Bundessitz in die Nähe der deutsch-französischen Grenze zu verlegen: nach Basel oder nach Luxemburg. Die veränderte Lage hat diese Vorschläge in den Hintergrund gedrängt. Würde England dem Europabund angehören, so kämen Haag oder Brüssel wegen ihrer geographischen Lagein Frage; aber die Unmöglichkeit des englischen Beitritts verhindert diese Kandidaturen. Politik, Wirtschaft, Kultur, Geographie und Geschichte prädestinieren heute eine andere Stadt Europas zum Bundessitz : Wien. Diese Stadt mit einer zweitausendjährigen europäischen Geschichte und Tradition ist, nach Berlin und Paris, die größte Stadt des europäischen Kontinents. [...] Vor allem aber drängt die politische Lage zur Wahl Wiens als Europäisches Washington. Denn ganz Europa mit Ausnahme Deutschlands fordert die Aufrechterhaltung der Selbständigkeit Österreichs. Die dauernde Selbständigkeit Österreichs kann aber nicht nur durch materielle Mittel gesichert werden, sondern muß auch ideell unterbaut sein. [...] So ist auf jede Weise Wien geeignet, aus der Hauptstadt der Paneuropa-Union eines Tages zur Hauptstadt des Europäischen Staatenbundes zu werden », https://www.cvce.eu/recherche/unit-content/-/unit/3941c9b0-d6c4-4a2c-b842-34fc75add012/4a67b6a8-71f6-4887-9370-4e60176592a5/Resources#133b1399-395e-4969-bfd9-180490e22c61_fr&overlay (2.7.2022).

résiduel' »[14] accueillant un tiers de la population de la nouvelle Autriche, elle entreprend de réinvestir son image de « vieux carrefour européen »[15] et un passé, mythifié entretemps, pour s'inventer une nouvelle fonction internationale.

Au début des années 1960, deux conférences internationales restaurent sa position. Le sommet de Vienne des 3–4 juin 1961 est l'occasion pour John Kennedy et Nikita Khrouchtchev de se rencontrer comme chefs d'État. Les deux hommes avaient déjà fait connaissance lors de la visite de Khrouchtchev aux États-Unis en 1959, mais Kennedy n'était alors qu'un jeune sénateur. Ce premier sommet bilatéral de la guerre froide, en plein blocus de Berlin, peu de temps après l'entretien en fonction du président américain en janvier 1961, et les événements autour du débarquement de la Baie des Cochons en avril 1961, a donné à l'Autriche l'occasion de s'affirmer sur la scène internationale comme un acteur neutre, mais central entre les deux superpuissances : plus de 1 300 journalistes sont accrédités pour couvrir le sommet[16]. Veiller à la sécurité personnelle des invités, au respect de la procédure d'accueil et au bon déroulement du départ des délégations ainsi qu'à la gestion du trafic lors du sommet sont les tâches principales du pays hôte. À l'arrivée de la délégation soviétique, le 2 juin par train à Marchegg, près de Vienne, des ouvriers viennois et des membres du parti communiste autrichien sont également présents aux côtés des autorités officielles, ainsi que du représentant soviétique auprès de l'Agence internationale de l'énergie atomique, Viatcheslav Molotov.

La diplomatie publique de la République d'Autriche à l'occasion de cet événement se fonde sur la réactivation d'un certain nombre d'images gravées dans la mémoire historique. Le 3 juin 1961, un banquet a lieu au château de Schönbrunn. Il met en scène l'héritage impérial. La porcelaine utilisée est celle de la cour de l'empereur Franz Joseph – le fameux service à l'aigle doré. Pendant le dîner, un ensemble joue de la musique de

---

[14] C. Reichl-Ham, « De la métropole brillante d'une grande puissance à l'"hydrocéphale" d'un État résiduel. Vienne pendant la Première Guerre mondiale », *Cahiers Bruxellois – Brusselse Cahiers*, 2014/1F (XLVI), p. 242.

[15] AMEAE (La Courneuve), NUOI, 1960–1969, 517INVA/1017, télégramme (réservé-secret) de l'ambassadeur de France à Vienne du 22.4.1967.

[16] B. Stelzl-Marx, « Two days of Drama. Preparation and Execution of the Vienna Summit », *In* G. Bischof, S. Karner, B. Stelzl-Marx (dir.), *The Vienna Summit and Its Importance in International History*, Lexington, Lanham, 2014, p. 267–289, ici p. 268.

chambre, pour souligner la tradition musicale de Vienne et la société de restauration, qui a préparé les plats, est l'entreprise viennoise traditionnelle Demel. À la suite du sommet, le vice-chancelier autrichien, Alfons Gorbach, affirme la volonté de l'Autriche d'être disponible à l'avenir pour d'autres réunions internationales[17].

L'autre événement structurant est la conférence onusienne sur les relations diplomatiques, qui se tient à Vienne en mars–avril 1961. Inaugurant les travaux, Alfred Verdross, professeur de droit international à l'Université de Vienne, et chef de la délégation autrichienne, évoque un « second congrès de Vienne »[18]. Comme Wilhelm Grewe en Allemagne, il incarne cette génération de juristes-diplomates, qui ont présidé aux renaissances de l'Allemagne fédérale et de l'Autriche occupées après 1945[19]. Il enseigne à la faculté de droit de Vienne de 1924 à 1960 et travaille au sein du service juridique du ministère des Affaires étrangères autrichien (1920–1924). En dépit des questionnements sur son attitude vis-à-vis du régime national-socialiste, il devint, après 1945, membre de la commission de droit international de l'ONU en 1957 et juge à la Cour européenne des droits de l'homme en 1958[20].

Deux ans plus tard, lors de l'ouverture à Vienne d'une nouvelle conférence onusienne, sur les relations consulaires cette fois-ci, le 4 mars 1963, le président provisoire Constantin A. Stavropoulos rappelle le précédent de 1961 et légitime, une nouvelle fois, la tenue de la nouvelle conférence par le passé de capitale de la négociation de la ville autrichienne, et aussi par le rôle exemplaire tenu dans la professionnalisation du métier diplomatique et de la formation des diplomates, en particulier des consuls :

---

17 *Ibid.*, p. 280: « We are more than willing to make our facilities available for international meetings in the future. As a resut of staging the meeting in Vienna, Austria was for a few days the focus of global interest, which is of particular importance for its standing in the world ».

18 ONU, *Documents officiels*, conférence des Nations unies sur les relations et immunités diplomatiques, Vienne, 2.3.–14.4.1961, vol. 1, comptes rendus analytiques, discours introductif à l'occasion de la première séance plénière, le 2.3.1961, p. 5.

19 L. Badel, *Diplomaties européennes. XIXe–XXIe siècle*, Les Presses de Sciences Po, Paris, 2021, p. 43.

20 *Völkerrecht und rechtliches Weltbild. Festschrift für Alfred Verdross* (Droit international public et conception juridique du monde. Mélanges en l'honneur d'Alfred Verdross), Springer-Verlag, Vienne, 1960.

« Tous ceux qui ont assisté à la Conférence de Vienne en 1961 savent combien la République d'Autriche a contribué à son succès en mettant à sa disposition les installations nécessaires et en lui accordant son appui financier. Ils se félicitent de se retrouver à Vienne, dont les lointaines traditions en tant que lieu de réunions propice aux conférences internationales sont soigneusement entretenues et développées par les autorités fédérales et municipales. La ville qui abrita la fameuse académie consulaire fondée en 1754 par l'Impératrice Marie-Thérèse pour la formation des consuls et qui, pendant des siècles, a été l'un des grands foyers d'étude du droit international est le siège tout indiqué pour une Conférence sur le droit consulaire »[21].

En 1898, l'Académie orientale (*Kaiserlich-königliche Orientalische Akademie*), instituée par Marie-Thérèse en 1754 pour former les interprètes (drogmans) œuvrant entre l'Empire d'Autriche et l'Empire ottoman[22], dans le cadre d'un grand effort de formation des futurs fonctionnaires impériaux, avait été transformée en Académie consulaire[23]. Prenant la parole après C. Stavropoulos, le président fédéral de la République d'Autriche, Adolf Scharf, convoque à son tour cette mémoire historique[24]. En 1968, s'exprimant à l'ouverture de la conférence sur le droit des traités, son successeur, Franz Jonas y lit la consécration des efforts de l'Autriche neutre et la confirmation du « rôle traditionnel de foyer de la vie diplomatique et du droit international » de Vienne[25].

Ce discours mémoriel au service d'une spécialisation de la capitale viennoise dans l'accueil des conférences destinées à codifier le droit diplomatique va de pair dans cette décennie 1955–1965 avec une stratégie nouvelle destinée à obtenir l'installation de nouvelles organisations internationales sur son sol et à asseoir une image de pont entre les deux Europe, déchirées par l'affrontement idéologique de la Guerre froide.

---

21 ONU, *Documents officiels*, conférence des Nations unies sur les relations consulaires. Vienne, 4.3.–224.1963, vol. 1., comptes rendus analytiques, première séance plénière du 4 mars 1963, ouverture de la conférence, p. 1.

22 O. Rathkolb (dir.), *250 Jahre. Von der Orientalischen zur Diplomatischen Akademie in Wien*, Studien Verlag, Innsbruck, 2004.

23 L. Badel, *Diplomaties européennes, op. cit.*, p. 380.

24 ONU, *Documents officiels*, conférence des Nations unies sur les relations consulaires. Vienne, 4.3.–22.4.1963, *op. cit.*, p. 2.

25 *Ibid.*, conférence des Nations unies sur le droit des traités. Vienne, 26.3.–24.5.1968, compte rendu analytique des séances plénières, première séance plénière du 26 mars 1968, p. 2.

Accueillir le siège de l' Agence internationale sur l'énergie atomique (AIEA) et de l' l'Organisation des Nations unies pour le développement industriel (ONUDI) : la naissance du 3e siège des Nations unies

Attirer des organisations internationales sur le sol viennois est apparue comme une garantie pour éviter la répétition d'une disparition de l'État, après la levée du statut d'occupation.

Dès le lendemain de la conférence sur le statut, qui se tint à New York (20 septembre–23 octobre 1956), pour mettre en place la nouvelle Agence internationale sur l'énergie atomique (AIEA)[26], née d'une proposition du président Eisenhower, Vienne s'est mise sur les rangs pour obtenir son siège face à Genève, Copenhague et Rio de Janeiro. En se séparant, la conférence sur le statut avait laissé la décision formelle à la première conférence générale, mais elle n'en avait pas moins adopté une résolution en faveur de Vienne.

Le gouvernement autrichien envisage une grande variété de lieux pour accueillir l'AIEA en attendant la construction d'un bâtiment définitif : un ancien hôpital (*Spital der Kaufmannschaft*), un château à moitié en ruines (Kobenzl Hof), aux confins de Vienne, le *Venediger Au*, pas loin du Prater, l'immeuble « Gutmann » sur la place Schwarzenberg, près de la Konzerthaus, le Palais Coburg, le *Stadtschulrat* et l'Académie de musique (*Musikakademie*), où l'agence fut temporairement hébergée durant l'été 1957[27]. La première conférence générale du 1er au 21 octobre se tient au *Konzerthaus*. Les bureaux s'installent ensuite à la Hofburg, et la conférence annuelle se tient dans le *Kongresszentrum*[28]. Mais en février 1958, le gouvernement autrichien propose d'acheter le *Grand Hôtel* pour installer immédiatement l'AIEA dans la partie habitable « pour une période de quatre ou cinq ans » et lui offrir la partie désaffectée pour y

26 E. Roehrlich, « The Cold War, the developing world, and the creation of the International Atomic Energy Agency (IAEA), 1953–1957 », *Cold War History*, 2016, 16. 1–21.

27 D. Fischer, *History of the International Atomic Energy Agency: The First Forty Years*, International Atomic Energy Agency, Vienne, 1997, p. 72.

28 E. Frey, « *Konferenzplatz Wien*: Vienna as an International Conference Site », *In* G. Bischof *et al.* (dir.), *Global Austria. Austria's Place in Europe and the World*, Innsbruck University Press, Inssbruck, 2011, p. 150.

faire construire le siège définitif[29]. Situé sur le Ring, à deux cents mètres de l'Opéra, et issu d'une maison privée construite en 1862 selon les plans de Carl Tietz, le *Grand Hôtel* était en fait le premier hôtel de luxe ouvert à Vienne, en 1870. Deux bâtiments voisins, aux 11–13 Kärntner Ring, y furent intégrés avant la Première Guerre mondiale. L'hôtel fut réquisitionné par l'Armée rouge jusqu'à la fin de l'occupation quadripartite en 1955, puis vendu au gouvernement autrichien. L'AIEA s'y installe à partir d'août 1958 comme stipulé par l'accord complémentaire relatif au siège provisoire[30]. Le standard téléphonique alors en place à la *Musikakademie* doit y être déménagé. L'AIEA demeure sur le Ring jusqu'à l'ouverture du Centre international de Vienne en août 1979.

La stratégie municipale et autrichienne pour attirer à Vienne le siège d'organismes internationaux est développée par Bruno Kreisky, alors ministre des Affaires étrangères (1959–1966). En 1965, Vienne accueille le siège de l'*Organization of the Petroleum Exporting Countries* (OPEC), fondé à Bagdad et établi à Genève en 1960, sans que toutefois à l'époque un accord de siège ait été signé avec la ville suisse : celle-ci s'y était refusé car la Suisse n'était pas membre de l'organisation et, en outre, n'avait encore jamais conclu d'accord avec une organisation à caractère non universel dont elle n'était pas membre. L'OPEC obtient à Vienne cet accord de siège, qui lui donne un statut diplomatique. L'activisme de Vienne s'incarne encore en 1966 dans sa candidature face à Paris, New-York, Nairobi, Istanbul, Genève, Lima, Port of Spain et Athènes au siège d'une nouvelle agence, l'Organisation des Nations unies pour le développement industriel (ONUDI), appelée à rassembler de la documentation, à développer des recherches et à procurer une assistance technique dans ce domaine[31]. Selon les mots de l'ambassadeur français Louis Roché, la

29 AMEAE (La Courneuve), Vienne RP ONU-OI, 1956–1984, 12POI/1/104, lettre du 27.2.1958 de [...] à Bertrand Goldschmidt, représentant permanent de la France au conseil des gouverneurs de l'AIEA.

30 International Atomic energy agency, *First annual report of the board of governors to the general conference*, covering the period from 23.10.1957 to 30.6.1958, GC(II)/39, Vienna, July 1958, p. 25 : D. Organization of the headquarters. [...] ; AMEAE (La Courneuve), Vienne RP ONU-OI, 1956–1984, 12POI/1/104, AIEA. Distr. générale INFCIRC/15, 8.12.1959, texte des accords conclus entre l'Agence et la République d' Autriche ; accord complémentaire relative au siège provisoire, article Ier, p. 23.

31 AMEAE (La Courneuve), Vienne RP ONU-OI, 1956–1984, 12POI/1/104, NUOI, note du 15.11.1966 A/s siège de l'ONUDI, note pour la direction du personnel du 12.1.1967 a/s implantation du siège de l'ONUDI à Vienne.

candidature de Vienne vise non pas tant « à regagner son lustre d'antan » comme l'écrit alors *Le Monde*[32], mais à « redonner à ses habitants confiance en eux-mêmes ».

> « Car c'est bien de ça qu'il s'agit : prouver à ce pays qu'on le prend au sérieux, consolider son indépendance et sa neutralité, démontrer aux jeunes générations qu'il peut encore jouer un rôle et que des carrières internationales leur sont ouvertes. [...] La réalité est plus sérieuse : l'Autriche dont la convalescence n'est pas terminée, reste un pays vulnérable, qui a encore besoin d'être soutenu. Ses dirigeants voient dans l'ONUDI une sorte de fortifiant »[33].

Le 15 décembre, l'ONU choisit la ville de Vienne au terme d'un processus qui a vu Nairobi se placer deuxième au premier tour, après Paris (et devant Vienne), puis être rétrogradée à la troisième place au deuxième tour. Vienne est consacrée au quatrième tour par 72 voix contre 47 à Paris[34]. Le report des voix se lit en premier lieu comme le signe de la continuité de la lutte impériale entre États anglophones et francophones, par l'intermédiaire des États décolonisés sur lesquels subiste encore leur forte influence. À cela s'ajoute aussi le rejet par les États-Unis du siège proposé par la France : les anciens bâtiments du *Supreme Headquarters Allied Powers Europe* (SHAPE). Le report sur Vienne est aussi celui de la majorité des États socialistes, qui, à l'image de l'Union des républiques socialistes soviétiques (URSS), préférèrent une ville plus proche géographiquement que Paris et au statut de neutralité.

La désignation de Vienne comme siège de l'ONUDI le 17 décembre 1966 renforce sa nouvelle stature internationale. Dès ce moment, là, si les premiers 400 fonctionnaires doivent commencer à travailler dans des bâtiments provisoires, l'idée de regrouper dans un centre bâti à cet effet l'AIEA, installée dans l'ancien Grand Hôtel, et l'ONUDI, est formulée[35]. Le gouvernement fédéral décide, le 21 février 1967, sa construction dans

---

[32] Article de P. Ben, « Vienne est préférée à Paris pour devenir le siège de l'Unido », *Le Monde*, 17 décembre 1966.

[33] AMEAE (La Courneuve), NUOI, 1960–1969, 517INVA/1017, télégramme (réservé) de l'ambassade de France à Vienne du 20.12.1966.

[34] *Ibid.*, télégramme de Roger Seydoux (New York) du 15.12.1966 à la direction Nations unies et organisations internationales du Quai d'Orsay, a/s siège de l'ONUDI.

[35] *Ibid.*, Vienne RP ONU-OI, 1956–1984, 12POI/1/104, dépêche de Louis Roché, ambassade de France en Autriche, du 9.2.1967 a/s installation de l'ONUDI à Vienne.

la boucle du « vieux Danube ». Diplomatie d'État et diplomatie municipale conjuguent leurs efforts. L'initiative est portée au niveau fédéral par le *Österreichische Volkspartei* (ÖVP), le parti du chancelier Josef Klaus, et au niveau municipal par le parti socialiste (*Sozialdemokratische Partei Österreichs* (SPÖ)), avec des financements respectifs de 65 % et 35 %[36]. Le 11 avril 1967, dans une déclaration faite devant la première session du Conseil du développement industriel, le Secrétaire d'État aux Affaires étrangères Carl Bobleter confirme l'opération et précise que, provisoirement, l'ONUDI sera installée dans un bâtiment municipal, la *Felderhaus*, près de l'Hôtel de Ville[37]. Elle y demeura de fait de 1967 à 1979.

L'accord relatif au siège est signé le 13 avril 1967, incluant l'acceptation par le gouvernement autrichien de « toutes les obligations incombant à un pays hôte fournissant des installations pour des organismes et du personnel des Nations unies, y compris les obligations imposées à un pays hôte par la convention sur les privilèges et les immunités des Nations unies ». Comme lors de l'installation de I'AIEA, la présence d'établissements scolaires de qualité, à commencer par le lycée français, s'avère un atout[38]. En 1967, l'Autriche tint à rassurer les futurs fonctionnaires de l'organisation :

> « Pour faciliter le règlement des questions posées par la venue à Vienne du personnel de New York, des préparatifs sont en cours pour assurer ses besoins en logements et écoles. […] Des pourparlers très satisfaisants ont été menés avec les représentants de l'École américaine, de l'École française et du Lycée français pour assurer l'inscription dans ces établissements des enfants des fonctionnaires de l'ONUDI. […] il existe aussi à Vienne […] une école de langue russe. […] Il va de soi que les écoles autrichiennes sont toutes ouvertes aux enfants des fonctionnaires de l'ONUDI »[39].

Carl Bobleter inaugure l'ONUDI, en parlant de la « ville de la médiation et du compromis », qui fut « le centre du vieil Empire multinational autrichien » et développe la métaphore du « pont » associée à Vienne.

---

36 *Ibid.*, 12POI/1/1, ONUDI. Communiqué de presse, IDO/150, 24.9.1969.

37 AMEAE (La Courneuve), NUOI, 517INVA/1017, ONUDI. Conseil du développement industriel, première session, New-York, 10–28.4.1967, déclaration faite par S. E. M. Carl H. Bobleter le 11.4.1967.

38 *Ibid.*, télégramme de l'ambassade de France à Vienne du 17.3.1967.

39 *Ibid.*, ONUDI. Conseil du développement industriel, première session, New-York, 10–28.4.1967, déclaration faite par S. E. M. Carl H. Bobleter le 11.4.1967.

« […] la ville a toujours eu tendance à combler les fossés, afin de maintenir l'unité du pays. Nous sommes donc fiers et heureux […] d'accueillir dans notre ville l'organisation des Nations unies dont la noble mission est de combler le fossé qui sépare encore les pays industrialisés des pays en développement, pour donner à notre monde une véritable unité »[40].

La présence de ces deux sièges sur son sol fait alors de Vienne la troisième grande place onusienne, après New York et Genève. En juin 1967, l'Autriche s'emploie à convaincre les gouverneurs de l'AIEA que la construction du centre onusien fait partie des plans de développement urbain de Vienne, et de ses moyens de transport, avec « des services supplémentaires de tramways, une voie de liaison rapide avec le centre, un chemin de fer souterrain et un nouveau pont, qui sera achevé en 1972 et qui réunira la voie rapide sur la rive est du Danube aux zones sud et ouest de la ville ainsi qu'à l'aéroport »[41]. Un concours d'architecture a été organisé conjointement par le gouvernement municipal et le gouvernement fédéral entre novembre 1968 et mai 1969. Près de 280 projets ont été soumis. Un premier jury – présidé par le Français, d'origine hongroise, Pierre Vago, et composé de trois Autrichiens, d'un Tchèque, d'un Finlandais, d'un Britannique-, retient en septembre 1969 quatre projets dont le premier consacré fut celui de l'architecte américain Cesar Pelli, devant des projets britannique, ouest-allemand et autrichien. Révisés, ils sont de nouveau évalués par une commission, qui écarte le projet américain. Le 18 décembre 1970, à la suite de la formation d'un nouveau gouvernement fédéral, socialiste, sous l'égide de Bruno Kreisky le 1er mars, le gouvernement et la municipalité consacrent le projet de l'Autrichien Johann Staber, qui avait reçu le quatrième prix[42]. Soumis au feu des critiques, le chancelier Kreisky se défend d'avoir fait prévaloir un « patriotisme de clocher »[43].

---

40 *Ibid.*, lettre de Louis Dallier, chargé d'affaires de France à Vienne, du 7.7.1967 : « […] the city always tended to bridge gulfs, so as to keep the country together. We are therefore proud and happy […] to accommodate in our city the very UN organization whose noble task it is to bridge the gulf that still separates the industrialised from the developing countries, thus giving our world true unity ».

41 *Ibid.*, Vienne RP ONU-OI, 1956–1984, 12POI/1/104, AIEA. Conseil des gouverneurs, GOV/1215, 2.3.1967, « Siège permanent de l'agence. Mémorandum du directeur général », p. 5.

42 E. Frey, « *Konferenzplatz Wien* », *op. cit.*, p. 151.

43 AMEAE (La Courneuve), Vienne RP ONU-OI, 1956–1984, 12POI/1/104, dépêche de François Leduc, ambassadeur de France en Autriche, du 31.12.1970 a/s Centre international de Donau-Park.

Outre les bâtiments prévus pour les deux sièges permanents, un centre de conférences commun et un hôtel adjacent sont prévus[44]. Un rapport onusien souligne l'investissement financier sans précédent réalisé par un seul État membre pour des installations à usage unique de l'ONU, ainsi que « l'importance de la planification à long terme entreprise par les autorités autrichiennes »[45], témoignant de l'importance exceptionnelle accordée par l'Autriche à cet engagement. La stratégie autrichienne est soutenue par la conjoncture onusienne en raison de la « pénurie chronique de locaux », constatée à New-York et Genève, et de la nécessaire anticipation de la création de « nouveaux mécanismes institutionnels » du fait de nouvelles grandes conférences (sur le droit de la mer ; sur les établissements humains) prévues en 1976, voire celles envisagées dans le domaine du désarmement. Les travaux de terrassement commencent en avril 1973. L'inauguration officielle du VIC (*Vienne International Center*), dit encore « UNO-City » (ou IAKW, *Internationales Amtsitz- und konferenzzentrum Wien* Aktiengesellschaft) a lieu le 23 août 1979, à la suite de laquelle le transfert de premières unités du Secrétariat général des Nations unies débute[46].

Une querelle entre Neutres ?

Lors de la campagne de Vienne pour accueillir l'ONUDI, la Finlande lui apporta son soutien marquant la solidarité, qui existait entre les États neutres de l'Europe, et qui était consolidée du fait de la Guerre froide[47]. Leur statut de neutralité a toutefois une histoire différente[48]. La neutralité permanente est le fondement de la politique étrangère de la Suisse depuis 1815 et, à ce titre, elle figure dans la Constitution fédérale de 1848 comme un but que le Conseil et l'Assemblée fédérale se

44 *Ibid.*, Vienne RP ONU-OI, 1956–1984, 12POI/1/1, Nations unies. Assemblée générale. Distr. générale A/10348, 17.11.1975 « Plan des conférences. Inclusion de Vienne dans le plan des conférences. Rapport du Secrétaire général », p. 5.

45 *Ibid.*, p. 17.

46 Nations unies. Service d'information, adresse de Margaret Anstee, directeur général de l'Office des Nations unies à Vienne, du 27.4.1988, *The United Nations. Its present and future role.*

47 AMEAE (La Courneuve), NUOI, 517INVA/1017, télégramme de New-York du 7.12.1966 a/s siège de l'ONUDI.

48 L. Badel, *Diplomaties, op. cit.*, p. 318–319.

doivent de préserver[49]. Elle a été un élément d'attractivité des premières organisations internationales du XIXe siècle. De son côté, la Finlande a inventé la neutralité « active », maintenue jusqu'en 1995, par un traité signé en avril 1948 avec l'Union soviétique. Elle ne repose sur aucune base juridiquement contraignante : ni traité international, ni Constitution. La présence de soldats soviétiques dans la base navale de Porkkala entre 1944 et 1955 incarne cette « finlandisation », acte d'autocensure politique mise en œuvre autant par les hommes politiques que par la presse durant cette période. Ce n'est pas le cas de l'Autriche, qui inscrit la neutralité dans la loi constitutionnelle sur la neutralité de l'Autriche du 26 octobre 1955 (*Bundesverfassungsgesetz vom 26. Oktober 1955 über die Neutralität Österreichs*), au sortir d'une période d'occupation décennale. Elle établit à cette date une neutralité permanente (*immerwährende Neutralität*), le rejet de toute alliance militaire comme de l'accueil d'une base militaire étrangère sur son sol.

Entre ces États neutres, les relations sont non exemptes de frictions en raison d'une rivalité sourde relative à l'entrée de Vienne dans la compétition pour les sièges onusiens. Un signe précis en est l'intensification des voyages à l'étranger des conseillers de la Confédération helvétique, et en particulier de leurs rencontres avec leurs homologues autrichiens. Erich Bielka, alors secrétaire général du ministère autrichien des Affaires étrangères, commente la visite de Willy Spühler, le chef du Département politique fédéral, à Vienne en soulignant que :

> « du côté helvétique, on semble s'être préoccupé de ce pôle d'attraction que Vienne allait devenir peu à peu. Les suisses ne souhaitent pas que la capitale autrichienne fasse figure de deuxième quartier général pour l'Europe des Nations unies, le premier étant Genève »[50].

---

[49] T. Maissen, *Histoire de la Suisse*, Villeneuve d'Ascq, Presses universitaires du Septentrion, 2019, chapitre 8. À ce titre, la décision annoncée lundi 28.2.2022, au début de la guerre en Ukraine, par le Conseil fédéral qu'il reprenait l'intégralité des sanctions de l'Union européenne contre la Russie et qu'il allait geler les avoirs des personnes visées, est historique.

[50] AMEAE (La Courneuve), 517INVA/1017, télégramme (réservé-secret) de l'ambassadeur de France à Vienne du 22.4.1967. Voir aussi S. Zala et al. (dir.), *Diplomatic Documents of Switzerland*, vol. 24, doc. 21, dodis.ch/33202, Zürich, Locarno, Genève 2012, lettre de l'observateur permanent de la Suisse auprès des Nations unies, New York, à Pierre Michel, Secrétaire général du Département politique fédéral, du 5.5.1967

Le Secrétaire d'État Carl Bobleter n'hésite pas lors de son discours d'inauguration de la *Felder Haus*, le 7 juillet 1967, à proclamer qu'à la suite de l'érection du drapeau bleu des Nations unies sur le bâtiment, « Vienne has become the third seat of the United Nations »[51]. Commentant l'essor de cette « sorte de rivalité de pélérinages » entre Vienne et Genève, l'ambassadeur français Louis Roché constate néanmoins l'attachement de l'Autriche au « modèle » suisse de neutralité, tenant à « maintenir un contact quasi-permanent avec les lieux saints de la neutralité », et à entretenir des liens étroits avec la Suisse pour sauvegarder les intérêts généraux des Neutres[52]. De Bruno Kreisky (1959–1966) à Lujo Tončić (1966–1968), la ligne du ministère des Affaires étrangères, est « la formation au cœur de l'Europe, d'une zone neutre homogène s'étendant », suivant l'expression de M. Kreisky, « des bords de la plaine pannonique jusqu'au Jura »[53]. Lors de la visite que rend à son tour Erich Bielka aux autorités suisses fin août 1974, pour les informer du lancement de la construction de la *UN-City* à Vienne, il précise que : « L'inclusion de Vienne dans le système de conférences des Nations unies n'avait pas pour but de concurrencer Genève ». L'échange qui suit avec son homologue suisse, le conseiller fédéral Pierre Graber, successeur de Spühler à la tête du Département politique (1970–1978) est révélateur des tensions intereuropéennes comme de l'appréhension d'une mutation des rapports de force à l'échelle mondiale.

> « [...] Le chancelier Graber est d'avis que les centres de conférence européens perdraient de leur importance à l'avenir par rapport à ceux situés en dehors de l'Europe. [Au contraire] le ministre fédéral Bielka estime que l'inclusion de Vienne dans le régime des conférences aura tendance à limiter la délocalisation des conférences vers les pays en développement »[54].

---

51 *Ibid.*, lettre de Louis Dallier, chargé d'affaires de France à Vienne, du 7.7.1967.

52 *Ibid.*, télégramme (réservé-secret) de l'ambassadeur de France à Vienne du 22.4.1967.

53 *Ibid.*, télégramme (réservé-confidentiel) de l'ambassadeur de France à Vienne du 26.4.1967.

54 Protokoll über die Arbeitsgespräche anlässlich des Besuches von Herrn Bundesminister Dr. Erich Bielka vom 28.–30.8.1974 in der Schweiz, p. 12–13 : « Die Einbeziehung Wiens in das UN-Konferenzschema sollte keine Konkurrenzierung von Genf darstellen. [...] Bundeskanzler Graber vertritt die Ansicht, dass die europäischen Konferenzzentren gegenüber aussereuropaïschen in Zukunft an Bedeutung verlieren würden. Bundesminister Bielka meint, dass die Aufnahme Wiens in das Konferenzschema die Verlagerung von Konferenzen in Entwicklungsländer eher einschränken werden ». Sur: dodis.ch/50444 (2.7.2022),

Lors d'un entretien en mai 1975 entre Thalmann et Haymerle, les Secrétaires généraux des deux ministères, dans un contexte où l'idée de transférer la Commission économique pour l'Europe de l'ONU (CEE-ONU) de Genève à Vienne est, effleurée, l'Autriche s'emploie de nouveau à rassurer la Suisse.

> « La position de l'Autriche était à 100 % qu'elle ne pensait pas à commettre des actes de piraterie ou d'ingérence. On préférait ici que de plus petites unités soient nouvellement fondées. [Haymerle] a tenu à le souligner afin de dissiper toute méfiance justifiée. On ne voulait pas devenir un concurrent de Genève »[55].

Le représentant suisse reconnaît alors la saturation de l'espace genevois, mais confirme que son État verrait comme un geste « inamical » le déplacement de la CEE-ONU. Pour Haymerle, qui rentre d'un voyage à New-York la question ne se pose pas et il ne pense pas qu'il y aura une majorité pour réclamer ce déplacement. Quant à Thalmann, il finit par se dire convaincu de la nécessité d'une collaboration sur ce dossier entre les deux États : « On devait travailler main dans la main pour parvenir à une répartition des tâches »[56].

En 1982, le Bureau des Nations unies à Vienne est officiellement établi avec la désignation d'un directeur général. Au demeurant, la compétition s'était déjà déplacée du terrain occidental et européen, à l'échelle du monde. Une nouvelle fois candidate pour accueillir le siège du Secrétariat du Programme des Nations unies pour l'environnement (PNUE) à la suite du Sommet de la Terre (5–16 juin 1972), Vienne avait vu son challenger africain pour le siège de l'ONUDI en 1966, Nairobi, l'emporter à la suite d'une campagne énergique, conduite par le représentant kényan Joseph Odero-Jowi, qui a fait valoir le fait que « l'écrasante majorité des agences des Nations unies ont établi leur siège en Amérique du

---

55 Protokoll über den Meinungsaustausch zwischen Generalsekretär Thalmann und Generalsekretär Botschafter Dr. Haymerle am 6. und 7.5.1975, p. 9 : « Österreich sei zu 100 % auf den Standpunkt, dass man nicht daran denke, abzuwerben bzw. sich einzumischen. Man würde hier neu zu gründende kleinere Einheiten bevorzugen. Dies wolle er betonen, um ein berechtigtes Misstrauen auszuräumen. Man wolle keine Konkurrenz zu Genf werden ». Sur: dodis.ch/50442 (2.7.2022).

56 Protokoll über den Meinungsaustausch zwischen Generalsekretär Thalmann und Generalsekretär Botschafter Dr. Haymerle am 6. und 7.5.1975, p. 11: « Man sollte Hand in Hand arbeiten, um eine Arbeitsteilung zu erreichen ». Sur: dodis.ch/50442 (2.7.2022).

Nord ou en Europe occidentale et [qu'] une répartition géographique plus équitable semble souhaitable »[57]. Économiste de formation, membre du Secrétariat de la commission économique pour l'Afrique à Addis-Abeba, il avait depuis exercé des fonctions ministérielles dans son pays avant d'être désigné Représentant permanent du Kenya auprès des Nations unies en 1970[58]. Le 24 octobre 1972, il demande expressément l'installation du siège à Nairobi. La désignation de Nairobi en décembre 1972 fait de la capitale du Kenya « la première capitale des Nations unies dans le Tiers-Monde », confirmant, après la désignation des sièges des commissions régionales de l'ONU et de celle, en 1963, d'Addis-Abeba comme siège de l'Union africaine, la désoccidentalisation du cercle des capitales diplomatiques à travers le monde.

---

57 1840th meeting, 17.10.1972, United Nations, Economic and social council, Resumed fifty-third session, official records, p. 7 : « the overwhelming majority of United Nations agencies had set up their headquarters in North America por western Europe and a fairer geographical distribution would seem desirable ».

58 AMEAE (La Courneuve), 54QONT/8, Afrique-Levant, Kenya, 1966–1970, dépêche de René Millet, ambassadeur de France au Kenya du 9.10.1970 a/s M. Odero-Jovi, Représentant permanent du Kenya auprès des Nations unies.

L'Europe vue dans et par les territoires transfrontaliers. Entre mémoires et représentations, une problématique des espaces-frontières

Philippe Hamman

Lorsqu'en 2020 la Commission européenne m'a attribué la Chaire Jean Monnet *Governance of Integrated Urban Sustainability in Europe (GoInUSE) – Scales, Actors and Citizenship*, il s'est agi de la première Chaire lauréate en sociologie comme en urbanisme en France dans le cadre du dispositif actuel Erasmus+ en place depuis 2014. On peut y voir une double reconnaissance : celle de l'intérêt à diversifier, notamment au-delà du droit et de l'économie, les regards « incarnés » sur l'objet de la construction européenne, qui est pluriel et ne se résume pas aux milieux décisionnaires parfois qualifiés de technocratiques ; et, corrélativement, celle de la portée des territoires et des citoyens à la fois acteurs et destinataires des processus d'européanisation. Ceci invite à ne pas acter trop vite une vision binaire « par le haut » *versus* « par le bas », soit par exemple les élites bruxelloises de la Commission européenne face aux initiatives des (grandes) villes ou des régions. En effet, ces deux lectures se rejoignent dans une appréhension verticale des enjeux (*top-down* ou *bottom-up*), passant sous silence l'axe horizontal, à savoir ce qui se noue, se dénoue et se recompose à chaque échelon d'appréhension et d'action. On repère, par exemple, une mise en compétition des collectivités locales entre elles au temps de la « ville néolibérale »[1]. C'est vrai de politiques de marketing urbain se voulant distinctives (grands projets d'aménagement, objectif d'attirer les « classes créatives », etc.), à la fois « localisantes » et ouvertes

---

[1] G. Pinson, *La ville néolibérale*, Presses universitaires de France, Paris, 2020.

à l'international[2], et d'une course aux labels, qui visent des marqueurs de « grandissement » européens pour l'action publique territoriale (ainsi de palmarès annuels : Capitale européenne de la culture, Capitale verte européenne, etc.). Les espaces transfrontaliers sont spécialement porteurs de sens pour interroger ces processus, aussi bien par les confrontations que les correspondances qui s'y nouent, ou encore les dialectiques entre proximités et distances spatiales / sociales[3].

Reconnaître cela, c'est favoriser le dialogue des disciplines – sans les confondre – et singulièrement ce que peut apporter une entrée sociologique par rapport aux mises en perspective historiques. C'est bien cette pluralité des approches en sciences humaines et sociales, au sens large, que manifeste cet ouvrage d'hommage à Sylvain Schirmann, offert pour son accession à l'éméritat, lui qui est historien et a aussi été directeur, durant une décennie, d'une institution empreinte de l'association des disciplines, à savoir un Institut d'études politiques. Quant à la fonction de président du Comité scientifique de la Maison de Robert Schuman exercée par S. Schirmann, elle rappelle, s'il le fallait, cette territorialité des enjeux de l'Europe, et, pour nous, l'intérêt d'une lecture par les espaces-frontières dans le contexte trinational France-Allemagne-Suisse du Rhin supérieur.

Une entrée par les espaces-frontières

Le concept d'espace-frontière tient compte de la matérialité de l'espace, tout en se plaçant dans une dialectique du spatial et du social, où la question des usages apparaît de première importance. Ces dynamiques n'affectent pas mécaniquement ni similairement les univers d'origine, mais elles ouvrent un champ des possibles à travers des espaces de rencontre qui sont en même temps des espaces de conflits, car on part de

---

2 Ph. Hamman, S. Ruß-Sattar, « Les répertoires d'action transfrontaliers des communes françaises et des communes allemandes : une mise en parallèle, de 1950 à nos jours », *Revue des sciences sociales*, 60, 2018., pp. 14–25.

3 Ph. Hamman, *Sociologie des espaces-frontières Les relations transfrontalières autour des frontières françaises de l'Est,* Presses universitaires de Strasbourg, Strasbourg, 2013 ; Ph. Hamman, « Borders and Cross-Border Cooperation in Europe from a Sociological Perspective », *In* J. Beck (dir.), *Transdisciplinary Discourses on Cross-Border Cooperation in Europe*, Peter Lang, Bruxelles, 2019, pp. 123–145 ; B. Wassenberg, B. Reitel (dir.), *Critical Dictionary on Borders, Cross-Border Cooperation and European Integration*, PIE-Peter Lang, Bruxelles, 2020.

traditions, de visions du social et de l'économie, etc., qui divergent, tout en interagissant. Ceci implique une certaine reconnaissance mutuelle des acteurs en présence, qui ne gomme pas les tensions, mais amène une prise en compte de l'Autre[4] – fût-ce par la mise à distance dans la proximité, ce qui constitue une définition souvent avancée de l'effet-frontière comme production de différences, à la fois subies et recherchées (dans le prix de biens et de services, ou leur accès, quant à des systèmes de normes, de droits et de prestations, ou des régulations techniques, etc.). C'est en cela qu'une frontière a une épaisseur vécue par le citoyen[5].

À ce titre, l'espace-frontière se définit par une double dynamique :

- interne, correspondant aux propriétés d'intermondes : par une distinction des cadres, motifs et ressources d'action par rapport à un certain nombre de « routines » des mondes sociaux davantage institués, on dépasse un point de départ initial (et ses contradictions). Ceci peut se réaliser *via* des pratiques expérimentales, qui débouchent sur des compromis pratiques susceptibles de porter une part d'innovation, donnée à voir ensuite de façon plus large, comme exemplaire (que l'on pense à l'EuroAirport Bâle-Mulhouse et son statut international…) ou, au contraire, tue, sous la forme de transactions demeurant tacites dans le cadre de coalitions de pouvoir locales entre élus, décideurs ou partenaires économiques.
- et externe, lorsque ces transformations viennent à leur tour impacter (même de façon limitée) différents univers d'origine. Par exemple, des syndicalistes français sont devenus militants frontaliers lorsqu'ils sont partis exercer un emploi dans le pays voisin tout en conservant leur domicile en zone frontalière française, et ont été déçus du peu de soutien de centrales nationales face aux problèmes transfrontaliers les concernant. Certains ont par la suite réintégré la sphère syndicale, moyennant des alliances entre centrales du pays de résidence et de travail ou, plus souvent, se sont engagés à

---

4 Ph. Hamman « Penser la différence à l'aune des espaces-frontières : une proposition d'analyse sociologique », *In* L. Denooz, S. Thiéblemont-Dollet (dir.), *Le moi et l'autre*, Presses universitaires de Nancy, Metz-Nancy, 2011, pp. 29–39.

5 Ch. Rumford (dir.), *Citizens and Borderwork in Contemporary Europe*, Routledge, London, New York, 2014 [2009] ; M. Blanc, Ph., Hamman, P. Hintermeyer (dir.), dossier « Dépasser les frontières », *Revue des sciences sociales* 60, 2018.

nouveau syndicalement, cette fois dans le pays d'emploi, en y devenant des « spécialistes » des relations de travail transfrontalières[6].

Dans le cadre d'espaces relationnels et transactionnels, l'objet-frontière est en partie redéfini comme un « projet frontière », c'est-à-dire non pas un objet durci et bien délimité, mais une dynamique matérielle et idéelle sujette à des usages et des modes d'identifications variés et concurrents (y compris compte tenu d'une ambivalence d'entre-deux, de laquelle les uns et les autres peuvent jouer), sur tout ou partie des enjeux et toujours en train de se faire. Les enjeux de la construction européenne l'illustrent : recomposer des périmètres d'action qui sont immanquablement aussi des lieux de vie inscrits dans des histoires locales suppose de réaffilier des représentations du territoire[7] – au sens générique : qu'il soit organisé localement, nationalement ou au-delà –, afin de dépasser des visions binaires et exclusives de la différence opposant la modernité et la tradition, des centres et des périphéries, des ancrages et des mobilités, etc.[8].

Ce qui fait l'Europe par le territoire peut ainsi être relu à l'une des transactions sociales inscrites dans des espaces-frontières, interagissant avec et resituant les dynamiques « macro » de la guerre et de la paix[9]. Comme l'énonce Jean Remy, « tenir compte du concret peut être déterminant pour comprendre des effets globaux. Des événements contingents, des perturbations légères peuvent être la source de réorientations importantes dans les trajectoires individuelles et les processus collectifs. […] Le résultat de la transaction peut se limiter à trouver un

6 Ph. Hamman, « Les organisations syndicales face aux relations de travail transfrontalières en Europe », *In* J.-Y. Causer, J.-P. Durand, W. Gasparini (dir.), *Les identités au travail. Analyses et controverses*, Éditions Octarès, Toulouse, 2011, pp. 215–224 ; Ph. Hamman, *Sociologie des espaces-frontières, op. cit.* ; Ph. Hamman 2020, « Les travailleurs transfrontaliers, entre pratiques et représentations autour des frontières françaises de l'Est », *In* N. Dziub (dir.), *Le transfrontalier : pratiques et représentations*, Éditions et Presses universitaires de Reims, Reims, 2020, pp. 163–177.

7 R. Barbier, Ph. Hamman (dir.), *La fabrique contemporaine des territoires. Regards en sciences sociales*, Le Cavalier bleu, Paris, 2021.

8 Ph. Hamman « Déplacements et mobilités », *In* N. Wallenhorst, Ch. Wulf (dir.), *Dictionnaire d'anthropologie prospective*, Vrin, Paris, 2021.

9 Ph. Hamman, B. Wassenberg, *Mémoire d'Europe – Mémoire de paix. Témoignages de la région frontalière d'Alsace*, Franz Steiner Verlag, Stuttgart, 2021 ; D. Nordman, *Frontières de France. De l'espace au territoire. XVIe–XIXe siècle*, Gallimard, Paris, 1998.

moyen terme acceptable entre des objectifs différents. Dans bien des cas, il conduit à l'invention d'une manière de faire qu'aucun des acteurs n'aurait trouvée seul »[10]. Ce déplacement de la focale rend raison d'une évolution importante des institutions et des modes d'organisation collective et d'action publique, au fil de laquelle les territoires sont moins des cadres institués que par le passé, et davantage des processus instituants, en tant qu'espaces et supports de représentations et de projets collectifs[11]. À ce titre, les circulations peuvent devenir – ou non – des mutualisations partielles, toujours recommencées, de séquence en séquence, à la rencontre de l'identité et de la reconnaissance. Un double dialogue, en somme, par les temporalités en jeu et par les espaces ou les échelles d'appréhension et d'intervention.

Pour l'illustrer, je propose de mobiliser les apports de l'ouvrage *Mémoire d'Europe – Mémoire de paix. Témoignages de la région frontalière d'Alsace*[12], qui a pour originalité de questionner l'épaisseur acquise et l'avenir du projet européen, dans un contexte où l'on évoque fréquemment l'Europe suivant le registre de la crise économique ou de l'éloignement des citoyens, et non plus tant d'une œuvre de paix. L'analyse – qui met en parallèle une lecture historique et une lecture sociologique – est fondée empiriquement sur la passation de 33 entretiens en 2012–2013[13] avec des acteurs qui ont été fortement impliqués dans les constructions transfrontalières et européennes, tant par leurs vécus personnels que professionnels, dans l'espace du Rhin supérieur – que ce soit dans des collectivités, des associations, des entreprises, et au sein des institutions européennes qui y sont localisées.

Ces rapports situés à l'Europe « vue des territoires » permettent de dégager cinq lignes de force, que cette contribution va déplier : la pluralité des lectures de la coopération transfrontalière ; le Rhin supérieur souvent convoqué comme « laboratoire » de la construction européenne ;

---

10 J. Remy, *L'espace, un objet central de la sociologie*, Érès, Toulouse, 2015, pp. 166–167.

11 M. Casteigts, « Transactions interculturelles et intégration territoriale. Le cas du Pays Basque », *Pensée plurielle*, 21 (2), 2009, pp. 179–193 , Barbier, Ph. Hamman (dir.), *La fabrique contemporaine des territoires, op. cit.*

12 Ph. Hamman, B. Wassenberg, *Mémoire d'Europe – Mémoire de paix*, *op. cit.*

13 Avec l'aide d'un groupe d'étudiants de Sciences Po Strasbourg, dans le cadre de leur cursus. Qu'ils soient chaleureusement remerciés, de même qu'Ulrich Bohner, alors président de la Maison de l'Europe Strasbourg – Alsace (MESA), pour son soutien à ce projet.

le poids des cadres nationaux dans les projets transfrontaliers ; le répertoire transfrontalier balancé entre références inter-locales et dynamiques d'européanisation ; et enfin l'enjeu de la perception citoyenne de ces processus.

La pluralité des lectures de la coopération transfrontalière

Suivant une perspective économique, d'abord, les frontières sont appréhendées comme des freins au fonctionnement du marché européen, y compris la problématique de la libre-circulation. Les barrières relevées tiennent à la fois de la distance physique et des différences administratives et politiques. Parmi les interviewés, René Eckhardt, qui a développé ses activités professionnelles dans le domaine des assurances puis du management d'entreprises dans différents pays d'Europe, note les difficultés à monter des projets transfrontaliers, c'est-à-dire à susciter des investissements mais aussi à savoir profiter des subsides européens :

> « J'ai créé en 1990 la Confédération européenne des associations de PME et c'est là que j'ai compris que les patrons des PME françaises ne saisissent pas toujours l'intérêt de l'Europe. Pour eux, toutes les démarches qu'il faut réaliser sont très compliquées : pour recevoir des subventions, pour accéder aux marchés, etc. On se trouve donc dans une situation où la France n'utilise pas ses subventions. Même la Suisse, qui ne fait pas partie de l'Union européenne, consomme davantage de subventions européennes que la France. Il manque une culture européenne »[14].

Une telle lecture fonctionnaliste peut aussi s'incarner dans un discours de la nécessité des coopérations transfrontalières pour le développement économique territorial :

> « Imaginez une entreprise où vous ne pouvez travailler qu'à 90 %. D'un côté, vous avez les Vosges agissant comme une barrière naturelle et psychologique, et, de l'autre côté, vous avez une frontière qui est le Rhin. Alors, [...] en tant que chef d'entreprise, vous jugez que sur l'autre rive il y a un marché avec un pouvoir d'achat supérieur au vôtre et avec une population aussi importante que la vôtre, avec peut-être même une répartition géographique plus intéressante parce qu'il n'y a pas une métropole [Strasbourg],

---

[14] Interview avec René Eckhardt.

mais une série de petites villes [l'*Ortenaukreis*]. C'est donc un mal nécessaire »[15].

De façon proche, René Gutman, grand-rabbin de Strasbourg et du Bas-Rhin de 1987 à 2017, pointe le primat de rapports fonctionnels économiques dans le Rhin supérieur :

> « Avant tout, y a-t-il une géographie, y a-t-il une philosophie de la frontière ? C'est quelque chose de très symbolique, comme lieu de séparation et comme lieu de passage. Comment a-t-on vécu cette frontière, comme un arrêt ou bien un pont, un passage ? C'est cela qu'il faudrait se demander ! Et en fonction de cela, on pourrait dire qu'essentiellement, cela se vit de façon très pragmatique, économique : les gens vont travailler, les frontaliers passent la frontière chaque jour. [...] Comme tout passage depuis le Moyen-Âge, cela sert de lieu d'échanges économiques avant tout »[16].

Au contraire, il ne peut guère avancer de réalités très abouties dans le domaine confessionnel : « On ne sait pas si cela se concrétise au niveau des religions. On a eu des occasions de faire un véritable travail transfrontalier, sur le plan spirituel, des rencontres transfrontalières, judéo-chrétiennes [...]. On a eu des opportunités de travailler, se rencontrer, mais cela n'a pas encore rencontré trop de succès... »[17].

À un deuxième niveau, plusieurs acteurs interrogés attirent l'attention sur un changement d'échelle lié désormais aux processus de globalisation économique et de mondialisation : « Nous fonctionnons hors de nos frontières qui sont devenues trop petites ! La planète est devenue trop petite ! », affirme Léon Nisand, fils de commerçants juifs et ancien résistant, a dirigé plusieurs laboratoires d'analyses médicales[18]. Et Roger Siffer, chansonnier et cabarettiste alsacien :

> « Pour moi, l'Europe, c'est un strapontin pour l'escalier du monde. Je sais qu'il y a des gens qui disent : 'Ceux-là, ils ne sont pas dans l'Europe, ceux-là, ils sont trop loin'. C'est le problème de la Turquie. Est-ce que la Turquie peut intégrer l'Europe ou non ? Alors, rien à faire : moi, c'est le monde qui m'intéresse »[19].

---

15 *Ibid.*

16 Interview avec René Gutman.

17 *Ibid.*

18 Interview avec Léon Nisand.

19 Interview avec Roger Siffer.

Le lien peut rapidement être fait sur le plan économique ; Alain Howiller, ancien directeur et rédacteur en chef du quotidien régional *Dernières nouvelles d'Alsace* (*DNA*), livre ici une anecdote parlante sur la relativité des échelles de perception, qui vaut aujourd'hui de plus en plus pour les échanges : « Un jour, j'étais à Boston et le directeur de la foire de Boston me dit qu'il avait une fille qui fait des études à côté de Strasbourg, à Salzbourg. Il y a cinq ou six cents kilomètres entre les deux, ce n'est pas tout à fait à côté ! Mais pour lui, ça l'était »[20].

Là n'est pas tout. Les frontières constituent en même temps des constructions sociales[21], ce qui a partie liée avec les perceptions, mémoires et identités des acteurs engagés dans les formes et processus de coopération. Il y a des frontières cognitives, dans les têtes ; les interviewés y sont souvent revenus, d'abord pour relever un frein aux échanges, comme René Gutman :

> « [Les frontières] sont symboliques, elles ne sont que symboliques, mais encore très fortes pour différentes raisons. Des raisons psychologiques, le repli sur soi français, la centralité, une difficulté à accueillir l'autre, qui jouent forcément dans le rapport interhumain. Il y a des méconnaissances de la langue, de la culture allemande, c'est clair. Les Français ne sont pas connus pour être polyglottes. Ce sont des petites choses, mais chaque chose s'ajoute à l'autre »[22].

Ces frontières s'incarnent notamment par l'intermédiaire de matérialisations symboliques, à l'exemple, donné par Alain Howiller, des tracés de signalisation routière :

> « On dit souvent que les frontières se sont effacées, mais elles se sont reconstruites dans les têtes. C'est vrai qu'il n'y a pas homogénéité, il y a des différences. [J'ai] un ami berlinois [...]. Et pendant longtemps, il m'a dit : 'Quand je traverse la frontière, bon je sais bien qu'il y a le Rhin, mais il y a quelque chose de différent qui me dit que je ne suis plus en Allemagne'. [...] Sur les routes allemandes, la couleur utilisée était le blanc et en France la couleur utilisée était le jaune. C'est marrant. [...] Maintenant, ce détail est réglé. Mais c'est vrai qu'il n'y a pas une harmonisation générale, et c'est tant mieux »[23].

---

20 Interview avec Alain Howiller.

21 Hamman, Ph., 2019a, « Borders and Cross-Border Cooperation in Europe from a Sociological Perspective », *op. cit.*

22 Interview avec René Gutman.

23 *Ibid.*

En cela, les espaces frontaliers donnent à voir un paradoxe apparent, celui d'une intégration interrégionale de fait, laquelle coexiste avec la permanence de différenciations mentales, qui ont des effets de réalité[24] ; Gérard Traband, qui a été adjoint au maire de Haguenau et conseiller régional d'Alsace, le relève :

> « Le Rhin supérieur est totalement intégré au niveau économique, et nombre d'investisseurs allemands agissent en Alsace. [...] Les consommateurs comparent les prix. Le marché du travail est lui aussi intégré, avec 60 000 frontaliers qui passent la frontière chaque jour. Mais la frontière psychologique persiste néanmoins, à l'exemple de l'écho que prit la soi-disant (invasion) des poids lourds qui parcouraient auparavant l'Allemagne, avant que ce pays ne mette en place des taxes »[25].

Le Rhin supérieur, « laboratoire » de la construction européenne ?

Pour certains, nous aurions dans le Rhin supérieur un « laboratoire de l'Europe ». Cette expression, devenue courante[26], traduit la relation souvent revendiquée entre coopération transfrontalière et intégration européenne, espaces frontaliers et Europe. L'arrière-plan est celui de la mise en place au début de la décennie 1990 du programme européen Interreg. Ce dernier traduit un changement d'objectif de la coopération entre régions, dans le sens de la promotion d'espaces d'intégration en Europe par des pratiques « exemplaires » de terrain : le fameux « laboratoire ». Cette orientation s'incarne aussi bien dans les programmes Interreg successifs que par la création de nouvelles instances, à l'exemple, dans le Rhin supérieur, du Conseil rhénan, en 1997, comme organe de conseil et de coordination politique, où siègent des élus régionaux des trois pays. La place croissante de la Commission européenne, cherchant à s'autonomiser par rapport aux États dans le cadre de la politique régionale européenne,

---

24 Ph. Hamman, « Frontières fluviales ou espaces-frontières ? Regards sociologiques », *Les cahiers du GEPE* (Groupe d'Étude sur le Plurilinguisme Européen), 11, 2019, http://cahiersdugepe.misha.fr/index.php?id=3414. (2.7.2022).

25 Interview avec Gérard Traband.

26 Par exemple R. Woessner, « L'Alsace, l'avenir de l'Europe ? », *The Conversation*, 10.1.2019, https://theconversation.com/lalsace-lavenir-de-leurope-109319 (2.7.2022).

coïncide à ce moment avec l'émergence d'acteurs institutionnels locaux et régionaux en tant qu'alliés des institutions communautaires[27].

Parmi les interrogés, significativement, ce sont surtout des acteurs qui ne sont pas originaires ou ne vivent pas dans une région frontalière qui entretiennent l'idée de territoires « naturellement » enclins à expérimenter des relations renforcées dans le sens de l'intégration européenne. On peut citer par exemple Catherine Lalumière, qui a été secrétaire d'État chargée des Affaires européennes en France, puis secrétaire générale du Conseil de l'Europe :

> « Durant toute ma jeunesse et mes études [...], je n'étais pas du tout branchée sur les questions européennes. [...] Il s'agissait de Rennes, en Bretagne, ce n'était pas Strasbourg. L'Europe, c'était loin. La région n'était pas frontalière de l'Allemagne. [...] [L'Alsace est] forcément une avant-garde, parce que [...] le travail en commun est beaucoup plus facile également par rapport à des régions très éloignées les unes des autres. On peut presque dire que la coopération transfrontalière est le laboratoire qui doit précéder ce que l'on fera ensuite avec des régions plus éloignées »[28].

Au contraire, en Alsace, les acteurs sont plus rares à endosser directement cette posture. Des réserves sont exprimées sur plusieurs plans. Tout d'abord, d'autres espaces frontaliers peuvent prétendre, autant sinon plus que le Rhin supérieur, être des « laboratoires », que ce soit au sens de territoires pionniers ou marqués par des flux socio-économiques transfrontaliers importants[29]. Gérard Traband resitue ainsi l'exemple alsacien parmi d'autres :

> « Je crois qu'il ne faut pas exagérer. Les premières coopérations transfrontalières ont été l'œuvre des décideurs à la frontière germano-hollandaise. Eux seuls sont en mesure de considérer leur région comme un « laboratoire », du fait qu'historiquement ils ont été les premiers. Le phénomène transfrontalier prend des proportions considérables à Genève et Bâle. Il est, pour ainsi dire, plus violent dans cette région, avec 95 000 frontaliers [...]. C'est, à n'en pas douter, énorme. Cette situation va même jusqu'à avoir des répercussions

---

27 R. Balme, « Les relations internationales des régions », *In* J. Palard (dir.), *Vers l'Europe des régions*, La Documentation française, 806, Paris, 1998, p. 28.

28 Interview avec Catherine Lalumière.

29 Pour un panorama, voir B. Wassenberg, B. Reitel (dir.), *Critical Dictionary on Borders, Cross-Border Cooperation and European Integration, op. cit.*

politiques : les partis politiques « anti-frontaliers » y ont obtenu un nombre très respectable de voix »[30].

Le fait que les acteurs soient, dans un espace comme le Rhin supérieur, davantage confrontés aux pratiques qu'aux seuls discours amène aussi à mettre plutôt l'accent sur les obstacles, notamment en raison des différences entre systèmes administratifs nationaux, comme Claude Keiflin, journaliste politique durant 40 années au quotidien régional *Dernières Nouvelles d'Alsace* :

> « Mais la coopération transfrontalière est assez difficile, parce que, d'un côté l'Allemagne est un pays fédéral, les cantons suisses sont aussi très autonomes, alors qu'en France tout passe par Paris. Dans les comités tripartites, c'est toujours le préfet, représentant de l'État, qui préside, ce que les Allemands ont du mal à comprendre. D'ailleurs, cela énervait tellement Erwin Teufel, ancien ministre-président du Bade-Wurtemberg [de 1991 à 2005], de voir les élus alsaciens assis derrière le préfet, qu'il assistait peu à ces réunions »[31].

C'est dire que les relations de « proximité » ne vont pas de soi, y compris en raison de concurrences inter-locales et de perceptions d'équilibres relatifs, par exemple entre Strasbourg et Karlsruhe :

> « Il y avait un projet de Capitale européenne de la culture, Strasbourg était candidate pour 2013, c'était au départ un projet commun avec Karlsruhe, et ça aurait vraiment été un projet européen. Mais finalement, cela a capoté. Je crois que la municipalité de Strasbourg ne voulait pas tellement partager, parce qu'entre les deux villes, c'est quand même Strasbourg la plus connue et qui entendait tirer le meilleur bénéfice. Mais, là encore, c'est un échec de la construction européenne, parce qu'on a préféré une candidature strictement strasbourgeoise à une candidature transfrontalière. Et peut-être que si on avait réussi, Marseille n'aurait pas été choisie… »[32].

De même, Robert Hertzog, professeur de droit public à l'Université de Strasbourg et investi dans des instances transfrontalières, souligne que l'Eurodistrict Strasbourg-Ortenau, lancé en janvier 2003 avec

---

30 Interview avec Gérard Traband. Ce phénomène, né au début des années 2010, semble en recul plus récemment, lors des élections au Conseil national suisse en 2019 : https://www.swissinfo.ch/fre/elections-f%C3%A9d%C3%A9rales_le-discours-anti-frontaliers-ne-fait-plus-recette/45322888 (2.7.2022).

31 Interview avec Claude Keiflin.

32 *Ibid.*

force publicité par les présidents Chirac et Schröder, devait précisément être un « laboratoire » exemplaire[33], et ne l'a guère été dix ans plus tard : « Jamais l'Alsace n'a été mise en avant, ni n'a servi d'exemple ou de laboratoire. Même l'Eurodistrict est retombé comme un flan, pour devenir une coopération transfrontalière comme il en existe beaucoup d'autres, alors que le terme avait été pensé comme unique et avait été reçu ainsi après la déclaration Schröder-Chirac qui en annonçait la création »[34].

Norbert Engel, qui a été adjoint aux Affaires culturelles à Strasbourg de 1989 à 2001 puis président de divers organismes culturels, va plus loin, en pointant le construit politique et social que constitue par définition la métaphore du « laboratoire ». Il suggère un parallèle avec une autre propriété parfois avancée quant à l'ouverture à l'Autre, celle de l'« humanisme rhénan » :

> « Alors ça, c'est du pipeau ! Moi, chaque fois que j'ai entendu parler de l'humanisme rhénan, je me suis écroulé de rire. D'abord, car c'est une impropriété sémantique, c'est-à-dire que l'humanisme touche l'humanité dans son entier, donc je ne vois pas ce que c'est qu'un humanisme rhénan. Je ne vois pas véritablement en quoi les humains au bord du Rhin seraient plus humains que les autres humains ! Je n'ai jamais rien compris à cela. C'est-à-dire, lorsqu'on parle de « laboratoire », quel est ce laboratoire ? C'est qu'effectivement, un paysan badois peut parler avec un paysan alsacien, *via* le *Hochdeutsch* [haut allemand] »[35].

Poids des cadres nationaux ou poids de l'institution ?

En regard des discours naturalisant le lien du Rhin supérieur à l'Europe en tant qu'espace exemplaire, les entretiens réalisés permettent également de revenir sur l'hypothèse inverse, à savoir le poids des cadres et des routines nationales comme frein aux rapprochements transfrontaliers et confirmation d'un rôle central des États. De ce point de vue, la critique courante du centralisme ou des superpositions d'instances ne doit

---

33 M. Blanc, Ph. Hamman, P. Hintermeyer (dir.), « Dépasser les frontières », *op. cit.*

34 Interview avec Robert Hertzog.

35 Interview avec Norbert Engel.

pas masquer un processus d'institutionnalisation qui marque la sphère transfrontalière elle-même[36].

En termes diachroniques, les perceptions de ce qui se noue dans le transfrontalier varient en fonction de cadres nationaux : la centralisation de l'administration publique puis la décentralisation en France, l'État fédéral en Allemagne et en Suisse, ou encore la lecture du « pont vers l'Union européenne » dans le cas helvétique. Cette diversité des situations étatiques en présence (États fédéraux, unitaires, formes intermédiaires…) interagit dans les modes de coopération transfrontalière. Dans le cas du Rhin supérieur, les réformes de décentralisation de 1982–1983 en France ont ouvert la voie à un nouveau moment de la coopération, par rapport à la décennie 1970 marquée par l'intergouvernementalisme, celui d'une « association de coopération entre régions ». Ce processus *a priori* franco-français a eu un impact sur l'ensemble des acteurs régionaux français, allemands et suisses parties prenantes aux formules de partenariat du « pays des trois frontières »[37].

Robert Walter, qui a dirigé le centre culturel franco-allemand de Karlsruhe de 1995 à 2018, insiste sur le poids de ces différences, handicapant des démarches transfrontalières : « La méconnaissance totale des systèmes de fonctionnement du pays voisin. Ils sont totalement différents ». Il donne un exemple relatif au départ du Tour de France qui s'est tenu à Strasbourg en 2006, se voulant une occasion de visibilité de l'Eurodistrict Strasbourg-Ortenau : « Il y a des choses absurdes, comme lorsque le Tour de France est passé à Strasbourg, il y a quelques années, et que le ministère de l'Intérieur avait refusé que les secouristes français et allemands […] travaillent ensemble. Tout simplement parce que les règles étaient différentes dans chaque pays »[38]. Gérard Traband, de son expérience d'élu dans le nord de l'Alsace, ajoute : « Il n'existe rien de plus complexe. La prise de décision peut parfois être longue et est sans cesse soumise au compromis. Il est nécessaire de décoder chez l'autre ce qui

---

[36] Ph. Hamman, « Qu'est-ce qu'une Euro-région ? Identifications et frontières au défi de l'institution dans l'espace du Rhin supérieur », *In* A. Koukoutsaki-Monnier (dir.), *Identités (trans)frontalières dans l'espace du Rhin supérieur,* Éditions universitaires de Lorraine, Metz-Nancy, 2014, pp. 53–76.

[37] B. Wassenberg, *Vers une eurorégion ? La coopération transfrontalière franco-germano-suisse dans l'espace du Rhin supérieur de 1975 à 2000*, PIE-Peter Lang, Bruxelles, 2007, pp. 155 sq.

[38] Interview avec Robert Walter.

relève de ses méthodes de fonctionnement, de son système administratif, etc. »[39].

De son côté, Norbert Engel, qui a été adjoint au maire de Strasbourg, relève les effets des différences d'organisation en France et en Allemagne au niveau des procédures des collectivités territoriales, et pas seulement de l'État, lorsqu'il s'agit de faire vivre concrètement une coopération :

> « J'ai toujours eu l'impression [...] que les circuits de décision en Allemagne étaient plus courts que les nôtres. J'avais l'impression, lorsque je discutais avec des Allemands, qu'ils pouvaient prendre de manière déterminée en réunion une décision et la rendre rapidement exécutoire. Alors que chez nous il faut toujours considérer le prochain budget, il faut l'assentiment de l'Assemblée, ensuite, il faut avoir tel autre assentiment, mais le maire va alors demander un financement croisé avec le président du Conseil régional, etc. »[40].

Ce constat emporte deux conséquences, suivant les acteurs interviewés. D'une part, cela amène à limiter les coopérations à une politique incrémentale, à des expérimentations sur des points précis, comme chez Alain Howiller : « On ne fait pas de grandes choses, mais de petits pas, parce qu'il y a des systèmes qui sont différents dans les États centralisés, les régions n'y ont pas les mêmes pouvoirs. C'est un peu le talon d'Achille, à mon avis, de la coopération transfrontalière. Avec quand même une chose, [...] c'est qu'il est difficile de rapprocher des structures différentes, aux pouvoirs différents »[41].

D'autre part, la prégnance des inscriptions institutionnelles suscite des commentaires. On touche à la question des équilibres dans les partenariats transfrontaliers, et la difficulté que peut constituer une disparité entre institutions, comme l'explique Norbert Engel :

> « Lorsque j'étais élu [à Strasbourg], j'ai mené deux ou trois réunions avec la ville, en partenariat avec Karlsruhe, pour une candidature commune comme Capitale européenne de la Culture. [...] J'ai eu ordre du maire de me dégager, puisque les sommes mises sur la table étaient sans commune mesure avec celles que moi je pouvais mettre sur la table, la balance était trop inégale. À ce niveau-là, il y a aussi des problèmes de dimension, de taille critique. Lorsque le Bade-Wurtemberg discute avec l'Alsace, c'est sûr que

---

39 Interview avec Gérard Traband.

40 Interview avec Norbert Engel.

41 Interview avec Alain Howiller.

pour lui, l'*alter ego* est le Rhône-Alpes et non l'Alsace, trop petite. […] Pour que la coopération transfrontalière fonctionne bien, il faut quand même qu'il y ait un certain équilibre des finances »[42].

La coopération transfrontalière ne peut donc être abstraite d'espaces concurrentiels aux frontières : « Face à la Commission [européenne], les acteurs étatiques, régionaux et locaux se placent dans des formes alternées de concurrences et d'alliances (infranationales, nationales ou transfrontalières) […]. Dans cette perspective, s'associer ou ne pas s'associer à un projet, chercher à le soutenir ou à le saboter, est révélateur des intérêts défendus ou convoités par chaque acteur »[43]. Les relations transfrontalières peuvent représenter une « niche » pour des décideurs locaux, c'est-à-dire une situation où un investissement en ressources minimal permet de tirer des bénéfices supérieurs. Mais cette vision limite l'approfondissement des rapports, compte tenu des mises réduites, ce qui peut être assumé par des acteurs devenant progressivement des « entrepreneurs transfrontaliers » : les territoires de projets ne se comprennent pas indépendamment de leur gouvernance[44].

Dès lors, se dégage un paysage institutionnel de plus en plus complexe, avec la multiplication d'instances de coopération transfrontalière, à mesure que s'empilent des structures et des appareils administratifs au fil du temps. C'est bien ce que note Kai Littmann, rédacteur en chef du quotidien franco-allemand en ligne *Eurojournalist.eu*. Il souligne que, face à un poids croissant des structures, la coopération dépend au final de l'investissement personnel de certains acteurs, ce qui manifeste un signe de « semi-institutionnalisation » toujours contrainte :

« Il y a une sorte de mille-feuille administratif dans le Rhin supérieur. Il y a aujourd'hui à peu près mille fonctionnaires ou employés administratifs qui ont marqué sur leur carte de visite le titre de transfrontalier […]. Chacun fait semblant de travailler pour le transfrontalier, mais je crois que, pour deux tiers de ces personnes, il y a un problème linguistique […]. Je pense qu'il y a un trop plein d'organisations. Je constate depuis un certain nombre d'années que la qualité de fonctionnement de ces institutions dépend non

[42] Interview avec Norbert Engel.

[43] B. Dupeyron, *L'Europe au défi de ses régions transfrontalières. Expériences rhénane et pyrénéenne*, Peter Lang, Berne, 2008, p. 246.

[44] C. Dayez, F. Leloup, S. Verger, « Du problème frontalier au projet transfrontalier : vers une gouvernance territoriale ? », *Territoire en mouvement*, 4, 2007, http://journals.openedition.org/tem/932 (2.7.2022).

pas de la qualité des institutions, mais de l'engagement personnel des responsables »[45].

Robert Hertzog ne dit pas autre chose, lorsqu'il met en garde de ne pas trop institutionnaliser la coopération transfrontalière, sans quoi les instances peuvent devenir des carcans procéduraux au détriment du fond des dossiers :

> « Selon mon expérience, il est plus judicieux de chercher à régler ces affaires sans trop de formalisme, plutôt que de mettre en place de complexes structures qui imitent les institutions publiques, mais néanmoins sans pouvoir réel. [...] J'ai participé aux conseils d'autres organisations transfrontalières, comme l'Euro-Institut. On y passait les deux tiers de la réunion à discuter de la structure et de son fonctionnement : budget et comptes, contrats, organigramme, personnel, locaux. Peu de temps était consacré aux activités elles-mêmes, laissées à la discrétion des personnels »[46].

Transfrontalier local ou Europe ?

Peut-on parler davantage de rapports inter-locaux ou d'intégration européenne lorsqu'il est question de coopération transfrontalière et d'« Euro-région »[47] ? La question se pose à la fois sur le plan des contenus des politiques engagées et sur celui des territoires d'application – sachant qu'une dimension peut masquer l'autre, comme le note René Gutman : « On est tellement proche de l'Allemagne que cette proximité peut occulter la dimension européenne de Strasbourg ! »[48]. Ceci est particulièrement net en Alsace, où l'histoire régionale est fréquemment mobilisée. Le discours de la place singulière de l'Alsace transparaît d'un certain nombre d'entretiens, y compris lorsqu'il est question du lien à l'Europe comme celui de Robert Walter : « Je pense qu'il y a une place très spéciale pour l'Alsace dans l'Europe. D'abord, c'est une région qui a énormément souffert, plus que les autres pays, du dernier conflit mondial, du

---

45 Interview avec Kai Litmann.

46 Interview avec Robert Hertzog.

47 Ph. Hamman, « Qu'est-ce qu'une Euro-région ? Identifications et frontières au défi de l'institution dans l'espace du Rhin supérieur », *op. cit.*

48 Interview avec René Gutman.

fait même des Malgré-nous »[49], ou encore celui de Bruno Haller, ancien directeur de cabinet du Secrétaire général du Conseil de l'Europe, puis secrétaire général de l'Assemblée du Conseil de l'Europe : « L'Alsace [est] indéniablement une région particulière où on ne peut éviter de se poser des questions fondamentales sur la destinée et l'identité, sur la guerre et la paix, sur l'entente et la coopération entre les peuples »[50].

Appuyée sur les différents entretiens, une lecture configurationnelle permet d'interroger ce que désigne le *bottom*, ce « local » parcouru par des acteurs et des réseaux enclenchant diversement des dynamiques au succès variable, depuis plusieurs décennies maintenant – que l'on pense aux jumelages de communes depuis les années 1950[51]. Norbert Engel effectue cette remise en perspective historique, qui montre un processus non-linéaire et dont le centre de gravité a pu changer en même temps que les échelles d'action. Ceci disjoint les deux dynamiques des relations de proximité et de l'intégration européenne, même si elles peuvent, en certaines circonstances, aller dans le même sens ; la corrélation n'est du moins pas automatique :

> « Cette coopération transfrontalière, je l'ai vu régresser. À l'époque, au moment de la grande réconciliation franco-allemande, il y avait des jumelages entre les villes, etc. Globalement, ce transfrontalier microscopique, 'micro-transfrontalier', fonctionnait beaucoup mieux que ce que l'on a vu ensuite. Par exemple, la ville de Strasbourg était jumelée avec Stuttgart, avec Dresde, et il y avait énormément de choses qui se passaient entre les villes : échanges d'expositions, échanges de pièces à l'opéra, etc. C'était effectivement la culture qui en était le fer de lance. Désormais, il ne se passe plus rien. Quelque part, l'Europe a un peu « vidé », desquamé, les initiatives individuelles ou 'micro-initiatives'. Bon, il n'y a plus de poste de douane, c'est très important. Les gens peuvent circuler plus librement. […] Mais […] est-ce que c'est la conséquence de l'Europe ou est-ce que c'est tout simplement car les postes-frontières entre l'Allemagne et la France ont disparu ? Cela se serait-il passé autrement sans l'Europe ? »[52].

49 Interview avec Robert Walter. L'expression *malgré-nous* désigne les Alsaciens (et les Mosellans) enrôlés de force dans l'armée allemande pendant la Seconde Guerre mondiale.

50 Interview avec Bruno Haller.

51 Ph. Hamman, « Les jumelages de communes, miroir de la construction européenne 'par le bas' », *Revue des sciences sociales,* 30, pp. 92–98 ; Ph. Hamman, S. Ruß-Sattar, « Les répertoires d'action transfrontaliers des communes françaises et des communes allemandes : une mise en parallèle, de 1950 à nos jours », *op. cit.*

52 Interview avec Norbert Engel.

Concrètement, trois positions se dégagent parmi les interviewés. Un premier groupe d'acteurs met en avant le rapport du transfrontalier à l'Europe, comme une modalité d'un référentiel européen intégrateur. Kai Littmann affirme ainsi : « Je pense que sans ce travail préalable des pères fondateurs de l'Europe, ici, à l'interface entre la France et l'Allemagne, nous n'aurions jamais eu ce degré d'échange »[53]. Et Antoine Spohr, journaliste et rédacteur en chef du blog *Eurolatio* : « Aujourd'hui, je n'ai pas cessé d'être militant, parce que je pense que le traitement des espaces transfrontaliers, particulièrement entre la France et l'Allemagne, est la préfiguration d'une possibilité d'intégration européenne politique, je veux dire d'une Europe fédérale. On montre déjà qu'on est capable de le faire là où on est côte à côte »[54].

Deuxièmement, pour d'autres – et ce sont les plus nombreux parmi les interrogés –, la coopération transfrontalière est d'abord inscrite dans des espaces de proximité, sans vision uniformisante. Robert Walter l'exprime :

> « Le transfrontalier, pour moi, c'est de mettre des choses en commun, d'utiliser la proximité pour mieux se connaître et monter des projets binationaux ou trinationaux plus facilement. C'est vrai que j'ai monté énormément de projets, avec des artistes, avec des acteurs, avec des festivals de musique, et je crois qu'il y a parfois une erreur de vouloir balayer les frontières. Il faut qu'on reste tout d'abord nous-mêmes. [...] Et ensuite, on travaille ensemble et on monte des projets. Ce sont des projets d'autant plus enrichissants »[55].

C'est prioritairement à travers le prisme local, et ses motifs à agir de concert, que les mises en relation sont expliquées, comme par Alain Howiller :

> « Je crois que c'est d'abord une coopération inter-locale. [...] Ce sont des syndicats, en quelque sorte, d'intérêts communs. [...] Alors, que ce soit un sous-produit de l'Europe... Certes, si l'Europe n'existait pas, on ne se rapprocherait pas, il y aurait toujours des frontières. Mais le véritable cadre authentique, c'est de trouver des solutions, des ponts, des chemins de fer qui sont d'intérêts locaux. Donc, à mon avis, la coopération transfrontalière est avant tout d'intérêt local »[56].

---

53 Interview avec Kai Littmann.

54 Interview avec Antoine Spohr.

55 Interview avec Robert Walter.

56 Interview avec Alain Howiller.

Alain Howiller livre cette illustration caractéristique du rôle qu'il attribue à la proximité ; l'échelle d'un *Land* (État fédéré) important comme le Bade-Wurtemberg semble déjà trop vaste : « Si vous allez au Bade-Wurtemberg, à Stuttgart, ils s'en fichent un peu du transfrontalier, contrairement à ce que nous nous imaginons. D'ailleurs, le maire de Stuttgart ne savait même pas qu'il y avait un jumelage entre Stuttgart et Strasbourg depuis plus de vingt ans, il l'a découvert. Et pourtant Stuttgart n'est pas loin »[57].

Enfin, pour un troisième groupe d'acteurs, la coopération transfrontalière se définit à la fois dans la relation au local et à l'Europe et, plus précisément, dans le rapport entre ces échelles d'action. Ainsi, Gérard Traband développe-t-il les deux volets :

> « D'après moi, la coopération transfrontalière concerne des zones limitrophes aux frontières. C'est là où nous ressentons les aspects les plus négatifs liés à ces dernières. La coopération transfrontalière est là pour gommer ces points négatifs et établir des solidarités entre deux territoires. Je parle de solidarité au niveau des problèmes environnementaux, au niveau des transports, etc. [...] Elle est devenue peu à peu une préfiguration de ce que pouvait être l'Europe, dans la mesure où il s'agit de faire travailler ensemble des systèmes qui n'ont pas les mêmes normes, pas les mêmes méthodes de travail, pas les mêmes cultures ni les mêmes représentations »[58].

Incarnation de l'épaisseur des espaces-frontières, la coopération transfrontalière viserait ainsi d'abord à produire du lien, à être médiatrice plus qu'à prétendre faire par elle-même. Ceci distingue cette posture des deux précédentes, et l'assimile à des transactions territoriales afin de gérer des dualismes divergents entre mobilité et interculturalité[59]. Robert Hertzog le confirme :

> « J'ai découvert que la plupart des problèmes transfrontaliers ne trouvaient pas leur résolution dans les institutions locales, mais dépendaient de la compétence des États, de la sécurité sociale, de l'institution de gestion des hôpitaux, de l'ANPE [Pôle Emploi], des sociétés de télécommunications,

---

57 *Ibid.*

58 Interview avec Gérard Traband.

59 M. Casteigts, « L'appropriation sociale des territoires transfrontaliers entre mobilité et interculturalité », *In* C. Van den Avenne (dir.), *Mobilités et contacts de langues*, L'Harmattan, Paris, 2005, pp. 49–60. ; Ph. Hamman, *Sociologie des espaces-frontières. Les relations transfrontalières autour des frontières françaises de l'Est, op. cit.*

etc. Cela débouchait rarement sur des actions que pouvaient prendre les partenaires. Le plus souvent, il fallait entreprendre des démarches auprès des autorités respectivement compétentes »[60].

Quelle place pour le citoyen ?

Plusieurs interlocuteurs l'ont pointé, l'Union européenne (UE) intervient désormais dans des domaines très divers de la quotidienneté ; Catherine Lalumière l'énonce :

> « C'est vraiment tous les secteurs qui ont été touchés. Les produits que nous avons, que vous avez, c'est très probable qu'ils soient aux normes européennes, harmonisés par l'Europe. Le papier que l'on a doit être fait avec de la pâte à papier importée selon les règles du commerce international de l'Europe. Je crois que c'est absolument partout que l'on retrouve l'influence européenne »[61].

Pour autant, il convient de relativiser la perception de ces processus par le citoyen, y compris les habitants des espaces frontaliers. Claude Keiflin explique en effet : « Aux *DNA*, on a fait pas mal d'enquêtes sur la perception du transfrontalier par les gens : en fait, beaucoup de personnes ne vont jamais de l'autre côté [en Allemagne], seule une minorité est vraiment impliquée. Dans la vie de tous les jours, ce n'est pas une réalité. Au final, très peu de personnes bénéficient effectivement de l'ouverture des frontières »[62].

Ce témoignage recadre l'image de flux massifs fortement entrelacés. Il existe de réelles interdépendances socio-économiques, à l'exemple des travailleurs frontaliers qui « navettent » au quotidien[63], ou d'habitants de quartiers proches dans l'agglomération strasbourgeoise qui vont faire leurs courses à Kehl en empruntant le tramway transfrontalier[64]. Mais

60 Interview avec Robert Hertzog.

61 Interview avec Catherine Lalumière.

62 Interview avec Claude Keiflin.

63 Ph. Hamman, *Sociologie des espaces-frontières. Les relations transfrontalières autour des frontières françaises de l'Est, op. cit.* ; Ph. Hamman, « Les travailleurs transfrontaliers, entre pratiques et représentations autour des frontières françaises de l'Est », *op. cit.*

64 Ph. Hamman, « Frontières fluviales ou espaces-frontières ? Regards sociologiques », *op.cit.*

elles n'apparaissent pas généralisées ou intégrées en tant que telles dans les consciences de tout un chacun. Ceci peut notamment s'expliquer, au même titre que pour la construction européenne en général, par le fait que des avancées reconnues comme telles par les générations précédentes ne le sont plus tant à présent, une fois routinisées : on touche ici directement à la problématique d'une mémoire d'Europe comme mémoire de paix, sachant que les perceptions et les énoncés se réactualisent en permanence en fonction de ce que l'on vit au moment présent. C'est le cas de l'ouverture des frontières et de la libre circulation des personnes et des marchandises, permettant précisément d'aller faire des achats courants sans formalité outre-Rhin, par exemple. Les interviewés convergent, par exemple Claude Keiflin et Alain Howiller :

> « Pendant que j'étais étudiant, et même avant, pour aller en vacances, il fallait passer la frontière et la douane. Même pour aller en Allemagne, on avait peur en revenant avec quelques produits, alors que maintenant les Allemands viennent faire leurs courses en France et vice versa. Quand on n'a pas connu les frontières, on ne peut pas imaginer le progrès que cela représente ! »[65].

> « C'est par exemple aller à Kehl sans devoir m'arrêter à la douane et pouvoir acheter ce que je veux à Kehl et réciproquement […]. Cela, c'est évident, et c'est amusant ce côté que l'on vit au quotidien, parce qu'on ne s'en rend plus compte. Moi, j'ai vécu le temps où il y avait les douaniers et tous ces trucs-là, mais on ne s'en rend pas compte. 'Ah, c'est normal'. Non, ce n'était pas normal »[66].

Selon Kai Littmann, cette dimension pratique peut toujours rendre concrets des sentiments d'appartenance à l'Europe, mais cela supposerait de revoir la politique de communication des institutions :

> « Quand on vit dans le Rhin supérieur, […] vous réfléchissez : 'Vais-je faire mes courses en Allemagne parce qu'il y a ça et ça qui est moins cher ?' ou 'vais-je chercher mon fromage en France parce qu'il est meilleur qu'en Allemagne ?'. Vous êtes déjà dans une Europe vécue dans le quotidien. […] C'est pour cela que j'aimerais beaucoup que l'Europe se dépoussière, communique mieux, positivement, moins techniquement. Les gens, ils n'ont pas envie de regarder les défauts : 'Aujourd'hui, le ministre des Finances a augmenté le taux d'intérêt de 0,5 %… '. Les gens, ils ne comprennent pas cette Europe-là »[67].

---

65 Interview avec Claude Keiflin.

66 Interview avec Alain Howiller.

67 Interview avec Kai Littmann.

Une première conclusion s'impose : la vie sociale est organisée en relation avec des temporalités et des espaces « vécus » et non pas abstraits. Une seconde se rapporte plus spécialement aux espaces-frontières. Les processus de coopération par-delà une frontière et la construction européenne vue des territoires sont liés à un questionnement en termes d'échelles et leurs interactions : « À chaque fois s'est posée la question [...] des relations entre des objets de taille, de forme, de structure différentes. S'agissant des frontières, l'interrogation pouvait d'emblée se formuler de façon simple : quel rapport existe-t-il [...] entre le Rhin, qui depuis deux millénaires hante les imaginations, et telle île instable où se rencontrent les chasseurs des deux rives ? », a explicité l'historien Daniel Nordman[68]. Pour le sociologue, interroger la spatialité de l'action publique et les territoires dans lesquels elle s'inscrit renvoie aux échelles d'observation. Nous sommes confrontés à un ensemble d'énoncés « chargés », à commencer par les discours sur la construction de l'Europe, qui opposent souvent l'intégration « par le haut » et « par le bas ». Or, les échelles ne se limitent pas à une verticalité qui s'imposerait *ex ante*. « *Scale (at whatever level) is not and can never be the starting point for sociospatial theory, the kernel of the problem is theorizing and understanding 'process'* », pointe Erik Swyngedouw[69].

Ceci illustre bien la problématique du *continuum* des échelles spatiales. Elle se résume par l'image des poupées russes, de tailles différentes, empilées les unes sur les autres, en contact donc, mais aussi masquant l'une l'autre de l'extérieur, sauf si on les dispose en enfilade de la plus petite à la plus grande ou inversement, c'est-à-dire avec un ordonnancement bien réglé. Les échelles désignent une déclinaison de cadres et de niveaux d'action, d'organisation et de compréhension du social. Citons : la ville, le local, l'inter-local, le régional « national », le national, le transfrontalier, le régional « européen », puis l'européen et l'international. L'enjeu est-il d'articuler tout cela, à la façon des petits personnages de poupées ? Comme l'a relevé Dominique Desjeux, les espaces et les rapports sociaux sont des « grandeurs », qualitatives ou quantitatives, dont la mesure varie en fonction de l'échelle, macro- ou

---

68 D. Nordman, *Frontières de France. De l'espace au territoire. XVIe–XIXe siècle, op. cit.*, pp. 13–14.

69 E. Swyngedouw, « Neither Global nor Local: 'Glocalisation' and the Politics of Scale », *In* K. Cox (dir.), *Spaces of Globalization*, Guildford Press, New York, 1997, p. 141.

micro-sociale[70]. Philippe Boudon souligne avec raison qu'il existe une discontinuité : « Quand la taille change, des choses changent », soit la part relative de chaque élément. Aussi les échelles, et à chaque fois les espaces en question, représentent-elles un point de vue, un cadre de référence, ce qu'il nomme « un désignateur souple »[71].

Deux conséquences peuvent être tirées à partir des espaces transfrontaliers comme espaces vécus en Europe. D'abord, le *macro* ne se confond pas avec le central, pas plus que le micro avec le local. Il suffit de rappeler que « central » et « local » participent d'un même système d'action, notamment par l'intermédiaire de réseaux. Jean-Pierre Worms et Pierre Grémion l'ont montré dès les années 1970 pour le pouvoir local en France, autour de la « régulation croisée » entre élus et représentants de l'État[72]. Ceci renforce l'intérêt à interroger les espaces-frontières. Cette dimension de territorialisation inter-échelles a été du reste particulièrement réactualisée en 2020, alors que la pandémie « globale » de la Covid-19 impacte les relations transfrontalières, avec le retour de modes de contrôle aux frontières nationales entre États européens, et des réglementations sanitaires différenciées d'un pays à un autre, voire d'un État fédéré à un autre dans le cas de l'Allemagne[73]. Par exemple, à la mi-mars 2020, coexistent un confinement en Bavière et l'absence de restrictions en Rhénanie du Nord-Westphalie ; et, en décembre 2020, s'il est possible pour un habitant d'Alsace de passer la frontière pour moins de 24 heures sans présenter de test PCR, l'appréciation de la domiciliation fluctue : « Le Bade-Wurtemberg exige une résidence principale ou secondaire dans le Haut-Rhin ou le Bas-Rhin, la Rhénanie-Palatinat n'impose pas de lieu de résidence particulier, la Sarre exige que vous habitiez “la région frontalière” », résume la presse régionale[74].

---

[70] D. Desjeux Dominique, *L'empreinte anthropologique du monde. Méthode inductive illustrée*, Peter Lang, Bruxelles, 2018.

[71] Ph. Boudon, *De l'architecture à l'épistémologie, la question des échelles*, Presses universitaires de France, Paris, 1991, pp. 6–23.

[72] J.-P. Worms, « Le préfet et ses notables », *Sociologie du travail*, 8 (3), 1966, pp. 249–275 ; P. Grémion, *Le pouvoir périphérique*, Seuil, Paris, 1976.

[73] D. Augias, Ph. Hamman « La gouvernance urbaine transfrontalière face à la Covid 19 », *In* M.-Ch. Steckel-Assouère (dir.), *Les enjeux de la revitalisation urbaine post-covid19*, L'Harmattan, Paris, 2021, pp. 113–124.

[74] *DNA*, 15.12.2020.

Plus généralement, le principe des échelles est que, quand le point de vue change, la réalité et les faits observés également : ce qui apparaît à une échelle disparaît à une autre. C'est la représentation de la carte routière, selon que l'on a une carte de l'Europe, de la France, d'une région, le plan d'une ville, etc., ou encore que l'on zoome avec sa souris sur *Google Maps*. Cette propriété de discontinuité entre échelles a pour intérêt de montrer – à l'instar des entretiens d'acteurs mis en exergue dans cette contribution – que la réalité sociale ne se ramène pas à une seule équation (ni spatiale ni temporelle), et dès lors c'est parce que la réalité change en fonction des échelles que l'observation doit être mobile, une mobilité elle-même encastrée dans l'action et le jeu social. La connaissance qui en est issue correspond à un dispositif discontinu, c'est-à-dire provisoire et limité, qui n'« enchante » pas, mais qui n'empêche pas de construire des points de repère, par rapport à des temporalités plus ou moins longues ou rapprochées et des espaces en transformation. C'est particulièrement le cas au niveau des échanges transfrontaliers : ils redéfinissent en permanence des catégories et des cadres d'action, à partir de ce qui fait lien et frontière à la fois. Il suffit, pour s'en convaincre, de citer l'interpellation d'un député alsacien à l'endroit des deux ministres de l'Intérieur français et allemand lors de l'Assemblée parlementaire franco-allemande réunie le 28 mai 2020, alors que la Covid-19 a re-matérialisé les frontières nationales entre les deux États et ainsi re-convoqué localement une double mémoire de la guerre et de la paix : « Qu'était devenue l'amitié franco-allemande, qu'était devenue l'Europe, lorsque le 16 mars dernier, la frontière était fermée par des barrières et des policiers. [...] D'un seul coup, le souvenir d'une frontière douloureuse le long du Rhin [...] remonta à la surface ainsi qu'à la mémoire d'un temps sombre que nous avions cru révolu à jamais »[75].

Or, c'est le rôle des échelles d'observation de donner également la position de l'observateur, et donc d'évaluer le domaine de validité de ce qu'il énonce (à l'exemple ici des témoignages rassemblés). Ceci constitue une des conditions du passage à l'action, que ce soit pour décider, routiniser ou innover, au même titre qu'une condition de l'interprétation pour le chercheur, historien ou sociologue.

---

75 *France3GrandEst.fr*, 31.5.2020.

Une nouvelle « Déclaration du 9 mai » Un exercice de fiction politique

Michel Mangenot

En mai 2020, à l'occasion du 70e anniversaire de la déclaration du 9 mai 1950, j'ai participé à un exercice singulier dans le cadre des prix Robert Schuman : celui d'écrire une nouvelle déclaration en conservant son format. En témoignage de ma gratitude, de mon estime et de mon amitié envers Sylvain Schirmann, président du Comité scientifique de la Maison Robert Schuman depuis 2004, j'ai choisi de la publier ci-après. Il s'agit d'un exercice de « fiction politique » auquel les chercheurs et singulièrement les historiens rechignent. N'étant pas historien, au sens disciplinaire et académique du terme, mais politiste, j'ai pris ce risque. Le confinement lié à crise du Covid-19 a été l'occasion de prendre du temps pour se projeter en fonction de ce qu'est devenue la construction européenne en soixante-dix ans à partir d'un document à la fois fondateur dans le processus engagé et devenu un mythe dans ses usages.

Tous mes travaux depuis ma thèse de doctorat de science politique soutenue à Strasbourg fin 2000 mobilisent l'histoire. C'est ainsi que j'ai été amené à rencontrer puis à travailler étroitement avec Sylvain Schirmann depuis mon élection en 2005 comme maître de conférences à Sciences Po Strasbourg dont il prit la direction l'année suivante. Je ne vais pas évoquer ici toutes ces occasions comprenant de nombreux débats pédagogiques et de coopération institutionnelle dans le cadre en particulier du Pôle européen d'administration publique auquel nous avons ardemment contribué tous les deux de 2006 jusqu'à mon départ de Strasbourg en 2013. Quand il était directeur de Sciences Po Strasbourg, j'ai en effet été chargé de mission à la présidence de l'Université (Robert Schuman puis de Strasbourg) pour le Pôle européen d'administration publique (PEAP). Avec l'École nationale d'administration (ENA), son Centre des études européennes de Strasbourg (CEES), devenue sa direction des affaires européennes, l'Institut national des études territoriales (INET), le Centre national de la fonction publique territoriale (CNFPT) et l'Euro-Institut de Kehl, nous avons participé à d'innombrables réunions pour fonder puis développer ce réseau financé dans le cadre du contrat triennal « Strasbourg capitale européenne » avec la préfecture, la ville et l'Eurométropole, le Département du Bas-Rhin et la Région Alsace avant sa fusion. Ce Pôle a pu compter sur la conviction et le talent de Jean Weber, comme président de 2018 à 2014.

En préambule de la publication de cette nouvelle « Déclaration du 9 mai », je souhaite ici revenir davantage sur trois moments importants d'échanges scientifiques avec Sylvain Schirmann. De 2009 à 2014, nous avons contribué avec de nombreux historiens européens à HIST-COM 2, le projet collectif d'histoire interne de la Commission européenne de 1973 à 1986 sous la conduite éclairée et inspirante de Michel Dumoulin à l'Université Catholique de Louvain[1]. Les débats ont été riches sur la constitution du fond d'archives orales des Anciens de la Commission et la façon d'écrire l'histoire de la principale institution européenne vue de l'intérieur. Rappelons que Sylvain Schirmann est membre du Groupe de liaison des Professeurs d'Histoire contemporaine auprès de la Commission européenne.

Ensuite, à l'occasion des 60 ans du traité de Paris, le 18 avril 2011, nous avons organisé tous les deux un colloque à Strasbourg dans le cadre du PEAP à la Maison des sciences de l'homme d'Alsace sur les institutions européennes qui font leur histoire[2]. Il s'agissait de discuter et de confronter la façon dont les différentes institutions européennes ont commandité l'écriture de leurs propres histoires, entre rétrospection institutionnelle et enjeux mémoriels. En comparant les pratiques, l'objectif était de comprendre le rapport à l'histoire et à la mémoire de chacune des institutions européennes. Cette journée s'est achevée par l'intervention de grands témoins, le président Jacques Santer, l'Ambassadeur François Scheer, l'ancien secrétaire général du Conseil, Niels Ersboll et l'ancien président de la Banque européenne d'investissement (BEI), Sir Brian Unwin.

---

1 *Histoire et mémoires de la Commission européenne 1973–1986*, Office de publication de l'Union européenne, Luxembourg, 2014.

2 M. Mangenot, S. Schimann (dir.), *Les institutions européennes font leur histoire. Regards croisés soixante ans après le traité de Paris*, Peter Lang, Bruxelles, 2012.

Enfin, rejoints par Fabrice Larat, nous avons contribué à un vaste projet sur l'histoire des études européennes. Ce projet publié en 2018 dans un *cahier spécial de Fare*[3], a été structuré autour de deux manifestations : un colloque international les 22–23 mai 2014 à Nancy – où j'étais alors en poste – puis une journée d'études à Strasbourg le 5 février 2016 dans le cadre également du PEAP. Il s'agissait d'interroger la construction d'un champ d'études autour de figures, de réseaux, d'approches disciplinaires et d'institut nationaux et transnationaux.

Revenons à Schuman et à sa déclaration du 9 mai. Dans notre colloque du 18 avril 2011, je m'interrogeais sur le décalage commémoratif entre le 9 mai 1950 et le 18 avril 1951[4]. J'y citais Robert Schuman invité à Luxembourg dès le 9 mai 1953 à commémorer pour la première fois le 9 mai et amusé du choix de la « conception » à défaut de celui de la « naissance » avec la signature du traité de Paris :

> « Pour les institutions, comme pour les hommes, on commémore d'ordinaire la date de leur naissance. La Haute Autorité a cru devoir innover ; elle a choisi le jour où est née une idée ; elle fête aujourd'hui, et si je suis bien renseigné elle fêtera dans la suite, l'anniversaire de la conception, plutôt que de la naissance. C'est assez original ! Au surplus, il y a en cela une sorte de coquetterie de très grande dame, qui accepte aussi de (se) vieillir elle-même ! Quant à moi, loin de m'en plaindre, j'en ai tout l'avantage. Si la Communauté a une filiation multiple et compliquée, j'y suis moi-même plus spécialement mêlé à l'événement du 9 mai 1950. C'est ce qui me vaut aujourd'hui l'honneur, le très grand honneur de ma présence parmi vous »[5].

Projetons-nous soixante-dix ans après la déclaration Schuman. Toutes choses étant égales par ailleurs, que pourrait-elle être aujourd'hui ? Une proposition strictement personnelle que je dédie à Sylvain. Voici le texte de cette nouvelle «Déclaration du 9 mai» :

---

3 F. Larat, M. Mangenot, S. Schimann (dir.) *« Les études européennes. Genèses et institutionnalisation »*, *Cahier Fare* n°spécial, L'Harmattan, Paris, 2018.

4 « Histoire et mémoire des institutions européennes », chapitre 2 *In Les institutions européennes font leur histoire, op. cit.*

5 R. Schuman, 9.5.1953.

Partager la souveraineté pour refonder l'Union européenne

Un Congrès pour réinventer la méthode communautaire

L'intégration de l'Europe ne saurait être sauvegardée sans des efforts créateurs à la mesure des dangers qui la menacent.

La contribution qu'une Europe refondée et renouvelée peut apporter à la civilisation est indispensable au maintien de la paix et de la prospérité, mais également aux enjeux existentiels qui pèsent sur l'Europe : sa sécurité intérieure et à ses frontières, sa sécurité environnementale, énergétique et sanitaire, mais également son indépendance normative et numérique ainsi que ses écarts en termes de cohésion économique et sociale.

L'Europe ne s'est pas faite d'un coup, ni dans une construction d'ensemble : sa refondation se fera par des réalisations concrètes créant d'abord un sentiment de co-responsabilité. Nous sommes tous responsables de notre Union. Les affaires européennes ne sont plus des affaires étrangères ni extérieures. Exercer à l'échelle européenne une souveraineté perdue au niveau national n'est pas un abandon de souveraineté. Nous devons forger une nouvelle souveraineté européenne.

La Communauté est devenue l'Union. Retrouvons le sens de la Communauté. À l'heure du départ du Royaume-Uni, il nous faut réinventer un modèle original de délibération et de prise de décision, ouvert également aux États non-membres qui appliquent les normes de l'Union.

L'Europe est fondée depuis 1979 sur deux légitimités : celle de ses États et celle de ses citoyens. Notre Union s'est bâtie à un double niveau de gouvernement, celui des institutions européennes et celui des États membres. Ces deux niveaux se sont progressivement éloignés. Réconcilions aujourd'hui ces deux légitimités et ces deux espaces en un nouvel ensemble qui renforcera notre maison commune et notre édifice institutionnel construits depuis soixante-dix ans.

Dans ce but, nous proposons de créer un Congrès de l'Union européenne. Il sera composé de représentants élus tous les cinq ans au scrutin uninominal au sein de chaque État membre : deux par grand État (Allemagne, France, Italie, Espagne et Pologne) et un pour les autres États. Une fois élus, ils n'exerceront plus aucune autre fonction nationale. Leurs mandats ne seront pas renouvelables.

À la différence des représentants aux Conseils européen et de l'Union européenne, les membres du Congrès se consacreront entièrement à leur fonction européenne. Selon les mêmes modalités, y seront membres observateurs, participant à tous les débats mais sans droit de vote, tous les États non membres qui appliquent les normes de l'Union.

Le Congrès de l'Union siégera en deux sessions d'un mois par an, alternativement à Strasbourg et Bruxelles, et aura pour mission d'adopter à chaque session, souverainement et de sa propre initiative, un accord-cadre à la majorité simple de ses membres. Cet accord-cadre sera mis en œuvre par voie de directive par la Commission et entrera en vigueur après ratification par les deux législateurs de l'Union : le Parlement européen et le Conseil. Cette méthode entend appliquer le puissant mécanisme du dialogue social européen qui permet aux partenaires sociaux européens, dans leurs domaines de compétence, de devenir de véritables législateurs.

L'administration de mission du Congrès sera placée sous la co-responsabilité de la Commission et des Secrétariats généraux du Parlement et du Conseil.

Ce Congrès développera le véritable laboratoire démocratique qu'est devenue notre Union : en termes de droits nouveaux (égalité femme-homme, environnement, conditions de travail), en termes de transparence, de contrôle et de reddition de comptes.

Les compétences du Congrès porteront sur des domaines qui ne peuvent désormais s'exercer réellement qu'à l'échelle de l'Union. Il traitera de l'ensemble des dimensions de la sécurité collective : au niveau intérieur avec la consolidation de l'espace de coopération judiciaire et policière, à ses frontières, dans le domaine de la défense, dans ses relations avec ses voisins, la Méditerranée, l'Afrique et ses partenaires, mais également en matière de sécurité numérique, alimentaire et sanitaire.

Le Congrès interviendra dans l'ensemble des domaines assurant la protection des Européens : en matière sociale et de conditions de travail, de données personnelles, de préservation du climat, de la nature et du patrimoine. Il intégrera également la question des valeurs, du sentiment d'appartenance à l'Europe ainsi que des droits des non-humains. Il concevra de nouveaux fonds européens pour permettre une mobilité réelle des citoyens de l'Union.

La sécurité et la protection sont le charbon et l'acier du XXIe siècle.

Au sein d'une démocratie européenne encore trop dépolitisée, le Congrès de l'Union viendra nourrir l'espace public européen autour de propositions concrètes, dans chacun de ses États membres. Tous les deux ans et demi auront lieu des élections européennes, alternativement au Congrès et au Parlement. La composition réduite du Congrès (32 membres pour 27 États membres), son mode d'élection et sa méthode délibérative permettront de dépasser les oppositions dichotomiques entre institutions et formes de légitimité. Les décisions du Congrès entreront en vigueur au 1er janvier de l'année suivant sa session.

Notre Union s'est construite autour des normes. Un Congrès lui permettra de forger, par des réalisations concrètes, sa souveraineté, en réinventant la méthode communautaire.

Grenzregionen als Europäische Integrationsräume? Eine verwaltungswissenschaftliche Perspektive

Joachim Beck

Die grenzüberschreitende Zusammenarbeit in Europa gewinnt beständig an Bedeutung. Spätestens mit der Verwirklichung des Europäischen Binnenmarktes, d.h. dem offiziellen Wegfall der internen Grenzen in Europa, wurde offensichtlich, dass die europäischen Grenzregionen eine sehr spezifische und zentrale Rolle im Europäischen Integrationsprozess spielen[1]. Dies wurde nochmals verstärkt durch die Osterweiterung, die das Spektrum dessen, was wir als grenzüberschreitende Gebiete in Europa definieren können, quantitativ, vor allem aber auch qualitativ erweiterte[2]. Die Bedeutung der grenzüberschreitenden Gebiete lässt sich durch einige wenige Zahlen illustrieren: Ca. 40 % der Europäischen Union (EU)-Fläche lässt sich auf NUTS 2 Ebene als Grenzgebiet einstufen. Schätzungsweise 30 % der EU-Bevölkerung lebt in Grenzgebieten. Von den 362 beim Europarat registrierten Regionen sind mehr als 140 Grenzregionen[3]. Zwar sind lediglich rund 7 Mio Staatsangehörige von EU-Staaten (= 3,3 % der europäischen Erwerbsbevölkerung) innerhalb der EU in dem Sinne mobil, dass sie im Laufe ihres Lebens in einem anderen als ihrem Herkunftsstaat wohnen oder arbeiten, rund 1,2 Mio sind als Entsendete in einem anderen Staat der EU tätig und 1,1 Mio

---

1 B. Wassenberg, J. Beck, (Hrsg.), *Living and researching cross-border cooperation (Vol. 3): The European Dimension of Cross-border Cooperation*, Franz Steiner Verlag, Stuttgart, 2011.

2 M. Foucher, *L'obsession des frontières*, Perrin, Paris, 2007.

3 Ch. Ricq, *Handbook of transfrontier cooperation*, Council of Europe, Strasbourg, 2006.

pendeln als Grenzgänger täglich von ihrem Wohnsitzstaat in einen Nachbarstaat zur Arbeit[4] – ein hoher Anteil dieses insgesamt sehr relativen Mobilitätsphänomens findet indessen in den Grenzregionen der EU statt.

Dieser spezifische Gebietstypus, der in den offiziellen Dokumenten sowie in den fachlichen und räumlichen Entwicklungsstrategien der Europäischen Kommission lange Zeit eine eher untergeordnete Nebenrolle gespielt ha[5], erbringt spezifische Funktionen für die Verwirklichung des Europäischen Integrationsprozesses. Insbesondere im Zusammenhang mit der Neugestaltung der Europäischen Kohäsionspolitik (2014–2020) im Hinblick auf die Verwirklichung des Vertragsziels der Territorialen Kohäsion wird deutlich, dass die Grenzregionen in diesem Kontext eine strategische Aufwertung erfahren.

Infolge des Europäischen Integrationsprozesses hat sich auch die administrative Interaktion zwischen der nationalen und der europäischen Ebene im Laufe der Jahre intensiviert[6]. Sowohl das Design als auch die Umsetzung europäischer Politiken hängen heute von kollaborativen Arbeitsbeziehungen zwischen den historisch gewachsenen nationalen politisch-administrativen Systemen der Mitgliedstaaten und einem supranationalen Regierungssystem ab, das sich permanent weiterentwickelt und verändert. Vor diesem Hintergrund hat das Konzept des Europäischen Verwaltungsraums (EAS) sowohl in der Wissenschaft als auch in der Praxis zunehmendes Interesse gefunden[7]. Ursprünglich direkt verknüpft mit dem Gedanken der immer intensiveren Integration eines europäischen Regierungssystems und damit der Annahme und

---

4 Eurostat, „Labour market and labour force survey (LFS)“, Brüssel, 2014.

5 J. Beck, „Grenzüberschreitende Zusammenarbeit im Prozess der Europäischen Integration“, *In* B. Wassenberg, J. Beck (Hrsg.), *Living and researching cross-border cooperation (Vol. 3): The European Dimension of Cross-Border Cooperation, op. cit.* S. 129–148

6 A. Benz, „The European Union as a loosely coupled multi-level System“, *In* H. Enderlein, S. Wälti, M. Zürn (Hrsg): *Handbook on Multi-Level Governance*, Cheltenham, 2012, S. 214–226; Egeberg, M. (Hrsg.), *Multilevel Union Administration: The Transformation of Executive Politics in Europe*, Palgrave Studies in European Union Politics, Basingstoke, 2006.

7 E.G. Heidbreder, „Structuring the European administrative space: policy instruments of multi-level administration“, *Journal of European Public Policy*, 18 (5), 2011, S. 709–727; M. W. Bauer, J. Trondal, (Hrgs.), *The Palgrave Handbook of the European Administrative System,* Houdmills, 2015.

Vorhersage eines Prozesses zunehmender Konvergenz und Harmonisierung der verschiedenen nationalen Verwaltungssysteme hin zu einem einheitlichen europäischen Referenzmodell[8], hat sich die Diskussion und Wahrnehmung dessen, was unter dem Europäischen Verwaltungsraum zu verstehen sei, im Laufe der Zeit beständig weiterentwickelt und wird heute in der Perspektive einer vertikal und horizontal zunehmend differenzierten Europäischen Multi-Level Governance diskutiert[9].

Öffentliche Verwaltungen spielen eine herausragende Rolle bei der Entwicklung und Umsetzung der grenzüberschreitenden Zusammenarbeit in Europa. Ob auf lokaler, regionaler, nationaler oder EU-Ebene – überall dort, wo Politiken, Kooperationsansätze, Projekte, Programme, Strukturen etc. in einer grenzüberschreitenden Perspektive konzipiert und entwickelt werden, stellt sich die Frage, welche Verwaltungsebene in welcher Form und in welcher vertikalen und horizontalen Interdependenz beteiligt ist. Die öffentliche Verwaltung ist somit sowohl Objekt als auch handelndes Subjekt der grenzüberschreitenden Zusammenarbeit. Umso interessanter ist es, dass sich die Verwaltungswissenschaft in Kontinentaleuropa trotz einer mehr als 50-jährigen Nachkriegsentwicklung bisher nur selten mit dem Forschungsthema der grenzüberschreitenden Zusammenarbeit befasst hat. Dies lässt sich vor allem durch zwei Faktoren erklären: Zum einen ist die eigentliche Thematik der Verwaltungswissenschaft trotz der zunehmenden Internationalisierung und vor allem Europäisierung immer noch stark am Kontext der nationalen Verwaltungssysteme orientiert – auch in ihrer vergleichenden Form. Experimente zur Umsetzung international gültiger Konzepte wie die New Public Management (NPM)-Bewegung der 1990er Jahre haben daran kaum etwas geändert. Im Gegenteil, Umsetzungsanalysen zeigen, dass trotz der Zunahme gewisser Kongruenzen die Persistenz nationaler Systeme nach wie vor groß ist. Und gerade innerhalb Europas ist die öffentliche Verwaltung von Mitgliedstaat zu Mitgliedstaat noch immer

---

8 H. Siedentopf, H., B. Speer, B., „The European administrative space from a German administrative science perspective“, *International Review of Administrative Science,* 89 (1), 2003, S. 9–28; J. Olsen, J., "Towards a European administrative space?“, *Journal of European Public Policy*, 10 (4), 2003, S. 506–531.

9 B. Kohler-Koch, F. Larat, (Hrgs.), *European Multi-level Governance. Contrasting Images in National Research,* Cheltenham, 2009.

ein sehr unterschiedliches Phänomen – trotz der unterschiedlichen Harmonisierungsbestrebungen der europäischen Institutionen[10].

Andererseits sind verwaltungswissenschaftliche Ansätze als solche durch ein hohes Maß an disziplinärer Pluralität gekennzeichnet. Auch wenn die Verwaltungswissenschaft im Singular durchaus das Ziel einer integrativen Einzeldisziplin verfolgt[11], so ist es de facto so, dass die verwaltungswissenschaftliche Forschung – trotz einer zunehmenden inter- oder transdisziplinären Ausrichtung in jüngerer Zeit – immer noch stark monodisziplinär ausgerichtet ist. In der Regel dominiert immer noch die spezifische Sichtweise einer Disziplin auf das Fachgebiet der öffentlichen Verwaltung, die dann auch den jeweiligen verwaltungswissenschaftlichen Ansatz bestimmt. Da der Untersuchungsgegenstand grenzüberschreitender Zusammenarbeit bislang primär durch Historiker, Geographen, Juristen und in jüngerer Zeit vermehrt durch Politologen analysiert wurde, soll sich die hier behandelte verwaltungswissenschaftliche Kernfrage darauf beschränken, herauszuarbeiten, inwiefern es sich bei der grenzüberschreitenden Zusammenarbeit um eine emergente horizontale Ebene innerhalb des Europäischen Verwaltungsraums handelt[12] und inwiefern Grenzregionen insofern als spezifische Europäische Integrationsräume betrachtet werden können.

Aus verwaltungswissenschaftlicher Sicht werden hierzu im folgenden Abschnitt drei Fragestellungen an diesen Objektbereich gerichtet, welche sich jeweils auf grundlegende Konstruktions- bzw. Funktionsprinzipien öffentlicher Verwaltung beziehen. Erstens: Welcher Zusammenhang besteht im grenzüberschreitenden Kontext zwischen Aufgaben und Territorialität und inwiefern kann dieser Zusammenhang als Basis für institutionelle Konfigurationen genutzt werden? Zweitens: Inwiefern lässt sich empirisch eine eigene, von den politisch-administrativen Systemen

---

10 K. P. Sommermann, „Von der Europäisierung des Verwaltungsrechts zur Europäisierung der Verwaltungskultur?", *In* J. Beck, J., F. Larat, F. (Hrsg.), *Transnationale Verwaltungskulturen in Europa. Bestandsaufnahme und Perspektiven*, Zürich / Baden-Baden, 2015, S. 253–266.

11 K. König. *Moderne Verwaltung. Studium der Verwaltungswissenschaft*, Berlin, 2008; J. Bogumil, W. Jann, W., *Verwaltung und Verwaltungswissenschaften in Deutschland. Einführung in die Verwaltungswissenschaft*, Berlin, 2008; B. Becker, B., *Öffentliche Verwaltung. Lehrbuch für Wissenschaft und Praxis*, Verlag Schulz; Bamberg, 1989.

12 Siehe ausführlich J. Beck., „Territorial Institutionalism – Capturing a Horizontal Dimension of the European Administrative Space", *Journal of Borderlands Studies*, 2018.

der beteiligten Partner unabhängige institutionelle Kapazität zur Wahrnehmung grenzüberschreitender Aufgaben und Funktionen feststellen? Drittens: Zu welchem Grad ist grenzüberschreitende Zusammenarbeit als transnationales Sub-System in der Lage, entwicklungsorientierte Anpassungsleistungen zu vollbringen, um auf wandelnde Umweltbedingungen zukunftsgerichtet reagieren zu können? Abschnitt 3 skizziert auf dieser Basis Fragestellungen für zukünftige Forschungsansätze.

Grenzüberschreitende Zusammenarbeit aus dem Blickwinkel der Verwaltungswissenschaft

Territorialität ist ein zentrales Konstruktionsprinzip öffentlicher Verwaltung. Im klassischen Verständnis ist die administrative Territorialität mit dem Begriff des Nationalstaates verbunden, der sich durch innere und äußere Souveränität über sein Territorium auszeichnet[13]. Dementsprechend bestimmen Verwaltungsgrenzen, die meist nach räumlichen Kriterien wie Erreichbarkeit, Effizienz im Sinne von organisatorischer Redundanzvermeidung oder Effektivität in Bezug auf öffentliche Leistungserbringung gestaltet werden, in der Regel nicht nur die äußere Kompetenzgrenze einer Verwaltungseinheit, sondern definieren auch die Beziehungen und Schnittstellen zwischen verschiedenen Verwaltungsebenen und/oder -einheiten innerhalb eines Staates. Für viele Ansätze der Verwaltungsmodernisierung ist die Neugestaltung der Verwaltungsgrenzen entscheidend – sei es in der horizontalen Perspektive, eine gegebene Verwaltungsstruktur an neue sozioökonomische Verflechtungen und Herausforderungen anzupassen und damit den territorialen Handlungsspielraum der Verwaltung zu erweitern (z.B. die Schaffung neuer interkommunaler Strukturen, die Eingliederung kleinerer Kommunen in größere Gebietseinheiten, die Umstrukturierung der funktionalen Verflechtung zwischen Städten und ihren Nachbargemeinden, aber auch die Bildung von Clustern und neuen intersektoralen Netzwerken auf lokaler und regionaler Ebene) oder in der vertikalen Perspektive der Neugestaltung der funktionalen Kompetenzen, die den verschiedenen Verwaltungsebenen übertragen werden (Konzepte wie Konzentration vs. Dekonzentration, Zentralisierung vs. Dezentralisierung sind in diesem Zusammenhang relevant).

---

13 K. König., *Moderne Verwaltung. Studium der Verwaltungswissenschaft, op. cit.*, S. 27.

Der grundlegende Ausgangspunkt jeder Betrachtung der Rolle und Funktion der öffentlichen Verwaltung in einem bestimmten Staat ist ihr expliziter Bezug auf öffentliche Aufgaben. Anders als Institutionen des privaten oder gesellschaftlichen Sektors müssen öffentliche Institutionen durch kodifizierte öffentlichen Aufgaben und Aufträge gerechtfertigt sein bzw. sich auf diese beziehen können, um die Grundlage für die öffentliche Sphäre in einem Land/Staat zu schaffen. Die Quellen solcher öffentlichen Aufgaben sind vielfältig: Auf der Makroebene definieren die Verfassungen (allerdings mit einer sehr unterschiedlichen kulturellen Ausprägung über Systeme und Kontinente hinweg) grundlegende öffentliche Aufgaben und Funktionen in Form von Staatszielen, gefolgt von unzähligen Normen, die auf der Ebene des thematischen und organisatorischen öffentlichen Rechts definiert werden. Darüber hinaus können öffentliche Aufgaben und Aufträge auch unterhalb der Ebene des Rechts selbst identifiziert werden, z.B. in Form von Richtlinien, Mitteilungen, Entscheidungen öffentlicher Stellen und oder sogar in den Präabeln von Verträgen, die von öffentlichen Institutionen geschlossen und/oder umgesetzt werden[14].

Sowohl die vertikale als auch die horizontale Ausdifferenzierung öffentlichen Aufgaben unterliegt einem permanenten Wandel, und Themen wie Gebietsreformen, Deregulierung, Privatisierung und/oder Re-Regulierung bestimmen nach wie vor die Reformagenden vieler Länder in Europa. Institutionen können als stabile, dauerhafte Einrichtungen zur Produktion, Regulierung oder Umsetzung bestimmter Zwecke verstanden werden[15]. Solche Zwecke können sich sowohl auf soziales Verhalten, Normen, konkret-materielle als auch auf nicht-materielle Objekte beziehen. Dem verwaltungswissenschaftlichen Verständnis folgend, können Institutionen auf diese Weise als Korridore kollektiven Handelns interpretiert werden, die die Rolle eines „Strukturvorschlags" für das organisierte Zusammenspiel verschiedener Akteure spielen[16]. Die Frage nach der Entstehung und Veränderbarkeit solcher institutioneller

---

14 Siehe J. Bogumil, W. Jann, W., *Verwaltung und Verwaltungswissenschaften in Deutschland,* Berlin, 2009; K. König, K., *Kritik öffentlicher Aufgaben*, Nomos, Baden-Baden, 1989.

15 K. Schubert, M. Klein, *Das Politiklexikon*, Bonn, 2015.

16 F. W. Scharpf, *Interaktionsfromen. Akteurszentrierter Institutionalismus in der Politikforschung,* Opladen, 2000; S. Kuhlmann, H. Wollmann, H. *Introduction to Comparative Public Administration. Administrative Systems and Reforms in Europe,* Edward Elgar, Cheltenham 2014, S. 51.

Arrangements im Sinne einer „institutionellen Dynamik“[17] wird durch die Denkschule des Neo-Institutionalismus geprägt[18], dessen konzeptionelle Fundierung wiederum eng auf die öffentliche Aufgabenreflexion rückbezogen ist.

Die grenzüberschreitende Zusammenarbeit ist mit dem Prinzip der territorialen Souveränität der jeweils beteiligten Nationalstaaten konfrontiert und gerät mit diesem manchmal sogar in Konflikt[19]. Selbst in den Regionen, in denen der Grad der Kooperation gut entwickelt ist, muss die grenzübergreifende Zusammenarbeit daher als ein transnationales politisch-administratives *Subsystem*[20] betrachtet werden, das von den jeweiligen „inländischen“ nationalen Partnern geschaffen wurde und sich aus ihnen zusammensetzt. Die Bezugsebene dieses Subsystems wird durch die Definition grenzüberschreitender Regionen als „funktionale und vertragliche Räume, die in der Lage sind, auf gemeinsame Probleme in ähnlicher und konvergierender Weise zu reagieren“[21] verdeutlicht wird. Andererseits bedeutet die Tatsache, dass die grenzüberschreitende Zusammenarbeit nicht an ihre Stelle tritt, sondern – im Gegenteil, stark abhängig von der Kompetenz und der Rolle der jeweiligen nationalen Partner ist[22], nicht automatisch, dass diese Zusammenarbeit a priori weniger effektiv ist als regionale Kooperationen, die im innenpolitischen Kontext stattfinden[23]. Forschungen zur Mehrebenenpolitik in Europa

---

17 J. Olsen, „Analyzing institutional dynamics“, *Staatswissenschaften und Staatspraxis*, 3, 1992, S. 247–271

18 Siehe A. Benz, „Institutionentheorie und Institutionenpolitik“, *In* A. Benz, *et al.* (Hrsg.), *Institutionenwandel in Regierung und Verwaltung*, Berlin, 2004, S. 19–31.

19 J. Beck, J. „Cross-border Cooperation in Europe: The example of the Upper-Rhine“, *In* K. König, S. Fosler (Hrsg.) *Regionalization below State-Level in Germany and the United States,* Speyerer Forschungsberichte, Nr. 197, Speyer, 1999, S. 137–165.

20 R. Frey, „Regional Governance zur Selbststeuerung territorialer Subsysteme“, *Informationen zur Raumentwicklung*, Heft 8/9, 2003, S. 451 ff.

21 Ch. Ricq, *Handbook of transfrontier cooperation*, *op. cit.*, S. 45.

22 J. Blatter, J., *Entgrenzung der Staatenwelt? Politische Institutionenbildung in grenzüberschreitenden Regionen in Europa und Nordamerika,* Nomos, Baden-Baden, 2000; U. Rausch, U., *Grenzüberschreitende Kooperationen. Der kanadisch – US-amerikanische Nordosten und die Oberrheinregion im Vergleich*, Opladen, 1999.

23 Siehe D. Fürst, D. „Regional Governance – Was ist neu an dem Ansatz und was bietet er?“, *In* J. Beck, B. Wassenberg, B. (Hrsg.), *Grenzüberschreitende Zusammenarbeit erforschen und leben (Band 2): Governance in deutschen Grenzregionen* Franz Steiner Verlag, Stuttgart, 2011, S. 89–105; H. Kilper, (Hrsg.), *Governance und Raum*, Nomos, Baden-Baden, 2010.

haben gezeigt, dass eine produktive Verflechtung und Vernetzung verschiedener Akteure aus unterschiedlichen Verwaltungsebenen und mit unterschiedlichen Hintergründen ebenso effektiv sein kann wie die klassische institutionalisierte Problemlösung[24]. Allerdings sind die institutionellen und funktionalen Voraussetzungen für grenzüberschreitende Kooperationen weitaus komplexer und verschiedenen Bedingungen ausgesetzt, was sich auch direkt auf die Art und Weise auswirkt, wie grenzüberschreitender Institutionenaufbau de facto praktiziert werden kann. Das zentrale Kriterium für die Bewertung eines solchen grenzüberschreitenden Institutionenaufbaus ist sowohl der Grad der Mobilisierung und Beteiligung (Struktur und Qualität) der relevanten institutionellen und funktionalen Akteure als auch die Effektivität des problembezogenen Outputs, den dieses Teilsystem der Zusammenarbeit produziert[25] – und beides ist wiederum eng auf die in Frage stehenden grenzüberschreitenden Aufgaben bezogen.

In Bezug auf die funktionalen Aufgabenschwerpunkte decken die praktischen Ansätze der grenzüberschreitenden Zusammenarbeit in Europa ein breites Spektrum an materiellen Handlungsfeldern ab. Diese umfassen je nach territorialem Kontext klassische Bereiche der Regionalentwicklung (z.B. Raum- und Stadtentwicklungsplanung, Wirtschaftsentwicklung, Forschung und Entwicklung, Verkehr etc.), oder spezifische Ansätze der Zusammenarbeit in sektoralen Politikbereichen (Gesundheit, soziale Sicherheit, Bildung und Ausbildung, Wissenschaft und Forschung, Umwelt, Naturschutz und Tourismus etc.). Eine Klassifizierung dieser verschiedenen Aufgaben als Basis für grenzüberschreitenden Institutionenaufbau, kann anhand der Kriterien der „thematischen Orientierung“ sowie der charakteristischen „funktionalen Rolle“, die die grenzüberschreitende Zusammenarbeit in diesem Zusammenhang de

[24] A. Benz, „Politikverflechtung ohne Politikverflechtungsfalle – Koordination und Strukturdynamik im europäischen Mehrebenensystem,“ *PVS,* H 3, 1998, S. 558–589; A. Benz, F. W. Scharpf, R. Zintl, *Horizontale Politikverflechtung. Zur Theorie von Verhandlungssystemen*, Opladen, 1992; E. Grande, E., „Multi-Level Governance: Institutionelle Besonderheiten und Funktionsbedingungen des europäischen Mehrebenensystems“, *In* E. Grande, M. Jachtenfuchs (Hrsg.) *Wie problemlösungsfähig ist die EU? Regieren im europäischen Mehrebenensystem,* Nomos, Baden-Baden, 2000, S. 11–30.

[25] M. Casteigts, H.-J. Drewello, E. Eisenberg, *Evaluierung grenzüberschreitender und interregionaler Vorhaben in Europa, Herausforderungen – Methoden – praktische Erfahrungen*, Nomos, Baden-Baden, 1999.

facto spielt, vorgenommen werden. Hinsichtlich des Kriteriums der thematischen Orientierung kann eine Aufgabenklassifizierung zu folgender Typologie führen[26]:

- Typ A: Zusammenarbeit im Rahmen monothematischer Projekte (Brücken, Radwege, Buslinien, Kindergärten, Informationsdienste für Bürger, Unternehmen, Touristen usw.) („single issue");
- Typ B: Zusammenarbeit in ganzen Politikbereichen (Umwelt, Gesundheit, Verkehr, Bildung, Wissenschaft und Forschung usw.) („policy-bezogen")
- Typ C: Themenübergreifende Zusammenarbeit wie Programmierung, Umsetzung, Verwaltung des Interreg-Programms; Zusammenarbeit innerhalb politischer Gremien wie Regierungskommissionen, Euroregionen, Eurodistrikte; sektorübergreifende Zusammenarbeit im Rahmen innovativer vernetzter Governance-Ansätze der territorialen Entwicklung („integriert-sektorübergreifend")[27].

Im Gegensatz dazu bezieht sich die Typologie des Kriteriums der *„funktionalen Rolle der Zusammenarbeit"* auf eine Variation der Intensität der Anforderungen an die Zusammenarbeit und die damit verbundene Erfüllung von Pflichten und Aufgaben. Hier lassen sich sechs idealtypische funktionale Ebenen der grenzüberschreitenden Zusammenarbeit identifizieren, die in der Praxis – im Sinne eines Kernprozesses – aufeinander aufbauen und daher sequentiell im Sinne verschiedener Entwicklungsstufen miteinander verbunden sind:

- Typ 1: Die Begegnung zwischen Akteuren aus verschiedenen nationalen politischen und administrativen Kontexten kann als eine grundlegende Funktion für die Wahrnehmung grenzüberschreitender Aufgaben betrachtet werden. Die Aspekte des gegenseitigen Lernens und des Austauschs über die jeweiligen Vorgaben des heimischen Kontextes kennzeichnen diese Ebene. Die gegenseitige Begegnung fördert das gegenseitige Verständnis und bildet damit

---

[26] J. Beck, „Territorial Institutionalism and the European Administrative Space in South-Eastern Europe: Capturing the Institutional Dynamics of Cross-border Cooperation", *In* L. Matei, C. Sandu. (Hrgs.), *Enlargement of the European Administrative Reforms Space. Public Administration on the road to E.U. Membership*, Saarbrücken, 2017, S. 15–41.

[27] Ich werde bei der Erörterung der verschiedenen Grade der Institutionalisierung auf diese Klassifizierung zurückgreifen.

die Grundlage für den Aufbau vertrauensvoller gegenseitiger Beziehungen.

- Typ 2: Auf dieser Grundlage können die Partner dann in die zweite Ebene eintreten, die durch eine regelmäßige gegenseitige Information gekennzeichnet ist.
- Typ 3: Sobald die informativen grenzüberschreitenden Beziehungen nachhaltig sind, führen diese zur grenzüberschreitenden Koordinierung der relevanten Aktionen und Politiken der beteiligten Partner als einer dritten Ebene.
- Typ 4: Daraus ergibt sich als vierte Ebene die Forderung, gemeinsame grenzübergreifende Planungen und Strategien zu entwickeln, die einen koordinierten, integrierten Ansatz in den relevanten Bereichen gewährleisten können.
- Typ 5: Auf dieser Grundlage können dann gemeinsame Entscheidungen getroffen werden, die schließlich zur
- Typ 6: Gemeinsamen, integrierten und koordinierten grenzüberschreitenden Umsetzung und Durchführung von Aufgaben auf einer sechsten Ebene führen.

Diese Einteilung in sechs aufeinander aufbauende, grenzüberschreitende Funktionsebenen steht für die empirische Beobachtung, dass sowohl die Intensität, die Verbindlichkeit als auch die Integration der Zusammenarbeit von einer Ebene zur anderen wächst. Jede Stufe stellt selbst eine notwendige und legitime Dimension und Voraussetzung für die effektive Erfüllung der grenzüberschreitenden Aufgaben dar. Darüber hinaus repräsentieren die sechs Ebenen auch unterschiedliche Interaktionslogiken zwischen den beteiligten Akteuren: Während die ersten beiden Ebenen in erster Linie eine Diskursebene darstellen, geht es in den folgenden beiden Stufen eher um die Strukturierung der Interaktionsbeziehungen als solcher, während die letzten beiden Ebenen sich auf umsetzungsbezogene gemeinsame Aktionen in einem transnationalen Kontext beziehen. Eine verlässliche grenzüberschreitende Aufgabenerfüllung ist demnach nur dann gegeben (und möglich), wenn alle Funktionen in allen sechs Bezugsebenen realisiert werden. Die Beobachtung, dass die beiden Funktionen „Entscheidung“ und „Umsetzung“ oft noch empirische Defizite aufweisen[28], verdeutlicht die Herausforderungen

[28] J. Beck, E., Pradier, E., „Governance in der transnationalen Regionalpolitik: Bestandsaufnahme und Perspektiven der Kooperationsbeziehungen in

hinsichtlich des Umsetzungsstandes einer integrierten grenzüberschreitenden Politik in vielen grenzüberschreitenden Konstellationen.

Die folgende Abbildung fasst das Modell der verschiedenen funktionalen Ebenen der grenzüberschreitenden Aufgabenwahrnehmung zusammen[29]:

Die territoriale Zusammenarbeit der neuen Generation versucht, die integrierte Entwicklung grenzüberschreitender Potenziale verstärkt zu fördern[30]. Die Frage, mit welchen Mitteln des transnationalen und interregionalen Institutionenaufbaus diese territoriale Entwicklung am besten erreicht werden kann, steht daher in vielen Grenzregionen immer mehr auf der Tagesordnung[31]. Aus Sicht der Verwaltungswissenschaft können klassische Konzepte (und die damit verbundene wissenschaftliche Literatur) wie Dezentralisierung/Zentralisierung, Dekonzentration/

grenzüberschreitenden Verflechtungsräumen", *In* J. Beck, B. Wassenberg (Hrsg), *Grenzüberschreitende Zusammenarbeit erforschen und leben (Band 2): Governance in deutschen Grenzregionen*, Franz Steiner Verlag, Stuttgart, 2011, S. 107–135.

29 Eigene Darstellung, *In* J. Beck, *Territorial Institutionalism and the European Administrative Space in South-Eastern Europe, op. cit.*, S. 350.

30 D. Ahner, N. Fuechtner, „Territoriale Kohäsion: EU-Politik im Dienste regionaler Potenziale", *Informationen zur Raumentwicklung*, Heft 8, 2010, S. 543–552.

31 Siehe B. Hooper, O. Kramsch, O. (Hrsg.), *Cross-Border Governance in the EU*, Routledge, London, 2007.

Konzentration oder Integration/Differenzierung, sowohl vertikal als auch horizontal verstanden, die Debatte darüber, wie transnationale institutionelle Rahmenbedingungen am besten gestaltet werden sollten, um den sich ändernden transnationalen Aufgaben und Missionen und der Herausforderung ihrer gemeinsamen Erfüllung auf der Grundlage interinstitutioneller Arbeitsteilung gerecht zu werden, informieren und/ oder sogar rationalisieren. Im Hinblick auf ein besseres Verständnis der Logiken des transnationalen Institutionenaufbaus kann es sinnvoll sein, die damit verbundenen Bedarfe der territorialen Kooperation als Ausgangspunkt zu betrachten, die wiederum aus den verschiedenen thematischen und funktionalen Aufgaben der territorialen Entwicklung selbst abgeleitet werden und als intervenierende Variablen solcher Formen des transnationalen Institutionalismus verstanden werden können.

Das Zusammentreffen unterschiedlicher Interessen und politisch-administrativer Systeme innerhalb des Subsystems der grenzüberschreitenden Zusammenarbeit prägt sowohl die Komplexität als auch die Bedingungen, unter denen gemeinsame institutionelle Lösungen auf transnationaler Ebene kooperativ entwickelt werden können. Bezogen auf die oben beschriebene Typologie der Aufgaben und Funktionen der grenzübergreifenden Zusammenarbeit würde der Bedarf an Institutionalisierung folglich prinzipiell von der Ebene der zu erfüllenden Aufgaben und Funktionen abhängen und mit dieser zunehmen: von eher weichen Formen der Vernetzung auf der Diskursebene, über verbindlichere Formen der Greminenbildung auf der Strukturierungsebene bis hin zu grenzüberschreitenden Organisationen mit eigener Rechtspersönlichkeit auf der Umsetzungsebene. In Anlehnung an Blatter (2000) und Scherer/Zumbusch (2015) schlägt die folgende Abbildung ein Modell für einen solchen „territorialen" Institutionalismus in der grenzüberschreitenden Zusammenarbeit vor[32]:

[32] Eigene Darstellung *In* J. Beck, *Territorial Institutionalism and the European Administrative Space in South-Eastern Europe, op. cit.*, S. 39.

Modell: Territorialer Institutionalismus in der grenzüberschreitenden Zusammenarbeit

	Diskursebene		Strukturierungs-ebene		Umsetzungs-ebene	
	Begegnung	Information	Koordination	Strategie / Planung	Entschei-dung	Implemen-tation
Typ A	- -	-	-	0	+	++
Typ B	- -	0	+	++	++	++
Typ C	- -	-	0	+	++	++

Netzwerke → Gremien → Organisation mit Rechtspersönlichkeit

Relevanz formaler Institutionalisierung: - - = sehr niedrig; - = niedrig; 0 = neutral; + = moderat; ++ = sehr hoch

Institutionelle Kapazitäten der grenzüberschreitenden Zusammenarbeit

Public Management und Organisationstheorie liefern zwei interessante Annahmen, die sich auf den Fall der grenzübergreifenden Zusammenarbeit anwenden lassen: Auf der Makroebene können Theorien der Politikentwicklung und -umsetzung (*Policy-Cycle-Thinking*) in Verbindung mit (theoretischen und empirischen) Erkenntnissen über Entscheidungsprozesse genutzt werden, um die funktionalen Merkmale des Subsystems als solches besser zu verstehen und zu interpretieren. Klassische Ansätze der öffentlichen Verwaltung wiederum erlauben es, die sehr spezifischen Merkmale und funktionalen Herausforderungen grenzüberschreitender Strukturen im Vergleich zum inländischen Verwaltungskontext zu vergleichen und zu interpretieren und können methodische und instrumentelle Hinweise für weitere Optimierungen geben[33].

33 Siehe J. Beck, „Territorial Institutionalism -Capturing a Horizontal Dimension of the European Administrative Space", *Journal of Borderlands Studies*, 2018.

Da die Unabhängigkeit einer emergenten institutionellen Kapazität ein zentrales Bewertungskriterium ist, werde ich meine Analyse in diesem Abschnitt insofern auf zwei Hauptindikatoren konzentrieren. Zunächst werde ich die Gesamtzahl der transnationalen institutionellen Arrangements auf verschiedenen Funktionsebenen ermitteln. Die Relevanz dieses Indikators bezieht sich auf die Pfadabhängigkeitshypothese des Neo-Institutionalismus[34] und bewertet die Unterscheidung zwischen dem gegebenen institutionellen Kapazitätspfad der beteiligten nationalen Partner und dem spezifisch geschaffenen transnationalen / grenzüberschreitenden Kapazitätspfad. Der zweite Indikator bezieht sich auf die Personalkapazität der grenzüberschreitenden Zusammenarbeit, gemessen in Form von Vollzeitäquivalenzen (FTE = Full-time equivalant also 100 % Stellenkapazität). Dieser Indikator ist für die Ermittlung einer unabhängigen institutionellen Kapazität in dem Sinne relevant, dass FTE, die ausschließlich zur Handhabung grenzüberschreitender Aufgaben geschaffen/bereitgestellt werden, ebenfalls auf eine spezifische und vom innerstaatlichen Kontext unterscheidbare transnationale / grenzüberschreitende Kapazität hinweisen.

Um beide Indikatoren anzuwenden, besteht mein erster analytischer Ansatz darin, die Gesamtzahl der von der Europäischen Union offiziell kofinanzierten Programme der sog. E Europäische Territoriale Zusammenarbeit (ETZ) zu bestimmen. Laut offizieller Statistik hat sich die Anzahl der Interreg-Programme (alle Bereiche) in den letzten 25 Jahren erheblich entwickelt. Beginnend mit nur 14 Pilotprojekten im Jahr 1988 wurden in der ersten Interreg-Periode (1990–1993) 31, in der zweiten (1994–1999) 59, in der dritten (2000–2006) 79 und in der vierten (2007–2013) 92 Programme geschaffen. Die aktuelle Förderperiode (2014–2020) umfasst 107 ETZ-Programme, von denen sich 60 ausschließlich auf die grenzüberschreitende Zusammenarbeit konzentrieren. In der letzten Interreg IV-Periode wurden allein unter der Programmlinie A (grenzüberschreitende Zusammenarbeit im Nahbereich) 14.965 Projekte finanziert und größtenteils auch vollständig umgesetzt, was zur Schaffung von 50.179 neuen grenzüberschreitenden Partnerschaften zwischen überwiegend öffentlichen Akteuren führte. Angesichts der durchschnittlichen Laufzeit der Projekte von drei Jahren

[34] P. Pierson, *Politics in Time. History, Institutions and Social Analysis,* Princeton, Oxford, 2004; Probst, G. Raub, S., Romhardt, K., *Wissen managen: Wie Unternehmen ihre wertvollste Ressource optimal nutzen,* Wiesbaden, 2012.

wurden in den sieben Jahren dieses Programmplanungszeitraums damit eine permanente jährliche Projektkapazität von 6.413 und eine permanente Partnerschaftskapazität von 21.505 geschaffen.

Gemäß den einschlägigen EU-Vorschriften hat jedes ETZ-Programm eine spezifische Steuerungsstruktur auf dezentraler horizontaler Ebene zu schaffen. Diese Managementstruktur besteht aus einem Lenkungsausschuss, der für die Festlegung der Programmstrategie und die Auswahl der Projekte zuständig ist (in der Regel bestehend aus den Programmpartnern auf Mitgliedsstaaten-Ebene und/oder von ihren benannten subnationalen Vertretern), einer zuständigen Verwaltungsbehörde für die operative Leitung und Durchführung des Programms (technische Vertreter der Programmpartner) sowie einem gemeinsamen Sekretariat, das für die tägliche Durchführung des Programms, die Projektentwicklung und die Erstellung von Dokumenten und Berichten für die Sitzungen der anderen Strukturen zuständig ist (Programmbeamte, die aus dem Overhead des jeweiligen Programms finanziert werden). Darüber hinaus schaffen die Programme und Projekte entsprechende transnationale Institutionalisierungen in Form von Rechtskonventionen oder -vereinbarungen, in denen öffentliche Partner in Bezug auf finanzielle Verpflichtungen, thematische Beiträge und Verfahrensmuster sowie Rollen bei der Umsetzung und / oder Art der Entscheidungsfindung verpflichtet werden. Interreg IV hat zum Abschluss von mehr als 15.000 solcher Übereinkommen geführt, die öffentliche Akteure sowohl auf Ebene der Mitgliedstaaten als auch auf subnationaler, regionaler und lokaler Ebene miteinander verbinden (entweder für die Dauer des gesamten Programmplanungszeitraums oder zumindest für den Förderzeitraum eines individuellen Projekts). Diese Übereinkommen haben das Modell transnationalen Handelns in vielen grenzüberschreitenden Gebieten Europas maßgeblich strukturiert.

Während sowohl der Lenkungsausschuss als auch die Verwaltungsbehörden-Funktionen in der Praxis häufig von Verwaltungsvertretern der Programmpartner auf Teilzeitbasis ausgeübt werden, werden die Mitglieder der gemeinsamen Sekretariate in der Regel auf Vollzeitbasis beschäftigt – entweder in die Form abgeordneter nationaler Sachverständiger oder direkt rekrutierter und im Rahmen der sog. Technischen Hilfe des Programms finanzierter Mitarbeiter. Es ist schwierig, die Anzahl der Beamten, die in den ETZ-Programmen arbeiten, zu quantifizieren, da die praktische Umsetzung der Verwaltungsstrukturen zwischen den einzelnen Programmen erheblich variiert. In

Ermangelung valider statistischer Daten kann davon ausgegangen werden, dass die durchschnittliche Anzahl der auf Ebene der Verwaltungsbehörde und des Gemeinsamen Sekretariats tätigen Beamten 10 FTE beträgt[35], was bedeuten würde, dass in der derzeitigen Förderperiode von Interreg V eine Kapazität von 1.070 FTE für die Verwaltung der ETZ-Programme in Europa geschaffen wurde. Darüber hinaus erfordern die meisten Interreg-Projekte selbst eine professionelle Bearbeitung sowohl der formellen als auch der thematischen Umsetzung und führen daher in der Regel zur Entwicklung professioneller Kapazitäten für das Projekt-Management. Solche Stellen können durch die Programme selbst gefördert werden. Unter der Annahme, dass die Projekt-Management-Kapazität pro Interreg-Projekt mindestens 2 FTE / Projekt beträgt[36], hätte Interreg IV zwischen 2007 und 2013 eine permanente projektbasierte Kapazität von 12.826 FTE geschaffen.

Die zweite analytische Perspektive geht über den Ansatz der EU-finanzierten ETZ hinaus. Neben der „Interreg-Welt" haben sich in Europa im Laufe der Zeit viele andere Formen horizontaler Verwaltungszusammenarbeit entwickelt, die auf verschiedenen transnationalen territorialen Ebenen stattfinden. In einer aktuellen Studie haben Reitel und Wassenberg (2015) 364 „offizielle institutionalisierte Kooperationsräume" der grenzübergreifenden Zusammenarbeit in der EU identifiziert[37]. Hinzu kommt eine makroregionale Skala mit Kooperationsansätzen, die klassische grenzüberschreitende, interregionale und transnationale Ebenen in einem breiteren territorialen Raum integrieren, der mehr als drei Mitgliedstaaten auf der Grundlage gemeinsamer territorialer Merkmale abdeckt (z.B. die Ostsee; Donauraum, Adria / Ionisches Meer oder Alpen).

Im Hinblick auf den territorialen Aufbau institutioneller Kapazitäten sind die wichtigsten Formen dieser Art der zwischenbehördlichen Zusammenarbeit „jenseits von Interreg" inter-kommunale/euroregionale (lokale und regionale Ebene) und zwischenstaatliche/ Netzwerkstrukturen

---

[35] Diese Zahl wurde im Rahmen einer vom Verfasser initiierten internen Abfrage bei den Programm-Verantwortlichen innerhalb der DG Regio im Jahr 2017 ermittelt, siehe J. Beck, „Territorial Institutionalism – Capturing a Horizontal Dimension of the European Administrative Space", *op. cit.*

[36] *Ibid.*

[37] B. Wassenberg, B. Reitel, B., *Territorial Cooperation in Europe. A Historical Perspective*, Brüssel, 2015.

(supra- und makroregionale Ebene). Die Arbeitsgemeinschaft Europäischer Grenzregionen (AGEG) hat in Europa insgesamt fast 200 euroregionale Kooperationen identifiziert, die überwiegend permanente Sekretariate mit Vollzeitmitarbeitern unterhalten. Unter der Annahme, dass mindestens 80 % dieser Euroregionen über ein ständiges gemeinsames Sekretariat mit einem Mindestdurchschnitt von 3 FTE verfügen (ohne Durchführung von Interreg-Managementaufgaben, sondern lediglich bezogen auf Projekt- und andere Managementaufgaben im Zusammenhang mit den euroregionalen Arbeitsstrukturen im engeren Sinne), würde die hier geschaffene horizontale „euroregionale" institutionelle Kapazität rund 480 FTE betragen. In diesem Zusammenhang wurden bisher in Europa mehr als 50 Europäische Verbünde für territoriale Zusammenarbeit (EVTZ) geschaffen, die jedoch meist nicht zur Strukturierung materieller euroregionaler Aufgaben, sondern ebenfalls zur Erfüllung der projektbezogenen Kooperations- und Umsetzungserfordernisse der beteiligten Partner selbst dienen[38].

Weniger gut dokumentiert sind zwischenstaatliche Gremien und Kommissionen, die seit den 1970er Jahren zwischen vielen Mitgliedstaaten eingerichtet wurden. Auf der Grundlage bilateraler Abkommen bestimmen solche zwischenstaatlichen Strukturen und Gremien sehr oft die grenzübergreifende Zusammenarbeit einer gesamten Grenzzone zwischen zwei oder mehr Staaten. Diese Strukturen werden primär durch Beamte aus nationalen Ministerien oder Verwaltungseinheiten der sub-nationalen Ebene (wie Ministerien der Regierungen der deutschen Länder, der Präfektur in Frankreich, der Woiwodschaft in Polen usw.) getragen. Die meisten dieser zwischenstaatlichen Gremien sind organisatorisch in territoriale und/oder thematische Untereinheiten unterteilt. Die horizontalen Verwaltungskapazitäten, die von diesen zwischenstaatlichen Organen geschaffen und symbolisiert werden, unterscheiden sich stark zwischen den einzelnen grenzüberschreitenden Gebietskonstellationen. Während zum Beispiel rund 600 Vertreter der jeweiligen Landes- und Regionalregierungen von Baden-Württemberg, Rheinland-Pfalz, dem Elsass und der Nordwestschweiz in 12 ständigen thematischen Arbeitsgruppen der Trinationalen Oberrheinkonferenz auf Teilzeitbasis zusammenkommen, umfasst die Steuerungsstruktur, die zur Umsetzung

[38] European Parliament, „European grouping of territorial cooperation as an instrument for promotion and improvement of territorial cooperation in Europe", Europäisches Parlament, Brüssel, 2015.

der 6 zwischen der Republik Irland und Nord-Irland im Rahmen des Good Friday Abkommens abgeschlossenen thematischen Kooperationsabkommen im Jahre 2013 insgesamt 578 FTE.

Darüber hinaus sind mit den jüngsten Initiativen zur Schaffung europäischer Makroregionen spezifische transnationale Governance-Strukturen entstanden, welche die drei Ebenen der *Meta-Governance* (Interaktion zwischen der Europäischen Kommission, dem Europäischen Rat, einer hochrangigen Gruppe, nationalen Kontaktstellen und jährliche Foren), der thematischen Governance (Schwerpunktkoordinatoren, Lenkungsgruppen, Leitungsgremien, thematische Arbeitsgruppen) und der Umsetzungssteuerung (Projektpartner und die entsprechenden Finanzierungsprogramme und -einrichtungen) miteinander verbinden[39]. Die Hunderte von neuen Projektinitiativen sowie die jährlichen Foren mit je mehr als tausend Teilnehmern stellen eine komplexe Mischung aus Akteuren des öffentlichen und des privaten Sektors und / oder des dritten Sektors dar. Die Zusammenarbeit zwischen den Verwaltungsbehörden der beteiligten Länder bildet indessen auch hier den Kern der grenzüberschreitenden Kooperation.

Die dargelegten Beispiele können durchaus einen ersten Eindruck über die Quantitäten und strukturellen Ausprägungen der grenzüberschreitenden Zusammenarbeit in Europa vermitteln. Sie vermögen indessen nur eine unvollständige Erfassung der gesuchten institutionellen Kapazitäten. Um das Gesamtbild zu bestimmen, ist insofern ein übergeordneter methodischer Ansatz erforderlich. Eine in der angewandten Verwaltungsforschung etablierte Methode zur Berechnung des Personalbedarfs für eine administrative Einheit ist die Entwicklung einer realistischen Abschätzung des administrativen Aufwands gemessen in FTE pro Million Einwohner einer territorialen Einheit[40]. Bei der Anwendung dieser Methode auf den Kontext der territorialen Zusammenarbeit kam eine vom Verfasser initiierten Pilotstudie des TEIN-Netzwerkes[41] zu dem Ergebnis, dass – im Fall der grenzüberschreitenden Zusammenarbeit – ein durchschnittlicher Verwaltungsaufwand von 55 FTE pro Million Einwohner eines grenzüberschreitenden Territoriums

[39] F. Sielker, „Soft borders als neues Raumkonzept der EU? Das Beispiel der makroregionalen Kooperationen", *Arbeitsberichte der Akademie für Raumforschung und Landesplanung*, 2014, Heft 10, 2014, S. 89.

[40] H. Hopp, A. Göbel, A., *Management in der öffentlichen Verwaltung. Organisations- und Personalarbeit in modernen Kommunalverwaltungen*, Stuttgart, 2008, S. 329.

[41] Siehe http://www.transfrontier.eu (2.7.2022).

als realistisch angenommen werden kann[42]. Dieser Indikator kann dann in einem zweiten Schritt für eine Extrapolation zur Ermittlung der administrativen Kapazität für die grenzüberschreitende Zusammenarbeit auf der Ebene des gesamten europäischen Territoriums verwendet werden: Ausgehend von der Annahme, dass auf NUTS 2-Ebene 150 Millionen EU-Einwohner (d.h. 30 % der EU-Bevölkerung) in Grenzgebieten leben, kann mithilfe des o.g. Indikators eine direkte administrative Gesamtkapazität von 8.250 FTE ermittelt werden. Rechnet man die oben ermittelte permanente Kapazität auf Projektebene (12.826 FTE) sowie die 600 FTE aus den 60 Interreg A Programmen hinzu, so würde die Gesamtzahl der unabhängigen horizontalen grenzüberschreitenden Kapazität 21.676 FTE betragen. Die horizontale Gesamtkapazität der gesamten europäischen territorialen Zusammenarbeit dürfte jedoch sicherlich erheblich höher sein, da diese Zahl nur eine konservative Schätzung für den engeren Bereich der grenzübergreifenden Zusammenarbeit auf der Kontiguitätsebene ist.

Was das organisatorische Profil der grenzüberschreitenden Zusammenarbeit betrifft, so ist das vorherrschende Hauptmuster nach wie vor der sekundär-organisatorische Projektansatz. Lange Zeit gab es sogar das Leitmotiv, dass das Projekt im transnationalen/grenzüberschreitenden Kontext letztendlich die räumliche Realität erst herstellen würde.[43]

---

42 Die Berechnung erfolgte auf folgender Grundlage: Die TEIN-Partner wurden gebeten, zunächst für ihren jeweiligen Kooperationsraum die Vollzeitstellen für Personen zu berechnen, die ausschließlich für Fragen der grenzüberschreitenden Zusammenarbeit auf Vollzeitbasis arbeiten (erfasst wurden Sekretariate von grenzüberschreitenden Gremien, Mitarbeiter anderer ständiger Grenzüberschreitender Zusammenarbeit (GZÜ)-Institutionen, Management-Behörden von Interreg, Vollzeit-Projektmanager sowie Vollzeit-GÜZ-Dienste auf der Ebene der institutionellen Partner). Darüber hinaus wurde geschätzt, inwieweit Akteure von Partnerinstitutionen zur grenzüberschreitenden Zusammenarbeit beitragen, jedoch nur in Teilzeit, wie beispielsweise Beamte, die in lokalen und regionalen Gebietskörperschaften arbeiten, wobei die thematische grenzüberschreitende Zusammenarbeit nur ein Teil ihrer Zusammenarbeit ist Stellenbeschreibung ausmacht. Basierend auf einer jährlichen Kapazität von 1575 Arbeitsstunden betrug die durchschnittliche Annahme pro Mitarbeiter hier 5 %, was ungefähr 10 Arbeitstage pro Jahr bedeutet. Die so ermittelten einzelnen FTE-Anteile wurden dann zu einer institutionellen FTE-Kapazität für die grenzüberschreitende Zusammenarbeit im gesamten Kooperationsraum addiert.

43 Casteigts, M., „La mise en cohérence des politiques publiques en territoire transfrontalier", *In* B. Wassenberg, (Hrgs.) *Vivre et penser la coopération transfrontalière (Band I) : les régions françaises*, Franz Steiner Verlag, Stuttgart, 2010, S. 305.

Die Projektentwicklung hat sich jedoch im Laufe der Jahre stark verändert. Während in der Anfangszeit von Interreg I und II der Großteil der territorialen Zusammenarbeit durch einen starken *bottom-up*-Ansatz gekennzeichnet war, der zu einem Flickenteppich von relativ ungekoppelten Projekten und damit verbundenen Netzwerken führte, wurde die Projektgenerierung im Laufe der Jahre immer strategischer in dem Sinne, dass die Projektauswahl immer häufiger auf Ausschreibungen beruht, die ihrerseits der Umsetzung der von den Programmpartnern gemeinsam vereinbarten strategischen Entwicklungszielen dienen[44]. Ein typisches Beispiel ist das von der EU-Kommission im Rahmen von Interreg V geforderte Prinzip der thematischen Konzentration, das alle territorialen Programme zu respektieren hatten und das den Versuch einer viel stärker integrierten Politikkoordination symbolisiert, und das im Ergebnis zu neuen Formen horizontaler Verwaltungszusammenarbeit zwischen lokalen und regionalen Partnern führte. Über Interreg hinaus haben zudem viele grenzüberschreitende Institutionen in jüngerer Zeit integrierte Entwicklungsstrategien entwickelt und nutzen strategische Ziele immer mehr als Auswahlkriterien für die Identifizierung von „Leuchtturmprojekten“ mit positiven *Spillovers* für das gesamte transnationale Gebiet.

Die Analyse der oben untersuchten Indikatoren deutet in der Gesamtschau auf eine paradoxe Schlussfolgerung hin: Zum einen verweisen diese durchaus auf die Existenz einer unabhängigen institutionellen Kapazität für den Umgang mit grenzüberschreitenden Angelegenheiten auf horizontaler administrativer Ebene. Die allgemeine Kontextualisierung dieses Befundes verweist jedoch auf ein insgesamt relativ schwaches Profil des vergleichsweise jungen transnationalen/grenzübergreifenden institutionellen Pfads im Vergleich zum wohl etablierten, inländischen institutionellen Pfad: So stehen in den europäischen Grenzregionen den 12.676 FTE, die sich hauptberuflich mit Angelegenheiten der grenzüberschreitenden Zusammenarbeit befassen, 10.765.424 FTE öffentlicher Bedienster gegenüber, deren Tätigkeitsfelder sich ausschließlich auf die Wahrnehmung inländischer öffentlicher Aufgaben beziehen[45].

---

44 B. Marin (Hrgs.), *Generalized Political Exchange. Antagonist Cooperation and Integrated Policy Circuit*, Frankfurt a. M., 1990.

45 J. Beck., „Territorial Institutionalism-Capturing a Horizontal Dimension of the European Administrative Space“, *op. cit.*

Entwicklungsoffenheit der grenzüberschreitenden Zusammenarbeit

Institutionen und Organisationen können als strukturelle Konfigurationen interpretiert werden, die dazu dienen, die ihnen zugewiesenen Aufgaben und Funktionen zu erfüllen. Ihr Hauptzweck ist damit nicht unbedingt Veränderung, sondern Stabilität und Zuverlässigkeit, um eine effektive und effiziente Erfüllung der Aufgaben zu gewährleisten. Anders als Projekte, die sekundäre Organisationsmuster darstellen, werden Institutionen der Primärorganisation, wie öffentliche Verwaltungen und/oder politisch-administrative Systeme, in der Regel mit der zeitlichen Perspektive der Permanenz geschaffen. Andererseits sind Institutionen und Organisationen offensichtlich auch soziale Systeme, die sich etablieren und stark auf den funktionalen Austausch mit ihrem jeweiligen Umfeld angewiesen sind.

Im Hinblick auf die Frage der grenzüberschreitenden Zusammenarbeit und um eine Reflexion über mögliche Praktiken des institutionellen Wandels zu fundieren, können drei Forschungslinien in den Verwaltungswissenschaften von Interesse sein. Zunächst einmal hat die Schule für vergleichende öffentliche Verwaltung in jüngerer Zeit immer mehr Einblicke in die Frage der institutionellen Dynamik gewonnen[46]. Stark beeinflusst durch die interdependenten Reformentwicklungen der europäischen Integration[47], der Entstehung eines Europäischen Verwaltungsraums und eines europäischen Verwaltungssystems[48] einerseits sowie der Umsetzung international konzipierter normativer Ansätze der Verwaltungsmodernisierung (die New Public Management-Bewegung der letzten zwei Jahrzehnte) andererseits, können zwei Hauptschlussfolgerungen angeführt werden: Die Hypothese der Persistenz wird auf der Grundlage der Beobachtung entwickelt, dass sowohl auf europäischer als auch auf internationaler Ebene die historisch gewachsenen nationalen Muster und Kulturen der öffentlichen Verwaltungen die meisten Versuche der Harmonisierung/Uniformierung auf supra- und/oder internationaler Ebene

46 J. Olsen, „Analyzing institutional dynamics", *op. cit.*

47 J. Beck, „Territorial Institutionalism -Capturing a Horizontal Dimension of the European Administrative Space", *op. cit.*

48 M. W. Bauer, J. Trondal, (Hrgs.), *The Palgrave Handbook of the European Administrative System, op. cit.*

überlagern. Diese bestätigt die vom historischen Neo-Institutionalismus getroffenen Annahmen.

Die Hypothese der Konvergenz hingegen legt nahe, dass ein zunehmender Austausch zwischen nationalen Experten und Systemen schließlich zu Annäherungen auf vielen Ebenen (individuell, technologisch, theoretisch) der öffentlichen Verwaltung führt, insbesondere wenn diese nicht nach normativen Modellen konstruiert wird, sondern sich auf der Grundlage der praktischen Erfahrungen und professionellen Standards der jeweils beteiligten Fachleute entwickelt[49]. Neuere Forschungen zur internationalen öffentlichen Verwaltung (IPA) bestätigen spezifische Muster internationaler und transnationaler öffentlicher Verwaltungen. Es wird angenommen, dass das Entstehen funktionaler transnationaler Muster der öffentlichen Verwaltung unter anderem weitgehend vom Grad der Autonomie dieser IPA in Bezug auf ihre inländischen / Gründungspartner abhängt[50].

Die Praxis der grenzüberschreitenden Zusammenarbeit in Europa kann eher als Bestätigung der Hypothese der Persistenz der nationalen gegenüber den transnationalen oder europäischen Verwaltungsstrukturen interpretiert werden. Sowohl der relativ geringe Grad der Nutzung bestehender rechtlicher Lösungen für grenzüberschreitende Fragen, wie z.B. der EVTZ, als auch die praktische Funktionsweise der grenzüberschreitenden Institutionen, die sich nach wie vor primär an den rechtlichen und administrativen Regeln und Standards des jeweiligen Heimatstaates orientiert, deuten auf relativ stark ausgeprägte Präferenzen der beteiligten Akteure für nationale politisch-administrative Systeme hin. Auch alternative Ansätze zur supranationalen Integration, wie das Prinzip der gegenseitigen Anerkennung, die auf der territorialen Ebene der grenzüberschreitenden Zusammenarbeit viele Vorteile bringen könnten (Vertrauen als relevante Voraussetzung für die gegenseitige Anerkennung könnte zudem von benachbarten Verwaltungen wesentlich leichter

---

49 P. Cohendet, D. Grandadam, L. Simon, I. Capdevila I., „Epistemic communities, localization and the dynamics of knowledge creation“, *Journal of Economic Geography*, Volume 14, Issue 5, 1.9.2014, S. 929–954.

50 M. W. Bauer, J. Ege, „Bureaucratic autonomy of international organizations' secretariats“, *Journal of European Public Policy*, 2016, Vol. 23, No. 7, S. 1019–1037; J. Beck, F. Larat, F., „The issue of loyalty in international administrative constellations-Foundations of a holistic analytical framework with regard to the European administrative space“, paper presented at the EGPA (European Group for Public Administration) Conference in Milano, 30.8.–1.9.2017.

aufgebaut werden als auf der eher anonymen inter- oder supranationalen Ebene), sind nicht in nennenswertem Umfang entwickelt[51]. Darüber hinaus zeigen innovative Verwaltungsmethoden und -prozesse wie z.B. E-Government einen deutlich geringeren Umsetzungsgrad auf grenzüberschreitender im Vergleich zur nationalen Ebene. Schließlich werden Konzepte der Verwaltungsmodernisierung meist auch überwiegend im nationalen Kontext konzipiert und umgesetzt – hier sind z.B. die vielen praktischen Schwierigkeiten bei der Integration der unterschiedlichen Haushaltsregeln und -praktiken der nationalen Partner im Rahmen eines gemeinsamen grenzüberschreitenden Interreg-Projekts zu nennen.

Andererseits scheinen Umfragen darauf hinzuweisen, dass sich in grenzüberschreitenden Kooperationsräumen, die durch im Zeitverlauf durch eine hohe Kontinuität der institutionellen Arrangements gekennzeichnet sind, wie z.B. der Oberrhein, Muster einer spezifischen transnationalen Arbeitskultur herausbilden, die als eine eigene transnationale Verwaltungskultur konzeptualisiert werden können. Diese Muster sind das Ergebnis gut etablierter „horizontaler Fachbruderschaften", die eine spezifische Form hybrider transnationaler öffentlicher Verwaltung repräsentieren[52].

Theoretische Annahmen des organisatorischen Lernens, die zu den wichtigsten Konzepten der öffentlichen Verwaltung gehören, können nützliche Hinweise und Einsichten für die weitere Analyse von Fragen des Wandels im Kontext der grenzüberschreitenden Zusammenarbeit liefern. Der Begriff des organisatorischen / systemischen Lernens mag auf den ersten Blick irritierend erscheinen, da „Organisationen keinen anderen Verstand und andere Sinne haben als die ihrer Mitglieder"[53]. Was charakterisiert insofern diese Art des überindividuellen/kollektiven Lernens als Teil eines umfassenderen Verständnisses von organisatorischem/systemischem Wandel?

---

[51] J. Beck, „Cross-border cooperation and the European Administrative Space – Prospects from the principle of mutual recognition", *International Public Administration Review*, Vol. 13, No. 2, 2015, S. 9–36.

[52] J. Beck, F. Larat, F., „Européanisation ou phénomène d'hybridation ? Perspectives de recherche sur les cultures administratives et la coopération transnationale", *In* J. Beck, F. Larat (Hrsg.), *Transnationale Verwaltungskulturen in Europa. Bestandsaufnahme und Perspektiven*, Dike/Nomos, Zürich, Baden-Baden, 2015, S. 29–55.

[53] B. Hedberg, B., „Organiations Learn and Unlearn", *In* P.C. Nystrom, W.Starbuck (Hrsg.), *Handbook of Organizational Design*, London, 1981, S. 6.

Nach der Organisationstheorie[54] ist organisationales Lernen die Fähigkeit einer Organisation und/oder eines Systems, nicht nur Fehler zu entdecken und zu korrigieren, sondern auch die Werte- und Wissensbasis einer Organisation so zu verändern, dass neue Problemlösungs- und Handlungskompetenzen generiert werden können. Das Lernen auf der ersten Ebene der einzelnen Mitglieder einer Organisation führt zu Veränderungen des relevanten, kollektiven theoretischen Bezugsrahmens sowohl auf der kognitiven wie auch auf der operativen Handlungsebene. Organisationen werden in dieser Hinsicht als Wissenssysteme verstanden, wobei das organisatorische Lernen zu einer Verbreiterung der organisatorischen Wissensbasis führt – was sowohl den aktiven Erwerb von neuem, als auch das aktive Vergessen und Ablegen von veraltetem Wissen und Handlungsroutinen umfasst. Ein herausragendes Konzept in dieser Hinsicht ist die Differenzierung von drei Intensitätsstufen des organisatorischen Lernens: Auf der ersten Lernebene (sog. *single-loop learning*) findet Lernen in der eher mechanistischen Form von externen Herausforderungen statt, die aus der wahrgenommenen und nach vorgegebenen Normen, Werten und Standards bewerteten organisatorischen Umgebung kommen – sowohl der normative wie auch der tatsächliche Handlungsrahmen bleiben jedoch unverändert. Auf der zweiten Lernebene (sog. *double-loop learning*) ist aufgrund der äußeren Herausforderungen ein aktives Vergessen und Ablegen des vorgegebenen Rahmens erforderlich, ein neuer Rahmen sowohl auf normativer als auch auf operativer Ebene muss entwickelt werden, der die alten Rahmen (ganz oder zumindest teilweise) ersetzt. Letztlich führt das organisatorische Lernen auf der dritten, der sog. *Deutero-Ebene* zu einer Neubesinnung vergangener Lernebenen als solchen, die in Form von Selbstreflexion und der Analyse der zugrunde liegenden Motive und Normen für zukünftige und vergangene Erfolge oder Misserfolge erfolgt[55].

Umfragen unter Akteuren der grenzüberschreitenden Zusammenarbeit am Oberrhein[56] zeigen, dass – anders als auf der Ebene der einzelnen

---

[54] A. Gourmelon, M. Mroß, S. Seidel, S., *Management im öffentlichen Sektor. Organisationen steuern – Strukturen schaffen – Prozesse gestalten*, München, 2014, S. 300–323.

[55] G. Schreyögg, J. Koch, *Grundlagen des Managements. Basiswissen für Studium und Praxis*, Berlin, 3. Auflage, 2015, S. 302–304.

[56] D. Beck, U. Becker-Beck, J. Beck, A. Dussap (Hrsg.), *Kultur der grenzüberschreitenden Verwaltungszusammenarbeit – Eine empirische Modellstudie am Beispiel der Oberrhein-Region,* Speyerer Arbeitshefte, Nr. 221, 2015.

Akteure, wo Akkulturations- und Erfahrungsaustauschprozesse als positive Nebeneffekte des Engagements in grenzüberschreitenden Kooperationsansätzen berichtet werden – nur ein sehr geringes gegenseitiges Lernen zwischen den institutionellen Akteuren stattfindet. Obwohl sie über viele Jahre hinweg Partner in vielen gemeinsamen INTERREG-Projekten sind und/oder die beteiligten Organisationen grenzüberschreitender Institutionen repräsentieren, scheinen benachbarte Verwaltungen, die durch grenzüberschreitende Gebietskonstellationen miteinander verbunden sind (und so ein transnationales Subsystem der Zusammenarbeit schaffen), kaum gute Verwaltungspraxis von der anderen Seite der Grenze zu übernehmen und in ihren nationalen und sogar transnationalen Kontext einzubeziehen. Hinsichtlich der Funktionsweise des Systems der grenzüberschreitenden Zusammenarbeit wiederum weisen Untersuchungen aus derselben Region[57] auf eine relativ ausgeprägte Anpassungsfähigkeit und systemspezifisches internes Lernen im Zeitablauf hin. Anhand von Indikatoren, wie z.B. gemeinsames Selbstverständnis und Handlungsmotive, gemeinsame Symbole, gemeinsame Standards (geschriebene und ungeschriebene Regeln), gemeinsame Werte oder gemeinsame Lösungen für Standardsituationen, lässt sich zeigen, dass sich das transnationale System im Laufe der Zeit verändert und seine funktionale Rahmung anpasst[58]. Ob dies jedoch als Lernen auf einer der oben genannten drei Ebenen interpretiert werden kann, ist nicht per se evident. Während Standardgeschäftsprozesse und die relativ gut etablierte transnationale Arbeitskultur als ein starker und kaum veränderbarer Rahmen betrachtet werden können, kann die Anpassung an neue Herausforderungen, wie die Öffnung für neue Akteurskategorien im Kontext neuer grenzüberschreitender Governance-Modelle[59], als Indiz für die Reflexion über gegebene mentale und funktionale Rahmenbedingungen gesehen

---

57 M. Nagelschmid, M., „Das oberrheinische Mehrebenensystem: Institutionelle Bedingungen und funktionale Herausforderungen grenzübergreifender Zusammenarbeit in Europa“, *Schriften der Regio* 20, Basel, 2005; M. Weber, M., E. Jacob, Regio Basiliensis (Hrsg.), *Die Regio-Idee. Grenzüberschreitende Zusammenarbeit in der Region Basel,* Basel, 2013; B. Wassenberg, *Vers und eurorégion ? La coopération transfrontalière franco-germano-suisse dans l'espace du Rhin Supérieur de 1975 à 2000*, Brüssel, 2007.

58 J. Beck, „Patterns of Administrative Culture in Cross-Border Cooperation“, *In* J. Beck, F. Thedieck (Hrsg.) *The European Dimension of Administrative Culture,* Nomos, Baden-Baden, 2008, S. 179–213.

59 J. Beck, B., Wassenberg, B. (Hrsg.), *Grenzüberschreitende Zusammenarbeit erforschen und leben (Band 2): Governance in deutschen Grenzregionen, op. cit.*

werden. Eine ganze Reihe von Interreg-Projekten könnte ferner unter der Perspektive des „erfolgreichen Scheiterns“[60] interpretiert werden: Die ursprünglich vorgesehenen Ziele wurden nicht unbedingt vollständig erreicht – aber das Projekt hat ganz andere und wertvolle abweichende Ergebnisse gebracht, die zu beeindruckenden Lerneffekten für die beteiligten Partner geführt haben. Andererseits ist auch eine Tendenz zur „Nachahmung“ nationaler Themenkonjunkturen zu beobachten[61], die intern von den gegebenen internen Mechanismen und Rahmen eher in einer Schleife übernommen und weitergeführt werden.

Veränderungen der Systeme der grenzüberschreitenden Zusammenarbeit können als nicht-intendierte Muster interpretiert werden, die sich vor allem auf der ersten Ebene der Veränderung abspielen. In historischer Perspektive[62] erlaubt die Analyse institutioneller Arrangements auf grenzüberschreitender Ebene die Erfassung evolutiver Entwicklungen, die durch eine ausgeprägte Zeitlichkeit gekennzeichnet sind und tatsächlich als Lebenszyklen unterschiedlichen Reifegrades interpretiert werden können: Während in der Anfangszeit (nach dem Zweiten Weltkrieg und bis in die frühen 1970er Jahre) Frieden, Versöhnung, gegenseitiges Vertrauen und Austausch die Grundvoraussetzung für grenzüberschreitende Zusammenarbeit vor allem auf lokaler Ebene waren, sind die 1970er und 80er Jahre durch Formalisierung und Institutionenaufbau sowie gemeinsame Planungsansätze auf der territorialen Mesoebene gekennzeichnet; mit der Bereitstellung von Finanzmitteln durch die EU kam in den 1990er und 2000er Jahren eine wesentlich konkretere projektbezogene Zusammenarbeit auf, während neuere Kooperationsansätze eine integrierte Politikgestaltung vorsehen, die durch Modelle der territorialen Governance angeregt wird[63]. Da jedoch die institutionellen und funktionalen Arrangements über die Zeit relativ stabil waren und die grenzüberschreitende Zusammenarbeit kaum ihre „Nischenposition“ hinsichtlich der Dominanz innenpolitischer gegenüber grenzüberschreitenden Fragen

---

60 W. Seibel, *Verwaltung verstehen. Eine theoriegeschichtliche Einführung*, Suhrkamp, Frankfurt/Main, 2017.

61 J. Beck, „Patterns of Administrative Culture in Cross-Border Cooperation“, *op. cit.*

62 B. Wassenberg, *Vers und eurorégion?, op. cit.*; B. Wassenberg, B. Reitel, B., *Territorial Cooperation in Europe, op. cit.*

63 J. Beck, E., Pradier, E., „Governance in der transnationalen Regionalpolitik: Bestandsaufnahme und Perspektiven der Kooperationsbeziehungen in grenzüberschreitenden Verflechtungsräumen“, *op. cit.*

auf den Policy-Agenden der beteiligten Partner verlässt, hat dieser Wandel meist (noch) nicht die weitergehenden Dimensionen des Wandels einer zweiten Ebene erreicht.

Drei Hauptfaktoren mögen dies erklären. Erstens erfordert jeder Veränderungsansatz ein entsprechendes Maß an Druck in dem Sinne, dass die treibenden Kräfte stärker werden als die einschränkenden Kräfte, die dann genutzt werden können, um eine gegebene stabile Situation „aufzutauen" und in eine Phase grundlegenderer Veränderungen einzutreten. Ein solcher Anreiz besteht jedoch meist nicht in institutionalisierten grenzüberschreitenden Konstellationen, die von der Idee der Mikrodiplomatie geprägt und – der Idee der Mikrodiplomatie folgend – sogar *zum Zweck* der Konflikt- und Risikovermeidung aufgebaut sind. Zweitens sind Veränderungsprozesse stark von der Führung in Form von Change Agents abhängig, die in der Lage sind, eine gegebene Situation „aufzutauen". Diese sind in einer grenzüberschreitenden, d.h. transnationalen Konstellation schwer zu finden, müssten sie doch auf allen Ebenen der unterschiedlichen partizipierenden nationalen Rechtsordnungen und Verwaltungssysteme die nötige Kraft und Durchsetzungskraft besitzen. Letztlich muss eine Veränderung, die erfolgreich und nachhaltig sein soll, Handlungen auch auf den tieferen Ebenen des mentalen Rahmens und der Werte umfassen. Solche Dimensionen sind jedoch zutiefst kulturgebundene Phänomene, die in einem grenzüberschreitenden Kontext in der Regel sehr unterschiedliche Konnotationen haben[64]. Die transnationale Kooperationskultur wiederum ist sowohl Ausdruck als auch Symbol für die interkulturelle Brückenfunktion, für die eine Institution der grenzüberschreitenden Zusammenarbeit steht, und kann daher als funktionale Äquivalenz zwischen divergierenden nationalen Systemen interpretiert werden. Eine Änderung dieses Verhältnisses würde die langfristigen Errungenschaften des gegenseitigen Lernens und Verstehens gefährden – ein gemeinsames Verständnis, das in der Folge eher zu Stabilität führt, als ein Klima des Wandels zwischen den beteiligten Partnern zu befördern.

---

64 J. Beck, „The complexity of Administrative Culture in cross-border cooperation", *In* B. Wassenberg, J. Beck (Hrsg.), *Vivre et penser la coopération transfrontalière (Vol. 4) : Les régions sensibles*, Franz Steiner Verlag, Stuttgart, 2011, S. 145–165; J. Beck, „Transnationale Verwaltungskultur in der grenzüberschreitenden Zusammenarbeit? Das Beispiel Oberrhein", *In* K. König, *et al.* (Hrsg.), *Grundmuster der Verwaltungskultur. Interdisziplinäre Diskurse über kulturelle Grundformen der öffentlichen Verwaltung*, Nomos, Baden-Baden, 2014, S. 581–604.

Forschungsperspektiven

Die grenzüberschreitende Zusammenarbeit in Europa steht heute an der Schwelle zu einer neuen funktionalen und konzeptionellen Phase. Da der Prozess der europäischen Integration in den kommenden Jahren schwieriger, in jedem Falle aber differenzierter[65] werden wird, vermittelt die grenzüberschreitende Zusammenarbeit, verstanden als eine spezifische Form der horizontalen europäischen Mehrebenenverwaltung, auch und gerade aus dem verwaltungswissenschaftlichen Blickwinkel eine immer attraktivere Perspektive. Viele der derzeit sowohl auf europäischer als auch auf nationaler Ebene diskutierten Reformvorschläge zeigen einen direkten Zusammenhang mit der sich zukünftig zu verändernden Rolle, die die etablierten Rechts- und Verwaltungssysteme bei dieser Umgestaltung spielen müssen. Es liegt auf der Hand, dass Ansätze wie die gegenseitige Anerkennung, Klauseln zur Erprobung von thematischem Recht, neue gemeinsame grenzüberschreitende öffentliche Dienste, die Umsetzung von Rechtsvorschriften wie die EVTZ-Verordnung, neue grenzüberschreitende E-Government-Anwendungen[66], neue Ansätze des grenzüberschreitenden Institutionenaufbaus und (partizipatorischer) Multi-Level-Governance auf der Grundlage neuer funktionaler territorialer Rechtfertigungen usw. einen direkten Bezug zu Themen aufweisen, die derzeit auch in der Verwaltungswissenschaft diskutiert werden. Diese normative Wende von der grenzüberschreitenden Zusammenarbeit, die als Mittel zur Entwicklung und Umsetzung pragmatischer projektbasierter Lösungen zur Lösung spezifischer Probleme wahrgenommen wird, hin zu einem Verständnis von grenzüberschreitender Zusammenarbeit, die ein Mittel zur Entwicklung von integrierten territorialen Potenzialen in einer 360° Perspektive ist, und die auf flexiblen rechtlichen und administrativen Strukturen basieren, die eine reibungslose Interaktion zwischen individuellen und kollektiven Akteuren über die Grenzen hinweg ermöglichen[67], deutet nicht nur auf eine zunehmende Laborfunktion

---

65 Siehe A. Eppler, H. Scheller (Hrsg.), *Zur Konzeptionalisierung europäischer Desintegration. Zug- und Gegenkräfte im europäischen Integrationsprozess*, Nomos, Baden-Baden, 2013.

66 Siehe J. Beck, J., „E-solutions – A new stimulus for cross-border governance?“, *In* A. Balthasar *et al.* (Hrsg.), *Independence Day: Time for a European Internet? Proceedings of the Central and Eastern European eDem and eGov Days 2015*, Wien, 2015, S. 253–269.

67 Siehe A.-L. Amilhat-Szary, *Qu'est-ce qu'une frontière aujourd'hui ?*, PUF, Paris, 2015.

grenzüberschreitender Räume für die Europäische Integration insgesamt hin; sie erfordert in der näheren Zukunft sicherlich entsprechende wissenschaftliche Unterstützung. Basierend auf dem Funktionsprinzip der „horizontalen Subsidiarität“[68], das darauf abzielt, die Rolle und Funktion grenzüberschreitender Gebiete für die zukünftige Gestaltung und Umsetzung der europäischen Integration zu stärken, scheinen insbesondere die folgenden vier Forschungsfragen im Bereich der Verwaltungswissenschaft von besonderem Interesse zu sein:

- Welche Rolle und Funktion haben institutionalisierte Ansätze der grenzüberschreitenden Zusammenarbeit als spezifische Formen der International Public Administration (IPA)[69] und welchen Beitrag leisten sie damit zur Verwirklichung eines europäischen Mehr-Ebenen Regierungssystems?
- Wie können Ansätze zur Flexibilisierung des institutionellen Rahmens der grenzüberschreitenden Zusammenarbeit durch gegenseitige Anerkennung und Experimentierklauseln konkret ausgestaltet werden und zu welchen neuen und innovativen Formen der transnationalen öffentlichen Verwaltung kann dies führen?
- Wie können Ansätze wie Open Government und agile öffentliche Verwaltung und Management die Flexibilisierung und Innovation in der Art und Weise fördern, wie sowohl grenzüberschreitende Programme als auch Projekte praktisch gehandhabt werden? Welche spezifischen funktionalen und strukturellen Voraussetzungen müssen in der inter-systemischen und interkulturellen Perspektive innerhalb des Sub-Systems der grenzüberschreitenden Zusammenarbeit hierfür erfüllt werden?
- Wie können neue Ansätze von Shared Services und grenzüberschreitendem Geschäftsprozessmanagement zu einer neuen Qualität der grenzüberschreitenden Dienstleistungserbringung führen, welche strukturellen und führungstechnischen Implikationen ergeben sich daraus, wie können spezifische E-Government und offene Datenangebote in diesem Zusammenhang gestaltet werden?

---

68 J. Beck, „European cross-border cooperation of the future: capacity-building and the principle of 'horizontal' subsidiarity“, *In* I. Pires (Hrsg.), *Borders and Borderlands: Today's Challenges and Tomorrow's Prospects. Proceedings of the Association for Borderlands Studies,* Centro de Estudos Geográficos, Lissabon, 2012, S. 13–33.

69 Siehe J. Ege, *Verwaltungsautonomie in internationalen Organisationen. Eine deskritiv-vergleichende Analyse,* Springer, 2016;

Die Verwaltungswissenschaft, verstanden als ein transdisziplinärer Ansatz, kann angewandte Forschung bereitstellen, um einen solch breiten Ansatz der Kapazitätsentwicklung im Bereich der grenzüberschreitenden Zusammenarbeit zu stimulieren und zu informieren. Gleichzeitig könnte dies dazu beitragen, die grenzüberschreitende Zusammenarbeit als ein interessantes Objektfeld innerhalb der Verwaltungswissenschaft besser zu etablieren und damit die bisher eher getrennten Forschungslinien von „Public Management/Governance“ einerseits und „Europäische Mehrebenenverwaltung/Europäisches Verwaltungssystem“ andererseits zu integrieren[70].

[70] Siehe J. Beck, *Europäisches Verwaltungsmanagement – Studienbuch für Wissenschaft und Praxis*, Nomos, Baden-Baden, in Vorbereitung.

Was hat das Meer mit Europa zu tun? Essay über einen neuen Zugang zur Geschichte unseres Kontinents

Jürgen Elvert

Was hat das Meer mit Europa zu tun und warum plädiere ich für die Nutzung der maritimen Perspektive und somit für einen *Maritime Turn* in den Geschichtswissenschaften? Eigentlich ist die Antwort ganz einfach: Etwa 70 % der Erde sind von Wasser bedeckt, 80 % der Weltbevölkerung lebt an oder in der Nähe von Meeren (bei steigender Tendenz) und ca. 90 % des Welthandels wird über See transportiert. Diese 70–80–90-Faustregel dient dem Pentagon als Begründung für die globale Präsenz der US-Navy, die seit etwa einem Jahrhundert wesentlich zur Sicherung der globalen Macht der USA beiträgt. Sie ist Ausdruck einer ausgeprägten maritimen *domain awareness* der amerikanischen politischen, militärischen und wissenschaftlichen Eliten im Sinne eines hochentwickelten Verständnisses für das das Meer, dessen Spezifika und dessen Bedeutung in geopolitischer, strategischer und ökonomischer Hinsicht für die USA.

Ein vergleichbar weit verbreitetes Wissen um die Bedeutung des Meeres für Europa insgesamt sucht man hierzulande bis heute vergebens. Die territoriale und nationalstaatliche Ordnung des Kontinents bestimmt weiterhin die kollektive Selbstwahrnehmung der Menschen als Angehörige einer bestimmten Nation mit einer jeweils eigenen Geschichte und Kultur. Dabei wären die geographischen Voraussetzungen für eine europäische maritime *domain awareness* günstig, denn mit einer Küstenlänge von über 110.000 km bei einer Grundfläche von rund 10,5 Millionen qkm ist Europa der maritime Kontinent schlechthin. Diese simple geographische Tatsache steht im Gegensatz zu einer in Europa weit verbreiteten *sea blindness*, einer Indifferenz in Bezug auf die Bedeutung des Meeres für die Geschichte, die Gegenwart und auch die Zukunft des

Kontinents, unabhängig davon, ob es um die nationale oder eine europäische Wahrnehmung der See geht. Das trifft auch für die Kultur- und Gesellschaftswissenschaften zu. Hier dominiert bis heute die Sichtweise vom Lande her. Es scheint so, als ob gerade die Kultur- und Gesellschaftswissenschaften nach wie vor „festen Boden unter den Füßen" brauchen, um belastbare Erkenntnisse gewinnen zu können.

Diese Feststellung ist umso erstaunlicher, als die Natur-, Geo- und Wirtschaftswissenschaften schon seit Längerem die Bedeutung des Maritimen für die menschliche, also auch für die europäische Zukunft erkannt haben. Ob als Rohstoff-Vorratslager, als Hort schier unerschöpflicher regenerativer Energie, als Nahrungsmittelreservoir einer wachsenden Weltbevölkerung, als Haupttransportwegenetz des Welthandels: Die Bedeutung des Meeres erscheint in einschlägigen Spezialuntersuchungen beinahe ebenso grenzenlos wie das Meer selbst. Freilich sind Spezialuntersuchungen meist etwas für Spezialisten, sie werden von einer breiteren Öffentlichkeit daher kaum zur Kenntnis genommen. Auch ist in diesem Zusammenhang der Begriff „grenzenlos" nur noch unter Vorbehalt zu verwenden. Er spiegelt die von Hugo Grotius im 17. Jahrhundert geprägte Auffassung vom *Mare liberum* und muss daher heute schon fast als Anachronismus betrachtet werden, weil, wie weiland von John Selden in seiner Antwort auf Grotius empfohlen, weltweit Staaten versuchen, ihren Einfluss auf Meeresräume jenseits der 12- oder 200-Meilenzonen auszudehnen.

Insofern erscheint die Forderung berechtigt, dass sich auch die Kulturwissenschaften im Allgemeinen und die Geschichtswissenschaften im Besonderen stärker mit maritimen Fragestellungen befassen sollten – und zwar aus einer dezidiert europäischen Perspektive. Nur so, denke ich, lässt sich auf Dauer das allgemeine gesellschaftliche Wissen um die Bedeutung des Meeres erweitern und vertiefen und, damit einhergehend, eine größere gesamtgesellschaftliche Aufgeschlossenheit gegenüber entsprechenden Fragestellungen erreichen.

Für die Geschichtswissenschaften bietet die Nutzung der maritimen Perspektive eine Vielzahl neuer Perspektiven. Dabei kann und darf es nicht nur um bereits heute zumindest von Spezialisten bearbeitete Themenfelder wie Schifffahrts- oder Werftengeschichte gehen. Auf diesem Gebiet sind schon in der Vergangenheit respektable Arbeiten vorgelegt worden. Hier wären insofern lediglich neuere Forschungsansätze zu berücksichtigen, die, im räumlichen Sinne, komparatistisch angelegt sind, oder, in methodischer Hinsicht, verstärkt trans- und interdisziplinäre Aspekte berücksichtigen. Schon damit wäre eine „Europäisierung“ entsprechender geschichtswissenschaftlicher Erkenntnis gewährleistet. Schließlich nimmt „das Meer“ gleichsam die Rolle eines Bindeglieds zwischen Europa und der Welt ein, denn von Europa aus wurde die Welt von See her erschlossen, zum anderen wurden die in Übersee gewonnenen Erkenntnisse und Erfahrungen über See nach Europa transportiert, um hier wiederum wirksam zu werden und die „alte Welt“ und ihre Bewohner selbst zu verändern.

Darüber hinaus gilt es, neue Perspektiven aufzuzeigen und daraus neue Fragestellungen zu entwickeln, die auch die Geschichte Europas in einem neuen Licht erscheinen lassen können. In diesem Zusammenhang sei beispielsweise auf die Bedeutung von Hafenstädten und Häfen aus geschichtswissenschaftlicher Sicht verwiesen. Hafenstädte müssen als „Knoten“ in einem globalen Netzwerk verstanden werden, in dem es um Handel, um Kommunikation, um Wissenstransfer, um Kulturaustausch, aber auch um politische und ökonomische Macht geht. Am Beispiel von Hafenstädten lassen sich so kurz-, mittel- und langfristige Entwicklungsprozesse und räumliche wie sachliche Zusammenhänge herausarbeiten, die zugleich der Bedeutung des Maritimen angemessen Rechnung tragen. In Bezug auf die Geschichte Europas wird dies unser entsprechendes Wissen zwar nicht revolutionieren, freilich auf neue Weise ordnen und damit neue Sichtweisen eröffnen, neue Zusammenhänge aufzeigen und so zugleich einen Beitrag leisten für eine größere Aufgeschlossenheit gegenüber der Bedeutung des Meeres in der und für die europäische Geschichte.

Denn zweifellos kann die Geschichte der europäischen Expansion, des Kolonialismus und des Imperialismus sich erst dann in vollem Umfang zeigen, wenn sie als ein europäisches Phänomen verstanden wird. Die nationale Perspektive verstellt den Blick auf die innereuropäischen Wechselwirkungen, auf die gesamteuropäische Dimension des Kolonialismus und somit letztlich auch auf dessen globale Dimension. Globalgeschichtliche Themen haben in den letzten Jahren in den Geschichts- und Kulturwissenschaften eine deutliche Aufwertung erfahren, eine Vielzahl neuer Perspektiven und Forschungsansätze wurde erprobt. Mittels Disziplinen übergreifender Fragestellungen wird versucht, ein immer stärker ganzheitliches Bild von unserer Vergangenheit zu zeichnen, als dies bisher innerhalb der jeweils eigenen Disziplin möglich war. Analog dazu wird innerhalb der Geschichtswissenschaften der Suche nach inter- und transnationalen Zusammenhängen, nach Erklärungsansätzen für menschliches Verhalten und Handeln und nach der Bedeutung von Raum und Zeit für unsere Gegenwart wachsende Bedeutung beigemessen. Dennoch galt insbesondere die Geschichtswissenschaft lange Zeit als eine Art „Legitimationswissenschaft" des Nationalstaats. Die geschichtswissenschaftliche Methodik wurde gewissermaßen parallel zum modernen Nationalstaat europäischer Prägung erarbeitet, lange Zeit diente die Nation der Historiographie als Hauptreferenzrahmen, die ihrerseits den Nationalstaat historisch legitimierte. Demzufolge ließe sich das Konzept Benedict Andersons von den „Nationen als gedachter Gemeinschaften" (*imagined communities*) durchaus zu „Nationen als gedachter und historisch legitimierter Gemeinschaften" erweitern, zumal die historische Legitimation von Nationen trotz gegenläufiger Tendenzen auch heute noch tagtäglich stattfindet.

Sicher: Nationalgeschichten in einen trans- oder internationalen Kontext einzubetten, um zu zeigen, dass Nationen keineswegs isoliert handelnde Entitäten sind, sondern ihre Geschichte jeweils vor dem Hintergrund ihrer Einbettung in den internationalen Kontext betrachtet werden sollte, stellt eine schwierige Gratwanderung dar. Historische Phänomene werden auch heute noch üblicherweise als nationale Meistererzählungen präsentiert und tragen so zu einer weiteren Verfestigung eines primär am Nationalstaat ausgerichteten Geschichtsbewusstseins bei. Mangels alternativer Blickwinkel verlangt eine historisch interessierte Öffentlichkeit daher nach weiteren Narrativen aus der nationalen Perspektive, was wiederum eine Verfestigung des in erster Linie nationalstaatlich orientierten Geschichtsbewusstseins nach sich zieht. Die Rolle des Nationalstaates als primärer gesellschaftlicher Referenzrahmen bleibt damit unhinterfragt, obwohl in Zeiten der Globalisierung dessen Öffnung für internationale Zusammenhänge dringend notwendig wäre.

Mein Plädoyer für die Nutzung des Meeres als Referenzrahmen für eine europäische Historiographie ist daher als ein Beitrag zu einer Weitung dieses Bezugsrahmens gedacht. Denn in meiner langjährigen Beschäftigung mit verschiedenen Aspekten nationaler und europäischer Geschichten habe ich gelernt, dass hinter jedem einzelnen Narrativ neue, umfangreichere und viel weiter zurückreichende Erzählungen stehen, deren Inhalte jeweils vom Blickwinkel, unter dem sie betrachtet werden, abhängig sind. Diese Blickwinkel bestimmen die folgenden Prämissen, die meinen Überlegungen zugrunde liegen und die ich hier kurz vorstellen möchte:

Die Geschichte der europäischen Nationalstaaten kann nur vor dem Hintergrund ihrer internationalen Verflechtungen angemessen und verständlich dargestellt werden. Jede Form nationaler Geschichtsschreibung sollte somit immer auch ein Stück weit europäische bzw. Globalgeschichte sein.

In der Moderne, in etwa seit dem ausgehenden 15. Jahrhundert, wurden die Geschichten der europäischen Staaten wie die Geschichte des europäischen Kontinents insgesamt entscheidend durch ihre globalen Verflechtungen geprägt.

Die globale Dimension der modernen europäischen Geschichte ist zum einen die Geschichte des europäischen Kolonialismus und Imperialismus. Sie muss zum anderen genauso jene Rückwirkungen erfassen, die von den Begegnungen zwischen Europäern mit jeweils „Anderen" ausgingen.

Die ersten Begegnungen mit „Anderen" waren anfangs mangels besseren Wissens zwangsläufig seitens der Europäer von Unverständnis geprägt. Die ersten Urteile über „Andere" wurden daher üblicherweise auf der Grundlage des jeweils in Europa verfügbaren Wissens gefällt und gingen zumeist mit einer Abwertung des „Anderen" einher. Das gilt gleichermaßen auch für die „Anderen". So erschienen den Chinesen jahrhundertlang alle Zivilisationen jenseits des eigenen Herrschaftsbereichs als „barbarisch".

Diese Defizite im Urteilen wurden schon von Zeitgenossen erkannt, die ihrerseits Methoden entwickelten, um das bzw. die „Andere/n" besser verstehen zu können. Die Entwicklung der europäischen Wissenschaftslandschaft und damit letztlich auch der europäischen Zivilisation der Moderne insgesamt ist somit von der Notwendigkeit stark beeinflusst, wenn nicht geprägt worden, die zahlreichen neuen, infolge der Begegnungen mit dem nicht-europäischen „Anderen" nach Europa gelangten Informationen zu verstehen. Dies betrifft die Ausdifferenzierungen der Wissenschaften in Europa, ebenso die Aufnahme bestimmter nichteuropäischer Stilelemente in die neuzeitliche europäische Malerei oder Architektur.

Diese Begegnungen wurden ermöglicht und konnten nur gepflegt werden, weil es in Europa genügend Expertise im Hinblick auf Seefahrt und Schiffbau gab. Dieses maritime Know-How ist wiederum das Ergebnis eines weit in die europäische Antike zurückreichenden Entwicklungsprozesses. In dessen Verlauf entdeckten und vermaßen Seefahrer und Kaufleute die meisten europäischen Küstenlinien und -regionen. Sie lernten, durch gezielte Beobachtung natürlicher Verhältnisse oder durch Nutzung von eigens zu diesem Zweck entwickelten Instrumenten, sich in unbekannten Gewässern zurechtzufinden und zu bewegen. Überdies entwickelten sie neue Techniken zum Bau von Schiffen, die groß und stabil genug waren, um den Herausforderungen von langen Überseereisen standhalten zu können.

Im 15. Jahrhundert waren das notwendige geografische und navigatorische Wissen ebenso wie die technischen Voraussetzungen gegeben, um mit den überseeischen Entdeckungsfahrten beginnen zu können. Diese unterschieden sich von den vorangegangenen, eher zufälligen Kontakten einzelner Europäer mit nicht-europäischen Zivilisationen in aller Regel dadurch, dass ihnen ein – wenngleich vergleichsweise wenig ausgefeilter – Plan zugrunde lag, welcher die Erlangung ökonomischer Vorteile, die Erweiterung jeweils eigener politischer Einflusssphären und schließlich auch die Fortsetzung des Kampfes gegen den Islam vorsah.

Seither überzogen die Europäer die Welt mit einem dichten Netzwerk aus maritimen Handels- und Verkehrswegen zum Zwecke des Transports von Menschen, Gütern und Informationen. Über dieses Netz wurden europäische rechtliche Normen und moralische Werte in alle Teile der Welt transferiert, welche die weitere Entwicklung der davon betroffenen Regionen nachhaltig und bis in die Gegenwart beeinflussten. So wurden Eroberungen in Übersee üblicherweise nach europäischem Vorbild gestaltet. Das betraf nicht nur die räumliche Ordnung der unterworfenen oder neugegründeten Siedlungen und Städte, sondern bezog sich auch auf das geltende Recht und die christlich geprägten moralischen Maßstäbe, im Guten wie im Bösen.

Umgekehrt wurden, ebenfalls über das Meer, Informationen, Güter und Menschen aus Übersee nach Europa oder in andere Teile der Welt verbracht. So sorgte der Import von Nutzpflanzen in Europa nicht nur für eine Veränderung der Ernährungs- und Konsumgewohnheiten, sondern auch für eine nachhaltig veränderte europäische Kulturlandschaft insgesamt. Man denke in diesem Zusammenhang beispielsweise an die verschiedenen Formen des Orientalismus als Modeerscheinung, an die Entwicklung der europäischen Tee- oder Kaffeehauskultur oder an die mit dem Tabakkonsum verbundenen kulturgeschichtlichen Folgen, von der Einführung entsprechender Salons über die Erfindung der „Zigarettenlänge“ als neuer Zeiteinheit bis hin zur Verbannung aus dem öffentlichen Raum.

In diesem globalen Netzwerk bildeten und bilden Hafenstädte die zentralen Knotenpunkte. Hafenstädte waren und sind nicht nur Umschlagplätze von Menschen und Gütern, sondern auch Zentren maritimen Wissens, bezogen auf Schiffbau und Seefahrt und die damit verbundenen Voraussetzungen und Folgen. Hafenstädte sind die Orte, in denen Informationen aus dem Hinterland gesammelt wurden, wo man sie diskutierte, und gegebenenfalls auch modifizierte oder sogar transformierte, bevor diese dann in alle Teile der Welt weiterverbreitet wurden. Umgekehrt trafen Informationen aus Übersee zunächst in den europäischen Hafenstädten ein, wo sie ausgewertet werden konnten, bevor sie ins Hinterland weitergeleitet wurden. Sie konnten daher insbesondere in Hafenstädten ihre erste Wirkung entfalten. Und auch wenn deren Bedeutung als Schnittpunkte globaler Kommunikationslinien durch die Einführung moderner Kommunikationstechniken wie Telefon, Fax und Internet zurückgegangen ist, treffen Import- und Exportgüter weiterhin in Hafenstädten direkt aufeinander. Die typisch hafenstädtische Infra- und Sozialstruktur, die sich im Zuge der Entwicklung der europäischen Moderne herausgebildet hatte, bietet nach wie vor den am besten geeigneten Rahmen für den Umschlag dieser Güter und profitiert so weiterhin erheblich von dieser Rolle. Schon von ihrer Funktion her müssen Hafenstädte weltoffen angelegt sein. Diese Weltoffenheit spiegelt sich auch im Verhalten der hafenstädtischen Bevölkerung. Deren Bereitschaft, sich auf Neues einzulassen und dieses in vorhandene Strukturen, Denk- und Verhaltensmuster zu integrieren, in der Regel ausgeprägter ist als im Hinterland. Nicht von ungefähr haben sich zuvorderst Hafenstädte in der Geschichte immer wieder als Keimzellen intellektueller und kultureller Avantgarden erwiesen.

Soweit möglich, muss dem Handeln von Akteuren besondere Aufmerksamkeit geschenkt werden. Waren es doch die Akteure, die mit den intendierten und nicht-intendierten Folgen ihres Handelns den Verlauf der europäischen und globalen Geschichte bestimmt hatten. Sicher handelten diese in ihrem jeweiligen zeitlichen und sozialen Kontext und standen somit unter dem Einfluss eines bestimmten und anerkannten Normen- und Wertekanons. Doch war dieser wiederum das Ergebnis vorangegangener, von Menschen geführter Diskurse, genauso wie deren Denken und Handeln spätere Wert- und Normensysteme prägen sollte. Die Fokussierung auf menschliches Handeln ist zudem dazu geeignet, den Verlauf der europäischen und Weltgeschichte der Moderne nicht als vorgezeichneten oder gar pfadabhängigen Prozess anzusehen, sondern als von Zufälligkeiten geprägt. Akteure können Individuen sein, ebenso aber auch Gruppen von Individuen, die sich zur Verfolgung gemeinschaftlicher Interessen zusammengeschlossen oder einen institutionellen Rahmen gegeben haben.

Die Menschen und ihr Handeln formten die europäische Zivilisation, wie wir sie heute kennen. Ebenso nachhaltig beeinflussten sie den Verlauf der Weltgeschichte, jedoch nicht im Sinne einer „Europäisierung" der Welt, sondern als Akteure in einem jahrhundertelangen und zumeist über das Meer geführten Austauschprozess. Dieser erscheint als eine Art Dialog zwischen Europa und der Welt, welcher die Gestalt der Welt dabei ebenso formte und prägte wie die Europas, und dergestalt Europa und die Welt in ein neues Verhältnis zueinander stellte, einander näherbrachte. Das Meer diente dabei als das verbindende Element, welches die ehemals räumlich weitgehend voneinander getrennten Erdteile vernetzte und das Schicksal der auf ihnen lebenden Menschen miteinander verknüpfte.

Inwieweit veränderten die Europäer also die Welt über das Meer? Seit etwa zwei Jahrzehnten beschäftigt die Frage nach den Gründen für den wachsenden globalen Einfluss des neuzeitlichen Europas viele Wissenschaften. Dennoch liegt bis heute keine überzeugende Erklärung für die *Great Divergence*, also für die unterschiedlichen Entwicklungsprozesse vor, die Europa einerseits und die anderen Erdteile andererseits seit dem 15. Jahrhundert durchliefen und aus denen Europa, später dann der „Westen" insgesamt, seit dem 19. Jahrhundert als Weltmacht hervorging. Ein Vergleich der verschiedenen Erklärungsmodelle, so unterschiedlich und unterschiedlich überzeugend sie auch sein mögen, fördert einen verblüffenden Befund zutage: Offensichtlich spielt in allen Überlegungen, ob sie sich nun an Max Weber oder Karl Marx anlehnen oder aus der „kalifornischen Schule" stammen, der Raum, in diesem Fall das Meer – oder besser: die globale europäische Seeherrschaft –, kaum eine Rolle. Ebenso neigt die Forschung dazu – und muss es aufgrund der Quellenlage vielleicht auch –, das frühneuzeitliche Europa nicht als einen zusammenhängenden Interaktionsraum zu betrachten, sondern als einen Raum, in dem Mächte miteinander konkurrierten und so verschiedene Regionen Europas zu verschiedenen Zeiten unterschiedliche Entwicklungsgrade erreichten.

Zwar erkennt ein Teil der Divergenzforschung durchaus an, dass im Wettbewerb der europäischen Mächte und der daraus abgeleiteten Energien ein Erklärungsansatz für die besondere Entwicklung Europas im Vergleich mit anderen Weltregionen liegen könnte. Allerdings fällt es schwer, den Wettbewerb allein als Erklärung für Europas Führungsrolle zu akzeptieren. Zu Recht wird die innereuropäische Rivalität deshalb üblicherweise nur als einer von vielen Faktoren genannt, welche die europäische Führungsrolle begründeten. Zu diesen gehören „typisch" europäische Spezifika wie die Trennung von Staat und Kirche, die Entwicklung des europäischen Rechtsdenkens, die Renaissance, die Entdeckung Amerikas, die Reformation, die kopernikanische Wende, die wissenschaftliche Revolution und eine Vielzahl anderer Entdeckungen. Das eine oder andere hier genannte Spezifikum hat sicher auch mit dem Meer zu tun, gleichwohl stößt man nirgendwo in der Divergenzdebatte auf den Hinweis, dass Europas Herrschaft über das Meer als ein wichtiger, wenn nicht als der zentrale Grund für die neuzeitliche europäische Führungsrolle herangezogen werden sollte.

Hieran wird zunächst eines deutlich: Die Reduktion der weltweit unterschiedlichen neuzeitlichen Entwicklungsprozesse auf strukturelle oder soziale beziehungsweise ökonomische Besonderheiten kann ebenso wenig eine letztlich überzeugende Erklärung für die *Great Divergence* liefern wie die gelegentlich vorgebrachte Annahme, die globale europäische Führungsrolle sei eigentlich nur das Resultat einer Aneinanderreihung von Zufällen gewesen. Sicher spielte der Zufall beim Aufstieg Europas eine nicht zu unterschätzende Rolle, aber das trifft auf viele historische Phänomene zu. Und der Vergleich von gesellschaftlichen Strukturen oder Prozessen mit ökonomischen Eckdaten liefert zumeist eher Hinweise darauf, dass bestimmte Phänomene ähnlich oder eben verschieden, also eher Indikatoren sind, zu deren Erklärung wiederum Rückschlüsse oder auch nur Vermutungen angestellt werden müssen. Das zu erklärende Phänomen muss dann aus möglichst vielen unterschiedlichen Perspektiven betrachtet werden. Da es sich bei der Suche nach einer Erklärung für die Divergenz zwischen Europa und dem Rest der Welt um ein globales Phänomen handelt, sollten auch dessen geopolitische Dimension und die damit verbundenen Konsequenzen für Europa und die Welt nicht außer Acht gelassen werden. Aus dieser Perspektive ist es höchst erstaunlich, dass derartige Denkansätze in den entsprechenden Untersuchungen noch immer kaum rezipiert werden. Dabei hat bekanntlich Walter Raleigh, einer der Vordenker englischen globalen Handelns, schon um 1615 festgestellt, dass Weltherrschaft Seeherrschaft voraussetzt. Manchmal kann Geschichte so einfach sein!

Und wie veränderte die Interaktion mit Außereuropa und die Begegnung mit Neuem und Unbekannten das europäische Denken, wie also veränderte die Welt Europa? Die immer größere Fülle außereuropäischer Dinge aus dem Bereich der Flora und Fauna regte die interessierten Zeitgenossen seit dem 16. Jahrhundert dazu an, nach Ordnungskriterien zu suchen, um das Unbekannte besser verstehen zu können. Zunächst wurden überseeische Importe in sogenannten Wunderkammern gesammelt. Solche Kabinette waren anfangs keine Orte der Wissensproduktion, sondern Stätten, wo bereits bestehendes, allerdings nicht überprüftes Wissen anschaulich oder im wahrsten Sinne des Wortes begreifbar wurde. Die Exponate waren also zunächst noch keine Informationsquellen, sondern bloße Projektionsflächen europäischer Sammler und Betrachter. Das sollte sich in den ersten Jahrzehnten des 17. Jahrhunderts ändern. In dem Maße, wie der Informationsfluss von Übersee nach Europa stärker koordiniert und systematisiert wurde und die Erwartung der Rezipienten an die Aussagekraft der Quellen stieg, wuchs auch der Anspruch der Hüter von Kunst- und Wunderkammern an die Aussagekraft der dort gesammelten und präsentierten Exponate. So kann beispielsweise die Wunderkammer des dänischen Arztes, Reichsarchivars und Archäologen Ole Worm als eine Art Scharnier zwischen den seinerzeit üblichen Sammelstätten und unseren modernen Museen angesehen werden. Worms wollte die Besucher seines Kabinetts nicht nur beeindrucken und zum Staunen bringen, sondern bot ihnen darüber hinaus einen Raum der Wissensproduktion und der Verständigung. Während sich viele seiner Zeitgenossen weiterhin auf die ungeprüften Aussagen von Reiseberichten verließen, lag ihm daran zu zeigen, welche Bedeutung einem Gegenstand außerhalb seiner natürlichen Umgebung beigemessen werden konnte. So gelang ihm beispielsweise der Nachweis, dass es sich bei einem besonderen Exponat seiner Ausstellung, einem Schädel mit einem langen Horn, nicht um den Überrest eines Einhorns handelte, sondern um den skelettierten Kopf eines Narwals. Worm ordnete die Exponate seiner als *Museum Wormianum* bekannten Sammlung, die heute noch als Teil des Geologischen Museums von Kopenhagen erhalten ist, bereits nach einer – allerdings noch einfachen – Systematik: Mineralien, Flora, Fauna und Artefakte. Diese Ordnung bildete die Grundlage für einen ersten Sammlungskatalog, der kurz nach seinem Tod von seinem Sohn herausgegeben wurde.

Ähnlich wie die Sammlung von Mirabilia in Wunderkammern durchlief die Haltung exotischer Tiere im Verlauf des 16. und 17. Jahrhunderts einen Wandlungsprozess. Solche Gehege hatten zunächst hauptsächlich Repräsentations- und Prestigezwecken oder auch nur der Belustigung ihrer wohlhabenden Besitzer gedient, welche die Tiere in der Nähe ihrer Residenzen in Gärten hielten. Aber auch hier lässt sich eine im Verlauf des 17. Jahrhunderts zunehmende Systematisierung erkennen. Diese begann einfach: Unter Rückgriff auf antike Vorbilder wurden im sogenannten Sternschneisensystem geometrisch angelegte Menagerien eingerichtet, in denen die Tiere nach Arten geordnet untergebracht waren. Die architektonische Gestaltung der Versailler Menagerie diente vielen anderen Menagerien in Europa als Vorbild. Von dem zentral platzierten oktogonalen Salon des Lustschlosses wurden hier in sieben strahlenförmig um das Zentrum herum angelegten Tierhöfen verschiedene Arten gehalten. Bei dieser Repräsentationsform ging es nicht mehr nur um bloße Belustigung, sondern auch um die Anwendung eines Ordnungsprinzips als Ausdruck des gewachsenen Bedürfnisses, die Natur selbst zu ordnen und so besser zu verstehen. Menagerien wurden allmählich ständige und auf Kontinuität angelegte Einrichtungen, in denen sich das wachsende wissenschaftliche Interesse an den dort gehaltenen Tieren spiegelte. Naturforschern wie Leonhart Fuchs, Robert Hooke, John Ray und später Carl von Linné, Conrad Gesner und Joseph Banks ging es ganz wesentlich darum, Ordnung in das scheinbare Chaos der Natur zu bringen und da- bei Systeme der Klassifizierung zu entwickeln. Vorrangig nahmen sie die äußere Erscheinungsform der Tiere in den Blick, denn es ging ihnen eher um Entdeckung als um Analyse. Diese Form stellte für sie zunächst das einzig gültige Kriterium zur Definition von Eigenarten und Klassifizierungen dar. Heute wird diese allmähliche Veränderung der Sichtweise in den Wunderkammern und Menagerien oft als Teil einer wissenschaftlichen Revolution des 17. Jahrhundert gewertet, die zu einem erheblichen Bedeutungsverlust der zuvor den einschlägigen Diskurs prägenden literarischen Autoritäten führte und schließlich sogar dazu, dass die Wissenschaften des 18. Jahrhunderts die unmittelbare Beobachtung zum ausschließlichen Maßstab für Glaubwürdigkeit erklärten. Im Verlauf des 17. Jahrhunderts wandelten sich die nach Europa importierten Exotika also von bloßen Prestigesymbolen zu wissenschaftlichen Untersuchungsgegenständen und bildeten damit den Ursprung der heutigen Museen und zoologischen Gärten.

Im Rahmen der hier nur angedeuteten Veränderung des europäischen Denkens wurde seit dem 17. Jahrhundert den Naturwissenschaften eine immer größere Bedeutung beigemessen. Die Gründungen wissenschaftlicher Akademien wie der Academia dei Lincei in Rom 1603, der Académie française 1635, der Royal Society 1662 in London, der Académie des sciences in Paris 1666 oder der Kurfürstlich-Brandenburgischen Societät der Wissenschaften 1700 zeigen die gestiegene gesellschaftspolitische Bedeutung der Wissenschaften. Zum einen erforderte die schiere Menge an Informationen, die seit den ersten europäischen überseeischen Erkundungsfahrten nach Europa gelangt waren, eine Neuordnung und eine größere Systematik im Umgang mit diesen, zum anderen konnte in Zeiten des Merkantilismus nur auf verlässlichen Wissensgrund lagen erfolgreich Handel betrieben werden. Offensichtlich hielten die für die Gründung der renommierten Forschungseinrichtungen verantwortlichen Wissenschaftler und politischen Entscheidungsträger die traditionellen Universitäten nicht oder nur bedingt für geeignet, diesen Neuordnungs und auswertungsauftrag zu erfüllen, und riefen daher wissenschaftliche Institutionen ins Leben, die von vornherein auf Wissensaustausch im Sinne trans und interdisziplinärer Zusammenarbeit angelegt waren. Da deren Wissenschaftler sich mit führenden Vertretern ihrer Fächer aus allen Teilen Europas auszutauschen pflegten, stellten die wissenschaftlichen Akademien des 17. und 18. Jahrhunderts so etwas wie Knotenpunkte eines europaweiten Wissensnetzwerkes dar, in dem die neuesten Thesen diskutiert, validiert oder falsifiziert wurden. Zugleich herrschte ein reger Wettbewerb, wurden die Aktivitäten der einzelnen Akademien von den Mitgliedern der anderen Institutionen aufmerksam verfolgt und – wenn es sich zu lohnen schien – auch kopiert. Der Wettbewerb hatte somit auch den Wissenschaftssektor erreicht und sorgte auf diesem Gebiet im Verlauf des 18. Jahrhunderts für eine grundsätzliche Neubewertung des Verhältnisses zwischen Europa und dem Rest der Welt, jedenfalls was die Wahrnehmung der außereuropäischen Welt durch die Europäer betraf.

Und wie veränderte sich das Verhältnis der Europäer zum Meer im Laufe der Zeit? Die Geschichte der Meeresforschung bietet hierzu eine Vielzahl von Hinweisen. Erste Versuche, das Meer besser zu verstehen, um die Seefahrt sicherer zu machen, sind seit dem ausgehenden 15. Jahrhundert dokumentiert. Wir wissen, dass entsprechende Berichte und Untersuchungen in den wissenschaftlichen Einrichtungen jener Nationen, die sich an den Entdeckungsfahrten beteiligten, gesammelt und ausgewertet wurden. Der Informationsfluss über das Meer nach Europa sorgte dort für immer größeren Informationsbedarf. Schließlich konnte das Risiko eines Totalverlusts von Schiff und Mannschaft während einer kostspieligen Entdeckungsreise in dem Maße gesenkt werden, wie sich das Wissen über meteorologische und Strömungsverhältnisse auf hoher See und in den landnahen Küstengewässern verbesserte, die angesteuert werden sollten.

Für das 17. Jahrhundert sind erste Überlegungen zu den Ursachen von Ebbe und Flut nachweisbar, in der Regel verbunden mit Reflexionen über die das Universum insgesamt zusammenhaltenden Kräfte. 1661/1662 wurde eine erste Expedition unternommen, der in der Straße von Gibraltar systematische Tiefenmessungen, Messungen zum Salzgehalt und der Lichtdurchlässigkeit des Wassers, der Druckverhältnisse unter Wasser sowie Tidenhub und strömung vornehmen. Die Fragen, mit denen sich die frühen Meeresforscher befassten, bezogen sich somit sämtlich auf Aspekte, die heute unter der Subdisziplin physikalische Ozeanographie zusammengefasst werden. Es ging den Zeitgenossen also in erster Linie um ein besseres Verständnis der Kräfte, die das Meer entfaltet und die auf der Oberfläche wie unter Wasser wirksam sind. Diese frühen Experimente beeinflussten die Schifffahrt in vielerlei Hinsicht und dienten gleichfalls ausnahmslos dem Zweck, den Verkehr auf dem und über das Meer sicherer und kalkulierbarer zu machen. Andererseits war das Meer seit je ein Nahrungsmittellieferant für den Menschen und demzufolge mit den ersten Einrichtungen zur systematischen Erfassung und Auswertung meereswissenschaftlicher Erkenntnisse auch immer die Frage nach dem Leben im Meer verbunden. Die Suche nach den Gesetzmäßigkeiten der physikalischen Ozeanographie und der Meeresbiologie stand also am Anfang der systematischen institutionellen Erforschung des Meeres.

Die Entwicklung des Telegraphenwesens und hier insbesondere die Verlegung von Unterwasserkabeln beförderte die Erkundung des Meeresbodens seit Mitte des 19. Jahrhunderts. Das trifft besonders auf die Pläne zur Verlegung eines Transatlantikkabels zu, die seit den späten 1850er Jahren konkretisiert wurden. Ein derart anspruchsvolles und aufwendiges Projekt erforderte eine akkurate Tiefenmessung. Dass die Erkundung der Tiefsee wünschenswert war, daran bestand in der zweiten Hälfte des 19. Jahrhunderts kein Zweifel mehr. Das öffentliche Interesse daran nahm durch Presseberichte zu aktuellen Erkundungen beständig zu, so dass die Meereskunde allmählich in den populärwissenschaftlichen Bereich vordrang. Eine wichtige Rolle dabei dürfte Jules Vernes Roman *20000 Meilen unter dem Meer* von 1870 gespielt haben. Nach dem Vorbild der Wasserbecken, die auf der Londoner Weltausstellung einen Einblick in die Unterwasserwelt geboten hatten, wurden nun allenthalben Aquarien aufgestellt. Um die Mitte des 19. Jahrhunderts erschienen die Meere, ihre unerforschten Tiefen und bizarren Kreaturen also in einem ganz neuen Licht. Galten sie bis dahin als Barriere und feindlicher Lebensraum, als „leer" und bedrohlich, so richtete sich der „EntdeckerGeist" nun in die Tiefe und machte die Erforschung der Meere zu einem ebenso erstrebenswerten Ziel wie die Bezwingung von Gletschern und Gipfeln, die astronomische Erforschung des Alls und die Erkundung der Erdatmosphäre. Das Meer trat in den Alltag breiter Bevölkerungsschichten, sei es durch Seereisen, Literatur oder durch marine Freizeitkultur. So wurde die Entdeckung, Vermessung und Kartierung der Meere in der zweiten Hälfte des 19. Jahrhunderts allmählich zu einer nationalen Aufgabe, zu deren Bewältigung vieles beitrug: die boomende Seefahrt, der imperialistische Wettbewerb, die Verlegung von Telegraphenkabeln in der Tiefsee, die Industrialisierung und nicht zuletzt der steigende Welthandel.

Die Wahrnehmung des Meeres durch den Menschen hat sich im Laufe der Jahrhunderte verändert und mit ihr haben sich die bildlichen und schriftlichen Reflexionen des Menschen über das Meer verändert. Die Darstellung der See und des Himmels auf den im 17. Jahrhundert entstandenen Gemälden des Jacob van Ruisdael lässt sich kaum mit den Darstellungen von Constable, Turner, Friedrich, Gaugin oder Nolde vergleichen. Bilder von Meereslandschaften, verändern sich von Generation zu Generation. Jede hat ihre eigene Wahrnehmung der Natur, diese folgt zeittypischen Präferenzen und hängt auch ab von dem jeweils zur Verfügung stehenden Wissen um und über das Meer und nicht zuletzt von den eigenen Erwartungen, die an die Darstellung gerichtet werden. Während die Repräsentation des Meeres in künstlerischen Darstellungen des 15. und 16. Jahrhunderts beherrscht war von der Faszination des Unbekannten, während sie im 17. und 18. Jahrhundert das gewachsene Wissen um maritime Flora und Fauna spiegelte, gewannen seit dem ausgehenden 18. und frühen 19. Jahrhundert Gefühle ein immer größeres Gewicht. Das Meer wurde zu einer Art Gefühlsgenerator dar, der das Verhältnis der Menschen zum Meer seit dem frühen 19. Jahrhundert gründlich veränderte. Auf der einen Seite erkennen wir vor dem Hintergrund und unter dem Eindruck des in Europa gesammelten und ausgewerteten Wissens einen Prozess der Rationalisierung des Meeres und maritimer Spezifika, gewissermaßen eine „Entzauberung" der Meereswelt. Dieser Prozess beschleunigte sich im Zuge der Professionalisierung der

Meeresforschung im 19. und erst recht im 20. Jahrhundert noch. Zwar stellt das Meer die Wissenschaften noch immer vor Rätsel, andererseits verfügte die Menschheit noch niemals über so viel empirisch gesichertes Wissen über das Meer. Auf der anderen Seite tritt mit der Romantik eine neue Wahrnehmung hervor, die das Meer gewissermaßen interpretiert, es als Instrument zur Formulierung eigener Gefühle nutzen möchte, es nicht rational begreifen, sondern bewundern will. Das Meer scheint als Mittel zur Wiederverzauberung einer Welt wahrgenommen worden zu sein, die insbesondere unter dem Eindruck der Aufklärung zunehmend rational erklärt wurde und ihren Charakter als Sehnsuchtsort verlor. Natascha Adamowsky spricht in diesem Zusammenhang von der Schaffung einer „vertikalen Wunderdimension", die sich sowohl auf den Luft und Weltraum als auch auf die Tiefe der Ozeane bezog.

Offensichtlich ist dem menschlichen Wesen innewohnend, Wissen zu schöpfen, anzureichern und zu verarbeiten. Zugleich möchte es sich aber auch einen Raum des Geheimnisvollen bewahren, in dem es sich ungeniert wundern und wunderbare Dinge bestaunen kann. Wissenschaftlicher Fortschritt zieht so die Sehnsucht nach dem Unbekannten nach sich. Das kann sich im Staunen über die Unendlichkeit des Weltalls wie über die unendliche Tiefe der Weltmeere ausdrücken. Das Meer ist in diesem Doppelspiel insofern im Vorteil, als es uns im Laufe der Jahrhunderte vertrauter geworden ist und trotzdem noch so viel Unbekanntes in sich birgt.

Die Wahrnehmung des Meeres durch den Menschen findet seit dem frühen 19. Jahrhundert somit in einem Spannungsfeld statt, dessen Pole die Begriffe „Wissen" und „Staunen" bilden. Caspar David Friedrich, Clemens Brentano, Heinrich von Kleist, Thomas Mann – ihnen allen ging es bei der Betrachtung und Wahrnehmung des Meeres um das Elementare, um die trotz aller Anstrengungen ungezügelte Kraft, die dem Menschen Grenzen setzt. Es ging um die Gefühle, die die Betrachtung des Meeres auslöste, und um Grenzerfahrungen. Möglicherweise liegt der Schlüssel zum Verständnis für das Faszinosum Meer gerade hier: das Meer als ein Raum für Grenzerfahrungen.

Mensch sein heißt, Grenzen zu ziehen und an Grenzen zu stoßen. Das gilt im privaten, persönlichen Leben ebenso wie im gesellschaftlichen und politischen Raum. Man sollte um die Grenzen seiner eigenen Leistungsfähigkeit wissen, man grenzt sich von seinen Mitmenschen ab, wird Teil von gesellschaftlichen Gruppen, die sich durch bestimmte Regeln oder Satzungen von anderen abgrenzen. Menschen organisieren sich in Staaten, deren Territorien von Grenzen markiert werden, die nur unter bestimmten Bedingungen über schritten werden dürfen. Grenzen helfen, besondere Lebensformen zu sichern. Sie trennen die Dazugehörigen von den anderen. Grenzen sind exklusiv und inklusiv zugleich. Das Meer hingegen erscheint uns grenzenlos und ist damit gewissermaßen eine Antithese zur menschlichen Existenz. Damit jedoch wird das Meer zu einer Herausforderung im Sinne einer *frontière*, einer Grenze, die es zu erreichen und zu überwinden gilt, denn das Streben nach Überwindung von Grenzen stellt ein weiteres Merkmal menschlicher Existenz dar.

Ein Kennzeichen der europäischen Geschichte der Neuzeit und damit der Entdeckung der Welt durch die Europäer war also die Herausforderung, das Meer als Grenze zwischen Europa und Außereuropa zu überwinden. In dem Maße jedoch, in dem die Europäer die außereuropäische Welt für sich entdeckten, Grenzen überwanden und zugleich die Begrenztheit der Welt er ahnten, schließlich darum zu wissen begannen, wurde das Meer zu gleichen Teilen entmythisiert und neu entdeckt. Aus einer von Schiffen befahr und überwindbaren Grenze zwischen Europa und Außereuropa, einem Raum, der durch Länge und Breite bestimmt war, kam mit der Entdeckung der Tiefe des Meeres ein wiederum weitgehend unerforschter und damit unbekannter Raum hinzu, der auf eine ganz andere Weise faszinierte. Das Meer wurde dadurch zu einer Art doppeltem ZwischenRaum. Dieser liegt zwischen Europa und Außereuropa, ebenso aber auch zwischen der Meeresoberfläche und dem Meeresboden.

Das Meer also Faszinosum kann also in vielerlei Gestalt daherkommen – als Empfindung einer vermeintlichen Grenzenlosigkeit oder angesichts seiner unzähmbaren Urgewalt, die vom Menschen niemals völlig gebändigt werden kann. Andere sehen das Meer als Brücke zu weit entfernten Ufern, wo es sich viel besser und freier leben lässt als in der Enge europäischer Normen und Konventionen. Diese und andere Gründe haben Millionen von Menschen bewogen, Schiffe zu besteigen und von Europa aus über das Meer zu fremden Küsten zu streben. Sofern sie die Seefahrt überlebten, trugen sie europäische Werte und Konventionen, Wissen und Lebensweisen in alle Welt. Wer zurückkehrte, tat dies mit Erkenntnissen und Erfahrungen, die er in der Fremde gesammelt hatte, und trug dazu bei, Wissen und Wohlstand in Europa zu mehren. Er hatte aber auch gelernt, Europa von außen, mit den Augen der anderen zu sehen, was den Europäern allmählich zu einem besseren Verständnis von sich selbst verhalf. Europa entdeckte die Welt über das Meer und lernte sich zugleich selbst kennen.

Liste des auteurs

Autorenliste

Christine Aquatias
Maître de conférences HDR en Études germaniques à Sciences Po Strasbourg, membre de l'UMR (7363) Sociétés, Acteurs, Gouvernement en Europe (SAGE) de l'Université de Strasbourg et membre du Centre d'excellence franco-allemand Jean Monnet.

Laurence Badel
Professeure d'histoire contemporaine à l'Université Paris 1 Panthéon-Sorbonne, directrice du Centre d'histoire des relations internationales contemporaines et membre de l'UMR (8138) Sorbonne, Identités, Relations Internationales et Civilisations de l'Europe (SIRICE).

Joachim Beck
Professeur de sciences administratives et recteur de la Hochschule für öffentliche Verwaltung Kehl, directeur adjoint du Centre d'excellence franco-allemand Jean Monnet.

Frédérique Berrod
Professeure de droit public à Sciences Po Strasbourg, chaire Jean Monnet, vice-présidente Finance à l'Université de Strasbourg, membre de l'EA (7307) Centre d'études internationales et européennes (CEIE) et de la Fédération de recherche (FR3241) L'Europe en mutation de l'Université de Strasbourg, membre du Centre d'excellence franco-allemand Jean Monnet.

Éric Bussière
Professeur émérite d'histoire contemporaine à Sorbonne université Paris, membre de l'UMR (8138) Sorbonne, Identités, Relations Internationales et Civilisations de l'Europe (SIRICE).

Martine Camiade
Professeure honoraire des universités en histoire contemporaine et en études catalanes, membre de l'Institut d'Estudis Catalans (IEC) à Barcelone.

Michel Catala
Professeur d'histoire contemporaine à l'Université de Nantes, directeur du Centre de recherches en histoire internationale et atlantique (CRHIA).

Corine Defrance
Directrice de recherche au CNRS, membre de l'UMR (8138) Sorbonne, Identités, Relations Internationales et Civilisations de l'Europe (SIRICE) à Paris.

Michel Deneken
Professeur de théologie catholique, président de l'Université de Strasbourg, membre de l'équipe religions et pluralisme de l'UMR (7354) Droit, religion, entreprise et société (DRES).

Hans-Jörg Drewello
Professeur de sciences économiques à la Hochschule für Verwaltungswissenschaften Kehl, membre du Centre d'excellence franco-allemand Jean Monnet.

Jean-François Eck
Professeur émérite d'histoire contemporaine à l'Université Charles-de-Gaulle-Lille 3, membre de l'UMR (8529) Institut de recherches historiques du Septentrion (IRHiS).

Clara Eichinger
Étudiante en Master Politiques européennes et franco-germaniques à Sciences Po Strasbourg, promotion 2021–2022.

Jürgen Elvert
Professeur émérite d'histoire contemporaine à la Universität zu Köln, chaire Jean Monnet, fondateur de la collection Studien zur Geschichte der Europäischen Integration (SGEI) au Franz Steiner Verlag.

William Gasparini
Professeur de sociologie et des sciences du sport à l'Université de Strasbourg, chaire Jean Monnet, directeur de l'école doctorale (519) Sciences humaines et sociales – perspectives européennes, membre de l'EA (1342) Sport et sciences sociales et membre du Centre d'excellence franco-allemand Jean Monnet.

Philippe Hamman
Professeur de sociologie à l'Institut d'urbanisme et d'aménagement régional de l'Université de Strasbourg, chaire Jean Monnet, membre de l'UMR (7363) Sociétés, Acteurs, Gouvernement en Europe (SAGE).

Jean-Alain Héraud
Professeur émérite de sciences économiques à l'Université de Strasbourg, membre du laboratoire Bureau d'Économie Théorique et Appliquée (BETA) et du Cereq, président de l'Association de Prospective Rhénane.

Michael Kißener
Professeur d'histoire contemporaine à la Johannes Gutenberg Universität Mainz.

Anne Klebes-Pélissier
Maître de conférences HDR en droit public à l'Université de Strasbourg, membre de l'EA (7307) Centre d'études internationales et européennes (CEIE) et de la Fédération de recherche (FR3241) L'Europe en mutation de l'Université de Strasbourg.

Fabrice Larat
Chef de département au sein de la direction des enseignements et de la recherche à l'Institut national de service public (INSP) à Strasbourg-Paris.

Fabienne Leloup
Professeure de sciences économiques à l'Université Catholique de Louvain, membre de l'Institut des Frontières et des Discontinuités (GIS IFD) et de l'Institut Sciences Politiques Louvain Europe.

Martial Libera
Professeur d'histoire contemporaine à l'Institut universitaire technologique (IUT) de Strasbourg, chaire Jean Monnet, membre de l'UMR (7069) Laboratoire interdisciplinaire en études culturelles (LinCS) et du Centre d'excellence franco-allemand Jean Monnet.

Michel Mangenot
Professeur de science politique à l'Université Paris 8, directeur de l'Institut d'études européennes, membre du Centre de recherches sociologiques et politiques de Paris (CRESPPA)-LabToP et secrétaire général de l'Association française de science politique.

Emmanuel Muller
Professeur de sciences économiques à la Hochschule für Verwaltungswissenschaften Kehl, coordinateur de la chaire franco-allemande evoREG et membre du laboratoire Bureau d'Économie Théorique et Appliquée (BETA) de l'Université de Strasbourg.

Antoanela-Paula Mureşan
Maître de conférences d'histoire contemporaine à l'Université Babes-Bolyai, Cluj-Napoca, directrice adjointe de la faculté d'Études européennes.

Nicolae Păun
Professeur émérite d'histoire contemporaine, chercheur scientifique à la Constantin Brancusi Université, Tg. Jui, chaire Jean Monnet.

Jean Peyrony
Directeur de la Mission opérationnelle transfrontalière à Paris.

Alexis Valhas
Maître de conférences HDR en droit public à Sciences Po Strasbourg, membre de l'EA (7307) Centre d'études internationales et européennes (CEIE), de la Fédération de recherche (FR3241) L'Europe en mutation et conseiller politique des missions civiles de l'Union européenne en Palestine (2018–2021).

Laurent Warlouzet
Professeur d'histoire contemporaine à Sorbonne université Paris, membre de l'UMR (8138) Sorbonne, Identités, Relations Internationales et Civilisations de l'Europe (SIRICE).

Birte Wassenberg
Professeure d'histoire contemporaine à Sciences Po Strasbourg, chaire Jean Monnet, membre de l'EA (7307) Centre d'études internationales et européennes (CEIE), de la Fédération de recherche (FR3241) L'Europe en mutation et directrice adjointe du Centre d'excellence franco-allemand Jean Monnet.

Borders and European Integration

Edited by

Joachim Beck (Professor of Administrative Studies, Hochschule Kehl)
Frédérique Berrod (Professor of Public Law, Université de Strasbourg)
Birte Wassenberg (Professor of History of International Relations, Université de Strasbourg)

The Series « Borders and European Integration » fills in a gap in Social Sciences, as it connects two so far independent research strands: European Studies and Border Studies. Mainly initiated by geographers and originally hosted in the United States, Border Studies primarily deal with the study of borders and borderlands, whereas European Studies analyse the process of European Integration, its actors, institutions and policy fields. Although the idea of a Europe without borders was part of the project of the European Economic Community, the multidimensional role of the border has not been sufficiently taken into account by researchers in European Studies. Inversely, Border Studies have only rarely examined the specificity of borders and borderlands in Europe in comparison to other regions in the world.

At the crossroads between Area Studies and International Relations, this Series therefore offers a pluri-disciplinary approach to borders and their role in the European construction. Taking into account the perspective of different disciplines in Social Sciences, the diversity of actors of European Integration and borderlands (local, regional, national), it allows a new multi-level and decentred view on conflicts and cooperation at European borders. The Series addresses researchers and university scholars of all disciplines in Social Sciences and wishes to tackle the challenging contemporary questions on borders in Europe.

Series titles

Vol. 1. Birte Wassenberg & Bernard Reitel, in collaboration with Mission opérationnelle transfrontalière (Jean PEYRONY & Jean RUBIO), *Critical Dictionary on Borders, Cross-Border Cooperation and European Integration*, 2020.

Vol. 2. Birte Wassenberg & Noriko Suzuki (eds.), *Origins and Consequences of European Crises: Global Views on Brexit*, 2020.

Vol. 3. Joachim Beck, *Grenzüberschreitende Zusammenarbeit nach der Pandemie / La coopération transfrontalière après la pandémie: Rechtlich-institutionelle Flexibilisierung im Kontext des Aachener Vertrags / Flexibilisation juridique et institutionnelle dans le cadre du Traité d'Aix-la-Chapelle*, 2022.

Vol. 4. Erhan Özdemir, *Socio-Economic Disparities in the Integration Process of Immigrants in Western Europe: A Comparative Study for Six EU Countries*, 2022.

Vol. 5. Birte Wassenberg (dir.), *Frontières, acteurs et représentations d'Europe (Fare) / Grenzen, Akteure und Repräsentationen Europas: Mélanges en honneur de Sylvain Schirmann / Festschrift für Sylvain Schirmann*, 2022.

www.peterlang.com

www.ingramcontent.com/pod-product-compliance
Ingram Content Group UK Ltd.
Pitfield, Milton Keynes, MK11 3LW, UK
UKHW041120041026
8980IPUK00032B/966

9 782807 619593

Guttentagsche Sammlung
Nr. 173 Deutscher Reichsgesetze Nr. 173
Textausgaben mit Anmerkungen und Sachregister

Das Gesetz

über

Schußwaffen und Munition

vom 12. April 1928 (RGBl. I S. 143)

nebst der

Ausführungsverordnung der Reichsregierung

vom 13. Juli 1928 (RGBl. I S. 198)

und dem

Preuß. Erlaß zur Durchführung des Gesetzes

vom 7. September 1928 (MBliV. S. 925)

Erläutert von

Ernst Wündisch

Regierungsdirektor am Polizeipräsidium Berlin

Berlin und Leipzig 1928

Walter de Gruyter & Co.

vormals G. J. Göschen'sche Verlagshandlung — J. Guttentag, Verlagsbuchhandlung — Georg Reimer — Karl J. Trübner — Veit & Comp.

Inhaltsverzeichnis.

Schrifttum und Abkürzungen.

Abs. .... Absatz.

Anm. .... Anmerkung.

Art. .... Artikel.

AusfV. ...... Ausführungsverordnung zu dem Gesetz über Schußwaffen und Munition.

BGB. .... Bürgerliches Gesetzbuch für das Deutsche Reich.

Begr. .... Begründung zum Entwurf eines Gesetzes über Schußwaffen und Munition (Drucksachen des Reichstags III. Wahlperiode Nr. 4105).

Bek. .... Bekanntmachung.

v. Brauchitsch . M. von Brauchitsch, Verwaltungsgesetze für Preußen, neuherausgegeben von Dr. Bill Drews und Dr. Gerhard Lassar.

DJZ. .... Deutsche Juristenzeitung.

Drucks. .... Drucksache.

EGStGB. ... Einführungsgesetz zum Strafgesetzbuch für das Deutsche Reich.

G. .... Gesetz.

GewO. ...... Gewerbeordnung für das Deutsche Reich.

GS. .... Preußische Gesetzsammlung.

GVG. .... Gerichtsverfassungsgesetz.

HGB. .... Handelsgesetzbuch.

Hoche, Zur Neuregelung des Verkehrs mit Schußwaffen (Reichsverwaltungsblatt und Preußisches Verwaltungsblatt Bd. 49 Nr. 30 vom 21. 4. 1928, S. 469).

Hoche, Schußwaffengesetz. Berlin 1928.

Hoffmann, Die Reichsgewerbeordnung, 28. bis 30. Auflage. Berlin 1927.

KabO. .... Kabinettsorder.

Kuenzer, Die Bedeutung des Gesetzes über Schußwaffen und Munition für das Rechtsleben (DJZ. 33. Jahrg., Heft 9 vom 1. 5. 1928, S. 632).

Kunze, Das Waffenrecht im Deutschen Reiche, 3. Auflage. Berlin 1928.

Lindenau, Die Rechtsmittel im Schußwaffengesetz (DJZ. 33. Jahrg., Heft 12 vom 15. 6. 1928, S. 871).

LVG. .... (Preuß.) Gesetz über die allgemeine Landesverwaltung vom 30. 7. 1883 (GS. S. 195).
M. .... Munition.
MBliV. .... Ministerialblatt für die Preußische innere Verwaltung.
MdJ. .... Preußisches Ministerium des Innern.
MfHuG. ..... Preußisches Ministerium für Handel und Gewerbe.
OVGE. .... Entscheidungen des (Preußischen) Oberverwaltungsgerichts.
RG. .... Reichsgericht.
RGSt. .... Entscheidungen des Reichsgerichts in Strafsachen.
RGBl. .... Reichsgesetzblatt.
RepSchutzG... Gesetz zum Schutze der Republik.
RV. .... Reichsverfassung vom 11. 8. 1919.
RZllBl. .... Reichszollblatt.
S. .... Seite.
s. .... siehe.
Sch. .... Schußwaffe, Schußwaffen.
StenBer. .... Stenographische Berichte.
StGB. .... Strafgesetzbuch für das Deutsche Reich.
StPO. .... Strafprozeßordnung.
V. .... Verordnung.
VerG. .... Vereinsgesetz.
ZBl. .... Zentralblatt für das Deutsche Reich.

I.
Einleitung.

1. Der Verkehr mit Schußwaffen und Munition bedarf vom sicherheitspolizeilichen Standpunkt aus der besonderen Aufmerksamkeit der verantwortlichen Behörden. Schußwaffen sind in der Hand unzuverlässiger, insbesondere auch jugendlicher Personen eine große Gefahr für die öffentliche Sicherheit und Ordnung. Die Zahl der Verbrechen und Vergehen, die mit Schußwaffen begangen werden, hatte bereits vor dem Weltkrieg eine erschreckende Höhe erreicht; unter den Nachwirkungen des Krieges und der folgenden unruhigen Jahre hat sie sich weiter vermehrt; besonders auch bei politischen Zusammenstößen hat der Mißbrauch von Schußwaffen bedenklich zugenommen. Trotz der Erkenntnis von der Wichtigkeit des Gegenstandes fehlte es bisher an einer einheitlichen, für das ganze Reich geltenden Regelung, wie sie der Verkehr mit Sprengstoffen in dem Gesetz vom 1. Juni 1884 (RGBl. S. 61) gefunden hat, in der Hauptsache wohl, weil der damit notwendig verbundene Eingriff in die Gewerbe- und Handelsfreiheit nicht erträglich schien. Nur einzelne Reichsgesetze enthalten Vorschriften, die sich auf den Verkehr mit Schußwaffen und Munition beziehen. So verbieten §§ 56 Abs. 2 Nr. 8, 148 Nr. 7 a GewO. den Ankauf und das Feilbieten von Schußwaffen im Umherziehen und in Verbindung damit § 42 a GewO. den ambulanten Gewerbebetrieb (Stadthausierhandel) mit Schußwaffen. Für die Errichtung von Pulverfabriken und sonstigen

Anlagen zur Munitionsbereitung schreibt § 16 GewO. eine besondere polizeiliche Genehmigung vor. Nach § 11 VerG. darf niemand in einer öffentlichen Versammlung oder einem öffentlichen Aufzug ohne behördliche Ermächtigung bewaffnet erscheinen (siehe auch Art. 123 Abs. 1 RV.). Nach § 368 Nr. 7 StGB. wird bestraft, wer in gefährlicher Nähe von Gebäuden oder feuerfangenden Sachen mit Feuergewehr schießt, nach § 367 Nr. 8 StGB., wer ohne polizeiliche Erlaubnis an bewohnten oder von Menschen besuchten Orten mit Feuergewehr oder anderem Schießwerkzeug schießt, und nach § 367 Nr. 9 StGB., wer einem gesetzlichen Verbot zuwider Schußwaffen, die in Stöcken oder Röhren oder in ähnlicher Weise verborgen sind, feilhält oder mit sich führt. Auch das Republikschutzgesetz enthält mehrere Bestimmungen, die diesen Gegenstand betreffen, so § 7 Nr. 6 (Eigentum oder Gewahrsam an einem verheimlichten Waffen- oder Munitionslager), § 8 Nr. 3 (Kenntnis von dem Vorhandensein eines verheimlichten Waffen- oder Munitionslagers). Ferner wird nach § 360 Nr. 2 StGB. bestraft, wer außerhalb seines Gewerbebetriebs heimlich oder wider das Verbot der Behörde Vorräte von Waffen oder Schießbedarf aufsammelt. Endlich kennen das Strafgesetzbuch und verschiedene Landesgesetze Straftaten, die besonders schwer bestraft werden, wenn der Täter mit Waffen versehen war (z. B. Hausfriedensbruch, § 123 StGB.; Diebstahl, § 243 Nr. 5 StGB.; Raub, § 250 Nr. 1 StGB.; Felddiebstahl, § 17 Nr. 1 preuß. Feld- und Forstpolizeigesetz in der Fassung der Bekanntmachung vom 21. Januar 1926, GS. S. 83). Alle diese in verschiedenen Gesetzen zerstreuten und unübersichtlichen Vorschriften waren nicht geeignet, den Mißständen auf dem Gebiete des Verkehrs mit Schußwaffen und Munition ein Ende zu machen; ein Teil der Vorschriften, wie § 367 Nr. 9 und § 360 Nr. 2 StGB., war überhaupt nur wirksam, wenn das darin vorgesehene gesetzliche oder polizeiliche Verbot erlassen war.

Einzelne Länder oder sogar einzelne Polizeibezirke führten durch Verordnungen eine polizeiliche Aufsicht über den Waffenhandel ein und machten den Besitz, den Erwerb und das Tragen von Schußwaffen von einer polizeilichen Erlaubnis (Waffenschein, auch Waffenerwerbschein) abhängig. Diese Vorschriften, besonders die über die Beaufsichtigung des Waffenhandels, mußten aber ohne wesentlichen Erfolg bleiben, solange sie nicht im ganzen Reich Geltung hatten. Ein gewisser Fortschritt war die Verordnung des Rates der Volksbeauftragten vom 13. Januar 1919 (RGBl. S. 31, 122) über Waffenbesitz. Sie war ihrem ursprünglichen Sinne nach als eine einmalige Maßnahme zur Erfassung der in der Bevölkerung vorhandenen Schußwaffen und Munition gedacht, enthielt aber in der Strafandrohung gegen den unbefugten Besitz von Waffen oder Munition nach Ablauf der Ablieferungsfrist (§ 3) eine nach der ständigen Rechtsprechung des Reichsgerichts fortdauernd geltende Rechtsvorschrift. Was als unbefugter Waffenbesitz anzusehen war, wurde durch die von den Ländern erlassenen Ausführungsvorschriften bestimmt, die im allgemeinen den Besitz einer Schußwaffe von einer polizeilichen Erlaubnis (Waffenschein oder Waffenbesitzschein) abhängig machten. Im einzelnen waren aber die Voraussetzungen für die Erteilung eines Waffenscheins ebenso wie die dafür zu entrichtenden Gebühren verschieden geregelt; auch hatten die Waffenscheine nur für den Bereich der ausstellenden Behörde Geltung. Nach wie vor fehlte eine allgemeine Aufsicht über die Erzeugung und den Handel mit Schußwaffen. So konnte auch diese Vorschrift keine nachhaltige Wirkung haben. Das Gesetz über die Entwaffnung der Bevölkerung vom 7. August 1920 (RGBl. S. 1553) bezog sich wie die Verordnung des Rates der Volksbeauftragten über die Zurückführung von Waffen in den Besitz des Reichs vom 14. Dezember 1918 (RGBl. S. 1425) nur auf Militärwaffen und vermochte nicht alle unter seine Bestimmungen fallenden Waffen aus der Bevölkerung zu ziehen. Eine einheitliche, durchgreifende Regelung des Verkehrs mit Schußwaffen und Munition durch ein Reichsgesetz erschien daher immer dringender geboten, um dem unberechtigten Besitz an Schußwaffen und Munition und dem fortgesetzten Mißbrauch von Schußwaffen zu begegnen. Bereits vor dem Weltkrieg waren Vorarbeiten für ein derartiges Gesetz getan worden. Sie wurden vor mehreren Jahren wieder aufgenommen und durch Verhandlungen mit den beteiligten Gewerbetreibenden und Jagdinteressenten ergänzt. Im Juni 1926 wurde der Entwurf eines Gesetzes über Schußwaffen und Munition dem Reichsrat zugeleitet, der ihn eingehend durchberiet und in verschiedenen Punkten gegenüber der Regierungsvorlage abänderte. Am 13. März 1928 wurde der Entwurf nebst der die Auffassung der Reichsregierung und des Reichsrats enthaltenden Begründung dem Reichstag zur Beschlußfassung vorgelegt (Reichstagsdrucks. III. Wahlperiode Nr. 4105). Der Reichstag nahm mit Rücksicht auf die beschränkte Zeit, die ihm vor seiner Auflösung im Frühjahr 1928 nur noch zur Verfügung stand, das Gesetz ohne Beratung im Ausschuß und ohne jede Aussprache in der 410. Sitzung am 26. März 1928 in erster und zweiter (Sten.Ber. des Reichstags S. 13778) und in der 413. Sitzung am 29. März 1928 in dritter Lesung (Sten.Ber. des Reichstags S. 13876) an. Es ist am 12. April 1928 vom Reichspräsidenten vollzogen und am 20. April 1928 im Reichsgesetzblatt I S. 143 ff. verkündet worden. Zur Ausführung des Gesetzes hat der Reichsminister des Innern die Verordnung vom 13. Juli 1928 (RGBl. I S. 198) erlassen.

2. Das Gesetz bezieht sich nur auf Schußwaffen und Munition; die Behandlung der sonstigen Waffen (Stoß-, Hieb- oder Stichwaffen, Gummiknüppel, Schlagringe usw.) ist bis zu der in Aussicht genommenen reichsrechtlichen Regelung nach wie vor den Ländern überlassen. Auf solche Schußwaffen und Munition, die dem Kriegsgerätegesetz vom 27. Juli 1927 (RGBl. I S. 239) unterliegen, ist das Gesetz nicht anwendbar. Es ist in sechs Abschnitte gegliedert. Abschnitt I enthält eine weitgefaßte Begriffsbestimmung der Schußwaffen und der Munition, auf die das Gesetz Anwendung findet. Seine wesentliche Ergänzung findet dieser Abschnitt durch Abschnitt I der AusfV., der die Schußwaffen und Munition aufzählt, die von den Vorschriften des Gesetzes ausgenommen sind. Abschnitt II des Gesetzes bringt die Vorschriften über die gewerbsmäßige Herstellung von Schußwaffen und Munition, die von einer polizeilichen Genehmigung abhängig gemacht wird. Dasselbe gilt von der gewerbsmäßigen Bearbeitung und Instandsetzung dieser Gegenstände. Die Genehmigung oder ihre Rücknahme darf nicht von der Prüfung der Bedürfnisfrage abhängig gemacht werden. In Abschnitt III des Gesetzes wird bestimmt, daß auch der Handel mit Schußwaffen und Munition genehmigungspflichtig ist. Auch hier ist die Bedürfnisfrage ausgeschaltet. Sowohl bei der Herstellung wie beim Handel mit Schußwaffen und Munition sollen durch die Notwendigkeit der polizeilichen Genehmigung unzuverlässige Personen ferngehalten werden. Bestimmte Fälle, in denen die Genehmigung zum Handel nicht erteilt werden darf, sind im Abschnitt III besonders genannt. Zu Abschnitt II und III des Gesetzes bringt Abschnitt II der AusfV. die für die Durchführung nötigen Bestimmungen über die zuständigen Behörden und über die Führung von Büchern

(Waffenbuch und Waffenhandelsbuch) nach vorgeschriebenen Mustern.

In Abschnitt IV sind die Vorschriften über Erwerb, Führen, Einfuhr und Besitz von Schußwaffen und Munition behandelt. Der Erwerb von Schußwaffen und Munition wird grundsätzlich davon abhängig gemacht, daß der Erwerber dem Veräußerer einen ihm polizeilich ausgestellten Erwerbschein aushändigt; der Erwerbschein wird aber in bestimmtem Umfang durch den Waffenschein oder einen Jahresjagdschein ersetzt. Zum Führen einer Schußwaffe in der Öffentlichkeit ist stets ein für das ganze Reichsgebiet gültiger Waffenschein erforderlich, abgesehen von Jagdwaffen, für die ein Jagdschein genügt. Reichs- und Staatsbehörden sind vom Erwerbscheinzwang, bestimmte Beamte und Angestellte vom Waffenscheinzwang befreit. Sowohl Waffen- (Munitions-) Erwerbscheine wie Waffenscheine dürfen nur zuverlässigen Personen gegeben werden; das Gesetz bringt eine nicht erschöpfende Liste von Fällen, in denen die Scheine nicht erteilt werden dürfen. Die Einfuhr von Schußwaffen und Munition aus dem Ausland ist nur auf Erwerbschein, Waffenschein oder Jagdschein zulässig. Der bloße Besitz von Schußwaffen und Munition unterliegt keiner polizeilichen Genehmigung, jedoch sind im Gesetz Fälle vorgesehen, in denen der Besitz als unbefugt gelten soll; der Besitzer muß dann die Gegenstände an die Polizei abliefern. Ferner ist zum Besitz eines Waffen- oder Munitionslagers regelmäßig eine polizeiliche Genehmigung erforderlich. — Schließlich verbietet das Gesetz sogenannte Wilddiebsgewehre sowie Gewehre mit Schalldämpfern und Scheinwerfern und diese Vorrichtungen selbst. Zu diesem Abschnitt sind die Ausführungsbestimmungen in Abschnitt III der AusfV. enthalten, wo die zuständigen Behörden, das Verfahren bei dem Erwerb und der Einfuhr von Schußwaffen und Munition und die Gebühren für die Ausstellung von Waffenscheinen und Waffenerwerbscheinen (Munitionserwerbscheine sind gebührenfrei) geregelt sind.

Abschnitt V des Gesetzes enthält die Strafbestimmungen und Abschnitt VI die Schluß- und Übergangsbestimmungen, aus denen besonders hervorzuheben ist, daß die Länder weitergehende Beschränkungen über den Verkehr mit Schußwaffen und Munition, als sie das Gesetz enthält, nicht einführen dürfen. Die Vorschriften des Versailler Vertrags und die zu seiner Ausführung ergangenen gesetzlichen Bestimmungen und Anordnungen der Reichsregierung bleiben von den Vorschriften des Gesetzes unberührt. Ferner ist bestimmt, daß das Gesetz am 1. Oktober 1928 in Kraft tritt und daß mit dem gleichen Tag die Verordnung des Rates der Volksbeauftragten über Waffenbesitz vom 13. Januar 1919 aufgehoben wird.

II.

Gesetz über Schußwaffen und Munition.

Vom 12. April 1928 (RGBl. I S. 143).

Der Reichstag hat das folgende Gesetz beschlossen, das mit Zustimmung des Reichsrats hiermit verkündet wird:

Abschnitt I.

Allgemeines.

§ 1.

(1) Schußwaffen im Sinne dieses Gesetzes sind Waffen,[1]) bei denen ein Geschoß [2]) oder eine Schrotladung [3]) mittels Entwicklung von Explosivgasen oder Druckluft [4]) durch einen Lauf [5]) getrieben wird.[6]) [7])

(2) Als Munition im Sinne dieses Gesetzes gilt fertige Munition [8]) zu Schußwaffen [9]) sowie Schießpulver jeder Art.[10]) [11])

(3) Fertige oder vorgearbeitete wesentliche Teile von Schußwaffen oder Munition stehen fertigen Gegenständen dieser Art gleich.[12])

1. Nur Waffen im technischen Sinne kommen in Frage, d. h. Gegenstände, die mit dem Zweck hergestellt worden sind, im Angriff oder zur Verteidigung Körperverletzungen beizubringen, und die hierzu geeignet sind, nicht auch andere Gegenstände, die

nach dem Willen des Trägers im Einzelfall dazu bestimmt sind, Verletzungen zuzufügen (anders im Falle des § 11 VerG.). Gegenstände, die nur die Form einer Sch. haben, ohne daß sie als Waffe im technischen Sinne hergestellt sind, z. B. Kinderpistolen, die nur zum Knallen mit Zündblättchen eingerichtet sind, fallen daher nicht unter den Begriff der Sch. Wegen der Leuchtpistolen, der Scheintod- und Schreckschußwaffen, der Selbstschuß- und Viehbetäubungsapparate s. § 1 Nr. 3 bis 6 der AusfV. (Anm. 6).

2. Auf das Material, aus dem das Geschoß besteht, (Metall, Holz, Stein usw.), und auf die Form des Geschosses kommt es hier, bei der Bestimmung des Begriffs Schußwaffe, nicht an; es muß aber jedenfalls ein fester Körper sein, also auch z. B. die Bestandteile von Platz- und Gaspatronen, die durch den Lauf getrieben werden und Verletzungen zufügen können.

3. Eine Zusammenfassung mehrerer fester Körper zu einem Geschoß.

4. Nur dann fällt die Schußwaffe unter das Gesetz, nicht wenn das Geschoß z. B. mittels einer Feder, durch Abschnellen einer Sehne, durch Blasen mit dem Munde usw. durch den Lauf getrieben wird.

5. D. h. einen der Länge nach durchbohrten Metallstab. Die Länge des Laufs, das Kaliber und die Tatsache, ob der Lauf gezogen oder nicht gezogen ist, ist bei gewissen Waffen von Bedeutung für die Frage, ob die Sch. unter die Vorschriften des G. fällt oder nicht (s. Anm. 6). Ist kein Lauf vorhanden oder kann durch ihn kein Geschoß getrieben werden, so ist keine Sch. im Sinne des G. vorhanden.

6. Die Begriffsbestimmung für Sch. ist möglichst weit gefaßt. Grundsätzlich fallen alle Sch., die der im Abs. 1 gegebenen Begriffsbestimmung entsprechen, unter das G. Ausnahmen sind jedoch auf Grund des § 28 des G. durch § 1 AusfV. für veraltete und minder gefährliche Waffen zugelassen. Diese Ausnahmen sind nicht im G. selbst bestimmt, da bei der fortschreitenden Entwicklung der Industrie eine Änderung der Ausnahmen unter Umständen häufiger erfolgen müßte. Bei der Festsetzung der Ausnahmen ist davon ausgegangen worden, daß alle Sch. mit größerer Tragweite und größerer Durchschlagskraft, also alle Waffen von in polizeilichem Sinne gefährlicherer Natur, den Vorschriften des G. unterliegen müssen. Dagegen sind, um unnötige Beschränkungen der Gewerbefreiheit und des Verkehrs zu vermeiden, Waffen von geringerer Durchschlagskraft und Tragweite von den Bestimmungen des G. ausgenommen worden (s. Begr. zu § 28), nämlich

1. alle Vorderladerwaffen, d. h. solche Sch., die von der Laufmündung aus geladen werden; soweit es sich um alte Modelle handelt, dienen sie nur als Sammel- und Ausschmückungsgegenstände; vielfach im Gebrauch sind noch Böller zum Salutschießen und Weinbergpistolen;

2. von den Hinterladerwaffen, d. h. solchen Sch., die vom Laufende her geladen werden,

   a) sämtliche Modelle bis zum Konstruktionsjahre 1870 einschließlich; die Militärgewehre Modell 71 und 71/84, die vielfach im Besitz von Kriegervereinen sind, unterliegen demnach den Vorschriften des G., dagegen nicht dem Kriegsgerätegesetz (s. diese Anm. letzter Abs.), da sie nicht mehr für militärische Verwendung in Frage kommen,

   b) Waffen mit nicht gezogenen mehr als 25 cm langen Läufen, sofern das Kaliber nicht mehr als 9 mm beträgt; demnach fallen alle Kurzwaffen mit gezogenem und nicht gezogenem Lauf, ferner alle Kleinkalibergewehre, die durchweg ein Kaliber von 5,6 mm haben, mit gezogenen Läufen unter das G., ebenso solche Kleinkaliber-Scheibenpistolen, die gezogene oder nicht gezogene, weniger als 25 cm lange Läufe haben, ferner Flobertpistolen, Terzerole und dergl. Befreit sind dagegen z. B. Teschings mit nicht gezogenem Lauf bei einem Kaliber von nicht mehr als 9 mm (wegen der Teschings mit gezogenem Lauf s. unten e),

c) Druckluftwaffen (Gewehre und Pistolen) mit einem Kaliber von 7 mm und darunter, mit gezogenem und nicht gezogenem Lauf,

d) Zimmerstutzen, Kaliber 4 mm und darunter, für Zündhütchen mit Bleirundkugeln (Zielmunition), sofern nicht durch die Herausnahme eines etwaigen Einstecklaufs der Zimmerstutzen zu einer gebrauchsfähigen, dem G. unterliegenden Sch. mit größerem Kaliber umgewandelt werden kann; zu einer gebrauchsfähigen, dem G. unterliegenden Sch. würde der Zimmerstutzen dann nicht, wenn er nach Herausnahme des Einstecklaufs einen nicht gezogenen Lauf mit einem Kaliber von weniger als 9 mm haben würde (s. oben b),

e) Flobertwaffen (Teschings) mit gezogenem Lauf, soweit es sich nicht um Mehrlader handelt, im Gewichte bis zu 2 kg und mit einem Kaliber von 6 mm und darunter; in Betracht kommen dabei sowohl Gewehre wie Pistolen;

3. Leuchtpistolen; sie fallen auch nicht unter das Kriegsgerätegesetz;

4. Scheintod- und Schreckschußpistolen, die ihrer Konstruktion nach nicht zum Abfeuern von Patronen mit Durchschlagskraft, sondern lediglich zum Verfeuern von Knall- oder Gaspatronen, die keine Durchschlagskraft besitzen, benutzt werden können; Pistolen dieser Art, aus denen Platzpatronen verfeuert werden können, fallen unter das G., da diese Patronen eine gewisse Durchschlagskraft haben;

5. Selbstschußapparate, d. h. Einrichtungen, bei denen ein scharfer oder blinder Schuß ausgelöst wird, wenn eine bestimmte Stelle berührt wird; Sch., die in Selbstschußapparate eingebaut werden usw., fallen dagegen unter das G.;

6. Viehbetäubungsapparate, die in Schlachthäusern verwendet werden, um das Vieh möglichst schmerzlos zu schlachten.

Sogenannte Wilddiebsgewehre sowie Gewehre mit Vorrichtungen zur Dämpfung des Schußknalls oder mit Gewehrscheinwerfern (§ 24 des G.) sind stets den Vorschriften des G. unterworfen (§ 1 Abs. 1 AusfV.), auch wenn sie einer der vorstehend unter 1 bis 6 behandelten, sonst eine Ausnahme begründenden Voraussetzung entsprechen.

Nicht unter das G. fallen ferner solche Sch., die dem Kriegsgerätegesetz vom 27. 7. 1927 (RGBl. I S. 239) unterliegen, nämlich, außer Geschützen, Minenwerfern und Maschinenwaffen jeder Art, Gewehre, Stutzen und Karabiner aller Modelle, die zur Bewaffnung der Wehrmacht irgendeines Staates gehören oder gehören werden oder für die Verwendung einer in der deutschen Wehrmacht eingeführten Munition eingerichtet sind oder die nicht mehr zur Bewaffnung der Wehrmacht irgendeines Staates gehören, aber noch für militärische Verwendung in Frage kommen und für Kriegszwecke bestimmt sind, sowie Geschosse und Munition für diese Waffen, ferner Pistolen und Revolver, automatisch oder mit Selbstladevorrichtung, mit einer Lauflänge über 9,8 cm oder mit einem Kaliber über 9 mm sowie Munition für diese Waffen, endlich gewisse Pulver und Sprengstoffe, die für Kriegszwecke bestimmt oder verwendbar sind (§§ 1 bis 4 Kriegsgerätegesetz).

7. Gewehrgranaten, Handgranaten und sonstige mit Sprengstoffen gefüllte Nahkampfmittel sowie alle Sprengstoffe mit Ausnahme des Schießpulvers (s. Anm. 10) unterliegen nicht den Bestimmungen des G., sondern denen des G. gegen den verbrecherischen und gemeingefährlichen Gebrauch von Sprengstoffen vom 9. 6. 1884 — RGBl. S. 61 — (Begr. zu § 1), da bei diesen Gegenständen die Begriffsmerkmale des § 1 Abs. 1 nicht vorliegen. Außerdem findet das Kriegsgerätegesetz (s. Anm. 6 letzter Abs.) Anwendung.

8. Fertige Patronen und Geschosse.

9. Im Sinne des Abs. 1; s. Anm. 1.

10. Schießpulver gilt nicht als Sprengstoff im Sinne des SprengstoffG. (s. Anm. 7), da es „vorzugsweise als Schießmittel

gebraucht wird“ (§ 1 Abs. 3 SprengstoffG.). Es muß jedoch zu den in der Bek. des Reichskanzlers vom 29. 4. 1903 (RGBl. S. 211) und den Nachträgen dazu bezeichneten Schießmitteln gehören. Dies sind zurzeit

a) folgende Pulversorten:

1. alle zum Schießen aus Handfeuerwaffen und Böllern sowie zur Feuerwerkerei und zum Sprengen dienenden, aus Salpeter, Schwefel und Kohle hergestellten Pulver;

2. die zum Schießen aus Jagd- und Scheibengewehren dienenden rauchschwachen Pulver, die aus gelatinierter Schießwolle oder sonstiger nitrierter Pflanzenfaser ohne Zusatz anderer explosiver Stoffe hergestellt sind und gekörnt (in Körnern von nicht über 5 mm Dicke) oder in Plättchen von nicht über 1,6 cmm Inhalt in den Handel gebracht werden;

3. die verschiedenen Sorten folgender handhabungssicherer schwarzpulverähnlicher Sprengpulver:

a) Sprengsalpeter 3, Petroklastit oder Haloklastit,
b) Sprengpulver 4, Sprengsalpeter 4 oder Cahücit,
c) Sprengpulver 5, Sprengsalpeter 5 oder Praepofit,
d) Rosenheimer Sicherheits-Sprengpulver,

wenn sie sich unter dem Einfluß von Stoß, Reibung oder Entzündung nicht gefährlicher erweisen als Sprengsalpeter von folgender Zusammensetzung: 75 v. H. Natronsalpeter, 10 v. H. Schwefel, 15 v. H. Braunkohle;

b) die zur Entzündung von Gewehrladungen dienenden Sprengstoffe, soweit sie in Zündhütchen für Gewehre oder Zündspiegeln für dergleichen verarbeitet sind;

c) die Vereinigung der unter a 1 und b genannten Stoffe in fertigen Gewehr-, Pistolen- oder Revolverpatronen, einschließlich der unter Verwendung von Knallquecksilber ohne Pulver hergestellten Patronen für Teschinggewehre, Pistolen oder Revolver;

d) fertige Gewehr-, Pistolen- und Revolverpatronen, welche

rauchschwaches, aus nitrierter Pflanzenfaser ohne Zusatz anderer explosiver Stoffe hergestelltes Pulver enthalten;

e) Gemische von flüssiger Luft mit Kohlenstoffträgern.

11. Ausgenommen von den Vorschriften des G. ist die Munition, die zu den nicht dem G. unterliegenden Sch. (s. Anm. 6) gehört und nur für diese verwendet werden kann (§ 1 AusfB.).

12. Diese Bestimmung soll nach dem Vorbilde des G. über die Entwaffnung der Bevölkerung vom 7. 8. 1920 (RGBl. S. 1553) einer Umgehung des G. vorbeugen (Begr.). Jedoch können auf die wesentlichen Teile von Sch. und M. diejenigen Vorschriften des G. nicht angewendet werden, die nach Lage der Sache nur für fertige Sch. und M. gelten, z. B. die Vorschriften über den Waffenschein (§ 15 des G.). Welche Teile als wesentliche und vorgearbeitete wesentliche Teile anzusehen sind, ist durch § 2 AusfB. bestimmt. Wesentliche Teile sind danach bei Sch.: Lauf, Verschluß, Trommel, nicht z. B. Schaft oder Visiereinrichtung, bei M.: Hülse, Geschoß. Als vorgearbeitete wesentliche Teile sind nur solche wesentliche Teile anzusehen, die sich in einem derart vorgeschrittenen Herstellungszustande befinden, daß sie ohne besondere maschinelle Vorrichtungen fertig bearbeitet und zur Zusammensetzung gebrauchsfähiger Sch. oder gebrauchsfähiger M. verwendet werden können.

Abschnitt II.

Die Herstellung von Schußwaffen und Munition.[1])

§ 2.

(1) Wer [2]) gewerbsmäßig [3]) Schußwaffen [4]) oder Munition [4]) herstellen, bearbeiten oder instandsetzen will,[5]) bedarf [6]) der Genehmigung.[7]) Als Herstellung von Munition gilt auch das Wiederladen von Patronen.[8])

(2) Die Genehmigung oder ihre Rücknahme darf nicht von der Prüfung der Bedürfnisfrage abhängig gemacht werden.[9])

(3) Für die Errichtung von Pulverfabriken oder sonstigen Anlagen zur Munitionsbereitung bleibt daneben die Genehmigung nach § 16 der Gewerbeordnung für das Deutsche Reich im bisherigen Umfang erforderlich.[10])

1. Das G. führt die Genehmigungspflicht, nicht nur eine Anzeigepflicht (s. § 14 GewO.), für die gewerbsmäßige Herstellung von Sch. und M. ein; es bezweckt damit die Fernhaltung unzuverlässiger Personen von diesem Gewerbezweig (Begr. zu § 2). Die Einführung der Genehmigungspflicht bedeutet eine Ausnahme von dem Grundsatz der Gewerbefreiheit (§ 1 GewO., Art. 151 Abs. 3 RV.). Wegen der beim Inkrafttreten des G. bestehenden Gewerbebetriebe s. § 30 des G. Auf die in § 2 bezeichneten Gewerbebetriebe finden die Vorschriften der GewO. insoweit Anwendung, als nicht in diesem G. besondere Bestimmungen getroffen sind (§ 32 des G.); in Betracht kommen z. B. § 15 Abs. 2 (polizeiliche Verhinderung eines nicht genehmigten Gewerbebetriebs), § 41 (Beschäftigung von Gesellen usw.), § 42 (Ausübung des Gewerbebetriebs), §§ 45, 46 (s. Anm. 2) GewO.

2. Einzelpersonen, Personenvereinigungen oder juristische Personen; weibliche Personen sind nicht ausgeschlossen (§§ 11, 11 a GewO.), ebenso nicht Minderjährige (anders bei der Handelsgenehmigung, § 6 Nr. 2 des G.). Auch Ausländern kann die Genehmigung erteilt werden; juristische Personen des Auslands unterliegen jedoch den besonderen Bestimmungen der Landesgesetze (§ 12 GewO.), in Preußen § 18 der Preußischen Allgemeinen GewO. vom 17. 1. 1845 (GS. S. 41), G. vom 22. 6. 1861 (GS. S. 441) und G. vom 29. 6. 1914 (GS. S. 137), wonach eine Erlaubnis der zuständigen Ministerien erforderlich ist.

Die Genehmigung wird dem Hersteller persönlich erteilt, die Voraussetzungen für die Erteilung müssen in seiner Person

Die Genehmigung gilt nur für das Gebiet des Landes, dessen Behörde sie erteilt hat, da das G. nicht ausdrücklich die Gültigkeit für das Reichsgebiet ausspricht.

Der Hersteller von Sch. und M. ist nicht auf die Herstellung beschränkt, vielmehr darauf angewiesen, die hergestellten Gegenstände zu veräußern, also Handel mit ihnen zu treiben. Einer besonderen Genehmigung gemäß § 5 des G. bedarf er hierzu nicht, es genügt die Herstellungsgenehmigung gemäß § 2 des G., die sinnlos wäre, wenn sie nicht die Genehmigung zur Veräußerung einschließen würde (ebenso Hoche a. a. O. Anm. 5 e zu § 2). Die Veräußerungsbefugnis bezieht sich selbstverständlich nur auf die von dem Genehmigungsinhaber hergestellten, bearbeiteten oder instandgesetzten Gegenstände. Durch § 7 AusfV. ist dem Hersteller usw. von Sch. das Führen eines Waffenbuchs vorgeschrieben, aus dem der Verbleib der Sch. hervorgeht. Muster s. S. 101. Der Veräußerer hat sich davon zu überzeugen, daß der Erwerber zum Erwerb von Sch. berechtigt ist (s. §§ 10 ff. des G.). Wegen Ausstattung und Führung des Waffenbuchs s. § 10 AusfV.

Die Rücknahme der Genehmigung (Abs. 2) ist zulässig und geboten, wenn die Voraussetzungen, unter denen die Genehmigung erteilt worden war, schon zur Zeit der Erteilung nicht gegeben, aber irrtümlich als gegeben angenommen worden waren oder wenn sie nachträglich weggefallen sind; außerdem wenn die Genehmigung von einer sachlich oder örtlich unzuständigen Behörde erteilt worden ist. Wie die Genehmigung darf auch ihre Rücknahme nicht von der Prüfung der Bedürfnisfrage abhängig gemacht werden.

Wegen der Rechtsmittel gegen die Versagung oder Rücknahme der Genehmigung s. § 3, wegen neuer Anträge § 4 des G.

8. Wenn es gewerbsmäßig betrieben wird (s. Anm. 3).

9. Zur Erteilung oder Rücknahme der Genehmigung ist nach § 3 der AusfV. die höhere Verwaltungsbehörde des Bezirks zuständig, in dem der Gewerbetreibende seine gewerbliche Niederlassung hat oder betreiben will. Eine

gewerbliche Niederlassung erfordert den Besitz eines Raums, der nicht notwendig ausschließlich Geschäftszwecken zu dienen braucht, sowie die ernstliche Absicht, in diesem Raum dauernd ein Gewerbe zu betreiben (RGSt. 29, 1; Hoffmann a. a. O. Anm. 3 zu § 42). Vor der Erteilung der Genehmigung oder vor deren Rücknahme ist die örtlich zuständige amtliche Berufsvertretung (Industrie- und Handelskammer, Handwerkskammer) gutachtlich zu hören (§ 5 AusfV.). Welche Behörde unter der Bezeichnung „höhere Verwaltungsbehörde" zu verstehen ist, bestimmt für ihr Gebiet die oberste Landesbehörde (§ 26 AusfV.). In Preußen ist der Regierungspräsident, in Berlin der Polizeipräsident zuständig (s. Erlaß vom 7. 9. 1928, MBliV. S. 925).

10. § 16 GewO.: „Zur Errichtung von Anlagen, welche durch die örtliche Lage oder die Beschaffenheit der Betriebsstätte für die Besitzer oder Bewohner der benachbarten Grundstücke oder für das Publikum überhaupt erhebliche Nachteile, Gefahren oder Belästigungen herbeiführen können, ist die Genehmigung der nach den Landesgesetzen zuständigen Behörde erforderlich.

Es gehören dahin: Schießpulverfabriken, Anlagen zur Feuerwerkerei und zur Bereitung von Zündstoffen aller Art..."

Zuständig für die Genehmigung ist in Preußen der Bezirksausschuß.

Zur Herstellung von Sprengstoffen ist eine besondere Erlaubnis nach dem G. gegen den verbrecherischen und gemeingefährlichen Gebrauch von Sprengstoffen vom 9. 6. 1884 (RGBl. S. 61) erforderlich (s. Anm. 7 zu § 1).

§ 3.

Die Verfügung, durch die die Genehmigung zum Gewerbebetriebe versagt oder zurückgenommen wird,[1]) kann nach den für das Rechtsmittelverfahren gegen polizeiliche Verfügungen geltenden Vorschriften der Landesgesetze [2]) angefochten werden.[3]) [4]) Wo nach diesen ein verwaltungsgerichtliches Verfahren nicht erfüllt sein; die Anlage zur Herstellung, Bearbeitung oder Instandsetzung der Waffen oder Munition als solche bedarf keiner Genehmigung im Sinne des § 2 des G., die dem Hersteller erteilte Genehmigung ist nicht mit der Anlage verbunden (anders in den Fällen des § 16 GewO., § 2 Abs. 3 des G.). Die Genehmigung ist daher nicht veräußerlich oder sonst übertragbar. Jedoch finden nach § 32 des G. (s. Anm. 1) die Vorschriften des § 45 GewO. (Ausübung des Gewerbes durch Stellvertreter) und des § 46 GewO. (Fortsetzung des Gewerbebetriebs nach dem Tode des berechtigten Gewerbetreibenden für Rechnung der Witwe oder der minderjährigen Erben durch Stellvertreter) Anwendung. Liegen in diesen Fällen die Voraussetzungen für die Genehmigung (s. Anm. 7) nicht mehr vor, so kann sie zurückgenommen werden (Abs. 2).

3. Nur die gewerbsmäßige, d. h. fortgesetzte, auf Gewinn gerichtete, Fabrikation usw. von Sch. und M. ist genehmigungspflichtig, andererseits aber sowohl Groß- wie Kleinbetriebe. Auch wer neben seinem eigentlichen Gewerbe die Herstellung, Bearbeitung oder Instandsetzung von Sch. oder M. gewerbsmäßig betreiben will, z. B. ein Mechaniker, Schlosser und dergl., bedarf der Genehmigung. Vorausgesetzt ist, daß es sich um einen selbständigen Gewerbetreibenden handelt, der das Gewerbe im eigenen Namen für eigene Rechnung und unter eigener Verantwortung nach außen betreibt (s. Hoffmann, GewO. § 14 Anm. 1). Die Herstellung, Bearbeitung oder Instandsetzung von Sch. und M. im Gewerbebetrieb im Umherziehen ist unzulässig (s. Anm. 4 zu § 7).

4. S. § 1 des G. Genehmigungspflichtig ist nur die Herstellung solcher Sch. und M., die unter das G. fallen (s. Anm. 6 und 10 zu § 1), und wesentlicher Teile davon im Sinne des § 2 AusfV. (s. Anm. 11 zu § 1). Die Herstellung, Bearbeitung und Instandsetzung von sog. Wilddiebsgewehren sowie von Sch. mit Schalldämpfern oder mit Gewehrscheinwerfern und dieser Vorrichtungen selbst ist verboten (§ 24 des G. und Anm. 6 zu § 1); eine Genehmigung zur Herstellung usw. von Wilddiebsgewehren

kommt überhaupt nicht in Frage, für die Herstellung von Sch. mit Schalldämpfern oder mit Gewehrscheinwerfern oder solcher Vorrichtungen allein kann zur Ausfuhr Genehmigung erteilt werden (§ 24 Abs. 2 des G.). Außerdem sind Ausnahmen zugunsten von Behörden gemacht (§ 25 Abs. 2 AusfV.).

5. Jede Fabrikation, Reparatur, Bearbeitung in weitestem Sinn fällt unter die Vorschriften des G.

6. Strafbestimmung für den Fall der Zuwiderhandlung: § 25 Abs. 1 Nr. 1, Einziehung der Sch. oder M.: § 25 Abs. 2, Bestrafung Aufsichtspflichtiger: § 26 des G. Der ohne polizeiliche Genehmigung aufgenommene Betrieb kann polizeilich durch unmittelbaren Zwang verhindert werden (§ 15 Abs. 2 GewO. und § 32 des G.; in Preußen gemäß §§ 132, 133, 53 LVG.).

7. D. h. der vor Beginn des Betriebs zu erteilenden polizeilichen Erlaubnis (s. Anm. 6).

Das G. bestimmt nicht, welche Voraussetzungen erfüllt sein müssen, damit die Genehmigung erteilt werden kann. Die Entscheidung hierüber ist dem pflichtmäßigen Ermessen der zuständigen Behörde (s. Anm. 9) überlassen, die insbesondere zu prüfen haben wird, ob der Antragsteller für diesen Gewerbezweig als hinreichend zuverlässig angesehen werden kann, ob gegen ihn keine Bedenken vom sicherheitspolizeilichen Standpunkt bestehen und ob nicht der Betrieb dem geltenden Reichsrecht, insbesondere dem § 33 des G., widerspricht. Die Behörde darf aber nach Abs. 2 ihre Entscheidung nicht davon abhängig machen, ob ein Bedürfnis vorliegt: es soll jeder zuverlässige Gewerbetreibende, auch wenn er z. B. keine besondere Fachausbildung hat (Hoche, Schußwaffengesetz Anm. 2 c zu § 2), die Möglichkeit haben, sich in diesem Gewerbezweige zu betätigen, damit nicht ein ausschließliches Fabrikationsrecht (Monopol) einzelner Gewerbetreibender geschaffen wird. Andererseits kann die Genehmigung an Bedingungen (Auflagen) geknüpft und befristet erteilt werden (s. Hoche a. a. O. Anm. 4 a zu § 2).

besteht oder für Fälle dieser Art nicht zulässig ist, finden die Vorschriften der §§ 20 und 21 der Gewerbeordnung für das Deutsche Reich Anwendung.[5])

1. § 2 des G.

2. Diese Bestimmung sichert den Verfügungen die Eigenschaft als polizeiliche Verfügung auch gegenüber etwa abweichenden landesrechtlichen Auffassungen und nimmt der Landesgesetzgebung die Möglichkeit, die Verfügungen von einem landesrechtlich geregelten verwaltungsgerichtlichen Verfahren auszunehmen (s. Hoche a. a. O. Anm. 2 zu § 3). Wo ein solches Verfahren nicht besteht, ist das Rekursverfahren gemäß §§ 20, 21 GewO. (Anm. 5) zulässig, damit auch in solchen Fällen ein mit Rechtsgarantien umgebenes Verfahren vorhanden ist (s. Begr. zu § 3). Wegen der in den einzelnen Ländern geltenden Vorschriften s. v. Elbe, Die Verwaltungsgerichtsbarkeit nach den Gesetzen der deutschen Länder, Berlin 1926.

3. Da die Entscheidung über die Genehmigung oder ihre Rücknahme in das pflichtgemäße Ermessen der zuständigen Behörde gestellt ist (s. Anm. 7 zu § 2), so kann der Verwaltungsrichter im einzelnen Fall nur prüfen, ob die Behörde bei ihrer Entscheidung die gesetzlichen Vorschriften nicht verletzt und ob sie sich in den Grenzen des pflichtgemäßen Ermessens gehalten hat, dagegen nicht, ob die Entscheidung angemessen ist. Der Verwaltungsrichter kann also wohl die tatsächlichen Voraussetzungen nachprüfen, auf die die Behörde ihre Entscheidung stützt, er kann aber, wenn diese Voraussetzungen vorhanden sind, nicht entscheiden, daß die Folgerung, die die Behörde aus ihnen gezogen hat, unrichtig sei, soweit die entscheidende Behörde im Rahmen ihres pflichtgemäßen Ermessens geblieben ist. Wenn die Behörde auf Grund von Tatsachen, die der Nachprüfung standhalten, einem Antragsteller wegen Unzuverlässigkeit die Genehmigung versagt, so kann der Verwaltungsrichter niemals die Genehmigung erteilen.

4. In Preußen findet gegen die Verfügung der zuständigen Behörde (s. Anm. 9 zu § 2) das Rechtsmittelverfahren nach § 127 ff. LVG. statt. Gegen die Verfügung des Regierungspräsidenten (Polizeipräsidenten von Berlin) ist nach § 130 LVG. innerhalb 2 Wochen die Beschwerde an den Oberpräsidenten und gegen den vom Oberpräsidenten auf die Beschwerde erlassenen Bescheid innerhalb gleicher Frist die Klage bei dem Oberverwaltungsgericht zulässig. Gegen die Verfügung des Regierungspräsidenten in Sigmaringen findet innerhalb 2 Wochen unmittelbar die Klage bei dem Oberverwaltungsgericht statt. Die Klage kann nur darauf gestützt werden, daß der angefochtene Bescheid durch Nichtanwendung oder unrichtige Anwendung des bestehenden Rechts, insbesondere auch der von den Behörden innerhalb ihrer Zuständigkeit erlassenen Verordnungen, den Kläger in seinen Rechten verletze, oder daß die tatsächlichen Voraussetzungen nicht vorhanden seien, die die Behörde zum Erlasse der Verfügung berechtigt haben würden (s. hierzu Anm. 3).

5. § 20 GewO.: Gegen den Bescheid ist Rekurs an die nächstvorgesetzte Behörde zulässig, welcher bei Verlust desselben binnen 14 Tagen, vom Tage der Eröffnung des Bescheids an gerechnet, gerechtfertigt werden muß. Der Rekursbescheid ist den Parteien schriftlich zu eröffnen und muß mit Gründen versehen sein.

§ 21 GewO. enthält die Grundsätze, die bei der Bestimmung der Rekursbehörden und der Regelung des Rekursverfahrens einzuhalten sind. Außerdem sind auch die §§ 21 a (Verpflichtung der Sachverständigen zur Verschwiegenheit) und 22 GewO. (Kosten des Verfahrens) anwendbar, da sie zu den Vorschriften über das Rekursverfahren gehören.

§ 4.

Ist die Genehmigung [1]) endgültig versagt oder zurückgenommen worden,[2]) so kann ein neuer Antrag [3]) auf Erteilung der Genehmigung erst gestellt werden, wenn seit der Zustellung [4]) der endgültigen Entscheidung mindestens drei Jahre verflossen sind.[5])

1. §§ 2 und 3 des G.

2. Dies ist der Fall, wenn ein Rechtsmittel nach § 3 nicht mehr zulässig ist.

3. Durch denjenigen, gegen den die Entscheidung gerichtet ist (s. Anm. 2 zu § 2).

4. Für die Zustellung ist eine bestimmte Form nicht vorgeschrieben. Jede sichere und vollständige Kenntnis von der Entscheidung und ihrem Inhalt setzt die Frist in Lauf. Zur Vermeidung von Zweifeln empfiehlt es sich, die Entscheidung gegen Empfangsbescheinigung oder Zustellungsurkunde zuzustellen.

5. Wird vor Ablauf der Frist ein neuer Antrag gestellt, so kann er ohne sachliche Prüfung als unzulässig zurückgewiesen werden. Die entscheidende Behörde ist aber befugt, ihn sachlich zu prüfen und eine sachliche Entscheidung zu treffen.

Abschnitt III.

Der Handel mit Schußwaffen und Munition.[1]

§ 5.

(1) Wer [2] gewerbsmäßig [3] Schußwaffen [4] oder Munition [4] erwerben,[5] feilhalten [6] oder anderen überlassen [7] oder wer gewerbsmäßig [3] den Erwerb [5] oder das Überlassen [7] solcher Waren vermitteln [8] oder sich gewerbsmäßig [3] zum Erwerb [5] oder Überlassen [7] solcher Waren erbieten [9] will, bedarf [10] der Genehmigung.[11] [12] [13] [14]

(2) Die Vorschriften des § 2 Abs. 2 und der §§ 3, 4 gelten entsprechend.[15]

1. Auch der Handel mit Sch. und M. ist, wie die Herstellung (§ 2), von einer Genehmigung abhängig gemacht, um unzuverlässige Elemente möglichst fernzuhalten. Der Begriff des

Handels ist dem Zweck des G. entsprechend möglichst weit gefaßt. Auch wer beim Inkrafttreten des G. ein nach § 5 genehmigungspflichtiges Gewerbe betreibt, bedarf der Genehmigung (§ 30 Abs. 1 des G.). Auf die in § 5 bezeichneten Gewerbebetriebe finden die Vorschriften der GewO. insoweit Anwendung, als nicht in diesem G. besondere Bestimmungen getroffen sind (§ 32 des G., s. Anm. 1 zu § 2).

Für den Handel mit Kriegsgerät gelten die Vorschriften des Kriegsgerätegesetzes vom 27. 7. 1927 (RGBl. I S. 239), s. Anm. 6 zu § 1, für den Waffenhandel nach China das G. vom 31. 3. 1928 (RGBl. I S. 149), s. Anm. 1 zu § 33 des G., für den Handel mit Sprengstoffen das Sprengstoffgesetz vom 9. 6. 1884 (RGBl. S. 61), s. Anm. 7 zu § 1 des G.

2. Wegen der Personen, denen die Genehmigung erteilt werden kann, gilt das in Anm. 2 Abs. 1 zu § 2 Gesagte.

Die Genehmigung wird dem Händler persönlich erteilt, in seiner Person müssen die Voraussetzungen zu ihrer Erteilung erfüllt sein. Mit dem Betrieb als solchem ist sie nicht verbunden, sie ist daher nicht veräußerlich oder sonst übertragbar. Jedoch sind die Vorschriften der §§ 45 und 46 GewO. anwendbar (s. Anm. 2 zu § 2). Die Genehmigung kann an Bedingungen (Auflagen) geknüpft und befristet erteilt werden (s. Anm. 7 zu § 2) und gilt nur für das Gebiet des Landes, dessen Polizeibehörde (s. Anm. 9) die Genehmigung erteilt hat (s. Anm. 7 zu § 2).

3. Nur der gewerbsmäßige (s. Anm. 3 zu § 2) Handel ist genehmigungspflichtig. Dagegen ist jedes, auch das nichtgewerbsmäßige Überlassen oder Erwerben von Sch. oder M. von der Aushändigung eines Waffen- (Munitions-) Erwerbscheins abhängig (§ 10).

4. § 1. Wegen sog. Wilddiebsgewehre und Schußwaffen mit Schalldämpfern oder mit Gewehrscheinwerfern s. § 24 des G. und Anm. 6 zu § 1.

5. Erwerben erfolgt in der Absicht der Weiterveräußerung; auch unentgeltlicher Erwerb mit der Absicht der gewerbsmäßigen Weiterveräußerung fällt darunter.

6. Dasselbe wie Feilbieten im Sinne der GewO. (z. B. §§ 42 a, 42 b, 56): Bereitstellen und Zugänglichmachen der Waren zur Besichtigung und zum Ankauf unter positiven, zum Ankauf anreizenden Handlungen (s. Hoffmann a. a. O. Anm. 6 zu § 42 b).

7. Verkaufen, Vermieten, Verleihen oder in Gewahrsam geben, sofern damit die Übertragung des mittelbaren oder unmittelbaren Besitzes verbunden ist.

8. Vermittlungsagenten, Makler (§§ 652 ff. BGB.), Handelsagenten, Handelsmäkler (§§ 84 bis 104 HGB.) kommen hier in Betracht.

9. Gegensatz zu Feilhalten (Anm. 6): die Ware wird nicht vorgezeigt, sondern auf Grund von Mustern, Katalogen usw. angeboten; durch die Genehmigungspflicht soll sog. Luftgeschäften, bei denen der sich zur Lieferung von Sch. oder M. Erbietende zur Lieferung von Sch. und M. gar nicht in der Lage ist, vorgebeugt werden (s. Hoche a. a. O. Anm. 1 a 5 zu § 5).

10. Strafbestimmung für den Fall der Zuwiderhandlung: § 25 Abs. 1 Nr. 1, Einziehung der Sch. oder M.: § 25 Abs. 2, Bestrafung Aufsichtspflichtiger: § 26 des G. Wegen der beim Inkrafttrten des G. bestehenden Betriebe s. § 30 Abs. 2 des G. Der ohne polizeiliche Genehmigung aufgenommene Handel kann durch unmittelbaren Zwang polizeilich verhindert werden (§ 15 Abs. 2 GewO., § 32 des G.); in Preußen gemäß §§ 132, 133, 53 LVG.

11. S. Anm. 7 zu § 2.

12. Zur Erteilung oder Rücknahme der Genehmigung ist die Polizeibehörde zuständig, in deren Amtsbereich der Handeltreibende seine gewerbliche Niederlassung (s. Anm. 9 zu § 2) hat oder betreiben will (§ 4 AusfV.).

Vor der Erteilung oder Rücknahme der Genehmigung ist die örtlich zuständige amtliche Berufsvertretung (Industrie- und Handelskammer, Handwerkskammer) gutachtlich zu hören (§ 5 AusfV.).

Welche Behörde unter der Bezeichnung „Polizeibehörde“ zu verstehen ist, bestimmt für ihr Gebiet die oberste Landesbehörde

(§ 26 AusfV.). In Preußen ist zuständig: in kreisfreien Städten und in den nach § 27 Abs. 1 der Kreisordnung für die Provinz Hannover vom 6. 5. 1884 (GS. S. 181) selbständigen Städten sowie in Orten mit staatlicher Polizeiverwaltung die Ortspolizeibehörde, im übrigen der Landrat (s. Erlaß vom 7. 9. 1928, MBliV. S. 925).

13. Durch §§ 8 und 9 AusfV. ist den Händlern die Führung eines Waffenhandelsbuchs vorgeschrieben, aus dem die Herkunft und der Verbleib der Schußwaffen hervorgeht. Muster s. S. 101. Der Veräußerer hat sich davon zu überzeugen, daß der Erwerber zum Erwerb von Schußwaffen berechtigt ist (s. §§ 10 ff. des G.). Wegen Ausstattung und Führung des Waffenhandelsbuchs s. § 10 AusfV. Unter „Polizeibehörde" im Sinne des § 10 AusfV. ist in Preußen die Ortspolizeibehörde zu verstehen (s. Erlaß vom 7. 9. 1928, MBliV. S. 925).

14. Fälle, in denen eine Genehmigung nicht erteilt werden darf: §§ 6, 7 und 8 des G. Diese einschränkenden Sondervorschriften bezwecken im Interesse der allgemeinen Sicherheit und Ordnung, daß weniger zuverlässige Elemente der Bevölkerung möglichst wenig angereizt werden, sich mit Sch. und M. zu versehen (Begr. zu § 5).

15. S. Anm. 7 zu § 2 und die Anmerkungen zu §§ 3 und 4. Zu beachten ist hierbei hinsichtlich des verwaltungsgerichtlichen Verfahrens, daß im Falle des § 2 die Erteilung oder Rücknahme der Genehmigung durch die „höhere Verwaltungsbehörde" erfolgt (s. Anm. 9 zu § 2), während im Falle des § 5 die „Polizeibehörde" zuständig ist (s. Anm. 12). Die Beschwerde ist daher an jeweils verschiedene Stellen zu richten. In Preußen sind die Vorschriften der §§ 127 ff. LVG. anzuwenden.

§ 6.

Die Genehmigung nach § 5 darf nicht [1]) erteilt werden [2])

1. Tröblern,[3])

2. den im § 16 Abs. 1 Satz 2 bezeichneten Personen;[4]) Ausnahmen sind in den Grenzen des § 16 Abs. 3 zulässig.[5])

1. Ist sie irrtümlich erteilt worden oder tritt nachträglich eine unter die Vorschriften des § 6 fallende Tatsache ein, so muß die Polizeibehörde (s. Anm. 12 zu § 5) die Genehmigung zurücknehmen, soweit nicht eine Ausnahme nach Nr. 2 zulässig ist; im Falle der Nr. 1 sind Ausnahmen nicht zugelassen.

2. S. Anm. 14 zu § 5.

3. Tröbelhandel ist nach § 35 Abs. 2 GewO. Handel mit gebrauchten Kleidern, gebrauchten Betten oder gebrauchter Wäsche, Kleinhandel mit alten Metallgeräten, mit Metallbruch oder dergl. Im Sinne der vorstehenden Bestimmung ist der Begriff Tröbler im weitesten Sinne zu verstehen; es fallen also darunter insbesondere auch die im Sprachgebrauch als Althändler bezeichneten Personen (Begr. zu § 6). Ausnahmen sind nicht zulässig (s. Anm. 1).

4. Das sind Personen, denen wegen Unzuverlässigkeit der Erwerb und das Führen von Schußwaffen nicht gestattet wird; es wäre im allgemeinen nicht zu rechtfertigen, wenn solchen Personen der Handel mit Waffen und Munition gestattet würde. Unter die Bestimmung fallen: Personen unter 20 Jahren, Entmündigte und geistig Minderwertige, Zigeuner oder nach Zigeunerart umherziehende Personen, Personen, die wegen Zuwiderhandlungen gegen gewisse gesetzliche Vorschriften zu einer Freiheitsstrafe von mehr als 2 Wochen rechtskräftig verurteilt worden sind, wenn seit der Verbüßung, Verjährung oder dem Erlaß der Strafe noch nicht 5 Jahre verflossen sind, endlich Personen, gegen die auf Zulässigkeit von Polizeiaufsicht oder auf Verlust der bürgerlichen Ehrenrechte erkannt worden ist, für die Dauer der Zulässigkeit dieser Nebenstrafen (Näheres s. § 16 und Anm. dazu).

5. Im Einzelfall können auf Antrag zur Vermeidung von Härten Ausnahmen, jedoch nicht für die in § 16 Abs. 1 Nr. 2 und 5 bezeichneten Personen, von der höheren Verwaltungsbehörde

des Bezirks zugelassen werden, in dem der Antragsteller seine gewerbliche Niederlassung (s. Anm. 9 zu § 2) hat oder betreiben will (§ 6 AusfV.). Welche Behörde unter der Bezeichnung „höhere Verwaltungsbehörde" zu verstehen ist, bestimmt die oberste Landesbehörde (§ 26 AusfV.). In Preußen ist der Regierungspräsident, in Berlin der Polizeipräsident zuständig (s. Erlaß vom 7. 9. 1928, MBliV. S. 925).

6. Die in Nr. 1 und 2 bezeichneten Personen können nicht bestraft werden, wenn sie mit der irrtümlich erteilten Genehmigung der Polizeibehörde Handel mit Waffen oder Munition treiben. Tun sie es ohne Genehmigung, so machen sie sich nach § 5 strafbar.

§ 7.[1])

(1) Verboten [2]) ist der Handel mit Schußwaffen [3]) oder Munition [3])

1. im Umherziehen,[4])
2. auf Jahrmärkten, Schützenfesten und Messen mit Ausnahme der Mustermessen.[5])

(2) Nicht unter das Verbot des Abs. 1 Nr. 2 fällt das Feilhalten und Überlassen der auf den Schießständen benötigten Munition.[6])

1. S. Anm. 14 zu § 5.

2. Das Verbot gilt allgemein, also auch für Personen, die im Besitze einer Handelsgenehmigung nach § 5 sind. Strafbestimmung für den Fall der Zuwiderhandlung: § 25 Abs. 1 Nr. 1, Einziehung der Sch. oder M.: § 25 Abs. 2, Bestrafung Aufsichtspflichtiger: § 26 des G. Nur der Händler, nicht der Käufer, kann auf Grund des § 7 bestraft werden.

3. § 1 des G.

4. Nach § 56 Abs. 2 Nr. 6 GewO. sind vom Ankauf oder Feilbieten im Umherziehen explosive Stoffe, insbesondere Feuerwerkskörper, Schießpulver und Dynamit, und nach Nr. 8 (Stoß-,

Hieb- und) Schußwaffen ausgeschlossen. Die Bestimmung des § 7 Abs. 1 Nr. 1 geht insofern weiter, als jeder Handel mit Sch. oder M. verboten ist, der im Umherziehen betrieben wird. Handel im Umherziehen ist gleichbedeutend mit Gewerbebetrieb im Umherziehen im Sinne des § 55 GewO. Einen solchen betreibt, wer außerhalb des Gemeindebezirks seines Wohnorts oder der durch besondere Anordnung der höheren Verwaltungsbehörde dem Gemeindebezirk des Wohnorts gleichgestellten nächsten Umgebung desselben ohne Begründung einer gewerblichen Niederlassung und ohne vorgängige Bestellung in eigener Person 1. Waren feilbietet, 2. Warenbestellungen aufsucht oder Waren bei anderen Personen als bei Kaufleuten oder an anderen Orten als in offenen Verkaufsstellen zum Wiederverkauf ankauft, 3. gewerbliche Leistungen anbietet. Unter diese Begriffsbestimmung fallen die in § 5 Abs. 1 des G. angeführten Tätigkeiten, aber auch die Herstellung im Sinne des § 2 Abs. 1 des G., da dies unter den Begriff „Anbieten gewerblicher Leistungen" fallen würde (ebenso Hoche a. a. O. Anm. 2 b zu § 7).

Dadurch, daß Sch. und M. vom Ankauf und Feilbieten im Umherziehen ausgeschlossen sind, dürfen sie nach § 42 a GewO. auch innerhalb des Gemeindebezirks des Wohnorts oder der gewerblichen Niederlassung von Haus zu Haus oder auf öffentlichen Wegen, Straßen, Plätzen oder an anderen öffentlichen Orten nicht feilgeboten oder zum Wiederverkauf angekauft werden (ambulanter Gewerbebetrieb, Stadthausieren). Dagegen ist dem Händler nach näherer Bestimmung des § 44 GewO. nicht verboten, auch außerhalb des Gemeindebezirks seiner gewerblichen Niederlassung persönlich oder durch in seinem Dienste stehende Reisende für die Zwecke seines Gewerbebetriebs Waren aufzukaufen und Bestellungen auf Waren zu suchen (Detailreisen). Er bedarf hierzu einer Legitimationskarte (§ 44 a GewO.).

5. Zu den Gegenständen des Wochenmarktverkehrs gehören Sch. und M. nach § 66 Abs. 1 Nr. 1 bis 3 GewO. nicht; es ist auch nicht anzunehmen, daß sie nach § 66 Abs. 2 durch eine

Verwaltungsbehörde zugelassen werden; dasselbe gilt für Spezialmärkte (Weihnachts-, Woll-, Viehmärkte usw.) im Sinne des § 70 GewO.

Auf Jahrmärkten (Messen) dürfen außer den im § 66 benannten Gegenständen Verzehrungsgegenstände und Fabrikate aller Art feilgehalten werden (§ 67 GewO.). Diese Vorschrift wird durch § 7 Abs. 1 Nr. 2 hinsichtlich des Handels mit Sch. und M. eingeschränkt.

Für die Mustermessen ist eine Ausnahme gemacht, da gerade Mustermessen für die Herstellung und den Handel mit Sch. und M. von großer Bedeutung sind (Begr. zu § 7).

6. Diese Ausnahme soll einem praktischen Bedürfnis entgegenkommen. Sie gilt nur für die „auf den Schießständen" des Jahrmarkts oder Schützenfestes benötigte Munition, also für den Verbrauch an Ort und Stelle; außerdem muß der Händler die Genehmigung nach § 5 des G. besitzen.

§ 8.[1])

Öffentlichen und privaten Pfandleihen [2]) ist das Beleihen von Schußwaffen [3]) und Munition [3]) verboten.[4]) [5])

1. S. Anm. 14 zu § 5.

2. § 34 GewO. Der Pfandleiher verleiht gewerbsmäßig Geld gegen Verpfändung beweglicher Gebrauchsgegenstände (RGSt. 12, 217 und 23, 121). Als Pfandleihgewerbe gilt auch der gewerbsmäßige Ankauf beweglicher Sachen mit Gewährung des Rückkaufsrechts (§ 34 Abs. 2 GewO.). In Preußen regelt den Geschäftsbetrieb der Pfandleiher das wiederholt abgeänderte G. vom 17. 3. 1881 (GS. S. 265) und dazu ergangene Verordnungen (zusammengestellt bei Hue de Grais, Handbuch der Verfassung und Verwaltung in Preußen und dem Deutschen Reich, 24. Aufl., Berlin 1927, Anm. 20 zu § 314).

Verboten ist nur das gewerbsmäßige Beleihen von Sch. und M. gegen Pfand; im übrigen kann jedermann gegen

Verpfändung von Sch. und M. Geld verleihen, wenn er dem Verpfänder, der ihm die Gegenstände überläßt, einen Waffen- oder Munitionserwerbschein aushändigt (s. Anm. 3 zu § 5).

3. § 1 des G.

4. Das Verbot ist notwendig, damit nicht Pfandscheine über verpfändete Sch. und M. veräußert und alsdann von Personen eingelöst werden, die keinen Waffen- oder Munitionserwerbschein besitzen (Begr. zu § 8).

5. Strafbestimmung für den Fall der Zuwiderhandlung: § 25 Abs. 1 Nr. 1, Einziehung der Sch. und M.: § 25 Abs. 2, Bestrafung Aufsichtspflichtiger: § 26 des G. Bestraft werden kann auf Grund des § 8 nur der Pfandleiher, nicht auch der Verpfänder.

§ 9.[1])

(1) Vom Ablauf von sechs Monaten nach Inkrafttreten dieses Gesetzes [2]) ab [3]) dürfen [4]) im Inland nur solche Schußwaffen [5]) gewerbsmäßig [6]) feilgehalten [7]) oder anderen überlassen [8]) werden, die die Firma [9]) oder das eingetragene Warenzeichen [10]) des Herstellers [11]) oder des Händlers (§ 5) und eine fortlaufende Herstellungsnummer tragen.[12])

(2) Schußwaffen,[5]) die nicht die Firma [9]) oder das eingetragene Warenzeichen [10]) eines inländischen Herstellers [11]) tragen, müssen außer der Herstellungsnummer die Firma oder das eingetragene Warenzeichen eines im Inland wohnenden Händlers tragen.[13]) [14]) [15])

1. Die Vorschrift des § 9 entspricht einem von zuverlässigen Herstellern schon bisher geübten Brauch. Sie ist gesetzlich festgelegt, um die Aufklärung strafbarer Handlungen, die mittels Sch. begangen worden sind, zu erleichtern.

2. 1. 10. 1928 (§ 37 Abs. 1).

3. Also vom 1. 4. 1929 ab.

4. Strafbestimmung für den Fall der Zuwiderhandlung: § 25 Abs. 1 Nr. 1, Einziehung der Sch.: § 25 Abs. 2, Bestrafung Aufsichtspflichtiger: § 26 des G. Der Erwerber kann nicht auf Grund des § 9 bestraft werden.

5. § 1 des G.

6. S. Anm. 3 zu § 2 des G.

7. S. Anm. 6 zu § 5 des G.

8. S. Anm. 7 zu § 5 des G.

9. S. §§ 17 ff. HGB.

10. Auch Marken genannt, s. G. zum Schutze der Warenbezeichnungen vom 12. 5. 1894 in der Fassung der Bek. vom 7. 12. 1923 (RGBl. II S. 445); nur eingetragene Warenzeichen genügen der Vorschrift.

11. § 2 des G.

12. Nur solche Sch. unterliegen der Vorschrift, die gewerbsmäßig feilgehalten oder anderen überlassen werden, also nicht z. B. die Waffen, die zwar fertiggestellt sind, aber noch in der Fabrik lagern; erst im Augenblick des Feilbietens oder Überlassens durch den Hersteller oder Händler besteht die Verpflichtung. Erforderlich ist nach Abs. 1 außer der Herstellungsnummer, die in allen Fällen, also auch bei aus dem Ausland eingeführten Sch., vorhanden sein muß, entweder die Firma oder das eingetragene Warenzeichen des Herstellers oder die Firma oder das eingetragene Warenzeichen des Händlers. Die Zulassung der Firma oder des Zeichens des Händlers ist außer für aus dem Ausland eingeführte Waffen auch für Fälle notwendig, wo ein Großhändler oder Büchsenmacher bestimmte Modelle mit seiner eigenen Marke herausbringt oder wo aus Konkurrenzgründen der Fabrikant nicht für jeden Dritten kenntlich sein will (Begr. zu § 9). Für die Behörden ist in diesem Fall die Herkunft der Waffe aus dem von dem Hersteller oder dem Händler zu führenden Waffenbuch (s. Anm. 7 zu § 2) oder Waffenhandelsbuch (s. Anm. 13 zu § 5) ersichtlich.

13. Im Falle des Abs. 2 besteht nicht die Möglichkeit einer Wahl wie im Falle des Abs. 1, sondern eine bestimmte Vorschrift.

Sie kommt einmal für alle ausländischen Sch. und sodann für solche inländische Sch. in Betracht, die nicht die Firma oder das eingetragene Warenzeichen eines inländischen Herstellers tragen; letzteres wird, abgesehen von den in Anm. 12 erwähnten Fällen, im allgemeinen nur bei vor dem 1. April 1929 hergestellten Waffen vorkommen, die noch nicht mit der Firma oder dem Warenzeichen des Herstellers versehen worden sind.

14. Die vorgeschriebenen Bezeichnungen müssen dauerhaft angebracht sein, eine bestimmte Stelle der Sch. ist hierfür nicht vorgeschrieben.

15. Unberührt bleiben die Vorschriften des G. über die Prüfung der Läufe und Verschlüsse der Handfeuerwaffen vom 19. 5. 1891 (RGBl. S. 109), wonach Handfeuerwaffen nur dann feilgehalten oder in den Verkehr gebracht werden dürfen, wenn ihre Läufe oder Verschlüsse in inländischen amtlichen Prüfungsanstalten geprüft und mit Prüfungszeichen versehen sind. S. dazu Ausführungsbestimmungen vom 22. 6. 1892 (RGBl. S. 674 mit Berichtigung RGBl. 1893 S. 3), 23. 7. 1893 (RGBl. S. 227) und 8. 5. 1895 (RGBl. S. 232). Ausnahmsweise sind gewisse ausländische Prüfungszeichen anerkannt, nämlich belgische durch Bek. vom 26. 4. 1899 (RGBl. S. 275), französische durch Bek. vom 15. 7. 1904 (RGBl. S. 309) und englische durch Bek. vom 30. 6. 1894 (ZBl. S. 350).

Abschnitt IV.

Erwerb,[1] Führen,[2] Einfuhr[3] und Besitz[4] von Schußwaffen und Munition.

§ 10.

(1) Schußwaffen[5] oder Munition[5] dürfen nur gegen Aushändigung[6] eines behördlich ausgestellten[7] Waffen- oder Munitionserwerbscheins[8] überlassen[9] oder erworben[10] werden.

(2) Der Erwerbschein [11]) [12]) [13]) gilt für die Dauer eines Jahres [14]) vom Tage der Ausstellung ab gerechnet, soweit nicht eine kürzere Geltungsdauer auf ihm vermerkt ist.[15])

(3) Abs. 1 gilt nicht [16]) für

1. die Überlassung von Schußwaffen oder Munition auf einem polizeilich genehmigten Schießstand [17]) zur Benutzung lediglich auf diesem Schießstand;[18])
2. die Versendung von Schußwaffen oder Munition unmittelbar in das Ausland; [19]) dem Ausland im Sinne dieser Vorschrift stehen gleich: [20])
   a) die Zollausschlüsse [21]) mit Ausnahme von Helgoland und der Badischen Zollausschlüsse,
   b) die Freibezirke,[21])
   c) die Freizone von Lübeck;[21])
3. die Übermittlung von Schußwaffen und Munition durch Personen, die gewerbsmäßig Güterversendungen besorgen oder ausführen,[22]) insbesondere durch Spediteure,[23]) Frachtführer,[24]) Verfrachter eines Seeschiffes,[24]) die Post [25]) oder die Eisenbahn.[26])

1. Für den Erwerb von Sch. und M. schreibt das G. grundsätzlich die Aushändigung eines Waffen- oder Munitionserwerbscheins durch den Erwerber an den Überlasser vor.

2. Das Führen einer Sch. außerhalb der Wohnung, der Geschäftsräume oder des befriedeten Besitztums wird durch das G. von einer polizeilichen Erlaubnis (Waffenschein) abhängig gemacht.

3. Die Einfuhr von Sch. und M. unterliegt im allgemeinen den gleichen Vorschriften wie der Erwerb.

4. Die V. des Rates der Volksbeauftragten über Waffenbesitz vom 13. 1. 1919 (RGBl. S. 31 und 122) hatte den unbefugten Besitz von Sch. und M. unter Strafe gestellt. Durch die von den Ländern erlassenen Ausführungsvorschriften wurde bestimmt, was unbefugter Besitz im Sinne dieser V. sein sollte. Regelmäßig wurde der Besitz von Sch. von einer polizeilichen Erlaubnis (Waffenschein) abhängig gemacht. Das G. über Sch. und M. hat davon abgesehen, einen Waffen- (Munitions-) Besitzschein einzuführen, da Zuwiderhandlungen gegen eine solche Bestimmung, wenn sie überhaupt Erfolg haben sollte, unter Strafe gestellt werden müßten; die Durchführung einer solchen Strafandrohung in der Praxis würde jedoch nach den auf Grund der Waffenbesitz-V. vom 13. 1. 1919 gemachten Erfahrungen auf unüberwindliche Schwierigkeiten stoßen (Begr. zu Abschn. IV). Im allgemeinen ist daher jedermann zum Besitz (dagegen nicht zum Führen, s. § 15) von Sch. berechtigt. Hiergegen bestehen deswegen keine besonderen Bedenken, weil der Besitz von Sch. innerhalb der Wohnung, der Geschäftsräume oder des befriedeten Besitztums im allgemeinen für die öffentliche Sicherheit und Ordnung keine große Gefahr bildet. Jedoch ist der Besitz von Sch. und M. bestimmten Personen verboten (§§ 17, 18 des G.); der Besitz eines Waffen- oder Munitionslagers ist nur mit polizeilicher Genehmigung zulässig (§ 23 des G.) und der Besitz von Wilddiebsgewehren sowie von Gewehren mit Schalldämpfern oder Scheinwerfern ist jedermann verboten (§ 24 des G.). Auf den Besitz von Militärwaffen bezieht sich das G. überhaupt nicht (s. Anm. 6 zu § 1 und Anm. 1 zu § 33).

5. § 1 des G.

6. Der Erwerbschein braucht dem Überlasser nicht ausgehändigt, sondern nur vorgelegt zu werden, wenn die Zahl an Sch. oder M., auf die er lautet, noch nicht erreicht ist; vor der Rückgabe an den Erwerber hat der Überlasser aber die vorgeschriebenen Vermerke auf ihm anzubringen (§ 14 Abs. 3 AusfV.; s. auch Anm. 13).

7. Zuständig ist nach § 11 AusfV. die Polizeibehörde, in deren Amtsbereich der Antragsteller seinen Wohnsitz oder dauernden Aufenthalt hat. In dringenden Fällen ist auch die Polizeibehörde zuständig, in deren Amtsbereich sich der Antrag-

steller nur vorübergehend aufhält; diese hat von der Ausstellung die an sich zuständige Polizeibehörde des Wohnsitzes oder Aufenthalts zu benachrichtigen, die eine genaue Prüfung des Antrags vorzunehmen und gegebenenfalls den Erwerbschein nach § 18 des G. zu widerrufen hat. Hat der Antragsteller seinen Wohnsitz oder dauernden Aufenthalt nicht innerhalb des Deutschen Reichs — es wird sich hier regelmäßig um Ausländer handeln —, so ist die Polizeibehörde zuständig, in deren Amtsbereich der Aufenthalts- oder Einreiseort liegt. Welche Behörde unter der Bezeichnung „Polizeibehörde“ zu verstehen ist, bestimmt die oberste Landesbehörde (§ 26 AusfV.). In Preußen sind für die Ausstellung des Erwerbscheins in den regelmäßigen Fällen (§ 11 Abs. 1 Satz 1 AusfV.) die in Anm. 12 zu § 5 genannten Behörden zuständig, in dringenden Fällen (§ 11 Abs. 1 Satz 2 Halbsatz 1) die Ortspolizeibehörden, die von der Ausstellung die vorstehend genannten Behörden zu benachrichtigen haben (§ 11 Abs. 1 Satz 2 Halbsatz 2).

Im Falle des § 11 Abs. 2 AusfV. (kein Wohnsitz oder dauernder Aufenthalt im Inland) ist die Ortspolizeibehörde zuständig (s. Erlaß vom 7. 9. 1928, MBliV. S. 925).

8. Wegen der Personen, die einen Waffen- (Munitions-) Erwerbschein erhalten können, s. § 16, wegen des Widerrufs § 18 des G.

9. Nicht nur das gewerbsmäßige, sondern jedes, auch das nichtgewerbsmäßige Überlassen von Sch. und M. ist davon abhängig, daß der Erwerber dem Überlassenden den ihm ausgestellten Erwerbschein vorlegt und gegebenenfalls aushändigt (s. Anm. 6). Wegen des Überlassens oder Erwerbs von M. s. aber Anm. 11.

Unter Überlassen ist sowohl die Übertragung des Eigentums (§§ 929, 930, 931 BGB.) als auch die Übertragung des unmittelbaren (§ 854 BGB.) oder mittelbaren Besitzes (§ 870 BGB.) von Sch. und M. zu verstehen (Begr. zu § 10), dagegen nicht das Überlassen an einen Besitzdiener (§ 855 BGB.), da damit nicht das Recht zu einer Verfügung über die Gegenstände verbunden ist,

z. B. Übergabe einer Sch. an einen Boten zwecks Überbringung in eine Instandsetzungswerkstatt. Ausnahmen von dem Erwerbscheinzwang oder Erleichterungen für den Bezug von Sch. und M. sind in § 10 Abs. 3, in §§ 11 bis 14, 19 und 21 des G. vorgesehen, der Erwerb von M. ist durch die AusfV. wesentlich erleichtert (s. Anm. 11). Gesetzwidriges Überlassen wird nach § 25 Abs. 1 Nr. 1 des G. bestraft; Einziehung der Sch. oder M.: § 25 Abs. 2, Bestrafung Aufsichtspflichtiger: § 26 des G.

10. Personen, denen kein Erwerbschein ausgestellt ist, dürfen also regelmäßig (Ausnahmen s. Anm. 9) Sch. oder M. nicht erwerben; unter Erwerben ist ebenso wie beim Überlassen (s. Anm. 9) der Erwerb des Eigentums sowie des unmittelbaren oder mittelbaren Besitzes zu verstehen. Zuwiderhandlungen sind nach § 25 Abs. 1 Nr. 1 des G. strafbar; Einziehung der Sch. oder M.: § 25 Abs. 2, Bestrafung Aufsichtspflichtiger: § 26 des G.

11. Der Waffenerwerbschein berechtigt nur zum Erwerb einer Sch., sofern nicht auf Antrag des Erwerbers die Berechtigung zum Bezug einer höheren Zahl auf ihm vermerkt ist (§ 12 Abs. 1 AusfV.). Außerdem berechtigt der Waffenerwerbschein nach § 13 des G. ohne Einschränkung zum Erwerbe der zu den betreffenden Waffen gehörigen M. Der Munitionserwerbschein berechtigt zum Erwerb von 50 Patronen mit Mantelgeschoß oder von 50 Kugelpatronen für Faustfeuerwaffen (Pistolen und Revolver), sofern nicht die Berechtigung zum Bezug einer niedrigeren oder höheren Zahl auf ihm vermerkt ist. Zum Überlassen oder Erwerbe von anderer Munition bedarf es eines Munitionserwerbscheins nicht (§ 12 Abs. 2 AusfV.). Durch die letztere Bestimmung sind mithin alle Schrotpatronen für Lang- und Kurzwaffen, Flobertpatronen, Randfeuerpatronen für Kleinkalibergewehre, Platzpatronen und Schießpulver als erwerbscheinfrei erklärt. Patronen mit Teilmantelgeschoß sind ebenso zu behandeln wie solche mit Vollmantelgeschoß.

An Stelle des Munitionserwerbscheins kann nach § 13 der Waffenerwerbschein oder der Waffenschein, nach § 19 Abs. 2 eine behördliche Bescheinigung und nach § 21 Abs. 1 der Jahresjagdschein treten, vorausgesetzt, daß überhaupt eine Erwerbscheinpflicht für Munition vorliegt.

12. Durch § 13 AusfV. sind für die Waffen- und Munitionserwerbscheine besondere Muster vorgeschrieben (s. S. 110 und 111).

13. Der Überlassende hat auf dem ihm ausgehändigten Erwerbschein die Sch. nach Zahl, Art, aufgedruckter Firma oder Warenzeichen und Herstellungsnummer sowie das Datum der Überlassung mit Tinte oder Tintenstift zu vermerken. Die M. ist in gleicher Weise nach Zahl, Art und Kaliber zu vermerken, ferner das Fabrikat, soweit ersichtlich. Der Erwerbschein ist von dem Überlasser der Polizeibehörde (in Preußen: der Ortspolizeibehörde; s. Erlaß vom 7. 9. 1928, MBliV. S. 925) einzureichen; ist die Zahl an Waffen oder M., auf die er lautet, noch nicht erreicht, so ist er dem Erwerber zurückzugeben (§ 14 AusfV.). Dieser kann ihn innerhalb der Gültigkeitsdauer zum Erwerb der noch verbleibenden Waffen oder M. verwenden. Der Überlasser kann, wenn er den Vorschriften der AusfV. zuwiderhandelt, nach § 27 des G. bestraft werden.

14. Die gleiche Gültigkeitsdauer ist für den Waffenschein festgesetzt (§ 15 Abs. 3 des G.). Der Erwerbschein gilt für das ganze Reichsgebiet.

15. Eine kürzere Geltungsdauer wird dann zu vermerken sein, wenn der Erwerber es beantragt oder wenn feststeht, daß der Erwerb innerhalb einer bestimmten Frist erfolgen wird, z. B. vor der Abreise ins Ausland, ferner, wenn der Erwerbschein nicht durch die nach § 11 Abs. 1 Satz 1 AusfV. an sich zuständige Polizeibehörde ausgestellt wird (s. Anm. 7). Die Geltungsdauer kann nicht verlängert werden; wenn der Inhaber des Erwerbscheins während der Geltungsdauer nicht oder nicht in vollem Umfang von ihm Gebrauch machen konnte, so muß er einen neuen Erwerbschein beantragen (Gebühr für diesen: § 21 Abs. 1 Nr. 3 AusfV., s. § 20 des G.).

16. Abs. 3 enthält Ausnahmen von dem grundsätzlichen Erwerbscheinzwang (s. Anm. 9).

17. In Preußen ist der Schießsport grundsätzlich nur auf Schießständen zugelassen, die von den Ortspolizeibehörden genehmigt und ordnungsmäßig abgenommen sind. Auf Grund des Erlasses des MdJ. vom 16. 1. 1927 (MBliV. S. 81) sind Polizei-V. über die Regelung des Schießsports durch die Oberpräsidenten und den Polizeipräsidenten von Berlin erlassen worden. Allgemeine Gesichtspunkte für den Bau und die Einrichtung von Schießstandsanlagen hat die Deutsche Versuchsanstalt für Handfeuerwaffen e. V. in Berlin-Halensee herausgegeben (s. MBliV. 1925 S. 964).

18. Die Vorschrift soll zur Erleichterung der Ausübung des Schießsports dienen. Wer, ohne selbst eine Schußwaffe zu besitzen, auf einem polizeilich genehmigten Schießstand — nur solche kommen in Frage — Schießübungen abhalten und sich zu diesem Zweck jeweils auf dem Schießstand eine Schußwaffe zur Benutzung geben läßt, ist von der Verpflichtung, einen Waffen- oder Munitionserwerbschein beizubringen, befreit. Die Waffe und die M. müssen jedoch auf Grund eines Erwerbscheins oder Waffenscheins (§ 15 des G.) erworben sein (s. Begr. zu § 10). S. auch § 15 Abs. 1 Satz 2 des G., wonach als Führen einer Sch. nicht ihr Gebrauch auf polizeilich genehmigten Schießständen gilt.

19. Beim Auslandsgeschäft ist ein Erwerbschein nicht erforderlich; die Versendung muß aber unmittelbar in das Ausland gehen. Werden die Waffen oder die M. dem ausländischen Erwerber bereits im Inland überlassen, so darf von dem Erfordernis des Erwerbscheins nicht abgesehen werden.

20. Die Vorschrift soll der Erleichterung des Ausfuhrhandels dienen. Es bedarf somit z. B. keines Erwerbscheins, wenn Sch. an das Freihafenlager einer Exportfirma zum Beipack gesandt werden (Begr. zu § 10).

21. Zollausschlüsse, Freibezirke und Freizonen sind die aus dem Zollgebiete nach besonderem Erfordernis ausgeschlossenen Teile des Reichsgebiets (Art. 82 Abs. 4 RV.), namentlich Teile

der Gebiete, insbesondere der Häfen der Seehandelsstädte Hamburg, Bremen, Lübeck, Altona, Stettin, Emden, Flensburg und Kiel.

22. An sich ist die Übergabe von Waffen und M. an gewerbsmäßige Güterversender ebenfalls ein Überlassen im Sinne des § 10 Abs. 1 des G. Durch die Vorschrift der Nr. 3 wird sichergestellt, daß diese Personen keines Erwerbscheins bedürfen, wenn sie Waffen und M. zu Transportzwecken übernehmen. Nicht befreit sind sie, wenn sie Waffen oder M. zu anderen Zwecken überlassen oder erwerben.

23. S. §§ 407 ff. HGB.

24. S. §§ 425 ff. HGB.

25. S. § 452 HGB. und das mehrfach geänderte ReichspostG. vom 28. 10. 1871 (RGBl. S. 347).

26. S. §§ 453 ff. HGB. und das mehrfach geänderte EisenbahnpostG. vom 20. 12. 1875 (RGBl. S. 318). Unter die Bestimmungen fallen sowohl die Deutsche Reichsbahn-Gesellschaft (s. Anm. 4 zu § 11) wie die Privateisenbahnen.

§ 11.

Eines Waffen- oder Munitionserwerbscheins [1]) bedürfen nicht: [2])

1. Behörden des Reichs oder der Länder [3]) sowie die Deutsche Reichsbahn-Gesellschaft,[4]) [5])
2. Gemeindebehörden, denen die oberste Landesbehörde den Erwerb ohne Erwerbschein gestattet hat,[6])
3. die im § 5 bezeichneten Gewerbetreibenden, die sich durch eine behördliche Bescheinigung ausweisen.[7])

1. § 10 des G.

2. D. h. sie sind kraft Gesetzes befreit; eines Befreiungsantrags bei der Polizeibehörde bedarf es nicht.

3. Alle Behörden des Reichs oder der Länder, nicht nur die

Zentralbehörden (Ministerien); regelmäßig wird jedoch durch Dienstvorschriften geregelt sein, welche Behörden Waffen oder M. erwerben dürfen.

4. G. G. über die Deutsche Reichsbahn-Gesellschaft (ReichsbahnG.) vom 30. 8. 1924 (RGBl. II S. 272). Die Stellen der Deutschen Reichsbahn-Gesellschaft sind keine Behörden oder amtlichen Stellen des Reichs, haben jedoch gewisse öffentlich-rechtliche Befugnisse (§ 17 ReichsbahnG.) und insoweit die Eigenschaft mittelbarer Reichsbehörden (RGSt. 60, 139). Nicht nur die Hauptverwaltung, sondern alle Stellen, die zur Vertretung der Gesellschaft berufen sind, fallen unter die Bestimmung.

5. Der erwerbscheinfreie Bezug von Sch. und M. ist nur den Behörden als solchen, nicht ihren Beamten und Angestellten gestattet. Die Behörden können jedoch ihre Beamten und Angestellten mit den von ihnen erworbenen Waffen beliefern, ohne daß die Beamten oder Angestellten eines Erwerbscheins bedürfen (§ 19 Abs. 1 des G.).

6. Den Gemeindebehörden ist das Recht zum erwerbscheinfreien Bezug von Sch. und M. aus Zweckmäßigkeitsgründen nicht unbeschränkt gegeben; die oberste Landesbehörde soll vielmehr die Möglichkeit haben, das Bedürfnis im einzelnen Fall zu prüfen. Im übrigen gilt auch für die Gemeindebehörden das in Anm. 5 Gesagte.

7. Die Befreiung des Waffenhändlers vom Erwerbscheinzwang ist notwendig, da er sonst in seinem Gewerbe allzusehr behindert wäre; um der Fabrik oder andern Händlern gegenüber, die ihm die Waffen oder M. liefern und die verpflichtet sind, sich von seiner Erwerbsberechtigung zu überzeugen (s. Anm. 7 zu § 2 und Anm. 13 zu § 5), sich als Waffenhändler auszuweisen, erhält er eine behördliche Bescheinigung, die nach § 15 AusfV. von der Polizeibehörde auszustellen ist, in deren Amtsbereich der Händler seine gewerbliche Niederlassung hat oder betreiben will. Welche Behörde unter „Polizeibehörde" zu verstehen ist, bestimmt die oberste Landesbehörde (§ 26 AusfV.), für Preußen s. Anm. 12 zu § 5 des G.

Soweit Waffen- oder Munitionsfabrikanten (§ 2 des G.) zum Erwerb von Sch. und M. für ihren Gewerbebetrieb genötigt sind, z. B. zum Einschießen der von ihnen hergestellten Waffen oder zum Ausproben der von ihnen hergestellten Munition, bedürfen sie ebenfalls keines Erwerbscheins, da ihr Gewerbebetrieb insoweit dem Handel gleichzustellen ist (s. Anm. 7 zu § 2), ebenso Hoche a. a. O. Anm. 4 Abs. 2 zu § 11. Sie erhalten eine behördliche Bescheinigung nach § 11 Nr. 3.

§ 12.

Eines Waffenerwerbscheins [1]) bedürfen nicht [2]) Inhaber von Waffenscheinen [3]) in dem darin genehmigten Umfang.[4]) [5])

1. § 10 des G.

2. S. Anm. 2 zu § 11.

3. § 15 des G. Da die Zuverlässigkeit des Erwerbers bei der Bewilligung des Waffenscheins bereits polizeilich geprüft ist, bedarf es nicht einer nochmaligen Prüfung und der Vorlage eines besonderen Waffenerwerbscheins. Der Überlasser hat auf dem Waffenschein die Waffen nach Zahl, Art, aufgedruckter Firma oder Warenzeichen und Herstellungsnummer sowie das Datum der Überlassung mit Tinte oder Tintenstift zu vermerken und den Waffenschein sodann stets dem Erwerber zurückzugeben, auch wenn die Zahl, auf die der Waffenschein lautet, erreicht ist (§ 14 Abs. 1 und 4 AusfV.); anders beim Waffenerwerbschein (s. Anm. 13 zu § 10).

4. Der Umfang der Genehmigung richtet sich im allgemeinen nach dem Antrag des Waffenscheininhabers, wenn nicht besondere Gründe entgegenstehen. Die Genehmigung wird erteilt durch Ausfüllung des auf dem Waffenschein (s. S. 112) enthaltenen Vordrucks: „Gleichzeitig wird der Erwerb von ... genehmigt."

5. Gebühr s. § 21 Abs. 1 AusfV., Anm. 4 zu § 20 des G.

§ 13.

Eines Munitionserwerbscheins [1]) bedürfen nicht [2]) Inhaber eines Waffenerwerbscheins [3]) oder Waffenscheins [4]) zum Erwerbe der zu den betreffenden Waffen gehörigen Munition.[5])

1. § 10 des G.
2. S. Anm. 2 zu § 11.
3. § 10 des G.
4. § 15 des G.
5. Inhaber eines Waffenerwerbscheins oder Waffenscheins sind bereits auf ihre Zuverlässigkeit polizeilich geprüft. Es erscheint daher nicht erforderlich, ihnen beim jedesmaligen Bezug von Munition die Vorlage eines Munitionserwerbscheins aufzugeben. Die Befreiung bezieht sich aber nur auf Munition, die zu den im Waffenerwerbschein oder Waffenschein bezeichneten Waffen gehört. Die Zahl der Munition, die auf Grund eines Waffenerwerbscheins oder Waffenscheins erworben werden kann, ist nicht beschränkt (s. aber § 23 des G.: Munitionslager). Zum Erwerb anderer Munition sowie zum Munitionserwerb in den Fällen, in denen der Erwerber weder einen Waffenschein noch einen Waffenerwerbschein besitzt (z. B. für eine Waffe, die er lediglich in seiner Wohnung hat, ohne sie in der Öffentlichkeit „führen" zu wollen), bedarf es dagegen eines Munitionserwerbscheins (Begr. zu § 13). Ein Munitionserwerbschein ist ferner nicht erforderlich nach § 12 Abs. 2 Satz 2 AusfV. (s. Anm. 11 zu § 10).

Der Erwerber hat den Schein dem Überlasser vorzulegen. Ein Vermerk über die Überlassung der Munition auf dem Waffenerwerbschein oder Waffenschein ist im Falle des § 13 nicht vorgeschrieben (s. § 14 AusfV.).

§ 14.

Wer Schußwaffen [1]) oder Munition [1]) von Todes wegen erwirbt,[2]) hat dies unter Angabe der Art und Zahl, bei Schießpulver [3]) des Gewichts, der von ihm

erworbenen Schußwaffen oder Munition binnen sechs Wochen nach dem Tage, an dem er von dem Erwerbe Kenntnis erlangt hat,[4]) der zuständigen Behörde [5]) anzuzeigen.[6]) [7])

1. § 1 des G.

2. D. h. wer durch Erbfolge auf Grund des Gesetzes, auf Grund einer Verfügung von Todes wegen oder auf Grund eines Erbvertrages das Eigentum oder den Besitz (s. Anm. 9 zu § 10) an Sch. oder M. erwirbt; wird die Erbschaft von diesen Personen fristgemäß ausgeschlagen (§§ 1942 ff. BGB.), derjenige, der auf Grund der Ausschlagung zum Erwerb von Todes wegen berufen ist. Der mit einem Vermächtnis Bedachte (§ 1939 BGB.) und der aus einer Auflage Berechtigte (§ 1940 BGB.) erwerben weder Eigentum noch Besitz von Todes wegen, sondern haben nur einen Anspruch gegen den Erben auf Erfüllung (§§ 2174 ff., 2194 ff. BGB.); sie sind daher nicht anzeigepflichtig, sondern der Erbe. Der Ersatzerbe (§ 2096 BGB.) und der Nacherbe (§ 2100 BGB.) sind erst dann anzeigepflichtig, wenn der Vorerbe weggefallen ist.

Die Anzeigepflicht liegt dem Erben, bei mehreren Miterben jedem von ihnen ob. Auch dem minderjährigen Erben liegt die Verpflichtung ob, nicht seinem gesetzlichen Vertreter, da dies nicht ausdrücklich im Gesetz bestimmt ist (anders § 17 Abs. 2 Satz 2 des G.).

3. S. Anm. 10 zu § 1.

4. Wann der Erwerber von dem Erwerbe Kenntnis erlangt hat, ist aus den Umständen des einzelnen Falles festzustellen; bei Erwerb auf Grund einer letztwilligen Verfügung wird die Kenntnis im allgemeinen erst mit der Verkündung oder der Mitteilung des Inhalts der Verfügung durch das Nachlaßgericht (§ 2260 BGB.) erlangt werden, sonst wird aus dem Verhalten des Berechtigten (Verfügung über die Erbschaft usw.) auf seine Kenntnis geschlossen werden können. Für denjenigen, der auf Grund der Ausschlagung einer Erbschaft usw. zum Erwerb von

Todes wegen berufen ist, beginnt die sechswöchige Frist erst an dem Tage, an dem er von dem Erwerbe Kenntnis erlangt hat.

5. Zuständig ist die Polizeibehörde, in deren Amtsbereich der Erbe seinen Wohnsitz oder dauernden Aufenthalt hat, und wenn er keinen inländischen Wohnsitz oder dauernden Aufenthalt hat, die Polizeibehörde, in deren Amtsbereich sich die Sch. oder M. zur Zeit des Erbfalls befinden (§ 16 AusfV.). Welche Behörde unter „Polizeibehörde" zu verstehen ist, bestimmt die oberste Landesbehörde (§ 26 AusfV.). In Preußen ist die Ortspolizeibehörde zuständig (s. Erlaß vom 7. 9. 1928, MBliV. S. 925).

6. An die Stelle der Verpflichtung zur Beibringung eines Waffen- (Munitions-) Erwerbscheins ist die bloße Anzeigepflicht gesetzt, weil der Erwerb ohne Zutun des Erwerbers kraft Gesetzes eintritt. Der Anzeige bedarf es, um zu verhindern, daß Personen, die nach den Vorschriften dieses G. Sch. und M. nicht besitzen dürfen (s. § 17), durch Erwerb von Todes wegen aber in ihren Besitz gekommen sind, diese Gegenstände behalten (Begr. zu § 14).

7. Strafbestimmung: § 25 Abs. 1 Nr. 3 des G.; Einziehung der Sch. und M.: § 25 Abs. 2 des G. Eine Bestrafung Aufsichtspflichtiger ist für den Fall des § 14 in § 26 des G. nicht vorgesehen.

§ 15.[1])

(1) Wer außerhalb seiner Wohnung,[2]) seiner Geschäftsräume [3]) oder seines befriedeten Besitztums [4]) eine Schußwaffe [5]) führt,[6]) muß einen behördlich ausgestellten [7]) Erlaubnisschein (Waffenschein) [8]) bei sich tragen.[9]) [10]) [11]) Als Führen einer Schußwaffe gilt nicht ihr Gebrauch auf polizeilich genehmigten Schießständen.[12])

(2) Der Waffenschein ist, sofern seine Geltung nicht ausdrücklich auf einen bestimmten engeren Bezirk beschränkt wird,[13]) für das ganze Reichsgebiet gültig.[14])

Im Scheine kann das Führen der Waffen auf bestimmte ausdrücklich bezeichnete Gelegenheiten und Örtlichkeiten beschränkt werden.[15])

(3) Der Waffenschein gilt für die Dauer eines Jahres,[16]) vom Tage der Ausstellung ab gerechnet, soweit nicht eine kürzere Geltungsdauer auf ihm vermerkt ist.[17])

1. Während aus praktischen Erwägungen davon abgesehen worden ist, einen Waffenbesitzschein einzuführen (s. Anm. 4 zu § 10), erscheint es unbedingt erforderlich, daß das Führen der Waffen in der Öffentlichkeit grundsätzlich von einer polizeilichen Erlaubnis abhängig gemacht wird. Wenn es jedermann erlaubt ist, eine schußbereite oder doch leicht schußbereit zu machende Waffe in der Öffentlichkeit zu führen, so entsteht daraus, wie die Erfahrung gelehrt hat, eine schwere Gefahr für die öffentliche Sicherheit und Ordnung; denn viele Personen machen alsdann, sei es aus Leichtsinn oder aus verbrecherischer Neigung, in unzulässiger Weise von der Waffe Gebrauch. Dagegen bestehen diese Gefahren nicht in demselben Umfang, wenn jemand lediglich in seiner Wohnung, seinen Geschäftsräumen oder auf seinem befriedeten Besitztum eine Waffe bei sich hat. Würde man auch hierfür eine besondere polizeiliche Erlaubnis vorschreiben, so würde dies auf die Einführung eines Waffenbesitzscheins hinauslaufen (Begr. zu § 15). Ausnahmen vom Waffenscheinzwang: §§ 19 und 21 Abs. 2 des G.

2. Wohnung ist der Inbegriff der Räumlichkeiten, die einer einzelnen Person oder einer zusammengehörenden Mehrheit von Personen, einer Familie, zum ständigen Aufenthalt dienen oder zur Benutzung freistehen (RGSt. 12, 132); dazu gehören auch die Treppen, Flure, Aufzüge und dergl.

3. Geschäftsräume sind Räumlichkeiten, die durch einen maßgebenden Willen wesentlich, hauptsächlich und auch für eine gewisse zeitliche Dauer zur Betreibung gewerblicher, wissenschaftlicher, künstlerischer und ähnlicher Geschäfte bestimmt

worden sind und dieser Bestimmung gemäß auch verwendet werden (RGSt. 32, 371).

4. Befriedet ist ein in einem unbeweglichen Gut bestehendes Besitztum, das in äußerlich erkennbarer Weise mittels zusammenhängender Schutzwehren gegen das beliebige Betreten durch andere gesichert ist. Ein räumlicher oder wirtschaftlicher Zusammenhang mit einem Gebäude ist nicht erforderlich (RGSt. 36, 395).

5. S. Anm. 6 zu § 1; zum Führen von Munition ist kein Waffenschein erforderlich.

6. „Führen" einer Schußwaffe ist nicht gleichbedeutend mit „Beisichtragen". Wann ein „Führen" im Sinne des G. vorliegt, ist nach den Umständen des einzelnen Falles zu entscheiden. Es kommt darauf an, ob der Träger der Waffe sie in der Absicht bei sich hat, gegebenenfalls von ihr Gebrauch zu machen. Ist die Waffe geladen und gebrauchsfähig, so wird sie stets „geführt" im Sinne des G. Aber auch in dem Tragen einer ungeladenen Waffe kann ein „Führen" gesehen werden, z. B. wenn der Träger mit der Waffe bei einem von ihm ausgeführten Raubanfall den Überfallenen bedroht oder sie nachweisbar zu diesem Zwecke bei sich hat. Kein Führen liegt vor, wenn die Waffe z. B. von der Fabrik zum Händler oder zur Post gebracht wird und dergl. (s. Begr. zu § 15), ferner im Falle des Abs. 1 Satz 2 (s. Anm. 12). Das Führen einer Sch. innerhalb der Wohnung usw. durch die Personen, die zur Benutzung der Räume berechtigt sind, z. B. die Familienmitglieder, die Hausangestellten, zu Besuch dort wohnende Gäste usw., unterliegt keiner Einschränkung durch das G.; die Bestimmungen des StGB. bleiben unberührt.

7. Zuständig ist die Polizeibehörde, in deren Amtsbereich der Antragsteller seinen Wohnsitz oder dauernden Aufenthalt hat, in dringenden Fällen auch die Polizeibehörde, in deren Amtsbereich sich der Antragsteller nur vorübergehend aufhält oder in deren Amtsbereich sein Einreiseort liegt, jedoch darf in letzteren beiden Fällen die Geltungsdauer des Waffenscheins (§ 15 Abs. 3) auf höchstens 3 Monate festgesetzt werden; auch hat

die ausstellende Polizeibehörde die Polizeibehörde des Wohnsitzes oder Aufenthalts von der Ausstellung zu benachrichtigen (§ 17 AusfV.). Welche Behörde unter „Polizeibehörde" zu verstehen ist, bestimmt die oberste Landesbehörde (§ 26 AusfV.). In Preußen sind in den regelmäßigen Fällen (§ 17 Satz 1 AusfV.) die in Anm. 12 zu § 5 des G. genannten Behörden zuständig, in dringenden Fällen (§ 17 Satz 2 AusfV.) die Ortspolizeibehörden (s. Erlaß vom 7. 9. 1928, MBliV. S. 925).

8. Durch § 18 AusfV. ist ein Muster für den Waffenschein vorgeschrieben (s. S. 112).

9. Wer eine Waffe führt (s. Anm. 6), muß den Waffenschein bei sich tragen; es genügt nicht, daß ihm der Waffenschein ausgestellt ist. Strafbestimmung: § 25 Abs. 1 Nr. 2, Einziehung der Sch.: § 25 Abs. 2, Bestrafung Aufsichtspflichtiger: § 26 des G.

10. Zum Führen von Sch. in öffentlichen Versammlungen und Umzügen berechtigt der Besitz eines Waffenscheins ohne besondere polizeiliche Ermächtigung nicht (s. Vermerk auf dem Waffenscheinmuster, S. 112). Der Waffenscheininhaber hat in einem solchen Fall die Wahl zwischen dem Verlassen der Versammlung oder des Umzugs und der zeitweiligen Abgabe seiner Waffe an die Polizei (s. §§ 11 und 19 Nr. 2 VerG.). In Preußen ist den sog. bestätigten Kriegervereinen und ihnen angeschlossenen Schützengilden durch KabO. vom 22. 2. 1842 und 6. 6. 1844 bei Leichenfeiern für Kameraden das Erscheinen mit Waffen in bestimmtem Umfang gestattet (v. Brauchitsch 2. Bd., 21. Aufl., Nr. 10 des Exkurs zu § 1 VerG. S. 188 und Anm. 3 zu § 11 VerG. S. 198). Vom Waffenscheinzwang sind die Kriegervereine und Schützengilden aber nicht befreit, soweit sie Waffen führen, die unter das WaffenG. fallen (s. Anm. 6 Nr. 2 a zu § 1).

11. Wegen der Personen, die einen Waffenschein erhalten können, s. § 16 des G., wegen des Widerrufs s. § 18 des G., wegen des Ersatzes des Waffenerwerbscheins durch den Waffenschein

s. § 12 des G. und wegen des Ersatzes des Munitionserwerbscheins s. § 13 des G.

12. Die Vorschrift entspricht derjenigen des § 10 Abs. 3 Nr. 1 (s. Anm. 18 zu § 10) und bedeutet eine wesentliche Erleichterung für den Schießsport, insbesondere den Kleinkaliberschießsport.

13. Durch einen Vermerk auf dem Waffenschein. Die Geltung wird dann örtlich einzuschränken sein, wenn ein Bedürfnis (s. § 16 des G.) für eine ausgedehntere Geltung, insbesondere eine solche für das ganze Reichsgebiet, nicht besteht, z. B. bei einem Kassenboten, der eine Waffe nur auf seinen Botengängen in einer Stadt benötigt, bei einem Wächter usw.

14. Ein für das ganze Reich gültiger Waffenschein war dem bisherigen Recht unbekannt (s. Einleitung).

15. Diese Beschränkung ist sowohl zulässig, wenn der Waffenschein für das ganze Reichsgebiet gilt, z. B. bei Schiffern für die Ausübung ihres Berufs, als auch, wenn der Geltungsbereich eingeschränkt ist, z. B. bei Kassenboten und Wächtern (s. Anm. 13) für die Ausübung ihres Dienstes.

16. Die gleiche Geltungsdauer ist für den Waffenerwerbschein festgesetzt (§ 10 Abs. 2).

17. Eine kürzere Geltungsdauer ist in dem in Anm. 7 erwähnten Fall festzusetzen, ferner, wenn kein Bedürfnis (s. § 16 des G.) für eine längere Geltungsdauer besteht, z. B. dann, wenn der Waffenscheininhaber sich kein ganzes Jahr mehr im Inland aufhält oder wenn der Grund, der zur Ausstellung des Waffenscheins geführt hat, vor Ablauf eines Jahres wegfällt.

§ 16.[1])

(1) Waffen- (Munitions-) Erwerbscheine [2]) oder Waffenscheine [3]) dürfen nur an Personen,[4]) gegen deren Zuverlässigkeit [5]) keine Bedenken bestehen, ausgestellt werden, Waffenscheine außerdem nur bei Nachweis eines Bedürfnisses.[6]) [7]) Die Ausstellung [8]) hat insbesondere zu unterbleiben [9])

1. an Personen unter zwanzig Jahren;[10])
2. an Entmündigte[11]) oder geistig Minderwertige;[12])
3. an Zigeuner[13]) oder nach Zigeunerart umherziehende Personen;[14])
4. an Personen,[15]) die wegen Zuwiderhandlungen gegen die §§ 81, 83 bis 90, 105, 106, 107, 107 a, 110 bis 120, 122, 123 Abs. 2, §§ 124 bis 130, 181 a, 211 bis 216, 223 bis 228, 240, 241, 243, 244, 249 bis 255, 292 bis 294, 296, 340, 361 Nr. 3, 4, 5 und 10 des Strafgesetzbuchs, gegen § 148 des Vereinszollgesetzes vom 1. Juli 1869 (Bundesgesetzbl. S. 317), gegen das Gesetz gegen den verbrecherischen und gemeingefährlichen Gebrauch von Sprengstoffen vom 9. Juni 1884 (Reichsgesetzbl. S. 61), gegen die Verordnung des Rates der Volksbeauftragten über Waffenbesitz vom 13. Januar 1919 (Reichsgesetzbl. S. 31, 122), gegen das Gesetz über die Entwaffnung der Bevölkerung vom 7. August 1920 (Reichsgesetzbl. S. 1553), gegen die §§ 1, 2, 4 bis 7, 8 Nr. 3, § 19 des Gesetzes zum Schutze der Republik vom 21. Juli 1922 (Reichsgesetzbl. I S. 585) oder gegen die Vorschriften dieses Gesetzes zu einer Freiheitsstrafe von mehr als zwei Wochen rechtskräftig verurteilt worden sind, wenn seit der Verbüßung, der Verjährung oder dem Erlasse der Strafe noch nicht fünf Jahre verflossen sind; ist die Strafe nach einer Probezeit erlassen, so läuft die Frist von fünf Jahren von dem Beginne der Probezeit;
5. an Personen, gegen die auf Zulässigkeit von Polizeiaufsicht[16]) oder auf Verlust der bürgerlichen Ehrenrechte[17]) erkannt worden ist, für die Dauer der

Zulässigkeit [18]) der Polizeiaufsicht oder des Verlustes der bürgerlichen Ehrenrechte.[19])

(2) Die obersten Landesbehörden können durch Verordnung bestimmen, daß Zuwiderhandlungen gegen landesrechtliche Strafvorschriften [20]) den Zuwiderhandlungen gegen die im Abs. 1 Nr. 4 bezeichneten reichsrechtlichen Bestimmungen gleichgestellt werden.[21])

(3) Ausnahmen von Abs. 1 Nr. 1, 3 und 4 können auf Antrag von der zuständigen Behörde [22]) bewilligt werden.[23])

1. Grundsätzlich muß davon ausgegangen werden, daß nur solche Personen Waffen- (Munitions-) Erwerbscheine oder Waffenscheine erhalten dürfen, von denen erwartet werden kann, daß sie von den Sch. keinen unzulässigen Gebrauch machen. Die zur Feststellung dieser Voraussetzung erforderliche Prüfung kann in den Fällen milder sein, in denen der Erwerber die Waffe lediglich innerhalb seiner Wohnung, seiner Geschäftsräume oder seines befriedeten Besitztums (z. B. zum Schutze gegen Einbrecher) benutzen will. Sie muß dagegen strenger sein, wenn der Erwerber die Waffen außerhalb dieser Örtlichkeiten benutzen, sie also im Sinne dieses G. (§ 15 Abs. 1) „führen" will. Es muß erstrebt werden, daß nur in Ausnahmefällen jemand außerhalb seiner Wohnung usw. eine Waffe bei sich trägt. Um diesem sicherheitspolizeilichen Zwecke zu genügen, andererseits aber den Handel nicht mehr zu beschränken, als es im Interesse der öffentlichen Sicherheit unbedingt geboten ist, trifft § 16 Abs. 1 Satz 1 folgende Regelung: Voraussetzung der Erteilung des Waffen- (Munitions-) Erwerbscheins soll lediglich sein, daß gegen die Zuverlässigkeit des Antragstellers keine Bedenken bestehen. Es soll also jeder einen Waffen- (Munitions-) Erwerbschein erhalten können, gegen den nicht polizeilicherseits etwa Bedenken in der Richtung bestehen, daß er von der Sch. einen unzulässigen Gebrauch machen wird. Diese Voraussetzung soll auch für die Erteilung des Waffenscheins gelten. Darüber hinaus soll aber die Erteilung des Waffen-

scheins davon abhängig gemacht werden, daß bei dem Antragsteller ein Bedürfnis für das „Führen" einer Sch. besteht (Begr. zu § 16).

2. § 10 des G.

3. § 15 des G.

4. Ohne Unterschied des Geschlechts und der Staatsangehörigkeit (wegen letzterer s. Vermerk auf dem Waffenscheinmuster S. 112).

5. Ob eine Person als zuverlässig angesehen werden kann, ist von der ausstellenden Behörde (s. Anm. 7 zu § 15) nach pflichtgemäßem Ermessen zu entscheiden. Die Unzuverlässigkeit kann u. a. darin erblickt werden, daß der Antragsteller dem Trunk ergeben ist oder daß er zu Gewalttätigkeiten neigt. Ist ein Antragsteller polizeilich unbescholten, so wird regelmäßig die Frage der Zuverlässigkeit zu bejahen sein. Die Polizeibehörde hat stets zu prüfen, „ob der Antragsteller die Gewähr dafür bietet, daß er durch die Sch. die öffentliche Sicherheit und seine Mitmenschen nicht gefährden wird" (Begr. zu § 16).

6. Wann ein Bedürfnis als vorliegend angesehen werden kann, ist nach den Umständen des Einzelfalls zu entscheiden. Die Bedürfnisfrage ist stets genau zu prüfen, da es der Zweck des G. ist, zu erreichen, daß nur ausnahmsweise in der Öffentlichkeit Sch. getragen werden (s. Anm. 1). Ein Bedürfnis wird z. B. zu bejahen sein bei einsamer Wohnlage, wenn nicht etwa ein Waffenerwerbschein genügt, ferner bei Ausübung eines verbrecherischen Angriffen ausgesetzten Berufs, z. B. Nachtwächter in großen Betrieben, Flur- und Waldhüter, soweit sie nicht unter § 19 Abs. 2 Nr. 2 des G. fallen, Kassenboten und dergl. (wegen der Beschränkung des Waffenscheins auf bestimmte Gelegenheiten und Örtlichkeiten s. Anm. 13 und 15 zu § 15). Ein Bedürfnis wird dagegen nicht ohne weiteres bei allen Geschäftsleuten, Reisenden, Vereinskassierern usw. anzuerkennen sein, auch wenn sie mit größeren Geldbeträgen Reisen oder Gänge an ihrem Wohnort ausführen müssen; in derartigen Fällen wird die Bedürfnisfrage besonders scharf zu prüfen sein. Auch der Umstand, daß der Antragsteller eine Rolle im politischen oder sonstigen öffentlichen Leben spielt, genügt im allgemeinen nicht zur Bejahung des Bedürfnisses.

Ein Anspruch auf Ausstellung eines Waffenscheins ist auch dann nicht anzuerkennen, wenn dem Antragsteller bisher ein solcher ausgestellt war. Bei jeder Erneuerung eines Waffenscheins sind die Voraussetzungen erneut zu prüfen.

7. Die Versagung des Waffen- (Munitions-) Erwerbscheins oder des Waffenscheins ist eine polizeiliche Verfügung, die mit den nach Landesrecht zulässigen Rechtsmitteln angefochten werden kann; in Preußen mit der Rechtsbeschwerde und der Klage beim Oberverwaltungsgericht nach §§ 127 ff. LVG. (s. auch OVGE. 49, 397). Wegen des Widerrufs s. § 18 des G.

8. Sowohl der Waffen- (Munitions-) Erwerb- wie der Waffenscheine.

9. In den Fällen der Nr. 1 bis 5 dürfen grundsätzlich (Ausnahmen s. Abs. 3) keine Scheine ausgestellt werden, und zwar ein Waffenschein auch dann nicht, wenn ein Bedürfnis für das Führen einer Sch. an sich vorliegen würde, da die hier bezeichneten Personen kraft Gesetzes als unzuverlässig gelten. Diese Personen sind auch grundsätzlich nicht zum Besitze von Sch. und M. berechtigt (§ 17 des G.).

10. Bei einem Alter von 20 Jahren wird in der Regel die für die Handhabung von Sch. erforderliche Zuverlässigkeit und das notwendige Verantwortungsgefühl vorhanden sein (Begr. zu § 16); die Festsetzung entspricht im übrigen derjenigen des Wahlalters (Art. 22 RV.). Der Schießsport wird Jugendlichen unter 20 Jahren durch diese Bestimmung nicht unmöglich gemacht, da zum Schießen auf dem Schießstand ein Waffen- (Munitions-) Erwerbschein nicht erforderlich ist (§ 10 Abs. 3 Nr. 1), ebensowenig ein Waffenschein, da der Gebrauch der Schußwaffe auf dem Schießstand kein „Führen“ im Sinne des § 15 des G. ist (s. § 15 Abs. 1 Satz 2 des G.).

Im übrigen kann, soweit eine Notwendigkeit besteht, jüngeren Personen einen Waffen- (Munitions-) Erwerbschein oder einen Waffenschein auszustellen, gemäß Abs. 3 eine Ausnahme bewilligt werden, zweckmäßig nur nach Beibringung der Zustimmung des gesetzlichen Vertreters des Jugendlichen.

11. Nach § 6 BGB. kann entmündigt werden, „1. wer infolge von Geisteskrankheit oder von Geistesschwäche seine Angelegenheiten nicht zu besorgen vermag, 2. wer durch Verschwendung sich oder seine Familie der Gefahr eines Notstandes aussetzt, 3. wer infolge von Trunksucht seine Angelegenheiten nicht zu besorgen vermag oder sich oder seine Familie der Gefahr des Notstandes aussetzt oder die Sicherheit anderer gefährdet".

Ob eine Person entmündigt ist, wird durch Nachfrage beim zuständigen Amtsgericht (Vormundschaftsgericht) festzustellen sein Ausnahmen sind nicht zulässig (Abs. 3).

Wer unter vorläufige Vormundschaft gestellt ist (§ 1906 BGB.), ist nicht entmündigt im Sinne der Nr. 2, er wird aber nicht als zuverlässig anzusehen sein.

12. Geistig Minderwertige werden häufig solche Personen sein, bei denen die Voraussetzungen für eine Entmündigung (s. Anm. 11) vorliegen, gegen die aber das Entmündigungsverfahren aus irgendwelchen Gründen nicht eingeleitet oder durchgeführt worden ist. In diesen wie in sonstigen Fällen geistiger Minderwertigkeit ist es Sache der Verwaltungsbehörden, diese Eigenschaft dem Antragsteller gegenüber festzustellen; vielfach wird es sich um Personen handeln, bei denen bereits in früheren Strafprozessen durch Sachverständige die geistige Minderwertigkeit, Unzurechnungsfähigkeit oder verminderte Zurechnungsfähigkeit festgestellt worden ist. Ausnahmen sind nicht zulässig (Abs. 3).

13. Schußwaffen in den Händen dieser Personen sind im allgemeinen eine große Gefahr für die öffentliche Sicherheit, daher das Verbot. Die Vorschrift schließt sich an die bereits landesrechtlich bestehenden Vorschriften zur Bekämpfung des Zigeunerunwesens an (s. preuß. Erlaß vom 17. 2. 1906, MBliV. S. 53, und 3. 11. 1922, MBliV. S. 1081, sowie bayer. Zigeuner- und Arbeitsscheuengesetz vom 16. 7. 1926, Bayer. Gesetz- und Verordnungsblatt S. 361). Ausnahmen können gemäß Abs. 3 bewilligt werden.

14. Auch bei diesen Personen gilt das in Anm. 13 Satz 1 Gesagte; es handelt sich hierbei nach dem preuß. Ministerialerlaß vom 22. 5. 1928 (MBliV. S. 559) um Personen, die ohne Erwerb von Ort zu Ort ziehen und über deren Persönlichkeit Zweifel bestehen. Nicht darunter zu verstehen sind jedoch Hausierer, Schausteller und andere Gewerbetreibende, zumal wenn sie sich im Besitze ordnungsmäßig ausgestellter Ausweise (Wandergewerbescheine) befinden.

Auch bei den nach Zigeunerart umherziehenden Personen können Ausnahmen nach Abs. 3 bewilligt werden.

15. „Es handelt sich hier um Personen, die bereits eine Vorstrafe erlitten haben, die darauf schließen läßt, daß sie hinsichtlich des Führens der Waffe nicht als zulässig angesehen werden können." (Begr. zu § 16.) Ausnahmen sind nach Abs. 3 zulässig.

16. S. § 38 StGB. Die Polizeiaufsicht ist auf eine Dauer bis zu 5 Jahren zulässig, die mit dem Tage der Verbüßung, der Verjährung oder des Erlasses der Strafe beginnt.

17. S. § 32 StGB. Die Dauer des Verlustes beträgt bei zeitiger Zuchthausstrafe 2 bis 10 Jahre, bei Gefängnisstrafe 1 bis 5 Jahre, sie beginnt mit dem Tage der Verbüßung, der Verjährung oder des Erlasses der Strafe.

18. Also ohne Unterschied, ob die Landespolizeibehörde von ihrer Befugnis, den Verurteilten unter Polizeiaufsicht zu stellen, Gebrauch gemacht hat oder nicht.

19. Ausnahmen sind nach Abs. 3 nicht zulässig.

20. In Frage kommen die durch § 2 Abs. 2 EGStGB. aufrechterhaltenen landesgesetzlichen Strafrechtsvorschriften, insbesondere der Fischerei-, Jagd-, Forst- und Feldpolizeigesetze sowie der Gesetze über den Holz- und Forstdiebstahl.

21. Den Personen, die wegen Zuwiderhandlung gegen die durch die obersten Landesbehörden bestimmten landesrechtlichen Strafvorschriften (s. Anm. 20) bestraft worden sind, wird der Waffen- (Munitions-) Erwerbschein und der Waffenschein ebenso versagt wie den in Nr. 4 aufgeführten Personen (s. Anm. 15). Ausnahmen können auch hier nach Abs. 3 bewilligt werden.

22. Zuständig ist die höhere Verwaltungsbehörde des Bezirks, in dem der Antragsteller seinen Wohnsitz oder dauernden

Aufenthalt, oder, wenn er keinen inländischen Wohnsitz oder dauernden Aufenthalt hat, des Bezirks, in dem er sich nur vorübergehend aufhält (§ 19 AusfV.). Welche Behörde unter der Bezeichnung „höhere Verwaltungsbehörde" zu verstehen ist, bestimmt die oberste Landesbehörde (§ 26 AusfV.). In Preußen ist der Regierungspräsident, in Berlin der Polizeipräsident zuständig (s. Erlaß vom 7. 9. 1928, MBliV. S. 925).

23. Die zuständige Behörde hat nach pflichtmäßigem Ermessen zu entscheiden, ob hinreichende Gründe vorliegen, die eine Ausnahme rechtfertigen.

§ 17.

(1) Personen, denen nach § 16 Abs. 1 Nr. 1 bis 5 ein Waffen- (Munitions-) Erwerbschein oder ein Waffenschein nicht ausgestellt werden darf,[1]) sind, wenn nicht eine Ausnahme nach § 16 Abs. 3 bewilligt ist,[2]) auch zum Besitze [3]) von Schußwaffen oder Munition nicht berechtigt.[4])

(2) Personen, die zum Besitze von Schußwaffen oder Munition nicht berechtigt sind,[5]) haben die in ihrem Besitze befindlichen Schußwaffen und Munition unverzüglich [6]) der zuständigen Behörde [7]) gegen Empfangsbescheinigung in Verwahrung [8]) zu geben. Haben sie einen gesetzlichen Vertreter,[9]) so liegt ihm diese Verpflichtung ob.[10]) Sofern diese Person *) oder ihre gesetzlichen Vertreter über die Schußwaffen oder Munition nicht binnen sechs Monaten zugunsten eines im Sinne dieses Gesetzes Berechtigten [11]) durch Abtretung des Herausgabeanspruchs verfügen,[12]) kann die zuständige Behörde [7]) die Übereignung [13]) der Schuß-

*) So der Wortlaut des Gesetzes; dem Zusammenhang nach muß es richtig: Personen heißen.

waffen und Munition an sich gegen Zahlung [14]) des gemeinen Wertes [15]) verlangen.[16]) Der Eigentumsübergang kommt durch Zustellung [17]) des entsprechenden Bescheids [18]) zustande. Gegen die Festsetzung des gemeinen Wertes [19]) ist unter Ausschluß des Rechtswegs [20]) nur die Beschwerde im Aufsichtswege [21]) binnen zwei Wochen [22]) zulässig.

(3) Die zuständige Behörde [23]) kann ausnahmsweise dem zur Ablieferung Verpflichteten den weiteren Besitz der Schußwaffen und Munition auf jederzeitigen Widerruf gestatten, wenn nach Lage des Einzelfalls die Gewähr [24]) besteht, daß von den Gegenständen kein unzulässiger Gebrauch gemacht wird.

1. S. Anm. 9 ff. zu § 16 des G.

2. In diesem Falle enthält die Bewilligung der Ausnahme auch die Genehmigung des Besitzes der Sch. und M.

3. S. Anm. 4 und 9 zu § 10 des G.

4. Die bloße Tatsache, daß eine Person keinen Waffen- (Munitions-) Erwerbschein oder Waffenschein erhalten kann, genügt, damit ihr etwaiger Besitz an Waffen oder Munition unbefugt und nach § 25 Abs. 1 Nr. 1 des G. strafbar ist (Einziehung der Sch. und M.: § 25 Abs. 2, Bestrafung Aufsichtspflichtiger: § 26 des G.), es sei denn, daß eine Ausnahme nach § 16 Abs. 3 oder § 17 Abs. 3 des G. bewilligt ist. Diese Tatsache kann aber auch eintreten, nachdem eine Person sich zunächst im rechtmäßigen Besitz von Waffen befunden hatte, z. B. sie wird nachträglich entmündigt (§ 16 Abs. 1 Nr. 1) oder wegen Zuwiderhandlung gegen eine der im § 16 Abs. 1 Nr. 4 aufgeführten Gesetzesbestimmungen bestraft; ebenso liegt der Fall, wenn eine der im § 16 Abs. 1 Nr. 1 bis 5 bezeichneten Personen Sch. oder M. von Todes wegen erwirbt. Um hier Strafverfahren zu vermeiden, ist die Vorschrift des Abs. 2 getroffen.

5. D. h. die im § 17 Abs. 1 bezeichneten Personen, ferner Personen, deren Waffen- (Munitions-) Erwerbschein oder Waffen-

schein durch die zuständige Behörde widerrufen worden ist und von denen diese Behörde die Ablieferung der Sch. und M. verlangt hat (§ 18), sodann Personen, die sich im Besitze eines polizeilich nicht genehmigten Waffen- oder Munitionslagers befinden (§ 23 des G.), endlich Personen, die sich im Besitze von Wilddiebsgewehren und von Schußwaffen mit Scheinwerfern und Schalldämpfern oder dieser Vorrichtungen allein befinden.

6. D. h. ohne schuldhaftes Zögern, nachdem ihnen bekanntgeworden ist, daß sie zum Besitz von Waffen oder Munition nicht berechtigt sind. Die Strafbarkeit tritt erst ein, wenn die Ablieferung an die Polizei nicht unverzüglich erfolgt, für Personen, die am 1. 10. 1928 im unbefugten Besitz von Waffen und Munition sind, nach § 31 des G. erst mit dem Ablauf von 6 Wochen nach dem 1. 10. 1928. Erfolgt die Ablieferung nicht unverzüglich, so können die Sch. und M. ohne Entschädigung eingezogen werden.

7. Zuständig ist die Polizeibehörde, in deren Amtsbereich der Besitzer der Schußwaffe (Munition) seinen Wohnsitz oder dauernden Aufenthalt hat, oder, wenn er keinen inländischen Wohnsitz oder dauernden Aufenthalt hat, die Polizeibehörde, in deren Amtsbereich er sich nur vorübergehend aufhält (§ 20 AusfV.). Welche Behörde unter der Bezeichnung „Polizeibehörde" zu verstehen ist, bestimmt die oberste Landesbehörde (§ 26 AusfV.). In Preußen ist die Ortspolizeibehörde zuständig (s. Erlaß vom 7. 9. 1928, MBliV. S. 925).

8. Keine Verwahrung im Sinne der §§ 688 ff. BGB., sondern polizeiliche Verwahrung zur Beseitigung eines gesetzwidrigen Zustandes. Für Verlust oder Wertminderung während der Dauer der Verwahrung (s. Abs. 2 Satz 3) haftet der Staat oder die Gemeinde gemäß § 839 BGB., Art. 131 RV., preuß. G. vom 1. 8. 1909 (GS. S. 691) und vom 14. 5. 1914 (GS. S. 117).

9. Eltern, Vormund, Pfleger.

10. Kommt der gesetzliche Vertreter der Verpflichtung nicht nach, so kann er, da eine Strafbestimmung fehlt, nicht auf Grund dieses Tatbestands bestraft werden, wohl aber nach § 26 des G.,

weil er seine Aufsichtspflicht dem unberechtigten Besitzer gegenüber nicht erfüllt hat.

11. Inhaber eines Waffen- (Munitions-) Erwerbscheins (§ 10), eines Waffenscheins (§ 15) oder eines Jahresjagdscheins (§ 21), ferner die nach §§ 11 und 19 Berechtigten.

12. Die Polizeibehörde hat dem Erwerber gegen Aushändigung des Erwerbscheins oder Vorlage der andern in Anm. 11 genannten Scheine die Sch. oder M. herauszugeben.

13. Durch die Übereignung geht das Eigentum an den Sch. oder der M. auf den Landesfiskus über, dessen Behörde die Übereignung verlangt hat.

14. Die Entschädigung soll gemäß Art. 153 Abs. 2 RV. gewährt werden, da die Waffen und Munition bis zum Eintritt der Ablieferungspflicht noch nicht zur Begehung einer Straftat benutzt worden sind.

15. Der gemeine Wert wird durch den Preis bestimmt, der im gewöhnlichen Geschäftsverkehr nach der Beschaffenheit des Gegenstandes unter Berücksichtigung aller den Preis beeinflussenden Umstände bei einer Veräußerung zu erzielen wäre; ungewöhnliche oder lediglich persönliche Verhältnisse sind nicht zu berücksichtigen (§ 138 Abs. 1 Reichsabgabenordnung).

16. Nach Ablauf der Verwahrungsfrist kann der Ablieferer nicht mehr über die Sch. oder M. verfügen. Verfügungsberechtigt ist nur noch die Polizeibehörde, und diese macht von ihrer Befugnis in der Weise Gebrauch, daß sie die Übereignung gegen Entschädigung an sich verlangt. Eine andere Möglichkeit ist ausgeschlossen, wenn der Ablieferer den Gegenwert für sein Eigentum erhalten soll (s. Anm. 14). Infolgedessen besteht nicht nur ein Recht, sondern auch eine Pflicht der Polizeibehörde zur Enteignung nach Ablauf der Verwahrungsfrist (ebenso Hoche a. a. O. Anm. 3 c zu § 17).

17. S. Anm. 4 zu § 4.

18. In dem Bescheid ist die Höhe der Entschädigung mitzuteilen, da gegen ihre Festsetzung Beschwerde zulässig ist.

19. Nicht auch gegen das Verlangen der Übereignung.

20. Der ordentliche Rechtsweg ist entbehrlich, da es sich regelmäßig um einfache Fälle handeln wird (Begr. zu § 17).

21. Die Rechtsbeschwerde und Klage im Verwaltungsstreitverfahren wie gegen polizeiliche Verfügungen (in Preußen nach §§ 127 ff. LVG.) ist also nicht zugelassen, sondern nur die formlose Beschwerde an die Aufsichtsbehörde.

22. Die Frist beginnt mit der Zustellung des Bescheids.

23. Zuständig ist die höhere Verwaltungsbehörde des Bezirks, in dem der Antragsteller seinen Wohnsitz oder dauernden Aufenthalt hat. Hat er keinen Wohnsitz oder dauernden Aufenthalt innerhalb des Deutschen Reichs, so ist die höhere Verwaltungsbehörde des Bezirks zuständig, in dem sich der Antragsteller nur vorübergehend aufhält (§ 19 AusfV.) Welche Behörde unter der Bezeichnung „höhere Verwaltungsbehörde" zu verstehen ist, bestimmt für ihr Gebiet die oberste Landesbehörde (§ 26 AusfV.). In Preußen ist der Regierungspräsident, in Berlin der Polizeipräsident zuständig (s. Erlaß vom 7. 9. 1928, MBliV. S. 925).

24. Es genügt nicht eine unbestimmte Annahme der Behörde, etwa auf Grund eines Versprechens der Betroffenen, daß sie keinen unzulässigen Gebrauch von den Gegenständen machen würden. Bei Personen unter 20 Jahren (§ 16 Abs. 1 Nr. 1) wird regelmäßig die Zustimmung des gesetzlichen Vertreters beizubringen sein.

§ 18.

(1) Der Waffen- (Munitions-) Erwerbschein [1]) oder der Waffenschein [2]) ist [3]) durch die zuständige Behörde [4]) zu widerrufen und einzuziehen,[5]) wenn die Voraussetzungen [6]) für die Erteilung des Scheines nicht gegeben waren oder nicht mehr vorliegen.[7])

(2) Im Falle des Widerrufs kann [8]) die zuständige Behörde [4]) zugleich [9]) die Ablieferung der Schußwaffen

und Munition verlangen.[10]) Die Vorschriften im § 17 Abs. 2 gelten entsprechend.[11])

1. § 10 des G.

2. § 15 des G.

3. Muß-Vorschrift, d. h. der Widerruf und die Einziehung muß in jedem Fall erfolgen. Hat jedoch der Betroffene, weil eine Ausnahme nach § 16 Abs. 3 des G. vorliege, die Entscheidung der zuständigen Behörde (Anm. 22 zu § 16) angerufen, so wird die für den Widerruf zuständige Behörde (s. Anm. 4) ihre Entscheidung zunächst zurückstellen können, bis auf den Antrag wegen Bewilligung einer Ausnahme entschieden ist.

4. Zuständig ist die Polizeibehörde, in deren Amtsbereich der Besitzer der Sch. (M.) oder der Inhaber des Scheins seinen Wohnsitz oder dauernden Aufenthalt hat (§ 20 Abs. 1 AusfV.). Hat der Besitzer oder Inhaber keinen Wohnsitz oder dauernden Aufenthalt im Deutschen Reich, so ist die Polizeibehörde zuständig, in deren Amtsbereich er sich nur vorübergehend aufhält (§ 20 Abs. 2 AusfV.). Welche Behörde unter „Polizeibehörde" zu verstehen ist, bestimmt für ihr Gebiet die oberste Landesbehörde (§ 26 AusfV.). In Preußen sind im Falle des § 20 Abs. 1 AusfV. die in Anm. 12 zu § 5 des G. genannten Behörden, im Falle des § 20 Abs. 2 AusfV. die Ortspolizeibehörden zuständig (s. Erlaß vom 7. 9. 1928, MBliV. S. 925).

5. In den Fällen, in denen der Inhaber eines Erwerbscheins diesen beim Erwerb von Sch. oder M. bereits dem Veräußerer ausgehändigt hat, kommt nur der Widerruf in Frage.

6. § 16 des G.; der Widerruf hat also zu erfolgen, wenn der Inhaber nicht zuverlässig ist, beim Waffenschein außerdem, wenn kein Bedürfnis vorliegt.

7. Die Verfügung, durch die der Waffen- (Munitions-) Erwerbschein oder der Waffenschein widerrufen und eingezogen wird, ist eine polizeiliche Verfügung, die mit den nach Landesrecht zulässigen Rechtsmitteln angefochten werden kann, in Preußen mit der Rechtsbeschwerde und der Klage beim

Oberverwaltungsgericht nach §§ 127 ff. LVG. Die Einziehung der widerrufenen Scheine erfolgt nötigenfalls mittels polizeilichen Zwanges, in Preußen nach § 132 LVG.

8. Wenn es aus sicherheitspolizeilichen Gründen erforderlich ist; die Entscheidung liegt im Ermessen der Behörde. Wenn diese keine Bedenken hat, dem Betroffenen den Besitz von Sch. und M. (s. Anm. 4 und 9 zu § 10) zu gestatten, so wird sie von dem Verlangen der Ablieferung regelmäßig absehen können; dies gilt z. B. auch, wenn jemand der Waffenschein mangels eines Bedürfnisses entzogen worden ist, er dagegen genügend zuverlässig erscheint, um in seiner Wohnung usw. eine Sch. zu besitzen. Bei Personen, die grundsätzlich keine Sch. oder M. besitzen dürfen (s. Anm. 9 zu § 16 und § 17 Abs. 1 des G.), wird stets die Ablieferung zu verlangen sein.

9. Nicht auch nachträglich.

10. Gegen das Verlangen sind die in Anm. 7 bezeichneten Rechtsmittel zulässig.

11. Der Betroffene hat also die Gegenstände unverzüglich gegen Empfangsbescheinigung der Polizeibehörde in Verwahrung zu geben; tut er dies nicht, so macht er sich nicht nur strafbar, sondern die Sch. und M. können auch ohne Entschädigung eingezogen werden. Wegen des weiteren Verfahrens im Falle der unverzüglichen Ablieferung s. Anm. 5 ff. zu § 17.

§ 19.

(1) Eines Waffen- (Munitions-) Erwerbscheins [1]) oder eines Waffenscheins [2]) bedürfen hinsichtlich der ihnen dienstlich gelieferten [3]) Schußwaffen oder Munition [4]) nicht [5])

1.[6]) die Angehörigen der deutschen Wehrmacht,[7]) die Polizeibeamten des Reichs [8]) und der Länder [9]) sowie die Grenzaufsichts- und Zollfahndungsbeamten der Reichsfinanzverwaltung,[10])

2. Beamte oder Angestellte,[11]) denen von der zuständigen Reichs- oder Landesbehörde [12]) das Recht zum Führen von Schußwaffen bei bestimmt zu bezeichnenden dienstlichen Anlässen verliehen ist [13]) oder auf Grund gesetzlicher Vorschriften zusteht.[14]) An Stelle des Waffenscheins tritt bei ihnen eine entsprechende Bescheinigung [15]) der vorgesetzten Dienst- oder der Aufsichtsbehörde.

(2) Werden den im Abs. 1 bezeichneten Personen Schußwaffen oder Munition dienstlich nicht geliefert oder ist das Führen anderer als der dienstlich gelieferten Schußwaffen geboten,[16]) so ist die vorgesetzte Dienst- oder die Aufsichtsbehörde [17]) befugt, ihnen eine Bescheinigung auszustellen, aus der das Recht zum Erwerbe der Schußwaffen und der Munition oder zum Führen der Schußwaffen ersichtlich ist.[18]) [19])

1. § 10 des G.

2. § 15 des G.

3. Wegen der nicht dienstlich gelieferten Gegenstände s. Abs. 2.

4. S. Anm. 5 zu § 11.

5. Mit Rücksicht darauf, daß die Waffen und Munition dienstlich geliefert und zu dienstlichen Zwecken verwendet werden, eine Prüfung der Voraussetzungen für den Erwerb und das Führen der Waffen oder Munition also nicht in Frage kommt, ist die Ausstellung von Waffen- (Munitions-) Erwerbscheinen oder Waffenscheinen nicht erforderlich. § 19 Abs. 1 ist also eine Ausnahme vom Erwerbschein- und Waffenscheinzwang.

6. Die in Nr. 1 aufgeführten Personen sind auf Grund ihres Berufes ohne weiteres als zum Waffentragen berechtigt erkennbar; sie bedürfen daher keiner Bescheinigung wie die in Nr. 2 aufgeführten Personen. Das G. unterscheidet nicht, ob diese Beamten die Sch. nur dienstlich oder auch außerdienstlich tragen dürfen; Bestimmungen hierüber sind regelmäßig in den Dienst-

vorschriften getroffen. Trägt ein Polizeibeamter entgegen den Dienstvorschriften außer Dienst seine Dienstpistole, so kann er nicht wegen gesetzwidrigen Führens einer Schußwaffe, sondern nur disziplinarisch wegen Verstoßes gegen die Dienstvorschriften bestraft werden. Wohl aber kann er dann bestraft werden, wenn er eine ihm dienstlich nicht gelieferte Pistole führt, sofern nicht der Fall des Abs. 2 vorliegt.

7. S. § 1 WehrG. vom 23. 3. 1921 (RGBl. S. 329). Angehörige der Wehrmacht sind auch die Militärbeamten (s. Anlage B zum Militärstrafgesetzbuch in der Fassung der Bek. vom 16. 6. 1926, RGBl. I S. 275); sie sind ebenfalls zum Tragen der ihnen dienstlich gelieferten Schußwaffen ohne Waffenschein berechtigt, obwohl sie „nicht im Waffendienst tätig" sind.

8. In Betracht kommen zurzeit nur die Beamten des Reichswasserschutzes. Die mit polizeilichen Befugnissen ausgestatteten Beamten der Deutschen Reichsbahn-Gesellschaft (s. Anm. 4 zu § 11 und §§ 74 bis 76 Eisenbahn-Bau- und Betriebsordnung vom 17. 7. 1928, RGBl. II S. 541) fallen unter Nr. 2 (s. Anm. 9).

9. Polizeibeamte der Länder sind die durch das Beamtenrecht der Länder als solche bezeichneten Beamten. Regelmäßig gehören hierher die Beamten der staatlichen uniformierten Polizei (Schutzpolizei, Landespolizei), der Landjägerei (Gendarmerie), der Kriminalpolizei, des Polizeiverwaltungsdienstes (Innendienstes) und die kommunalen Polizeibeamten.

10. S. G. über den Waffengebrauch des Grenzaufsichtspersonals der Reichsfinanzverwaltung vom 2. 7. 1921 (RGBl. S. 935).

11. Unter Nr. 2 fallen solche Beamten und Angestellten, bei denen die Befugnis zum Waffenführen nicht ohne weiteres ersichtlich ist (s. Begr. zu § 19). Diese Personen müssen daher in der Lage sein, sich über ihre Berechtigung auszuweisen. Es handelt sich hierbei nicht nur um Beamte und Angestellte im Dienste des Reichs oder eines Landes, sondern auch um mittelbare Reichs- und Staatsbeamte, die dienstliche, d. h. amtliche,

Verrichtungen ausüben; hierunter fallen die Beamten der Deutschen Reichsbahn (s. Anm. 8), Privatforstbeamte und private Angestellte und Arbeiter.

12. Welche Reichs- oder Landesbehörde zuständig ist, ergibt sich aus der Behördenorganisation des Reichs oder der Länder oder aus den vom Reich oder den Ländern erlassenen Vorschriften. Die AusfV. hat diese Frage nicht geregelt. Im allgemeinen werden die Zentralbehörden des Reichs oder der Länder selbst das Recht verleihen oder die Befugnis dazu den ihnen unterstellten Behörden übertragen.

13. Das Recht zum Führen von Sch. kann nur für „bestimmt zu bezeichnende dienstliche Anlässe", z. B. den Justizwachtmeistern, Gefängnisbeamten, Bahnpolizeibeamten für die Ausübung ihres Dienstes, verliehen werden.

14. Den Beamten und Angestellten, denen das Recht zum Führen von Sch. bereits auf Grund gesetzlicher Vorschriften zusteht, braucht dieses Recht nicht noch besonders verliehen zu werden (Begr. zu § 19). Hierher gehören z. B. Forst- und Jagdbeamte (s. preuß. G. über den Waffengebrauch der Forst- und Jagdbeamten vom 31. 3. 1837, GS. S. 65).

15. Die Bescheinigung muß Angaben darüber enthalten, für wen sie gilt und für welche bestimmt zu bezeichnende dienstliche Anlässe dem Inhaber das Recht zum Führen von Sch. verliehen ist oder daß ihnen dieses Recht auf Grund gesetzlicher Vorschriften zusteht. Die Beamten und Angestellten müssen die Bescheinigung, da diese an Stelle des Waffenscheins tritt, bei sich tragen (s. Anm. 9 zu § 15). Andernfalls können sie nach § 25 Abs. 1 Nr. 1 des G. bestraft werden.

16. Es muß sich auch in diesen Fällen um Verwendung der Waffen und Munition zu dienstlichen Zwecken handeln, z. B. Ausrüstung der Polizeioffiziere mit Sch.

17. An Stelle der an sich zur Ausstellung der erforderlichen Bescheinigungen zuständigen Polizeibehörde (§ 10 Abs. 1 und § 15 Abs. 1 Satz 1 des G.).

18. Die Bescheinigung tritt an Stelle des Waffen- (Munitions-) Erwerbscheins oder des Waffenscheins und ist wie diese zu behandeln; der Inhaber muß also die Bescheinigung dem Veräußerer aushändigen oder vorlegen. Wenn er auf Grund der Bescheinigung eine Sch. führt, muß er die Bescheinigung bei sich tragen (s. Anm. 15).

Der Veräußerer hat beim Überlassen der Waffen oder Munition einen entsprechenden Vermerk im Waffenhandelsbuch zu machen (s. Anm. 13 zu § 5).

19. Wann und in welchem Umfang die in Nr. 1 und 2 bezeichneten Personen von ihrer Schußwaffe Gebrauch machen dürfen, ergibt sich, abgesehen von dem Fall der Notwehr (§ 53 StGB.), aus größtenteils landesrechtlichen Gesetzen und Dienstvorschriften, die für die einzelnen Arten von Beamten und Angestellten erlassen sind. Für die Angehörigen der Wehrmacht (s. Anm. 7) gilt die Vorschrift über den Waffengebrauch des Militärs und seine Mitwirkung zur Unterdrückung innerer Unruhen vom 19. 3. 1914 in der Fassung des § 17 des Wehrgesetzes vom 23. 3. 1921 (RGBl. S. 329). Wegen des Grenzaufsichtspersonals der Reichsfinanzverwaltung s. Anm. 10, wegen der preuß. Forst- und Jagdbeamten s. Anm. 14. Für den Waffengebrauch der preußischen Polizei-Vollzugsbeamten, Hilfspolizei-Vollzugsbeamten und Beamten der Landjägerei gelten die Bestimmungen des Erlasses des MdJ. vom 11. 7. 1928 (MBliV. S. 687). Alle Vorschriften stimmen darin überein, daß der Gebrauch der Sch. nur zulässig ist, wenn die Anwendung anderer Mittel offenbar nicht zum Ziele führen würde, und daß er nicht weiter gehen darf, als es zur Erreichung des gesetzlichen Zwecks erforderlich erscheint. Gegen Kinder darf die Schußwaffe überhaupt nicht angewendet werden. Unter diesen Voraussetzungen darf nach dem für die preußische Polizei geltenden Erlaß vom 11. 7. 1928 von der Sch. Gebrauch gemacht werden: a) zur Abwehr eines Angriffs oder einer Bedrohung mit gegenwärtiger Gefahr für Leib oder Leben der Beamten oder der in

ihrem Schutz befindlichen Personen (nicht auch Sachen, wie nach der Vorschrift für die Angehörigen der Wehrmacht); dieser Fall ist auch dann gegeben, wenn die Täter der mit den Worten „Waffen nieder. oder ich schieße", „Hände hoch, oder ich schieße" oder ähnlich zum Ausdruck gebrachten Aufforderung des Beamten, Waffen oder andere gefährliche Werkzeuge niederzulegen oder loszulassen, nicht sofort nachkommen oder die niedergelegten oder losgelassenen Waffen oder Werkzeuge wieder aufzunehmen sich anschicken, b) zum Anhalten von Personen, die eines Verbrechens (nicht auch eines Vergehens oder einer Übertretung) dringend verdächtig oder überführt sind und sich der Festnahme oder Festhaltung seitens des Beamten durch die Flucht zu entziehen suchen. (Nach andern Vorschriften, z. B. der für die Angehörigen der Wehrmacht und für die Grenzaufsichtsbeamten der Reichsfinanzverwaltung, ist die Anwendung der Sch. allgemein zulässig, um einen Fluchtversuch der den Soldaten oder Beamten anvertrauten Gefangenen zu verhindern.) Dem Gebrauch der Sch. muß der Anruf „Halt, oder ich schieße" oder „Hände hoch, oder ich schieße" erfolglos vorangegangen sein. Der Anruf kann in geeigneten Fällen durch zwei kurz hintereinander in die Luft abgegebene Schüsse ersetzt werden.

§ 20.

(1) Ist nach der Landesgesetzgebung die Erhebung von Gebühren für die Ausstellung des Waffenerwerbscheins [1]) oder des Waffenscheins [2]) zulässig,[3]) so bestimmt sich die Festsetzung dieser Gebühren nach den durch die Reichsregierung mit Zustimmung des Reichsrats festgesetzten Grundsätzen.[4]) [5])

(2) Für Ausstellung eines Munitionserwerbscheins werden Gebühren nicht erhoben.[6])

1. § 10 des G.

2. § 15 des G.

3. Sind nach der Landesgesetzgebung Gebühren nicht zulässig oder nicht vorgeschrieben, so bewendet es hierbei. Die Länder sind

nicht etwa gezwungen, Gebühren einzuführen. Wenn Gebühren landesrechtlich vorgeschrieben sind, dürfen sie nicht höher, aber niedriger sein als die durch die Reichsregierung festgesetzten Sätze (s. Anm. 4). In Preußen sind nach der Verwaltungsgebührenordnung vom 30. 12. 1926 (GS. S. 327), Gebührentarif Nr. 81, Verwaltungsgebühren für die Ausstellung und Verlängerung der Gültigkeit von Waffenscheinen zu erheben; s. auch Erlaß vom 7. 9. 1928 (MBliV. S. 925).

4. Die landesrechtlichen Gebühren dürfen nach § 21 AusfV. folgende Höchstsätze nicht übersteigen:

1. Erste Ausstellung eines Waffenscheins einschließlich Waffenerwerbschein 5 RM.
2. Erste Ausstellung der zu 1 erwähnten Scheine allein 3 RM.
3. Jede Erneuerung eines dieser Scheine 2 RM.
4. Für Schußwaffen von nicht mehr als 6 mm Kaliber: erste Ausstellung oder Erneuerung eines dieser Scheine 1 RM. Für Doppel dürfen nur Schreibgebühren erhoben werden.

5. Für die Erhebung von Gebühren anläßlich sonstiger durch das G. erforderter Amtshandlungen der Landesbehörden besteht keine reichsgesetzliche Beschränkung.

6. Die Freilassung der Munitionserwerbscheine von der Gebührenpflicht entspricht der Billigkeit (Begr. zu § 20).

§ 21.[1])

(1) Der Jahresjagdschein [2]) eines deutschen Landes berechtigt im gesamten Reichsgebiete [3]) während der Dauer seiner Gültigkeit den Inhaber zum Erwerbe [4]) von Jagdwaffen [5]) und Faustfeuerwaffen [6]) in dem darin vermerkten Umfang [7]) und zum Erwerbe von Munition für Jagd- und Faustfeuerwaffen.[8])

(2) Der Jagdschein [9]) eines deutschen Landes berechtigt im gesamten Reichsgebiete [3]) während der Dauer seiner Gültigkeit den Inhaber zum Führen [10])

von Jagdwaffen [11]) auf der Jagd, beim Jagdschutz und Übungsschießen sowie auf den dazugehörigen Hin- und Rückwegen.[12]) In dem gleichen Umfang berechtigt der Jagdschein auch zum Führen einer [13]) Faustfeuerwaffe.[14])

1. Die Bestimmung des § 21 kommt den Wünschen der Jagdinteressenten entgegen, indem ihnen der Erwerb und das Führen von Jagdwaffen und Munition wesentlich erleichtert wird. Die polizeiliche Prüfung der Zuverlässigkeit des Jagdscheininhabers erfolgt auf Grund der landesrechtlichen Vorschriften über die Ausübung der Jagd; es ist daher unbedenklich, ihn in gewissem Umfang von dem Erwerbschein- und Waffenscheinzwang zu befreien.

2. Nur der Jahresjagdschein, nicht auch Tages- oder Wochenjagdscheine; bei Inhabern von letzteren Scheinen besteht kein Bedürfnis zu erleichtertem Waffenerwerb (Begr. zu § 21); sie sind auf Waffen- (Munitions-) Erwerbscheine (§ 10) und Waffenscheine (§ 15) angewiesen. Der Jahresjagdschein ersetzt den Waffen- (Munitions-) Erwerbschein beim Erwerb und bei der Einfuhr (s. § 22 des G.) von Jagdwaffen (s. Anm. 5), Faustfeuerwaffen (s. Anm. 6) und Munition für diese Waffen; dagegen nicht für den Erwerb und die Einfuhr anderer Sch. und M.

3. Nicht nur im Gebiet des Landes, dessen Behörde den Jagdschein ausgestellt hat. Wegen der Weitergeltung der vor dem Inkrafttreten dieses G. ausgestellten Jagdscheine s. § 34 Abs. 2 des G.

4. S. § 10 des G. Der Überlasser hat auf dem Schein die Waffen nach Zahl, Art, aufgedruckter Firma oder Warenzeichen und Herstellungsnummer sowie das Datum der Überlassung mit Tinte oder Tintenstift zu vermerken und den Schein dem Erwerber zurückzugeben (§ 14 Abs. 1 und 4 AusfV.). Für die Überlassung von Munition ist ein Vermerk nicht vorgeschrieben, jedoch muß sich der Überlasser davon überzeugen, daß der Erwerber zum Erwerbe berechtigt ist, und sich zu diesem Zweck den Jahresjagdschein vorlegen lassen.

5. Das sind Sch., die zur Verwendung bei der Jagd auf jagdbare Tiere bestimmt — nicht nur geeignet — sind und hierbei üblicherweise verwendet werden (§ 22 AusfV.). Keine Jagdwaffen im Sinne dieser Bestimmung sind umgearbeitete Militärgewehre 88 und 98, da aus ihnen trotz der Umarbeitung Militärpatronen verschossen werden können. Dagegen sind sog. Repetier-Pirschbüchsen als Jagdwaffen anzusehen (s. Kunze a. a. O. S. 19 ff.). Die Kleinkalibersportbüchse (für Randfeuerpatronen Kaliber 22 = 5,6 mm) ist keine Jagdwaffe, im Gegensatz zu der sog. Schonzeitbüchse (kleinkalibrige Jagdbüchse).

6. Pistolen, Revolver.

7. Die Berechtigung zum Erwerb von Jagdwaffen und Faustfeuerwaffen muß zahlenmäßig beschränkt werden, um Mißbrauch zu verhindern; insbesondere wird regelmäßig der Erwerb einer Faustfeuerwaffe ausreichen (s. auch Anm. 12).

8. Die Berechtigung zum Erwerb von Munition für Jagd- und Faustfeuerwaffen ist zahlenmäßig nicht beschränkt, ebenso wie im Falle des § 13 des G.; im übrigen ist durch § 12 Abs. 2 AusfV. für Jagdwaffenmunition der Erwerbscheinzwang so gut wie aufgehoben (s. Anm. 11 zu § 10). Wegen des Besitzes eines Jagdmunitionslagers s. § 23 Abs. 2 Satz 2 des G.

9. Jahres- und zeitlich beschränkter Jagdschein ersetzen den Waffenschein zum Führen von Jagdwaffen (s. Anm. 5) und einer Faustfeuerwaffe (Pistole, Revolver), aber nicht von sonstigen Waffen.

10. S. Anm. 6 zu § 15.

11. Also auch mehrerer Jagdwaffen (Schrotflinte, Kugelbüchse) gleichzeitig.

12. Die Berechtigung besteht nur für die vorstehend angegebenen Gelegenheiten. Beim Übungsschießen ist § 368 Nr. 7 StGB. (Schießen in gefährlicher Nähe von Gebäuden oder feuerfangenden Sachen), gegebenenfalls auch § 360 Nr. 11 StGB. (ruhestörender Lärm) zu beachten.

13. Nicht mehrerer; das Führen der Faustfeuerwaffe dient hauptsächlich zum Schutze gegen Angriffe (von Wilderern usw.) und zum Abgeben des Fangschusses, hierzu genügt aber e i n e Faustfeuerwaffe.

14. Das G. schreibt, anders wie in § 15 Abs. 1 Satz 1 für den Waffenschein, nicht vor, daß der Inhaber des Jagdscheins bei dem Führen der Jagdwaffen den Jagdschein bei sich tragen muß; maßgebend sind die Vorschriften der Landesgesetze. (S. z. B. § 29 der preuß. Jagdordnung vom 15. 7. 1907, GS. S. 207: „Wer die Jagd ausübt, muß einen auf seinen Namen lautenden Jagdschein bei sich führen.")

§ 22.

(1) Die Einfuhr [1]) von Schußwaffen [2]) und Munition [3]) ist nur auf Grund eines Waffen- (Munitions-) Erwerbscheins (§ 10), eines Waffenscheins (§ 15) oder eines Jagdscheins (§ 21) [4]) in dem Umfang gestattet, in dem diese Scheine zum Erwerbe von Schußwaffen oder Munition berechtigen. [5]) [6])

(2) Diese Vorschrift findet keine Anwendung auf die Einfuhr durch die im § 11 bezeichneten Behörden und Gewerbetreibenden. [7]) [8])

1. Die Einfuhr von Sch. und M. aus dem Ausland bedarf derselben Kontrolle wie die Überlassung dieser Gegenstände im Inland, da andernfalls der Umgehung des G. Tür und Tor geöffnet wäre (Begr. zu § 22).

2. § 1 Abs. 1 und 3 des G.

3. § 1 Abs. 2 und 3 des G. Da nach § 12 Abs. 2 AusfV. ein Munitionserwerbschein nur zum Erwerbe von Patronen mit Mantelgeschoß und für Kugelpatronen für Faustfeuerwaffen erforderlich ist, bedarf es auch bei der Einfuhr eines solchen Scheines nur für die bezeichneten Patronen.

4. Diese Scheine — in der Regel wird es sich um den Waffen- (Munitions-) Erwerbschein handeln — sind der Zollbehörde vorzulegen, die darauf die erforderlichen Vermerke anbringt (§ 23 AusfV.). Die Bescheinigung nach § 19 Abs. 2 des G. berechtigt nicht zur Einfuhr. Ist die Person, die die Sch. oder M. einführt, z. B. ein aus dem Ausland kommender Reisender, nicht im Besitze eines dieser Scheine, so hat er zunächst den Antrag auf Ausstellung eines Waffen- (Munitions-) Erwerbscheins oder Waffenscheins zu stellen (s. Anm. 7 zu § 10 und Anm. 7 zu § 15). Die Zollbehörde wird in diesem Fall von einer Beschlagnahme der eingeführten Gegenstände absehen können, bis auf den Antrag des Einführenden entschieden ist; jedoch muß sie die Gegenstände in Verwahrung nehmen und gegebenenfalls der Polizeibehörde des künftigen Wohnsitzes oder Aufenthaltsortes des Einführenden übersenden.

5. Die Einfuhr von sog. Wilddiebsgewehren und von Schußwaffen mit Schalldämpfern oder Scheinwerfern und die Einfuhr dieser Vorrichtungen selbst ist verboten (§ 24 des G.).

6. Strafbestimmung für den Fall der Zuwiderhandlung: § 25 Abs. 1 Nr. 1, Einziehung der Sch. und M.: § 25 Abs. 2, Bestrafung Aufsichtspflichtiger: § 26 des G.

7. Da diese Behörden und Gewerbetreibenden allgemein von dem Erfordernis eines Waffen- (Munitions-) Erwerbscheins befreit sind, muß dies auch für die Einfuhr von Waffen und Munition durch sie gelten. Die Gemeindebehörden haben der Zollbehörde (s. Anm. 4) die Erlaubnis der obersten Landesbehörde, die Gewerbetreibenden die behördliche Bescheinigung vorzulegen.

8. Unberührt bleiben die Vorschriften des G. über die Prüfung von Handfeuerwaffen vom 19. 5. 1891 (RGBl. S. 109), s. Anm. 15 zu § 9 des G.

§ 23.

(1) Zum Besitz [1]) eines Waffen- oder Munitionslagers [2]) (Abs. 2), das nicht zu einem nach Maßgabe dieses Gesetzes genehmigten (§§ 2, 5) Gewerbebetriebe [3]) gehört oder sich nicht im Besitz einer der im § 11 Nr. 1

und 2 bezeichneten Behörden [4]) befindet, ist die Genehmigung [5]) der zuständigen Behörde [6]) erforderlich.[7]) [8]) Die Genehmigung darf nur Personen erteilt werden, gegen deren Zuverlässigkeit [9]) keine Bedenken bestehen. Auf die Erteilung der Genehmigung finden die Vorschriften des § 16 Abs. 1 Satz 2, Abs. 2, 3, auf ihren Widerruf [10]) die Vorschriften der §§ 17, 18 [11]) entsprechende Anwendung.[12])

(2) Als Waffenlager gilt ein Bestand von mehr als fünf Schußwaffen der gleichen Art,[13]) als Munitionslager ein Bestand von mehr als hundert Patronen.[14]) Bei Jagdwaffen [15]) gilt als Waffenlager ein Bestand von mehr als zehn Jagdwaffen, als Munitionslager ein Bestand von mehr als tausend Jagdpatronen.[16])

1. S. Anm. 4 und 9 zu § 10 des G.

2. Nach § 7 Nr. 6 RepSchutzG. vom 21. 7. 1922 (RGBl. S. 585) wird mit Gefängnis von 3 Monaten bis zu 5 Jahren, soweit nicht andere Vorschriften eine schwerere Strafe androhen, bestraft, wer ein bis dahin verheimlichtes Waffenlager in Eigentum oder Gewahrsam hat und es unterläßt, der Behörde unverzüglich Kenntnis zu geben; dem Waffenlager steht ein Munitionslager, ein Geschütz, ein Minenwerfer oder Flammenwerfer, ein Maschinengewehr oder eine Maschinenpistole gleich. Es besteht also bereits eine Anzeigepflicht für Waffen- und Munitionslager. Da die Geltungsdauer des RepSchutzG. aber zeitlich begrenzt ist, wird für die nach dem Außerkrafttreten des G. in dieser Hinsicht entstehende Lücke durch § 23 Vorsorge getroffen (s. Begr. zu § 23), wobei jedoch der Begriff des Waffen- und Munitionslagers anders als im RepSchutzG. gestaltet ist.

3. Waffen- oder Munitionsfabrikanten und Waffen- oder Munitionshändler bedürfen, da der Besitz eines Waffen- oder Munitionslagers zu ihrem durch die zuständige Polizeibehörde genehmigten Gewerbebetriebe gehört, keiner besonderen Erlaubnis. Hält jedoch z. B. eine Waffenfabrik, die nicht auch Munition her-

stellt, sich zum Einschießen der von ihr hergestellten Waffen ein Munitionslager, oder hält eine Munitionsfabrik, die nicht auch Sch. herstellt, zum Ausproben der Munition ein Waffenlager, so ist hierfür eine Genehmigung erforderlich, da diese Lager nicht ohne weiteres als zum Gewerbebetrieb gehörend anzusehen sind. Die Erlaubnis wird aber regelmäßig nicht zu versagen sein, da die Zuverlässigkeit des Antragstellers bereits dadurch nachgewiesen ist, daß er die behördliche Genehmigung für seinen Betrieb erhalten hat (s. Begr. zu § 23).

4. Gemeindebehörden müssen jedoch entsprechend § 11 Nr. 2 des G. die Genehmigung der obersten Landesbehörde haben.

5. Eine Genehmigung ist nur zulässig für solche Sch. und M., die sich in den Händen der Bevölkerung befinden dürfen, also nicht für solche Waffen und Munition, die den Bestimmungen des Kriegsgerätegesetzes vom 27. 7. 1927 (RGBl. I S. 239) unterliegen, und nicht für die in § 24 des G. bezeichneten Sch. und Vorrichtungen, soweit nicht § 24 Abs. 2 Satz 3 Ausnahmen zuläßt. Keiner Genehmigung bedürfen Ansammlungen von solchen Waffen und Munition, die überhaupt nicht den Vorschriften des G. unterliegen (s. Anm. 6 zu § 1).

6. Zuständig ist die höhere Verwaltungsbehörde des Bezirks, in dem sich das Waffen- oder Munitionslager befindet. Sie hat, falls der Antragsteller seinen Wohnsitz oder dauernden Aufenthalt in einem andern Bezirk hat, vor der Entscheidung die höhere Verwaltungsbehörde dieses Bezirks zu hören (§ 24 Abs. 1 AusfV.). Welche Behörde unter der Bezeichnung „höhere Verwaltungsbehörde" zu verstehen ist, bestimmt die oberste Landesbehörde (§ 26 AusfV.). In Preußen ist der Regierungspräsident, in Berlin der Polizeipräsident zuständig (s. Erlaß vom 7. 9. 1928, MBliV. S. 925).

7. Wegen der am 1. 10. 1928 vorhandenen Waffen- oder Munitionslager s. § 30 des G.

8. Strafbestimmung: § 25 Abs. 1 Nr. 1 und § 30 Abs. 2, Einziehung des Waffen- oder Munitions-

lagers: § 25 Abs. 2, Bestrafung Aufsichtspflichtiger: § 26 des G.

9. S. Anm. 5 zu § 16 des G.

10. Zuständig ist die Behörde, die die Genehmigung erteilt hat (s. Anm. 6), da das G. nicht ausdrücklich etwas anderes bestimmt; ihre Zuständigkeit ist auch sachlich begründet.

11. Die Behörde kann also nach § 18 Abs. 2 zugleich mit dem Widerruf die Ablieferung der Sch. und M. verlangen, und sie muß es (anders im Falle des § 18, s. dort Anm. 8), da der regelmäßig wegen mangelnder Zuverlässigkeit des Besitzers erfolgende Widerruf der Genehmigung keinen Sinn hätte, wenn der als unzuverlässig erkannten Person das Waffen- oder Munitionslager weiter belassen würde. Ausnahmen nach § 17 Abs. 3 werden nur ganz selten in Frage kommen.

12. Gegen die Genehmigung und ihren Widerruf sind die gegen polizeiliche Verfügungen nach Landesrecht zulässigen Rechtsmittel gegeben (s. Anm. 7 zu § 18).

13. Als solche sind einerseits Handfeuerwaffen mit langem Laufe, andererseits Faustfeuerwaffen anzusehen (§ 24 Abs. 2 AusfV.).

14. Zum Besitz eines Munitionslagers bedarf es der Genehmigung nicht bei Schrotpatronen und bei Teschingpatronen mit Rundkugeln (§ 24 Abs. 3 AusfV.). Schießpulver (s. Anm. 10 zu § 1) fällt nicht unter den Begriff des Munitionslagers.

15. S. Anm. 5 zu § 21.

16. Jagdpatronen sind Patronen, die zu den Jagdwaffen (s. Anm. 15) gehören.

§ 24.

(1) [1]) Die Herstellung,[2]) der Handel,[3]) die Einfuhr,[4]) das Führen [5]) sowie der Besitz [6]) von Schußwaffen,[7]) die zum schleunigen Zerlegen über den für Jagd- und Sportzwecke allgemein üblichen Umfang [8]) hinaus besonders eingerichtet [9]) oder in Stöcken, Schirmen, Röhren oder in ähnlicher Weise verborgen [10]) sind (sogenannte Wilddiebsgewehre), ist verboten.[11])

(2) Verboten [12]) ist auch die Herstellung, der Handel, die Einfuhr, das Führen sowie der Besitz von Schußwaffen, die mit einer Vorrichtung zur Dämpfung des Schußknalls [13]) oder mit Gewehrscheinwerfern [14]) versehen sind. Das Verbot erstreckt sich auch auf die bezeichneten Vorrichtungen allein. Für die Herstellung solcher Waffen oder Vorrichtungen zur Ausfuhr [15]) können auf Antrag Ausnahmen bewilligt werden.[16])

1. Die Vorschrift des Abs. 1 dient der Verhinderung von Straftaten, zu deren Begehung die sog. Wilddiebsgewehre vorzugsweise geeignet und bestimmt sind (Begr. zu § 24).

2. § 2 des G.

3. § 5 des G.

4. § 22 des G.

5. § 15 des G.

6. §§ 17, 23 und Anm. 4 und 9 zu § 10 des G. Personen, die beim Inkrafttreten des G. (§ 34 Abs. 1) im Besitz von Wilddiebsgewehren sind, müssen sie unverzüglich an die zuständige Behörde abliefern, die sie gegen Entschädigung enteignet; Ausnahmen können nach § 17 Abs. 3 des G. bewilligt werden, z. B. für zuverlässige Sammler.

7. S. § 1 Abs. 1 des G. und § 1 AusfV.: auch die sonst nicht unter das G. fallenden Sch. unterliegen der Vorschrift des § 24.

8. Für Jagd- und Sportzwecke allgemein üblich sind sog. Kippläufe, wobei der Lauf mittels eines Scharniers umgelegt werden kann; außerdem können alle Jagdgewehre verhältnismäßig leicht auseinandergenommen und wieder zusammengesetzt werden. Für den Begriff der Wilddiebsgewehre kommt es darauf an, daß diese Waffen über das in den Kreisen der zuverlässigen Jäger und Sportsleute übliche Maß hinaus zum schleunigen Zerlegen „besonders eingerichtet“ sind (s. Anm. 9).

9. Wilddiebsgewehre sind vielfach in mehrere Teile zerlegbar und in ganz einfacher Weise (mit Nägeln, Bindfaden, Draht usw.) zusammensetzbar. Sie bedeuten infolgedessen, da sie leicht versteckt

werden können, eine große Gefahr für den Wildbestand und die Forstschutzbeamten.

10. Bisher bestand nur die Strafandrohung des § 367 Nr. 9 StGB.: „Mit Geldstrafe bis zu 150 RM. oder mit Haft wird bestraft, wer einem gesetzlichen Verbot zuwider (Stoß-, Hieb- oder) Schußwaffen, welche in Stöcken oder Röhren oder in ähnlicher Weise verborgen sind, feilhält oder mit sich führt." Diese Strafandrohung war nur wirksam, wenn in einem Lande ein entsprechendes gesetzliches Verbot bestand, wie dies in Preußen der Fall ist (§ 345 Nr. 7 des preuß. StGB. von 1851). Hinsichtlich der Sch. (wegen der Stoß- und Hiebwaffen vgl. die Einleitung) ist nunmehr das Verbot des § 24 Abs. 1 an die Stelle etwaiger landesrechtlicher Vorschriften und die Strafandrohung des § 25 Abs. 1 Nr. 1 und 2 des G. an die Stelle der Strafandrohung des § 367 Nr. 9 StGB. getreten. Wegen der Personen, die am 1. 10. 1928 im Besitz von Wilddiebsgewehren sind: § 31 des G., Einziehung der Sch.: § 25 Abs. 2, Bestrafung Aufsichtspflichtiger: § 26 des G.

11. Ausnahmen sind, abgesehen vom Besitz (s. Anm. 6), nicht zugelassen, (anders im Falle des Abs. 2).

12. Strafbestimmung: s. Anm. 10. Ausnahmen von dem Verbot: § 24 Abs. 2 Satz 3 des G. und § 25 Abs. 2 AusfB. (s. Anm. 14).

13. Trotz der Vorteile, die die Benutzung dieser Schalldämpfer beim Schießen in geschlossenen Räumen, auf Scheibenständen, in Gärten oder in Wäldern während der Schonzeit mit sich bringt. Die Benutzung von Schalldämpfern würde die polizeiliche Überwachung von Schießübungen in geschlossenen Räumen fast unmöglich machen; bei Angriffen auf Leib und Leben, namentlich auch bei politischen Auseinandersetzungen, wäre bei Benutzung von Schalldämpfern die Feststellung des Sachverhalts und der Täter äußerst erschwert. Vielfach, namentlich bei Jugendlichen und Wilddieben, würde die Möglichkeit, einen Schalldämpfer zu verwenden, geradezu einen Anreiz zur Verwendung von Sch. geben, da die Gefahr einer Entdeckung erheblich verringert wäre (s. Begr. zu § 24). Ausnahme s. Abs. 2 Satz 3.

14. Die Verwendung von Waffen mit Gewehrscheinwerfern ist eine Gefahr für die Wildbestände und, in der Hand des Wilderers, für den Jagdberechtigten und die Jagdschutzbeamten (s. Begr. zu § 24).

Sch. mit Scheinwerfern, die von Behörden des Reichs, der Länder oder von den im § 11 Nr. 2 des G. bezeichneten Gemeindebehörden (s. Anm. 3, 5 und 6 zu § 11), nicht auch von der Deutschen Reichsbahn-Gesellschaft, zu dienstlichen Zwecken benötigt werden, fallen nicht unter das Verbot (§ 25 Abs. 2 AusfV.); zu ihrer Herstellung und zur Belieferung der genannten Behörden ist aber eine besondere Ausnahmebewilligung, wie im Falle des § 24 Abs. 2 Satz 3 des G., erforderlich.

15. Nicht auch für die anderen in Abs. 1 erwähnten Fälle; jedoch umfaßt die Genehmigung zur Herstellung auch die Genehmigung zum Handel mit den Gegenständen und zum Besitz an ihnen.

16. Zuständig ist die höhere Verwaltungsbehörde des Bezirks, in dem der Antragsteller seine gewerbliche Niederlassung hat (§ 25 Abs. 1 AusfV.). Welche Behörde unter der Bezeichnung „höhere Verwaltungsbehörde" zu verstehen ist, bestimmt die oberste Landesbehörde (§ 26 AusfV.). In Preußen ist der Regierungspräsident, in Berlin der Polizeipräsident zuständig (s. Erlaß vom 7. 9. 1928, MBliV. S. 925).

Abschnitt V.

Strafbestimmungen.

§ 25.

(1) Mit Gefängnis bis zu drei Jahren und mit Geldstrafe oder mit einer dieser Strafen [1]) wird bestraft, wer vorsätzlich oder fahrlässig den Bestimmungen dieses Gesetzes zuwider

1. Schußwaffen,[2]) Munition [3]) oder die im § 24 Abs. 2 bezeichneten Vorrichtungen herstellt,[4]) be-

arbeitet,[4]) instandsetzt,[4]) beleiht,[5]) erwirbt,[6]) feilhält,[6]) anderen überläßt,[6]) den Erwerb oder das Überlassen vermittelt,[6]) sich zum Erwerb oder Überlassen erbietet,[6]) einführt [7]) oder besitzt,[8])

2. Schußwaffen führt,[9])

3. die ihm gemäß § 14 obliegende Anzeige nicht oder nicht rechtzeitig erstattet.[10])

(2) Neben der Strafe können die Schußwaffen, die Munition oder die Vorrichtungen, auf die sich die strafbare Handlung bezieht, ohne Rücksicht darauf, ob sie dem Täter gehören, eingezogen werden.[11]) Ist die Verfolgung oder Verurteilung einer bestimmten Person nicht durchführbar, so kann auf die Einziehung der Schußwaffen, der Munition oder der Vorrichtungen selbständig erkannt werden.[12])

1. Es handelt sich also stets um ein Vergehen (§ 1 Abs. 2 StGB.). Der Versuch ist nicht strafbar, da das G. dies nicht ausdrücklich bestimmt (§ 43 Abs. 2 StGB.). Die Geldstrafe beträgt mindestens 3 RM. und höchstens 10 000 RM. (§ 27 StGB.). Die Strafverfolgung verjährt in 5 Jahren (§ 67 Abs. 2 StGB.). Für die Aburteilung sind die Schöffengerichte zuständig (§§ 28, 24 Nr. 2 GVG.), auf Antrag der Staatsanwaltschaft kann der Amtsrichter allein entscheiden (§ 25 Abs. 1 Nr. 2 c, Abs. 2 GVG.), ebenso ist amtsrichterlicher Strafbefehl zulässig (§ 407 StPO.). Ist die Schuld des Täters gering und sind die Folgen der Tat unbedeutend, so kann die Staatsanwaltschaft mit Zustimmung des Amtsrichters von der Erhebung der öffentlichen Klage absehen. Ist die Klage bereits erhoben, so kann das Gericht mit Zustimmung der Staatsanwaltschaft das Verfahren einstellen (§ 153 Abs. 2 und 3 StPO.).

2. S. § 1 Abs. 1 und 3 des G.

3. S. § 1 Abs. 2 und 3 des G.

4. §§ 2, 24 des G.

5. § 8 des G.

6. §§ 5, 7, 9, 10, 24 des G.

7. §§ 22, 24 des G.

8. §§ 17, 23, 24 des G.; s. aber § 31 des G.

9. §§ 15, 24 des G.

10. Wer mehrere der in Abs. 1 aufgeführten Handlungen begeht, ist wegen jeder einzelnen zu bestrafen (Realkonkurrenz, § 74 StGB.).

11. Die Vorschrift geht über die Vorschrift des § 40 StGB. insofern hinaus, als ganz allgemein die Schußwaffen, die Munition und die Vorrichtungen, auf die sich die strafbare Handlung bezieht, und ferner ohne Rücksicht darauf, ob sie dem Täter gehören, eingezogen werden können. Die Einziehung ist in das richterliche Ermessen gestellt. Von der Einziehung wird nur abzusehen sein, wenn keine Gefahr für die öffentliche Sicherheit dadurch entsteht. Die eingezogenen Gegenstände werden Eigentum des Staates, dessen Gericht die Einziehung ausgesprochen hat. Über die Verwertung eingezogener Waffen sind in Preußen Vorschriften erlassen, die in der Verfügung des Justizministeriums vom 19. 3. 1924 (Justizministerialblatt S. 129) zusammengefaßt sind; s. auch Verfügung des MdJ. vom 9. 7. 1924 (MBliV. S. 767).

12. Entspricht der Vorschrift des § 42 StGB., sog. objektives Verfahren. Voraussetzung des Verfahrens ist, daß ein Vergehen im Sinne des § 25 Abs. 1 vorliegt und daß es sich auf die Schußwaffen usw. bezieht. Das Verfahren richtet sich nach den §§ 430 ff. StPO.

§ 26.

[1]) Wer es vorsätzlich oder fahrlässig unterläßt, zu verhindern, daß eine zu seiner Hausgemeinschaft gehörige und seiner Aufsicht oder Erziehung unterliegende Person unter zwanzig Jahren [2]) den Vorschriften dieses

Gesetzes zuwider Schußwaffen, Munition oder die im § 24 Abs. 2 bezeichneten Vorrichtungen herstellt,[3]) bearbeitet,[3]) instandsetzt,[3]) beleiht,[4]) erwirbt,[5]) feilhält,[5]) anderen überläßt,[5]) den Erwerb oder das Überlassen vermittelt,[5]) sich zum Erwerb oder Überlassen erbietet,[5]) einführt,[6]) besitzt [7]) oder Schußwaffen führt,[8]) wird gemäß § 25 dieses Gesetzes bestraft.[9])

1. Die Bestimmung bringt eine Ausdehnung der Strafvorschriften insofern, als auch Aufsichts- und Erziehungspflichtige für die Zuwiderhandlungen der zu ihrer Hausgemeinschaft gehörigen und ihrer Aufsicht oder Erziehung unterliegenden Personen unter 20 Jahren verantwortlich gemacht werden, um sie dadurch zu strengerer Aufsicht über ihre jugendlichen Pflegebefohlenen zu zwingen (Begr. zu § 26). Außerdem macht sich der Aufsichts- oder Erziehungspflichtige bei einem Verstoß gegen § 26 schadensersatzpflichtig, da diese Vorschrift ein Schutzgesetz im Sinne des § 823 Abs. 2 BGB. ist (ebenso Hoche a. a. O. Anm. 6 zu § 26).

2. Voraussetzung ist also, daß die Person noch nicht 20 Jahre alt ist, zur Hausgemeinschaft gehört und der Aufsicht oder Erziehung des Vorstands der Hausgemeinschaft unterliegt, also Kinder, in die Hausgemeinschaft aufgenommene Schüler, Lehrlinge, Zöglinge und dergl., dagegen nicht männliche oder weibliche Hausangestellte, da diese insoweit nicht der Aufsicht oder Erziehung des Haushaltsvorstands unterliegen. Nicht erforderlich ist, daß die jugendliche Person vorsätzlich oder fahrlässig gehandelt hat, ebenso nicht, daß sie nach § 25 Abs. 1 des G. bestraft worden ist.

3. §§ 2, 24 des G.

4. § 8 des G.

5. §§ 5, 7, 9, 10, 24 des G.

6. §§ 22, 24 des G.

7. §§ 17, 23, 24 des G.

8. §§ 15, 24 des G.

9. Der Fall des § 25 Abs. 1 Nr. 3 des G. ist nicht mit angeführt;

ein Aufsichts- oder Erziehungspflichtiger kann daher nicht bestraft werden, wenn die jugendliche Person die Anzeige nicht oder nicht rechtzeitig erstattet (s. Anm. 7 zu § 14).

§ 27.

(1) Wer die zur Durchführung dieses Gesetzes von der Reichsregierung erlassenen Vorschriften (§ 28) [1]) vorsätzlich oder fahrlässig übertritt, wird mit Geldstrafe bis zu einhundertfünfzig Reichsmark oder mit Haft bestraft.[2])

(2) Wer den im Abs. 1 bezeichneten Vorschriften vorsätzlich [3]) zuwiderhandelt, nachdem er wegen ihrer vorsätzlichen oder fahrlässigen Übertretung zweimal rechtskräftig verurteilt [4]) ist, wird mit Gefängnis bis zu einem Jahre und mit Geldstrafe oder mit einer dieser Strafen bestraft.[5]) Diese Vorschrift findet keine Anwendung, wenn seit der Rechtskraft der letzten Verurteilung bis zur Begehung der neuen Tat mehr als drei Jahre verflossen sind.[6])

1. In Frage kommen die Vorschriften über die Pflichten der Hersteller und Händler, besonders hinsichtlich der Führung der Waffen- und Waffenhandelsbücher (§§ 7 bis 10 AusfV.), und über die Verpflichtung des Überlassers von Sch. oder M. hinsichtlich der Behandlung der ihm vorgelegten und ausgehändigten Scheine (§ 14 AusfV.).

2. Es handelt sich hierbei mehr um Ordnungsvorschriften, so daß die Zuwiderhandlungen nur mit den Strafen der Übertretung (§ 1 Abs. 3 StGB.) bedroht sind. Der Versuch ist nicht strafbar (§ 43 StGB.). Die Strafverfolgung verjährt in 3 Monaten (§ 67 Abs. 3 StGB.). Zur Aburteilung ist der Amtsrichter zuständig (§ 25 Abs. 1 Nr. 1 GVG.), der auch Strafbefehl erlassen kann (§ 407 StPO.). Auf Grund der §§ 413 ff. StPO. kann die Strafe durch polizeiliche Strafverfügung nach

Maßgabe der Landesgesetze (für Preußen s. G., betr. den Erlaß polizeilicher Strafverfügungen wegen Übertretungen, vom 23. 4. 1883, GS. S. 65, in der Fassung des G. vom 4. 6. 1924, GS. S. 543, und der V. vom 6. 2. 1924, RGBl. I S. 44) festgesetzt werden. Von der Strafverfolgung kann abgesehen werden, wenn die Schuld des Täters gering ist und die Folgen der Tat unbedeutend sind, es sei denn, daß ein öffentliches Interesse an der Herbeiführung einer gerichtlichen Entscheidung besteht (§ 153 Abs. 1 StPO.).

3. Nicht nur fahrlässig; anders im Falle des Abs. 1.

4. Auch wenn die Strafen noch nicht verbüßt oder wenn sie ganz oder teilweise erlassen worden sind.

5. Da in diesen Fällen ein hartnäckiges und wiederholtes Zuwiderhandeln vorliegt, wird die Tat als Vergehen (§ 1 Abs. 2 StGB., s. Anm. 1 zu § 25) bestraft.

6. Eine Bestrafung Aufsichtspflichtiger auf Grund des § 26 des G. findet in den Fällen des § 27 nicht statt.

Abschnitt VI.

Schluß- und Übergangsbestimmungen.

§ 28.

Die zur Durchführung dieses Gesetzes erforderlichen Vorschriften erläßt die Reichsregierung mit Zustimmung des Reichsrats.[1]) Sie kann darin insbesondere Bestimmungen über die Beaufsichtigung der Herstellung von Schußwaffen oder Munition, über den Handel mit diesen Gegenständen und über den Geschäftsbetrieb, einschließlich der Buchführung, der in den §§ 2, 5 bezeichneten Gewerbetreibenden treffen.[2]) Sie kann ferner für bestimmte Arten von Schußwaffen oder Munition Ausnahmen von den Vorschriften dieses Gesetzes zulassen.[3]) [4])

1. Die Reichsregierung hat von der ihr erteilten Ermächtigung durch Erlaß der AusfV. vom 13. 7. 1928 (RGBl. I S. 198) Gebrauch gemacht (s. S. 98 ff.).

Die AusfV. soll die einheitliche Durchführung des G. durch die Behörden der Länder sichern.

2. S. §§ 3 ff. AusfV.

3. §§ 1, 12 Abs. 2 AusfV., s. Anm. 6 zu § 1 des G.

4. Zuwiderhandlungen gegen die Vorschriften der AusfV. werden nach § 27 des G. bestraft.

§ 29.

(1) Der Erlaß weitergehender Beschränkungen über die Herstellung,[1]) den Handel,[2]) den Erwerb,[2]) das Führen [3]) und den Besitz [4]) [5]) von Schußwaffen [6]) oder Munition [6]) durch die Länder ist unzulässig.[7]) Dies gilt auch hinsichtlich solcher Schußwaffen und Munition, für die gemäß § 28 Satz 3 Ausnahmen von den Vorschriften dieses Gesetzes zugelassen sind.[8])

(2) Soweit Beschränkungen der im Abs. 1 bezeichneten Art bestehen, treten sie spätestens sechs Monate nach dem Inkrafttreten dieses Gesetzes [9]) außer Kraft.[10])

1. §§ 2, 24 des G.

2. §§ 5, 7, 9, 10, 24 des G.

3. §§ 15, 24 des G.

4. §§ 17, 23, 24 des G.

5. Für die Einfuhr gilt Art. 82 Abs. 6 RV., wonach Ein-, Aus- und Durchfuhrverbote nur durch Reichsgesetz, also nicht von den Ländern, erlassen werden können.

6. § 1 des G.

7. Diese Vorschrift ist erforderlich, um die durch das G. für das ganze Reich geschaffene Rechtseinheit hinsichtlich des Verkehrs mit Sch. und M. nicht zu gefährden. Unzulässig ist auch gemäß Art. 13 Abs. 1 RV. (Reichsrecht bricht Landrecht) die Bewilligung von erleichternden Ausnahmen von den Vorschriften des G., soweit

sie nicht im G. oder der AusfV. ausdrücklich vorgesehen sind. Die Regelung des Verkehrs mit sonstigen Waffen verbleibt den Ländern (s. Einleitung).

8. D. h. auch der Verkehr mit solchen Sch. und M., die den Vorschriften des G. nicht unterliegen, darf nicht etwa durch Vorschriften der Länder beschränkt werden; diese Gegenstände sind vielmehr vollkommen frei.

9. D. h. am 1. April 1929.

10. Die auf Grund der V. über Waffenbesitz vom 13. 1. 1919 (RGBl. S. 31) erlassenen Beschränkungen treten bereits am 1. 10. 1928 außer Kraft, da diese V. durch § 34 Abs. 1 Satz 2 mit dem 1. 10. 1928 aufgehoben ist.

Die auf Grund der bisherigen landesrechtlichen Vorschriften ausgestellten, zum Erwerbe von Sch. oder M. oder zum Führen von Sch. berechtigenden Bescheinigungen verlieren, mit Ausnahme der Jagdscheine, spätestens 6 Monate nach dem Inkrafttreten dieses G., also am 1. 4. 1929, ihre Gültigkeit (§ 34 Abs. 2 des G.).

§ 30.

(1) Wer beim Inkrafttreten dieses Gesetzes [1]) ein nach seinen Vorschriften (§§ 2, 5) genehmigungspflichtiges Gewerbe betreibt oder ein nach § 23 genehmigungspflichtiges Waffen- oder Munitionslager besitzt, hat [2]) die Genehmigung binnen einem Monat nach dem Inkrafttreten dieses Gesetzes [3]) zu beantragen.[4])

(2) Die Strafbarkeit gemäß § 25 Abs. 1 Nr. 1 tritt in diesem Falle erst mit Ablauf eines Monats nach dem Inkrafttreten dieses Gesetzes oder, falls der Antrag innerhalb dieser Frist gestellt ist, mit Ablauf eines Monats nach seiner endgültigen Ablehnung [5]) ein.[6]) [7])

1. 1. 10. 1928 (§ 34 Abs. 1 des G.).

2. Abweichend von dem Grundsatz des § 1 Abs. 2 GewO., wonach die durch die GewO. vorgeschriebenen oder zugelassenen Ausnahmen oder Beschränkungen der Gewerbefreiheit auf bereits bestehende Gewerbebetriebe keine Anwendung finden.

3. D. h. bis spätestens zum 31. 10. 1928.

4. Es genügt zur Vermeidung der Strafbarkeit, wenn der Antrag bis zum 31. 10. 1928 bei der zuständigen Behörde (s. Anm. 9 zu § 2 und Anm. 12 zu § 5 des G.) eingegangen ist (s. Abs. 2). Auch über einen verspätet eingegangenen Antrag ist, vorbehaltlich des Strafverfahrens, sachlich zu entscheiden.

5. Die Ablehnung ist endgültig, wenn gegen den ablehnenden Bescheid der zuständigen Behörde (s. Anm. 4) ein Rechtsmittel nicht mehr zulässig ist (s. Anm. 2 zu § 4).

6. Die Fortsetzung des nicht genehmigten Betriebs kann polizeilich verhindert werden (§ 15 Abs. 2 GewO.), in Preußen gemäß § 132 LVG.

7. Ist die Fortsetzung des Betriebs nicht genehmigt worden, so befindet sich der Hersteller oder Händler im unbefugten Besitz von Sch. oder M.; er muß diese also gemäß § 17 Abs. 2 Satz 1 des G. unverzüglich der zuständigen Behörde in Verwahrung geben, wenn ihm nicht der weitere Besitz gemäß § 17 Abs. 3, gegebenenfalls bis zur Auflösung des Geschäftsbetriebs, gestattet wird.

§ 31.

Bei Personen, die beim Inkrafttreten dieses Gesetzes [1]) Schußwaffen [2]) oder Munition [3]) besitzen, ohne nach den Vorschriften dieses Gesetzes [4]) hierzu berechtigt zu sein,[5]) tritt die Strafbarkeit gemäß § 25 Abs. 1 Nr. 1 erst mit dem Ablauf von sechs Wochen [6]) nach dem Inkrafttreten dieses Gesetzes ein.[7])

1. 1. 10. 1928 (§ 34 Abs. 1 des G.).
2. § 1 Abs. 1 und 3 des G.
3. § 1 Abs. 2 und 3 des G.

4. Nicht bei Verstößen gegen andere G., z. B. das Kriegsgerätegesetz.

5. §§ 17, 24 des G.; wegen des Besitzes eines Waffen- oder Munitionslagers am 1. 10. 1928 s. § 30 des G.

6. D. h. am 12. 11. 1928.

7. Die Vorschrift soll dazu dienen, Strafverfahren möglichst zu vermeiden. Jedoch sind die in Frage kommenden Personen trotzdem verpflichtet, die Sch. und M. unverzüglich, d. h. ohne schuldhaftes Zögern, an die Polizei abzuliefern. Wenn sie es nicht tun, können sie aber erst mit dem Ablauf von 6 Wochen nach dem 1. 10. 1928 bestraft werden.

§ 32.

Auf die in den §§ 2, 5 bezeichneten Gewerbebetriebe finden die Vorschriften der Gewerbeordnung insoweit Anwendung,[1] als nicht in diesem Gesetze besondere Bestimmungen getroffen sind.

1. S. auch § 2 Abs. 3 des G. In Frage kommen z. B. die Vorschriften der §§ 45, 46 GewO. (s. Anm. 1 und 2 zu § 2), ferner die Vorschriften über die Beschäftigung von Lehrlingen, über die Arbeitszeit usw.

§ 33.

Unberührt bleiben die Vorschriften des Gesetzes über den Friedensschluß zwischen Deutschland und den alliierten und assoziierten Mächten vom 16. Juli 1919 (Reichsgesetzbl. S. 687) sowie die zu seiner Ausführung ergangenen gesetzlichen Bestimmungen und Anordnungen der Reichsregierung.[1]

1. In Frage kommen die Art. 164 ff. des Vertrages über Bewaffnung, Munition, Material für das deutsche Heer, insbesondere Art. 168, wonach die Anfertigung von Waffen, Munition und Kriegsgerät aller Art für den Bedarf des deutschen Heeres nur

in Werkstätten und Fabriken stattfinden darf, deren Lage den Regierungen der alliierten und assoziierten Hauptmächte zur Kenntnisnahme mitgeteilt und von ihnen genehmigt worden ist, und wonach diese Regierungen sich vorbehalten, die Zahl der Werkstätten und Fabriken zu beschränken, ferner Art. 170, wonach die Einfuhr von Waffen, Munition und Kriegsgerät jeder Art nach Deutschland sowie die Anfertigung und Ausfuhr dieser Gegenstände für fremde Länder verboten ist. Zur Ausführung der Vorschriften des Vertrags sind ergangen:

a) § 24 des Ausführungsgesetzes zum Friedensvertrag vom 31. 8. 1919 (RGBl. S. 1530); danach wird mit Gefängnis bis zu 6 Monaten oder mit Haft oder Geldstrafe bis 10 000 RM. bestraft, wer Kriegswaffen, Kriegsmunition oder sonstiges Kriegsgerät in anderen als den vom Reichswehrminister bestimmten Werkstätten oder zum Zwecke der Ausfuhr in fremde Länder herstellt;

b) das G. über Kriegsgerät vom 27. 7. 1927 (RGBl. I S. 239, s. Anm. 6 zu § 1 des G.);

c) das, heute nicht mehr in Kraft befindliche, G. zur Entwaffnung der Bevölkerung vom 7. 8. 1920 (RGBl. S. 1553); jedoch ist auch heute noch die auf Grund des § 14 des G. erlassene Bek. vom 27. 6. 1921 (RGBl. S. 776) in Geltung, wonach alle Militärwaffen, einschließlich der wesentlichen fertigen oder vorgearbeiteten Teile, sowie alle Munition für dem Reiche verfallen erklärt sind;

d) das G. zur Durchführung der Art. 177, 178 des Friedensvertrags vom 22. 3. 1921 (RGBl. S. 235), das in § 3 die Beschlagnahme und Einziehung aller Militärwaffen einer wegen Zuwiderhandlung gegen die genannten Artikel aufgelösten Vereinigung verfügt.

Durch das G. über den Waffenhandel nach China vom 31. 3. 1928 (RGBl. I S. 149) ist ferner verboten die Lieferung, Beförderung und Versicherung von Kriegswaffen, Kriegsmunition oder wesentlichen Bestandteilen von Kriegswaffen oder Kriegsmunition, die zur Verwendung in China bestimmt sind, sowie Handlungen, welche der Lieferung, Beförderung oder Versicherung solcher Gegenstände Vorschub leisten. Zu dem G. sind ergangen die V. der Reichsregierung vom 21. 4. 1928 (RZllBl. S. 161) und der RdErl. des MfHuG. und des MdJ. vom 31. 5. 1928 (MBliV. S. 599).

Abgesehen von gesetzlichen Bestimmungen sind auch die zur Ausführung des Versailler Vertrags ergangenen Anordnungen der Reichsregierung unberührt geblieben. Es handelt sich hierbei z. B. um die Bestimmung der Fabriken, die zur Herstellung von Kriegsgerät zugelassen sind, ferner um Vorschriften über die Unbrauchbarmachung von Kriegsgerät usw.

Im besetzten Gebiet gilt das G. über Sch. und M. nur, soweit nicht die Ordonnanzen der Interalliierten Rheinlandoberkommission entgegenstehende Bestimmungen enthalten.

§ 34.

(1) Dieses Gesetz tritt mit dem 1. Oktober 1928 in Kraft. Gleichzeitig wird die Verordnung des Rates der Volksbeauftragten über Waffenbesitz vom 13. Januar 1919 (Reichsgesetzbl. S. 31, 122) aufgehoben.[1] [2]

(2) Die auf Grund der bisherigen landesrechtlichen Vorschriften ausgestellten, zum Erwerbe von Schußwaffen oder Munition oder zum Führen von Schußwaffen berechtigenden Bescheinigungen verlieren, mit Ausnahme der Jagdscheine,[3] spätestens sechs Monate nach dem Inkrafttreten dieses Gesetzes ihre Gültigkeit.

Berlin, den 12. April 1928.

Der Reichspräsident.
von Hindenburg.

Der Reichsminister des Innern.
von Keudell.

1. Auch die auf Grund dieser V. erlassenen landesrechtlichen Vorschriften sind mit dem 1. 10. 1928 aufgehoben (s. Anm. 10 zu § 29).

Bestrafungen wegen der am 1. 10. 1928 noch nicht rechtskräftig abgeurteilten Zuwiderhandlungen gegen die V. können nach diesem Zeitpunkt nur noch erfolgen, soweit die Tat auch nach dem G. über Sch. und M. strafbar ist (§ 2 Abs. 2 StGB.). Die Strafe ist dem § 25 des G. als dem milderen G. zu entnehmen.

2. Sonstige reichsrechtliche Vorschriften, die den Bestimmungen des G. über Sch. und M. nicht entgegenstehen, sind nicht aufgehoben. Wegen der Weitergeltung der einschlägigen Bestimmungen des Versailler Vertrags und der zu seiner Ausführung erlassenen Vorschriften s. § 33 des G., wegen der Aufhebung landesrechtlicher Beschränkungen s. § 29 Abs. 2 des G.

3. Die Ausstellung der Jagdscheine erfolgt auch nach dem Inkrafttreten dieses G. auf Grund landesrechtlicher Vorschriften, infolgedessen sind sie von der Bestimmung des Abs. 2 ausgenommen.

III.

Ausführungsverordnung zu dem Gesetz über Schußwaffen und Munition.

Vom 13. Juli 1928 (RGBl. I S. 198).

Auf Grund des § 28 des Gesetzes über Schußwaffen und Munition vom 12. April 1928 (Reichsgesetzbl. I S. 143) wird hiermit nach Zustimmung des Reichsrats verordnet:

Abschnitt I.

Allgemeines.

§ 1.

Den Vorschriften des Gesetzes über Schußwaffen und Munition mit Ausnahme des § 24 des Gesetzes unterliegen nicht die nachbezeichneten Schußwaffen und die dazugehörige Munition:

1. Vorderladerwaffen, insbesondere Luntenschloß-, Radschloß-, Steinschloß-, Perkussionsgewehre, -Revolver und -Pistolen.
2. Von den Hinterladerwaffen:
   a) sämtliche Modelle bis zum Konstruktionsjahre 1870 einschließlich;
   b) Waffen mit nicht gezogenen Läufen, sofern die Länge des Laufes, gemessen von der Mündung bis zum

Stoßboden, mehr als 25 cm und sofern das Kaliber nicht mehr als 9 mm beträgt;

c) Druckluftwaffen mit einem Kaliber von 7 mm und darunter;

d) Zimmerstutzen, Kaliber 4 mm und darunter, für Zündhütchen mit Bleirundkugeln, sofern nicht durch die Herausnahme eines etwaigen Einstecklaufs der Zimmerstutzen zu einer gebrauchsfähigen, dem Gesetz unterliegenden Schußwaffe mit größerem Kaliber umgewandelt werden kann;

e) Flobertwaffen (Teschings) mit gezogenem Laufe, soweit es sich nicht um Mehrlader handelt, im Gewichte bis zu 2 kg und mit einem Kaliber von 6 mm und darunter.

3. Leuchtpistolen.

4. Scheintod- und Schreckschußwaffen, sofern sie ihrer Konstruktion nach lediglich zum Verfeuern von Knall- oder Gaspatronen, die keine Durchschlagskraft besitzen, benutzt werden können.

5. Selbstschußapparate.

6. Viehbetäubungsapparate.

§ 2.

(1) Als wesentliche Teile im Sinne des § 1 Abs. 3 des Gesetzes sind anzusehen:

a) bei Schußwaffen: Lauf, Verschluß, Trommel;

b) bei Munition: Hülse, Geschoß.

(2) Als vorgearbeitete wesentliche Teile im Sinne des § 1 Abs. 3 des Gesetzes sind nur solche im Abs. 1 bezeichneten Gegenstände anzusehen, die sich in einem derart vorgeschrittenen Herstellungszustande befinden, daß sie ohne besondere maschinelle Vorrichtungen fertig bearbeitet und zur Zusammensetzung gebrauchsfähiger Schußwaffen oder gebrauchsfähiger Munition verwendet werden können.

Abschnitt II.

Die Herstellung von Schußwaffen und Munition und der Handel mit diesen Gegenständen.

§ 3.

Zur Erteilung oder Rücknahme der Genehmigung nach § 2 des Gesetzes ist die höhere Verwaltungsbehörde des Bezirkes zuständig, in dem der Gewerbetreibende seine gewerbliche Niederlassung hat oder betreiben will.

§ 4.

Zur Erteilung oder Rücknahme der Genehmigung nach § 5 des Gesetzes ist die Polizeibehörde zuständig, in deren Amtsbereich der Handeltreibende seine gewerbliche Niederlassung hat oder betreiben will.

§ 5.

Vor der Erteilung der Genehmigung oder vor deren Rücknahme (§§ 2, 5 des Gesetzes) ist die örtlich zuständige amtliche Berufsvertretung (Industrie- und Handelskammer, Handwerkskammer) gutachtlich zu hören.

§ 6.

Zur Bewilligung von Ausnahmen gemäß § 6 Nr. 2 Halbsatz 2 des Gesetzes ist die höhere Verwaltungsbehörde des Bezirkes zuständig, in dem der Antragsteller seine gewerbliche Niederlassung hat oder betreiben will.

§ 7.

(1) Wer gewerbsmäßig Schußwaffen herstellt, bearbeitet oder instandsetzt (§ 2 des Gesetzes), hat ein Waffenbuch zu führen, aus dem der Verbleib der Schußwaffen hervorgeht. Das Waffenbuch ist nach folgendem Muster anzulegen:

Lfd. Nr.	Datum	Zahl	Art	Aufgedruckte Firma oder Warenzeichen	Herstellungsnummer	Name, Wohnort und Wohnung des Erwerbers
1	2	3	4	5	6	7

(2) Der Veräußerer hat sich davon zu überzeugen, daß der Erwerber zum Erwerbe von Schußwaffen berechtigt ist.

§ 8.

(1) Wer mit Schußwaffen ein Gewerbe der im § 5 des Gesetzes bezeichneten Art betreibt, hat ein Waffenhandelsbuch zu führen, aus dem die Herkunft und der Verbleib der Schußwaffen hervorgeht. Das Waffenhandelsbuch ist nach folgendem Muster anzulegen:

[Linke Seite]

Einnahme.

Lfd. Nr.	Datum	Zahl	Art	Aufgedruckte Firma oder Warenzeichen	Herstellungsnummer	Name und Wohnort des Überlassers
1	2	3	4	5	6	7

[Rechte Seite]

Ausgabe.

Lfd. Nr.	Datum	Zahl	Art	Aufgedruckte Firma oder Warenzeichen	Herstellungsnummer	Name, Wohnort und Wohnung des Erwerbers	Nachweis der Erwerbsberechtigung
8	9	10	11	12	13	14	15

(2) Der Veräußerer hat sich davon zu überzeugen, daß der Erwerber zum Erwerbe von Schußwaffen berechtigt ist. Zu diesem Zwecke hat er sich den Waffenerwerbschein, Waffenschein oder Jagdschein vorlegen zu lassen und in Spalte 15 Datum, Nummer und Ausfertigungsbehörde des Scheines zu vermerken. Ist der Erwerber zum Erwerbe von Schußwaffen ohne Waffenerwerbschein, Waffenschein oder Jagdschein berechtigt, so ist dies in Spalte 15 zu vermerken (z. B. Reichsbehörde, Waffenhändler).

§ 9.

Für das gewerbsmäßige Vermitteln des Erwerbes oder des Überlassens von Schußwaffen ist das Waffenhandelsbuch (§ 8) nach folgendem Muster anzulegen:

Lfd. Nr.	Datum	Zahl	Art	Name, Wohnort und Wohnung	
				des Überlassers	des Erwerbers
1	2	3	4	5	6

§ 10.

(1) Das Waffen- und Waffenhandelsbuch (§§ 7 bis 9) muß dauerhaft gebunden und mit fortlaufenden Seitenzahlen versehen sein. Bevor es in Gebrauch genommen wird, ist es von der Polizeibehörde unter Beglaubigung der Seitenzahl abzustempeln. In dem Buche dürfen weder Rasuren vorgenommen noch Eintragungen unleserlich gemacht werden. Alle Eintragungen müssen in deutscher Sprache und mit Tinte oder Tintenstift bewirkt werden. Das Buch ist zum 31. Dezember eines jeden Jahres sowie beim Wechsel oder bei der Einstellung des Betriebs abzuschließen und binnen einem Monat nach Beginn des

nächsten Kalenderjahrs oder nach dem Wechsel oder der Einstellung des Betriebs der Polizeibehörde zur Bestätigung des Abschlusses einzureichen. Nach dem Jahresabschlusse dürfen nur noch die in dem abgeschlossenen Teile enthaltenen Eintragungen mit entsprechenden Ausgangsvermerken versehen werden. Das Buch ist stets auf dem laufenden zu halten und mit den erforderlichen Unterlagen der Polizeibehörde oder deren Beauftragten auf Verlangen jederzeit vorzulegen.

(2) Der Gewerbetreibende ist verpflichtet, das Buch bis zum Ablauf von zwanzig Jahren, von dem Tage der darin vorgenommenen letzten Eintragung an gerechnet, aufzubewahren. Gibt der Gewerbetreibende das Gewerbe auf, so hat er die von ihm geführten Bücher der Polizeibehörde zur Aufbewahrung zu übergeben.

(3) Abdruck des Gesetzes über Schußwaffen und Munition vom 12. April 1928 und der Ausführungsverordnung ist in den Verkaufsräumen des Gewerbetreibenden an gut sichtbarer Stelle auszuhängen.

Abschnitt III.

Erwerb, Führen, Einfuhr und Besitz von Schußwaffen und Munition.

§ 11.

(1) Zur Ausstellung des Waffenerwerb- oder Munitionserwerbscheins ist die Polizeibehörde zuständig, in deren Amtsbereich der Antragsteller seinen Wohnsitz oder dauernden Aufenthalt hat. In dringenden Fällen ist zur Ausstellung auch die Polizeibehörde zuständig, in deren Amtsbereich sich der Antragsteller nur vorübergehend aufhält; diese hat von der Ausstellung die Polizeibehörde, in deren Amtsbereich der Antragsteller seinen Wohnsitz oder dauernden Aufenthalt hat, zu benachrichtigen, wenn der Ort des Wohn-

sitzes oder dauernden Aufenthalts innerhalb des Deutschen Reichs liegt.

(2) Hat der Antragsteller seinen Wohnsitz oder dauernden Aufenthalt nicht innerhalb des Deutschen Reichs, so ist zur Ausstellung die Polizeibehörde zuständig, in deren Amtsbereich der Aufenthalts- oder Einreiseort liegt.

§ 12.

(1) Der Waffenerwerbschein berechtigt nur zum Erwerb einer Schußwaffe, sofern nicht die Berechtigung zum Bezug einer höheren Zahl auf ihm vermerkt ist.

(2) Der Munitionserwerbschein berechtigt zum Erwerbe von 50 Patronen mit Mantelgeschoß oder von 50 Kugelpatronen für Faustfeuerwaffen, sofern nicht die Berechtigung zum Bezug einer niedrigeren oder höheren Zahl auf ihm vermerkt ist. Zum Überlassen oder Erwerbe von anderer Munition bedarf es eines Munitionserwerbscheins nicht.

§ 13.

Die Waffenerwerb- und Munitionserwerbscheine sind nach den aus Anlage I und II ersichtlichen Mustern auszustellen.

§ 14.

(1) Wer Schußwaffen auf Grund eines Waffenerwerbscheins (§ 10 Abs. 1 des Gesetzes), eines zum Erwerbe berechtigenden Waffenscheins (§ 12 des Gesetzes) oder auf Grund eines Jahresjagdscheins (§ 21 Abs. 1 des Gesetzes) einem andern überläßt, hat auf dem Scheine die Waffen nach Zahl, Art, aufgedruckter Firma oder Warenzeichen und Herstellungsnummer sowie das Datum der Überlassung mit Tinte oder Tintenstift zu vermerken.

(2) Wer Munition auf Grund eines Munitionserwerbscheins (§ 10 Abs. 1 des Gesetzes) einem andern überläßt, hat auf dem Scheine die Munition nach Zahl, Art und

Kaliber, ferner das Fabrikat, soweit ersichtlich, sowie das Datum der Überlassung mit Tinte oder Tintenstift zu vermerken.

(3) Der Erwerbschein ist dem Erwerber zurückzugeben, wenn die Zahl, auf die er lautet, noch nicht erreicht ist. Andernfalls hat der Überlasser den Erwerbschein binnen zwei Wochen der Polizeibehörde einzureichen, in deren Amtsbereich er seinen Wohnsitz hat. Gehört er zu den in den §§ 2, 5 des Gesetzes bezeichneten Gewerbetreibenden, so hat er die Erwerbscheine gesammelt am Ende jedes Kalendermonats der Polizeibehörde einzureichen, in deren Amtsbereich er seine gewerbliche Niederlassung hat.

(4) Den zum Erwerbe berechtigenden Waffenschein (§ 12 des Gesetzes) oder Jahresjagdschein (§ 21 Abs. 1 des Gesetzes) hat der Überlasser dem Erwerber stets zurückzugeben.

§ 15.

Zur Ausstellung einer Bescheinigung gemäß § 11 Nr. 3 des Gesetzes ist die im § 4 bezeichnete Polizeibehörde zuständig.

§ 16.

(1) Zuständige Behörde im Sinne des § 14 des Gesetzes ist die Polizeibehörde, in deren Amtsbereich der Erbe seinen Wohnsitz oder dauernden Aufenthalt hat.

(2) Hat der Erbe seinen Wohnsitz oder dauernden Aufenthalt nicht innerhalb des Deutschen Reichs, so ist die Polizeibehörde zuständig, in deren Amtsbereich sich die Schußwaffen oder Munition zur Zeit des Erbfalls befinden.

§ 17.

Zur Ausstellung des Waffenscheins (§ 15 Abs. 1 des Gesetzes) ist die Polizeibehörde zuständig, in deren Amtsbereich der Antragsteller seinen Wohnsitz oder dauernden

Aufenthalt hat. In dringenden Fällen ist zur Ausstellung auch die Polizeibehörde zuständig, in deren Amtsbereich sich der Antragsteller nur vorübergehend aufhält oder in deren Amtsbereich sein Einreiseort liegt; jedoch ist in diesen Fällen die Geltungsdauer des Waffenscheins auf höchstens drei Monate festzusetzen. § 11 Abs. 1 Satz 2 Halbsatz 2 findet Anwendung.

§ 18.

Der Waffenschein ist nach dem aus Anlage III ersichtlichen Muster auszustellen.

§ 19.

(1) Zur Bewilligung von Ausnahmen gemäß § 16 Abs. 3, § 17 Abs. 3 des Gesetzes ist die höhere Verwaltungsbehörde des Bezirkes zuständig, in dem der Antragsteller seinen Wohnsitz oder dauernden Aufenthalt hat.

(2) Hat der Antragsteller seinen Wohnsitz oder dauernden Aufenthalt nicht innerhalb des Deutschen Reichs, so ist die höhere Verwaltungsbehörde des Bezirkes zuständig, in dem sich der Antragsteller nur vorübergehend aufhält.

§ 20.

(1) Zuständige Behörde im Sinne des § 17 Abs. 2, § 18 des Gesetzes ist die Polizeibehörde, in deren Amtsbereich der Besitzer der Schußwaffe (Munition) oder der Inhaber des Scheines seinen Wohnsitz oder dauernden Aufenthalt hat.

(2) Hat der Besitzer der Schußwaffe (Munition) oder der Inhaber des Scheines seinen Wohnsitz oder dauernden Aufenthalt nicht innerhalb des Deutschen Reichs, so ist die Polizeibehörde zuständig, in deren Amtsbereich er sich nur vorübergehend aufhält.

§ 21.

(1) Die landesrechtlichen Gebühren für die Ausstellung von Waffenerwerbscheinen und Waffenscheinen dürfen folgende Höchstsätze nicht übersteigen:

1. Erste Ausstellung eines Waffenscheins einschließlich Waffenerwerbscheins . . . . 5 RM.
2. Erste Ausstellung der zu 1 erwähnten Scheine allein . . . . 3 RM.
3. Jede Erneuerung eines dieser Scheine . . . 2 RM.
4. Für Schußwaffen von nicht mehr als 6 mm Kaliber: Erste Ausstellung oder Erneuerung eines dieser Scheine . . . . 1 RM.

(2) Für Doppel dürfen nur Schreibgebühren erhoben werden.

§ 22.

Jagdwaffen im Sinne der §§ 21, 23 Abs. 2 des Gesetzes sind Schußwaffen, die zur Verwendung bei der Jagd auf jagdbare Tiere bestimmt sind und hierbei üblicherweise verwendet werden.

§ 23.

(1) Bei der Einfuhr von Schußwaffen oder Munition (§ 22 Abs. 1 des Gesetzes) ist der Erwerbschein, der Waffenschein oder der Jagdschein der Zollbehörde vorzulegen.

(2) Werden Schußwaffen eingeführt, so vermerkt die Zollbehörde auf dem zur Einfuhr berechtigenden Scheine die eingeführten Waffen nach Zahl und Art sowie das Datum der Einfuhr. Sie vermerkt ferner aufgedruckte Firma oder Warenzeichen und Herstellungsnummer, soweit die Schußwaffen diese Bezeichnungen tragen. Wird Munition eingeführt, so bedarf es eines Vermerkes von Zahl, Art und Kaliber, ferner des Fabrikats, soweit ersichtlich, sowie des

Datums der Einfuhr nur, wenn die Einfuhr auf Grund eines Munitionserwerbscheins erfolgt.

(3) Die Zollbehörde gibt den Erwerbschein, wenn die Zahl, auf die er lautet, noch nicht erreicht ist, dem Einführenden zurück. Andernfalls übersendet sie den Erwerbschein der Behörde, die ihn ausgestellt hat.

(4) Den zur Einfuhr berechtigenden Waffenschein oder Jahresjagdschein gibt die Zollbehörde dem Einführenden stets zurück.

§ 24.

(1) Zur Genehmigung des Besitzes eines Waffen- oder Munitionslagers ist die höhere Verwaltungsbehörde des Bezirkes zuständig, in dem sich das Waffen- oder Munitionslager befindet. Sie hat, falls der Antragsteller seinen Wohnsitz oder dauernden Aufenthalt in einem andern Bezirke hat, vor der Entscheidung die höhere Verwaltungsbehörde dieses Bezirkes zu hören.

(2) Als Schußwaffen der gleichen Art im Sinne des § 23 Abs. 2 Satz 1 des Gesetzes sind einerseits Handfeuerwaffen mit langem Laufe, anderseits Faustfeuerwaffen anzusehen.

(3) Zum Besitz eines Munitionslagers bedarf es der Genehmigung nicht bei Schrotpatronen und bei Teschingpatronen mit Rundkugeln.

§ 25.

(1) Zur Bewilligung von Ausnahmen für die Herstellung der im § 24 Abs. 2 des Gesetzes bezeichneten Schußwaffen und Vorrichtungen ist die höhere Verwaltungsbehörde des Bezirkes zuständig, in dem der Antragsteller seine gewerbliche Niederlassung hat.

(2) Schußwaffen mit Scheinwerfern, die von Behörden des Reichs, der Länder oder von den im § 11 Nr. 2

des Gesetzes bezeichneten Gemeindebehörden zu dienstlichen Zwecken benötigt werden, fallen nicht unter das im § 24 Abs. 2 des Gesetzes enthaltene Verbot.

§ 26.

Welche Behörden unter der Bezeichnung „höhere Verwaltungsbehörde" oder „Polizeibehörde" im Sinne dieser Ausführungsverordnung zu verstehen sind, bestimmt die oberste Landesbehörde.

Berlin, den 13. Juli 1928.

Der Reichsminister des Innern.
Severing.

[Vorderseite]

Anlage I.

§ 13.

Waffenerwerbschein Nr. ....

Gültig auf 1 Jahr.

....

wohnhaft ....

wird hierdurch die Erlaubnis zum Erwerbe von ....

.... erteilt.

.............................., den ....
(Ort)

....
(Dienststelle) (Stempel)

[Rückseite]

Es wurde überlassen

Lfd. Nr.	Datum	Zahl	Art	Aufgedruckte Firma oder Warenzeichen	Her-stellungs-nummer	Name, Wohnort und Wohnung des Überlassers
1	2	3	4	5	6	7

[Vorderseite]

Anlage II.
§ 13.

Munitionserwerbschein Nr. ....

Gültig auf 1 Jahr.

....

wohnhaft ....

wird hierdurch die Erlaubnis zum Erwerbe von ....

Mantelgeschoß-
Kugel-
Patronen erteilt.

.............................., den ....
(Ort)

.... (Dienststelle) (Stempel)

[Rückseite]

Es wurde überlassen

Lfd. Nr.	Datum	Zahl	Art, Kaliber	Fabrikat	Name, Wohnort und Wohnung des Überlassers
1	2	3	4	5	6

[Vorderseite]

Anlage III.
§ 13.

Zum Führen von Schußwaffen in öffentlichen Versammlungen und Umzügen berechtigt dieser Waffenschein nicht.

Waffenschein Nr. ....

Gültig auf 1 Jahr.

....

wohnhaft in ....

geboren am .... in ....

Reichsangehöriger — Nichtreichsangehöriger
(Nichtzutreffendes ist zu durchstreichen)

wird hierdurch die Erlaubnis zum Führen ....
innerhalb des Deutschen Reichs .... erteilt.
Gleichzeitig wird der Erwerb von .... genehmigt.

................................, den ....
(Ort)

....
(Dienststelle) (Stempel)

[Rückseite]

Es wurde überlassen

Platz für Lichtbild.	Lfd. Nr.	Datum	Zahl	Art	Aufgedruckte Firma oder Warenzeichen	Herstellungsnummer	Name, Wohnort und Wohnung des Überlassers
	1	2	3	4	5	6	7
Eigenhändige Unterschrift des Inhabers.							

IV.

Runderlaß des Preuß. Ministeriums des Innern zur Durchführung des Gesetzes und der Ausführungsverordnung.

Vom 7. September 1928 (MBliV. S. 925).

Zur Durchführung des Gesetzes über Schußwaffen und Munition vom 12. 4. 1928 (RGBl. I S. 143) und zu dessen AusfV. vom 13. 7. 1928 (RGBl. I S. 198) wird von mir nach Anhörung des Staatsrats eine Ausführungsvorschrift erlassen werden. Da das Gesetz bereits mit dem 1. 10. 1928 in Kraft tritt, weise ich schon jetzt darauf hin, daß hinsichtlich der Zuständigkeit der Ausführungsbehörden folgende Regelung beabsichtigt ist. Es soll bestellt werden zur

a) „höheren Verwaltungsbehörde" im Sinne der §§ 3, 6, 19, 24, 25 der AusfV. der Regierungspräsident, in Berlin der Polizeipräsident;

b) „Polizeibehörde" im Sinne der §§ 4, 11 Abs. 1 Satz 1, 11 Abs. 1 Satz 2 Halbsatz 2, 15, 17 Satz 1 und 20 Abs. 1 Zeile 2 in kreisfreien Städten und in den nach § 27 Abs. 1 der Kreisordnung für die Provinz Hannover vom 6. 5. 1884 (GS. S. 181) selbständigen Städten sowie in Orten mit staatlicher Polizeiverwaltung die Ortspolizeibehörde, im übrigen der Landrat;

c) „Polizeibehörde" im Sinne der §§ 10, 11 Abs. 1 Satz 2 Halbsatz 1, 11 Abs. 2, 14 Abs. 3, 16, 17

Satz 2, 20 Abs. 1 Zeile 1 und 20 Abs. 2 die Ortspolizeibehörde.

Die für die Ausführung des Gesetzes über Schußwaffen und Munition in Betracht kommenden Dienststellen wollen sich mit den gesetzlichen und Ausführungsvorschriften eingehend vertraut machen, damit die genaue und straffe Durchführung des Gesetzes vom 1. 10. 1928 ab gewährleistet ist.

Die vorgeschriebenen Muster der Waffenerwerbscheine, Munitionserwerbscheine und Waffenscheine hat die Reichsdruckerei, Drucksachenverwaltung, Berlin SW 68, Oranienstraße 90—94, am Lager. Die Scheine können bis auf weiteres von dort bezogen werden.

Entsprechend der Rückseite des Waffenscheinmusters (vgl. Anl. III zur AusfV. vom 13. 7. 1928) wird auch der zum Erwerb von Schußwaffen berechtigende Jagdschein umgestaltet werden. Die weiteren Maßnahmen hierzu wird der MfLDuF. treffen.

Durch die reichsgesetzliche Regelung des Schußwaffenrechtes sind die das gleiche Rechtsgebiet regelnden Polizeiverordnungen gegenstandslos geworden. Ich ersuche, diese Polizeiverordnungen, soweit sie sich auf Schußwaffen und Munition beziehen, baldigst aufzuheben. Die Polizeiverordnungen behalten nur noch ihre Bedeutung, soweit sie den Verkehr mit Stoß- und Hiebwaffen betreffen. Ich bemerke indessen schon jetzt, daß das Stoß- und Hiebwaffenrecht demnächst gleichfalls einheitlich im Reich geregelt werden soll.

Die in § 21 der AusfV. vorgesehenen Gebührensätze für die Ausstellung von Waffenerwerb- und Waffenscheinen werden für Preußen als Normalsätze festgesetzt werden.

V.

Anhang

Ausführungsvorschrift des Preußischen Ministers des Innern vom 28. September 1928 – II 1603/13 – zu dem Gesetz über Schußwaffen und Munition vom 12. April 1928 (RGBl. I S. 143) und zu seiner Ausführungsverordnung vom 13. Juli 1928 (RGBl. I S. 198).

(MBliV. S. 985.)

Zur Ausführung des Gesetzes über Schußwaffen und Munition vom 12. 4. 1928 (RGBl. I S. 143) und seiner AusfV. vom 13. 7. 1928 (RGBl. I S. 198) wird für Preußen nach Anhörung des Staatsrats folgendes bestimmt:

1. Gemäß § 16 Abs. 2 des Gesetzes werden Zuwiderhandlungen gegen § 17 Nr. 1 bis 3 und § 18 des Feld- und Forstpolizeigesetzes in der Fassung der Bek. vom 21. 1. 1926 (GS. S. 83) und gegen die §§ 6 und 8 des Gesetzes gegen den Forstdiebstahl vom 15. 4. 1878 (GS. S. 222) den Zuwiderhandlungen gegen die im § 16 Abs. 1 Nr. 4 des Gesetzes über Schußwaffen und Munition bezeichneten reichsrechtlichen Bestimmungen gleichgestellt.

2. Gemäß § 26 der AusfV. zu dem Gesetz über Schußwaffen und Munition vom 13. 7. 1928 wird

a) als „höhere Verwaltungsbehörde“ im Sinne der §§ 3, 6, 19, 24, 25 der AusfV. der Regierungspräsident, in Berlin der Polizeipräsident,

b) als „Polizeibehörde“ im Sinne der §§ 4, 11 Abs. 1 Satz 1, 11 Abs. 1 Satz 2 Halbsatz 2, 15, 17 Satz 1 und 20 Abs. 1 Zeile 2 in kreisfreien Städten und in den nach § 27 Abs. 1 der Kreisordnung für die Provinz Hannover vom 6. 5. 1884 (GS. S. 181) selbständigen Städten sowie in Orten mit staatlicher Polizeiverwaltung die Ortspolizeibehörde, im übrigen der Landrat,

c) als „Polizeibehörde“ im Sinne der §§ 10, 11 Abs. 1 Satz 2 Halbsatz 1, 11 Abs. 2, 14 Abs. 3, 16, 17 Satz 2, 20 Abs. 1 Zeile 1, 20 Abs. 2 die Ortspolizeibehörde

bestimmt.

Soweit nach dem Gesetze über Schußwaffen und Munition und seiner AusfV. für Amtshandlungen der zuständigen Behörden Verwaltungsgebühren in Frage kommen, sind sie nach Nr. 30 II des Gebührentarifs zur VGO. vom 30. 12. 1926 (GS. S. 327) zu erheben, sofern nicht im Einzelfalle eine andere Tarifstelle maßgebend ist.

Im übrigen wird zur Ausführung des Gesetzes noch folgendes bemerkt:

Zu §§ 2 bis 5. Das Gesetz hat die Erteilung und Rücknahme der Genehmigung zur Herstellung von Schußwaffen und Munition sowie zum Handel mit diesen Gegenständen nicht von fest umschriebenen Voraussetzungen abhängig gemacht, die Entscheidung hierüber vielmehr dem pflichtmäßigen Ermessen der zuständigen Behörde überlassen. Nur in negativer Hinsicht ist bestimmt (§ 2 Abs. 2, § 5 Abs. 2), daß die Bedürfnisfrage nicht entscheidend sein darf. Hierdurch soll die Schaffung von Monopolen verhindert werden. Es würde der Entstehungsgeschichte und dem Sinne dieser Vorschrift widersprechen, wenn die Genehmigung von dem förmlichen Nachweis fachlicher Vorbildung abhängig gemacht würde.

Die Durchführung der den nach §§ 2 und 5 des Gesetzes genehmigten Gewerbebetrieben in der AusfV. vom 13. 7. 1928 gemachten Auflagen haben die Ortspolizeibehörden durch Revisionen festzustellen.

Zu § 11 Nr. 2. Den Gemeinden und Gemeindeverbänden, soweit sie die Ortspolizei auszuüben berechtigt sind, wird hierdurch die Genehmigung erteilt, die vorgeschriebenen Dienstwaffen nebst der erforderlichen Munition zur ordnungsmäßigen Ausrüstung ihrer von der Aufsichtsbehörde bestätigten Polizeivollzugsbeamten ohne Erwerbschein zu beschaffen.

Zu § 15 Abs. 2. Von der Befugnis, Waffenscheine mit Gültigkeit für das ganze Reichsgebiet auszustellen, ist nur in besonders begründeten Einzelfällen Gebrauch zu machen. In der Regel wird eine Beschränkung des Geltungsbereichs — je nach Lage des Einzelfalles — auf Preußen, eine Provinz oder einen kleineren bestimmten Verwaltungsbezirk den begründeten Bedürfnissen genügen. Auch wird in geeigneten Fällen von der im § 15 Abs. 2 Satz 2 gegebenen Möglichkeit, in dem Waffenschein das Waffenführen auf bestimmte ausdrücklich bezeichnete Gelegenheiten und Örtlichkeiten zu beschränken, in weitgehendem Maße Gebrauch zu machen sein.

Zu § 20. Die im § 21 der AusfV. vorgesehenen Gebührensätze für die Ausstellung von Waffenerwerb- und Waffenscheinen werden hierdurch für Preußen als Normalsätze festgesetzt. Soweit die Nr. 81 a und b des Gebührentarifs zur VGO. vom 30. 12. 1926 (GS. S. 327) höhere Verwaltungsgebühren für die Ausstellung von Waffenscheinen vorsieht, ist sie durch obige reichsrechtliche Regelung als aufgehoben zu betrachten.

Zu § 31. Zur Vermeidung von Strafverfahren wird es sich empfehlen, diejenigen Personen, die beim Inkrafttreten dieses Gesetzes Schußwaffen oder Munition besitzen, ohne nach den Vorschriften dieses Gesetzes hierzu berechtigt zu sein, zu ihrer schleunigen Abgabe im Wege öffentlicher Bekanntmachung aufzufordern. Dabei ist auf die Vorteile der unverzüglichen Ablieferung der zu Unrecht besessenen Schußwaffen und Munition hinzuweisen, die darin liegen, daß die Ablieferer alsdann straffrei bleiben und darüber hinaus noch eine Entschädigung nach dem gemeinen Wert der abgelieferten Gegenstände zu erwarten haben, sofern sie darüber nicht binnen sechs Monaten zugunsten eines im Sinne des Schußwaffengesetzes Berechtigten durch Abtretung des Herausgabeanspruchs verfügen (vgl. § 17 Abs. 2 des Gesetzes). In der Bekanntmachung darf kein Zweifel darüber gelassen werden, daß die Aufforderung zur Ablieferung der im unrechtmäßigen Besitz gehaltenen Waffen und Munition sich nur auf diejenigen Waffen- und Munitionsarten bezieht, die vom Gesetz über Schußwaffen und Munition erfaßt werden (nicht aber auf Militärwaffen usw., die dem Reich entschädigungslos verfallen sind).

Zu § 34. Mit dem Außerkrafttreten der V. des Rates der Volksbeauftragten sind die auf Grund derselben seinerzeit abgelieferten und noch im behördlichen Gewahrsam befindlichen Waffen auf Antrag an die Ablieferer zurückzugeben, soweit diese zum Besitz von Waffen nach dem Schußwaffengesetz berechtigt sind.

Bekanntmachung des Bayerischen Staatsministeriums des Innern vom 31. August 1928 — Nr. 2501 f 106 — zum Vollzuge des Reichsgesetzes über Schußwaffen und Munition.

(Bayerischer Staatsanzeiger Nr. 202 vom 1. 9. 1928.)

Am 1. 10. 1928 tritt das Reichsgesetz über Schußwaffen und Munition vom 12. 4. 1928 (RGBl. I S. 143) und die dazu ergangene AusfV. vom 13. 7. 1928 (RGBl. I S. 198) in Kraft. Zum Vollzuge des Reichsgesetzes und der Ausführungsverordnung wird im Einverständnis mit den Staatsministerien des Äußern, der Finanzen und für Unterricht und Kultus folgendes bestimmt:

I. Zuständigkeit.

Unter der Bezeichnung „höhere Verwaltungsbehörde" und „Polizeibehörde" im Sinne der Ausführungsverordnung sind die Bezirkspolizeibehörden, in München und Nürnberg-Fürth die Polizeidirektionen zu verstehen. Ausgenommen hiervon ist § 10 Abs. 1 Satz 2 und 5 der AusfV. Für die darin vorgesehene Abstempelung und Bestätigung ist die Ortspolizeibehörde zuständig.

Zum Verleihen des Rechtes zum Führen von Schußwaffen im Dienste nach § 19 Abs. 1 Nr. 2 des Reichsgesetzes ist das Staatsministerium des Innern zuständig, sofern nicht auf Grund anderer Vorschriften die Zuständigkeit einer Reichsbehörde oder einer anderen Landesbehörde gegeben ist.

II. Herstellung und Handel mit Schußwaffen und Munition.

Das Reichsgesetz hat die Erteilung und Rücknahme der Genehmigung zur Herstellung von Schußwaffen und

Munition und zum Handel mit diesen Gegenständen nicht von festumschriebenen Voraussetzungen abhängig gemacht, die Entscheidung hierüber vielmehr dem pflichtmäßigen Ermessen der zuständigen Behörde überlassen. Nur in negativer Hinsicht ist bestimmt (§ 2 Abs. 2, § 5 Abs. II), daß die Bedürfnisfrage nicht entscheidend sein darf. Hierdurch soll die Schaffung von Monopolen verhindert werden. Bei der Entscheidung ist vom sicherheitspolizeilichen Standpunkte auszugehen. Von diesem Standpunkt aus kann im Einzelfalle insbesondere bei der Genehmigung zur Bearbeitung und Instandsetzung von Schußwaffen der Mangel fachlicher Vorbildung für sich allein oder in Verbindung mit anderen Umständen zur Versagung der Genehmigung führen. Dagegen darf nach der Entstehungsgeschichte und dem Sinne der Vorschrift die Genehmigung von dem förmlichen Nachweis fachlicher Vorbildung nicht abhängig gemacht werden. Selbstverständlich ist die Genehmigung für jeden Betrieb zu versagen, der dem geltenden Rechte widerspricht (vgl. § 7 und § 33 des Reichsgesetzes).

Vorbehaltlich des § 2 Abs. 3 des Reichsgesetzes bemißt sich das Verfahren bei der Erteilung oder Rücknahme der Genehmigung zur Herstellung von Schußwaffen und Munition und zum Handel mit solchen nach den für Polizeisachen maßgebenden Vorschriften. Bei Beschwerden gegen die Versagung oder Rücknahme der Genehmigung finden die §§ 20 und 21 GewO. Anwendung, und zwar haben die Regierungen, Kammern des Innern, ihre Entscheidung unter entsprechender Anwendung der Art. 31, 33 und 35 bis 38 des Verwaltungsgerichtsgesetzes zu treffen. Die Entscheidung der Regierung ist endgültig.

III. Erwerb, Führen und Besitz von Schußwaffen und Munition.

1. In § 10 Abs. 1 des Reichsgesetzes ist nicht nur der Erwerb von Schußwaffen und Munition vom Waffenhändler dem Erlaubniszwang unterstellt, vielmehr ist

jedes, auch das nichtgewerbsmäßige Überlassen von Schußwaffen und Munition von der Aushändigung eines Waffen- (Munitions-) Erwerbscheines abhängig gemacht. Eine Befreiung von dem Erwerbscheinzwang nach § 11 Nr. 2 des Gesetzes kann den Gemeindebehörden nur bei nachgewiesenem dringenden Bedürfnisse erteilt werden. Etwaige Anträge sind mit den erforderlichen Unterlagen versehen auf dem Dienstwege dem Staatsministerium des Innern vorzulegen.

Im Interesse der Geschäftsvereinfachung ist von der Ausstellung eines eigenen Waffenerwerbscheines abzusehen, wenn auch ein Waffenschein auszustellen ist, da in diesem der Waffenerwerb genehmigt werden kann (§ 12 des Reichsgesetzes).

2. Was unter Führung einer Schußwaffe nach § 15 des Reichsgesetzes zu verstehen ist, hat im Streitfalle das Gericht festzustellen. Nach der bisherigen Rechtsprechung muß die Waffe um ihrer Eigenschaft als Waffe willen in der Absicht demnächstigen oder allenfallsigen Gebrauches getragen werden.

Der Waffenschein gilt grundsätzlich für das ganze Reichsgebiet. Sofern jedoch das Bedürfnis zum Führen der Waffe nur für einen bestimmten engeren Bezirk nachgewiesen ist, ist der Geltungsbereich des Waffenscheines auf diesen Bezirk zu beschränken.

3. Waffen- (Munitions-) Erwerbscheine und Waffenscheine dürfen grundsätzlich nur solche Personen erhalten, von denen erwartet werden kann, daß sie von den Schußwaffen keinen unzulässigen Gebrauch machen. Die in § 16 Abs. 1 Satz 2 des Reichsgesetzes aufgeführten Versagungsfälle sind nicht erschöpfend. Der Fall der geistigen Minderwertigkeit nach Nr. 2 a. a. O. wird insbesondere dann als gegeben zu erachten sein, wenn in früheren Strafverfahren diese Eigenschaft durch Sachverständigengutachten festgestellt worden ist.

4. Die in § 16 Abs. 1 Nr. 1 bis 5 des Reichsgesetzes bezeichneten Personen bieten, von Ausnahmen (§ 16 Abs. 3)

abgesehen, allgemein keine Gewähr dafür, daß sie von der Schußwaffe keinen unzulässigen Gebrauch machen. Es ist ihnen daher, im Gegensatze zur übrigen Bevölkerung, auch der bloße Besitz von Schußwaffen und Munition verboten (§ 17 Abs. 1 des Reichsgesetzes). Handeln solche Personen dem Verbote zuwider, so machen sie sich nach § 25 Abs. 1 Nr. 1 des Reichsgesetzes strafbar und ihre Schußwaffen samt Munition unterliegen der gerichtlichen Einziehung. Tritt aber bei einer Person einer der Verbotsgründe des § 16 Abs. 1 Nr. 1 bis 5 zu einem Zeitpunkt ein, in dem sie sich bereits in dem bis zu diesem Zeitpunkte rechtmäßigen Besitz von Schußwaffen oder Munition befindet, oder erwirbt eine der in § 16 Abs. 1 Nr. 1 bis 5 bezeichneten Personen von Todes wegen Schußwaffen oder Munition, so ist ihr durch unverzügliche Ablieferung die Möglichkeit gegeben, sich vor Eintritt der Strafbarkeit auf legalem Wege dieser Gegenstände zu entledigen. Das hierbei einzuschlagende Verfahren regelt § 17 Abs. 2 des Reichsgesetzes. Für entsprechende Verwahrung der abgelieferten Schußwaffen und Munition haben die Bezirkspolizeibehörden Sorge zu tragen. Macht ein Bezirksamt oder eine Polizeidirektion von der Befugnis zur Enteignung der mehr als sechs Monate in Verwahrung befindlichen Schußwaffen und Munition gegen Zahlung des gemeinen Wertes Gebrauch, so ist der Entschädigungsbetrag aus bereiten Mitteln vorschußweise zu bezahlen und zum Schlusse des Rechnungsjahres oder, wenn veranlaßt, halbjährlich bei der vorgesetzten Regierung, Kammer des Innern, zum Rückersatze anzufordern. Die Regierungen bezahlen den Betrag aus den ihnen überwiesenen Mitteln zu Lasten des Haushaltansatzes „Übrige Ausgaben auf den Polizeidienst". Falls die den Regierungen im laufenden Haushalt zugeteilten Mittel hierfür nicht zureichen sollten, ist rechtzeitig Zuschußantrag beim Staatsministerium des Innern zu stellen. Enteignete Schußwaffen und Munition sind von den Bezirksämtern und Polizeidirektionen dem zuständigen Finanzamt zur Verwertung zu überweisen. Der gemeine Wert wird von der Bezirkspolizeibehörde festgesetzt, die die Enteignung vornimmt. Über Beschwerden gegen die Festsetzung entscheidet die vorgesetzte Regierung, Kammer des Innern, endgültig.

Um Härten zu vermeiden, können die Bezirkspolizeibehörden gemäß § 17 Abs. 3 des Reichsgesetzes den zur Ablieferung Verpflichteten den weiteren Besitz der Schußwaffen und Munition in stets widerruflicher Weise gestatten. Wird Zigeunern oder nach Zigeunerart umherziehenden Personen ausnahmsweise eine Erlaubnis nach § 17 Abs. 3 oder § 16 Abs. 3 des Reichsgesetzes erteilt, so ist Abdruck der Erlaubniserteilung der Zigeunerpolizeistelle bei der Polizeidirektion München mitzuteilen. Dieser ist auch der widerrufene oder abgelaufene Erlaubnisschein zu übersenden.

Wird der Waffen- (Munitions-) Erwerbschein oder der Waffenschein widerrufen, so kann es in vielen Fällen aus sicherheitspolizeilichen Gründen erforderlich werden, dem Waffenbesitzer auch den weiteren Besitz von Schußwaffen nicht zu gestatten. § 18 Abs. 2 des Reichsgesetzes gibt den Bezirkspolizeibehörden die Befugnis, in solchen Fällen die Waffen zu enteignen. Für die Enteignung gelten die vorstehenden Anordnungen hinsichtlich der Enteignung der in behördliche Verwahrung gegebenen Waffen entsprechend.

5. Was die Gebühren für die Ausstellung von Waffenerwerbscheinen und Waffenscheinen betrifft, so finden die Bestimmungen des Kostengesetzes insoweit Anwendung, als nicht der § 21 der AusfV. entgegensteht.

Gegenüber Mitgliedern von Vereinen, die unter staatlicher Förderung sich mit der Ertüchtigung der Jugend befassen, erscheint es veranlaßt, von der Ermächtigung in Ziff. 8 der MB. vom 4. 1. 1924 (GVBl. S. 7) Gebrauch zu machen und die Gebühr in geeigneten Fällen bis auf 20 Rpf. zu ermäßigen.

6. Im Interesse der Jagd ist in § 21 des Reichsgesetzes dem Inhaber eines Jagdscheines eines deutschen Landes nicht nur das Recht zum Führen von Jagdwaffen und von einer Faustfeuerwaffe auf der Jagd, beim Jagdschutz und Übungsschießen sowie auf den dazugehörigen Hin- und Rückwegen gegeben, sondern, insoweit als es sich um einen Jahresjagdschein handelt, auch der Erwerb von Jagd- und Faustfeuerwaffen in dem auf dem Scheine vermerkten Umfange gestattet worden. Die Vordrucke der Jagdkarte, die in Bayern stets auf ein Kalenderjahr ausgestellt wird, werden vom nächsten Jahre ab dahin abgeändert werden, daß auf ihnen die Erwerbsberechtigung für Jagdwaffen und Faustfeuerwaffen sowie der erfolgte Erwerb solcher Waffen entsprechend vermerkt werden kann. Eine gleiche Abänderung werden auch die Vordrucke der Jagdkarten zum Betrieb von staatlichen Verwaltungsjagden erfahren. Da diese Jagdkarten gemäß Ziff. 2 der MB. vom 3. 12. 1921 (MABl. S. 208) auch auf einen kürzeren Zeitraum als ein Jahr ausgestellt werden können, ist im Falle einer solchen zeitlichen Beschränkung der Vermerk über die Erwerbsberechtigung zu streichen. Für den Jagd- und Forstschutz kommt noch der Schutzgewehrschein in Frage (Art. 15 Abs. II des Jagdgesetzes). Durch diesen Schein wird den für den Jagd- und Forstschutz Angestellten oder Verpflichteten das Recht verliehen, bei Ausübung dieses Schutzes Schußwaffen zu führen. Es fallen daher diese Personen — und zwar auch dann, wenn sie im Dienste eines privaten Jagdbesitzers stehen — unter § 19 Abs. 1 Nr. 2 und Abs. 2 des Reichsgesetzes. Demgemäß werden die Vordrucke des Schutzgewehrscheines mit Beginn des nächsten Jahres folgenden Vermerk enthalten: „Der Inhaber dieses Scheines ist zum Führen und zum Erwerb der zum Jagd- und Forstschutz benötigten Schußwaffen samt Munition berechtigt.“

7. Nach § 23 des Reichsgesetzes ist der Besitz eines Waffen- oder Munitionslagers genehmigungspflichtig, sofern sich das Lager nicht im Besitz eines konzessionierten Waffenherstellers oder Händlers oder im Besitze einer vom Waffen- (Munitions-) Erwerbscheinzwang befreiten Behörde befindet. Bei Prüfung der Frage der Genehmigungserteilung ist insbesondere bei Munitionslagern neben der Zuverlässigkeit des Lagerhalters auch die einwandfreie Beschaffenheit der Aufbewahrungsräume zu würdigen. Soweit veranlaßt, ist die Genehmigung von entsprechenden Bedingungen abhängig zu machen. Bestehen polizeiliche Bedenken, so ist die Genehmigung zu versagen und für alsbaldige Auflösung des Lagers zu sorgen. Gebotenenfalls ist die Einziehung der gelagerten Waffen und Munition zu veranlassen (§ 25 Abs. 2 des Reichsgesetzes).

Nach § 24 Abs. 3 der AusfV. bedarf es zum Besitze eines Munitionslagers der Genehmigung nicht bei Schrotpatronen und bei Teschingpatronen mit Rundkugeln. Dagegen ist der Besitz von Munition für die Kleinkalibersportbüchse genehmigungspflichtig, sobald es sich um einen Bestand von mehr als 100 Patronen handelt. Bei dem schnellen Verbrauch solcher Patronen beim Sportschießen ist der genehmigungsfreie Bestand von 100 Patronen verhältnismäßig gering. Im Interesse des Kleinkalibersports haben die Bezirkspolizeibehörden daher bei Erteilung der Genehmigung die Menge der einzulagernden Munition entsprechend groß zu bemessen, wenn es sich um Mitglieder polizeilich einwandfreier Kleinkaliberschützenverbände handelt. Beim Ausmaß der Genehmigungsgebühren ist in geeigneten Fällen von der Ermächtigung in Ziff. 8 der MB. vom 4. 1. 1924 (GVBl. S. 7) Gebrauch zu machen.

Von jeder Erteilung oder Versagung einer Genehmigung nach § 23 des Reichsgesetzes haben die Bezirkspolizeibehörden der Regierungsbezirke Oberbayern, Niederbayern, Pfalz und Schwaben der Polizeidirektion München und die Bezirkspolizeibehörden der übrigen Regierungsbezirke der Polizeidirektion Nürnberg-Fürth Mitteilung zu machen.

IV. Schlußbestimmungen.

Durch das Reichsgesetz werden mit Wirkung vom 1. 10. 1928 die auf Schußwaffen bezüglichen Vorschriften der Verordnung vom 19. 11. 1887 (GVBl. S. 655) und vom 20. 5. 1925 (GVBl. S. 152) sowie die Verordnung vom 5. 12. 1921 (GVBl. S. 585) und Art. 4 des Zigeuner- und Arbeitsscheuengesetzes vom 16. 7. 1926 (GVBl. S. 359) ersetzt. Die weitere Gültigkeit der auf Grund dieser Vorschriften ausgestellten Erlaubnisscheine bemißt sich nach § 34 Abs. 2 des Reichsgesetzes.

Zur Durchführung des Reichsgesetzes enthält die Ausführungsverordnung verschiedene Vordrucke. Das Muster des Waffenscheines trägt am Kopfe den Vermerk, daß der Waffenschein nicht zum Führen von Schußwaffen in öffentlichen Versammlungen und Umzügen berechtigt (vgl. § 11 des Vereinsgesetzes vom 19. 4. 1908). Damit der Inhaber des Waffenscheines deutlich auf diese Vorschrift hingewiesen wird, ist der Vermerk auf dem Waffenschein in roter Farbe aufzudrucken. Die Vordrucke, insbesondere auch die Waffen- und Waffenhandelsbücher, können von dem Bayerischen Kommunalschriftenverlag in München bezogen werden.

Die neuen Reichsvorschriften verfolgen den Zweck, den verbrecherischen und leichtsinnigen Mißbrauch von Schußwaffen möglichst hintanzuhalten. Zur Erreichung dieses Zweckes haben insbesondere die Bezirkspolizeibehörden sich den genauen Vollzug des Reichsgesetzes angelegen sein zu lassen und die beteiligten Bevölkerungskreise auf die für sie in Betracht kommenden neuen Vorschriften wiederholt und eindringlich hinzuweisen.

Alphabetisches Sachverzeichnis.

(Die Zahlen bezeichnen die Seiten.)

S.

W.

Z.

Otto Walter, Buchdruckerei, Berlin S 14

Guttentagsche Sammlung

Deutscher Reichs- und Preußischer Gesetze

einschließlich

de Gruytersche Sammlung Deutscher Gesetze

(Handkommentare)

Systematisches Verzeichnis

Bürgerliches Recht

Bürgerliches Gesetzbuch
Schuldverhältnisse insbesondere
Sachenrecht insbesondere
Familien- und Erbrecht
Handelsrecht
Versicherungsrecht
Gewerberecht
Arbeitsrecht
Sozialpolitische Gesetze
Geistig-gewerbl. Rechtsschutz

Zivilprozeß

Freiwillige Gerichtsbarkeit
Konkursordnung u. Zwangsvollstreckung

Strafrecht u. Strafprozeß

Öffentliches Recht

Staatsrecht
Verwaltungsrecht
Reichsrecht / Landesrecht
Steuerrecht

Juni 1928

Walter de Gruyter & Co., Berlin W 10 und Leipzig

Bürgerliches Recht

Bürgerliches Gesetzbuch

Band **Reichsgesetze:**

38/39. **Bürgerliches Gesetzbuch nebst Einführungsgesetz.** Von A. Achilles. In Verbindung mit F. André, O. Meyer, O. Strecker, K. v. Unzner herausgegeben von M. Greiff. 12. Auflage. — 1926. 24.—

84. **Sammlung kleinerer privatrechtlicher Reichsgesetze.** Von G. Müller. — 1903. 5.50

129. **Zivilrechtkriegsgesetze.** Von Fischer. — 1918. 1.50

116. **Kriegs-Zivil- und Finanzgesetze.** 3. Auflage. — 1915. 1.50

116 a. Desgl. Zweite Folge: Jahr 1915. — 1916. 1.20

Preußische Gesetze:

23. **Ausführungsgesetze zum Bürgerlichen Gesetzbuche.** Von P. Siméon. 3. Auflage. — 1914. 2.20

Textausgaben:

Bürgerliches Gesetzbuch. 15. Auflage. — 1928. 5.—

Schuldverhältnisse insbesondere

Reichsgesetze:

34. **Die Abzahlungsgeschäfte.** 3. Auflage von E. Wilke. — 1910. 1.20

93. **Sicherung der Bauforderungen.** Von E. Harnier. 3. Auflage. — 1912. 1.50

55. **Beschlagnahme von Lohn- und Gehaltsforderungen.** Von G. Meyer. 6. Auflage. — 1927. Mit Nachtrag 1928. 4.50

70. **Das Reichshaftpflichtgesetz.** Von G. Eger. — 1903. Vergriffen.
Als Ersatz: Seligsohn, **Haftpflichtgesetz.** — 1920. (Außerhalb der Sammlung.) 8.—, geb. 9.50

94. **Die Beamtenhaftpflichtgesetze des Reiches und der Länder.** Von H. Delius. 3. Auflage. — 1921. 3.20

52. **Rechte der Besitzer von Schuldverschreibungen.** Von H. Göppert. 2. Auflage von E. Trendelenburg. — 1915. 1.50

50. **Der Viehkauf (Viehgewährschaft).** Von H. Stölzle. 6. Auflage. — 1926. 15.—

Band

90. **Das Internationale Privatrecht.** Die Haager Abkommen über. Von G. Bogeng. — 1908. 2.—

98. **Sechs Haager Abkommen über Internationales Privatrecht.** H. Dungs. — 1910. 1.50

Preußische Gesetze:

37. **Enteignung von Grundeigentum.** Von O. Meyer. 3. Auflage. — 1927. 5.50

Sachenrecht insbesondere

de Gruyter'sche Sammlung Deutscher Gesetze (Handkommentare):

Aufwertungsrecht von Michaelis. — 1926. Mit Nachtrag 1927. 16.—

Nachtrag einzeln —.30

Reichsgesetze:

135. **Erbbaurecht.** Von H. Günther. — 1919. 2.—

42. **Grundbuchordnung.** Von O. Fischer und R. Fischer. 9. Auflage. — 1927. 5.—

156. **Mietrecht und Wohnungsmangelgesetz.** Von Krieg. 4. Auflage. — 1928. 10.—

Textausgaben:

Aufwertungsgesetze mit Einleitung. Von Michaelis. — 1925. Mit Nachtrag 1927. 1.50

Reichsmietengesetz. — 1922. —.50

Familienrecht und Erbrecht

Reichsgesetze:

45. **Entmündigungsrecht.** Von P. Koll. — 1900. 1.20

58. **Recht der unehelichen Kinder.** Von H. Jastrow. — 1901. Mit Nachtrag 1925. 1.60

47. **Deutsches Vormundschaftsrecht.** Von M. Schultzenstein und P. Köhne. 2. Auflage. — 1901. Vergriffen.

124. **Todeserklärung Kriegsverschollener.** Von J. Partsch. — 1917. 2.—

59. **Beurkundung des Personenstandes und die Eheschließung.** Von F. Fidler. 2. Auflage. — 1912. 2.30

Preußische Gesetze:

3. **Nottestamente.** Von E. Kurtz. — 1904. 1.50

Handelsrecht

Band **Reichsgesetze:**

4. **Handelsgesetzbuch** ohne Seerecht. Von Litthauer und Mosse. 17. Auflage. Von E. Heymann. — 1926. 14.—
162. **Handelsrechtliche Nebengesetze.** Von Schreiber. — 1926. 14.—
169. **Bank- und Börsengesetze.** Von Arthur Nußbaum. — 1927. 11.—
41. **Börsengesetz.** Von Th. Hemptenmacher. 3. Auflage von O. Meyer. — 1915. 3.50
26. **Münz- und Notenbankwesen.** Von R. Koch. 7. Auflage von Schacht. — 1925. 14.—
117. **Darlehnskassengesetz.** Von H. Salomon u. K. Bud. — 1915. 1.80
40. Gesetz, betr. die **Pflichten der Kaufleute bei Aufbewahrung fremder Wertpapiere (Depotgesetz).** Von F. Lusensky. 3. Auflage. — 1916. Mit Nachtrag 1924. 1.—
24. **Aktiengesellschaft und Kommanditgesellschaften auf Aktien.** Von H. Keyßner und H. Veit Simon. 7. Auflage. In Bearbeitung.
32. **Gesellschaften mit beschränkter Haftung.** Von L. Parisius und H. Crüger. 17. Auflage. — 1926. 3.50
29. **Erwerbs- und Wirtschaftsgenossenschaften.** Von L. Parisius und H. Crüger. 19. Auflage. — 1928. 4.—
51. **Hypothekenbankgesetz.** Von H. Göppert. 2. Auflage von Seidel. — 1911. Mit Nachtrag 1926. 2.20
100. **Kaligesetz.** Von B. Boelkel. — 1910. 2.40
167. **Verordnung gegen Mißbrauch wirtschaftlicher Machtstellungen** (Kartellgesetz). Von Staffel. — 1927. 3.50
115. **Das vertragliche Wettbewerbsverbot (Konkurrenzklausel).** Von G. Baum. — 1914. 3.—
113. **Postscheckgesetz.** Von J. Weiland. — 1914. Mit Nachtrag 1918. Vergriffen.
113 a. **Postscheckordnung.** Von J. Weiland. — 1914. Mit Nachtrag 1918. 1.50
85. **Scheckgesetz.** Von M. Apt. Vergriffen. Neue Auflage von W. Schmidt. In Bearbeitung.
    Kommentar von Michaelis. — 1927. (Außerhalb der Sammlung.) 16.—, geb. 18.—
5. **Wechselordnung.** Von J. Stranz und M. Stranz. 12. Auflage. — 1923. Mit Nachtrag 1926, enthaltend **Wechselstempelgesetz und Scheckgesetz.** 3.50
    Nachtrag einzeln —.60

Band

36. **Privatrechtliche Verhältnisse der Binnenschiffahrt und Flößerei.** Von E. Löwe. 6. Auflage. — 1923. 4.—

19. **Die Seegesetzgebung.** Von W. E. Knitschky. 5. Auflage von O. Rudorff. — 1913. 8.—

Preußische Gesetze:

54. **Anlegung von Sparkassenbeständen in Inhaberpapieren.** Von H. Döhring. — 1914. 2.80

21. **Handelskammern.** Von F. Lusensky. 2. Aufl. — 1909. 3.—

Textausgaben:

Handelsgesetzbuch mit **Seerecht.** 11. Auflage. — 1924. 2.60

Wechselordnung. — 1908. Mit Anhang: Wechselprozeß und Ausführungsanweisung. — 1920. —.50

Versicherungsrecht

Reichsgesetze:

62. **Private Versicherungsunternehmungen.** Von H. Koenige. 3. Auflage von Koenige und Petersen. — 1927. 20.—

83. **Versicherungsvertrag.** Von P. Hager und E. Bruck. 5. Auflage. — 1926. 14.—

164. **Aufwertung von Versicherungsansprüchen.** Teil I: **Lebensversicherungen.** Von Berliner und Pfaffenberger. — 1926. 6.50

164 a. Desgl. Teil II: **Sach-** (Feuer-, Glas-, Wasser- usw.) **und Transportversicherung, Unfall- und Haftpflichtversicherung.** — 1926. Mit Nachtrag 1927. 3.50

Nachtrag einzeln —.30

Gewerberecht

Reichsgesetze:

6. **Reichsgewerbeordnung** nebst Ausführungsbestimmungen. Von Fr. Hiller und H. Luppe. 21. Auflage. — 1928. 11.—

64. **Handel mit Drogen und Giften,** Gesetzsammlung, betr. den. Von H. Sonnenfeld. 3. Auflage. — 1926. 12.—

Band

48. **Drogen-, Gift- und Farbenhandel außerhalb der Apotheken,** Gesetze, betr. den. Von J. Broh. — 1899. 1.20

130. **Ersatzlebensmittelverordnung.** Von H. E. Wendel. — 1918. 1.50

54. **Nahrungsmittelgesetze** mit Erläuterungen. Von Georg Lebbin. 2. Auflage in zwei Bänden.
 a) I. **Lebensmittelgesetz** vom 5. Juli 1927 mit Nebengesetzen (Margarine, Fleisch, Milch, Süßstoff, Essigsäure usw.). Von Lebbin und Gießner. — 1928. 8.50
 b) II. **Getränkegesetze und Getränkesteuergesetze** (Wein, Bier, Branntwein, Mineralwasser). Unter Mitarbeit von Kniebe. — 1926. 10.—

65. **Weingesetz.** Von G. Lebbin. 2. Auflage. — 1909. Vergriffen.

71. **Kinderarbeit in gewerblichen Betrieben.** Von H. Spangenberg. 2. Auflage. — 1904. 1.20

Preußische Gesetze:

16. **Konzessionierung gewerblicher Anlagen.** Von W. v. Rüdiger. 2. Auflage. — 1901. Vergriffen.

Textausgaben:

Gewerbeordnung, Preußische Ausführungsanweisung zur. — 1904. 1.—

Arbeitsrecht

Reichsgesetze:

138 a. **Arbeiterschutz und Arbeitsrecht.** Von A. Günther. 2. Auflage. Teil I: **Arbeitszeitschutz.** Von Günther und Schneider. — 1927. 7.50

138 b. **Betriebsrätegesetz.** Von A. Günther. — 1920. Vergriffen.

168. **Arbeitsgerichtsgesetz.** Von Depène. — 1927. 3.60

74. **Die Kaufmannsgerichte.** Von M. Apt. 3. Auflage. — 1904. Vergriffen.

112. **Kaufmannsgerichtsgesetz.** Von H. Depène. — 1914. 2.60

112 a. **Kaufmanns- und Gewerbegerichtsgesetz nebst Schlichtungsordnung.** (Ergänzungsband zu Bd. 112.) Von H. Depène. 1924. 3.50
 Die Bde. 112 und 112 a enthalten zusammen den vollständigen Text des Gewerbegerichtsgesetzes.

Preußische Gesetze:

58. **Arbeitsnachweis.** Von P. Wölbling. — 1920. 1.—

Sozialpolitische Gesetze

Band **Reichsgesetze:**

106—109. **Reichsversicherungsordnung.** Von F. Caspar und A. Spielhagen. 1913—1922. 4 Bände. Komplett. 18.—

161. **Reichsversicherungsordnung.** Von Lippmann. — 1925. 11.—

161 a. Desgl. **Ergänzungsband,** enthaltend die neue Fassung des **Unfallversicherungsgesetzes** sowie die Änderungen der übrigen Bücher der RVO. Von Lippmann. — 1926. 4.—

161 b. Desgl. **Zweiter Ergänzungsband,** enthaltend die im ersten Halbjahr 1926 ergangenen Änderungen der RVO. — 1926. —.80

155. **Reichsknappschaftsgesetz.** Von Max Reuß und Fritz Hense. 2. Auflage. — 1926. Mit Nachtrag 1927. 12.—

152. **Wohlfahrtsgesetze.** Von Behrend und Stranz-Hurwitz. Teil I. — 1923. 5.—

152 a. Desgl. Teil II. — 1925. 9.—

152 und 152 a zusammen bezogen 12.—

165. **Handbuch der Erwerbslosenfürsorge.** Von Schmeißer. 2. Auflage. — 1926. Mit Nachtrag 1927. 13.—

Nachtrag einzeln 2.50

160. **Fürsorgepflicht.** Von Sandré. — 1925. 6.—

154. **Jugendwohlfahrtsgesetz und Jugendgerichtsgesetz.** Von Drewes und Sandré. — 1923. Mit Nachtrag, enthaltend die Ergänzungen bis April 1924. 6.—

Textausgaben:

Versicherungsgesetz für Angestellte. 2. Auflage. — 1927. 2.50

Geistig-gewerblicher Rechtsschutz

Reichsgesetze:

81. **Urheberrecht an Werken der bildenden Künste und der Photographie.** Von L. Fuld. 2. Auflage. — 1926. 6.—

60. **Das Urheberrecht an Werken der Literatur und der Tonkunst.** Von O. Lindemann. 4. Auflage. — 1921. 1.80

102. **Urheberrecht an Mustern und Modellen** und Schutz von **Gebrauchsmustern.** Von J. Neuberg. — 1911. 2.40

95. Die Berner Übereinkunft über **Internationales Urheberrecht.** Von H. Dungs. — 1910. 1.—

61. **Verlagsrecht.** Von B. Marwitz. 3. Auflage. — 1922. 1.60

Band

22. **Patentgesetz.** Von R. Lutter. 8. Auflage. — 1920. Mit Nachtrag 1927. 4.—
Nachtrag einzeln 1.—
87a. **Das deutsche Warenzeichenrecht.** Von Freund und Magnus. 6. Auflage von Füngel und Magnus. Teil I: **Die internationalen Verträge.** — 1924. 9.—
Teil II: In Bearbeitung.
37. **Unlauterer Wettbewerb.** Von A. Pinner und A. Elster. 8. Auflage. — 1927. 5.—

Zivilprozeß

de Gruytersche Sammlung Deutscher Gesetze (Handkommentare):

Zivilprozeßordnung. Von Sydow-Busch-Krantz. 19. Auflage. — 1926. 25.—

Reichsgesetze:

14. **Gerichtsverfassungsgesetz.** Von R. Sydow. Fortgeführt von L. Busch. 10. Auflage. — 1925. 6.—
15. **Das deutsche Gerichtskostengesetz.** Von R. Sydow. Fortgeführt von L. Busch und Krieg. 11. Auflage. 7.50
17. **Gebührenordnung für Rechtsanwälte usw.** Von R. Sydow. Fortgeführt von L. Busch und O. Krieg. 13. Auflage. In Bearbeitung.
16. **Rechtsanwaltsordnung.** Von R. Sydow. 5. Auflage von M. Jacobsohn. — 1907. Mit Nachtrag 1910. Vergriffen.
80. **Gerichtliche Registerführung.** Von O. Lindemann. — 1906. 2.40

Preußische Gesetze:

17. **Preußisches Gerichtskostengesetz.** Von P. Siméon. 8. Auflage von O. Lindemann. 8.—
35. **Geschäftsordnung für Gerichtsvollzieher.** Von E. Exner. — 1904. 3.—

Textausgaben:

Zivilprozeßordnung mit **Gerichtsverfassungsgesetz** und **Einführungsgesetzen.** — 1924. 3.50

Freiwillige Gerichtsbarkeit

Band **Reichsgesetze:**

46. **Freiwillige Gerichtsbarkeit.** Von H. Jastrow. 6. Auflage von Herm. Günther. — 1921. 4.50

76. **Die Rechtshilfe im Verkehr mit den ordentlichen Gerichten.** Von A. Friedländer. — 1906. 1.50

163. **Notariatsrecht.** Von Szkolny und L. Kober. — 1925. 8.50

Preußische Gesetze:

4. **Gebührenordnung für Notare** vom 28. Oktober 1922. Von Rausnitz. 6. Auflage. — 1925. 7.—

29. **Ärztliche Ehrengerichte, das Umlagerecht und die Kassen der Ärztekammern.** Von F. Fidler. — 1901. 1.50

Textausgaben:

Freiwillige Gerichtsbarkeit. — 1920. 1.—

Konkursordnung und Zwangsvollstreckung

Reichsgesetze:

13. **Konkursordnung und Anfechtungsgesetz.** Von R. Sydow. Fortgeführt von L. Busch und O. Krieg. 14. Auflage. — 1926. Mit Nachtrag 1927, enthaltend die **Vergleichsordnung.** 10.—
Nachtrag einzeln —.80

127. **Geschäftsaufsicht zur Abwendung des Konkurses.** Von G. Klien und Ernst Jaeger. — 1917. Durch Nachträge ergänzt. 3.—

43. **Zwangsvollstreckung.** Von J. Krech und O. Fischer. 9. Auflage von O. Fischer. — 1922. 3.50

Textausgaben:

Konkursordnung. 2. Auflage. — 1915. Mit Nachtrag 1925. 1.—

Strafrecht

Band **Reichsgesetze:**

2. **Strafgesetzbuch.** Von Fr. v. Liszt und E. Delaquis. 27. Auflage von E. Kohlrausch. — 1927. 8.—
9. **Sammlung kleinerer strafrechtlicher Reichsgesetze.** Von N. H. Kriegsmann. 3. Auflage. — 1910. 4.—
53. **Reichspreßgesetz.** Von A. Born. 3. Auflage. — 1924. 4.—
133. **Reichswuchergesetzgebung.** Von Ad. Lobe. — 1918. 2.80
67. **Militärstrafgesetzbuch.** Von A. Romen und E. Rissom. 3. Auflage. — 1918. Vergriffen.

Preußische Gesetze:

84. Sammlung der wichtigsten **preußischen Strafgesetze.** Von Lindemann. 2. Auflage. — 1912. 3.50
36. **Polizeiverordnungen in Preußen.** Von O. Lindemann. 2. Auflage. — 1912. 2.50

Textausgaben:

Strafgesetzbuch. — 1925. 3.—

Strafprozeß

de Gruytersche Sammlung Deutscher Gesetze (Handkommentare):

Strafprozeßordnung von Feisenberger. — 1926. Mit Nachtrag 1927. 17.—
Nachtrag einzeln —.80

Reichsgesetze:

12. **Strafprozeßordnung und Gerichtsverfassungsgesetz.** Von E. Kohlrausch. 21. Auflage. — 1927. 7.50
158. **Strafprozeßordnung.** Alte und neue Fassung synoptisch gegenübergestellt. Von Feisenberger. — 1924. Mit Nachtrag 1927. 4.50
3. **Militärstrafgerichtsordnung.** Von A. Romen und E. Rissom. 2. Auflage. — 1918. 5.—
128. **Verhaftung und Aufenthaltsbeschränkung.** Von A. Romen. — 1917. 1.20
73. **Entschädigung für unschuldig erlittene Verhaftung und Bestrafung.** Von A. Romen. — 1904. 1.70

Textausgaben:

Strafprozeßordnung. 5. Auflage. — 1924. Mit Nachtrag 1927. 2.50

Öffentliches Recht

Staatsrecht

Band

Reichsgesetze:

137. **Reichsverfassung.** Von Arndt. 3. Auflage. — 1927. 8.—
166. **Das deutsche Ausländerrecht.** Von Fraustädter und Kreutzberger. — 1927. 9.—
86. **Die Auslieferungsverträge des Deutschen Reiches.** Von A. Cohn. — 1908. 4.—
44. **Auswanderungswesen.** Von F. Stoerk. — 1899. 2.—
134. **Der Ostfrieden.** Von Karl Strupp. — 1918. 3.—
111. **Reichs- und Staatsangehörigkeitsgesetz.** Von A. Romen. 2. Auflage. In Bearbeitung.
141. **Sozialisierungsgesetze.** Von Reier. — 1920. 2.20
99. **Die Abkommen der Haager Friedenskonferenz.** Vergriffen. Jetzt: Wehberg, **Völkerbundakte.** — 1919. (Außerhalb der Sammlung.) 4.—

Preußische Gesetze:

1. **Die Verfassung des Freistaats Preußen.** Von A. Arndt. — 1921. 2.—
Ausführlicher Kommentar von Stier-Somlo. — 1921. (Außerhalb der Sammlung.) 3.—

Textausgaben:

Verfassung des Freistaates Preußen. — 1921. —.60

Verwaltungsrecht

a) Reichsrecht

Reichsgesetze:

82. **Reichsbeamtengesetz.** Von A. Arndt. 3. Auflage. — 1923. Mit Nachtrag, enthaltend die Änderungen bis 1924. 3.50
122. **Belagerungszustand.** Von H. Pürschel. — 1916. 3.50
35. **Die Reichs-Eisenbahngesetzgebung.** Von W. Coermann. — 1895. Vergriffen.
66. **Die Eisenbahngesetzgebung.** Von W. Pietsch. 2. Auflage. — 1913. Vergriffen.
91. **Eisenbahn-Verkehrsordnung.** Von E. Blume. 3. Auflage von Weirauch. — 1926. 12.—

Band

147. **Filmzensur.** Von Szczesny. — 1920. 1.50

68. **Fleischbeschaugesetz.** Von G. Lebbin und G. Baum. — 1903. 2.80

27. **Gesundheitswesen im Deutschen Reich.** — 1888. Vergriffen.

56. **Bekämpfung gemeingefährlicher Krankheiten.** Von B. Burkhardt. — 1900. 1.20

63. **Gesetzestafel des deutschen Reichsrechts.** Von H. Bruhns. 2. Auflage. — 1913. 3.—

49. **Deutsche Kolonialgesetzgebung.** Von Ph. Zorn. 2. Auflage von Sassen. — 1913. 5.—

21. **Die Konsulargesetzgebung.** Von Ph. Zorn. 3. Auflage von K. Zorn. — 1911. 4.50

75. **Konsulargerichtsbarkeit.** Von A. F. Vorwerk. — 1908. 1.60

92. **Verkehr mit Kraftfahrzeugen.** Von R. Kirchner. 3. Auflage. — 1915. Mit Nachtrag 1926. 5.—
Nachtrag einzeln 1.50

119. **Kriegsleistungsgesetz.** Vergriffen.

118. **Militärhinterbliebenengesetz.** Von Reh. — 1915. 2.20

79. **Die Militärpensionsgesetze.** Von A. Romen. Vergriffen.

136. **Militärversorgungsgesetz.** Von H. Günther. — 1919. 2.30

7. **Post- und Telegraphen-Gesetzgebung.** Vergriffen.

120. **Telegraphenwegegesetz.** Von Wolf. — 1916. 1.—

148. **Reichsausgleichsgesetz.** Von Decke. — 1920. 1.50

150. **Reichsschädengesetze.** Von Adolf Hohenstein und Wenzel Goldbaum. — 1922. 4.—

97. **Schutzgebietsgesetz.** Von J. Gerstmeyer. — 1910. 2.50

105. **Das Geldwesen in den deutschen Schutzgebieten.** Von W. Hintze. — 1912. 1.80

140. **Die Siedelungsgesetzgebung im Reich und in Preußen.** Von W. Holzapfel. — 1920. 3.—

125. **Vaterländischer Hilfsdienst.** 3. Auflage. — 1917. 1.—

88. **Vereinsgesetz.** Von A. Romen. 5. Auflage. In Bearbeitung.

33. **Vereins- und Versammlungsrecht.** Von E. Ball. 2. Auflage von F. Friedenthal. — 1907. 2.—

103. **Reichs-Viehseuchengesetz.** Von W. v. Hippel. 2. Auflage. — 1913. 4.—

Band

41. **Die preußischen Jagdpolizeigesetze**, siehe Nr. 63.

19. **Jagdscheingesetz.** Von F. Kunze. 2. Auflage. — 1899. 2.—

45. **Rechtsverhältnisse der Juden in Preußen.** Von M. Kollenscher. — 1910. 2.40

15. **Die Kreisordnungen.** Von O. Kolisch. — 1894. Vergriffen.

57. **Landeskulturbehörden.** Von W. Holzapfel. — 1919. 2.—

42. **Allgemeine Landesverwaltung und Zuständigkeit der Verwaltungs- und Verwaltungsgerichtsbehörden.** Von K. Friedrichs. 3. Auflage. — 1927. 5.—

44. **Quellenschutzgesetz.** Von C. Voelkel. — 1909. 1.—

33. **Rentenguts- und Anerbenrechtsgesetzgebung.** Vergriffen.

30. **Preußisches Staatsschuldbuch und Reichsschuldbuch.** Von J. Mücke. — 1902. 2.—

59. **Bildung der neuen Stadtgemeinde Berlin.** Von P. Wölbling. 2. Auflage. — 1920. 1.40

32. **Städteordnung.** Von W. Ledermann und L. Brühl. 2. Auflage. — 1913. 6.—

56. **Das preußische Tumultschadengesetz.** Von Bruno Friedländer. — 1919. —.80

60. **Umlegungsordnung.** Von W. Holzapfel. — 1921. 1.80

43. **Verschuldungsgrenze** für land- und forstwirtschaftlich benutzte Grundstücke. Von R. Leweck. — 1908. 2.40

49. **Gesetze gegen die Verunstaltung landschaftlich hervorragender Gegenden.** Von O. Goldschmidt. — 1912. 2.40

40. **Verwaltungsstrafverfahren.** Von R. Katzenstein. — 1907. 3.50

39. **Unterhaltung der öffentlichen Volksschulen.** Von A. Marcks. — 1906. 1.80

52. **Preußisches Wassergesetz.** Von G. Wulff und F. Herold. 2. Auflage von G. Wulff. — 1928. 12.—

55. **Preußisches Wohnungsgesetz.** Von B. Schmittmann. — 1918. 2.60

62. **Das preußische Fischereigesetz.** Von A. Born. — 1928. 7.50

63. **Die preußischen Jagdgesetze.** Von A. Born. — 1928. 8.—

64. **Die preußischen Baupolizeigesetze.** Von H. Heine. — 1928. 8.—

Steuerrecht

Band **Reichsgesetze:**

143. **Reichsabgabenordnung.** Von Nieberl. 2. Auflage. — 1927. Mit Nachtrag 1928. 12.—

126. **Besitzsteuergesetz.** Von A. Mrozek. Vergriffen.

151. **Einkommensteuer und Körperschaftsteuer.** Von Hollaender. — 1926. Mit Nachtrag, enthaltend die Änderungen vom 22. Dezember 1927. 24.—

77. **Das Erbschaftssteuergesetz.** Von B. Henckel. 1920. Vergriffen. Neue Fassung von H. Schachian. 4. Auflage. — 1926. (Außerhalb der Sammlung.) 2.50

54 b. **Nahrungsmittelgesetze** mit Erläuterungen. Von Georg Lebbin. 2. Auflage in zwei Bänden. II. **Getränkegesetze und Getränkesteuergesetze** (Wein, Bier, Branntwein, Mineralwasser). Unter Mitwirkung von Kniebe. — 1926. 10.—

139. **Grunderwerbsteuergesetz.** Von Otto Lindemann. 2. Auflage. — 1926. Mit Nachtrag 1927. 4.—
Nachtrag einzeln —.30

159. **Industriebelastungsgesetz.** Von Höpker. — 1925. 4.—

121. **Direkte Kriegssteuer.** Von A. Mrozek. — 1916. 3.50

131 a. **Reichsfinanzgesetzgebung 1918.** Bd. I: **Getränkesteuern.** Von G. Mayer. — 1918. 2.50

131 b. **Reichsfinanzgesetzgebung 1918.** Bd. II: **Einkommen, Umsatz** usw. Von G. Mayer. — 1919. 1.50

149. **Reichsnotopfergesetz.** Von Friedmann und Wrzeszinsky. — 1921. 4.—

18. **Reichsstempelgesetz.** Von P. Loeck. Vergriffen. Wird durch Kapitalverkehrssteuergesetz ersetzt. Erläuterte Ausgabe in Bearbeitung.

145. **Steuer- und Kapitalflucht.** Von E. H. Meyer. 2. Auflage. — 1921. 1.60

157. **Dritte Steuernotverordnung vom 14. Februar 1924** mit den Vorschriften über **Aufwertung.** 2. Auflage unter dem Titel: **Aufwertungsgesetze.** Von Michaelis. — 1925. 16.—

132. **Umsatzsteuergesetz.** Von Otto Lindemann. 4. Auflage. — 1926. 10.—

110. **Wehrbeitragsgesetz.** Von A. Fernow. 2. Auflage. — 1913. 1.60

146. **Tabaksteuergesetz.** Von Wündisch. — 1920. Mit Nachtrag 1925. 4.—
Nachtrag einzeln 1.50

Band

89. **Vogelschutzgesetz.** Von L. v. Borberger. — 1909. 1.—

69. Reichsgesetz über die **Naturalleistungen der bewaffneten Macht im Frieden.** Von W. v. Hippel. — 1903. 1.—

114. **Waffengebrauch und Festnahmerecht des Militärs.** Von A. Romen und C. Rissom. — 1914. 1.80

142. **Wirtschaftliche Demobilmachung.** Von Gg. Fischbach. — 1920. 1.—

170. **Luftrecht.** Von R. Busse. 1928. 10.—

171. **Seewasserstraßenordnung.** Von Jul. Sebba. — 1928. 8.50

Preußische Gesetze:

48. **Zweckverbandsgesetz für Groß-Berlin.** Von L. Brühl, K. Gordan und W. Ledermann. — 1912. 4.—

b) Landesrecht

Preußische Gesetze:

50. **Gesetz, betr. die Anlegung und Veränderung von Straßen und Plätzen in Städten und ländlichen Ortschaften.** Von O. Meyer. — 1913. 3.—

46. **Austritt aus der Landeskirche.** Von H. Caro. — 1911. 2.40

2. **Preußische Beamtengesetzgebung.** Von K. Pfafferoth. 5. Auflage. — 1916. 2.40

51. **Das preußische Disziplinargesetz für die nichtrichterlichen Beamten.** Von E. v. Dultzig. — 1914. 4.20

25. **Preußische Kommunalbeamtengesetzgebung.** Von F. Kremski. — 1901. 3.—

22. **Anstellung und Versorgung der Kommunalbeamten.** Von W. Ledermann. 2. Auflage von L. Brühl. — 1914. 2.—

26. **Diensteinkommen der Lehrer und Lehrerinnen.** Von E. Cremer. — 1900. 2.20

12. **Allgemeines Berggesetz.** Von Schlüter und Hense. 4. Auflage. In Vorbereitung.

47. **Feuerbestattung.** Von W. Lohmann. — 1912. 1.50

28. **Die Fürsorgeerziehung Minderjähriger.** Von P. F. Aschrott. 3. Auflage. — 1917. 2.80

31a/b. **Die preußischen Gesindeordnungen.** Zwei Bände. Von St. Gerhard. 5.50

24. **Die Hinterlegungsordnung (1879).** Von G. Bartels. 2. Auflage. — 1908. 2.—

53. **Hinterlegungsordnung** von 1913. Von Hasemann. — 1914. 2.20

Band

78. **Zigarettensteuergesetz.** Von Cuno. Vergriffen.

101. **Zuwachssteuergesetz.** Von W. Cuno. Vergriffen.

153. **Zwangsanleihegesetz.** Von Simon und Beutner. — 1923. 8.—

Preußische Gesetze:

20. **Die preußischen Erbschaftssteuergesetze.** Von U. Hoffmann. — 1905. 3.—

13. **Ergänzungssteuergesetz.** Von A. Fernow. 5. Auflage. 1914. 3.—

11. **Gewerbesteuergesetz.** Von A. Fernow. Vergriffen.

14. **Kommunalabgabengesetz.** Von F. Adickes. 6. Auflage von Falk. — 1922. 3.50

38. **Kreis- und Provinzialabgabengesetz.** Von F. Schmidt. — 1906. 1.20

18. **Preußisches Stempelsteuergesetz.** Von P. Loeck und W. Seyffarth. 10. Auflage von Eiffler. In Bearbeitung.

61. **Preußische Verwaltungsgebührenordnung.** Von K. Eiffler. — 1925. Mit Nachtrag 1925. 6.—

27. **Warenhaussteuer.** Von G. Strutz. — 1900. 1.20

Textausgaben:

Erbschaftsteuergesetz. Neue Fassung von H. Schachian. 4. Auflage. — 1926. 2.50

Reichssteuergesetze 1925 (Steuerüberleitungsgesetz mit Durchführungsbestimmungen — Einkommensteuer, Körperschaftssteuer, Reichsbewertungsgesetz, Vermögensteuer, Erbschaftsteuer). — 1925. 4.—

Wehrbeitrag und **Besitzsteuer.** — 1913. —.50

Zuwachssteuergesetz. — 1911. —.50

—, **Ausführungsbestimmungen.** — 1911. —.40

Druck von Otto Walter, Berlin S 14

Kolibri 360 GmbH
Ferdinand-Jühlke-Straße 7
99095 Erfurt, Deutschland
produktsicherheit@kolibri360.de